JPC
H K

匈奴史稿

A DRAFT HISTORY *OF* THE XIONGNU

陳序經 著

自序

關於匈奴見諸記載的歷史，自公元前三世紀頭曼時代至公元五世紀阿提拉逝世，約有七百年之久。在漢武帝時代，匈奴遭受西漢王朝的嚴重打擊。公元前一世紀中葉，呼韓邪單于降漢之後，匈奴分為南北二部。南匈奴遷居邊塞以至塞內，在兩晉時代，是所謂「五胡亂華」之首。可是到了五世紀的上半葉，後魏克姑臧、赫連勃勃與沮渠蒙遜所建立的國家滅亡之後，東亞的匈奴王朝便再也沒有見於中國史書，只有匈奴後裔或支派如屠各或稽胡，直到隋唐，還散見於史書的記載。

北匈奴則往西方遷徙。遷到蔥嶺、大宛以西地方者，前漢時期有郅支，後漢時期有悅般。前者被甘延壽與陳湯攻破，後者被耿秉與竇憲攻破。此後北匈奴的餘眾到烏孫西北建國，歷史似乎也不太長。

四世紀中葉左右，黑海北部與羅馬帝國之東，有一個國家叫做粟特，匈奴曾殺其王而有其國。到了四世紀的下半葉，匈奴人又從羅馬帝國的東境侵入歐洲，到達現在的匈牙利、意大利、德意志以至法蘭西等處，使整個歐洲受到極大的震動，引起歐洲民族的大遷徙與變動，對於此後歐洲的歷史有很大的影響。

匈奴的歷史，無論對於亞洲、歐洲和世界的歷史，都有很重要的意義。關於匈奴的起源、匈奴的強盛、匈奴的衰亡，以及匈奴如何從其故地西遷至蔥嶺以東和以西的西域乃至到達東歐與西歐，這都是很值得我們研究的問題。

西歐學者兩百多年來，以及少數日本學者數十年來，對於匈奴的歷史，寫過一些論文與著作。他們對於歐洲方面的資料雖然很熟悉，可是對於中國的豐富史料還未充分地利用。

我儘量搜集中國與歐洲有關匈奴的史料，加以整理，期望使匈奴的歷史得到較為完整的面貌。但有不少資料，可能我還沒有看到。希望對於這個問題有興趣的人加以補充與指正。

陳序經

目錄

A DRAFT HISTORY *OF* THE XIONGNU

第一章　有關匈奴歷史的中國史料

關於匈奴歷史的文字記載，最古的是中國的史書。近代的一些考古學者，曾在中國北部的蒙古高原與西域，這就是古代匈奴人居住過的地方，發掘出一些古蹟與古物。但正如《史記》與《漢書》所說，匈奴「毋文字」。所以，如果沒有中國的記載，即使人們找到這些古蹟與古物，可能也不知道這些東西是屬於古代匈奴人所遺留的。

在歐洲的歷史上，也有關於匈人（Huns）的記載。匈人之在歐洲者，在其強盛時代，兵威震動了整個歐洲，唯時間只有百年左右。史書記載匈人在歐洲的活動既少，且零碎片段。即如參加過東羅馬帝國使團出使匈人王庭的普利斯庫斯（Priscus）的很寶貴的出使紀錄，也只是敘述這個使團的所見所聞，對於匈人在歐洲的歷史，也只是相當一章一節而已。

不僅這樣，歐洲的匈奴本來是來自中國北部的高原或北亞，中國史書既沒有記載匈奴人到過歐洲，歐洲的史書也沒有說過歐洲的匈人是來自中國的北部，可是經過兩個世紀以來的歷史學者的研究，尤其是從中國古書所載的匈奴西徙過程來看，現已證明，歐洲的匈人就是中國史書所載的匈奴。這樣，要想研究匈人的歷史，從中國史書著手之必要是更為明顯了。

《史記・匈奴列傳》可以說是世界上關於匈奴歷史的較有系統、較為全面的最古的記載。在這以前，雖然也有關於匈奴的記載，如《戰國策》、《淮南子》、賈誼的《新書》等，可是這些記載多是片段的，是針對有關匈奴的某個問題來發議論的。

《史記》卷一百三十〈太史公自序〉中說：「自三代以來，匈奴常為中國患害；欲知強弱之時，設備征討，作〈匈奴列傳〉第五十。」《史記・匈奴列傳》開頭就從其祖先來源說起，說匈奴的祖先是夏后氏的苗裔，經過的時間為商、周與秦，約兩千年。似乎以為在唐虞以上叫做山戎。它又把匈奴人的生活習慣加以敘述，然後從公元前三世紀的匈奴單于頭曼說起，經過冒頓、稽粥（老上單于），以至且鞮侯單于時代（公元前一〇一－前九十六年）與狐鹿姑單于時代（公元前九十六－前八十五年），至李廣利降匈奴時止（公元前九十年）。

司馬遷在〈匈奴列傳〉中，直到敘至戰國時代或是趙國李牧時代時，才用匈奴這個詞。他指出：「冠帶戰國七，而三國（按，指燕、趙、秦）邊於匈奴，其後趙將李牧時，匈奴不敢入趙邊。」

在戰國或李牧時代之前，司馬遷對於中國北部，包括東北與西北的外族，用了很多不同的名詞去稱呼。這些名詞的差別，似乎因時代不同而各異，或因地域不同而異。他說夏后氏的苗裔叫淳維，但又說「唐虞以上有山戎、獫狁、葷粥，居於北蠻」，「夏道衰，而公劉失其稷官，變於西戎」。其後三百年，又有戎狄，攻大王亶父。周西伯時代有畎夷氏，「周道衰而穆王伐犬戎」。齊桓公時代有山戎，晉文公伐的則是戎翟。翟有赤翟、白翟。戎有西戎、緄戎、義渠、大荔、烏氏、朐衍等多種戎。晉北有林胡、樓煩之戎，燕北有東胡、山戎。「往往而聚者百有餘戎，然莫能相一。」後來「燕有賢將秦開，為質於胡」。「胡」是較後採用的名詞，但除「胡」作為一個專門名詞之外，還有林胡、東胡。

「胡」常用以指匈奴。「始皇帝使蒙恬將十萬之眾北擊胡」，這個胡就是指匈奴。但東胡則是後來的鮮卑與烏桓，在民族上是有別於匈奴的。林胡是否為匈奴或東胡或其他種胡，則不得而知。

在戰國或戰國末年以前，匈奴的歷史是很不清楚的。司馬遷寫〈匈奴列傳〉時可能也還沒有弄清楚，而把中國北邊，包括東北、西北的不同民族都列舉出來作為緒言，不一定是說這麼多的不同民族都是匈奴人或其祖先。

只有秦以後，即匈奴單于頭曼以後的匈奴的歷史，司馬遷才搞清楚，每個單于不單名號記下來，而且記了在位年數和在位期間的大事。我們今天能夠知道自公元前三世紀至漢武帝時兩百多年間的匈奴的歷史，不能不歸功於司馬遷。而且《史記》以後的史書，如《漢書》、《後漢書》等也是跟著司馬遷做法去記載匈奴的歷史。從這方面來看，司馬遷可以稱得上「匈奴史之父」，其實他也可以說是「中國史之父」。

司馬遷《史記・匈奴列傳》和後來的史書的匈奴傳所記載偏重於華族與匈奴的關係，至於匈奴內部的情況和匈奴與其他民族的關係則記載不多。華族是匈奴的勁敵，華族與匈奴的關係，在匈奴的歷史上佔最重要的地位。華族因為要抵抗匈奴，攻擊匈奴，華族與匈奴便競相爭取東胡，尤其是爭取西域。所以在軍事上、外交上、商業上，不止與匈奴有直接關係，而且與東胡尤其是與西域——西至新疆蔥嶺以西的中亞細亞，以至黑海、印度、波斯，也有直接關係。所以，一部匈奴史，也可以說是一部華族與其北邊、東北、西北民族的關係史。司馬遷《史記》中的〈大宛列傳〉，就是後來史書中之西域傳。研究《史記・匈奴列傳》的人，不能不讀〈大宛列傳〉。所謂「斷匈奴右臂」，「右臂」即西域。西域被漢王朝控制之後，匈奴在人力、物力、財力上，都受到很大打擊，這與匈奴的衰弱有密切的關係。

《漢書》卷九十四〈匈奴傳〉分上、下兩傳。傳上從最古至公元前五十八年（宣帝神爵四年），傳下從這時到更始時代（公元二十三—二十四年）。

班固在《漢書》卷一百的〈敘傳〉中說，他的先世曾居樓煩，前漢元帝時（公元前四十八—前三十三年）其先世有班伯者，曾以為「家本北邊，志節慷慨，數求使匈奴。河平中（公元前二十八—前二十五年）單于來朝（按，為復株累若鞮單于於公元前二十五年來朝），上使伯持節迎於塞下」。班固的父親班彪對於當時朝廷對匈奴的政策曾有所論列，班固自己還陪竇憲、耿秉帶領軍隊去打過匈奴。竇憲擊敗匈奴，至燕然山刻石記功，碑文就是班固所撰。他的弟弟班超，曾在西域三十餘年，建立功業「斷匈奴右臂」，所以班固對於匈奴不僅有書本與公文的智識，而且有實踐的體會，雖則他只記了前漢匈奴的情況。

《漢書・匈奴傳上》除李廣利投降匈奴以後的歷史外，其上半部份主要是抄錄《史記・匈奴列傳》。司馬遷所敘述的匈奴史，只到漢武帝在位的一部份時間。雖然漢王朝與匈奴戰爭的高潮在《史記・匈奴列傳》中已有記載，但是與這個高潮不可分割的後來的歷史，有了《漢書》、《後漢書》和後來的史書的記載，我們才能看到匈奴歷史的全貌。從這一點看，《漢書》的記載，所佔的時間較長，所敘述的也較為詳細，這對於後來研究匈奴史的人有很大的幫助。

司馬遷的《史記・匈奴列傳》中有篇論贊，對當時漢武帝的大事征伐匈奴有所譴責，但文字極簡單。班固的〈匈奴傳〉論贊則把前漢的所謂忠言嘉謀之臣對匈奴的意見加以綜合敘述，並表示了自己的看法，這也是研究前漢時期匈奴史的人應該注意的。

范曄的《後漢書》中有〈南匈奴列傳〉，對於北匈奴的歷史只是在〈南匈奴列傳〉中附帶地加以敘述。他的〈南匈奴列傳〉始於後漢初年的南匈奴醢落尸逐鞮單于，終於後漢末年的呼廚泉單于。呼廚泉單于於獻帝建安二十一年（公元二一六年）來朝，曹操留他在鄴，另使其右賢王去卑回到平陽，監管匈奴的五部國。

范曄《後漢書》之所以只為南匈奴立傳而不為北匈奴立傳，大概是因為南匈奴接近中國的邊塞，關係較多，故史料亦多。而北匈奴則遠在塞外，且往來無常，情況既不清楚，史料自不易得。可是儘管如此，在〈南匈奴列傳〉中，也有許多處是敘述北匈奴的。而且，南匈奴自呼韓邪降漢以後，成為漢朝屬國，雖然有時反抗漢朝，但也往往幫助漢朝征伐北匈奴。因而從〈南匈奴列傳〉中，也可以得到不少北匈奴的史料。

東漢時，很少征伐南匈奴。無論在軍事上或外交上，主要對象是北匈奴。如竇憲深入漠北，大破匈奴，這個匈奴便是北匈奴。班超在西域經營三十餘年，其對手主要也是北匈奴。可惜當時對於北匈奴的情況，只是當北匈奴擾亂邊境時，漢廷才特別注意，而當敗走後，人們就不去追究了。如公元九十一年，北單于為右校尉耿夔所破，〈南匈奴列傳〉就說：「逃亡不知所在。」其實只是漢人不知其「所在」，他們可能更往西北走，可能後來殺死粟特王而佔有其國的一部份，也可能就是侵入歐洲的匈奴人的先人。

陳壽所撰的《三國志》沒有匈奴傳。只在武帝曹操的傳記中，片段地記載匈奴的事情。《魏志》卷三十注引魚豢《魏略》：「貲虜，本匈奴也。」曹操既留呼廚泉單于於鄴，而遣其右賢王去卑監其國，匈奴可以說是完全受制於曹魏。這些匈奴人既與漢族雜居，逐漸也就同化了。

《晉書》卷九十七〈北狄‧匈奴〉，篇幅有限，僅一千一百字，對漢末以來的匈奴人之入塞者僅作簡單的敘述，並指出：「北狄以部落為類，其入居塞者有屠各種、鮮支種……凡十九種，皆有部落，不相雜錯。屠各最豪貴，故得為單于，統領諸種。」此外，在「載記」中，對於「五胡亂華」時的劉元海、劉聰等作了較為詳細的敘述，對沮渠蒙遜等，為研究匈奴歷史提供了寶貴的資料，對赫連勃勃也作了較為詳細的敘述。

《史記》、《漢書》、《後漢書》、《晉書》中有關匈奴的史料不僅見於各書的匈奴傳，也散見於帝王本紀、臣僚列傳、西域傳或其他傳記中，對一些具體事件的記述也更詳細。如〈張騫傳〉中關於張騫被匈奴扣留後逃走的經過，〈陳湯傳〉中陳湯征伐郅支單于的經過等，均可為匈奴傳之補充，而為研究匈奴歷史的寶貴史料。

《史記》、《漢書》、《後漢書》都有後人為之作注，不但對於年代、地名、事件等多有註解，有的還發表個人或轉述他人意見。如《史記・匈奴列傳》說霍去病「將萬騎出隴西，過焉支山千餘里……破得休屠王祭天金人」。裴駰在《集解》中說：「案《漢書音義》曰：『匈奴祭天處本在雲陽甘泉山下，秦奪其地，後徙之休屠王右地，故休屠有祭天金人，像祭天人也。』」司馬貞《索隱》引崔浩說：「胡祭以金人為主，今浮圖金人是也。」張守節的《正義》中說：「按，金人即今佛像，是其遺法，立以為祭天主也。」祭天金人是匈奴原有的神像，還是外來的佛像或浮圖金人，這是一個值得討論的問題，所以注釋者本人的或轉引他人的意見均值得商榷。

又如清梁玉繩在《史記志疑》中指出，樂彥①《括地譜》中所說匈奴的祖先淳維就是獯粥是

---

① 按中華書局標點本《史記・匈奴列傳》樂彥作樂產，《史記志疑》誤。

錯誤的。理由是淳維既是夏后苗裔，那麼匈奴就與唐虞以上的山戎、獯粥或獫狁不同種族。《史記志疑》又說：「史訖太初，不及天漢，故《索隱》於且鞮侯以下引張晏云：『自狐鹿姑單于已下①，皆劉向、褚先生所錄，班彪又撰而次之，所以《漢書・匈奴傳》有上下兩卷。』至其所載亦多誤。如單于歸漢使，蘇武使單于，皆天漢元年事，而此誤在太初四年。匈奴妻李陵，乃陵降數歲後事，而此誤以陵降即妻之。貳師出朔方，步兵七萬人，而此誤作十萬。貳師降匈奴，其家以巫蠱族滅，俱征和間事，而此誤敘於天漢四年，何足信哉？」這些看法，對於研究匈奴歷史都有一定的作用。

此外，在其他史書中，如《戰國策》、後漢明帝撰修的《東觀漢記》、晉袁宏的《後漢紀》、宋司馬光的《資治通鑑》與元胡三省的《注》等等，都是研究匈奴史的重要史料。

諸子書中有關匈奴的記載也不少。如《淮南子・原道訓》，賈誼《新書》的〈匈奴〉篇，桓寬《鹽鐵論》裡的〈備胡〉篇、〈論功〉篇，以及欒產的《括地譜》、酈道元的《水經注》、杜佑的《通典》、馬端臨的《文獻通考》和清代的《古今圖書集成》中，都有關於匈奴的史料，可供參考。

近代國內研究匈奴史學者，當首推沈維賢。其《前漢匈奴表》與《後漢匈奴表》寫於清末，〈例言〉中述及何秋濤的《朔方備乘》，則其書係成於何著之後。開明書店《二十五史補編》中有這二表。編者云，據學古堂日記本及鉛字排印本，但前表〈例言〉中云有圖，而這兩種版本都沒有圖。兩表共約五萬言。

《前漢匈奴表》始於漢高祖二年（公元前二〇五年），終於淮陽王更始三年（公元二十五年）。漢高祖二年冬十二月，漢曾繕治河上塞，即河上郡北境與匈奴交界處。更始三年是夏颯等自匈奴返漢的一年。

《後漢匈奴表》始於光武帝元年（公元二十五年）。這一年，漢王朝拜王莽時代郡中尉蘇竟為代太守，使固塞以拒匈奴。同年，安定人盧芳自稱上將軍西平王與匈奴和親，匈奴迎之立為漢帝。後表終於漢獻帝建安二十一年（公元二一六年）。兩個表共四百二十一年。

兩漢匈奴表雖為記匈奴與兩漢史實，但也記西域事。《前漢匈奴表》的〈例言〉說：「西域與匈奴異矣，然漢使未通以前，匈奴置僮僕都尉以領之，來塞為寇，資其供給。自破姑師，結烏孫，而虜失西方之援，益北，其入塞道益遠。而漢轉合烏孫，入其右地，故西域者，北伐之門戶也。輒舉武宣以來，經營之略並著之。」其所據史料，〈例言〉云：「是編引史漢、荀紀、通鑑及綱目本文，有減無增。若夫補闕拾遺，則兼及群籍。有所訂正，附注於下。其為前人所糾，當采者，表而出之，或參以管見。至諸子所稱，若木女解厄，月氏貢雞，事涉恢奇，所不敢取。」對於漢代人的疏表策論也有採取。〈例言〉又說：「一代之事，其所得失，當時能者言之瞭然。如晁錯三策，充國議屯田，侯應論邊備，或有裨於一時，或為法於來世，顧不能入正文，棄之則又無以資考鏡，爰附注於下，以明建策諸臣謀國之心，且以為引申觸長之助。」《前漢匈奴表》分為四卷，〈例言〉云：

① 狐鹿當作且鞮。

自劉敬倡爲和親，捐子女玉帛以畀單于，而單于反以滋倨侮。至於文景，歲罹其患。蓋匈奴方強，而漢示弱以驕之，則賈生所謂倒懸之勢也。故以高帝迄孝景六十六年（公元前二〇六—前一四一年）爲一卷。武帝選將練兵，拓地數千里，然每有克獲及係累虜使，匈奴輒取償焉。蓋虜勢猶盛，而數得漢奸，稔悉疆寓故也。然自天子決計，罷和親，而將士作氣，匈奴自此弱矣。故以武帝五十四年（公元前一四〇—前八十七年）爲一卷。

自昭宣出師，其所克捷，不逮衛霍，而匈奴遂詘體稱藩。蓋自武帝掊擊之後，邊民習於戰鬥，器械精利，烽火嚴明，犯塞者少利。而匈奴已衰，又內相誅夷，漢因而奠定之，所謂以全制其極也。故以昭帝迄平帝九十一年（公元前八十六—公元五年）爲一卷。

班史諸表，不及孺子嬰，以新莽居攝，漢祚已移故也。至匈奴傳則兼及莽事。夫漢家外攘之績，實敗於莽，攬搆釁之由，可悟安輯之術。故遵綱目，用分注紀年，而冠以孺子嬰，殿以更始。凡二十年（公元六—二十五年），爲附錄一卷終焉。

《後漢匈奴表》分上下兩卷，沒有像《前漢匈奴表》那樣每卷加以說明。上卷始光武建武元年（公元二十五年），終章帝章和二年（公元八十八年），共六十三年。下卷始和帝永元元年（公元八十九年），終獻帝建安二十一年（公元二一六年），共一百二十七年。沈維賢之所以這麼標分為二卷，這大概是以竇憲、耿秉大破匈奴為分卷界限。漢和帝永元元年，竇憲和耿秉於稽落山大敗匈奴，斬名王以下萬三千級，獲生口甚眾，諸裨小王率眾降者二十餘萬人，竇憲與耿秉率眾登燕然山並刻石紀功。燕然山即今之土謝圖汗部杭愛山，離漢塞三千餘里。匈奴經此次大敗之後，北匈奴遂愈西徙。

二表均以年為綱。在某一年中，凡有關於漢與匈奴的事件都歸併在這一年內，與《資治通鑑》之記事略同。紀年則以兩漢皇帝之年號為綱領而非以匈奴單于為主體，也就是說依照《史記》、《漢書》、《後漢書》的敘事方法。

匈奴在中國古代歷史上所佔地位的重要是為人們所知的，可是兩千多年來，除《史記》、《漢書》、《後漢書》的匈奴傳中做了較為詳細、系統的敘述之外，在很長的時間中，只有少數學者做些注解工作。沈維賢能把有關兩漢時期的匈奴的主要材料，包括對一些注解的看法，整理成匈奴表，為研究匈奴的人提供不少方便。可惜他的匈奴表只限於兩漢。雖然兩漢時代的匈奴在中國歷史上所佔的地位最重要，但如能在表內對前漢之前與後漢之後的歷史加以敘述，使來龍去脈有簡略的介紹，貢獻就更大了。

另外，沈表的敘述主要是縱的方面，對於匈奴的社會生活、風俗習慣，如《史記》、《漢書》那樣簡單的敘述也沒有，則亦為一缺點。

近代國人注意到匈奴西遷歐洲者，以徐繼畬為較早。他曾於道光二十三年（一八四三年）到廈門，從美人雅俾里處得到歐洲地圖。次年，又到廈門搜訪地圖和關於歐洲歷史的書籍，並請人翻譯。嗣以五年時間成《瀛寰志略》十卷，當時很受人們重視。清同治五年（丙寅，一八六六年）「總理衙門」為之刊行。

書中卷五「奧地利亞國」中記載：「奧地利之匈牙利地，在國之東界，古時匈奴有別部，轉徙至此，攻獲那盧彌。」卷六「意大利亞列國」中云：「東漢和帝九年（公元九十七年）。王大喇壞嗣位，時匈奴侵北部，命將擊走之。王性寬惠，矜庶獄，有仁聲。晚歲好土木，比頑童，論者惜其不終。繼立之王好武，屢伐匈奴，勝之。順帝十二年（公元一三七年），王安敦嗣立，博物好古，明於治體，修律度，振綱紀，號為中興。時匈奴逐水草屢犯邊，王親率大兵，渡河深入，不解甲者數年，窮追至北海，犁其庭幕，伏屍百萬，由是烽燧銷息，數十年無鳴吠之警。」

「那盧彌」不知是否潘諾尼亞（Pannonia）的對音，「大喇壞」應為羅馬皇帝圖拉真（Trajan，約公元五十三—一一七年）。其謂古時匈奴別部轉徙到匈牙利，應為中國人知道匈奴侵入匈牙利之最早紀錄。至又謂和帝九年（公元九十七年），匈奴侵入歐洲，被羅馬皇帝大喇壞趕走，這是錯誤的。又謂羅馬皇帝安敦親率大軍，追擊匈奴至北海，並犁其庭幕，伏屍百萬，這也是錯誤的。

關於這一點，洪鈞在《元史譯文證補》卷二十七上〈西域古地考一・康居奄蔡〉的注解中說：「《瀛寰志略》謂東漢順帝時匈奴犯羅馬，羅馬王安敦窮追到北海，犁其庭幕，伏屍百萬。聞諸西人，羅馬是時並無其事，不知志略何由致訛。今譯羅馬書，乃知必是沙隆（CHa-lon）之戰，阿提拉國之滅。特年代不合，而追至北海之說則全無影響也。」

徐氏作《志略》在鴉片戰爭之後不久，當時中國人對西歐歷史的知識十分淺薄，而徐氏於廈門所見之美人，對於匈奴侵入歐洲的歷史也不一定熟悉。儘管時間上有誤，但在當時能知道匈奴曾侵入歐洲，應該是一種新見識。

洪鈞也是中國較早注意到匈奴人遷移於歐洲與擊敗羅馬帝國的歷史的人。洪鈞於清光緒十五年（一八八九年）出使俄、德、荷、奧諸國達三年之久，出使期間，他也找人譯火者拉施特丁〔Khoja Rashid al-Din, 1247-1318，此處指其著名著作：《史集》（*Jāmiʿ ai-tawārīkh*）〕①與多桑（Abraham Constantin Mouradgea d'Ohsson, 1779-1851）②等人的著作，根據有關《元史》的一些材料，撰《元史譯文證補》。該書卷二十七上〈西域古地考一・康居奄蔡〉條云：

> 東漢時有郭特族人（Goths）亦自東來，其王曰亥耳曼（Hermanridk），粟特族人敗潰不復振。晉時匈奴西徙，其王曰阿提拉（Attila），用兵如神，所向無敵，亥耳曼自殺，其子威尼達爾（按，亥耳曼的兒子是Hunimind人。）率郭特人西竄，召集流亡，別立基業。（按，其子曾降於匈奴人，在匈奴人統治之下得到半獨立。）阿提拉復引而西，戰勝攻取，威震歐洲，羅馬亦憚之。立國於今馬加之地，希臘、羅馬、郭特之人多爲其所撫用，與西國使命往來，壇坫③稱盛，有詩詞

---

① 編按：「火者」一詞來源於波斯語，其拼寫因各語言之不同而有不同形式，如：Khoja、Khodja、Khwaja、khūjah、Hodja等，元、明史傳多譯作「火者」，清朝史籍多譯作「和卓」。其他譯名尚有「和加」、「華者」、「華哲」、「虎者」、「呼加」、「霍加」、「霍查」、「霍札」等。其原意一般是指伊斯蘭教中對「聖裔」（先知穆罕默德的後代）和學者的尊稱，亦為新疆和中亞地區伊斯蘭教上層貴族之稱謂；但有學者認為是波斯薩曼王朝的官職稱謂，後演變為對權貴和有身份之人的尊稱。元朝宦官亦別稱「火者」。

② 編按：多桑，亞美尼亞人，生於鄂圖曼帝國君士坦丁堡（今土耳其伊斯坦堡），精通多種語言，為著名的東方學家。其父為瑞典外交官，他後來也成為瑞典外交官。重要著作有：《蒙古史》（Histoire des Mongols）。他的名字因各語言之不同而有不同形式，生卒年亦有不同說法：如1780–1855、1779–1851。

③ 編按：壇坫指會盟的壇臺；文人集會的場所或文壇；議壇、與論界。

歌詠皆古時匈奴文字（原注：羅馬有通匈奴文者，匈奴亦有通臘丁文者，惜後世無傳焉）。羅馬史稱阿提拉仁民愛物，信賞必罰，在軍中與士卒同甘苦。子女玉帛，一不自私。鄰國貢物，分頒其下。筵宴使臣以金器皿而自奉儉約，樽簋以木。將士被服飾金，而已則惟衣皮革。是以遐邇咸服，人樂爲用。宋文帝元嘉二十八年（公元四五一年），阿提拉西侵佛郎克部（原注：即今法國，時爲羅馬屬地），羅馬大將峨都思（Aetius）率郭特、佛郎克等眾禦之，戰於沙隆之野（原注：在今巴黎東四百里），兩軍死者五十萬人，阿提拉敗歸，南侵羅馬，毀數城而去。尋卒，諸子爭立，國內亂，遂爲羅馬所滅。

他又說：

當郭特之未侵粟特也，有部落曰耶仄亦（Aorsi），居裏海西高喀斯山北，亦東來族類而屬於粟特。厥後郭特、匈奴相繼攘逐，獨耶仄亦部河山四塞，恃險久存，後稱阿蘭，亦曰阿蘭尼，又曰阿思……今按耶仄亦即漢奄蔡……郭特之名，華書無徵。《魏書・粟特傳》，匈奴殺其王而有其國，傳至王忽倪已三世，稽其時序，似即郭特王亥耳曼自戕之事，而不合者多，難於論定。郭特西徙，因其故王之名，遂有日耳曼之稱。……羅馬撫用其眾，資其勇力。既滅匈奴，而羅馬亦爲郭特所滅。今德意志列邦皆郭特之後，故亦稱日耳曼，泰西諸國青目赤髮之人，大率爲其苗裔。

洪鈞的記載比徐繼畬詳細確實。徐書成於十九世紀前期，當時中國人對歐洲歷史的知識很少，且其材料的來源間接而又間接，所以他很難知道匈奴西侵的經過。洪書成於十九世紀末期，他本人又曾出使歐洲各國，雖他自己不懂外文，但他除了請人代譯西籍，還直接與一些外國人商談，所以他的《元史譯文證補》在元史的研究上有一定貢獻，雖然也有不少錯誤。

洪鈞除了注意到匈奴西侵的史實之外，還注意到《魏書・粟特傳》中所說的匈奴滅粟特而有其國的記載。他說粟特的位置在裏海與黑海之北，這是相當正確的。他雖然沒有注意到匈奴從東方逐漸遷到粟特的過程，但粟特是匈奴從東方到西方的一個很重要的據點。他可能沒有認識到這是研究匈奴西侵史中的極為重要的事，但是他能把這個記載提出來，說明他對史料很熟悉。

洪鈞雖然批評徐繼畬對於匈奴西侵羅馬的時間問題沒有弄清楚，但他自己也同樣地把阿提拉誤為亥耳曼的同時人，以為亥耳曼的自殺是因為抵抗不住阿提拉。這是錯誤的。

匈奴人侵入歌德人所統治的地區是在四世紀下半葉，較大批的匈奴人侵入這個地區在公元三七四年，這時的東歌德王是赫爾曼利克（Hermanrik或Ermanric），即洪鈞所說的亥耳曼。赫爾曼利克是一位有才略的君主，他的聲譽在歌德人中相當於希臘的亞歷山大（Alexander the Great），他不只擴充東歌德成為一個大帝國，而且使西歌德及其西邊的鄰國都處在他的勢力範圍之內。可是到匈奴侵入東歌德時，赫爾曼利克已是一位老人，當他的軍隊敗於匈奴時，就感到他自己沒有力量去抵抗或擊退敵人。他不願再看到他的軍隊失敗，更不願看到他手創的大帝國被摧殘，所以才自殺。他的自殺應在公元三七四或三七五年，可是這時匈奴的領袖並不是阿提拉而是烏爾丁（Uldin）。烏爾丁之後還有俄塔（Oktar）與其弟盧阿（Rua）或稱盧加（Ruga）。東羅馬皇帝狄奧多西（Theodosius）在公元四三四年派使者去看匈奴領袖時，盧阿剛死不久，統治匈奴人的是他的侄子布雷達（Bleda, 390-445）與阿提拉。布雷達死於公元四四五年，他死後才由阿提拉獨管匈奴。阿提拉之侵入歐洲是在五世紀中葉，而赫爾曼利克是四世紀下半葉的人，時間相差達五六十年之久。

洪鈞記載的關於匈奴的西侵的事情雖然很簡略，除時間上有誤外，還有一點值得商榷。洪鈞說匈奴有詩詞歌詠，皆古時匈奴文字，在注解中又說羅馬有通匈奴文者。但《史記》和《漢書》的匈奴傳上都說匈奴「毋文書，以言語為約束」。范曄《後漢書・南匈奴列傳》也說匈奴「主斷獄聽訟，當決輕重，口白單于，無文書簿領焉」。都明確地說匈奴沒有文字。不過，匈奴威加歐洲，阿提拉時代又與許多國家辦交涉，光憑口傳，似亦不可能，而應採用某種形式的文字，說不定將來會發現。

又洪鈞說羅馬史稱阿提拉「仁民愛物」，這可能是一面之詞，因為從當時的歐洲人來看，他是一個殺人最多的人。

國人注意到歐洲人對於匈奴的研究者還有姚從吾。他在德國留學時，曾寫過一篇關於歐洲學者研究匈奴的論文，刊登於北京大學《國學季刊》第二卷第三號（一九三〇年出版）。該文〈導言〉中所敘匈奴與西方的關係，與我們以上理解的差不多。他又說：

> 歐洲學者關於匈奴的研究，大都將問題集中在兩個焦點：第一，中國古史中的匈奴是否即是歐洲第五世紀的匈人；第二，匈奴與匈人究屬什麼種族。研究第一個問題的學者自法人得幾內（J. Deguignes）起，到現在荷蘭人底哥耨提（J. J. M. de Groot）發表的《紀元前的匈人》（*Die Hunen*

der vorchristlichen Zeit, 1921）止，中間雖有異議，但大體上已經確定、肯定，中國史書中的匈奴即是歐洲第五世紀的匈人（Hunni、Hunnen）。第二個問題至今仍是紛紜不定，莫衷一是，大約有下列各種說法：

（一）匈奴與匈人都是蒙古族。主張這一說的有帕拉斯（Pallas）、白哥曼（Bergmann）、施米特（J. J. Schmidt）、畢叔林（Bischurin）、諾約曼（Neumann），與英國著名的蒙古史家霍渥兒特（H. Howorth）諸人。

（二）東亞的匈奴族爲土耳其族的支系，侵入歐洲的匈人則是芬族的支系。主張這一說的有瑞米薩（Abel-Rémusat）、克拉普樓特（Klaproth）諸人。

（三）威震東亞的匈奴和侵入歐洲的匈人都是芬族。主張這種說法的學者，有聖馬丹（Saint Martin）、賽門耨夫（Semenoff）、武一發立微斯（Uifalivis）諸人。

（四）匈奴人與匈人統統是斯拉夫族。支持者爲若干俄國的學者。

實在匈奴與匈人均爲游牧民族，遷徙無定，久與他族混合，純粹的匈奴人與匈人或已不存在。他們自身既沒有完備的記載保存下來，表現於我國史書中的匈奴、突厥、蒙古，猶係族名與國名混用。因此，他們的祖先究竟應屬什麼種族，很不容易確定。這些問題又牽涉到人種學、民俗學、考古學等，專憑間接的記載，自然難使人滿意。

我認為研究匈奴問題的歐洲學者中，最重要的就是姚文中介紹的得幾內或譯得岐尼（編按：即德金。Joseph de Deguignes, 1721-1800。他譯德揆尼、德經、歧尼）、底哥耨提或譯德格羅特（編按：即高延。Jan Jakob Maria de Groot, 1854-1921），另外還有夏特或譯夏德（Friedrich Hirth, 1845-1927）這三個人。

第二章　有關匈奴歷史的外國史料

匈奴的西遷，對歐洲來說，是歷史上一件極為重要的事。匈奴人橫掃歐洲：東起君士坦丁，西至法蘭西，南抵意大利，北到德意志。時間約二十年之久。羅馬皇帝的使者往來於匈奴王庭的不絕於途，差不多整個歐洲的人民都受其影響，歐人之被迫服役於匈奴軍隊的不知凡幾，商人、技工、藝術家、知識分子之在匈奴王庭供驅使者更不知多少。傳說匈奴人中也有懂拉丁語的。至於匈奴王庭與羅馬皇帝或其歐洲君侯之訂定條約、往來公文，次數之多，更難枚舉。然而，可惜的是這些條約、文件很少留存，而當時人之記載這個驚天動地時代的史實的，也寥寥無幾。至少可以說，直到現在，人們能夠發現關於匈奴的記載或古物、古蹟的實在太少了。

儘管如此，在那個時代和匈奴帝國滅亡之後，仍有一些作家記載了一些關於匈奴人在歐洲活動的情況。現將比較重要的著作及著者略作介紹。

記載匈奴較早而又較為詳細的是羅馬史家阿密阿那斯・馬西林那斯（Ammianus Marcellinus），生於約公元三二五至三三〇年之間，死於公元三九五至四〇〇年之間。他生於一個希臘的貴族家庭，參加過羅馬軍隊。他的《羅馬帝國史》〔又稱《歷史》（*Res Gestae*），或稱：*Rerum gestarum Libri XXXI*〕始於羅馬皇帝納爾發（Nerva）的登位，止於瓦倫斯（Valens）的卒年，即公元九十六至三七八年。因為他親身參加過多次戰爭，到過許多地方，對於當時的社會與經濟問題較為注意，不只注意羅馬人的政治生活情況，而且注意其他民族的風俗習慣。在這一點上，他的胸懷比其他羅馬史學家如李維（Livy）、塔西佗（Tacitus）廣闊得多。

匈奴人於公元三七四年侵入歐洲東部的歌德人所佔領的地方。歌德王赫爾曼利克戰敗自殺，匈奴人遂長驅直入歐洲。阿密阿那斯即使沒有看見過匈奴人，也一定聽說過這件事。所以在他的羅馬史裡指出，匈奴人不會耕種，從來沒有摸過犁柄。匈奴人沒有固定的住宅，經常坐在馬背上，在馬背上做買賣，在馬背上飲食，甚至在馬背上睡覺。他還描述匈奴人的形狀，所穿的上衣、褲子與鞋。

他還告訴我們，在歐洲東邊有阿蘭人（Alans）。阿蘭人居住在中國史書所說的奄蔡地，即《魏書》的「粟特國」。阿密阿那斯以為阿蘭的領土遠伸到亞洲。他指出阿蘭人生得高大而美麗，頭髮近於黃色，但其生活習慣與匈奴人相似。《魏書・粟特傳》說匈奴殺粟特王而有其國。可能是這個緣故，阿蘭人受到了匈奴人生活習慣的影響。雖然有些學者懷疑阿密阿那斯的關於匈奴的記載，可是經過研究，他的記載應無問題。因為匈奴人之侵入歐洲僅在他死前約二十年，作為一個軍人，注意這一事件是可能的。

關於匈奴侵入歐洲的最重要史料，到現在為止，要算普利斯庫斯的《希臘史殘稿》（*Fragmenta Historicorum Graecorum*, Ⅶ, 69ff.）①，原文是希臘文，現在殘缺不全。普利斯庫斯是東羅馬的歷史學家。羅馬皇帝曾派遣一個使團到匈牙利的匈奴王庭，使團團長名馬克西明（Maximin），他既是文官，又是武將，很有才幹，他邀請好友普利斯庫斯參加這個使團。他們離開君士坦丁時，匈奴王庭派遣去見東羅馬皇帝的使團也正出發，便一路同行。無論在途程中、在宴會上和在匈奴王庭裡的所見所聞，這位歷史學家都詳細地記了下來。這位歷史學家的著作是關於匈奴西遷的最有價值的史料，既是第一手材料，又是他個人的經歷，是最可靠的報告。他所敘述的事，在時間上達三十二年（公元四四〇—四七二年）。

普利斯庫斯的著作是後來拜占庭的歷史學家與許多西方歷史學者研究匈奴和歌德歷史的主要史料來源。公元六世紀意大利政治家兼歷史學家卡西俄多拉斯（Cassiodorus, 490-585）的《歌德人的歷史》（*Gothic History*）即以這部著作為根據。卡西俄多拉斯的著作因六世紀人約但尼斯（Jordanes）的簡略採用而保存下來。

近代人研究匈奴西遷歷史的如吉本（Edward Gibbon, 1737-1794）的《羅馬帝國衰亡史》（*The History of the Decline and Fall of the Roman Empire*）、西克（Otto Seeck）的《古代世界衰落史》（*Geschichte des Untergangs der antiken Welt*, 1920-1922），均主要取材於普利斯庫斯的著作。弗賴塔格（Gustav Freytag）在其《德意志往代心影錄》（*Bilder aus der deutschen Vergangenheit*）裡還把普利斯庫斯的記載翻譯為德文。總之，後人研究匈奴之在歐洲建立強大的帝國，尤其關於阿提拉的生平事蹟，主要是根據普利斯庫斯的殘稿。

約但尼斯據卡西俄多拉斯的《歌德人的歷史》寫的節錄本，題名《歌德人的起源和活動》（*De Origine actibusque Getarum*），通稱《歌德史》（*Getica*）。這本書共分四個部份。在第三部份裡，敘述西歌德歷史，從匈奴的侵入至歌德王國的覆滅（公元三七六—五〇七年）。最值得重視

① 編按：Fragmenta Historicorum Graecorum 為德國學者Karl Wilhelm Ludwig Müller（1813-1894）所編輯，非普利斯庫斯所作，其作品殘卷被收入此書。

的是敘述阿提拉侵入高盧（Gaul）與毛利亞庫斯（Campus Mauriacus, 編按：即沙隆會戰：Battle of Châlons或Battle of the Catalaunian Plains）平原的戰役。第四部份敘述東歌德歷史，從匈奴的侵入至首次推翻在意大利的歌德王國，時間為公元三七六至五三九年。

約但尼斯的著作以德國著名羅馬史家蒙森（Theodor Mommsen, 1817-1903）收在《日耳曼史資料大全》（*Monumenta Germaniae Historica, Berlin*, 1882）中的最稱善本。英文翻譯者為密埃勞（Charles Christopher Mierow, 1883-1961），題為*The Gothic History of Jordanes*（Princeton, 1915）。

此外，在那個時代，說及匈奴人的著作還有馬西林那斯・科密斯（Marcellinus Comes, ?-534）的《編年史》（*Chronicle*），阿波利內利・西多尼阿斯（Apollinaris Sidonius, 430-489）的書札和詩篇，普羅斯培・泰羅（Prosper Tiro, 又稱：Saint Prosper of Aquitaine, 約390-455）的《編年史》（Epitoma Chronicon）與海德底阿斯（Hydatius, 或稱Idacius, 約400-469）的《編年史》（*Chronicle*）和《南高盧編年史》（*South Gallic Chronicle*）。但這些著作，對匈奴的敘述較為片段，所以只能作為補充材料。關於這方面的資料可參看《劍橋中古史》（*The Cambridge Medieval History: Vol.1*, 1957）阿提拉（Attila）條參考書目。

此外，還有一些著作中偶爾說到的所謂野蠻人，大致也是指的匈奴人。如佐西馬斯（Zosimus, 生卒年不詳，約生活於五、六世紀間）的《新歷史》（*Historia nea*），保盧斯・奧羅修斯（Paulus Orosius, 385-420）的《反對異教史》（*Historiae adversum Paganos*），蘇格拉底・斯科拉斯底庫斯（Socrates Scholasticus, 或稱Socrates of Constantinople, 380-450，一譯：索克拉蒂斯）的《教會史》（*Historia Ecclesiastica*），索佐門（Sozomen, 全名：Salminius Hermias Sozomenus, 約400-450）的

《教會史》（*The Ecclesiastica Histoia*），狄奧多勒（Theodoret of Cyrus 或 Theodoret of Cyrrhus, 393-約457）的《教會史》（*Historia Ecclesiastica*），都爾的聖格雷戈里（Sanctus Gregorius Turonensis, 538-594）的《法蘭克人史》（*Historia Francorum*，或譯：法蘭克民族史），尤內彼烏斯（Eunapius of Sardis, 生卒年不詳，約生活於四、五世紀間）的歷史殘卷等等。關於這方面的資料可參看麥戈文（William Montgomery McGovern, 1897-1964）的《中亞古帝國》（*The Early Empire of Central Asia: A Study of the Scythians and the Huns and the Part They Played in World History*）一書中第四五〇頁第十七章的註解。

隨著阿提拉的失敗和他在歐洲建立的帝國的瓦解，匈奴人逐漸退出歐洲和亞洲的歷史舞台。雖然後來有人把別的種族，如突厥、柔然等稱為匈奴的別種或後裔，但所謂匈奴族卻再也沒有復興，所謂匈奴王國、匈奴帝國也再沒有重見於歷史。

然而這並不是說阿提拉及其帝國完全被人們忘記。據說在十二世紀的達爾馬丁那斯（Juvencus Caelius Calanus Dalmatinus）其人與十六世紀的尼古拉・俄拉胡斯（Nicholas Olahus）主教都曾寫過阿提拉的傳略（參看吉本《羅馬帝國衰亡史》第三十四章注一）。在斯堪的納維亞（Scandinavia）地區與日爾曼地區，阿提拉這個名字變為埃特西爾（Etzel）。在《尼伯龍根之歌》（*Nibelungenlied*）中，埃特西爾或阿提拉被認為是一個征服者。雖然這首詩歌把許多人名和時間弄錯了，但這是一首流行很廣的詩歌，阿提拉是詩歌中的英雄。把阿提拉當做英雄人物的不只見於《尼伯龍根之歌》，同樣也見於斯堪的納維亞與日爾曼的其他詩歌中。

阿提拉失敗之後，歐洲進入中世紀的所謂黑暗時代。中國唐朝的勢力範圍雖然延伸到中亞細亞，但從中國經中亞細亞到歐洲的陸路交通幾乎斷絕。至於海路交通，則為阿拉伯人所壟斷。直到十三世紀，蒙古西侵，中西的陸路與海路交通才又打通，馬可波羅走過這兩條路。

蒙古西侵以後，許多歐洲人從陸路經中亞細亞來到中國。十六世紀上半葉時又從海路來到東亞。從此以後，歐洲人來中國的便愈來愈多，研究中國的興趣也愈來愈大。從十七世紀下半葉到十八世紀的百餘年間，歐洲人無論在文化、物質或精神方面都深受中國的影響。不止許多學者注意研究中國，統治階級——帝王王室中也有許多人極力提倡、支持這種研究，法國的路易十四（一六四三—一七一五年）和路易十五（一七一五—一七七四年）就是顯著的例子。

法國史學家得岐尼在一七五六至一七五八年出版的五冊巨著《匈奴、突厥、蒙古及西部韃靼各族通史》（*Histoire Generale des Huns, des Turcs, des Mongols et des autres Tartares occidentaux: Ouvrage tire des livres Chinois et des manuscris orientaux de la billiotheque du Roi Paris*）的序言中曾說，路易十四在位時，有一位姓黃的中國人①，被巴黎的一位教長比儂（Jean-Paul Bignon, 1662-1743）留在法國皇家圖書館工作。此人曾寫過幾篇論文，但工作沒有完成便病故了。當時法國的東方學者、皇家圖書館長孚爾蒙（Étienne Fourmont, 1683-1745）被任命去審查他的遺著。經過相當長的時間，並遇到一些困難後，孚爾蒙便計劃編一部中法字典，因而需要瞭解更多的中國名物，於是設法搜羅中國書籍。這時，在位的是路易十五，獎勵研究中國學問，命工匠鑄銅質定模十二萬個，以供印刷中、法文書籍和字典之用。得岐尼在孚爾蒙的指導之下，學習東方語言，尤其是中國語言。後來，孚爾蒙死了，得岐尼接替孚爾蒙職位，因而有機會博覽巴黎的中國書籍。他的五冊巨著便是在這樣的條件下寫成的。序言中還指出，人到處都是相同的。歐洲人沒有完全倣傚希臘人與羅馬人。他們讚揚希臘人與羅馬人的優點，但也指摘其缺點。他認為歐洲人也應該用這種公正態度去對待其他民族。無疑，所謂其他民族也指中國民族。

關於匈奴歷史的敘述，見於該書第一冊。第一冊分六編。第一編敘述匈奴的歷史及其單于或皇帝，時間自公元前二一〇年至公元九十三年。第二編分二章：第一章敘述南匈奴（居住在中國邊界的匈奴）的歷史，時間自公元四十八年至二七七年；第二章敘述在中國境內的匈奴的歷史，即「漢」（按，為劉淵）或前趙的歷史，時間自公元二七九至三二九年。第三編為三章：第一章敘述中國境內的匈奴的歷史，即「趙」（按，為石勒）的歷史，時間自公元三一九至三五二年；第二章敘述匈奴的歷史，即「夏」（按，為赫連勃勃）的歷史；第三章敘述陝西與哈密間的北涼的歷史（按，為沮渠蒙遜），時間自公元三九七至四六〇年。第四編分三章：第一章敘述西方匈奴的歷史，時間從公元九十一年至六一八年；第二章敍述白匈奴或嚈噠的歷史，時間從公元四二〇至五三一年；第三章敘述韃靼、柔然的歷史，時間從公元三一〇年至七九九年。第五編的標題是「匈奴的復興」，也就是突厥族的興起，時間從公元五四五年至七四四年。第六編敘述西方突厥的歷史，包括與中國，波斯的戰爭，突厥征服波斯，突厥帝國，土庫曼帝國與匈牙利帝國，與羅馬的戰

① 編按：作者所說應指黃嘉略。黃嘉略（法語名：Artus de Lionne, 1679-1716），福建莆田筱唐村人，本名黃日昇。一七〇六年與法國傳教士梁弘任（Artus de Lionne, 1655-1713）到達巴黎，在法國皇家學術總監讓-保羅・比儂的推薦下，擔任法王路易十四的翻譯。一七一三年四月在巴黎與Marie-Claude Regnier結婚。終老於法國。編著有《漢語語法》及《漢語字典》。

爭和匈牙利人在潘諾尼亞的殖民地等內容。〔參看得岐尼於一七四八年寫的《匈人與土耳其人的來源》（*Memoire historique sur l'Origine des Huns et des Turcs*）〕

得岐尼寫這本書的主要目的是想說明西方的匈人（Hunnen, Huns, Hunni）就是中國史書中所載的匈奴。因此，他要解釋中國的匈奴是如何遷到西方並侵入歐洲的。他在第一編中說：

> 羅馬的歷史家，對他們（西部的韃靼人）只籠統稱之為匈人，一切描寫與記載，均屬不經的寓言，並不知道這些匈人來自何處。他們在韃靼人中，被稱為「匈奴」，曾建立大帝國，後被中國打敗，勢力分散。一部份遷到西方，後來入寇羅馬帝國的阿提拉即出身於這部份西遷的匈奴。留在中國邊境的匈人，一部份為東部韃靼（按，指鮮卑）所征服；一部份據有北中國，建立數個小帝國，惟勢力微弱，已不能統有韃靼全部。後來到了土門時代，復建大國，得號土耳其（突厥），對於全部韃靼，方重新統一。（轉引自姚從吾〈歐洲學者對於匈奴的研究〉，北京大學《國學季刊》第二卷第三號，四六二頁，一九三〇年出版。）

此外，歐洲的學者，如維斯德勞（Claude de Visdelou, 1656-1737）①在其《韃靼史略》（*Histoire abregee de la Tartare*）一文裡（見Bibliothequ Orientale IV, 46ff.）早已指出：西方的匈人就是中國的匈奴。但是他的這個主張，只是偶爾的提出，明確地提出這個主張的應歸功得岐尼。得岐尼的這個主張發表以後，歐洲的許多學者都表示同意。如諾伊曼（Karl Friedrich Neumann, 1793-1870）的《亞細亞研究》（*Asiatische Studien*, *Leipzig*, 1837）、吉本的《羅馬帝國衰亡史》都採納了這種看法。但在十九世紀初期，也有人反對這種看法，如克拉普羅特（Heinrich Julius Klaproth, 1783-1835）在《亞洲史》（*Tableaux historiques de l'Asie*, 1826），雷米札（編按：即雷慕沙，Jean-Pierre Abel-Rémusat, 1788-1832）（上引姚從吾文作瑞米薩）②在《韃靼語言的研究》（*Recherches sur les langues Tartares*, 1820），里特爾（Carl Ritter, 1779-1859）在《亞洲地理》（*Die Erdkunde von Asien*, 1832-1859）都懷疑得岐尼的主張。但是經過一百多年來的研究，近代學者大致都承認西方的匈人就是東方匈奴的後裔，得岐尼確有先見之明。

得岐尼在第四編中，曾把中國史書中所說的匈奴西遷的過程加以說明。他從中國史料中知道匈奴西遷，於是聯想到歐洲史書中所載的匈人就是東方的匈奴的後裔。他指出匈奴人從蒙古高原受中國的攻擊而西遷到俄羅斯的伏爾加河流域，又從這裡西走，到黑海東北一帶。在這裡，匈奴人殺了阿蘭或奄蔡國王而有其國，再從這裡侵入到多瑙河流域。到公元四三五年，阿提拉領導這個民族，兵臨東羅馬的君士坦丁，西向壓迫西羅馬帝國與歐洲。這是得岐尼所寫匈奴通史的最重要部份，也可以說是他在匈奴史研究上的最大貢獻。

由於他的書寫於兩百年前，當時的歐洲人對於中國的知識還很少，翻譯中國古書剛剛開始，因而在他的著作中有很多缺點。如第一冊中所敘述的匈奴歷史，嚴格地說只有四編。第四編第二章所說的白匈奴或嚈噠是否應列入匈奴歷史很值得討論。第三章所說的柔然和第五編、第六編的突厥族

---

① 維斯德勞是入華的法國耶穌會士，漢名作劉應。
② Jean-Pierre Abel-Rémusat通譯作雷慕沙。

根本就不應當作為匈奴來看待。柔然就是蠕蠕，是東胡的後裔。這兩個種族都不是匈奴。這一點，近代學者大致是公認的。雖然我們並不否認，在匈奴帝國瓦解之後，其留在蒙古高原或在中國內地，以及西徙到中亞細亞或歐洲的部份人民，既與其他民族如鮮卑、柔然、突厥互相混雜，因而在這些民族中也可能混有匈奴人的血統。

匈奴最強盛的時候是在漢朝初期。中國史書記載匈奴較為詳細的是兩漢時代，這是匈奴帝國在歷史上很重要的時代。得岐尼在匈奴通史中，對於兩漢匈奴的敘述，佔的篇幅較少。又匈奴在歐洲的活動，在歐洲史上也佔極重要的地位，可惜敘述得也不多。

十八世紀歐洲人之研究匈奴者，除得岐尼外，普雷（George Pray, 1723-1801）的《古代匈奴編年史》（*Annales verteres Hunorum Avarorum et Hungarorum*, 210 ad 997, 1761）與得岐尼有同樣看法。此外，吉本對於這個問題的研究尤值得注意。吉本的名著《羅馬帝國衰亡史》（共六卷，一七七六—一七八八）以大量篇幅敘述匈奴人在歐洲的活動，他也簡略地解釋過匈奴人從東方遷到西方的歷史。吉本有關歐洲匈奴歷史著作的史料來源，是前面舉出的一些古羅馬時代的著作，主要的則是普利斯庫斯的殘稿。關於東方的匈奴的歷史，他利用得岐尼的著作，並參考馬拉（Joseph-Anne-Marie de Moyriac de Mailla, 1669-1748）[1]所翻譯的《通鑑綱目》（*Tong-Kien-Kong-Mou:Histoire generale de la Chine*, *Paris*, 1776）此外，當時住在北京的外國教士所介紹的一些文獻，他也加以注意。

吉本很佩服得岐尼的著作。他以為匈奴從東方遷到歐洲的這一經過是得岐尼發現的。他認為得岐尼是一位靈巧、勤勞的中國語言的傳譯者，「在人類歷史上，揭開了新的重要篇章」（參看《羅馬帝國衰亡史》第二十六章與注十）。

吉本對於匈奴、韃靼、塞種（Scythians）②三個詞似乎沒有區別。在《羅馬帝國衰亡史》的第二十六章注五中明白地說，不分開使用韃靼與塞種兩個詞。在這一章裡，他敘述游牧民族的行為與特性，這些都是匈奴、韃靼和塞種的民族習性。然而在談到各民族間的爭鬥時，卻又把匈奴、塞種、鮮卑等分開。

前已指出，十八世紀時，研究匈奴問題的人都要提出這一問題：歐洲的匈人是不是中國史書中所載的匈奴？吉本與得岐尼都肯定二者為同一民族，並同樣肯定歐洲的匈人來自蒙古高原。但人們不免要問：這個東方的匈奴是怎樣遷到西方的？這是研究東西匈奴史上的一個極為重要的問題。前已述及，得岐尼做過解釋，吉本在《羅馬帝國衰亡史》中又加以說明，即匈奴人受壓力（指其他民族的壓力，如漢族）而西遷至伏爾加河流域，又受壓力而西徙至歐洲東部。匈奴人從蒙古高原來到伏爾加河流域這一段歷史，中國人是知道的。可是如何從這裡西徙至羅馬，中國人就不清楚了。吉本以為，除了漢人的攻擊之外，鮮卑人進入蒙古高原也是匈奴西徙的一個原因。此外，塞種人在歷史上曾各方奔遷，對於匈奴人的再往西進，也是有關係的。吉本又指出，公元三世紀時，投降（指南匈奴）於漢朝的匈奴人也有相當大的數目往西邊走，與早已到了或越過伏爾加河流域的北匈奴人

---

① 馬拉，漢名作馮秉正神父。

② Scythians，中譯計有塞種、斯基泰人、西徐亞人、塞人等多種譯法。除所引中文論著中的原有譯法外，本書整理過程中統一譯為「塞種」。

聯合起來。這樣，在這個流域或以西的匈奴人的勢力便增強起來，他們再往西走，便抵達阿蘭或古奄蔡的地方。這就是伏爾加河與泰內伊斯河（Tanais，頓河古名）之間的平原。在這裡，匈奴人與阿蘭人互相攻打。最後，匈奴人殺死阿蘭國王而佔有其國。吉本是從得岐尼翻譯的《魏書・粟特傳》中知道這個史實的。

吉本用了不少篇幅敘述匈奴是如何打敗東歌德人進入歐洲的。在第三十四和三十五章裡，他描寫了阿提拉的性格與活動、阿提拉的王庭與阿提拉的東征西伐。他認為，在古代至近代的歐洲史上，阿提拉是唯一的征服者，征服了日耳曼人與塞種人的國家，把二者置於自己的統治之下。德國歷史學者尼布爾（Barthold Georg Niebuhr, 1776-1831）在《羅馬歷史講義》（*Roman History*）中，認為吉本對於阿提拉的威力、統治權與領土有誇大之嫌，這是缺點。然而，事實上，歐洲的征服者中很難找出一位像阿提拉這樣曾威加歐洲，使歐洲在民族的遷移和其他許多方面發生巨大變化的人。

自得岐尼和吉本把匈奴西侵的歷史加入羅馬的歷史之後，許多歷史學者，在編寫羅馬史或歐洲史時，往往也加入匈奴西侵一章。一九一一年出版的《劍橋中古史》第一卷中就有阿提拉一章。西克在《古代世界衰落史》也把這一段歷史編在裡面。應該說，這不僅是歐洲歷史的重要的一章；在世界史上也是重要的一章。在東方，當匈奴強盛時，漢族屢受侵略，東胡也被打敗，還在西域設了僮僕都尉以奪取其資源。只是前漢王朝與民休息六十多年以後，又經過武帝的五十年，而後傾漢朝的人力物力，不斷前往進攻，才使其威力受挫。從此以後，匈奴雖逐漸趨於衰弱，然而漢代、三國時仍不斷為患。即使到了兩晉時代，北部仍遭到匈奴人的嚴重蹂躪。等到在東方的匈奴人逐漸衰亡或被同化的時候，從蒙古高原西徙的匈奴人又出現在歐洲的歷史舞台，並成為這個時代的舞台上的主角。這就是說，無論在東方或西方的歷史上，匈奴都佔有很重要的地位。換言之，匈奴的歷史是世界歷史的重要的組成部份之一。所以近代歐洲的學者，如韋爾斯（Herbert George Wells, 1866-1946）在其《世界史綱》（*The Outline of History*, 1919）中就很重視這一部份。

匈奴的歷史，不止列入世界史和歐洲史範疇，也被列入國別史範疇，中國的《史記》、《漢書》、《後漢書》固不待說，歐洲的國家，其中顯著的就是匈牙利的歷史。一八五六年，戈德金（Edwin Lawrence Gorlkin, 1831-1902）在《匈牙利與馬札兒人的歷史》（*History of Hungary and the Magyars: From the Earliest Period to the Close of the Late War, London,* 1853.）中，就有匈奴與阿提拉一章。該書第一章標題為「羅馬時代」，僅兩頁；第二章標題為「匈—阿提拉，公元三三七—四五三年」（The Huns-Attila A. D. 337-453）。

在這一章裡，開頭從蒙古高原的游牧民族說起。他說這個高原的民族，古代的希臘人與羅馬人稱之為Scythians（中譯塞種——作者注），他們的財產是走動的馬、牛、羊，沒有一定的住宅，武器是弓矢。利即戰，不利即退。一退千里，敵人欲追而不可得。即使居魯士（Cyrus）與亞歷山大的能征善戰與紀律嚴明的軍隊，遇到他們也無可奈何。這個游牧民族，其在中國北部的就是匈奴。儘管匈奴很強盛，由於自然災害、漢朝的反攻，使他們受到很大的失敗而分裂為南、北匈奴。在南方者，後來出現於歐洲叫做突厥，在君士坦丁建立大本營。在北方者也進入歐洲。近代的匈牙利人把這部份匈奴人作為自己的祖先。戈德金又指出：儘管吉本認為近代的匈牙利人與古代匈奴人的關係，從遺傳方面來說極為微小，但吉本是相信突厥或土耳其人與馬札兒人在來源上是相同的。他又說：近代語言學研究說明：芬蘭、突厥、馬札兒、蒙古與中亞的文化較低的韃靼人都是同種，如果說有差別，那麼也只像近代德國裡的各種民族一樣。

在該書第九頁，著者從阿提拉的叔父盧加（Rugila）或盧支拉斯（Rugila）說起。認為在這位匈奴領袖時代，匈奴人在歐洲紮營的地方就是現在的匈牙利。在這一頁上還印著阿提拉的像，這是西文典籍中很少見的阿提拉畫像。著者敘述盧加死後，其侄布雷達與阿提拉繼承大位。不久，前者被後者殺死，阿提拉遂成為匈奴人的唯一領袖。匈牙利人固然把其歷史與祖先追溯到阿提拉，而馬札兒的歷史學者也把這位非常人物當做他們的國王之一。

戈德金詳細地敘述阿提拉在歐洲的活動。對阿提拉與東羅馬皇帝的交涉，尤其是東羅馬派遣以馬克西明為首並包括普利斯庫斯在內的使團出使匈奴王庭的經過，佔的篇幅很多。他還敘述阿提拉與西羅馬皇帝瓦倫提尼安（Valentinian）①的關係，對這位皇帝的妹妹霍諾利婭（Honoria）如何寫信給阿提拉和阿提拉一再要求娶這位公主等也加以解釋。此外，他又用不少篇幅描寫公元四五一年，阿提拉征伐高盧被擊退；第二年，阿提拉南侵意大利；公元四五三年，阿提拉死去和匈奴帝國的崩潰。最後，簡單地說明匈奴帝國崩潰後，一些民族如蠕蠕遷到匈牙利的歷史以及查理曼大帝（Charlemagne）在七世紀中葉征伐這個地方的蠕蠕，迫使他們退回到亞洲。

在第三章裡，著者敘述公元八八四年至九五四年間的匈牙利歷史，只有一點值得注意。即他指出：儘管馬札兒的歷史學家總想追溯馬札兒人或匈牙利人是阿提拉的後裔，但其理由是不夠充分的，結果只是一種推論。著者又指出：從種族的來源與從風俗習慣上看，近代的匈牙利人與古代的匈奴人有相同之處是無疑的，但這並不等於說匈牙利人就是匈奴人的近親。匈牙利人之出現於歐洲在公元八八四年，他們的民族在東方的名稱是馬札兒，希臘人稱之Scythians，即塞種，他稱之為突厥者。這樣一來，匈奴人、斯基泰人、突厥人、土耳其人，可以說有密切的關係。

戈德金是受得岐尼與吉本的影響而做出這樣的結論的。前已指出這個結論是可疑的，值得討論。

十九世紀以來，歐洲人研究中國歷史的愈來愈多，對於匈奴的研究，除了戈德金的著作外，還有很多。翻譯的中國古籍包括有關匈奴記載在內的也逐漸增多。如一八二八年法國的布羅斯（Marie-Félicité Brosset, 1802-1880）曾把《史記・大宛列傳》譯為法文，題為「大宛國的關係」（Relation du pays de Ta ouan），刊載於《新亞洲學報》（Nouveau jpurnal asiatiqe）第二卷第四一八—四五〇頁。

一八七四年，英國人威理（Alexander Wylie, 1815-1887，漢名作偉烈亞力）譯《漢書・匈奴傳》，題為「匈奴人的歷史及其與中國的關係」（History of the Heung-Noo in their relations with China: Translated from the *Ts'een Han Shoo, Book 94*），刊登於一八七四至一八七五年出版的《大不列顛與愛爾蘭人類學研究所學報》②，他又翻譯了《漢書・西域傳》（*Notes on the Western Regions,*

① 指Valentinian Ⅲ，拉丁文全名為Flavius Plaeidus Valentinanus（419-455）。

② 編按：此文首先刊登於一八七三年的上海《上海晚郵》（Shanghai Evening Courier, 一八七三年五月二十一日，六月十日，七月三十一日，八月十二、十五、二十五、二十九日，九月四、十三、十四日），分多日連載；後又編入同年出版的《上海彙編》（Shanghai Budget）；次年才於《皇家人類學院院刊》（The Journal of the Anthropological Institute of Great Britain and Ireland, Jan. 1874, vol. 3, p. 396-452）第三卷發表。

The Journal of the Anthropological Institute of Great Britain and Ireland, vol. 10, 1881, pp. 20-73.）。一八八二年，他翻譯了《後漢書・西羌傳》（History of the Western Keang），發表於這一年的《遠東評論》（*Revue Extrême-Orient*）。此外還有金斯密爾（Thormas William Kingsmill, 1837-1910）所譯的〈大宛傳〉，題為「公元前二世紀的中國與中亞和西亞的交通」，又夏德的譯本題為「張騫的故事」（The Story of Chang K'ien, China's Pioneer in Western Asia: Text and Translation of Chapter 123 of Ssï-Ma Ts'ién's Shï-Ki, *Journal of the American Oriental Society* , Vol. 37, 1917, pp. 89-152）。

《漢書・匈奴傳》的西文譯文較好的是巴克（Edward Harper Parker, 1849-1926，漢名：莊延齡）譯的《突厥—塞人部落》，他於一八九四年所著的《韃靼千年史》（*A Thousand Years of the Tartars*）的第一部份的匈奴史中，很多篇幅譯自中國史籍。此外，德格羅特的《紀元前的匈人》也翻譯了不少中國史書上關於匈奴的記載。

上面所舉的一些翻譯工作雖然不是嚴格的研究工作，但對匈奴的研究是有一定作用的。許多不懂中文的人可以從中得到關於匈奴歷史的知識，儘管這些翻譯有不少的缺點和錯誤。

從十九世紀到本世紀上半葉，關於匈奴的著作不勝枚舉。茲將幾本較為重要的略為介紹。

巴克的《韃靼千年史》。據「再版序」說：「本書以一八九三年與一八九四年間草於瓊州，即華南之海南島也。瓊州府尹曾貸余以中文歷史要籍多種。一八九四年去華，是時詹姆生先生（George Jamieson, 1843-1920）適代理上海按察使，① 承其校閱排樣，主理出版事……余於《中國評論》第二十卷中嘗言匈奴、塞種、匈人、突厥為同一部落之異名。自是而後，沙畹、夏德諸學者繼續努力，更有深切之研究云。」

這本書共分七卷：卷一、匈奴；卷二、鮮卑；卷三、蠕蠕；卷四、突厥；卷五、西突厥；卷六、回紇；卷七、契丹。卷七裡的第五章敘述女真的興起及契丹的敗亡。

巴克既用韃靼這個名稱包括匈奴、鮮卑、蠕蠕、突厥、西突厥、回紇與契丹，說明他認為這些民族有密切關係，正如他在「再版序」中所說：匈奴、塞種、匈人（指歐洲的匈奴人）、突厥，為同一部落的異名。這種看法是有問題的。鮮卑為東胡，在東漢時代，匈奴與鮮卑就已分為兩個不同的民族。籠統地把鮮卑作為韃靼名稱之下的一種民族或無問題，作為匈奴的一種就不對了。至於蠕蠕、突厥、回紇、契丹是否都為匈奴或匈奴的別種也是有問題的。關於這個問題不在這裡討論，但巴克既把匈奴專在卷一中敘述而與其他民族分開，這也說明匈奴與其他民族不同。

《韃靼千年史》中關於匈奴的部份約三萬字，佔全書的三分之一，但若從匈奴整個歷史來說則又很簡略。

這一卷又分為七章：匈奴的古史；冒頓的御宇；與漢族爭霸時期；衰敗時期；屬國時期；匈奴的內屬、分裂與衰亡；匈奴人稱帝於中國北部。所敘歷史約七百年，即從公元前三世紀的戰國末年至公元五世紀初的兩晉時代。

在最後一章中，石勒、石虎也被列為匈奴，是值得商榷的。

在第一章中，他認為「中國人對於北亞騎馬、食肉、飲酪之游牧民族，除匈奴一詞外，並無他

---

① 詹姆生一八九一年起任英國駐上海領事兼「大英按察使司衙門」按察使。

名以稱之」。這是不對的。在中國的古籍中，除匈奴這個名詞外，還有昆夷、玁狁、獯鬻、北狄、戎狄、東胡、胡等名稱。巴克既以為中國人把北亞的民族統稱為匈奴，又以為希羅多德所敘述的，與希臘、波斯接觸的塞種與中國的匈奴或歐洲的匈人都是同種，這種看法是歐洲人從得岐尼以來到吉本以及後來的一些學者所主張的，這種看法也是很值得商榷的。

巴克對於中國史書的閱讀能力勝過得岐尼與威理，所譯的匈奴傳也比他們好。《韃靼千年史》中關於匈奴的敘述也比在他之前的歐洲人正確，書中還指出以前的學者，如吉本，在這一問題上的錯誤，儘管他自己的一些看法也未見得正確。

德國人夏德是近代西方的漢學家中成績較大的一位。夏德於一八六九年在德國大學得博士學位後，曾在中國的廣州、九龍、廈門、上海、揚州、宜昌、重慶、台灣等地的海關任職。一八八九年，曾與施古達（Gustaaf Schlegel, 1840-1884。編按：現今一般譯為：施萊格、施萊格爾）、考狄（Henri Cordier, 1849-1925）等創辦《通報》（*T'oung Pao*，編按：此為國際上第一份漢學刊物），一八九五年解職後即專攻漢學，一九〇二至一九一七年受聘為美國哥倫比亞大學教授，講授中國歷史，一九二〇年返德，一九二六年逝世於慕尼黑。

夏德的著述很多，據說達一百六十餘種，為人們引用得最多的是《中國與羅馬的東邊地》（*China and the Roman Orient*, 1885）。關於匈奴問題的研究以〈伏爾加河流域的匈人與匈奴〉（über Wolga-Hunune und Hsiung-nu）一文為最重要。該文於一八九九年六月在慕尼黑科學院的哲學、語言與歷史學會上宣讀，刊行於一八九九年該會出版物上[1]一九〇〇年，俄國聖彼得堡的帝國科學會印刷局刊行了夏德關於土耳其民族歷史的中文資料第一部份的阿提拉世系表。一九〇一年他又在匈牙利《東方評論》發表了〈關於匈奴人與中國人的關係〉②此外，又如他的〈金斯密爾先生與匈奴〉（Mr. Kingsmill and the Hiung-nu），載在《美國東方學會雜誌》（*Journal of the American Oriental Society*）的第三十卷三三一—四五頁，是答覆金斯密爾在上海《皇家亞洲文會北中國支會會報》（*Journal of the North-China Branch of the Royal Asiatic Society*）第三十四卷所發表的〈夏德博士與匈奴〉（Dr. F. Hirth and the Hiung Nu）對他關於匈奴問題的批評文章。

夏德的〈伏爾加河流域的匈人與匈奴〉的研究，主要是說歐洲的匈人，就是中國《史記》、《漢書》、《後漢書》中所記載的匈奴，他的主要論證是根據拓跋魏國時代魏收所著的《魏書‧西域傳》「粟特國」一條中的記載，他對於這一條記載做了很詳細的注釋。他指出匈奴人強悍好戰，不甘屈服，利則進，不利則退，不羞遁走，所以雖然有一部份投降於漢，但也有很多往西方跑。最先往西遷移的是公元前五十一年的郅支單于，其次往西方遷移是公元九十年，前者為甘延壽、陳湯所敗，後者為耿秉、竇憲所擊。兩次的西遷都到了康居的境內，《魏書‧西域傳》中所說的悅般也是匈奴人所建立起來的國家，悅般在烏孫的西北，這就是康居所統治的地方。

匈奴的兩次遷移既然都抵達康居所在地，其後往西遷徙，遂到了粟特，這也就是古奄蔡地，也

① 編按：此刊物為《慕尼黑皇家巴伐利亞科學院哲學語文歷史學科通報》，第二卷第二冊：Sitzungsberichte der Münchner Akademie der Wissenschaften (Philosophisch-historische Klasse, II), 1899, pp. 245-278.。

② 編按：《東方評論》應是《關於烏拉爾‧阿勒泰研究的東方雜誌》之誤，卷數應為第二卷。參閱臺北：《漢學研究通訊》三一卷第一期，四一頁，注十七，二〇一二年二月）。

是後來阿蘭人所佔領的地方，粟特東接康居，西近大秦，這就是東羅馬的領地，匈奴到了粟特，遂與粟特人或阿蘭人互相征伐，結果粟特王被匈奴王殺死，匈奴乃有其國。匈奴人又以這個地方為根據地，而後從這裡侵入東羅馬與歐洲的其他地方。

夏德認為《魏書・西域傳》「粟特」條中所說的王「忽倪已」為粟特王名（按，「粟特」條說：「先是，匈奴殺其王而有其國，至王忽倪已三世矣。」）其實粟特的王名應該是「忽倪」而不是「忽倪已」。已字應該是緊連下句，而非緊連忽倪而成為忽倪已，夏德又推算，「忽倪已」在位的時候應該是魏文成帝太安時代，就是公元四五五至四五九年間，他以為三世約為百年這樣推上去，匈奴人之侵入粟特當為三五五年間。大約二十年後，他們又侵入歐洲。

夏德又推算出忽倪應為阿提拉的幼子厄內克（Ernac），我們以為在時間上這樣的推算是錯誤的，在漢時以忽倪為阿提拉的幼子也是錯誤的。關於這一點，我們別有解說，這裡只好從略。

其實夏德這篇論文，不只是好多論據有其錯誤的一面，就是在翻譯方面也有很多錯誤。至於他在阿提拉的世系表中，以阿提拉為基準上推，每代以三十三年計算，阿提拉算上去二十代的祖先就是冒頓，這也是一個錯誤。一九二五年季基提所發表的〈阿提拉世系與匈奴單于的名號〉曾指出匈牙利的編年史中的阿提拉世系表是出於後人的偽造，夏德不察，遂以為真。

儘管這種錯誤在夏德的著作中並非少見，但是西洋人之研究中國古書中所記載的匈奴之西徙到粟特的解釋較為詳細而又較為準確的，要算夏德了。

一九一一年所出版的（我用的是一九五七年的再版本）《劍橋中古史》第一卷中六〇～三六六

頁，有施密特的一篇文章題為〈阿提拉〉。施密特這篇文章是說明阿提拉就位以後以至他死去的歷史，其時間是從公元四三五至四五三年，他的主要史料是普利斯庫斯與約爾丹（Jordanis，編按：作者下稱約旦尼斯）。他描述匈奴人在這個時期中在歐洲的活動，但他也指出在公元五世紀之前，匈奴人有了好多不同的部落與好多侯王的統治，在五世紀初年以後，特別是在其王盧加的時代開始，把大部份的匈奴人尤其是在匈牙利平原居住的匈奴人聯合起來。在這個地方，除了匈奴人之外，還有好多斯拉夫人、德意志人和薩爾馬特人（Sarmatians）也都在他的統治之下。盧加死後，他的兩個侄子即布雷達和阿提拉〔他們都是蒙特粟克（Mundzucus, 390-434）的兒子〕。這兩兄弟雖然共同統治匈奴人，但內政上還是各管某一部份或某一區域的部落，只是在外交上共同合作。公元四四四年或四四五年後才由阿提拉一人統治。有人說布雷達是被阿提拉殺死的，但施密特則只說是被阿提拉排擠。應該指出：布雷達若不是被阿提拉殺死，也是在被排擠之後不久就死了。因為當東羅馬帝國的使團（即普利斯庫斯所參加的使團）到達匈奴境內時曾見過布雷達的妻子，而她當時已是遺孀。

施密特的這篇文章雖不長，對歷史的敘述也不夠詳細，然而對阿提拉即位後的匈奴人在歐洲的主要活動都簡略地敘述到了。《劍橋中古史》的作者們參考的史書較多，所以這篇文章常被人們引用。

在歐洲的歷史學者中，德格羅特（前引姚從吾文中作底哥耨提）關於匈奴著作的成績與影響都較大。德格羅特是荷蘭人，生於一八五四年，死於一九二一年，曾在荷蘭的東印度殖民地政府當過翻譯、顧問。一八七七年，到中國廈門，學習廈門方言並研究中國的風土人情，一九〇二年任柏林大學教授。他的著作包括的方面很廣，如有關廈門歲時節令的兩冊，有關中國宗教的六冊，有關中國大乘佛教的兩冊，關於中國排斥異教的歷史二冊，大同主義一冊。他被認為是近代歐洲研究漢學較為淵博的學者。

德格羅特關於匈奴的著作是《紀元前的匈人》和《紀元前中國的西域》（*Die Westlande Chinas in der vorchristlichen Zeit*）兩書。這兩本書都是在他死後出版的，前者刊行於一九二一年，後者刊行於一九二六年，由繼承他的教授位置的佛朗克（Otto Franke, 1863-1946）①整理。二書又合稱《亞洲歷史的中國史料》（*Chinesische Urkunden zur Geschichte Asiens*）。德格羅特這兩本書總結了歐洲學者過去一百多年間對《史記》、《漢書》的匈奴傳、西域傳的翻譯及研究情況，所以西方學者研究這方面問題的，都很重視這兩本書。

《紀元前的匈人》一書共分二十二章，另有導言。第一章是最古的傳說，第二章是秦代盛時的匈奴與長城的修築，第三章為頭曼時代，第四章為冒頓時代，以下敘述歷代單于，差不多每一單于為一章，唯第十六與十九章各有兩個單于，而第十六與第十八章都說到呼韓邪單于。全書寫到公元一世紀初（公元十八年）呼都而尸道皋若鞮單于止，共約三百多年，除導言外共兩百八十八頁。

德格羅特在序文中指出，中國古書中的關於匈奴與西域的記載是世界上現存的最古的記載。凡研究東亞、北亞或中亞的人都要依賴這些材料。他認為，公元三世紀以前，中國有記載的世界民族，最重要的就是匈奴，歐洲人知道歐洲的匈奴就是來自中國的匈奴，即係從中國古書中記載的匈奴的歷史推論而來的。哥卑爾②、得岐尼、德厄布羅（Barthélemy d'Herbelot de Molainville, 1625-1695）、維什德勞等人介紹、翻譯了中國的一些史料，使歐洲人得到中國歷史的基本知識。可是這些人所用的史料並非最古的史料，而是像《通典》、《通考》、《通鑑》等數百年後的轉手材料。法國的東方學者使用的就是這些材料。因此，他認為把有關匈奴的原始資料加以翻譯是很必要的。對於後來的歐洲學者如布羅斯、威理所翻譯的《漢書・匈奴傳》、《漢書・西域傳》，德格羅特認為遠在水平以下而無科學價值。他認為巴克譯得較好，但仍有不清楚和與原文有出入之處，因而他自己又重新翻譯。他希望經他翻譯之後，別人就永遠不用再做這項工作了。

德格羅特對這次翻譯工作確是下了工夫。他除了讀「匈奴傳」的原文外，還參考了好多有關這個問題的其他史料，如《左傳》等。但是如果說他的翻譯完全沒有錯誤則未免言之過甚。例如《漢書・蕭望之傳》中說：「望之以為：『單于非正朔所加，宜待以不臣之禮。』」德格羅特把正朔當為北方，這裡的非正朔的意義是不奉正朔或者是不按照漢朝的禮節和制度，而並非北方，這一類的錯誤並不算少。〔見姚從吾，〈歐洲學者對於匈奴的研究〉（北京大學《國學季刊》第二卷第三號五〇八—五一二頁）〕又如他在第一章的最後傳說中，雖然用了不少篇幅去加以說明，可是他對於秦或者戰國以前有關匈奴的傳說為《史記》或《漢書》所記載的，不只沒有批評，反而當為史實，加以注釋，這也是有問題的。

① 佛朗克，漢名傅蘭克（編按：又稱福蘭閣、福蘭格。德國近代著名漢學家。曾任德國駐華使館翻譯、領事。也曾在中國駐德使館任參贊）。

② 哥卑爾（Antoine Gaubil, 1689-1759），耶穌會士，漢名作宋君榮。法國蓋拉克（Gaillac）城人，十八世紀來華的法國耶穌會傳教士，曾翻譯、注釋《書經》、《易經》、《禮記》等書。

匈奴的歷史在韋爾斯所著的《世界史綱》裡佔了不少的篇幅，他在第十四章〈最初的文化〉第五節中敘述中國早期的歷史，就談到匈奴。他以為的、中國最早的歷史，提到了西北邊境人民，即烏拉—阿爾泰族，這也就是匈奴。中國最早的一些皇帝為了抵抗這個外族而曾引起戰爭。他指出古代的匈奴，曾受到中國文化的影響，卻沒有得到中國文化中統一的思想。他指出鐵器何時傳入中國，不得而知，可是把鐵當為武器是在公元前五〇〇年左右，他認為鐵可能是從北邊的匈奴人那裡傳入中國的。

在第二十八章裡，他把匈奴的歷史從秦漢說起，他認為從現在的眼光來看，秦漢統一天下是與中國政治統一的傳統思想有密切關係的。而秦漢對於西北民族的反應是中國統一的一件重要的事情。中國文化中的新的政治組織與力量對匈奴不斷的擾亂與侵入，給予打擊。對於中國來說，這是中國歷史進入好轉的道路。

長城是中國人用以抵抗匈奴南下的障塞，可是長城並不阻礙中國人越過長城而北上，中國不只有長城，它有堅固的政府，又有熟練的軍隊。他們可以深入漠北，把匈奴驅逐出有水草的高原之外。

韋爾斯用匈奴或匈人這個名詞，與歐洲所用的斯提安這個稱呼都是廣義的採用。在歐洲，人們把在多瑙河與中亞的好多民族，如薩爾馬特，如波斯，如粟特等都名為斯提安，在亞洲，匈奴或匈人與後來的蒙古族是相類似的，所謂突厥韃靼，也是這個蒙古族的支派。在歐洲人所說的斯提安支派中有一部份人往南遷移而發展文化，另一部份仍舊過著帳幕車馬的生活，並以牛、馬、羊為食。同樣，在內蒙古高原的匈奴，有一部份南遷，受到漢族文化的影響而被同化；而留在北邊的則逐漸西遷。公元一世紀時，已有一部份遷至歐洲東部邊境，後來又進入歐洲本部。

關於匈奴的中文史料，韋爾斯根據巴克及十九世紀一些歐洲學者的翻譯與著作；關於匈奴的西遷，特別是侵入歐洲以後的活動，主要利用吉本的《羅馬帝國衰亡史》中的有關記載。在他的《世界史綱》裡，匈奴的歷史是世界歷史不可分割的一部份，而且是很重要的部份。

韋爾斯雖非專門研究歷史的人，但《世界史綱》曾風行一時，這就使一般讀世界歷史的人對匈奴歷史的重要性有初步的瞭解。然而，韋爾斯並不是專門研究歷史的人，他對於匈奴歷史的研究又只是從一些轉手材料中得到的，所以必然有錯誤。如第二十八章第五節中謂，當阿提拉強盛時曾與中國的皇帝辦交涉，而且是在互相平等的條件下進行的。這無論在中國和歐西的史籍中都是找不到根據的。《魏書》曾記載匈奴統治下的粟特國的商人到過中國，但沒有派遣過使團，而粟特國王也不是阿提拉。

近代研究匈奴歷史較為全面、系統的書，是麥戈文的《中亞古帝國——斯基泰人與匈奴及其在世界歷史上的地位的研究》（*The Early Empire of Central Asia: A Study of the Scythians and the Huns and the Part They Played in World History*, 1939）。麥戈文是美國西北大學政治學教授，少年學習中文，後曾在英國倫敦大學的東方研究院教授中文與日文。

全書除導言外共分四冊：《阿利安的背景》（*The Aryan Background*）；《第一（或前期）匈奴帝國》（*The First Hunnish Empire*）；《第二（或中期）匈奴帝國》（*The Second Hunnish Empire*）；《晚期（或後期）匈奴王國》（*The Later Hunnish Kingdoms*）。

雖然這本書的副題把斯基泰人即塞種人與匈奴人分列，可是讀者很容易瞭解這本書主要是關於匈奴歷史的著作。

第一冊中，第一章敘述突厥斯坦（Turkistan）的早期居民。第二章敘述居住在中亞北部的塞種人與薩馬提安人。第三章敘述居住在中亞南部的大夏人（Bactrians）與康居人（Sogdians）。第一冊共三十三頁，佔全書四百一十九頁的十三分之一。這一冊既題為《阿利安的背景》，而作者又認為最初的匈奴人屬於阿利安種族（關於這一點下面再加討論），那麼這一冊也可作為全書的「引言」，因此這本中亞早期帝國史若改為匈奴歷史似更為確切。

第二冊第四章敘述蒙古高原的早期居民。第五章講匈奴帝國的興起。第六章為匈奴人與中國人爭霸。第七章述匈奴帝國的逐漸衰弱。第八章述匈奴為中國的屬國時代。

第三冊共五章。第九章，匈奴帝國的再興。第十章，匈奴帝國的變化。第十一章，匈奴人與中國人再起戰爭。第十二章，拉鋸式的平衡力量。第十三章，匈奴帝國的最後崩潰。

第四冊敘述後期的匈奴王國。這裡所說的王國Kingdoms與上面所說的帝國Empire不同。因為崩潰以後，大的帝國已經滅亡，此後只有小的王國分散於各方。第十四與十五章敘述在中國或在中國邊境的匈奴人。第十六與十七章敘述歐洲的匈奴。在中國的匈奴又分為兩期：第一期從劉淵到劉聰；第二期從劉曜到北涼或匈奴在東方統治的停止。在歐洲的匈奴也分為兩期：第一期從匈奴滅亡阿蘭至擊敗西歌德；第二期，在匈牙利的匈奴王國勃興至阿提拉的逝世及其王國的崩潰。最後，第十八章，敘述在波斯與印度的匈奴人。

麥戈文區別蒙古人與突厥人為前者屬於東方的黃種，後者屬於歐洲的白種。他認為最初的匈奴人近於突厥或土耳其人，是白種人；但經過與中國北部的居民長期的通婚，匈奴人逐漸有了黃種人的特性而與蒙古種相類。這裡不準備討論這個問題，但要指出：這種看法是一個沒有根據的推論。

以上介紹的是近代的西方學者研究匈奴歷史的較重要的和有代表性的一些著作。詳細的參考書目或論文可參看麥戈文書中的附錄。該書的參考書目佔二十多頁，其中有些與本題的關係不大，但大致上包括了他的這本著作出版前有關這方面的主要參考資料。少數沒有收入這個書目的，可參看姚從吾的《歐洲學者對於匈奴的研究》中所介紹的專著或論文。

下面將日本學者對於匈奴的研究略作介紹：

一八七九年（日本明治十二年）岡本監輔撰《萬國史記》，卷三中說：

韃靼諸部古稱匈奴，群居亞細亞北方，不詳其祖，以游牧為業，蠻野好戰，侵掠鄰邦，屢寇中國，及羅馬衰，入歐羅巴。一千三十年間匈奴入俄羅斯及羅馬境，其酋遏底拉為人殘暴，大恣焚掠，所過一空。益進劫略日耳曼，併吞比利時。再進入，法蘭西與羅馬合力拒戰，匈奴大敗，死者三十萬，遏底拉途死，部下潰散，亂始平。自是，匈奴族屢出百戰百勝之將，橫行中國諸國，侵晉、唐、遼、金，蠶食大半。其用兵於歐羅巴諸國聲名赫著者，首推鐵木真帖木兒郎。①

這是簡單地敘述匈奴從中國的北方侵入歐洲的過程。「遏底拉」當即阿提拉。但他說匈奴

①見《萬國史記》卷三「韃靼紀」，清光緒二十四年（戊戌，一八九八年），上海書局石印本。

一千三十年間侵入俄羅斯及羅馬境內，時間有誤。匈奴侵入現在的俄羅斯的西部在公元四世紀，侵入歐洲則在四世紀下半葉與五世紀上半葉。又他把鐵木真與帖木兒當做匈奴人也是錯的，二人都是元朝的後裔。

白鳥庫吉在一八九七年（明治三十年）的《史學雜誌》八卷八號曾發表過一篇〈匈奴究屬何種族〉的論文。一九〇七年又在同雜誌卷十八第二至第五號中刊載一篇〈蒙古民族起源考〉的文章，主要是考訂見於《史記》、《漢書》的〈匈奴傳〉上的一些名詞。何健民於一九三六年譯為中文，書名《匈奴民族考》（中華書局出版）。一九二九年（昭和四年）十月，為了慶祝三宅博士七十壽辰，他又寫了一篇〈匈奴休屠王之領域及其祭天金人〉，收入紀念論文集並譯為幾種西文。（參看一九〇二年的 *Bulletin de L'Academie Imp, eriale des Sciences de st. petersburg*, 1902, p.1, ff. 與 *Journal Asiatique*, 1923, p.71, ff.）此外，他還發表了好多關於西域與蒙古的論文。因為他是東方人研究匈奴、西域與蒙古較早的一位，有的論文又譯成西文，所以他的論文曾為歐西學者所參考。

白鳥庫吉研究匈奴、西域與蒙古問題多從語言方面入手。這雖然是研究這些問題的一種方法，但過於注重，甚或專賴這個方法也很容易做出錯誤的結論。如在匈奴民族的起源問題上就有這種缺點。他起初用突厥語去解釋，遂以為匈奴是突厥種族；後來又用蒙古語去解釋，於是又認為匈奴人是蒙古種。現摘錄其《蒙古民族起源考》中的兩段話就可看出這一點來。他說：

> 歐洲之東洋學者，咸視匈奴為突厥（Turk）種，然其在初，異說聚訟，論戰良久。後經許多波折，始一致於Turk說。余今不擬一一列舉而加以批評，然為敘述自家之見解起見，仍有介紹其

梗概之必要。當十八世紀頃，有耶穌教宣教師，被派至中國，彼輩在此從事著述匈奴史，其時只視匈奴為政治的團體，故未考究此民族之種類。洎乎Pallas，Bergman等學者，始考匈奴為西史上之Hunnen，而均結論為Mongol種，是即匈奴問題之發軔。而Iakinth Bicurin氏與Neumann氏等學者亦贊同是說，然最馳名者首推Schmidt氏，而有名之《蒙古史》之著者Howorth氏亦傾於是說。然至Klaproth氏，乃謂匈奴為Turk種，Hunnen為Finn種，並抨擊Schmidt氏說，氏之主張，後漸得力，而Schmidt一派之Mongol說遂無人過問矣。Saint Martin氏謂匈奴與Hunn均屬於Finn種，然以贊成者不多，遂淹沒無聞。如上所述，匈奴人種問題，異說紛紜，莫衷一是，迄Castren氏，乃採最安全之方法，謂匈奴在其極盛時代，Turk人固不待言，如Mongol人、Mandju人與夫Finn人等皆包含在其中。Lacouperie氏謂《史記》所載之匈奴語，一部份為Turk，一部份為Tunguse語，故不能視匈奴為政治的集團國民。現如Munkácsi氏乃根據余之材料，考匈奴為Turk與Mongol之混合種。如上所述，關於匈奴民族，自古則既議論紛然，未有定說，然在今日，殆已一致於Turk，唯尚有Munkácsi氏說，是以此問題猶未獲解決。余於茲對匈奴語得發表新材料與新解釋，想不無少補。

他又說：

余於此二文中（按，指在俄國《學士院雜誌》所發表的〈匈奴及東胡諸族語言考〉與在一九〇二年德國Keleti Szemle所發表的〈烏孫考〉（Uber den Wusun Stamm im Centralasien——作者注）所鑽研之要點如下：各國學者，雖斷定匈奴民族為Turk種，然未有積極的考證，是為憾事，故特考究Turk語，解釋從來之Turk說予以確切之根據，俾補西人之疏忽，此其一。對東胡民族，例如烏丸、鮮卑、托跋、蠕蠕、奚及契丹等族，學者咸異口同聲謂係Tunguse種。然此等民族語言中，頗多蒙古語，故遽即視為Tunguse，實屬謬誤，余故予以證明，此其二。關於烏孫民族，有謂白皙人種者，有主張Turk種者，猶無定論。余以烏孫之語言及其傳說，考為Turk種，此其三。嗣後余仍繼續研究此等民族，結果僅承認第二及第三說，略有增補及修正之必要，而其趣旨，無須變更。然至第一說之匈奴種族，則須重行予以根本的解釋。如上所述，余為證明匈奴民族之為Turk種起見，嘗搜《史記》與《漢書》等所見之匈奴語，而專以Turk語解釋之，在今日觀之，殊不無牽強，轉從Mongol語或Tunguse語加以解釋，則頗覺可靠。職是之故，余乃另草〈蒙古民族起源考〉（按，即何譯之《匈奴民族考》[1]）發表愚見，或可藉以解決此問題。

我把這兩大段話抄下來，說明白鳥庫吉的主張的改變，同時也可看出西歐學者對於匈奴人種的起源問題的各種不同意見。

近代其他日本學者對於匈奴的研究也發表了不少論文。如一九三四年《中國語》上所發表的竹內幾之助的〈關於匈奴與現代蒙古的飲食〉，一九三五年《史學雜誌》上所發表的江上波夫的〈匈奴的居住〉。後者還發表過〈關於匈奴的宗教習俗〉（《人類學雜誌》，一九三七年十月），〈關於匈奴婦女的顏色——焉支〉（《東亞論叢》，一九四〇年九月），〈匈奴的祭祀〉（《人類學雜誌》，一九四一年四月）等論文和《中亞古代北方文化——匈奴文化論考》一書（一九四八年，全國書房）。此外，還有榎一雄的〈關於史記匈奴傳補續說〉（《東洋學報》，一九三九年）與大野恭平的〈西漢對匈奴政策〉（《東洋史研究》，一九四一年二、三月）等。

① 何健民：《匈奴民族考》，中華書局，一九三九年。

第三章　匈奴人的古物與古蹟

匈奴的歷史有七百多年之久，所佔領或經過的地方跨越亞洲北部與歐洲好多地方。匈奴人雖然沒有自己的文字去記載其活動，但是他們在平時或戰時生活上的一切用具、住宅以及他們死後葬在墳墓中的好多東西，經過考古學者的發現與發掘，對於匈奴歷史的研究都是最有價值的資料。下面把我所知道的一些古物古蹟略為敘述。

在歐洲，傳說當匈奴進入歐洲的時候，教皇利奧一世（Saint Leo或Leo the Great，公元三九〇—四六一年）曾得天使之助，驅走了匈奴人。後來又有人曾繪一幅圖，下面的說明是「教皇利奧一世說服阿提拉從羅馬撤兵」。意大利羅馬的梵蒂岡一九二九年版的德文《布羅克豪斯大辭典》中的阿提拉條曾翻印這幅圖畫。這近於神話的傳說，雖難於置信，但也說明當時人的看法。

此外，在戈德金所著《匈牙利與馬札兒人的歷史》中，有阿提拉半身圖像一幅。阿提拉所用的細頸瓶（flask）杯圖以及浮雕的阿提拉小像是從何處翻印而來，或是隨便的意繪，著者沒有說明，所以也難說明其歷史價值。

近數十年來，在中國西北一帶發現很多漢代木簡，是研究漢代社會歷史最有價值的材料，也是研究匈奴史很重要的史料。比方，一九〇六年英國的斯坦因（Aurel Stein）在新疆的尼雅、樓蘭與乾林（Hanlimes）等處所發掘出來的一打以上木牘就是漢代的遺物。雖然從所得的木牘來看，多是附在贈送當地長官家族的禮物上面，其中一片是寫給當地一位長官的夫人的，但我們相信，將來若再事發掘，還可能找出有關當時的其他事情的木簡。西域的好多地方，尤其樓蘭是漢族與匈奴爭奪最劇烈的地方，應能發掘出更多的木簡。參看向達翻譯的《斯坦因西域考古記》（*Ancient Central Asian-Tracks*, 1932）第七一頁附木牘影圖。中國學者王國維一九一四年寫了《流沙墜簡》，也是研究這種木簡較早的著作。

木簡發掘得最多而且也是最為重要的，是一九三〇年西北科學考察團在今日內蒙古自治區的額濟納河流域的黑城附近所發掘的。額濟納河是來自祁連山的雪水，從山上流下來經河西走廊而入鼎新縣，至狼形山下又分為東西兩條。西河叫做海圖果勒河，注入西居延海，東河叫做納林河，注入東居延海。現在這一帶的河流，因為河西走廊的農民用額濟納河水灌溉，故水量很小，而兩旁地方也多成沙地。古代河西走廊曾為匈奴佔領，作為牧場，不事農業，居延地區原來應當是一片沃野，這也是匈奴到西域去的經常路線。公元前一二一年（漢武帝元狩二年），霍去病打通這條路到祁連山。不久匈奴住在這裡的休屠王、渾邪王降漢。公元前一〇二年，武帝又遣路博德到居延建築障塞作為防備匈奴的軍事據點。匈奴既時時出沒於這個地方，漢人軍書旁午，往來信牘，很為頻繁，其中當含有匈奴方面的史料。

黑城在居延東海的南邊，在納林河之東與居延城的東南。西北科學考察團在這裡附近找出一萬枚木簡，現在已經整理出來的數千枚，列在《居延漢簡甲篇》，圖片有號碼，另有譯文。從這些木簡中，我們可以看出當時住在這裡的士卒的生活與工作。簡上有的寫明軍器的名稱與數目，如弓弩多少以及日常必需品如：「入小畜雞一雞子五枚」（七五號），「入狗一枚」（三八號）。還有布、酒、粟的記載如：「二月二十八日從居延來為孫幼卿出米三升二十九日朝三升莫三升」

（一六九二號）。又有關於小孩婦女的記載，士卒之患病吃藥的也有記載，如：「第二十四伕卒高自當以四月十日病頭疼四節不舉」（一九A號）；又如「第卅伕卒尚武四月八日病頭痛寒炅飲藥五齊未癒」（一九B號）。關於軍事政治的如：「詔夷虜候章發卒曰持樓蘭王頭詣敦煌留卒十人女譯二人留守證」（一五八二號）。又如：「皇帝陛下車騎將軍下詔書曰烏孫小昆彌烏□」（一八〇三號）。又如：「夷狄貪而不仁懷俠二心請編」（一八〇一號）。又如有關於傳送書牘的：「一封詣廣地一封詣橐他□□十二月丁卯夜半盡時卒□□使不今卒」（一九二〇號）。又有關於任命的如：「元鳳三年十月戊子朔戊子酒泉庫令安國以近次兼行太守事……」（一五八四A號）。又有記報兵簿事如：「元鳳三年六月臨木部卒報兵簿」（一一一九號）。也有記胡騎的如：「□□屬國胡騎兵馬名籍」（二一一二A號）。「以食伋□胡騎二人五月食」（一〇四二號）。

最值得我們注意的是關於匈奴邪單于與匈奴入寇的記載，如：「郅支為名未知其變」（一八〇四號）。又如：「塞外諸節谷呼韓邪單于」（一八〇〇號）。又如：「就屠與匈奴呼韓單于兇」（二三六一號）。

郅支就是郅支單于，呼韓應為呼韓邪單于。郅支單于是呼韓單于的哥哥。就屠不知是否屠耆單于之誤。當時五單于爭立，互相征伐，互相殺害，呼韓邪降漢後，郅支西徙，屠耆單于也與呼韓邪不和。所謂兇者，欺也，忌也，是否因為兩者互相欺侮，互相猜忌，故謂為兇。所謂「郅支為名未知其變」，不知是否只知這個單于的字，而不知其爭立或行動的情況，要想打聽，才這樣的寫。我們若好好地將這些木簡來與《漢書・匈奴傳》或其他列傳對照，做進一步的研究，對於《漢書》所記，可以互作補充。

又如「匈奴人入塞及金關以北□□塞外亭伕見匈奴人舉蓬和五百人以上＝能舉二蓬」（二四〇九號）。這些材料對於研究匈奴歷史當有很大的貢獻。

關於有關匈奴的碑銘。《史記・匈奴列傳》說：「驃騎封於狼居胥山，禪姑衍，臨翰海而還。」丁謙說：「驃騎出代與左王將戰，揆其地望，當在克魯倫河境，狼居胥山，在寧夏西北沙漠間，今尚有狼居胥山碑遺跡。」（見《史記會注考證》）又如《後漢書・竇憲傳》說竇憲與耿秉大破北匈奴之後，「憲、秉遂登燕然山，去塞三千餘里，刻石勒功，紀漢威德，令班固作銘。」班固所作的碑文也見於〈竇憲傳〉。同傳還有：「南單于於漠北遺憲古鼎，容五斗，其傍銘曰：『仲山甫鼎，其萬年子子孫孫永保用。』」

關於石刻的古物，如霍去病墓前的石人馬。《漢書・霍去病傳》說：「元狩六年薨。上悼之，發屬國玄甲，軍陳自長安至茂陵，為冢象祁連山。」霍去病的墓在現在陝西興平縣，顏師古注云：「在茂陵旁，冢上有豎石，冢前有石人馬者是也。」這匹石馬以整塊灰色的花崗石雕刻，自頂至地，高一・四公尺，馬並不大，身重蹄短，尾長至地。腹下有一人，人以膝抵馬腹，左手取弓，右手以短矛刺於馬脅，頭大而後仰，眼大而圓，額低耳大，其鬚亂而與馬胸相接。近來中國科學院在長安縣灃水西岸的客省莊一個古墓中發現兩個腰牌，其中一個透雕兩個胡人，在兩匹馬的中間作赤膊跌跤狀，其髮也是從頭頂拉向腦後。

有關匈奴的建築，最偉大的是萬里長城，我們下面還要敘述這條長城，現在要談的是長城北邊的一些障塞。比方《史記・匈奴列傳》說：「呴黎湖單于立，漢使光祿徐自為出五原塞數百里，遠者千餘里，築城鄣列亭，至廬朐。」張守節《正義》引《括地誌》說：「五原郡稒陽縣北出石門郭，得光祿城，又西北得支就城，又西北得頭曼城，又西北得虖河城，又西北得宿虜城。按，即築城郭列亭至盧朐也。」這都是陰山以北所建築的城郭列亭。據考古方面的報告，在陰山南北麓，發現二十多個古城遺址。在大青山與烏拉山之間的峪口，是由陰山以北到山南的一條路線，旁邊就有一個古城。又從呼和浩特到蜈蚣壩也有很多城堡遺址。

呼和浩特東北三十餘公里，大青山南麓有一個地方叫做塔布土拉罕，意義是五大堆土，有一個長方古城，分內外兩城。外城周圍約三公里，在內城地面上可以找出好多花紋陶片。在呼和浩特的布禿村也發現了漢城（參看一九六一年第四期《考古》雜誌）。此外在包頭市西邊約十五公里的麻池鄉，也有漢代的古城遺址，這個城也分內外兩個，內城散佈許多漢代磚瓦，城的周圍有許多古墓，墓中有許多古物。

在陰山的南北麓的好多城堡都是漢朝建築的，在匈奴本部，據《史記》、《漢書》上記載也有城堡。《史記・匈奴列傳》說，大將軍衛青北擊匈奴，「北至闐顏山趙信城而還」。《史記集解》引如淳曰：「信前降匈奴，匈奴築城居之。」《漢書》中顏師古引孟康說：「趙信所作，因以名城。」《漢書・匈奴傳》記載有：「衛律為單于謀，『穿井築城，治樓以藏穀，與秦人守之。』」雖然有人勸衛律，以為胡人不能守城，衛律因而中止。除趙信城在匈奴本部外，近代考古學者又發現了匈奴時代的城市遺址。蘇聯的考古學者索斯諾夫斯基（G. P. Sosnovskii）和奧克拉德尼科夫（Alekse Pavlovich Okladnikov, 1908-1981），在色楞格河（Selenga）左岸與伊伏爾加河（Ivolga）合流的地方發現了一座古代匈奴城市（編按：即伊伏爾加匈奴古城遺址）。城市的面積在一公頃以上，周圍有城牆，高度超過一・五公尺，城的外面有許多住宅，住宅用土坯建築，在城的內外有陶器，有耕作的工具，還有貯藏糧食的地窖等遺物、遺址。住宅的牆內用木柱，地下還有通暖氣的管道。（參看《前資本主義問題》，一九三四年七至八號。索斯諾夫斯基的〈下伊伏爾加河的古代城市〉與奧克拉德尼科夫的〈布雅特蒙古考古探察團一九四七－一九五〇年的工作情況〉，載在物質研究所調查報告和田野勘測簡報一九五二年第四、五期。又一九五〇－一九五五年間X・培爾列發現匈奴、回紇、契丹的十數個城市。）

蘇聯的考古學者，還在色楞格河左岸哈剌勒赤・黑里姆金、八剌哈思、扎爾嘎特蘭、蘇木等地發現匈奴時代的城市，城的面積約有四萬平方公尺（二〇〇×二〇〇），城牆頗高，並有四個城門。城裡的房舍是用黏土做成，蓋有漢瓦。（參看吉謝耶夫〈蒙古時代的城市〉，中譯文載《史學譯叢》一九五七年第六期。又參看一九五七年烏蘭巴托科學委員會出版的《和・普爾賚的匈奴三城的遺址》一書。）

除了上面所說的色楞格河左岸的匈奴城市的住宅外，一九四〇年在西伯利亞的哈喀斯克自治區（編按：即哈卡斯共和國 Respublika Khakasiya，阿巴坎為其首府），也就是蒙古唐努烏梁海以北的阿巴坎（Abakan）鎮以南的一個地方，當時蘇聯的建築工人曾在一個高約二公尺的土丘中發現了大量的瓦片，據考古學者的考訂這是一個古代的建築遺址，很可能是匈奴時代的遺址（編按：即阿巴坎遺址）。

一九四一年與一九四五年，當時蘇聯的考古學者在阿巴坎發掘出一個中國式的建築遺址。根據出土的瓦當和青銅門環等物，他們認為這個遺址修築的年代，應該在漢代，並且可能是李陵降匈奴後的住宅。住宅分為二間：第一室正方形長寬十二公尺。第二室長十二公尺，而寬為六公尺。第一室的東邊牆有門，在這裡發現了銅門環一個，沿著中部各牆發現有文字的瓦當，瓦當的文字有「天子千秋萬歲常樂未央」，「天子千秋」四字居中，「萬歲常」在左邊，「樂未央」在右邊。

在遺址的地下也發現了一些取暖的坑道，深入地下六十公分，是用石片砌成的筒狀，第一室中坑道的安置與牆壁平行成為一個方形。

除瓦當、門環之外，又發現玉盤一件，色淺綠，惜已殘破。另有珊瑚珠一枚很大，還有鐵刀一把和陶器的殘片。這應是上層人物的用品。所以當時蘇聯學者以為可能是李陵住宅，但很難確定，可以確定的是遺址是匈奴時代的東西。住宅若作為投降於匈奴的重要人物所居，其建築的設計者與工人應該是漢人。

《史記・匈奴列傳》說，匈奴「毋城郭」，這只是指著一般的情況來說，不能說完全沒有城市。這些城市可能是受到中國的影響。而其建築，至少像趙信城與衛律所要建築的，都是受了漢城的影響。又《史記・匈奴列傳》中指出匈奴人「歲正月，諸長小會單于庭，祠。五月，大會蘢城」。這裡的庭與城分開來說，不知五月所會的蘢城是否也有城。

《漢書・匈奴傳》載李廣利投降匈奴之後，為衛律所忌，以至被殺。他死前罵曰：「我死必滅匈奴！」死後匈奴雨雪連下數月，人畜大受損害，匈奴「單于恐，為貳師立祠室」。又《漢書・地理志》云：「雲陽，有休屠、金人及徑路神祠三所，越巫主汙汎祠三所。」休屠、金人為休屠王所崇拜的神，「徑路」（劍名），被匈奴人視為寶刀。匈奴人立祠之所謂祠或祠室，是一種房屋，這些房屋的建築品質應該較好，而其中必有很多供神的物品，假使能找到這些祠室的遺址，可能也會找出些古物。

《史記・匈奴列傳》說，「其（匈奴人）送死，有棺槨金銀衣裘」。在蒙古等處，近年以來，發掘出好多匈奴時期的墳墓。墳墓之中有很多古物，證明了司馬遷記載的正確性。發掘古墓較早的是俄國的科茲洛夫（Pyotr Kuzmich Kozlov, 1863-1935）。一九一二年，在蒙古土謝圖汗諾顏山下蘇珠克圖地方有個礦工尋找金礦，發現若干丘墳，找得一些古物。礦工死後，他的孀婦曾把一些古物賣給科茲洛夫的考察隊，因此他們於一九二四年到這個地方發掘，找出很多東西，引起研究蒙古和匈奴歷史的人們注意。科茲洛夫的報告，一九二五年出版於前蘇聯的列寧格勒。葉特斯（Walter PercivalYetts, 1878-1957）曾把科茲洛夫的發現寫成〈俄國科茲洛夫探險隊外蒙考古發現〉一文，登於一九二六年四月份的《伯林頓雜誌》（*The Burlington Magazine*），向達將之譯為中文，登在一九二七年二十四卷十五號的《東方雜誌》上。

一九三二年，在列寧格勒出版了一部英文本《北蒙古的出土文物》（*Excavation in Norther Mongolia*, 1924-1925）本書共分四部份：第一部份是一般說明，第二部份是說明第四部份的圖片，第三部份是出土文物清單，第四部份是八十五幅圖片。

這個報告第一部份指出，這個報告是俄國地理學會一九二四年至一九二五年在科茲洛夫的領導下在蒙古發掘的結果，墳墓的數目共有二百一十二個。在這部份裡，除了說明發掘的方法、墳墓的形狀、埋葬人物的位置等等問題之外，還考證墳墓中的人是屬於哪一種族，以及陪葬的東西來源。據他們考證的結果，埋葬的人物屬於公元前後一、二世紀的時代，正是匈奴人統治這塊地方的時候。其人則應為匈奴的單于或貴族。同時，還有一些近臣、妻妾或奴婢作為陪葬。至於墳墓中所掘出的物件，有的是匈奴人自製的，有的是來自漢族，有的是來自西域。漢族的東西以絲綢為多，其他各種器物也有。在某一器上還有「上林」二字，這可能是來自漢代的上林。又在圖片十七頁中有一幅殘絲，除有圖畫之外還有「新神靈廣」等字。至於來自西域的東西，據著者的意見，其中有不少受了希臘藝術的影響，雖則這些東西並非來自希臘本土或者附近的屬地，而係來自希臘化的大夏（Bacrtia）等地。

第二部份是解釋第四部份中的各個圖片，說明發掘出墳墓的形狀、大小、顏色、作用等等，讀者可互相參照。

第三部份是把發掘的一些墳墓中所找出的東西列舉出來，比方在第一號墳 Tumulus No.1 中在棺材的西邊的地板上，安排著什麼東西，都一件一件地列舉出來，這裡有金屬物、玉類、木質類、絲織類物品等。

這本報告雖然比較簡單，但也扼要地把所出土的東西加以介紹，而且提出了一些比較重要的問題，如人種問題、文化交流問題等，這對於研究匈奴歷史的人，有很大的幫助。這本書的出版較晚於前面所說的葉特斯的文章，書中曾一再提到葉特斯的文章以說明東西文化的交流。

此後蘇聯考古學者與蒙古的學者對於這項工作繼續給予注意，如一九二八至一九二九年索斯諾夫斯基在蒙古伊里木谷口的古墓發掘，以及一九五四年的諾顏山的發掘，一九五六年烏蘭巴托科學委員會所出版的《科學院校學術研究成就》的第一期中，策·道爾吉蘇榮的〈北匈奴墳墓〉，均是關於這批古墓發掘的報告。

近年以來，中國的考古學者，在內蒙古自治區也發現了很多匈奴時代的墳墓，像上面所說的麻池鄉古城的周圍，就有很多古墓（〈匈奴西岔溝古墓群被掘事件的教訓〉）。①

司馬遷在《史記·匈奴列傳》中記載匈奴人死後有棺槨，沒有指出匈奴人對於墳墓的重視。《漢書·匈奴傳》對於這一點記載得很清楚：「漢復得匈奴降者，言烏桓嘗發先單于塚，匈奴怨之，方發二萬騎擊烏桓。」匈奴人對於發掘他們死後單于墳墓者，要用二萬騎兵去征伐，說明了單于墳墓在匈奴的重要性。單于固是如此，一般人對於祖先的墳墓無疑也是重視的。

科茲洛夫所發掘的墓，上面已經指出是諾烏拉（Noin Ula）或稱諾顏山的墓，這個山在現在的烏蘭巴托北部一百二十公里，注入色楞河的支流哈拉河的旁邊。墓有二百一十餘個。于右任曾著有〈考察外蒙土謝圖汗部諾顏山下蘇珠克圖地方二百十二古墓記〉（《新亞細亞》月刊，一九三二年三卷五期；另收於于右任先生百年誕辰紀念籌備委員會編，《于右任先生文集》。台北：國史館，一九七八年）），其中有十個古墓，有的特別深大，深十五公尺，這可能是為防備盜掘。蘇聯科學院與蒙古人民共和國科學委員會合編的《蒙古人民共和國通史》說：

在蒙古人民共和國境內發現的所謂石墓——所以稱為石墓，是因為他們在地面上是由側面埋置的石板做成的四方形的牆垣圍繞起來的——可以說明公元前七—前三世紀的蒙古居民的生活情況和他們與外貝加爾地區的密切關係。蒙古人民共和國的中部有很多這樣的石墓。此外在蒙古東北肯特

① 參看一九五七年第一期《文物參考資料》；又〈「匈奴西岔溝文化」古墓群的發現〉，見一九六〇年八、九期合刊《文物》。

省，在克魯倫河流域以及烏蘭巴托以南的東戈壁和中戈壁省，直到與中國接壤的地方都可以找到這種石墓。同時在蒙古人民共和國北部沿庫蘇古泊沿岸和色楞格河流域都曾發現這種石墓。在西部科布多省內也可以遇見這種石墓。（中譯本五十至五十一頁）

這可見得石墓的分佈之廣。關於科茲洛夫的發掘，此書也作了簡單的介紹與評價：

這次發掘非常有成就，在每個發掘的墳墓中，都發現了很多有價值的遺物。……被發現的墓室，設在地下深處，是木質結構，其中藏有巨大的杉松木棺材。最有趣味而且豐富的墓葬品都在棺材的周圍。這個墓葬是匈奴貴族的。諾顏烏拉古墓地的發現，在蒙古考古學研究史上起了極大的作用。這是二十世紀最大的考古學發現之一，對於更集中更精細地研究曾住在蒙古地區的各民族古代史打下了基礎。（十二至十三頁）

匈奴時代的墳墓，初期受西北亞民族的影響較深，但在後來卻慢慢地受了漢族的影響。棺材的製造形狀、油漆、密封都與漢族的相似。在墓內又安置了好多漢族的用品。最近在陰山長城一帶發現的古墓中，還有「單于和親」、「單于天降四夷賓服」等瓦當。（參看一九六一年《考古》雜誌第四期上所載的〈內蒙呼和浩特塔布禿村漢城遺址調查〉。）

古墓裡所發現的死屍，頭是向東臥的。《史記・匈奴列傳》說：「單于朝出營，拜日之始生。」頭向東方是有崇拜太陽的意思。《史記・匈奴列傳》又說其送死有棺槨、金銀、衣裘而無封樹、長服，近幸臣妾從死者多至數千百人。《正義》說：《漢書》作數十百人，顏師古云或數十人或百人。《史記》說的人數可能過大，但在一個墓裡發現好多束髮辮，還有一束大髮辮縛以紅繩，可能是婦女的髮辮，也許就是近幸臣妾的髮辮。

墳墓裡發現的東西很多，有金、銅、鐵、玉、珠、琥珀、漆、毛絨氈、服裝、髮辮等等物品。金質的有裝飾在棺材上的三角而狹長的薄金片，有的還塗以紅漆，也有壓花或夾了寶石的較厚金片與紐扣。麻池鄉的古墓中發現很多金質和銀製鏤空飾片，飾片上的花紋作虎、豹、駱駝等形象。鐵器有鐵的馬勒、鐵竿、箭鏃以及鐵製的鈴舌，在其他的古墓中發現有刀、劍、鏑、鏵、鐵環、鐵釘與一些鐵片。

銅器有銅鼎、銅爐、銅杯、銅壺、三足蠟燈台、馬的護面具、銅鏡。又在最古的墳墓裡，發現有公元前七至前三世紀的銅斧、銅刀、銅鏃、銅鈴與頸飾用的銅製品。一九五四年在諾顏山古墓中發現的銅器有銅鈴、銅壺嘴與好多殘片。

在古墓中所發現的玉器有白玉人形，有佩在身上的飾物。玉上還刻著雙龍對舞的透雕。還有弓的骨製附件、骨製的筷子、繪有獸類圖案的骨器，雖然為數不多。

漆器有漆盤、漆杯、漆碗，連棺材的外面也是用漆塗的。在各處的墳墓中又發現許多陶器及殘片，有上口向外，翻扁圓形，上粗下細，底部有方形窪坑的陶器，陶器上有紋，有的陶器內部很光滑，於軒王所贈給蘇武的服匿，是小口方腹而底平。

織品有刺繡的織品，也有西域伊斯蘭式的飾有植物、動物和人物的產品，有一塊有兩個騎士像的氈子。

服裝有匈奴的褶褲，褲子是繡絨的，有絲袍、絲帽等等。至於髮辮，在一個墳墓裡有十七束之多，有的粗有的細，都是匈奴的樣式。

除了古墓中所挖掘出的古物之外，考古學家近年來在中國內蒙古地區和蒙古還發現了好多有關匈奴時代的古物與古蹟。考古學家推論在公元前七至前五世紀，在內蒙古的長城附近已有農業，因為在那裡發現了磨穀器。在策・道爾吉蘇榮的〈北匈奴墳墓〉的報告中說，在古墓散佈的地區，經常發現從公元前七世紀到前三世紀的石臼，而且在出土的古物中，有黑色農作物的種子，可見，農業不止限於匈奴的南部，在蒙古的東部與戈壁地區，一九四九年進行的人類學的考查發現了新石器時代的好多遺物，有石斧、劈刀等，使匈奴的歷史可以追溯到更早的時代。

根據考古學家的報告，在蒙古發現了青銅器，尤其是青銅刀，這些刀很像西伯利亞的卡拉蘇克刀，又似殷商和周朝初期北方中國的製品，在南戈壁地區又挖掘出製作完善的斧子。此外，在戈壁地區與色楞河盆地又發現了陶器，這些陶器在製造技術和形式方面，既與葉尼塞河和阿爾泰的卡拉蘇克的陶器很相似，也與熱河地區的石棺中發現用以殉葬的土罐很相似。（參看《蒙古人民共和國通史》，四十八頁。）

匈奴是游牧民族，他們既如《史記・匈奴列傳》所說「士力能毌弓，盡為甲騎」，在他們所用的器具中，武器與馬具乃特別多，不只在墳墓中，在其他地方也發現不少。

匈奴與漢族無論平時或戰時，互市始終沒有斷絕過。漢族物品用交換方式而流入匈奴的，不知有多少，所以現今在當時的匈奴與漢朝的邊境地區，到處都可以發現漢代的錢幣與工藝品。至於匈奴用掠奪的方式而獲得的漢族物品數目也是很大的。此外漢族歷年所贈送於匈奴的物品更是不少。

大量的食品與各種用品，從高祖以至後來的皇帝，不知送給過多少。劉邦在位時，「歲奉匈奴絮繒，酒食物各有數」。呂后接到冒頓侮辱她的信之後，還贈「御車二乘馬二駟」。文帝給匈奴單于服繡袷、綺衣、長襦錦袍、比疏、黃金飾具帶、黃金犀毗與大量的繡錦赤綈、綠繒。到了後來，匈奴單于愈求愈多。狐鹿姑單于（公元前九十六—前八十五年）致信漢朝皇帝說：「取漢女為妻，歲給遺我糱酒萬石，稷米五千斛，雜繒萬匹。」匈奴對於漢族所要求的物品這麼多，對其所役屬的西域諸國所要的東西，也必不少。除酒、米、食品是得到後就吃掉以外，其他好多物品，如漢朝皇帝所給的「匈奴單于璽」以至好多可以久留的物品，可能有不少還藏在其他尚未發掘的墳墓中，也可能有很多尚埋沒在當時匈奴人居住或活動過的一些地區。至於匈奴人自己所製造的產品，遺留到今者，除了已經發現的之外，還有很多需要人們去發掘與考證。比如王國維為之作跋的匈奴相邦印就是一個例子。《觀堂集林》卷十八中的〈匈奴相邦印跋〉說：

> 匈奴相邦玉印……其形制文字，均類先秦古璽，當是戰國迄秦漢間之物。……此印年代較古，又為匈奴所自造，而制度文字並同先秦。……

匈奴沒有文字，這個玉印是否為匈奴自造，頗成問題。即使這個玉印是在匈奴國內所製造，也需要華人去幫忙。這些問題的討論以及上面所說關於匈奴時代的古物、古蹟的問題，都有賴於今後考古學者去作進一步探索。

第四章　匈奴本部的地理環境

匈奴在強盛的時候，東破東胡，南併樓煩、河南王地，西擊月氏與西域諸國，北服丁零與西北的堅昆。東胡所居的地方應該是現在的內蒙東部大興安嶺一帶。樓煩、河南應該是現在山西北部與陝西北部。月氏原在河西走廊，這就是現在甘肅的武威、張掖、酒泉一帶。此外匈奴還控制了現在的新疆，置僮僕都尉去管理，勢力一直伸張到烏孫、大宛或蔥嶺以西的大夏、康居等地，也就是現在的中亞細亞的鹹海、黑海一帶。北部到現在的貝加爾湖一帶。這是一個大帝國或所謂的「百蠻大國」。可是我們在這裡敘述的匈奴所在的方位與疆界是注重於匈奴本部的地區，就是現在所說的蒙古高原地帶，這是在冒頓及其後代還未征服東胡與月氏或西域諸國之前的匈奴疆域。

匈奴的東邊是東胡，東胡所居住的地方是現在的察哈爾一帶，東胡後來稱為烏桓。所以稱為烏桓，據說其所居地為烏桓山，因而得名。東胡後來也稱鮮卑，則據說是因為其所居的地方有鮮卑山。在匈奴與東胡之間，有所謂甌脫地。《史記・匈奴列傳》說：

（東胡）與匈奴間，中有棄地，莫居，千餘里，各居其邊爲甌脱。東胡使使謂冒頓曰：「匈奴所與我界甌脱外棄地，匈奴非能至也，吾欲有之。」冒頓問群臣，群臣或曰：「此棄地，予之亦可，勿予亦可。」於是冒頓大怒曰：「地者，國之本也，奈何予之！」諸言予之者，皆斬之。冒頓上馬，令國中有後者斬，遂東襲擊東胡。……大破滅東胡王，而虜其民人及畜產。

「匈奴傳」記甌脫約有好幾處，歷代的學者對甌脫這個名詞的含義又作了很多的解釋，我們不準備在這裡討論。要指出的是，這裡所說的甌脫是指兩國比較荒蕪的邊地。儘管這只是棄地，可是冒頓也當這個地方為國之本。有人說游牧民族逐水草而居，沒有國界的觀念，對於匈奴的冒頓來說，這是不正確的。

匈奴南邊的疆界應與樓煩、林胡接壤，但這兩個國家所佔的地方可能不大，而且曾為匈奴所併後，又為趙國所破。《史記·匈奴列傳》上說：「當是時，冠帶戰國七，而三國邊於匈奴。」所謂的「三國」，就是指燕、趙和秦，這三國的北部邊境在戰國末年，可以說以長城為界，匈奴狐鹿姑單于曾遺書漢朝皇帝：「南有大漢，北有強胡」，其所指的界線就是長城。戰國時代，燕、趙、秦既邊於匈奴，這些國家都築了長城，以拒匈奴。《史記·匈奴列傳》上說：「燕亦築長城，自造陽至襄平。置上谷、漁陽、右北平、遼西、遼東郡以拒胡。」「而趙武靈王亦變俗胡服，習騎射，北破林胡、樓煩。築長城，自代並陰山下，至高闕為塞。」「秦昭王時，義渠戎王與宣太后……於是秦有隴西、北地、上郡，築長城以拒胡。」

秦統一天下後，把過去各國所築的長城連接起來並加以修築。《史記·匈奴列傳》上說：

> 後秦滅六國，而始皇帝使蒙恬將十萬之眾北擊胡，悉收河南地。因河爲塞，築四十四縣城臨河，徙適，戍以充之。而通直道，自九原至雲陽，因邊山險巉谿谷可繕者治之，起臨洮至遼東萬餘里。又度河據陽山北假中。

《史記・蒙恬列傳》上也說：

始皇二十六年……乃使蒙恬將三十萬眾北逐戎狄，收河南。築長城，因地形，用制險塞，起臨洮，至遼東，延袤萬餘里。

到了漢代，據《漢書・匈奴傳》說：「漢遂取河南地，築朔方，復繕故秦時蒙恬所為塞，因河而為固。……是歲，元朔二年（公元前一二七年）也。」到了太初三年（公元前一〇二年），「漢使光祿徐自為出五原塞數百里，遠者千里，築城障列亭至盧朐」。漢武帝時，佔領河西走廊之後，障塞也伸張到甘肅西北部以至新疆的境內。

長城是防禦匈奴的偉大建築物。這也可以說是匈奴的最南的邊境。《漢書・匈奴傳》下載匈奴單于對漢使者說：「自長城以南天子有之，長城以北單于有之。」說明匈奴認為這是兩國的邊界。但是實際上靠近長城以北地區的匈奴人不見得能隨便地居住或往來。

匈奴西邊的邊境大致是以阿爾泰山為界，這是一條天然的疆界。

匈奴的北境，是在現在的貝加爾湖一帶。《漢書・李廣蘇建傳》說：蘇武出使匈奴，匈奴人「乃徙武北海上無人處」。北海應就是貝加爾湖。雖然這裡是無人之處，但同時又說匈奴「單于弟於靬王弋射海上。武能網紡繳，檠弓弩，於靬王愛之，給其衣食」。後來這位王死了，人眾徙去，丁零盜武牛羊。同處又說：匈奴單于曾使李陵至海上為武置酒設樂，勸武投降，蘇武拒絕了。李陵使妻賜武牛羊，後來又到北海告訴蘇武武帝逝世的消息。可見這個北海，並不是沒有人往來的地方。貝加爾湖之北與西北當為丁零與堅昆的領土，所以丁零人也到這個地方去盜蘇武的牛羊。應該指出，在蘇武被流放到北海之前，漢朝的使者郭吉出使匈奴時已曾被匈奴遷之於北海。

上面是敘述匈奴帝國的方位與其四至，我們現在要簡單地說明匈奴的自然地理情況。

匈奴本部，從地理上來看，就蒙古高原而言，自成一個單位或地區，也可以說是高原中的一個大盆地。周圍多有山嶺為屏障。東有興安嶺，東北有肯特山，南邊有陰山、賀蘭山，西邊是阿爾泰山，西北是唐努山。唐努山略取東西走向，然後折向西南，延長為杭愛山脈，杭愛山脈隆起在蒙古高原的西北部。

在古代，人們把這個盆地大致分為幕南與幕北。《史記・匈奴列傳》說：「漢謀曰，『翕侯信為單于計，居幕北。』」又說：「大將軍青、驃騎將軍去病……咸約絕幕擊匈奴。單于聞之，遠其輜重，以精兵待於幕北。」又說：「是後匈奴遠遁，而幕南無王庭。」這裡所說的幕是沙土，或是荒漠的意思，所以幕也就是漠。班固在《漢書・匈奴傳》最後說：「隔以山谷，雍以沙幕，天地所以絕內外也。」這說明幕與漠同，所以上引「咸約絕幕擊匈奴」，「絕幕」者，就是深入荒漠之地，或是到了漠北的地方。

這個荒漠地區，在漢代，人們也叫做翰海。《史記・匈奴列傳》說：「驃騎封於狼居胥山，禪姑衍，臨翰海而還。」《史記集解》中引：「如淳曰：『翰海，北海名。』」而張守節在《史記正義》中說：「按，翰海自一大海名，群鳥解羽伏乳於此，因名也。」張晏與如淳的解釋是錯的，本文明出代右北平兩千餘里，則其地正在大漠，安能及絕遠之北海哉？清代齊召南說：「翰海，北史作瀚海，即大漠之別名，沙磧四際無涯，故謂之海。」（見《史記會注考證》）齊召南的說法是很對的。

這個荒漠地區，現在叫做大戈壁，範圍很廣，幾乎佔了蒙古高原盆地的全部，包括了現在的內蒙古自治區的大部份，形狀好像一個斜置的胡瓜。自東北向西南伸張，東西最長處約為兩千公里，南北最長處約為一千公里，面積達一百五十萬平方公里。

這個荒漠與新疆的塔里木盆地的沙漠相比卻有不同之處。塔里木盆地的沙漠上層覆蓋了很厚的流沙，風一吹來容易流動，往往成為沙丘，一堆一堆地排列，或星散於地面。這種沙質鬆柔，行走其上，不只寸步難行，而且腳步往往下沉。在這種沙漠上交通很為困難。至於蒙古高原的戈壁，土質含有石質露出地面，有的地方滿佈礫石，有時也稱為石沙漠，人在上面行走，沒有什麼困難。在這種荒漠上，不要修路，汽車也可以隨便跑。從呼和浩特過了大青山以後到百靈廟的途程中，汽車在地面上，不一定循著公路，而是可以自由往來。而且這個地面在較低的地方可以生長草類。所以在這條路上的兩旁已有不少地方開墾為農田。

這個盆地的地勢，從整個來看是西北高東南低，可是也有高低間隔的地方。從南向北的人有這樣的印象，就是愈北愈高，從遠處看，是一個高坡，可是上了高坡又是平原。比如從呼和浩特上大青山，是爬上很高的山嶺，可是到了山頂一看，山的北面是平地，好像與山頂差不多一樣高。明朝永樂北征，經過興和（今河北省北部的張北縣）的時候說過：「汝觀地勢遠見似高阜，致即又平也。」（見金幼孜《北征錄》，「豫章叢書」本第九函）可說是這一帶地形的寫真。秦漢的匈奴人侵襲漢族，自北而南，所謂居高臨下，南下牧馬，就是因為地勢使然。

大戈壁的土質雖為礫石質，可是也雜有不少的泥沙。風一吹，細沙就飛揚起來。在較大的北風吹來時候，粗的沙石被北風吹到附近的地方堆積下來，其細粒可以一直吹到華北各省，所以華北的沙土有不少是來自大戈壁。《史記・匈奴列傳》說衛青圍攻匈奴於幕北時，日暮大風起，匈奴單于與少數騎兵突圍遁跑，可能也是利用滾滾的沙塵作為遮掩而遁跑的吧。

在大戈壁中，有很多的小盆地，其中較大的有三：其一在東邊，在大興安嶺以西，東西寬約三百公里，南北長約五百公里；其二在中部，在呼和浩特以北，東西長約五百公里，南北寬約三百公里；其三在居延海一帶，東西長約三百公里，南北寬約二百公里。居延盆地雖然有流沙，但有額齊納河從南邊的祁連山經河西走廊流入這個地區，所以沿岸一帶，水草比較豐茂，額齊納河古稱弱水，又稱黑河，其源流主要來自祁連山的雪水。上游的水，沿途用以灌溉，到了這個盆地已經減少，每年三月冰融，水量較多。這個地區在前漢時代，很為重要。公元前一二一年，就是武帝元狩二年，霍去病曾帶兵經過這個地方而攻祁連山，《史記・匈奴列傳》說：「夏，驃騎將軍復與合騎侯數萬騎出隴西、北地二千里，擊匈奴。過居延，攻祁連山……」《漢書・匈奴傳》說：太初三年（公元前一〇二年），「使強弩都尉路博德築居延澤上」。又說：天漢二年（公元前九十九年）「使騎都尉李陵將步兵五千人出居延北千餘里，與單于會，合戰……」可見居延一帶是漢與匈奴交戰的重要地區。直到後漢安帝的時代（公元一〇七—一一九年）始置居延縣，屬張掖管轄。漢朝佔據了居延，不只河西得以安寧，對於控制西域，也有很大的作用，可見居延當時在軍事上的重要性。

除了大戈壁中這幾個大盆地之外，在蒙古高原上，還有幾個盆地。一為色楞格河流域，二為科布多盆地，三為唐努烏梁海盆地。色楞格河流域在大戈壁之北，科布多與唐努烏梁海之東。這個地區包括杭愛山與烏蘭台戛山（Uran Togoo）以東，肯特山與阿爾唐烏魯桂山以西和喬倫以北。喬倫是草原地帶與戈壁地帶的分界，喬倫之南，沙磧漸漸地多起來，而進入大戈壁地區。在這個區域裡，肯特山與阿爾唐烏魯桂山，是色楞格河與克魯倫河的分水嶺，兩山之東是克魯倫河流域，兩山之西則是色楞格河流域。這個區域除河谷兩旁與一些山區外，多為草原，是即古代的幕北。現在蒙古人民共和國的烏蘭巴托是這個區域的大城市，位於土拉河北岸。土拉河是色楞格河的支河，在今日是經濟政治的重鎮，在古代應該也是幕北的要地。

科布多盆地位於大戈壁的西北部，東邊是杭愛山，南邊與西邊是阿爾泰山，北邊是唐努山，中間地形低下，河流向內流，是一個閉塞盆地。圖爾公山是這個盆地的最高山，也是蒙古高原最高的山。山上有雪田冰川，有森林，有草地。從這個地區的南邊可以越過阿爾泰山到新疆的準噶爾盆地。北邊有好多山口，西北循科布多河與西伯利亞接壤。

唐努烏梁海盆地位於蒙古高原的西北部，南邊有唐努山與科布多盆地為界；北邊有薩彥嶺與西伯利亞分界；東部較高，有哈爾特沙迪克山和烏拉山，兩山之東，河流東流入色楞格河，兩山之西，河流西流入小葉尼塞河。這個盆地向北通往西伯利亞的交通比較方便。匈奴在強盛時代，其勢力的伸張固是指向西與西北方面，就是在失敗的時期，也是要往這個方向遷徙。大戈壁的居延盆地乃成為匈奴與漢族爭奪最為劇烈的地區。匈奴從這裡到河西走廊，進入洮河流域，或青海草原。並進一步去控制西域諸國，即現在的新疆一帶。但是他們也可以通過科布多盆地與阿爾泰山的山口，長驅而入新疆的天山以北的準噶爾盆地，或是從科布多與唐努烏梁海通過丁零、堅昆而西走。在強盛時代，匈奴可以經過這些地方，控制河西走廊、天山南北的西域諸國以至蔥嶺、烏孫、大宛以西的康居、大夏等處。在衰弱的時代，匈奴也可經過這些地方而退向蔥嶺、烏孫、大宛以西各地。

蒙古高原的山嶺很多，上面已大致說及，其較重要者是東部的興安嶺、東北的肯特山、西部的杭愛山與阿爾泰山，以及南部的陰山、狼山、賀蘭山。興安嶺自黑龍江北部邊境向南至內蒙古中部西拉木倫河上游地區，延綿一千五百公里，高度在一千至二千公尺之間，東坡較陡，西坡較緩，傾斜向大戈壁。興安嶺以東為松花江、嫩江流域及其平原；興安嶺之西就是茫無涯際的大戈壁。興安嶺的東坡，尤其是北部森林茂盛，可以從事農墾；西邊雖然也有海拉爾河總匯了山谷中流出的溪水，但景色與嶺的東邊完全不同，這裡比較乾寒，沒有樹木，只有碧綠廣闊平坦的草原。

肯特山像上面所說，是色楞格河與克魯倫河的分水嶺。在色楞格河流域一帶，是丘陵地帶，除肯特山外，地形較為平坦。肯特山的山坡也較為平緩，最高峰海拔只有二千八百公尺，可是這個地區的海拔均多在一千六百公尺以上，所以肯特山的高峰離地面往往也不過幾百公尺。

杭愛山海拔在二千至三千公尺，兩側崎嶇，山谷之中有平地，所佔的面積相當廣闊，北邊得了北冰洋的水氣，雨量較多。故森林頗為茂盛，林間也有野獸，其景色與西伯利亞相似。這個山脈是好多河流的發源地，匈奴時代的幕北王庭似乎也曾到過這個山脈所流出的河水旁邊，應該是史書中所說的幕北的重要地區。

阿爾泰山是一條很長的山脈，自西北向東南，長約一千六百公里。西段高而東段低，但海拔均在三千公尺以上。在科布多境內阿爾泰山的西部與唐努山相接，其東段自西向東，還有四條山脈。阿爾泰山的北坡有森林，南坡沒有，東段伸入大戈壁，無論是南坡還是北坡都沒有森林。

新疆的北部，在天山與阿爾泰山之間，就是準噶爾盆地。這裡地勢低陷，來自西北的海洋水汽可以深入，雨雪較多，大部份成為草原。古代天山以北的西域的一些國家，都在這個盆地建立。著名的烏孫國，就佔據著這個盆地的西側。匈奴可以通過阿爾泰山的山口來到這個盆地，役屬這些國家。

陰山在大戈壁的南邊，內蒙古自治區境內，略與黃河平行。陰山是匈奴與漢朝的交界地區，北為匈奴，南為漢朝。所謂「不教胡馬度陰山」，就是這個意思。我們現在乘火車赴呼和浩特與包頭，過了集寧就隱約地可以望到一條從東向西延伸的山脈，這就是過去的陰山。陰山乃是大青山和狼山的總稱，高出海面雖約為二千至三千公尺，但高出附近的地面只有數百至一千公尺。從陰山的北坡來看更顯得不高。陰山沿黃河折向西南就是賀蘭山，賀蘭山從南到北走向與這一帶的黃河平行。

陰山是古代抗拒匈奴的屏障。陰山之南有一條狹長的平原，從下面來看陰山不僅可以擋住匈奴人，而且可以擋住酷冷的北風。山北與山南景物完全不同。以呼市附近為例，從山南到山北要越過險峻的蜈蚣壩，由山南至壩底村約為十公里，全為山溝，由壩底逾蜈蚣壩至後壩約十五公里。這是前山與後山的分界處，現在有了公路，行車時仍要小心，沒有公路之前當更險要。

我們上面曾指出，在戰國時代，燕、趙、秦在其北邊築了長城。現在還有一段古代長城的遺址，綿亙在大青山、狼山靠南邊的山頂上。這一段長城，應該是戰國時趙國所建。為佔奪這個地方，趙國與匈奴曾有過長期而劇烈的戰爭。後來趙國打敗了匈奴人，佔據了山南的平原，於是在山上築長城以拒胡。

現在的大青山，十餘年來，除了在山南種植不少樹木之外，山上樹木不多。可是在古代，卻是森林地帶，應該說，直到十三世紀時這裡還有森林。呼和浩特蒙古語是青色的城，包頭是蒙古語譯音，意義是有鹿的地方。鹿或禽獸出沒的地方，應該是有樹林的地方。原來陰山的森林，經過數百年的砍伐，已使青色的山變得光禿。

我們若把歷史回溯到西漢時代，陰山的樹木必當很多，深密的森林佈滿在這條綿長不斷的山嶺之中。這森林對於匈奴來說是很有作用的。《漢書・匈奴傳》引侯應的話說：

> 臣聞北邊塞至遼東，外有陰山，東西千餘里，草木茂盛，多禽獸，本冒頓單于依阻其中，治作弓矢，來出為寇，是其苑囿也。

陰山的樹木，不只可以用做弓矢，也可以用做車與穹廬的架子及其他用處。匈奴人是游牧民族，陰山有禽獸，是匈奴人打獵的地方，是匈奴人依靠以取食物的地方。這樣看起來，不只備戰要靠陰山，就是日常生活也要靠陰山，可以說是匈奴人的生命線。因此之故，匈奴在與漢朝的爭奪戰中失敗後，陰山為漢朝佔領，匈奴人之過陰山者都哭起來。《漢書・匈奴傳》又引侯應話說：

> 至孝武世，出師征伐，斥奪此地（指陰山一帶），攘之於幕北。建塞徼，起亭隧，築外城，設屯戍以守之，然後邊境得用少安。幕北地平，少草木；多大沙，匈奴來寇，少所蔽隱，從塞以南，逕深山谷，往來差難，邊長老言匈奴失陰山之後，過之未嘗不哭也。

陰山不只是作為狩獵的場地，而且還是匈奴在軍事上的屏障與隱蔽的地方。匈奴失了陰山，也可以說是匈奴帝國衰敗的開始。

陰山保不住了，匈奴在幕南就難於立足。他們跑到幕北，就是越過了大戈壁而到了蒙古高原最北的地方。在這裡，地既平又少草木，多大沙。地平則難守，少草木，多大沙，對於隨水草而生活的民族是極為不利的，這也就是《漢書・匈奴傳》上郭吉所謂幕北寒苦，無水草之地。自此不只在軍事地理上匈奴處於不利的地位，在經濟條件上，匈奴也處於不利的地位。幕北既不容易生活，再加以漢朝的不斷攻擊，匈奴就不得不逐漸往西遷徙——遷往天山之北，現在的準噶爾盆地，再遷往烏孫與大宛的中亞細亞地帶，以至歐洲東部的黑海地區。可見陰山的爭奪戰對於匈奴的興衰有著極為密切的關係。

上面是敘述蒙古高原的山嶺，我們現在談談這裡的河流。

這個地區東北部的最大河流是克魯倫河。這條河發源於肯特山麓，先向南流，然後折而向東，最後注入呼倫湖。河水大時，可與額爾古納河連接起來，成為黑龍江的上游。這條河的兩岸，除沿河一帶略有草原之外，都是沙漠，河水主要是來自肯特山的雨雪，所以河水深處不過一二公尺。在肯特山以西，有鄂爾渾河下游的三條支河：依羅河、哈拉河與土拉河。這三條河發源於肯特山的西麓與南麓。土拉河是蒙古水系的重要分界，河之南是內流區域，方向是自北而南，河流很少，從山麓的草原逐漸而至戈壁；其北屬外流區域，方向是自南而北，河流很多，由草原逐漸而至森林地帶。

在蒙古的正北，或是貝加爾湖之南，主要河流是色楞格河，這條河上游有三條支流：北邊一條是木倫河（Moron），發源於汗泰加山脈西麓；南邊一條是喬魯圖河（Chuluut）；中間一條伊第爾河（Ider），是色楞格河的正源，與喬魯圖河都發源於杭愛山的北麓。在此以東還有鄂爾渾河，與色楞格河平行，上游也有很多支流。鄂爾渾河與色楞格河匯合於買賣城（今阿爾丹布拉克Altanbulag附近）①，最後注入貝加爾湖。

唐努山與汗泰加山脈的北部，是小葉尼塞河及其上游「施什錫德河」（Shishged River，又稱：錫什錫德河、失慢易河）的發源地。這條河自唐努烏梁海盆地向西流，到了奇悉爾（克孜勒：Kyzyl）和自北南流的大葉尼塞河相會，然後再向西流又與自西南來的赫姆奇克河（Khemchik River）相會流入西伯利亞，所以這個地方是外流區域。

西部科布多盆地的最大河流，是科布多河（Khovd River）與札布汗河（Zavkhan River）。前者發源於阿爾泰山北麓，注入慈母湖（哈臘烏斯，Khar-Us Lake）與喀拉湖（今哈臘湖：Khar Lake）相通（由泰諾哈拉依赫河連接。）；後者發源杭愛山南麓，是盆地最大河流，自東南流至西北，注入吉爾吉斯湖（Khyargas Lake）。

在中南部，自杭愛山南麓流出的水，成為翁金河（Ongi gol）、圖音河（Tuin River）與拜達里格河（Bajdrag，現稱：拜特拉格河或拜德拉格河）。翁金河在東，圖音河在中間，拜達里格河在

① 編按：鄂爾渾河與色楞格河匯流於蘇赫巴托爾（Sükhbaatar）市，買賣城在其東北方。

西。這三條河的走向，都是自北而南。翁金河是這三條河中最長的，自西北向東南走，瀦為烏蘭湖（Ulaan Nuur）。這條河深入蒙古的中部，水量有限。圖音河注入鄂羅克湖（Orog Lake），拜達里格河注入邦察罕湖（Böön Tsagaan Lake，現稱：本查干湖），都是很小的湖泊。

西南方面，發源於祁連山的額濟納河，上游為弱水與臨水，二者經過河西走廊，流至寧夏北部瀦為居延海。此外，蒙古最大和最多的湖區在西北部的烏布蘇諾爾與科布多省。

大致而言，蒙古盆地，除了杭愛山脈稍居於偏西北的中部外，四周皆圍有山嶺或高原，中間地勢較低，海拔約一千公尺或數百公尺。山嶺高原地帶為河流之所出，唯除正北及西北一些河外流外，其餘多是內流河。中間的廣大區域則是大戈壁。

大戈壁的周圍河流很少。而且這些河流水量有限，有的在中途就消失了。至於大戈壁的中部，差不多完全沒有水。所謂湖泊地乃是風蝕的窪穴，一年之中除雨季積了些水外，大部份時間乾涸。然而像上面所說，這個戈壁也不像塔里木的戈壁那樣一望無垠、丘陵起伏、松沙乾燥、深地無水。相反地，在這個戈壁中，稍向下掘地往往有水，低窪有水的地方易形成草原，加上土壤中含有鹽分，所長出的草，很宜於飼畜，所以住在這裡的絕大部份的人民都以畜牧為業。

大戈壁的邊緣地帶，尤其是在河流較多的地方，草類或其他植物也較多。在雨雪較多時，這裡的草原便擴展範圍，向戈壁地帶發展，使戈壁的面積縮小。雨雪較少時，草原縮小了，戈壁遂擴展開來。這與畜牧事業有著密切的關係。水草豐富，則畜牧繁盛；水草缺乏，畜牧受到影響，所以住在這個地方的人們往往從一個地方遷到另一個地方，所謂逐水草而居，就是這個意思。

從整個蒙古的地理來看，荒漠地帶所佔的比例最大，草原因雨雪的多少而決定時大時小。然而，植物之中生長得面積最廣的，還是草類。有些地方，雖也可耕種，但是地域既小，而能種的農作物也主要是大麥與燕麥。山區地帶，也有森林，但是高山如阿爾泰山在三千三百五十公尺左右的地方，已屬於永久積雪，在這些地方，連植物影子也不見。

在匈奴的本部裡，現在看來也有不少湖泊。但是史書所記載的湖泊並不很多。居延澤現稱嘎順諾爾，是史書屢載的湖泊，但這個澤或海，在匈奴時代來說，是匈奴出河西走廊與西域的交通要衝，在交通上與在軍事上，是個重要地方，在經濟上的作用可能也有一些，但不明顯。自公元前一二一年霍去病阻斷了匈奴這條通路及公元前一〇二年路博德築遮虜鄣以防備匈奴之後，在這個海邊，漢人曾從事農墾，但直到現在，這一帶還是地廣人稀。居延海的水來自祁連山，下游稱額濟納河，流經張掖、鼎新等處，然後北流到內蒙古的西部而瀦為居延海。居延海分東西兩海，東海小而西海大，東海淡而西海鹹，東海還產有不少魚，海邊蘆草叢生，也有樹木。

在大戈壁的地區中，除了居延海外，還有好多湖泊。如烏蘭泊，是翁金河所瀦成的湖泊，翁金河的水量減少，這個湖泊的水量就要減少。又如在巴格布克多山麓的密堪泊，主要是靠泉水匯流，遇乾旱，地下水面低於湖床時，湖水也就要枯乾。總而言之，大戈壁的湖泊多是低窪地方，雨天時候成為湖泊，一到旱季，湖水也就要乾。

北海就是現在的貝加爾湖，也是史書所屢記的湖泊。《漢書·匈奴傳》說到這個湖的有幾處，說是一個很大的湖，在匈奴的時代，雖非是完全沒有人煙的地方，可是到過或住在這個地方的人必定寥寥無幾。匈奴的於靬王曾在這裡狩獵，可能是負有監視丁零人的任務，但是他死之後，並沒有派人替代。他的士卒走了以後幾乎又是空無人煙了。

在色楞格河流域地區的西北角，有一個庫蘇古爾泊（Khövsgöl Nuur），南北長一百三十公里，東西最寬處約四十公里，是現在蒙古地區最大的湖。湖在四面高山之中，四周林木茂盛，色楞格河的上游，額格河（Egiyn Gol）的水源，多來自這個湖。湖南部的木倫河與依德爾河之間，還有一個桑金達賴泊（Sangiin Dalai Lake），是一個高山湖泊，沒有出口，成為鹹水。

在科布多盆地中，湖泊很多。著名的有慈母湖（Khar-Us Nuur，今稱：哈爾烏蘇湖）、喀拉湖與吉爾吉斯湖（Khyargas Nuur）。慈母湖在科布多城東約四十公里。喀拉湖（Khar Nuur，今稱：哈爾湖）在慈母湖東約五十公里，形狀狹長，北部水常流動，水味淡；南部水常停滯，水味鹹。吉爾吉斯湖在喀拉湖北約八十公里。

唐努烏梁海盆地也有很多湖泊，但面積很小。在盆地東南有德里湖，北部在貝克穆河中流有多齊湖、托羅湖與那雅湖，這些湖雖遠不若科布多盆地或色楞格河流域的湖泊之大，但這些小湖盛產魚類。

陰山以北是寒冷地帶，史書稱為苦寒之地。冬季來得很早，所謂「胡天八月即飛雪」就是這個意思。《漢書・匈奴傳》引嚴尤上書王莽說：「胡地秋冬甚寒，春夏甚風。」又《漢書・匈奴傳》記李廣利降匈奴，被匈奴殺死後，雨雪數月不停。同傳又指出常惠與烏孫擊敗匈奴之後，在一日之中，下雪深丈餘。這都說明匈奴的本部是一個極為寒冷的地方。

當然，在這麼大的地區中，氣候也並非到處一樣。比方大戈壁的冬季各月，氣溫下降到零下二十度很為普遍，水都結冰，人們要用雪作飲料。霜雪在九月上旬就已下降。在幕北的色楞格河流域，更為寒冷。史書中所說幕北苦寒的地方很多。在這個地區，北邊少有高山阻止從西伯利亞來的寒潮，所謂蒙古高壓的中心，就在這個地區，氣候非常乾燥，非常寒冷。在烏蘭巴托一帶，氣溫可以低到零下四十度以下。一年之中，植物能夠生長的時間只約有一百天。到了夏天，這一帶平均溫度雖為十七・一度，但有時也高達三十四・三度，又可以說是酷夏了。不只一年之中的氣候差別若是之大，一日中白天與夜間氣溫相差也有時很大，白天似炎夏，而夜間則似嚴冬。住在蒙古高原的人們，夏天也帶著一件皮大衣，是有其理由的。不過應該指出，就是在夏天，所謂酷熱的時間也是極短的，嚴冬可以說是這個地區的經常性的氣候。

第五章　匈奴人的經濟生活

《史記・匈奴列傳》說：「其俗，寬則隨畜，因射獵禽獸為生業，急則人習戰攻以侵伐，其天性也。……自君王以下，咸食畜肉，衣其皮革，被旃裘。壯者食肥美，老者食其餘。貴壯健，賤老弱。」又說：「其畜之所多則馬、牛、羊，其奇畜則橐駞、驢、𩦺、駃騠、騊駼、驒騱。逐水草遷徙，毋城郭。常處耕田之業，然亦各有分地。……兒能騎羊，引弓射鳥鼠，少長則射狐兔；用為食。士力能毌（guàn，古同「貫」；wān，古同「彎」）弓，盡為甲騎。」

另外，《東觀漢記》說：「單于歲祭三龍祠，走馬鬥橐駝以為樂事。」《後漢書・南匈奴列傳》也說：「匈奴俗，歲有三龍祠，……會諸部，議國事，走馬及駱駝為樂。」這些史料明顯說明匈奴是一個狩獵與畜牧的民族。

匈奴單于自頭曼、冒頓以後，對狩獵都很重視。匈奴人射獵，不只以射鳥獸作為食品或娛樂，而且以之作為一種軍事訓練，一種嚴格紀律的手段。所以匈奴人從小就練習射獵，在羊背上射，在馬背上射，這樣的長期訓練，嚴格遵守紀律，嚴格執行命令，是冒頓之所以能東敗東胡，西擊月氏而建立一個大帝國的重要原因。同時，匈奴的射獵，往往也是軍事上的行動。且鞮侯單于（公元前一〇一—前九十六年）的弟弟於軒王弋射於北海，既是射獵，也是監視丁零的軍事行動。《漢書・匈奴傳》說：「數萬騎南旁塞獵，行攻塞外亭障，略取吏民去。」又說：「左大且渠……乃自請與呼盧訾王各將萬騎南旁塞獵，相逢俱入。」「單于將十萬餘騎旁塞獵，欲入邊寇。」此外匈奴也有因沒有禽獸可獵而他去的。《漢書・匈奴傳》載：「昌、猛見單于民眾益盛，塞下禽獸盡，單于足以自衛，不畏郅支。聞其大臣多勸單于北歸者，恐北去後難約束。」顏師古注說：「塞下無禽獸，則射獵無所得，又不畏郅支，故欲北歸舊處。」

直到一百三十年後，就是後漢章帝元和二年（公元八十五年）時，匈奴人還沒有放棄射獵的生活。《後漢書・南匈奴列傳》說：「其歲，單于遣兵千餘人獵至涿邪山，卒與北虜溫禺犢王遇，因戰，獲其首級而還。」這是打獵與打仗合而為一了。在和平無戰事的時候，射獵與畜牧也是合而為一，就是說，在畜牧的時候，也可以射獵。到過蒙古高原的人，可以看到在高原上黃羊或其他獸類成群出現，鳥類在天空中迴旋，隨畜的牧人，就可以引弓而射。社會發展的初期，人們主要是靠打獵為生，經過一個時期，人類懂得養畜之後，慢慢地畜牧變為主業，射獵成為副業。匈奴在頭曼與冒頓的時代，已經進入畜牧為主、射獵為副的時代，所以匈奴是游牧民族。

在未敘述匈奴的游牧情況之前，我們在這裡提出一個與射獵有關的問題，就是匈奴人會不會捕魚？漁獵在原始社會裡往往並舉。匈奴人生活地區雖稱沙漠苦寒之地，然也有不少河流湖泊，這些河流湖泊盛產魚類，那麼匈奴人是否也能捕魚？《後漢書・烏桓鮮卑列傳》載：「冬，鮮卑寇遼西。光和元年冬，又寇酒泉，緣邊莫不被毒。種眾日多，田畜射獵不足給食，檀石槐乃自徇行，見烏侯秦水廣從數百里，水停不流，其中有魚，不能得之。聞倭人善網捕，於是東擊倭人國，得千餘家，徙置秦水上，令捕魚以助糧食。」鮮卑入居匈奴故地。匈奴有十餘萬人留居故地，自號鮮卑。這些在蒙古高原上的鮮卑人、匈奴人看來是不會捕魚的。但從冒頓到公元二世紀末的匈奴歷史中，漢人被虜或逃入匈奴的不知多少，這些漢人曾把農業、建築及許多手工業技術傳入匈奴，有的長期為匈奴服務。若說匈奴人不會捕魚，漢人在匈奴者也不捕魚或沒有傳授捕魚的方法給匈奴人，那是不易理解的。檀石槐因為糧食缺乏而找人捕魚，匈奴人歷史上也時因牲畜死亡而陷入飢餓，似乎也應捕魚以助糧食。《漢書・李廣蘇建傳》說，蘇武在北海時，「單于弟於靬王弋射海上，武能網紡繳，檠弓弩，於靬王愛之，給其衣食」。這裡說的網紡，應該是捕魚的網紡。捕魚之法，應該早已傳入匈奴，匈奴人也會以魚為食。可能魚在匈奴人的食品中所佔成分太少，故史書少有記載。

現在我們談談匈奴的畜牧。

匈奴是一個游牧民族。《漢書・匈奴傳》「贊」說：「（匈奴）辟居北垂寒露之野，逐草隨畜，射獵為生，隔以山谷，雍以沙幕，天地所以絕外內也。」《鹽鐵論・備胡》說：「隨美草甘水而驅牧」，「衣皮蒙毛，食肉飲血」。《鹽鐵論・論功》說：「因水草為倉廩。」袁宏《後漢紀・明帝紀》載：「（永平）十六年（公元七十三年）春，（耿）秉出張掖居延塞，擊匈林王到沭樓山①，渡漠六百里餘，絕無水草，得生口辭云：『匈林王轉北逐水草』，秉欲將輕騎追之，都尉秦彭止之而還。」

游牧民族依靠的畜類中最重要的是馬、牛、羊。在這三種之中，馬又最重要。馬的種類很多，奇特的也有多種。《鹽鐵論・崇禮》說：「騾驢馲駝，北狄之常畜也。」匈奴馬的數量也多，冒頓縱精兵四十萬騎圍高帝於白登七日。精兵之外當還有很多不為騎兵所用的馬。在匈奴，騎兵是攻戰的主要力量，騎兵往來快捷，出沒無常。戰國時代，漢人時常受到主要是匈奴騎兵的擾亂與侵略。《漢書・晁錯傳》說：「今匈奴地形技藝與中國異。上下山阪，出入溪澗，中國之馬弗與也；險道傾仄，且馳且射，中國之騎弗與也；風雨罷勞，飢渴不睏，中國之人弗與也，此匈奴之長技也。」《漢書・匈奴傳》又載：「匈奴之俗……以馬上戰鬥為國。」

歐洲的羅馬歷史學家曾記載：匈奴人在歐洲，不只戰時用騎射，平時也常在馬背上，連吃飯、閒談及辦交涉都在馬背上，正如《淮南子・原道訓》所說：「人不弛弓，馬不解勒。」

匈奴以騎兵見長，漢武帝要征伐匈奴，對用馬作戰便不得不非常重視，二次遠伐大宛，主要原因之一就是想得到大宛的善馬。《史記・大宛列傳》載：「宛貴人相與謀曰：『漢所為攻宛，以王毋寡匿善馬而殺漢使。今殺王毋寡而出善馬，漢兵宜解。』」

馬肉、乳可作食品，馬乳還可以作酪。在匈奴人的食品中，牛羊肉、乳尤為普通。《史記・匈奴列傳》載，中行說對漢使曰：「匈奴之俗，人食畜肉，飲其汁，衣其皮；畜食草飲水，隨時轉移。」

馬還可以作祭品與盟誓之用。《漢書・匈奴傳》下載：「昌、猛與單于及大臣俱登匈奴諾水東山，刑白馬，單于以徑路刀金留犂撓酒，以老上單于所破月氏王頭為飲器者共飲血盟。」

匈奴人用畜皮做衣服，「衣其皮革，被旃裘」就是這個意思。他們很早就製作褲子、長靴、長袍、尖帽或風帽，這種服飾，無論在行動或保暖方面，都很適應馬背上的生活。戰國時代趙武靈王所採用的胡服，就是這種服裝。胡服，非匈奴人所發明，可能是中亞細亞的塞種最先創製，

---

①編按：沭樓山，一作沐樓山，一作三木樓山。據林梅村教授意見：「沐樓山應在居延以西六百里哈密北山東端。」

匈奴人從他們學習而來。

匈奴人住的地方叫做穹廬，是氈帳所製的幕，也叫做帳幕。這種房舍，也需用木條作柱樑。成帝綏和年間（公元前八—前七年）漢朝使者王根建議烏珠留單于割讓匈奴溫偶駼王地，單于答覆道：「已問溫偶駼王，匈奴西邊諸侯作穹廬及車，皆仰此山材木，且先父地，不敢失也。」每個穹廬所用木材不很多，較輕便，易搬遷。穹廬不很大，一般父母子女一家四五口，睡在裡面就很擁擠。所謂「父子乃同穹廬而臥」這種居住條件是漢人所不習慣的。正如嫁給烏孫昆莫的江都王建之女所作的歌曰：「吾家嫁我兮天一方，遠托異國兮烏孫王。穹廬為室兮旃為牆，以肉為食兮酪為漿。居常土思兮心內傷，願為黃鵠兮歸故鄉。」①古代史書多說匈奴人不事耕種，《史記》說匈奴人「毋耕田之業」。《淮南子・原道訓》說：「雁門之北狄不穀食。」《鹽鐵論・備胡》說：「外無田疇之積。」《鹽鐵論・論功》說：「馬不粟食。」但《漢書》引用司馬遷「毋耕田之業」一語，又說到李廣利被匈奴人殺死之後，「會連雨雪數月，畜產死，人民疫病，穀稼不熟」。顏師古注云：「北方早寒，雖不宜禾稷，匈奴中亦種黍穄。」這說明匈奴是有耕田之業的。他們除在本部耕種之外，在西域還有騎田。《漢書・西域傳・烏孫》載：嫁到烏孫的楚解憂公主曾上書言「匈奴發騎田車師」，這很像漢人的屯田做法。

匈奴人耕田產穀，還建有穀倉去藏穀。《史記・衛青霍去病列傳》載：武帝元狩四年（公元前一一九年），衛青擊匈奴至寘顏山趙信城時，「得匈奴積粟食軍。軍留一日而還，悉燒其城餘粟以歸」。《漢書・匈奴傳》指出：昭帝始元四年（公元前八十三年），「衛律為單于謀『穿井築城，治樓以藏穀，與秦人守之』」。這些粟穀，不一定是匈奴自己生產的，可能是漢朝所給予或是匈奴人從漢朝邊地或西域諸國掠奪而來的。但匈奴人既已種穀、藏穀，就不僅是食畜肉，而是也食穀物了。

近來發掘的匈奴墓中有鐵製的鏵與鐮刀，有石臼，說明匈奴農業的技術是相當高的。生產上和生活上所需要的東西，尤其是統治者需要的奢侈品，匈奴人不能完全自給，必須從其他地方輸入，所以匈奴人十分重視商業交換。《史記・貨殖列傳》載：「烏氏裸畜牧，及眾，斥賣，求奇繒物，間獻遺戎王。戎王什倍其償，與之畜，畜至用穀量馬牛。」游牧部落用以為交換的主要物品是牲畜，他用價值十倍的牲畜去交換「奇繒物」，「奇繒物」在游牧社會中是一種奢侈品。

匈奴是很樂於與鄰人尤其是漢人互市的。賈誼《新書・匈奴篇》說：「夫關市者固匈奴所犯滑而深求也，願上遣使厚與之和。以不得已許之大市……則胡人著於長城下矣。」《漢書・匈奴傳》說：「景帝復與匈奴和親，通關市……終景帝世，時時小入盜邊，無大寇。」又說：「武帝即位，明和親約束，厚遇關市，饒給之。匈奴自單于以下皆親漢，往來長城下。」即使武帝在馬邑用交易為名伏兵誘單于，希望一擊而破之，為匈奴發覺後，兩國處於戰爭狀態之下時，交易也沒有中斷。《漢書・匈奴傳》說：「自是後，匈奴絕和親，攻當路塞，往往入盜於邊，不可勝

① 編按：此為劉細君所作〈悲愁歌〉。劉細君之父為江都王劉建。元封六年，漢武帝以她為和親公主，下嫁烏孫國王昆莫獵驕靡。

數。然匈奴貪，尚樂關市，嗜漢財物，漢亦通關市不絕以中之。」《後漢書・南匈奴列傳》指出：一再受了漢朝痛擊之後的北匈奴，也「願與吏人合市」。漢朝答應互市之後，「北單于乃遣大且渠伊莫訾王等，驅牛馬萬餘頭來與漢賈客交易。諸王大人或前至，所在郡縣為設官邸，賞賜待遇之」。為什麼匈奴這樣樂與漢人交易呢？我以為，一方面是匈奴人，尤其是其統治者，想豐富他們的生活享受；另一方面，他們把交換來的漢人物品作為商品轉賣他人從中取利，或交換別的物品。就是說，匈奴是將漢人物品運到西域諸國包括大秦的中間人。岑仲勉先生在所著《隋唐史》中指出：「匈奴早已運用（北道）為轉輸華絲於西亞羅馬之通途。」

西域諸國以至最遠的大秦，都喜歡漢人的絲綢，不過漢人與西域的交通，一向為匈奴所阻隔。自冒頓滅月氏，服烏孫、呼揭、樓蘭及其旁二十六國之後，匈奴完全壟斷了漢人與西域交通的路線。西域諸國既不能直接與漢人交易，也就不得不依賴匈奴做中間人。《史記・大宛列傳》載：張騫從匈奴逃到大宛時，「大宛聞漢之饒財，欲通不得，見騫，喜」。《史記・西南夷列傳》轉述張騫說：「大夏在漢西南，慕中國，患匈奴隔其道。」在漢未與西域諸國直接交通之前，匈奴的勢力一直伸張到蔥嶺以西的安息，就是在漢與西域諸國直接交通之後，這種妨礙漢與西域諸國直接貿易的勢力仍然存在。《史記・大宛列傳》說：「自烏孫以西至安息，以近匈奴，匈奴困月氏也，匈奴使持單于一信，則國國傳送食，不敢留苦；及至漢使，非出幣帛不得食，不市畜不得騎用。所以然者，遠漢，而漢多財物，故必市乃得所欲，然以畏匈奴於漢使焉。」

自武帝元狩二年（公元前一二一年）漢佔據了河西一帶，與西域諸國直接交通之後，匈奴在政治上、軍事上和經濟上均受到很大的損失，經濟損失尤大，因昔日為匈奴人所壟斷的貿易，已操在漢人與西域人的手裡了。而匈奴人，尤其是其統治者，用慣了漢人的珍貴物品，要他們中止使用是非常困難的。以前半自用半轉賣，收支可以平衡，現在貿易之利沒有了，不得不把價值多倍的牲畜去換取漢人的物品，這樣就大大地入超，造成匈奴的經濟危機。再加上漢朝軍事上的不斷攻擊，結果引起匈奴內部政治上的動亂，五單于爭立，呼韓邪向漢稱臣。從此以後，匈奴分裂為南北二部，南部歸附於漢，入居塞內，北部繼續留在漠北，勢力雖然也時強時弱，總的趨勢是逐漸衰弱。

和帝永元元年（公元八十九年）漢朝大舉征伐北匈奴，永元三年（公元九十一年）耿夔大破北匈奴於金微山，北單于率部份人眾西逃，從此匈奴退出了漠北地區。但是這部份北匈奴仍一直與漢人做買賣，直至他們西徙到中亞的西部，殺了粟特國王並佔領其國之後，商人還到甘肅販貨。北魏克姑臧（公元四三九年）曾把這些商人當俘虜，粟特國王遣使赴魏贖回他們。

最後，略談匈奴的手工業。匈奴是游牧民族，自己製造的手工業品，主要是日常生活用品和戰爭用品。

首先是獸毛皮革製品。衣服、馬褂、長靴、尖帽、風帽等穿著物品，穹廬的牆壁、地氈、毛氈等，此類物品除自用外，還可作商品或禮物。《淮南子・原道訓》說：「匈奴出穢裘。」《後漢書・南匈奴列傳》說：「二十八年（公元五十二年）北匈奴復遣使詣闕，貢馬及裘。」

其次是木製品。穹廬用的柱樑、馬鞍、車，匈奴車相當多。《鹽鐵論・散不足》說：「胡車相隨而鳴。」《後漢書・耿夔傳》說他在公元一〇九年擊敗南單于，獲其車千輛，都是說明其車之多。《漢書・晁錯傳》說：「材官騶發，矢道同的，則匈奴之革笥、木薦弗能支也。」顏師古引孟康說：「革笥，以皮作如鎧者被之。木薦，以木板作如楯。」衛律曾治樓以藏穀，伐木數千準備築城。匈奴人還用木作橋。《漢書・匈奴傳》說：「北橋余吾，令可度，以備奔走。」顏師古注云：「於余吾水上作橋」，「擬有迫急，北走避漢，從此橋度也」。還用木做棺材。《史記・匈奴列傳》說：「其送死，有棺槨金銀衣裘，而無封樹喪服。」

匈奴人日常吃畜肉，殺了牛羊，其骨可能用為器皿或工具。《鹽鐵論・論功》記載匈奴人用素弧骨鏃，就是一個例子。

匈奴人也用各種陶器。《漢書・李廣蘇建傳》說單于之弟於軒王賜蘇服匿。同傳注孟康曰：「服匿如罌，小口大腹方底，用受酒酪。」晉灼曰：「河東北界人呼小石罌受二斗所曰服匿。」《南齊書・陸澄傳》載：「竟陵王子良得古器，小口方腹而底平，可將七八升，以問澄，澄曰：『此名服匿，單于以與蘇武。』子良後詳視器底，有字彷彿可識，如澄所言。」匈奴沒有文字，王子良所得的古器是有字的，很可能是仿製漢人的東西。近人在蒙古高原匈奴人的墓中掘出很多古物，包括陶器、石器、銅器、鐵器、銀器與金器。其中有生活必需品、軍用品與裝飾品。這些古物，有很多是漢朝給予匈奴的，有的是匈奴從漢族或其他各族掠奪而來的，也有的是匈奴用交換方式得來的。出土的古物，只能說是匈奴人使用的手工業品，不一定是匈奴製造的。即使是匈奴出產的東西，也不一定是匈奴人製造的，也可能是久居匈奴的漢人或其他種族人製造的。

第六章　匈奴人的宗教意識

匈奴人祭天地，拜日月，崇祖先，信鬼神。在他們的生活中，無論是平時或戰時，都與這種宗教意識有密切的關係。每年有規定的日子舉行集體的祭祀；平日，一個人病了，以為是鬼神作祟。戰時，攻打敵人不勝，也以為對方是有神保佑。我們要想瞭解匈奴人的生活或文化，就不能不注意到他們的宗教意識與迷信的風俗。

研究匈奴宗教信仰或迷信風俗的主要材料是《史記》、《漢書》與《後漢書》中零碎片段的記載。歷來注解這幾部書的人們，在這方面固然給我們以不少的啟發，卻增加了問題的複雜性，雖然如此，仍可以得到一個大致清楚的輪廓。

《史記．匈奴列傳》：「歲正月，諸長小會單于庭，祠。五月，大會蘢城，祭其先、天地、鬼神。秋，馬肥，大會蹛林，課校人畜計。」《漢書》照抄了這段話，只是蘢城作龍城。《史記索隱》引崔浩的話說：「西方胡皆事龍神，故名大會處為龍城。」《後漢書．南匈奴列傳》：「匈奴俗，歲有三龍祠，常以正月、五月、九月戊日祭天神。」又《史記．匈奴列傳》：「漢使驃騎將軍去病將萬騎出隴西，過焉支山千餘里，擊匈奴，得胡首虜（騎）萬八千餘級，破得休屠王祭天金人。」又說：「朝出營，拜日之始生，夕拜月。」從上面數段話來看，我們所要解釋的問題有三個：一是祭祀的日期，二是祭祀的地點，三是祭祀的對象。先從祭祀的日期說起。

匈奴每年三次集會的日期，據《史記》說是正月、五月與秋天。

《後漢書》為正月、五月與九月。兩者是一致的。但是《漢書・匈奴傳》注蹛林二字引服虔曰：「蹛音帶，匈奴秋社八月中會祭處也。」雖然八月也是《史記》所說的秋天。但八月、九月，都在秋天，不必作為一個重要問題加以討論。

在這三次集會中所祭祀的神靈是不是一樣呢？《後漢書》說是一樣，說「匈奴俗，歲有三龍祠，祭天神」。《史記》與《漢書》說的至少從字面上來看，是不同的。正月是一個小集會，也祭祀，但沒有說明祭祀的是什麼。五月是一個大集會，祭其先、天地、鬼神。秋天只說馬肥而大會，課校人畜計，沒有提到祭祀。《史記》與《漢書》雖然沒有明言秋天大會是祭祀，但是我們應該相信范曄與服虔的記載，這個大會也是有宗教含義的。大致上，正月的集會是一個小集會，參加的人是匈奴諸長，所以說諸長小會。在這個小集會中，諸長也可能討論到他們這一年中的國家大計或有關的問題。五月的大會，參加的人數必定很多，不限於諸長。這一次的集會，好像是最富有宗教的色彩，所以清楚地指出祭其先、天地、鬼神。秋天的時候，馬肥了，人畜也增加了，需要課校計算，這個大會，好像是為秋天收成而感謝天神的集會。這三個集會，照范曄的記載雖然沒有區別，但照司馬遷與班固所說，就有大小的不同，而且除祭祀之外，還有與祭祀有關的其他任務。

此外，匈奴拜日月是每天都要舉行的，這是日常生活中的一種習俗，與每年三次集會不同。由此，我們可以看出，匈奴有定期的集體拜祭，又有每日的日常拜祭，可見宗教之深入匈奴人的生活。

關於匈奴集體祭祀的地點，是一個意見很為分歧的問題。《後漢書》沒有說到祭祀的地點，崔浩以為龍神大會處為龍城，也沒有說龍城是一個固定的地方。但是《史記》卻說，正月的集會是在單于庭，就是單于所在的地方。五月大會龍城，龍城是一個地方，而且好像是一個固定的地方。秋天大會蹛林，照字面上看，也好像是一個固定的地方。看起來這像是三個不同的地方。然而一些作註解的人卻有不同的意見。服虔注蹛林「秋社八月中會祭處也」，這當是一個地方。

《史記索隱》引鄭氏云：「蹛林，地名也。」《史記索隱》又說：「晉灼曰：『李陵與蘇武書云相競趨蹛林，則服虔說是也』。」這都是說蹛林是一個地方名。《漢書》顏師古注云：「蹛者，繞林木而祭也。鮮卑之俗，自古相傳，秋天之祭，無林木者尚豎柳枝，眾騎馳遶三周乃止，此其遺法。」這是把蹛林當做祭祀的一種儀式，不當為地方名。究竟蹛林是一個地方的名稱，還是祭祀的一種儀式呢？這是不容易簡單回答的。

單于庭這個名詞的意義是很清楚的，它就是單于經常駐紮的地方。游牧民族逐水草而居，單于庭也可以隨時隨地遷徙，但是單于庭為一個地方，是無可懷疑的。

龍城是不是一個地方呢？照崔浩解釋，是一個地方。而且，《漢書》中說及龍城的有好幾處。《漢書・韓安國傳》說：「將軍衛青等擊匈奴，破龍城。」同書〈衛青傳〉說：「青至蘢城。」顏師古注云：「蘢讀如龍。」又《漢書・匈奴傳》上說，左賢王「未嘗肯會龍城」，「右賢王會龍城而去」。龍城是一個地方沒有問題。問題的焦點是龍城與單于庭是兩個不同地方還是同一個地方。我認為龍城與單于庭是一個地方。可以肯定地說，大會龍城時，單于必在龍城。《漢書・匈奴傳》：

右賢王會龍城而去，顓渠閼氏語以單于病甚，且勿遠。後數日，單于死。郝宿王刑未央使人召諸王，未至，顓渠閼氏與其弟左大且渠都隆奇謀，立右賢王屠耆堂為握衍朐鞮單于。

這是說單于在龍城，單于庭也在這個地方。假使單于庭不在這個地方，單于到這個地方參加龍城大會，會完之後，單于應該回單于庭，若說他因病重而不能跋涉途程，那麼他應該留諸王在這個地方處理他死後的事情。他沒有這樣做，說明他以為他不會死。在這種情形之下，大家會龍城之後都回去，而他卻留在這個地方，是沒有什麼意義的。何況他正病重，更應早日回到單于庭，準備身後的事情。而且這位顓渠閼氏，自始就為單于所不喜歡而被黜，她曾與右賢王私通。假使單于庭不是在這個龍城大會的地方，顓渠閼氏不會到這個地方參加大會，也就是說單于不會帶她來到這個地方。因此，我們推想這個龍城大會，就在單于庭所在的地方。

上面舉出衛青所破的龍城，就應該是單于所在地，也是五月大會的地方。衛青攻破這個地方，是一件大事情，所以史者特別筆之於書。

霍去病所破休屠王祭天處，好多注解家都認為這不僅是休屠王的祭天處，而且也是匈奴人的祭天處。《漢書》孟康注曰：「匈奴祭天處本在雲陽甘泉山下，秦擊奪其地，後徙之休屠王右地，故休屠有祭天金人像也。」《史記正義》引《括地誌》也有同樣的記載。假使這個注解是對的，單于庭、龍城及蹛林是一個地方的話，那麼雲陽甘泉山下應該是單于庭所在地，秦奪了這個地方之後，祭天又徙到休屠王右地。然而卻有人反對說匈奴的祭天處是在雲陽甘泉山下。王先謙《漢書補注》：

沈欽韓曰，始皇紀，十年，迎太后復居甘泉宮。十五年，韓非死雲陽，則雲陽爲秦地久矣。

三十二年，使蒙恬略取河南地，即漢之朔方郡耳，寧得以前與秦逼處數十里間乎？

這樣看起來，匈奴祭天的地方不應在雲陽甘泉。同處又說：

〈地理志〉，左馮翊雲陽縣，有休屠金人祠，及徑路神祠，越巫汓祠。此因霍去病得休屠金人，置諸雲陽，〈郊祀志〉作甘泉宮，以致天神，是也。本以得金人而有其祠，說者反謂匈奴祭天之處，值矣。

我們同意沈欽韓所說匈奴祭天金人不在雲陽甘泉，但是《史記》、《漢書》既說明這個祭天金人是休屠王祭天金人，可能除了匈奴單于的祭天之外，休屠王也有祭天的地方，這就是匈奴的右地。這個金人是休屠王用以祭天的，而非單于用以祭天的。

那麼蹛林是一個地方還是如顏師古所說是祭祀的一種儀式呢？我們的意見傾向於顏氏的說法。因為這三個集會都是在單于所在的地方，由於集會祭祀有不同的任務，司馬遷未加以區別，所以使我們覺得不大清楚。顏師古說得對，蹛林是祭祀的一種儀式。龍城之會就是范曄所說的龍祠。這三次集會雖然都是祭天，同時也有其他的任務，如商討國家大計，秋後感謝天神等。五月大會則最富有宗教色彩，除了祭天地之外，還祭祖先與鬼神。

下面可以進一步談祭祠的對象。

匈奴人除了崇拜自然的現象如天地與日月之外，還崇拜祖先與鬼神。此外，還有霍去病所獲得的祭天金人。拜祭天地、日月與中原拜祭天地、日月相像。古代中亞的祆教，以為太陽是光的來源，把太陽當做神。匈奴之拜日，是受了中原或祆教的影響，抑或是他們自古就有這種風俗，不得而知。匈奴祭天地與中原相像的地方很多，中原以天地為萬物的父母，《論語》上說：「唯天唯大，唯堯則之。」匈奴也以天為最高與最大的神靈。中原的皇帝叫做天子，匈奴也有這個看法，匈奴的單于，也有天子的含義。《漢書・匈奴傳》：「單于姓攣鞮氏，其國稱之曰『撐犁孤塗單于』。匈奴謂天為『撐犁』，謂子為『孤塗』，單于者，廣大之貌也，言其象天單于然也。」天是神，而皇帝與單于為天之子，這說明了天與人的關係。所以尊天，也得尊天子或單于。

休屠王的祭天金人是什麼，注解的人意見也很分歧。《史記索隱》引韋昭說：「作金人以為祭天主。」這可以說金人是祭天對象的代表。但是同處引崔浩說：「胡祭以金人為主，今浮圖金人是也。」《漢書》顏師古注云：「作金人以為天神之主而祭之，即今佛像是其遺法。」《史記正義》也說：「按，金人即今佛像，是其遺法，立以為祭天主也。」雖然都是說以金人作為祭天對象的代表，但是顏師古與張守節的注解，卻把金人當做佛像。金人是不是佛像？歷來學者討論的很多，有些人以為漢朝得這個祭天金人，是佛教入中國之始。我們不擬在這裡討論這個問題，但要指出，霍去病獲得休屠王祭天金人，是在公元前第二世紀末，印度的佛像雕刻與佛像的採用遲於這個時代，所以這個金人不可能是佛像。假如是佛像的話，那就應該叫祭佛金人或是浮圖金人。我們以為這個祭天金人，只是匈奴休屠王用以為祭天的偶像，與佛教沒有什麼關係。

現在來說明祭其先的問題。歷來註解的人都著重於祭天的解釋，對於「祭其先」這幾個字都少注意。我們以為「祭其先」應解釋為祭其祖先，而不能解釋為先後的先。「其」字指匈奴，「先」

為祖先，則讀如「祭其祖先、天地、鬼神」就很清楚。

崔浩以為西方胡皆事龍神，故名大會處為龍城。《史記》、《漢書》、《後漢書》雖沒有西方胡皆事龍神的記載，卻有「龍城」與「龍祠」的記載。《後漢書》：「匈奴俗，歲有三龍祠」，指出三次集會都祠龍，說明匈奴人是祠龍的。他們祠龍，可能是因為匈奴在古代是以龍為圖騰，為他們的祖宗的，所以到了兩漢的時代還祠龍。不過，這個時候祭祠的對象已增加了，而且天地、日月及其他神靈的地位比龍神的地位還重要。這就是說，圖騰制度到這個時候，已經逐漸削弱，成為一種遺跡。所以，雖然大會龍城而祠龍，或像崔浩所說因為祠龍而名大會處為龍城，但祭祠的對象除龍神外，還有天地、日月神及匈奴自已的先祖與其他的鬼神。在這個大會裡，龍神已經不是主要的神，而天神是最重要的了，所以《後漢書》說：「歲有三龍祠，祭天神。」但是，古代既是以龍為族名，以龍為祖宗，龍神還要祭祠，故「祭其先」仍排列在祭天地及其他鬼神之前，仍放在第一位。

為使這樣的解釋是完善的，我們不僅要明白為什麼叫做龍祠，而且應該瞭解，龍城之所以叫做龍城，固然含有地方的意義，而且也是歷史上傳下來的一種宗教制度。宗教制度離不開政治制度，宗教的活動，也離不開政治中心。單于不只是部族的代表人物，而且是天之子。他是族長，又是宗教和政治領袖。參加龍會的王侯及其他人物，不只是到大會來拜神，而且是到這會來朝單于。從單于方面來看，參加大會的政治意義，比宗教意義還要重要。不參加這個會的諸王，與其說是不願赴會拜神，不如說是對單于有了不滿情緒，最明顯的例子是《後漢書》所載師子稱病不往「龍城議事」。

中國古代也有過圖騰制度，但是崇拜自己已死的父母、祖父母的風俗發展之後，圖騰制度就逐漸衰微。匈奴在西漢的時代，也可以說是處在這兩種制度相交替的一個過渡時期。

關於「祭其先」的問題，《史記》與《漢書》的其他各處，雖沒有匈奴祭祖先的明確記載，也還是可以找出一些旁證來的。《後漢書・南匈奴列傳》說：「南單于既內附，兼祠漢帝。」漢朝人拜祖先，皇帝對於其祖宗設廟以祠。匈奴內附，既拜漢朝皇帝的祖宗，不會不拜自己的祖宗。這是一個旁證。其次，匈奴人對其祖宗的墳墓很為重視。《漢書・匈奴傳》說：「漢復得匈奴降者，言烏桓嘗發先單于塚，匈奴怨之，方發二萬騎擊烏桓。」匈奴對於祖宗的墳墓如此尊崇，那麼他們對於已死的祖宗不會不加拜祭。《漢書・匈奴傳》記載，單于母閼氏有病，衛律使胡巫告訴單于「先單于怒，曰『胡故時祠兵，常言得貳師以社，今何故不用？』於是收貳師。」胡巫所說的話，雖然是衛律教他說的，但是單于聽了之後，以為他的祖宗因不殺李廣利而發怒了，結果單于把李廣利殺死以祠兵。這說明匈奴人相信祖宗死後有神靈，相信這個神靈可以賜人禍福，因而儘量設法滿足其欲望。這種信仰與做法，也是崇拜祖宗的一種表徵與方式。這又是匈奴人崇拜祖宗的一個旁證。拜祖宗應列為匈奴人的宗教意識的一種。

匈奴人不只相信祖宗死後有神靈，其他人死後也有神靈，也可以降吉凶。單于因母病而信胡巫的話決意殺李廣利，《漢書・匈奴傳》說：「貳師罵曰：『我死必滅匈奴！』遂屠貳師以祠。會連雨雪數月，畜產死，人民疫病，穀稼不孰，單于恐，為貳師立祠室。」這很清楚地指出匈奴人相信人死後可為鬼神，與人間禍福有密切的關係。

死人在另一個世界中的情形怎麼樣呢？《史記・匈奴列傳》記載，有殉葬的物品和人，說明匈奴人相信在另一個世界中，也像在人間一樣，需要享用金銀衣裘以及近幸臣妾。

匈奴人信鬼神，除李廣利一節外，《漢書》記載的還有好多地方。如《漢書·李廣蘇建傳》裡說：「單于愈益欲降之，乃幽武置大窖中，絕不飲食。天雨雪，武臥嚙雪與旃毛並咽之，數日不死，匈奴以為神。」《漢書·張騫李廣利傳》說：「大月氏攻殺難兜靡，奪其地，人民亡走匈奴，子昆莫新生，傅父布就翎侯抱亡置草中，為求食，還，見狼乳之，又烏銜肉翔其旁，以為神，遂持歸匈奴，單于愛養之。」這是平時所見的特殊現象而以為神。漢高祖被圍在平城，他使人去厚賂單于閼氏，閼氏對單于說「漢王有神」，勸單于不要再圍下去。《漢書·張騫傳》說：「昆莫既健，自請單于報父怨，遂西攻破大月氏。大月氏復西走……昆莫略其眾，因留居，兵稍強，會單于死，不肯復朝事匈奴。匈奴遣兵擊之，不勝，益以為神而遠之。」《後漢書·耿恭傳》：「恭乘城搏戰，以毒藥傅矢。傳語匈奴曰：『漢家箭神，其中瘡者必有異。』因發強弩射之，虜中矢者，視創皆沸，遂大驚。會天暴風雨，隨雨擊之，殺傷甚眾。匈奴震怖，相謂曰：『漢兵神，真可畏也！』遂解去。恭以疏勒城傍有澗水可固，五月，乃引兵據之……匈奴遂於城下擁絕澗水。恭於城中穿井十五丈不得水，吏士渴乏……乃整衣服向井再拜，為吏士禱。有頃，水泉奔出，眾皆稱萬歲。乃令吏士揚水以示虜。虜出不意，以為神明，遂引去。」

在戰爭的時候，匈奴還相信各種巫術。《漢書·西域傳》「渠犁」條載漢武帝詔書中說到匈奴的巫術，錄之如下：

> 曩者，朕之不明，以軍候弘上書言「匈奴縛馬前後足，置城下，馳言『秦人，我匄若

馬』。……重合侯得虜候者，言「聞漢軍當來，匈奴使巫埋羊牛所出諸道及水上以詛軍。單于遺天子馬裘，常使巫祝之。縛馬者，詛軍事也。」又卜「漢軍一將不吉」。匈奴常言「漢極大，然不能飢渴，失一狼，走千羊」。乃者貳師敗，軍士死略離散，悲痛常在朕心。

從這段話裡，我們可以看出匈奴巫術種類之多。縛馬前後足以置城下，埋羊牛於軍道及水上，都是巫術用於軍事方面的表現。「單于遺天子馬裘，常使巫祝之」，與上面所說單于聽胡巫的話而殺李廣利，都說明巫術在匈奴的勢力之大與採用之廣。

匈奴還有飲血以為盟誓的風俗。《漢書・匈奴傳》說：

> 昌、猛見單于民眾益盛，塞下禽獸盡，單于足以自衛，不畏郅支。聞其大臣多勸單于北歸者，恐北去後難約束，昌、猛即與爲盟約曰：「自今以來，漢與匈奴合爲一家，世世毋得相詐相攻。有竊盜者，相報，行其誅，償其物；有寇，發兵相助。漢與匈奴敢先背約者，受天不祥。令其世世子孫盡如盟。」昌、猛與單于及大臣俱登匈奴諾水東山，刑白馬，單于以徑路刀金留犂撓酒，以老上單于所破月氏王頭爲飲器者共飲血盟。

盟約的儀式很嚴肅，既是一種盟誓，也是一種宗教儀式。

第七章　匈奴人的語言和政俗

語言有單音和複音的不同，現在的漢族、苗族以及西藏、緬甸、越南、泰國諸族，可以說是單音系；而現在的蒙古族以至西伯利亞的好多種族，均為複音系。從中國古代的甲骨文字來看，漢族的語言為一字一音的單音語。從古代傳下來的一些匈奴語，以至新疆出土的與匈奴有關的文字來看，是複音語。例如，匈奴謂天為撐犁，謂子為孤塗，謂賢為屠耆。因此，可以說匈奴的語言與漢族的語言根本上有區別。

然則匈奴所說的是哪一種語言呢？十九世紀時，有些人像聖馬丁（Vivien de St. Martin）主張，匈奴人所說的是近代芬蘭、匈牙利的語言。（參看《烏拉爾的匈奴人，旅行雜記》〔*Les Huns ouraliens, nouvelles des voyages*, IV, 1848〕）現在一般學者，對於這種主張，可以說是都不贊成的。

可是反對聖馬丁主張的人們，意見也很分歧。有的以為匈奴語與通古斯語相似，或者是與通古斯和蒙古語相似；有的以為匈奴語是蒙古語；又有的以為匈奴語是突厥語。

白鳥庫吉以為匈奴語是東胡（按白鳥所指東胡應作通古斯，下同）、蒙古語的混合，他最初曾主張匈奴語是突厥語，這種主張見於他所著的《匈奴及東胡諸族語言考》。後來他在《蒙古民族的起源》一文裡，又以為匈奴語是蒙古語系語言。

舉例來說，頭曼這個名詞，本是匈奴單于的名字，夏德以為是突厥語所謂萬（Tuman）的意思。白鳥庫吉雖不反對夏德這種看法，但他以為所謂「萬」不限於突厥語有Tuman之音，蒙古語與東胡語也是這樣，所以匈奴語實含有蒙古與東胡兩種語的成分。

白鳥庫吉又把《史記》、《漢書》、《後漢書》及揚雄長賦中所翻譯的匈奴語列為一表，並指出其與東胡、蒙古、突厥三種語言的關係。

我們且錄之如下：

(1) 撐犁（天）（突厥）語Tängri，（蒙古）語Tängri、Tängere。

(2) 孤塗孤屠（子）（東胡）語gute、hute。

(3) 單于（廣大）（東胡）語Činkai，（蒙古）語Činkba。

(4) 冒頓（聖）（蒙古）語Bogda、Bogdo。

(5) 閼氏（妻）（東胡）語Aŝi，（蒙古）語izi。

(6) 頭曼（萬）（東胡）語、（蒙古）語、（突厥）語Tuman。

(7) 逼落 a.（塚）（蒙古）語dara。

b.（種）（東胡）語、（蒙古）語、（突厥）語Vtara。

(8) 甌脫（室）（東胡）語Säkä，（蒙古）語Čeke、Sere，（突厥）語Sagatex。

(9) 屠耆（賢）（突厥）語、（蒙古）語、（東胡）語Voda、vota。

(10) 徑路（刀）（突厥）語Uyngyrar。

(11) 居次（女）（突厥）語kyz。

(12) 祁連（天）（東胡）語kilem。

(13) 若鞮（孝）（東胡）語säkäti，（蒙古）語šuhutai。

(14) 比余（櫛）（高麗）語Psi、pit，（馬札）語Fesu。

(15) 胥紕 a.（瑞獸）（東胡）語Sabintu、sabitu。

b.（鉤）（東胡）語、（蒙古）語、（突厥）語votk。

(16) 煨蠡（聚落）（突厥）語Balik，（蒙古）語Balgha-sun，（東胡）語Falan。

(17) 服匿（缶）（蒙古）語putung，（東胡）語Butun。

白鳥庫吉說：「是表苟無大誤，則屬蒙古語者、突厥語者二，東胡語者三，突厥語、蒙古語共通者一，蒙古語、東胡語共通者四，蒙古語、突厥語、東胡語共通者五。故蒙古語及東胡語在匈奴語中多於突厥語，是可據而知者。因東胡、蒙古、突厥三種民族，在烏拉爾—阿爾泰（Ural-Altai）民族中有著極密切之關係，故此等語言，若究其語源，則互相類似是理所當然者，毫不足怪也。職是之故，雖匈奴語中有二國語或三國語共通，亦不能斷定此民族為三民族之混合團體。又再考之，自冒頓單于起自匈奴而統一漠北之後，三民族必常隸屬之，故其中之一民族之匈奴，於其語言中頗多混合其二民族之語言，亦勢所使然也。漢史所載匈奴語其所以如此雜多之性質，蓋亦由來於此也。」白鳥庫吉這篇文章的目的，主要是從語言上去證明匈奴種族為蒙古種。關於匈奴種族屬於哪一種族，我們另有專章討論。我們在這裡所要注意的是他以為匈奴的語言是由東胡語與蒙古語二者所構成的。

主張匈奴語為蒙古語的著作，還有帕拉斯（P.S.Pallas）的《蒙古民族歷史資料彙編》

（*Sammlung historischen Nachrichten uber die mongolischem Volkerschaften*），貝格曼（即第一章姚從吾文中的白哥曼）的《卡爾麥克帶領下的游牧生活》（*Nomadische Streifereisen unter Den Kalmuken*, 1804）。

我們以為在漢代的記載中，匈奴與東胡是分別得很清楚的。因為二者在歷史上互相征伐，種族混雜，語言互有影響是很可能的。但若因此遂斷定其語言相同，則不一定是對的。至於說匈奴語是蒙古語，更可懷疑。據近人考證，蒙古這個名詞始見於《唐書》的蒙瓦與蒙兀，至元朝乃大興盛。匈奴人在後漢末季以後，尤其是自鮮卑佔據蒙古高原以後，有的向西移徙，有的向南移徙而同化於漢族，其留在蒙古高原的，大致也同化於鮮卑或其他種族。其與唐以後的蒙古族是否使用同一語言，固很成問題，其種族是否有關係，也是一個問題。若說在蒙古的語言中有一些匈奴語的成分，這是可能的，但是若說匈奴語就是蒙古語，那就不見得是對的。

主張匈奴語是突厥語的人很多。例如雷米札所著《韃靼語言的研究》，克拉普羅特所著《論突厥與匈奴以及土耳其的類同》（*Sur l, Identid, e des Tou-Kiue et les Hiongnu avec les Turcs*）。〔參看一八二五年的《亞細亞雜誌》（*Journal Asiatique*）。〕此外，又如佛朗克的《從中國的記載中所認識的突厥與塞族》（*Beitra ge aus Chinesischen Quellen Zur Kenntnis der Turkvolker und Skythen*，參看*Abhandlungen der koniglichen Preussischen Akademie der Wissenschaft Zu Berlin*, 1904）論文以及夏德的*Uber Wolga Hunen und Hiung-nu Sitzungsberichte der Munchener Akademie der Wissenschaft*（1899）。

除了上面所指出的幾位學者外，主張匈奴語是突厥語的人還有很多。在他們之中像我們上面所說的夏德，認為在突厥語言中有了不少匈奴語言。還有人以為突厥尤其是其中的楚瓦什族（Chuvash）是匈奴的後裔，所以他們斷定匈奴語就是突厥語。

近來好多學者以為突厥與高車、鐵勒與敕勒或是漢代的丁令或丁靈，均為同種。因《北史・鐵勒傳》（卷九十九）說：「鐵勒之先，匈奴之苗裔也。」《北史・高車傳》（卷九十八）說：「高車，蓋古赤狄之餘種也。初號為狄歷，北方以為敕勒，諸夏以為高車、丁零。其語略與匈奴同而時有小異。或云：其先匈奴甥也。」《北史・突厥傳》（卷九十九）說：「突厥者，其先居西海之右，獨為部落，蓋匈奴之別種也。姓阿史那氏。」

《北史》雖說鐵勒為丁令後裔，但在漢時所說的丁令與匈奴有別。兩者是否同種族與同語言，還是一個問題。至於高車，只說是或云其先匈奴甥；突厥也只說是匈奴的別種，是則不只突厥與高車有了不同之處，突厥與鐵勒也有不同之處，同時高車與鐵勒也有區別。《北史》作傳分三者為三傳，可能是因為有了這種區別之故。所以後來一般學者以為他們都是同族，是有可商榷之處的。又丁令在漢代的記載中既異於匈奴，則鐵勒、高車、突厥是否為丁令的後裔，成了一個問題。

這些種族既有不同之處，其語言是不是相同呢？鐵勒、突厥與匈奴的語言是否相同，史書沒有記載。只有高車的語言，據《北史》說是「略與匈奴同」。所謂「略與匈奴同」，本不相同。《北史》接著說「時有小異」，這又好像是大同小異了。假使是大同而小異，那麼高車語言，大致上就是匈奴的語言。

假使高車的語言與鐵勒、突厥的語言也是大同小異，那麼突厥的語言也應該與匈奴的語言是大同小異。不過我們既已指出突厥為匈奴別種，而不一定是匈奴的後裔，同時史書也沒有記載突厥語言與匈奴相同，我們也難於斷定匈奴語就是突厥語。

我們也不能不指出，在匈奴強大的時候，好多種族在匈奴的統治之下，所以匈奴稱為「百蠻大國」。這不只是說「百蠻」之中匈奴最大，而且是說在匈奴這個大國裡有「百蠻」，因而後來好多種族都被當做匈奴的別種。除突厥之外，《北史》卷九十六中說：「稽胡一曰步落稽，蓋匈奴別種，劉元海五部之苗裔也。」又如蠕蠕也被稱為匈奴的別種。《南史》卷七十九〈蠕蠕傳〉說：「北狄種類實繁，蠕蠕為族，蓋匈奴之別種也。」又如《晉書・載記》第三十中說：「赫連勃勃字屈孑，匈奴右賢王去卑之後，劉元海之族也。」

因為在匈奴這個大國裡有好多種族，經過長時期的混雜，血統固有同化，語言也必互相影響。在匈奴強盛時，不但受匈奴統治的各族可能用匈奴的語言作為一種通用語，在蔥嶺以東乃至蔥嶺以西的西域諸國，匈奴語也可能是通用的。張騫第一次出使蔥嶺以西到大月氏、大夏、康居、大宛諸國，帶了堂邑氏故胡奴父照同去，我們推論，就是利用他的匈奴語以為翻譯。

因此，在匈奴統治之下的各種族後裔的語言含有匈奴語成分固然可能，就是與匈奴接觸頻繁的東胡族的語言含有匈奴語的成分，也是可能的。

近來又有人以為在西伯利亞的楚瓦什族是匈奴的直系後裔。巴特霍爾德（W. Barthold）在其《突厥民族歷史研究的現狀與今後的問題》（*Der heutige Stand und die nachsten auf gaben der geschichtlichen Forschungen der Turkvolker, Zeitschrift der Deutschben Morgenlandischen Gesellschaft,* 1929）一書中與波佩（Nikolas Nikolájević Poppe）的《突厥—楚瓦什的比較研究》（*Turkisch-Tschuwaschische Vergleichende Studien*，參看*Islamica,* I）一文中都有這種看法。人們以為楚瓦

什人的語言雖有突厥語的特性，但卻又與所有的突厥方言不同。他們還指出後代的布加爾人（Bulgars）與哈薩爾人（Khazars）的語言，比古代突厥語尤接近於楚瓦什與匈奴語。假使這種看法是對的，那麼突厥語也只是與其他的好多種族一樣有一些匈奴語的成分，而不能謂為匈奴語的直系。

總而言之，我們以為匈奴是自有其語言系統的，雖則其本身在早期發展上可能已吸收了其他種族的語言。在漢代，這種匈奴語是在西北各種民族中最為通用的語言，在匈奴強盛時，好多種族受到匈奴的統治或控制，這些民族受匈奴語的影響，有的較深，有的較淺。同時，匈奴因為與各種族的關係密切，因而在匈奴語中，也有其他各種族語言的成分。後漢亡後，匈奴也亡，其南入塞內者，種族語言都同化於漢族。其西徙者，也必與西域諸國的種族與語言混雜。漢代的匈奴語已逐漸失去了固有的特性，匈奴既亡，這種特性更易消失。可能有少部份的匈奴人，如近人所說的楚瓦什人，保存了不少原來的匈奴語言，以往在匈奴統治之下或與匈奴有密切關係的各種族中的後裔，也保存了一些匈奴語言，所以突厥、通古斯、蒙古各個種族中，都有或多或少匈奴語的成分，楚瓦什人則可能保存得更多一些。然而，我們很難確定其成分多少，因為經過了這麼長的時間，即使有些嫡系苗裔，其種族可能含有大部份甚至純粹的匈奴血統，也不能說其語言一定能保留原有的特性。因為種族的原來血統，固可以保留，而語言及文化的其他方面，卻可以完全改變。美國的黑種人就是一個很好的例子，他們大部份仍保留其血統特徵，但是他們所說的話及生活方式，可以說完全美國化了。

匈奴語，除《史記》、《漢書》、《後漢書》所保留而加以翻譯如白鳥庫吉所舉出者外，匈奴的單于與其王號或官號的名稱見於這幾本書中的也很多。假使頭曼的意義是萬，冒頓的意義是聖，那麼冒頓以後單于的名字應該都有含義。除了五單于爭立之中的屠耆單于意義是賢以外，其他單于名字意義如何，我們就不清楚了。從單于與王號或官號的各種名字中有幾點是值得我們注意的。

第一，單于的名字有的是單音的，如單于咸、單于輿；有的是雙音，如頭曼、冒頓、稽粥、軍臣；有的是三音節，如呼韓邪、伊稚斜、句黎湖、狐鹿姑；有的是三個音以上的，如虛閭權渠、握衍朐鞮。兩個音既為一字一義，三個音或四個音也可能是一字一義。

第二，有好幾個音是常常見於各單于或其他的名號或官號的，茲列舉如下：

(1)烏—單于名字有烏維、烏藉、烏珠留、烏累若鞮、烏達鞮侯、烏稽侯尸逐鞮。

(2)呼—單于名字有呼韓邪、呼揭、呼蘭若尸逐、呼廚泉、呼徵。

(3)於—單于名字有於扶羅，太子有於單。

(4)句—單于名字有句黎湖、句龍王車紐。

(5)屠—單于名字有屠耆、伊屠、於閭鞮屯屠何。

(6)且—單于名字有且鞮侯、且莫車、且麋胥。官號有左右大且渠。

(7)休—單于名字有休蘭尸逐侯鞮、休利。王號有休屠王、休旬王。

這些例中所指出的音，如烏、呼、於，是不是另有意義，或需與他音混合起來始成為一字一義，不得而知。又如渠，單于名字如虛閭權渠，官號如大且渠，閼氏如顓渠閼氏。渠這個音可能是一個字，而且是表示一種好的意義，這只是一種推論而已。

第三，有好幾個音是相同或相近的，如呼與於，呼屠及單于名字如壺衍鞮的壺，握衍朐的握，是否在匈奴語言中都是同音、同義，而漢譯之後，音雖相同或相近，而字卻不相同？這種例子是有的，如昆邪王，亦譯作渾邪王。

第四，在語法上，單于這個稱號，固常放在名字之後，如老上單于或老上稽粥單于，軍臣單于等；也可以放在名字之前，如單于咸、單于輿等。

至於匈奴語的書寫符號，即文字，司馬遷與班固都說匈奴「毋文書，以言語為約束」。桓寬在《鹽鐵論・論功》中卻說匈奴「雖無禮義之書，刻骨卷木，百官有以相記」。《史記・匈奴列傳》指出：「說（中行說）教單于左右疏記，以計課其人眾畜物。」中行說是文帝時陪同漢朝嫁給單于的宗室女的官員，所謂教單于左右疏記，至少要教他們數目字，否則不易計課其人眾畜物。中行說本是漢朝人，所能教單于左右的不外是漢族的文字或數目字。這樣看來，匈奴不僅有刻骨的或雛形的文字，而且也受到漢族文字或計數符號的影響。

我們認為，匈奴與漢朝的關係既很密切，時間又很長，同時匈奴又大量輸入漢朝各種物品，其中有些物品如絲繡，匈奴本沒有，他們採用這些東西，可能就沿用漢人的名稱。所以，在匈奴的語言中有一些漢人語言成分是可能的。總而言之，在匈奴語言中，既有東胡及西北其他外族的語言成分，也有漢人語言成分。但這並不是說匈奴語言是由各外族語言混合而成的。他們自有其語言，自成一個系統。同時他們的語言，也影響到其他外族，如丁令、東胡等。所以在這些種族的語言中，可以找出匈奴語言的痕跡。

言語以外，匈奴還用自己的宗教、政治及其他的習俗慣例去約束或治理其民族。宗教及其制度，上面已經敘述，現在簡略談其政俗。匈奴的官制，《史記》、《漢書》與《後漢書》均有記載。《史記・匈奴列傳》：

然至冒頓而匈奴最強大，盡服從北夷，而南與中國爲敵國，其世傳國官號乃可得而記云。置左右賢王，左右谷蠡王，左右大將，左右大都尉，左右大當户，左右骨都侯。匈奴謂賢曰「屠耆」，故常以太子爲左屠耆王。自如左右賢王以下至當户，大者萬騎，小者數千，凡二十四長，立號曰「萬騎」。諸大臣皆世官。……各有分地，逐水草移徙。而左右賢王、左右谷蠡王最爲大，左右骨都侯輔政。諸二十四長亦各自置千長、百長、什長、裨小王、相、封都尉、當户、且渠之屬。

班固在《漢書・匈奴傳》裡完全照抄了這段話。范曄在《後漢書・南匈奴列傳》裡加以補充道：

其大臣貴者左賢王，次左谷蠡王，次右賢王，次右谷蠡王，謂之四角；次左右日逐王，次左右溫禺鞮王，次左右漸將王，是爲六角；皆單于子弟，次第當爲單于者也。異姓大臣左右骨都侯，次左右尸逐骨都侯，其餘日逐、且渠、當户諸官號，各以權力優劣、部衆多少爲高下次第焉。

范曄這段話，使我們一方面瞭解到各王的次第，一方面瞭解到匈奴王族的王號與異姓大臣的官號。除這些王號與官號外，還有好多王侯，如昆邪王、休屠王、盧屠王、奧鞬王、犁汗王、休旬王、甌脫王、西祁王、右皋林王、右股奴王、右伊秩訾王等等。此外，趙信本為匈奴小王，降漢之後又降匈奴，單于以他為自次王；漢人之降匈奴者如李陵，匈奴以為右校王；雁門尉史降，匈奴以他為天王；盧綰降，匈奴以他為東胡盧王。用侯名稱的有左安侯、左姑姑侯、粟置支侯等。

這些王侯的地位如何，不很清楚。從史書記載這些王侯的事情來看，可知其大略。先從只次於單于的左賢王說起。

左賢王就是左屠耆王，因為匈奴謂賢王曰屠耆，《史記・匈奴列傳》說左賢王常以太子當之，是單于的繼承者。但左賢王不一定都是單于的兒子。最明顯的例子是復株累若鞮單于，他繼位以後，以其弟且麋胥為左賢王，弟且莫車為左谷蠡王，弟囊知牙斯為右賢王。復株累若鞮在位十年，死了以後，且麋胥繼立為單于，而以弟且莫車為左賢王，且麋胥死後，且莫車繼立為單于，以其弟囊知牙斯為左賢王。且莫車死後，囊知牙斯繼位單于。他們既以弟為左賢王，乃遣其子入侍漢朝，這就說明左賢王不一定是單于的兒子。

左賢王位置僅次於單于，是單于的繼位者，但也不完全如此。如衛青在幕北攻敗匈奴單于，單于逃跑，右谷蠡王以為單于死了，乃自立為單于。又如虛閭權渠單于死後，顓渠閼氏與其弟左大且渠都隆奇立右賢王，屠耆堂為握衍朐鞮單于。

左賢王的地位高於其他諸王，范曄在《後漢書》所說的高低次第，是不可混亂的。不過可能也有例外。《漢書・匈奴傳》說：「趙信者，故胡小王，降漢，漢封為翕侯，以前將軍與右將軍併軍，介獨遇單于兵，故盡沒。單于既得翕侯，以為自次王。」顏師古注云：「自次者，尊重次於單于。」趙信回匈奴之後，很得單于的信任，在軍事、政治等方面，都採納他的提議，權力確實不在左賢王之下，是名副其實的「自次王」。然而這僅是例外，而不是制度。此外，又有所謂天王。

《漢書·匈奴傳》說：「時雁門尉史行徼，見寇，保此亭，單于得，欲刺之。尉史知漢謀，乃下，具告單于，單于大驚，曰：『吾固疑之。』乃引兵還。出曰：『吾得尉史，天也。』以尉史為天王。」這個天王，只有其名，非其地位如天之高而名天王。

在匈奴的官制中，單于閼氏的地位與作用，是很值得注意的一個問題。《史記》、《漢書》、《後漢書》記載匈奴閼氏的地方頗多，但閼氏的地位作用如何？歷來學者意見頗不一致。現在將這幾部書中關於閼氏的記載蒐集起來，作一番比較研究，希望得出比較正確的解釋。

司馬貞《史記索隱》說：「（閼氏）舊音於連、於曷反二音。匈奴皇后號也。」顏師古《漢書注》云：「閼氏，匈奴皇后號也。閼音於連反，氏音支。」《後漢書·和帝紀》裡注云：「閼氏，匈奴后之號也，音焉支。」這三種解釋，都是把閼氏當做皇后。《史記·劉敬叔孫通列傳》載「劉敬對曰：『陛下誠能以適長公主妻之，厚奉遺之，彼知漢適女送厚，蠻夷必慕以為閼氏，生子必為太子。』」劉敬也以為閼氏是皇后，故說生子必為太子。北宋史家劉攽對上述說法卻有異議，他說：「匈奴單于號其妻為閼氏耳，顏氏便以皇后解之，大俚俗也。」日本白鳥庫吉大致同意劉攽的看法。他在《蒙古民族起源考》一文裡說：「通古斯（Tunguse）語謂妻為Asi……匈奴之閼氏，即為Asi，確是同語……故閼氏之義，不若師古所言之嚴格，不過但有妻義耳。」白鳥庫吉與劉攽的意見大致相同：閼氏並非匈奴皇后，但與劉攽的意見又不完全相同，劉攽所說的閼氏，是匈奴單于的妻；白鳥庫吉所說的閼氏是泛指一般的妻。

我們還要指出，白鳥庫吉承認閼字有二音，這就是：一為顏師古所說的閼音於連反，與《後漢書》所說閼氏音焉支的焉字同音；一為司馬貞所說的閼舊音於連、於曷反二音。但是白鳥庫吉以為閼氏就是通古斯所謂妻的Asi的同語，那麼他在這裡所採用的閼氏是司馬貞所說的舊音於曷反，非於連反。司馬貞雖然以為閼舊音於曷反，但在《史記索隱》中也引用習鑿齒與燕王書中所說閼氏也音煙肢。習鑿齒與燕王書曰：「山下有紅藍，足下先知不?北方人採取其花染緋黃，挼取其上英鮮者作煙肢，婦人將用為顏色。吾少時再三過見煙肢，今日始視紅藍，後當為足下致其種。匈奴名妻作『閼支』，言其可愛如煙肢也。閼音煙。想足下先亦不作此讀《漢書》也。」

閼氏音煙肢或焉支，含有美麗的意義。據說漢武帝時攻破匈奴在河西走廊的勢力，匈奴失了焉支山之後，曾有歌謠說「失我焉支山，使我嫁婦無顏色」。焉支山也作胭脂山，因為焉支山出煙肢，匈奴婦女用之為顏色，使其更加好看，才有這樣的歌謠。因此，閼氏音為焉支比閼音於曷反意義更鮮明。

劉攽以為只有單于之妻才稱為閼氏的意見，也有可商榷之處。《漢書・金日磾傳》載：「金日磾字翁叔，本匈奴休屠王太子也。武帝元狩中，票騎將軍霍去病將兵擊匈奴右地，多斬首，虜獲休屠王祭天金人。其夏，票騎復西過居延，攻祁連山，大克獲。於是單于怨昆邪、休屠居西方多為漢所破，召其王欲誅之。昆邪、休屠恐，謀降漢。休屠王後悔，昆邪王殺之，并將其眾降漢。封昆邪王為列侯。日磾以父不降見殺，與母閼氏、弟倫俱沒入官。」同傳又說：「日磾母教誨兩子，甚有法度，上聞而嘉之。病死，詔圖畫於甘泉宮，署曰『休屠王閼氏』。」

休屠王不過是匈奴好多王之一，其子稱為太子，其妻稱為閼氏，那麼閼氏就不只是單于之妻可以這樣稱呼，其他匈奴王之妻，也可以這樣稱呼。

單于的閼氏不止一位，《後漢書》有「諸閼氏」的說法。《史記・匈奴列傳》載：「單于有太子名冒頓。後有所愛閼氏，生少子，而單于欲廢冒頓而立少子，乃使冒頓質於月氏。」同傳又說，東胡「乃使使謂冒頓，欲得單于一閼氏。冒頓復問左右，左右皆怒曰：『東胡無道，乃求閼氏！請擊之。』冒頓曰：『奈何與人鄰國愛一女子乎？』遂取所愛閼氏予東胡」。

從這段話來看，單于的閼氏不止有一個，而是有好多個。在好多閼氏之中，有的為單于所愛，有的不為單于所愛。單于把所愛的閼氏送給與他為敵的東胡，又進一步說明閼氏並非專指匈奴的皇后。因為無論冒頓如何忍辱，也不會把一國的皇后隨便送給他的敵人。

不但匈奴婦女可以為閼氏，漢人女子嫁給單于也可以稱為閼氏。《史記・匈奴列傳》說：「高帝乃使劉敬奉宗室女公主為單于閼氏。」《漢書・匈奴傳》說：「老上稽粥單于初立，文帝復遣宗人女翁主為單于閼氏。」《後漢書・南匈奴列傳》：「及呼韓邪死，其前閼氏子代立，欲妻之，昭君上書求歸，成帝敕令從胡俗，遂復為後單于閼氏焉。」

閼氏還有其他的稱呼，如寧胡閼氏、顓渠閼氏、大閼氏、第二閼氏、第五閼氏等。《漢書・匈奴傳》載：「王昭君號寧胡閼氏。」同傳又載：「虛閭權渠單于立，以右大將女為大閼氏，而黜前單于所幸顓渠閼氏。顓渠閼氏父左大且渠怨望。」「烏珠留單于立，以第二閼氏子樂為左賢王，以第五閼氏子輿為右賢王。」

在眾多閼氏中，也有高低位次之分。王先謙的《漢書補注・匈奴傳》引沈欽韓以為「匈奴正妻則稱大閼氏」，大閼氏好像是地位最高的。但是《漢書・匈奴傳》說：「始，呼韓邪嬖左伊秩訾兄呼衍王女二人。長女顓渠閼氏，生二子，長曰且莫車，次曰囊知牙斯。少女為大閼氏，生四子，長曰雕陶莫皋，次曰且糜胥，皆長於且莫車，少子咸、樂二人，皆小於囊知牙斯。又它閼氏子十餘人。顓渠閼氏貴，且莫車愛。呼韓邪病且死，欲立且莫車，其母顓渠閼氏曰：『匈奴亂十餘年，不絕如髮，賴蒙漢力，故得復安。今平定未久，人民創艾戰鬥，且莫車年少，百姓未附，恐復危國。我與大閼氏一家共子，不如立雕陶莫皋。』大閼氏曰：『且莫車雖少，大臣共持國事，今舍貴立賤，後世必亂。』單于卒從顓渠閼氏計，立雕陶莫皋，約令傳國與弟。呼韓邪死，雕陶莫皋立，為復株絫若鞮單于。」顓渠閼氏比大閼氏貴，所以大閼氏才說「捨貴立賤，後世必亂」。《資治通鑑》胡三省注「顓渠閼氏，單于之元妃也，其次為大閼氏。」由此看來，王先謙之說是不對的。

閼氏這個名詞，在兩漢時的西北各民族中，只有匈奴採用，成為匈奴所獨有的名詞。烏孫雖與匈奴同俗，但烏孫王的妻子叫做夫人。《漢書・西域傳》「烏孫國」條說：「漢元封中，遣江都王建女細君為公主，以妻焉……烏孫昆莫以為右夫人。匈奴亦遣女妻昆莫，昆莫以為左夫人。」《漢書・西域傳》「渠犁」條載：「而龜茲王絳賓亦愛其夫人……王及夫人皆賜印綬。」烏孫昆莫的右夫人是漢朝宗室女公主，龜茲王的夫人，是漢朝的女外孫，就是漢朝嫁給烏孫王為夫人的解憂公主的女兒。匈奴單于的女兒嫁給烏孫王，也只稱夫人。這說明在西域諸民族中，王妻除了夫人這個稱謂外，似無其他的稱謂。奇怪的是，匈奴好多官職分為左右，如左右賢王、左右谷蠡王等，閼氏卻沒有左右之分；烏孫在職官上有大昆彌、小昆彌的區別，但夫人沒有大小之分，卻有左右之分。雖則匈奴與烏孫同俗，然在職官與夫人的制度上卻有其不同之處。匈奴單于妻除閼氏外，是否也有夫人的稱謂呢？史書上除了說到郅支單于時有「諸閼氏夫人數十」的記載外，其他單于妻均無稱謂夫人的記載，很可能是郅支逃到西域之後，受了西域風俗的影響，除保留閼氏的稱謂之外，又採用了夫人的稱謂。

匈奴不僅稱單于之妻為閼氏，單于之母也稱閼氏。《漢書・匈奴傳》說：「單于年少初立，母閼氏不正。」《後漢書・和帝紀》說：「二月，大將軍竇憲遣左校尉耿夔出居延塞，圍北單于於金微山，大破之，獲其母閼氏。」漢人皇帝有皇后，其母為皇后者謂皇太后，祖母為皇后者曰太皇太后，《漢書・武帝紀》載：「甲子，太子即皇帝位，尊皇太后竇氏曰太皇太后，皇后曰皇太后。」而匈奴單于之母只稱閼氏，這是匈奴與漢人不同之處。

總的來說，從《史記》、《漢書》與《後漢書》所說的閼氏來看，固未必像司馬貞與顏師古所說是皇后，也不見得平民之妻也能稱為閼氏。

只有單于之妻與諸王之妻，才能稱為閼氏，冒頓未繼立為單于時，也只能稱其妻為妻。《史記》載：冒頓「復以鳴鏑自射其愛妻」，而不能稱為閼氏。

閼氏雖不見得是皇后，但單于的閼氏在匈奴的地位卻很重要。《史記・匈奴列傳》、《漢書・匈奴傳》載漢高祖在平城被圍七日，沒有辦法衝出來，最後乃使人設法去籠絡閼氏，閼氏說服冒頓，然後得救。冒頓是匈奴單于中意志最堅強、最講紀律的，平時對大臣的話都不願意聽，而且對於不聽他話的人每加斬殺。閼氏在單于包圍漢皇帝的時候，受漢的厚賂，敢於進言為漢帝解圍，說明閼氏是單于左右中最為他所信任的人。《漢書・匈奴傳》載，虛閭權渠單于死後，顓渠閼氏與其弟左大且渠都隆奇謀，立右賢王屠耆堂為握衍朐鞮單于。顓渠閼氏任用近親，專殺舊臣。在匈奴歷史上，雖然沒有因單于死而由婦女行使權力的記載，但是像上述兩位閼氏，都是有政治影響的要人。《漢書・李陵傳》載：「陵痛其家以李緒而誅，使人刺殺緒。大閼氏欲殺陵，單于匿之北方，大閼氏死乃還。」顏師古以為這裡的閼氏是單于的母親，說明母閼氏對於國家政事是可以干預的。

《漢書・匈奴傳》又載：「貳師在匈奴歲餘，衛律害其寵，會母閼氏病，律飭胡巫言先單于怒，曰：『胡故時祠兵，常言得貳師以社，今何故不用？』於是收貳師。」李廣利降匈奴後，單于對他很好，尊寵在大臣衛律以上。衛律嫉忌他，乘機謀害他。單于對李廣利雖寵愛，但為了母閼氏的健康而殺死他，既說明單于對母親的孝敬，也說明閼氏地位的重要。

匈奴的閼氏，除對國內政事有重要影響外，在外交上也佔重要的地位。蘇武出使時，副使張勝與緱王謀劫單于母閼氏，就是一例。漢朝賜財物給單于及大臣時，往往也賜給閼氏。《後漢書・南匈奴列傳》載：「漢乃遣單于使，令謁者將送，賜綵繒千匹，錦四端，金十斤，太官御食醬及橙、橘、龍眼、荔枝；賜單于母及諸閼氏……」又據歐洲人在第五世紀的記載，匈奴王布雷達、阿提拉的夫人，在王不在王庭的時候，曾多次出面招待與設筵宴請從歐洲來到匈奴王庭的使者。布雷達已死，其妻仍與阿提拉之妻一同出來款待使者，可見得他們在外交上的地位。

匈奴閼氏，不僅在內政、外交上有重要地位，在戰爭中也起作用。冒頓攻圍漢高祖時，閼氏隨軍。《後漢書・南匈奴列傳》載：「單于被創，玉馬復上，將輕騎數十遁走，僅而免脫。得其玉璽，獲閼氏及男女五人。」匈奴游牧民族，逐水草而居，無論平時或戰時，閼氏及其他家屬皆隨單于而走。閼氏在戰爭劇烈時，也參加打仗。《漢書・傅常鄭甘陳段傳》載：「單于乃被甲在樓上，諸閼氏夫人數十皆以弓射外人。外人射中單于鼻，諸夫人頗死。」匈奴長於騎兵，男子從小到大皆習騎馬，女子也善騎。在戰爭的時候，閼氏在軍中，那麼在戰爭劇烈與危急的時候，閼氏參加作戰是可能的。郅支單于的閼氏夫人數十皆引弓作戰，只是一個例子而已。

第八章　匈奴種族的起源問題

關於匈奴的種族及其來源問題，在國內，近數十年來，關注的人逐漸增加。在蘇聯，學者也很為注意。在日本，也有人研究。在歐洲，以英、法文，尤其以德文進行的討論也很多。但研究這一問題的專篇論文卻很少。即以所發表的論著而言，亦多屬片段、重複而缺乏系統性。本章主要以司馬遷、王國維和其他一些有代表性的、比較重要的外文著作為討論的依據，並把我所認為的一些重要中外文著作和所能找到的材料寫成本章。

「匈奴」這個族稱，在中國歷史上，究竟是在什麼時候開始被人們採用，直到現在，注意到這個問題的實在很少。《逸周書・王會解》有「匈奴狡犬」①四字。篇後附載的〈成湯獻令〉上說，在正北的十三個少數民族中，有一個叫做「匈奴」。其所列舉的十三個外族原名如下：「正北：空同、大夏、莎車、姑他、旦略、貌胡（編按：一作「豹胡」）、代翟、匈奴、樓煩、月氏、孅犁、其龍、東胡。」近人丁謙在《〈漢書・匈奴傳〉地理考證》中，曾據此斷定「匈奴」這個名詞可以追溯到夏商時代。

《逸周書》是晉太康二年（公元二八一年）盜發汲郡魏安釐王塚而得的。因此，有人以為是魏晉時代的著作。但班固《漢書・藝文志》已載有此書，故其著作年代當在漢代或漢代以前。一般學者都肯定這本書不是周朝初期的作品，因而不能同意丁謙因這本書裡有「匈奴」之名，遂斷定為周初以前就有了「匈奴」這個族稱的說法。

有人以為《逸周書》是戰國之世的逸民處士所纂輯。如果這種說法是對的，那麼「匈奴」這個族稱可以說在戰國時代已經被引用了，但我懷疑《逸周書》是戰國時代的作品。其中列舉的十三個北方種族中，有些是我們不清楚的，如「且略」、「其龍」；有些是戰國時代已經知道的，如「東胡」、「樓煩」。但「月氏」則是漢初或漢武帝時才知道的；而「莎車」之名，《史記》沒有記載，《漢書》始有傳，是故最早也應當是在張騫出使西域以後才知道的。所以，若從這一點來看，我以為〈王會解〉篇的著作年代應是在張騫出使西域之後。

王國維在〈鬼方昆夷玁狁考〉裡，也以為「戰國以降」，始有匈奴之名。我查閱戰國時代的著作，在戰國初年和中期，沒有發現連用「匈奴」這兩個字的。《史記・秦本紀》「惠文君後七年」（公元前三一八年）云：「韓、趙、魏、燕、齊帥匈奴共攻秦。」又〈李牧傳〉云：「常居代雁門，備匈奴。」這也許是司馬遷根據舊時典籍所重述，也許是用他當時所通用的名詞去追記一個外族。究竟前者是對的還是後者是對的，我們無從考證。

戰國末年的荀況在著作中曾用過「匈」字。《荀子・天論》：「君子不為小人之匈匈也輟行。」然而這裡的「匈」字與匈奴是沒有關係的。而且在《荀子・彊國》裡，在談到秦國時說：「北與胡貉為鄰，西有巴戎。」而《史記・匈奴列傳》：「冠帶戰國七，而三國邊於匈奴。」「三國」是燕、趙、秦。雖則司馬遷在這裡所用的「匈奴」二字可能是用他當時所通用的名稱去追記戰

① 《漢魏叢書》中之《汲塚周書・王會解》作「匈戎狡犬」。清乾隆十六年（一七五一年）金谿王氏刊本。

國時代的一個外族，但是荀子所說的「胡貉」既是與秦的北邊為鄰，那麼應該就是司馬遷所說的匈奴。然而荀子不用匈奴而用胡貉二字，說明匈奴這個名稱在荀子時還沒有被採用，或者這兩個字還沒有通用。

我在《戰國策・燕策・燕太子丹質於秦》裡找到匈奴這個詞，而且連用二次。其文云：

> 樊將軍（於期）亡秦之燕，太子容之。太傅鞫武諫曰：「不可。夫秦王之暴而積怨於燕，足爲寒心，又況聞樊將軍之在乎？……願太子急遣樊將軍入匈奴以滅口。」……太子丹曰：「……夫樊將軍困窮於天下，歸身於丹，丹終不迫於強秦，而棄所哀憐之交，置之匈奴，是丹命固卒之時也，願太傅更慮之。」

這是秦始皇十九年（公元前二二七年）的事情，上距秦之統一天下七年，是目前我所能找到的匈奴這個名詞之最早見於著作者。《戰國策》為前漢劉向集先秦人所記戰國時事之書。劉向是宣、元時代人。雖然有人對這部書所記的事情也有懷疑的地方，但在劉向之前的司馬遷作《史記》時已多採其文，所以我們對於匈奴這個名詞最早見於上面所錄的那段話似乎不應有所懷疑。

但是應該指出的是，荀子至齊，年已五十，因為齊人讒他，乃到楚。楚春申君以他為蘭陵令。據說他著書數萬言是在蘭陵的時候。春申君被殺於公元前二三八年，即秦始皇九年。假使荀子是在春申君死後始著書，那麼與燕太子丹之收容樊於期差不多可以說是同時。太傅鞫武與太子丹用匈奴這個名詞而荀子沒有用，卻仍用胡貉這兩個字，可能是在燕已開始採用匈奴這個名詞而在他處還沒有採用。而且匈奴這個名詞，自從太傅鞠武與太子丹用了之後，好像直到漢代的賈誼才再用。所以我們可以說，戰國末年，雖然已有人用匈奴這個名詞，但是並未被普遍採用，而僅限於個別人與個別地方。

匈奴這個族稱與這個民族的歷史，無疑地要以司馬遷的《史記・匈奴列傳》為研究這個問題的最早的系統材料。但是，直至秦，匈奴的通用名稱仍是「胡」。秦始皇時，曾有傳說：「亡秦者胡。」秦始皇以為這是指所謂的匈奴，因此便派蒙恬去伐胡，並修築長城。可見在秦時，通用的名稱是胡而不是匈奴。

司馬遷作《史記・匈奴列傳》時，這個名詞已普遍通用，但是在賈誼的《新書》裡，已數見匈奴這個名詞。賈誼卒於公元前一六八年，而司馬遷在二十三年後始出生，所以賈誼採用這個名詞比《史記》要早數十年。在賈誼的《新書》裡，除〈勢卑〉篇屢用匈奴之名外，還有一篇是以匈奴為題的。這兩篇都是討論對付匈奴的對策。

在賈誼死前三十一年，漢高祖曾被匈奴困於平城。這三十年中，匈奴不斷擾亂漢朝邊境，追溯上去，在公元前二一五年，秦始皇曾遣蒙恬征伐匈奴，這說明匈奴已很強大了。再追溯上去，李牧曾破殺匈奴十餘萬騎。這也可說明匈奴的勢力很強大。從李牧時起，尤其是秦亡之後，匈奴南下，成為西漢王朝最大的外患。可以推想，是在這個時期，匈奴之名才逐漸地被普遍採用，從而有人筆之於書。

王國維在〈鬼方昆夷玁狁考〉裡，曾區別匈奴民族的本名和漢人所加給的醜名。他說：

> 曰戎曰狄者，皆中國人所加之名；曰鬼方、曰混夷、曰獯鬻、曰玁狁、曰胡、曰匈奴者，乃其本名。而鬼方之方，混夷之夷，亦爲中國所附加。

我們要指出，聲音上可能是本名，但是文字上可能是醜名。因為「奴」固是一個不好的名詞，而「匈」這個字也非好意。「匈」古雖與「胸」通，如《荀子‧王霸》：「三邪者在匈中。」「匈中」同「胸中」。但《荀子‧天論》：「君子不為小人之匈匈也輟行。」「匈匈」是喧譁之聲的意思，《史記‧項羽本紀》之「天下匈匈」，「匈匈」是喧擾騷亂之意。說不定是因為秦時及漢初，匈奴族常常入侵，騷擾北邊，時人因受害而生厭惡之心，因而用這兩個字去名這個民族的。

此外，《史記‧衛將軍驃騎列傳》：「（趙破奴）為匈河將軍，攻胡至匈河水，無功。」《漢書‧趙破奴傳》文同，但《漢書‧匈奴傳》：「從票侯趙破奴萬餘騎出令居數千里，至匈奴河水。」丁謙《〈漢書‧匈奴傳〉地理考證》說：「匈奴水指塔米爾河西源，以匈奴王庭在此水濱，故以為名。」丁謙所考證的匈奴水是否即塔米爾河，不在這裡討論，但是否因匈奴種族在地理上發祥於匈河或匈奴河，所以叫做匈或匈奴，則是值得注意的。

匈奴之名，見於著作雖在戰國末期，但匈奴這個民族當然不是始於這時候。那麼，這個民族究竟始於什麼時候，屬於什麼種族，這是我們所要研究的問題。

在歷史上，最先對這個問題給以解答的是司馬遷。《史記‧匈奴列傳》：

> 匈奴，其先祖夏后氏之苗裔也，曰淳維。唐虞以上有山戎、獫狁、葷粥，居於北蠻，隨畜牧而

轉移。……夏道衰，而公劉失其稷官，變於西戎，邑於豳。其後三百有餘歲，戎狄攻大王亶父，亶父亡走岐下，而豳人悉從亶父而邑焉，作周。其後百有餘歲，周西伯昌伐畎夷氏。後十有餘年，武王伐紂而營雒邑，復居於酆鄗，放逐戎夷涇、洛之北，以時入貢，命曰「荒服」。其後二百有餘年，周道衰，而穆王伐犬戎，得四白狼、四白鹿以歸。自是之後，荒服不至。於是周遂作〈甫刑〉之辟。穆王之後二百有餘年，周幽王用寵姬褒姒之故，與申侯有郤。申侯怒而與犬戎共攻殺周幽王於驪山之下，遂取周之焦穫，而居於涇渭之間，侵暴中國。秦襄公救周，於是周平王去酆鄗而東徙雒邑。當是之時，秦襄公伐戎至岐，始列爲諸侯。是後六十有五年，而山戎越燕而伐齊。齊釐公與戰於齊郊。其後四十四年，而山戎伐燕。燕告急於齊，齊桓公北伐山戎，山戎走。其後二十有餘年，而戎狄至洛邑，伐周襄王，襄王奔於鄭之氾邑。初，周襄王欲伐鄭，故娶戎狄女爲后，與戎狄兵共伐鄭。已而黜狄后，狄后怨，而襄王後母曰惠后，有子子帶，欲立之，於是惠后與狄后、子帶爲內應，開戎狄，戎狄以故得入，破逐周襄王，而立子帶爲天子。於是戎狄或居於陸渾，東至於衛，侵盜暴虐中國。中國疾之，故詩人歌之曰「戎狄是應」，「薄伐獫狁，至於大原」，「出輿彭彭，城彼朔方」。周襄王既居外四年，乃使使告急於晉。晉文公初立，欲修霸業，乃興師伐逐戎翟，誅子帶，迎內周襄王，居於雒邑。

當是之時，秦晉爲強國。晉文公攘戎翟，居於河西圁、洛之間，號曰赤翟、白翟。秦穆公得由余，西戎八國服於秦，故自隴以西有綿諸、緄戎、翟、獂之戎，岐、梁山、涇、漆之北有義渠、大荔、烏氏、朐衍之戎，而晉北有林胡、樓煩之戎，燕北有東胡、山戎。各分散居谿谷，自有君長，往往而聚者百有餘戎，然莫能相一。自是之後，百有餘年，晉悼公使魏絳和戎翟，戎翟朝晉。後百有餘年，趙襄子踰句注而破并代以臨胡貉。其後既與韓魏共滅智伯，分晉地而有之，則趙有代、句注之北，魏有河西、上郡，以與戎界邊。其後義渠之戎築城郭以自守，而秦稍蠶食，至於惠王，遂拔義渠二十五城。惠王擊魏，魏盡入西河及上郡於秦。秦昭王時，義渠戎王與宣太后亂，有二子。宣太后詐而殺義渠戎王於甘泉，遂起兵伐殘義渠。於是秦有隴西、北地、上郡，築長城以拒胡。而趙武靈王亦變俗胡服，習騎射，北破林胡、樓煩。築長城，自代並陰山下，至高闕爲塞。而置雲中、雁門、代郡。其後燕有賢將秦開，爲質於胡，胡甚信之。歸而襲破走東胡，東胡卻千餘里。與荊軻刺秦王秦舞陽者，開之孫也。燕亦築長城，自造陽至襄平。置上谷、漁陽、右北平、遼西、遼東郡以拒胡。當是之時，冠帶戰國七，而三國邊於匈奴。其後，趙將李牧時，匈奴不敢入趙邊。後秦滅六國，而始皇帝使蒙恬將十萬之眾北擊胡，悉收河南地。因河爲塞，築四十四縣城臨河，徙適戍以充之。而通直道，自九原至雲陽，因邊山險塹谿谷可繕者治之，起臨洮至遼東萬餘里。又度河據陽山北假中。

當是之時，東胡強而月氏盛。匈奴單于曰頭曼，頭曼不勝秦，北徙。十餘年而蒙恬死，諸侯畔秦，中國擾亂，諸秦所徙適戍邊者皆復去，於是匈奴得寬，復稍度河南與中國界於故塞。

單于有太子名冒頓……是時漢兵與項羽相距，中國罷於兵革，以故冒頓得自強，控弦之士三十餘萬。

自淳維以至頭曼千有餘歲，時大時小，別散分離，尚矣，其世傳不可得而次云。然至冒頓而匈奴最強大，盡服從北夷，而南與中國爲敵國。

我特地抄了這一大段文字，不僅是因為這段文字是關於匈奴起源問題的最早記載，而且是因為凡司馬遷以後的人們談到這個問題的，差不多都以這段話為根據，雖則他們之中在對於這段話的解釋與取捨上有不同之處。此外，我以為這段話本身有很多可以商榷的地方，所以不厭其長錄之如上。

班固是漢代對於匈奴最有研究的人，他不僅在《漢書》裡寫了上下兩篇很長的〈匈奴傳〉，而且他曾偕竇憲到過匈奴，匈奴的知識是很豐富的。但是他對於匈奴的起源問題，完全照抄上面所錄的那段話。

換句話說，他與司馬遷的意見是完全相同的。

（唐）司馬貞《〈史記・匈奴列傳〉索隱》云：

> 張晏曰「淳維以殷時奔北邊」。又樂產《括地譜》云「夏桀無道，湯放之鳴條，三年而死。其子獯粥妻桀之眾妾，避居北野，隨畜移徙，中國謂之匈奴」。

《括地譜》這本書，《隋書・經籍志》、《舊唐書・經籍志》、《新唐書・藝文志》均無著錄，故樂產的年代無從考見。但司馬貞在《史記索隱》中曾引述這段話，則作者的年代應在唐或唐以前。張晏以為夏亡後，淳維跑到北邊，成為匈奴的始祖，不外是從司馬遷「匈奴，其先祖夏后氏之苗裔也，曰淳維」這段話引申而來。但司馬遷並沒有說淳維是在夏亡之後，殷代初年跑到北邊。張晏既肯定了北奔的時間，樂產更進一步說明奔到北野的是夏桀的兒子，並且他的名字不是淳維而是獯粥。獯粥即是司馬遷所說的葷粥。獯粥妻桀之妾的話，恐是由司馬遷的「其俗……父死，妻其後母」脫胎而來。至於他所說「避居北野，隨畜移徙」當係由司馬遷的「居於北蠻，隨畜牧而轉移」而來。總之，樂產的話，一部份是根據《史記・匈奴列傳》而略加修改，一部份可能是從張晏的「殷時奔北邊」而來。至於他說奔北邊的是桀子獯粥而非淳維，這是他與司馬遷、張晏的異處。

《索隱》於引述樂產上文後說：「其言夏后苗裔，或當然也。」這是有懷疑的意思，但是接著又說：

故應劭《風俗通》云：「殷時曰獯粥，改曰匈奴。」又服虔云：「堯時曰葷粥，周曰獫狁，秦曰匈奴。」韋昭云：「漢曰匈奴，葷粥其別名。」則淳維是其始祖，蓋與獯粥是一也。

樂產並沒有指出淳維與獯粥相同，而司馬貞卻當為一。司馬貞一方面對於匈奴是夏后苗裔持懷疑態度，另一方面卻指出司馬遷、班固、張晏所說的淳維就是樂產所說的獯粥。

日本桑原騭藏在《張騫西征考》①裡說：

據《史記》之〈匈奴列傳〉：匈奴祖先爲夏后氏之後，即所謂淳維者是。其與夏后氏之關係固難憑信。惟淳維Shun-wei之發音，與Hunni（序經按，指匈奴）想稍接近。或謂此因淳維始祖之名，方發生所謂匈奴種族之名稱，然乎？否乎？

這是不相信淳維與夏后的關係。但是他既以為淳維與匈奴發音稍接近，同時他又指出匈奴與獯粥是同音之轉，他說「然乎否乎」也持懷疑的態度。

他又說：

視淳維與匈奴爲同一之發音者，雖涉牽強附會，然sh、kh、h三音之彼此轉訛，在音韻學上，當非絕無。

桑原騭藏在同書〈參照〉（按，即注釋）「十九」中說：

此《本論》脫稿後，在D, Herbelot 之*Bibliotheque Orientale* 第四冊所收之Visdelou的《韃靼略史》（*Hlistoire Abregee de la tartarie*）五一頁內，發見關於匈奴如次之記載：「匈奴初依其祖先淳維（Chun-vei）或獯粥（Hiun-Yu）之名，在商（殷）時代（以種族之名）稱作獯粥。」此記載稍嫌不徹底。要之，匈奴祖先稱作淳維或獯粥，主張種族名之獯粥（因之獯粥與異字同名之匈奴）依其祖先之名一點上，與予所說一致。

① 楊鏁譯，商務印書館史地小叢書。

《本論》中又說：

始祖之名或有力之君主名稱，嘗負有其種族或部族之名稱，在塞外種族之間，其實便甚伙。如鮮卑種族之吐谷渾部，即取名其祖先吐谷渾。又如白匈奴嚈噠（Ephthal）種族，亦係取其王之名，而定種族之名稱者。

司馬貞除了以為獯粥就是淳維外，還以為山戎、鬼方、玁狁、淳維、熏粥、匈奴的各種名稱均是異名同族。他在〈五帝本紀・黃帝紀〉「北逐葷粥」句下說：「（葷粥）匈奴別名也。唐虞以上曰山戎，亦曰熏粥；夏曰淳維，殷曰鬼方，周曰玁狁，漢曰匈奴。」這個說法，表面上看雖然與他上面所說的「淳維是其（匈奴）始祖，蓋與獯粥是一也」，沒有什麼不同，然而稍加考察，就能明白前後有矛盾。因為在〈匈奴列傳〉裡，他同意樂產所說的獯粥是夏桀的兒子，而在〈五帝本紀〉裡，他所說的熏粥卻是唐虞以上的熏粥，或是山戎。在時間上，這兩種獯粥相差約一千年。唐虞以上已有獯粥，獯粥怎能說是夏桀之子？司馬貞把樂產所創出的夏桀之子獯粥與司馬遷在〈匈奴列傳〉中所說的唐虞以上的葷粥混為一談，並且把夏的淳維當做唐虞以上的葷粥，去為樂產解釋，這是很大的錯誤。

關於樂產與司馬貞的錯誤，清梁玉繩《史記志疑・匈奴列傳》條曾指出：

案：《索隱》曰「樂彥（產）《括地譜》云夏桀無道，湯放之鳴條，三年而死，其子獯粥妻桀之眾妄，避之北野」。淳維蓋與獯粥是一。據此，則獯粥爲淳維別名，乃匈奴之始祖，其後隨代異稱，將名作號，遂以獯粥與山戎、獫狁、匈奴同呼矣。然言夏后苗裔，似夏后之先無此種族，安得言唐虞以上有之。而〈五帝紀〉又云：「黃帝北逐葷粥」，服虔、晉灼亦皆云「堯時曰葷粥」（《風俗通》殷曰獯粥），是知夏后苗裔之說不盡可憑，而樂彥所述者妄也。

班固、張晏、樂產、司馬貞、桑原騭藏以及其他學者都是根據司馬遷的〈匈奴列傳〉解釋匈奴的起源的。但是他們之間卻有不同的見解。班固完全接受司馬遷的說法。張晏只說「淳維以殷時奔北」。樂產說匈奴的始祖是桀的兒子獯粥。司馬貞和桑原騭藏把司馬遷的淳維與樂產的獯粥為同一發音。而司馬貞對於說匈奴是夏后的苗裔已有懷疑，可是不像桑原騭藏那麼肯定地說「其與夏后氏之關係固難憑信」。我們要問：為什麼對於同是司馬遷所說的話卻有不同的看法呢？我以為主要是由於司馬遷自己對於匈奴的起源這個問題沒有弄清楚。梁玉繩《史記志疑・匈奴列傳》條說：

夫自闢天地即生戎狄，殷以前謂之獯鬻，周謂之玁狁，漢謂之匈奴。莫考其始，孰辨其類？相傳有所謂淳維者，難稽誰氏之出，未識何代之人。而史公既著其先世，復雜取經傳合併爲一，無所區分，豈不誤哉。

既說匈奴是夏的苗裔，其名叫做淳維，這應該是漢人，而且下文又說「自淳維以至頭曼千有餘歲」，那麼頭曼以及其後代的匈奴人應該是漢族的苗裔了。但是緊接著又說「唐虞以上有山戎、獫狁、葷粥，居於北蠻」，那麼在淳維及其祖先夏后氏之前在北方已住有其他民族。夏后氏的苗裔之於這些民族有什麼關係，司馬遷沒有說明。淳維是否奔居北蠻也沒有提及。而下文所說的「夏道衰，而公劉失其稷官，變於西戎，邑於豳」，乃是說明周的祖先變於西戎而非夏的苗裔變於西戎。因為照《史記》所載，周的祖先並非夏的後裔。前者是帝嚳之後，而後者是帝顓頊之後。據《史記・周本紀》：

周后稷，……后稷卒，子不窋立。不窋末年，夏后氏政衰，去稷不務，不窋以失其官而奔戎狄之間。不窋卒，子鞠立，鞠卒，子公劉立。公劉雖在戎狄之間，復修后稷之業，務耕種……子古公亶父立。古公亶父復修后稷、公劉之業。

〈匈奴列傳〉說「公劉失其稷官，變於西戎」，這裡又說公劉的祖父不窋失官，奔於戎狄。對於這一點，不必在這裡討論。我們所要注意的是周的祖先變為西戎，後來受到戎狄的攻伐離豳到岐下。不止亶父自己到岐下，其百姓也跟他到岐下，他不只復修后稷之業而與戎狄隨畜牧而轉移的生活方式不同，而且至文王、周公更成為漢族文化的代表人物。簡單地說：華夏的苗裔雖然因夏道衰而跑到戎狄的地方居住，但終不因此而成為戎狄。照這個例子來推論，夏后氏的苗裔也不一定就變為匈奴，完全放棄其固有的文化，流為「不知禮義……父死妻其後母，兄弟死，皆取其妻妻之」。何況司馬遷很肯定地指出，自「唐虞以上」以及春秋戰國時代，除了淳維與不窋的子孫之外，在西北一帶有許多種戎狄。當時華夏與戎狄的分別主要是種族的不同。文化的交流對種族雖有影響，但不能過於強調。義渠之戎倣效漢族「築城郭以自守」，甚至其王與秦昭王的母親「宣太后亂，有二子」，而義渠還是戎狄。趙武靈王「變俗胡服，習騎射」，趙武靈王及其臣民也不因此而流為戎狄。

司馬遷對於匈奴的起源問題，大概沒有經過詳細的考慮，只是搜集當時的一些傳說及各種記載。這些材料，作為反映當時的人們對於這個問題的一些不同看法，是很有價值的，若作為一種有系統的見解，就很值得商榷。上面指出的他的一些錯誤，就是因為他在〈匈奴列傳〉裡，沒有說明那些材料是反映當時對於這個問題的一些不同的看法，而僅用「或曰」的方式去表達。其實，司馬遷在敘述外族的列傳中，常常說他們的祖先是華夏苗裔。如在〈朝鮮列傳〉中說：「朝鮮王滿者，故燕人也。」在〈東越列傳〉中說：「閩越王無諸及越東海王搖者，其先皆越王勾踐之後也。」這可能是大漢族主義的表現，與歷史事實未必符合。

事實是把各種外族都當做華夏的苗裔是錯誤的。而現代之研究匈奴的學者幾乎沒有人相信像《史記・匈奴列傳》所說匈奴是夏后氏的苗裔了。

匈奴不是夏后氏的苗裔，但匈奴是不是唐虞以上的山戎、獫狁、葷粥，以及夏、商、西周、春秋、戰國時的各種戎狄的後裔，或是他們的混合民族呢？

司馬遷對這個問題沒有解答。但後來注解《史記》的許多學者曾提供了一些意見。如《呂氏春秋・審為篇》高誘注說：「狄人獫狁，今之匈奴。」又如上面所舉的應劭、晉灼、司馬貞等說唐虞以上叫做山戎或熏粥、殷時叫做鬼方、周時叫做獫狁，秦漢叫做匈奴。這就是說匈奴之與唐虞的山戎或熏粥、殷時的鬼方、周時的獫狁不過是同族而異名罷了。

這個說法似過簡單。司馬遷在〈匈奴列傳〉裡除了說唐虞以上有山戎、獫狁、葷粥外，沒有說到夏殷二代的戎狄。說得比較詳細的是周的祖先和西周、春秋、戰國的戎狄與漢族的關係。在這個時期裡，西北外族名稱之為他所採用的，除匈奴外，還有四種：一為戎，一為夷，一為狄或翟，一為胡。戎有西戎，犬戎，山戎，綿諸、緄戎，翟、豲之戎，義渠、大荔、烏氏、朐衍之戎，樓煩之戎；夷有畎夷（有人謂即昆夷）；狄或翟有赤翟、白翟；胡有東胡、林胡或胡貉或普通所謂的胡。或戎狄連用。他指出散居於谿谷的戎有一百多，「然莫能相一」。匈奴之名，除一見於〈秦本紀〉外，在〈匈奴列傳〉裡兩見於敘述戰國時事：一為「三國（燕趙秦）邊於匈奴」，一為「李牧時匈奴不敢入趙邊」。然而在〈匈奴列傳〉裡，匈奴與胡、戎狄是並用的，且可通用。如燕「邊於匈奴」，但燕亦築長城置各郡以「拒胡」。秦「邊於匈奴」，但「蒙恬將十萬之眾北擊胡」。在〈蒙恬列傳〉中則說：「蒙恬將三十萬眾北逐戎狄……是時蒙恬威振匈奴。」這樣看起來，胡、戎狄、匈奴，好像是同一個民族了。

但是〈匈奴列傳〉又說，在戰國末年，「東胡強而月氏盛」。唐張守節《史記正義》引《括地誌》云：「涼、甘、肅、延、沙等州地，本月氏國。」則月氏也是西邊的戎狄。月氏既不同於匈奴，東胡也異於匈奴。若說除月氏與東胡外，上面所列舉的各種胡、戎狄與匈奴是同一民族，恐怕也是不對的。司馬遷曾說各種戎狄「各分散居谿谷，自有君長，往往而聚者百有餘戎，然莫能相一」。這就是說這麼多種戎狄是很複雜的。我們不能因司馬遷互用胡、戎狄與匈奴等名詞而遂謂其為一個民族。

〈匈奴列傳〉說匈奴是一個以畜牧為生和騎獵為主的民族。我們懷疑許多居於西北及塞內谿谷的戎狄是否也與匈奴同俗。《左傳》記載隱公九年（公元前七一四年）北戎侵鄭時的軍隊是徒步的，昭公元年（公元前五四一年）狄人的軍隊也是徒步的。那麼戎狄的徒兵是異於匈奴的騎射了。這些用步兵的民族與以騎獵為主的民族是否為同一民族，是很值得研究的。

司馬遷指出自淳維至頭曼有一千多年。在這麼長的時間裡，匈奴「世傳不可得而次」。這清楚地說明他對於匈奴的歷史是不清楚的。在塞內與華夏雜居的戎狄的情況，如人種、語言、風俗、習慣之記載於書籍的已經很少，則遠處塞外的匈奴，在頭曼以前的歷史當然更不容易瞭解。匈奴既沒有文字記載歷史，而漢人除了受外族的嚴重侵擾時外，對於外族又是很少注意的。匈奴不但遠居塞外，而且在匈奴與漢的邊界上又被其他好多戎狄隔離，那麼漢人對於匈奴知識的貧乏是很自然的。

頭曼以後，匈奴開始為西漢人所注意。司馬遷說「至冒頓而匈奴最強大」，又說在冒頓時，匈奴「盡服北夷」。其他北夷與匈奴是否為同一民族?這又是值得研究的。

司馬遷對匈奴的起源問題雖有矛盾與含糊之處，但近人丁謙在《〈漢書・匈奴傳〉地理考證》裡曾為之作解釋：

> 漢代匈奴，爲北方之大敵，但推原種族，實與塞外諸番迥不相同。蓋其始祖淳維，系出夏后，居然中國神明之裔，與周之先世后稷封邰，相距不遠。唯稷之後雖不窋換官，竄於戎狄，而公劉亶父，世守華風，故日漸內遷。至文武二王，遂有天下。淳維之後，至殷北徙，戎狄雜居，竟與同化，捨耕稼而事牧畜，曠宮室而處穹廬，去衣冠而服皮褐，殆所謂用夷變夏者非耶？此傳之首，備述三代以來諸戎狄之盛衰，似與匈奴本事不相附麗，然細按之，實所以著匈奴勃興之所自。蓋荒服

諸部，種類雖多，皆力薄勢分，初無與於中國之利害。自戰國列王，競事開疆，諸部遂日漸淪亡。特諸部亡而諸部之人民豈能盡滅。當其時，近東者多歸併於東胡，近西者多歸併於月氏，近北者多歸併於匈奴。故嬴秦之世，三部並強。迨漢初，匈奴冒頓以梟雄之質，崛起朔方，滅東胡，破月氏，遂統一大漠南北，南面與中國相頡頏矣。

丁謙想把匈奴為夏后氏之苗裔說與唐虞以上實有的外族，混合起來而形成用夷變夏的調和論調，但這只能是丁謙的說法，司馬遷在〈匈奴列傳〉裡並不是這樣說的。丁謙以為自淳維跑到北邊之後，與戎狄雜居，竟與同化。同化之後，逐漸征服其他的荒服諸部，遂成為匈奴。這不能說是歷史上不會有的事。但是淳維既在荒服雜居而同化於外族，則淳維就變為該外族的份子，因為這個外族是在淳維未到北邊之前便已存在的。若說淳維到了北邊之後，外族人擁立他為君長，因而遂改號曰匈奴，則匈奴人的祖先便不能謂為夏后氏之苗裔。明代有一個暹羅華僑的兒子鄭昭，曾打敗緬甸，恢復暹羅，做暹羅的皇帝。但是暹羅的統治民族仍是泰族，並不因此而成為華夏苗裔，最多只能說在暹羅王室的王族中有漢族的血統。

近人專題研究匈奴起源問題較早的著作是王國維的〈鬼方昆夷玁狁考〉，全文七千餘言，也是研究這個問題的最長的文章。他除利用古代典籍外，又得古文字及古器物之助。他以為見於古金文之「畀科」、「畀允」、「況允」皆與玁狁相同。又以為《易》的鬼方，《詩》的混夷、昆夷，《國語》的犬戎，《尚書大傳》的畎夷皆與玁狁相同，而玁狁又與匈奴相同。他說：

我國古時，有一強梁之外族，其族西自汧隴，環中國而北，東及太行、常山間，中間或分或合，時入侵暴中國。其俗尚武力，而文化之度不及諸夏遠甚。又本無文字，或雖有而不與中國同。是以中國之稱之也，隨世異名，因地殊號。至於後世，或且以醜名加之。其見於商周間者曰鬼方，曰混夷，曰獯鬻，其在宗周之季，則曰玁狁，入春秋後，則始謂之戎，繼號曰狄。戰國以降，又稱之曰胡，曰匈奴。綜上諸稱觀之，則曰戎曰狄者，皆中國人所加之名。曰鬼方，曰混夷，曰獯鬻，曰玁狁，曰胡，曰匈奴者乃其本名。而鬼方之方，混夷之夷，亦爲中國所附加。當中國呼之爲戎狄之時，彼之自稱絕非如此。其居邊裔者，尤當仍其故號，故戰國時，中國戎狄既盡，強國闢土，與邊裔接，乃復以其本名呼之。此族春秋以降之事，載籍稍具，而遠古之事，則頗茫然，學者但知其名而已。今由古器物與古文字之助，始得言其崖略。

他又說：

此族見於最古之書者，實爲鬼方。《易・既濟》「爻辭」曰：高宗伐鬼方，三年克之。〈未濟〉「爻辭」曰：震用伐鬼方，三年有賞於大國。《詩・大雅・蕩》之篇曰：內奰於中國，覃及鬼方。《易》之「爻辭」蓋作於商周之際，《大雅・蕩》之篇作於周厲王之世而托爲文王斥殷紂之言，蓋亦謂殷時已有此族矣。後人於《易》見鬼方之克需以三年，知其爲強國。於《詩》見鬼方與中國對舉，知其爲遠方。

他以為：

鬼方之名，《易》、《詩》作鬼，然古金文作泜，或作玨……皆爲古文「畏」字……鬼方之名，當作「畏方」……混夷之名，亦見於周初之書。《大雅‧綿》之詩曰：混夷娧矣……而《孟子》及《毛詩‧采薇‧序》作昆，《史記‧匈奴列傳》作緄，《尚書大傳》則作畎夷……四字聲皆相近……又變而爲葷粥、爲熏育、爲獯鬻，又變而爲玁狁……故鬼方、昆夷、熏育、玁狁，自係一語之變，亦即一族之稱。

他指出：

至玁狁之後裔如何，經傳所紀，自幽平以後至於春秋隱桓之間，但有戎號，莊閔以後，乃有狄號。戎與狄皆中國語，非外族之本名。戎者兵也……則凡持兵器以侵盜者亦謂之戎。狄者遠也……因之凡種族之本居遠方而當驅除者亦謂之狄。且其字從犬，中含賤惡之意，故《說文》有犬種之說，其非外族所自名而爲中國所加之名，甚爲明白。故宣王以後，有戎狄而無玁狁者，非玁狁種類一旦滅絕或遠徙他處之謂，反因玁狁薦食中國，爲害尤甚，故不呼其本名而以中國之名呼之。其追紀其先世也，且被以惡名。是故言昆戎則謂之犬戎，薰鬻則謂之獯鬻，昇允則謂之玁狁，蓋周室東遷以後事矣。

他最後說：

> 及春秋中葉，赤狄諸國皆滅於晉。河南山北諸戎，亦多爲晉役屬。白狄僻在西方，不與中國通，故戎狄之稱泯焉。爾後強國並起，外族不得逞於中國，其逃亡奔走復其故土者，或本在邊裔未入中國者，戰國闢土時乃復與之相接。彼所自稱本無戎狄之名，乃復以其本名呼之。於是胡與匈奴之名始見於戰國之際，與數百年前之獯鬻、玁狁先後相應，其爲同種，當司馬氏作匈奴傳時蓋已知之矣。

王國維在這篇文章裡，除了從音韻上去說明鬼方、昆夷、玁狁、戎狄、胡、匈奴為同一種族之外，他又找了許多材料去說明這個異名同族的匈奴在地理上的遞嬗之跡。他由古器物及史料證明「鬼方之地」與「昆夷地正同」。他說：「後世玁狁所據之地，亦與昆夷略同。故自史事及地理觀之，混夷之為畏夷之異名，又為玁狁之祖先，蓋無可疑，不獨有音韻上之證據也。」

王國維的這篇文章也是根據《史記・匈奴列傳》的提示而作的，所以他在這篇文章的結尾指出獯鬻、玁狁、戎狄、胡、匈奴為同種而「當司馬氏作匈奴傳時蓋已知之矣」。但是他對司馬遷所說的匈奴的祖先是夏后氏的苗裔叫做淳維這一點，則避而不談，連一些人以為淳維與獯鬻是同聲同族也沒有提及，這表明他不同意司馬遷的匈奴是夏后氏的後裔的看法。從這一點看，他與過去許多注解《史記・匈奴列傳》或說到匈奴的起源問題的人不同。因為那些人一方面保留司馬遷所說匈奴是夏后氏後裔的說法，一方面又接受司馬遷所說的唐虞以上的山戎、玁狁、葷粥也是匈奴的祖先說法，結果是無法自圓其說的。王國維則直截指出：匈奴這個外族的祖先，無論叫做鬼方、昆夷、玁狁、戎狄，都是外族，而非漢族苗裔。

王國維說鬼方、昆夷、玁狁、戎、狄、胡、匈奴是異名同族也不是一種創見。司馬遷、應劭、晉灼、韋昭、司馬貞都有這種看法。司馬貞〈五帝本紀索隱〉中曾說過唐虞叫做山戎、熏粥則叫做鬼方，周時叫玁狁，漢叫做匈奴。至於昆夷與犬戎、玁狁是異名同族，顏師古、司馬貞、崔述都曾說過。《史記・匈奴列傳》「周西伯昌伐畎夷氏」句下，《索隱》云：「韋昭云：『春秋以為犬戎。』按，畎音犬，大顏云『即昆夷也』。」崔述《豐鎬考信錄》卷七云：「鄭氏以西戎為昆夷，玁狁為北狄……余按太原及方，皆在周之西北，玁狁之國，當在涼、鞏之間。所謂西戎蓋即玁狁，而變其文以叶韻耳。玁狁之為周患，見於〈出車〉、〈六月〉、〈采薇〉、〈采芑〉四篇，詳矣。而傳記初未有言者。《國語》有犬戎，有姜氏之戎，而史伯則但稱西戎，足為周患者皆戎，然則玁狁者亦戎也。……玁狁文皆從『犬』，疑即《周語》之犬戎，猶鄭瞞之或稱為『長狄』也。以玁狁、西戎為二國而曲為之解，誤矣。程子疑西戎兵不加而服，朱子疑既卻玁狁而還師以伐昆夷，亦沿鄭、孔之誤。」我們可以說王國維是把以往學者對於這幾個名詞的解釋綜合起來，從音韻上與地理上去說明其為異名同族。他簡化司馬遷及其他人對於這個問題的意見而歸納秦漢以上從「西自汧隴，環中國而北，東及太行、常山間」的外族為鬼方、昆夷、熏鬻、玁狁、戎狄、匈奴幾個名詞而斷定其為異名同族。其實，孟子早已指出「太王事薰鬻而文王事昆夷」，那麼「薰鬻」與「昆夷」是不同了。又《史記》與《漢書》匈奴傳均說冒頓「後北服渾庾」，「渾庾」即「昆夷」的異音。匈奴征服渾庾，那麼渾庾就不見得是匈奴的同族了，這說明薰鬻與昆夷異於匈奴。

王國維以後，研究這個問題的學者，大都同意他的結論。如梁啟超在《中國歷史上民族之研究》①中，在匈奴的起源問題上，是同意王國維的。日本學者研究這個問題時也參考他的著作，可見他這篇文章影響很大。在聲韻和地理的考證方面，王國維是下了一番工夫的。他的論據可以說是「同韻就同族」，「同地也同族」。不能否認，這是研究古代民族的一種方法，但是只靠這種方法卻不一定能得到正確的結論。如「但」與「蛋」，在音韻上相同，然而不能說廣西山居的「但」與兩廣、福建的水居的「蛋」是同族。「閩」與「蠻」在音韻上相同，然而不能說「蠻」就是「閩」。「粵」與「越」在音韻上相同，然而只能說，在廣東，在歷史上的某一時期，粵人與越人是指同一民族。若一概而論，凡越都是粵，那就不見得是對的。因為春秋戰國時代的越國的越人和在越南的越人未必相同。至於現在的廣東的粵人與越南的越人，也不能謂為同族。其實，同音字也未必是同族，春秋時浙江的越，漢以後廣東的越，以至越南的越，都不能一概而論為同族。當然，這也不是說玁狁或熏鬻等之於匈奴是完全沒有關係的。

同樣，「同地即同族」也不是絕對的。西北民族多事游牧，隨地遷移，一個民族不一定老是在一個地區，而同一地區也可有幾個民族。新疆一省有十數種少數民族，雲南、廣西也各有好多種少數民族。這是以比較大的區域來說明同地未必同族。在海南島，有些很小的地方，苗黎雜居，他們雖有很相同的地方，然而嚴格地說，他們不是同族。

①見《梁任公近著》第一輯下卷。

王國維所說的鬼方、昆夷、玁狁、戎狄、胡、匈奴，不止地域上是「西自汧隴，環中國而北，東及太行、常山間」這麼大的地域中，只有「一強梁之外族」，又何況這個外族，歷時兩千餘年，即自黃帝至秦漢，「或分或合，時入侵暴中國」，始終還只是「一強梁之外族」。地廣數千里，年歷兩千餘，在中國的西北，只有一個名異實同的外族，這種看法，從常識來說，恐怕也是難以信服的。

相反，在黃河一帶，尤其是黃河以南，在同時間裡，除漢族或戎狄以外，還有其他的南方民族。所謂東夷、南蠻，不過是大的分類。東夷、南蠻本身，就有好多不同的民族。直至現在，滇黔兩粵不必說，即湖南浙江也還有不少少數民族的地區。若謂同音即同族，同地也同族，則黃河以南漢、戎狄以外只有東夷、南蠻兩種民族了。《漢書・烏孫傳》有匈奴「百蠻大國」句，《史記・匈奴列傳》有「居於北蠻」句，「梁伯戈銘」稱「抑鬼方蠻」，我們不能因此說匈奴或鬼方與南蠻的蠻是同一民族。同字尚且如此，何況同音呢？

司馬遷在《史記・匈奴列傳》中指出：在頭曼、冒頓之前，西北的外族是「各分散居谿谷，自有君長……莫能相一」，可見得不是一個外族，而是好多外族。毛詩〈出車〉的序也說過「西有昆夷之患，北有玁狁之難」。這說明昆夷與玁狁完全是兩個不同的種族。崔述在《豐鎬考信錄》中雖然說犬戎、昆夷、玁狁為同族，然而他也指出「蓋西戎之國不一而玁狁為最強」。關於這一點，王國維與崔述一樣，承認犬戎或玁狁是戎的一種，是戎中最強大的。我以為，他們若在這個認識的基礎上去研究外族的相異處，可能會明白這些外族不是一個種族而是好多種族。可惜他們只著重於「同音同地」，因而把兩千餘年間的西北民族歸納到數個名詞而認定為同名同族。

再看自頭曼以後至兩晉南北朝的七百餘年中，西北民族的新陳代謝不是一個而是很多個。單以秦漢來說，最初除匈奴之外，尚有東胡與月氏。此後，匈奴之北有丁零、堅昆；匈奴之西有烏孫、塞種。西域三十六國後來分為五十餘國，其民族是否相同也值得研究。《漢書・西域傳》「西夜國」條說，「西夜與胡異，其種類羌氏」，可見種族不同。同傳「康居國」條「匈奴百蠻大國」，更說明匈奴是好多外族中的一個。匈奴為百蠻大國是在冒頓之後。在頭曼以前，恐怕只是好多外族中的一個。

據現存的史料記載，古代西北民族在春秋戰國時期，有的在西北邊境，有的在塞外，有的常侵入內地。《史記・匈奴列傳》說，「山戎越燕而伐齊，齊釐公與戰於齊郊」，其深入內地，猖獗可知。周襄王欲伐鄭，娶戎狄女為后，可見戎狄與王室的接近。邊疆戎狄，忽來忽去，史不絕書。至於塞外的戎狄，因為接觸少，不易知其情況。自管仲相齊之後，攘夷狄是霸業的主要內容，所以孔子說，「微管仲，吾其披髮左衽矣」。①晉文以後，秦晉在西北擴充領土。戰國時，秦趙也繼續在西北發展。大致說，有的外族在內地或靠近內地的，被征服後，就同化於漢族。在邊境的，有的內遷，有的外走至塞外。可是塞外不是空而無人的，也有其他外族，則兩者或互相征伐或合併，也絕不會在短時期內就成為一個大帝國。司馬遷說：「至冒頓而匈奴最強大，盡服從北夷」②，可

① 見《論語・憲問》。
② 《史記・匈奴列傳》。

見是經過長期的征伐的。只看冒頓對東胡的要求，忍讓愛馬與妻子，便說明這個民族的強盛遠非一朝一夕之功。匈奴在未強盛之前，只是好多民族中的一個，而即使強盛之後，在這個「大國」裡，也仍存在著好多不同的民族。因為其他民族固不會全部跑光或被殺光，匈奴的人口也不會一下增加起來。匈奴這個族名，在戰國時代尚不能包括所有的外族，那麼就更不能包括戰國以前以至唐虞以上的西北的所有外族了。

王國維除〈鬼方昆夷玁狁考〉外，還有〈西胡考〉上、下及續考三篇，雖主要論述西域的胡人，但續考中也有一節與匈奴有關，茲錄之如下：

自唐以來，皆呼多鬚或深目高鼻者為胡或鬍子……是唐人已謂鬚為胡，豈知此語之源本出於西域胡人之狀貌乎？且深目多鬚不獨西胡為然，古代專有胡名之匈奴，疑亦如是。兩漢人書，雖無記匈奴形貌者，然晉時胡羯皆南匈奴之裔。《晉書・石季龍載記》云：太子詹事孫珍問侍中崔約曰：「吾患目疾，何方療之？」約素狎珍，戲之曰：「溺中則愈。」珍曰：「目何可溺？」約曰：「卿目睕睕，正耐溺中。」珍恨之，以告石宣。宣諸子中最胡狀，目深，聞之大怒，誅約父子。又云：冉閔躬率趙人，誅諸胡羯，無貴賤男女少長皆斬之，死者二十餘萬，屯據四方者，所在承閔書誅之。於是高鼻多鬚至有濫死者。……晉之羯胡，則明明匈奴別部，而其狀高鼻多鬚與西胡無異，則古之匈奴蓋可識矣。……西域人民與匈奴形貌相似，故匈奴失國之後，此種人遂專有胡名，顧當時所以獨名為胡者，實因形貌相同之故，觀《晉書・載記》之所記，殆非偶然矣。

我覺得王國維的主張可商榷。首先，他以為謂鬚為胡乃出於西域胡人的狀貌，因以為深目多鬚不獨西胡為然，古代專有胡名之匈奴疑亦如此。在理論上，這種說法很勉強。西域的西胡是否皆深目多鬚姑不置論，若說因西域的胡是多鬚深目而遂說古代專有胡名的匈奴也是多鬚深目，那就不一定是對的。否則，古代的東胡也該是多鬚深目了。

至於他用《晉書・石季龍載記・上》的兩段話去證明匈奴是高鼻深目則亦可商榷。王國維說西漢人書沒有記匈奴形貌的，但是司馬遷應該見過匈奴人，班固則更該見過。司馬遷在《史記・匈奴列傳》是很注意匈奴人的語言、風俗、習慣，而沒有提到匈奴人的形貌。班固曾深入匈奴人所居的地方，所接觸的匈奴人必定很多，然而在《漢書》的長篇〈匈奴傳〉裡也沒有說到匈奴人的形貌。假使匈奴人的形貌與漢人差別太大，像高鼻、深目、多鬚等，不會不引起他們的注意，因為他們對於匈奴的風俗習慣之異於漢族的都曾做過比較詳細的敘述。所以他們沒有提及匈奴人的形貌，大概是因為匈奴人與漢人大致相同。

司馬遷《史記・大宛列傳》說：「自大宛以西至安息，國雖頗異言，然大同俗，相知言。其人皆深眼，多鬚髯。」班固《漢書・西域傳》「大宛」條除重述司馬遷這幾句話外，在「西夜國」條又指出：「蒲犁及依耐、無雷國，皆西夜類也。西夜與胡異，其種類羌氐行國。」可見他二人對外族的形貌是注意的。司馬遷所說的「皆」，即大宛以西至安息，無例外的是深目多鬚髯。反之，在大宛以東，他既沒有說沒有深目多鬚髯，則亦不能說是完全沒有。《北史・西域列傳》除「康國」條說人皆深目、高鼻、多髯外，在「于闐」條說：「自高昌以西諸國人等，深目高鼻，唯此一國，貌不甚胡，頗類華夏。」在「高昌」條說：「高昌者，車師前王之故地，漢之前部地也。」《史記・大宛列傳》記大宛的位置是「其北則康居，西則大月氏，西南則大夏，東北則烏孫」。《漢書・西域傳》「大宛」條云：「北與康居，南與大月氏接。」《漢書》記大月氏的位置雖與《史記》略異，但大宛的位置沒有什麼變化。高昌既為車師前王之故地，車師在大宛之東，《漢書》說大宛去長安一萬二千二百五十里，車師去長安八千八百五十里，則大宛距車師三千四百里。《史記》、《漢書》都說大宛以西的人皆深目高鼻，而《北史》謂高昌以西的人深目高鼻，則自後漢以後，深目高鼻的人是逐漸東移了。于闐的位置在車師（高昌）西南，在大宛東南，則高昌以西各國應為深目高鼻的人所居住了。至於「貌不甚胡，頗類華夏」，則既非全類華夏，亦非全異於胡了。

應該指出，這裡的「胡」，不一定是匈奴。因為秦漢時的「胡」，主要指匈奴，而這時的「胡」，主要是西胡，亦即西域一帶的外族人。

《北史・西域傳》無「大宛」條，可能這個國家已被消滅。但是人民未必完全消滅。高昌人與大宛人在民族上是否有關係不得而知（按，《北史》說高昌東去長安四千九百里，則高昌的位置比《漢書》所說的車師是更東了。可是《漢書》說車師去長安八千一百五十里。《北史》又說高昌為車師前王之故地，《北史》恐有誤）。《北史》又說「國有八城，皆有華人」。又說「晉以其地為高昌郡。張軌、呂光、沮渠蒙遜據河西，皆置太守以統之」，則本為漢人所統治。在太延中（公元四三五—四三九年）蠕蠕侵伐這個地方，至和平元年（公元四六〇年）遂「為蠕蠕所併」，「以闞伯周為高昌王，其稱王自此始也」。則統治權已是外族，而非漢人，而這些外族是深目高鼻的人種。

西北民族多從事畜牧，逐水草而居，經常遷徙。大月氏、烏孫、康居均曾移居。在匈奴西北的民族，為丁令、堅昆，也可能時時遷移。大宛雖為居國，然而人民的移動也是可能的。塞種即曾為他族所迫而遷徙。在這些民族中，種類不同：大宛是深目多鬚；烏孫，據顏師古說是「青眼赤鬚，狀類獼猴」；月氏、塞種、丁令、堅昆都與匈奴各異。在匈奴強盛時，有的民族，如月氏、塞種雖移居別處，但其人民之留在原處的不一定很少。匈奴征服各國後，在其大「帝國」裡，必有各種不同民族，他們不僅受匈奴的統治，而且為匈奴所驅使，在匈奴的軍隊中，也必有這些人。在漢朝與匈奴的戰爭中，凡為匈奴服務的，均可能稱為匈奴人，或如《晉書・石勒載記》所稱是匈奴的別種。〈石勒載記・上〉說「石勒……上黨武鄉羯人也。其先匈奴別部羌渠之冑。祖耶奕于，父周曷朱，一名乞翼加，並為部落小率」。

按匈奴先後入塞共十九種，而羯為其中之一。石勒雖為匈奴的劉淵效命，然而他自己的種族未必與劉淵相同。他所以叫做羯人，足以證明與匈奴有別。說不定他的祖先就原與匈奴異族，在匈奴強盛時並在匈奴「帝國」之內，後來才稱其族為羯。假使這種看法是可能的，那麼石勒及其同族的部眾，就不能因為說他是匈奴別部而說他是匈奴人，更不能因為他效命劉淵而遂謂其為匈奴族的後裔了。〈石勒載記〉云，石勒「狀貌奇異」，也是說他的血統有特殊的地方。

其實，深目多鬚的人不只在匈奴「帝國」中和大宛以西以至安息可以找出來，在林邑也可以找出來。《隋書・林邑傳》說「其人深目高鼻，髮拳色黑」。《晉書・四夷列傳》「林邑」條說「林邑國本漢時象林縣，則馬援鑄柱之處也」。林邑在今越南境內的中圻。酈露《赤雅》說「馬人本林邑蠻，深目猳鼻，散居峒落」。顧炎武《天下郡國利病書》卷一百〇四「廣東八」有同樣的詞句。《南史・林邑傳》說，「其大姓號婆羅門」，可能這是從印度移過來的民族。但是不能因此而說越南或印度支那半島的民族都是深目高鼻的。

總之，在一個國家裡，有幾種不同的種族，是常有的事情。匈奴在強盛時是「百蠻大國」，既可說成「百蠻」中的大國，也可說在這個「大國」裡有「百蠻」，而其中有的人則是深目多鬚，但又不一定是凡匈奴人皆深目多鬚。近人夏曾佑在《中國古代史》第二章第十節中，於趙的石氏下注云，「案此即胡羯之狀，為高鼻、多鬚而深目，此狀頗類今亞細亞西境諸族人，而非匈奴種也」。清楚地表明胡羯不是匈奴種，亦即高鼻、多鬚、深目不是匈奴人的形貌特徵。一般來說，這是白種人或阿利安人的特徵。假使匈奴人沒有這種特徵，匈奴人當屬於黃種人或蒙古種人。公元四世紀時，匈奴人曾侵入歐洲，與當時在東歐的歌德人或是現代的德意志人接觸。約但尼斯在其《歌德史》中，曾有關於匈奴人的敘述。大意謂他們令人恐怖的容貌，使那些在戰爭中未被他們所戰勝的人們也大為畏懼。他們（匈奴人）使其敵人戰慄而逃，因為他們黑色的外表是可畏的，他們的體格是醜陋而無定形的。頭部不像頭部，眼睛像針孔一樣。粗獷的體形說明他們壯健。他們的嬰兒，一出世就被殘忍對待，他們用劍割男孩的臉，使其在未得奶汁哺育之前先練習忍受創傷。所以他們長大後沒有鬚。他們的頸是驕傲而時時直立的云云。約但尼斯還說他們的腳部是有毛的。由此可見匈奴人不是白種人而是蒙古種人。

約但尼斯的生卒年代不明，一般謂約公元六世紀時人，此書寫於何時無考。我們僅知公元四四五年前後，羅馬曾派外交人員與匈奴皇帝阿提拉辦交涉，其中一位名普利斯庫斯者曾在阿提拉的宮廷裡見過阿提拉。在他寫的《第八殘篇》中曾說：「他（阿提拉）的身材是矮短的，胸部廣闊，頭很大，眼睛小，散播出灰色。他的鼻子是平的，臉色是黑的。」這說明這位著名的匈奴英雄是黃種人，屬於蒙古種——因為斷定人種的標準最好是從形貌方面，雖然其他方面如人體骨骼、文化特性等也有參考的價值。

今存的與這個問題有關的最古的文物是漢代霍去病墓前的石刻——馬所踏的匈奴人。霍去病以擊匈奴卓立戰功，死時年僅二十四歲。《漢書・霍去病傳》云「元狩六年（公元前一一七年）薨。上悼之，發屬國玄甲，軍陳自長安至茂陵，為塚像祁連山」。顏師古注云「在茂陵旁，塚上有豎石，塚前有石人馬者是也」。近人馮承鈞譯色伽蘭（Victor Segalen）等所著之《中國西部考古記》（*Premier des Resulats archeologiques obtenus dans la Chine occidentale*, 1915）上說：「石馬以整石刻之，質為灰色花崗石。自地至馬頂，高一公尺四十分。其下台石雖已埋沒，馬身雖小，其姿勢之雄健，尚可彷彿得之。」最重要的記載是：「馬無鞍轡，身重蹄短，尾長垂地，腹抵一人於下。其人以膝抵馬腹，趾接馬尾，左手持弓，右手以短矛刺於馬肋之中，其頭甚巨而後仰，眼大而圓，額低耳巨，其亂鬚蓬接馬胸，一見而知非中國人而為夷狄。此馬與人猛勇鎮定之狀，除完全型範之外，殆難仿造。」這個夷狄的形貌絕非白種人。匈奴人與漢人是有分別的，但漢人與匈奴人均為黃種人，為蒙古種。

然而這不等於說匈奴人血統上沒有與其他民族相混雜。頭曼以前，史料缺乏，無從稽考。頭曼以後，匈奴人與漢人通婚，見於史書者甚多，往往是王室或一些重要人物。當時民間，尤其邊境地方，通婚者必更多。另外，匈奴之東有東胡，西北有丁零、堅昆、塞種、烏孫、月氏等種族，西南有西域各國的民族及羌氐，在匈奴強盛時，多處於匈奴統治之下，即匈奴衰弱時，與匈奴來往接觸也未斷絕，則種族之間通婚當亦為常事。《漢書・西域傳》載江都王建女細君嫁給烏孫昆莫為右夫人，而匈奴亦遣女妻昆莫為左夫人。匈奴女可嫁給烏孫人，烏孫女嫁給匈奴人也不應有問題。匈奴自郅支單于西遷以後，與大宛以西各民族通婚也無可疑。《漢書・陳湯傳》言郅支娶康居王之女，康居王又娶郅支女。東漢時，匈奴大規模西遷，則與大宛以西的民族的血統相混雜的程度可能更深。自公元前三世紀至公元五世紀的七八百年間，匈奴種族之有外族血統是事實。然而從阿提拉的形貌來看，則匈奴血統的遺傳仍是主要因素。

現簡單地重述一下關於匈奴的起源問題：

一、匈奴人不是夏后氏的苗裔，不是華夏族。

二、匈奴是春秋、戰國時的所謂戎狄之一，可能是邊境或塞外的一個新興民族。逐漸強盛後，匈奴之名也逐漸被通用。這個民族不是唐虞以上的犬戎、葷粥，不是殷、周時的鬼方、昆夷、獯鬻、玁狁。只從同音或同地來說明他們是一族是未必可靠的。

三、匈奴人是黃種人。其後與外族長期接觸、通婚，也有了其他種族的血統。

到十八世紀，法國學者得岐尼在其《匈奴、突厥、蒙古及西部韃靼各族通史匈奴、土耳其、蒙古與其他的西方韃靼人的通史》中，對於匈奴究竟是何種族問題，做了如下的解釋與說明：「羅馬的歷史學家對於他們（西部的韃靼人）只籠統地稱為匈人，一切描寫與記載均屬不經之談。並不知道這些匈人來自何處。他們在韃靼人中，被稱為匈奴，曾建立大帝國，後被中國人打敗，勢力分散，一部份遷到西方。後來入寇羅馬帝國的阿提拉即出身於這一部份。留在中國邊境的匈人，一部份為東韃靼所征服，一部份據有北中國，唯勢力微弱，已不能統有韃靼全部。後來到了土門時代，復建大國，得號土耳其（突厥），對於全部韃靼方重新統一。」「土耳其族既得到政權，所有各部族都被叫做土耳其，匈奴人至此也變作土耳其人。後來成吉思汗由蒙古族崛起，得到政權，所有各部韃靼族又都變成蒙古人了。」「匈奴這個名詞的消滅，似乎仍依照韃靼族中的常例：一部興起，得到政權，統一各部族後，即拿自己本族的名稱代表其餘各部族。」（以上三段譯文均據北京大學《國學季刊》第二卷第三號〔一九三〇年九月〕姚從吾：〈歐洲學者對於匈奴的研究〉）得岐尼認為匈奴人即突厥人，即蒙古人。其書第一冊第一編中曾說「匈奴人就是後來的突厥人」。又說「蒙古人，據各書所載，出自突厥族」。這就是說蒙古人是突厥人的後代，而突厥人是匈奴人的後代。同時，這三種人也可以總稱為韃靼人。

我們知道，韃靼是國名，是靺鞨的別部。《辭源》說靺鞨是種族名。有人把其歷史追溯到周代的肅慎，漢魏的挹婁，後魏的勿吉。但靺鞨最先見於隋唐，分為黑龍江或黑水靺鞨與松花江或粟末水靺鞨。前者於宋代建國，後者於唐時建渤海國。韃靼國之名，唐末始見於史書，後為蒙古人之稱。元朝滅亡之後，其族往西北走，通稱韃靼，故又為族稱。西文為tartars，也稱塔塔兒，他們隨元朝西侵，散居於中亞細亞與歐洲等處，歐洲人統稱之為韃靼，雖然這個民族已與所居之地的各民族混雜。

得岐尼與歐洲許多學者對於十三世紀時蒙古人的西侵，印象深刻。不過蒙古人的西侵，最西不過達到今蘇聯的基輔與黑海附近，沒有進入歐洲本部。匈奴人卻一直打到東羅馬帝國、西羅馬帝國，以至法國巴黎附近，可是這是公元四至五世紀的事，時間已久，史書所記甚少。而蒙古人之西侵則時間較近，且火藥、印刷與指南針亦於此時傳入歐洲，再加上馬可・波羅的遊記，使歐洲人不但羨慕中國的高度文化，而且對世界地理的觀念亦大為改變。

由於歐洲人對蒙古的西侵印象深刻，於是注意蒙古的種族問題。元朝滅亡之後，其宗族或部落既散居於中亞細亞與歐洲而稱為韃靼，其後裔亦稱為韃靼，並且把與蒙古人混雜的人也稱為韃靼，把來自蒙古高原和中國東北各省的少數民族也稱為韃靼，甚至還有把古代住在中亞細亞北部的塞種人與韃靼種也混而為一。如英國的吉本在《羅馬帝國衰亡史》一書的第二十六章注解五中即如此主張。

斯基泰族，有人以為即中國史書中的塞種，原居河西走廊、祁連山一帶，後遷至新疆伊犁一帶，其後又為烏孫所佔，遂分佈於蔥嶺一帶，「休循」即塞種所建立的「國家」。

英國的巴克在《韃靼千年史》中即把塞種與斯基泰並而為一。其卷一，第一章〈匈奴之古史〉中說：

> 中史謂匈奴之先出於夏后氏之苗裔曰淳維，以失行遁入北荒，建國稱王。自是以迄西元前二世紀，中國北方諸邦，屢遭此輩游牧民族侵寇之害；然其世代年系絕少記述。今日勾稽古籍，於此輩往跡略窺一二；顧其蒙昧之狀，比之希羅多德之紀塞種無以異也。斯時東胡民族尚未爲中國所知，兩者接觸，猶在數百年後。唯匈奴以泱泱大國，故知之甚悉。後來屢用突厥人或突厥塞種（Turko-Scythian）之名以稱匈奴帝國中各種部落；然在西元後第五世紀以前，猶無突厥之名，漫以此稱往昔匈奴將不免通人之譏矣。韃靼一辭或稱塔塔，或稱韃子，中史用此，殊爲含混；而其見於史籍，亦在西元後第二世紀，其始此辭僅指一小部落而言，與突厥同。是故匈奴與匈（Hun）是否一辭，今姑不論，要之中國人對於北亞騎馬食肉飲酪之游牧民族，除匈奴一辭外，並無他名以稱之，此與

匈奴勢力失墮，爲中國所驅，西行而入於北歐以後，北歐除匈奴以外之無他名以稱此輩騎馬食肉飲酪之游牧民族則可決也。復次，希羅多德所述與希臘波斯接觸之塞種，與中國之匈奴、歐洲之匈人正同。則屏去其他紛異之證，而謂此三者在種族上彼此息息相關，固至爲合理之結論也。

他又說：

匈奴以馬背爲家，隨畜牧而轉移（以下述《史記・匈奴列傳》，略）韃靼此俗歷千數年而不衰……韃靼民族中亦復戰伐不絕，唯古紀蒙昧，難得其概。要之自西元前一四〇〇年至西元前二〇〇年之間，中國與此輩游牧民族戰爭之事，時見古籍，時期亦可見梗概……今日中國如陝西、山西、河北諸省之北部，在當時俱爲此輩游牧民族牧馬之區；終戰國之世（西元前七〇〇至前二〇〇年），中國與此輩常保其平等之勢。周室自天子以至諸侯，先後數與此輩游牧民族藉和親以保其安謐，而趙武靈王且胡服騎射以效之也。現今又有一字源問題，即所謂東胡（此辭大率用以稱契丹滿洲以及高麗之先世而言，與以匈奴指突厥、回鶻、黠戛斯之先世而言正同）一辭，是否與歐洲之通古斯（Tungusie or Tunguz）一辭同源是也，在此不欲爲詳細之討論，今只略述其概。案俄文此字與中文意義正同，故二字根語，若非同出一源，則當屬非常巧遇之事。此外，尚有一點，亦可見中國邊陲諸邦，漸染韃靼思想之深也。趙襄子曾漆智伯之頭以爲飲器，此事深悖孔子禮教之觀念，而與匈奴塞種之習則甚近也。

關於韃靼人與匈奴之異同，巴克在此書卷二第一章〈烏桓與鮮卑等東胡民族〉中說：「古時中國人稱匈奴以東之民族為東胡。胡之一名，廣義言之，蓋包括各種韃靼民族、高麗人、喀什噶爾人、突厥人、阿富汗人，以及一部份之敘利亞人、印度人、波斯人亦可用之。……而東胡之名稱則限於高麗人以及滿洲人種之祖先，亦即吾人所稱之通古斯族及與通古斯族同文者之謂耳。」在卷二第三章〈入主中國北部之鮮卑族人〉中又說：「西元第二世紀時，鮮卑人已盡有匈奴故地，今楚庫河、土拉河、克魯倫河、鄂魯渾河諸流域及杭愛山一帶，胥有此輩足跡。自是韃靼民族日益發達。」巴克的《韃靼千年史》從公元前約二世紀敘至公元十二、十三世紀。他雖然把匈奴與鮮卑或東胡的不同之處加以說明，但他既把匈奴、鮮卑、蠕蠕、突厥、西突厥、回紇、契丹都分卷分章敘述，亦即把這些民族統屬於韃靼民族，是則巴克書中的韃靼的範圍比得岐尼和吉本所說的都廣。

應該指出，韃靼之名，見於中國史書固晚，見於歐洲史書則更晚，而且包括那麼多民族也是不得當的。此點將在以後討論。現在所要指出的是從得岐尼、吉本、巴克至今日的歐洲學者、日本學者，對於匈奴的種族問題的看法，大致可分三類，而見解則或多或少地受得岐尼、吉本、巴克的影響。吉本受得岐尼的影響很大，在《羅馬帝國衰亡史》的第二十六章的注解中，稱譽得岐尼為中國文字的有技巧與勤勞的解譯者，並稱得岐尼揭開了人類歷史新的與重要的序幕。十八世紀的歐洲，能從中國的史書中，把中國的歷史介紹給歐洲人的極少，吉本不懂中文，得岐尼能從中國的轉手材料寫成一部史學巨著，吉本當然以為是件了不起的事。吉本正是依靠得岐尼的著作去解釋匈奴的種族，故得岐尼之誤吉本亦因之而誤。巴克則做了不少糾正工作。巴克在《韃靼千年史》中所批判的吉本的缺點，也可以說是間接地在批判得岐尼。然而在用韃靼這個名稱上，巴克比吉本和得岐尼更為籠統，而歐洲學者在討論匈奴種族問題上，都直接、間接地受他們的影響。

三類觀點如下：

一、得岐尼的看法，即匈奴人是蒙古種，也是突厥族。蒙加西（Bernát Munkácsi, 1860-1937）也持這種看法。卡斯特楞（Matthias Alexander Castrén, 1813-1852）在其《阿爾泰民族講義》（*Ethnologische Vorlesungen uber die Altaischen Volker*）中也有這種看法。他們認為匈奴在強盛時期是包括了突厥人和蒙古人的。麥戈文（William Montgomery McGovern, 1897-1964）在其所著《中亞古帝國》中，也傾向於這種看法。不過他們以為最初的匈奴人只是近於突厥族，後因匈奴人多與蒙古族通婚，於是蒙古族的特徵逐漸增加而成為蒙古種。另外，他又從語言方面進行解釋，認為匈奴人的語言接近土耳其的語言，是土耳其最早的和最特殊的語種。他的結論是匈奴人可能是土耳其或突厥人的「叔父」而不是父親。

日人白鳥庫吉在一九〇〇年發表的《匈奴及東胡諸族語言考》與一九〇二年發表的《烏孫考》中，以為匈奴是突厥種，可是後來又認為匈奴是蒙古種。他在《史學雜誌》第十八編第二、三、四、五各號中發表《蒙古民族起源考》（何健民譯，題《匈奴民族考》），主張匈奴是蒙古種。

主張匈奴是突厥種的學者還有下列代表人物及其著作：

（一）雷米札的《韃靼語言的研究》；

（二）克拉普羅特的《論突厥與匈奴以及土耳其的類同》；

（三）沙畹（E. Chavannes）的《司馬遷的史記》（*Memoires Historigues de Se-ma tsien*, I,

LXV）；

（四）佛朗克的《從中國的記載中所認識的突厥與塞族》（*Beitra ge aus chinesichen Quellen Zur Kenntnis der Turkvolker und Skythen*, 1904.）。

主張匈奴人為蒙古族的也很多。下面是一些代表人物及其著作：

（一）帕拉斯的《蒙古民族歷史資料彙編》；

（二）貝格曼的《卡爾麥克帶領下的游牧生活》；

（三）諾伊曼的《亞洲研究》；

（四）霍渥兒特的《關於匈奴淺注》（*Some Notes on the Huns, Sixth Oriental Congress*, 1883, pt.4 pp.177ff.）。

這不過是隨手舉出的一些主張匈奴族是蒙古族或突厥族的人物與著作。此外，如Zeuss①、Prichard②、Latham③、Hirth、Laufer④等都主張匈奴是突厥族。而Niebuhr、Schmidt則主張匈奴是蒙古族。

二、有些人，如聖馬丁在其《李柏的東羅馬帝國史注釋》（*Notes frr le Beaui Histoire du Bas,* Vols Ⅱ、Ⅲ、Ⅳ）中主張匈奴是芬蘭族。

三、有人以為匈奴是回紇族。德國的洪保德（Humboldt）是代表人物。

主張匈奴是芬蘭族或回紇族的意見，現在幾乎無人贊同了。至於匈奴到底是突厥族或蒙古族則仍有不同意見。

在中國歷史上，突厥盛於隋唐時。《周書・異域傳》說：「突厥者，蓋匈奴之別種。」《北史・突厥傳》說：「突厥者，其先居西海之右，獨為部落，蓋匈奴之別種也。」所謂「匈奴之別種」，可以解釋為匈奴的一種。但在中國歷史上，突厥的出現係在五六世紀之後，匈奴「國家」早已滅亡，其民族有的遠徙西方，到了歐洲，有的投降入塞，逐漸漢化；其留在本部者，鮮卑侵入後皆稱為鮮卑人。從《周書》、《北史》中所說突厥的祖先中，找不出與匈奴的關係。故二書所云突厥為「匈奴之別種」不見得是可靠的。

匈奴人無疑是蒙古族。這裡要進一步說明的是在蒙古族裡有很多民族支派，匈奴是其中之一。這個民族自很早以前就稱為匈奴，與其他民族如東胡的鮮卑、烏桓、西域的塞種或其他的蒙古族是不同的。

古代的華夏族所稱胡人主要雖指匈奴，但對於胡與東胡是清楚地分開說的。《史記・匈奴列傳》說秦開「為質於胡，胡甚信之。歸而襲破走東胡，東胡卻千餘里」。冒頓時代，東胡強盛，冒頓嚴格訓練士卒，才擊敗東胡。後漢時，竇憲擊敗匈奴之後，鮮卑侵入匈奴故地，匈奴人之留在故地者據說尚有十餘萬落，自號鮮卑，「鮮卑由此漸盛」。應該指出，匈奴人自號鮮卑，是政治上的鮮卑，或是鮮卑「國」的人民而非種族上的鮮卑人。至於以後與鮮卑人通婚、雜處而同化於鮮卑則

① Zeuss, Johann Kaspar（佐伊斯，約翰・卡斯帕爾，一八〇六—一八五六），德國語言學家。
② Prichard, James Cowles（普里查德，詹姆斯・考爾斯，一七八六—一八四八），英國人類學家。
③ Latham, Rober Gordon（萊瑟姆，羅伯特・戈登，一八一二—一八八八），英國人類學家、語言學家。
④ Laufer, Berthold（勞費爾，貝特霍爾德，一八七四—一九三四），德裔美國東方學家。

是另一回事。

西域的烏孫所居之地，據《漢書・西域傳》「烏孫」條說：「本塞地也，大月氏西破走塞王，塞王南越縣度，大月氏居其地。後烏孫昆莫擊破大月氏，大月氏西徙臣大夏而烏孫昆莫居之，故烏孫氏有塞種、大月氏種云。」《漢書・西域傳》的「休循」與「捐毒」條說這兩個國家的人民都是塞種。這個種族，在民族上，與匈奴也是不同的。在古代，胡，主要指匈奴人。蔥嶺以東的西域諸民族則很少稱為胡，這也說明其與匈奴有別。

《漢書・西域傳》中「烏孫」條顏師古注云：「烏孫於西域諸戎，其形最異。今之胡人，青眼、赤鬚，狀類獼猴者，本其種也。」徐松《漢書・西域傳補注》引《焦氏易林》說：「烏孫氏女深目黑醜，是其形異也。」

烏孫族中有大月氏種、塞種。顏師古與《焦氏易林》所說的烏孫人，也可能包括塞種。塞種若像他們所描寫的，也不是匈奴人的形狀。但這種塞族也可能是與烏孫人同化的結果。又顏師古所說的「今之胡人」，也並非指匈奴人。因此，巴克以為匈奴人與塞族同種，也是有問題的。

至於說希羅多德所述之與希臘、波斯接觸的斯基泰人（Scythians）即中國史書中的塞種①，也有待研究，我們現在還不能作這樣的結論。從希臘人畫在花瓶上的斯基泰人的形貌是深目、高鼻、長髮來看；又從地下掘出的一些殘骨來看，也與西歐的種族相近——身體高而頭作圓形。這些特徵，都說明斯基泰人是屬於白種人而非蒙古人，所以斯基泰族與匈奴人有很大差別。

斯基泰既屬於白種，其與來自東方或中亞的韃靼自然不同。雖然兩者的風俗習慣多有相同，但種族的特徵主要取決於體質形貌。吉本把斯基泰族與韃靼族混為一談更是錯誤，何況匈奴是否為韃靼之一種還成問題。

總而言之，匈奴不是白種人，匈奴是蒙古種族。在蒙古族中，匈奴自成一個支派，與東胡固有差異，與西域各民族也不相同。當然，匈奴在發展過程中，無論強盛或衰弱時代，都會與其他民族混雜。這是一切民族通有的現象。匈奴這個國家滅亡之後，族人星散，同化於其他民族，歷時既久，其民族特徵遂慢慢消失。儘管現在已很難找出一個典型的匈奴人，然而，在歷史上，這個民族曾存在於蒙古人種中是不容置疑的。

① Scythians，古代東南歐游牧民族。現代音譯有西徐亞人、斯基泰人等多種譯法。波斯人稱之為Seka，即中譯之塞迦人。漢語古譯為塞種。實即同一民族。作者不同意這種意見，又不見說明原因，全稿乃有多種不同譯名。為讀者方便，本書整理過程中統一用塞種或塞人譯法。以下第九章的標題為整理小組所定。

第九章　以匈奴和塞種為代表的游牧文化概觀

《史記》和《漢書》都把匈奴和西域諸國分為兩類：行國和居國。行國即游牧部落，居國即農業國家。行國雖然逐水草遷徙，然《史記・匈奴列傳》說他們也各有分地。居國有時也以畜牧或遊獵為副業。由於這兩種國家有根本不同之處，所以在生活方式或文化上也不同。

其次，匈奴與西域各國種族既不相同，文化傳統也就各異。大體上，西域除了游牧民族如匈奴、羌氐、塞種（由蔥嶺以東遷至蔥嶺以西的塞種即希臘人和波斯人所記載的塞迦人）的游牧文化外，還有希臘文化、波斯文化、印度文化和漢族文化的影響。因為蔥嶺以東或以西的西域諸國，有的曾被希臘統治，有的曾被波斯統治。而印度，特別是佛教文化，對這個地區影響很大。至於漢朝開通西域之後，在軍事、政治、經濟、文化等等方面，也都伸延至蔥嶺東西，所以漢族文化也佔有重要地位，而每種文化又各具特性。

馬是游牧民族中最重要的畜物。王國維《不嬰①敦蓋銘考釋》中釋「帟方」云：

> 帟古御字，《説文解字》馭古文御，此作帟者，從又、持攴、驅馬，亦御之意也。此作帟，下文又作御者，古文本有此二字，故或云帟或云御也。帟方者，蓋古中國人呼西北外族之名。方者，

國也。其人善御，故稱御方。殷時已有此稱。殷墟卜辭云：

貞遘於御方。周人或以爲名。噩侯鼎云：噩侯帝方內饗於王。

《博古圖》載穆公鼎云：亦惟噩侯帝方。

王國維加以注解說：

西北民族之善射御，自古已然。如秦之祖先，本在戎狄，其入中國，皆以畜牧及御顯。如費昌為湯御，孟戲中衍為大戊御，造父為周穆王御，其裔孫趙夙亦為晉獻公御。可知中國人於畜牧僕御不如西北民族，此御方之名所由起歟。②

《史記・秦本紀》說秦的祖先有名費昌者：

費昌當夏桀之時，去夏歸商，為湯御，以敗桀於鳴條。大廉玄孫曰孟戲、中衍，鳥身人言。帝太戊聞而卜之使御，吉，遂致使御而妻之。自太戊以下，中衍之後，遂世有功，以佐殷國，故嬴姓

① 按，即「忌」字。

② 見《海寧王忠愨公遺書・觀堂古今文考釋》。

多顯……造父以善御，幸於周繆王得驥、溫驪、驊騮、騄耳之駟，西巡狩，樂而忘歸。徐偃王作亂，造父為繆王御，長驅歸周，一日千里以救亂。繆王以趙城封造父。造父族由此為趙氏……非子居犬丘，好馬及畜，善養息之。犬丘人言之周孝王，孝王召使主馬於汧渭之間，馬大蕃息。

有人以為秦的祖先是西北的外族子孫，上面所引的「中衍鳥身人言」當然不是指漢人。即使秦的祖先是漢人，也必深受西北的善御的外族的影響，而使御術成為家傳的職業。如《後漢書・馬援列傳》：「馬援字文淵，扶風茂陵人也。其先趙奢為趙將，號曰馬服君，子孫因為氏。」章懷太子賢注云：「馬服者，能服馭馬也。《史記》曰：趙惠文王以奢有功，賜爵號為馬服君。」這說明居住在西北，受到外族文化影響，善於馬術，甚至子孫可以為姓氏。西北民族以善御出名，西北地區以出好馬著名。傳說周孝王辟方之世（公元前九〇九年—前八九五年）命申侯伐西戎，西戎來獻馬。漢武帝起初設法取烏孫馬，後聞大宛馬更好，便不惜用很大的兵力去攻擊大宛以求馬。所以在古代的漢人心目中，西北外族與馬是分不開的。反之，與馬有關的事便與西北外族有關。如騎射，趙國與北方的外族接近，所以趙武靈王變胡服以適於騎射。又如《呂氏春秋・仲秋紀第八・愛士》說：「野人之嘗食馬肉於岐山之陽者三百有餘人，畢力為繆公疾鬥於車下，遂大克晉。」「野人」也可以說是野蠻之人，是漢人對外族的蔑稱。「野人」是西北外族人，當善於騎術。

公元四世紀時，歐洲歷史學家阿密阿那斯・馬西林那斯曾說匈奴人日夜都能留在馬背上。在馬背上做買賣，在馬背上吃喝，甚至蜷曲在駿馬狹小的頭頸上睡覺。可以說，不止公元四五世紀時為然，前此當亦如此。抑且不只匈奴人如此，其他許多游牧民族當亦如此，然則馬在他們的生活上的地位可以概見了。

如大月氏、烏孫、塞種，對馬都很重視。《史記・大宛列傳》「烏孫」條說，「烏孫……行國，隨畜，與匈奴同俗」。《漢書・西域傳》「烏孫」條說「國多馬，富人至四五千匹」。關於大月氏，《漢書》說「本行國也，隨畜移徙，與匈奴同俗」。《史記》則無「本」字。按大月氏在沒有遷到蔥嶺以西之前為行國，但移到蔥嶺以西之後，征服大夏，遂漸漸變為居國。大概大夏本為居國，人民從事耕種，大月氏漸被同化，遂放棄游牧生活而成為居國。塞種在伊犁河谷與準噶爾盆地時也是行國，後被大月氏迫遷至蔥嶺以西，其在罽賓者，也受土著民族影響變為居國，在其他地方如在休循、捐毒者，則仍保持游牧生活。《漢書・西域傳》「休循」條說，「民俗衣服類烏孫」；「捐毒」條說，「衣服類烏孫」。烏孫是「俗與匈奴同」的，休循俗又與烏孫同，則休循俗也與匈奴同。但這裡特別指出「衣服」，烏孫的衣服是否與匈奴相同，已無法肯定，但捐毒既亦為游牧民族，且與休循、罽賓同為塞種，又同在伊犁河與準噶爾盆地居住，與匈奴接近，則其風俗應大致與匈奴相同。

總之，匈奴、大月氏、烏孫、塞種等游牧民族，其文化有根本相同之處。此外，住在青海、西藏，以及塔里木盆地的大戈壁西南與東南和羌族相似的行國如西夜、無雷等，風俗大概也與匈奴、烏孫相同。《漢書・西域傳》「無雷國」條說「衣服類烏孫」。

至於青海及其他處的羌族風俗，據《後漢書・西羌傳》云：

所居無常，依隨水草。地少五穀，以產牧爲業。其俗氏族無定，或以父名母姓爲種號。十二世後相與婚姻，父沒則妻後母，兄亡則納嫠嫂，故國無鰥寡，種類繁熾，不立君臣，無相長一，強則分種爲酋豪，弱則爲人附落。更相抄暴，以力爲雄。殺人償死，無它禁令。其兵長在山谷，短於平地，不能持久而果於觸突。以戰死爲吉利，病終爲不祥。堪耐寒苦，同之禽獸，雖婦人產子，亦不避風雪。性堅剛勇猛，得西方金行之氣焉。

范曄所述，從細點來看，與司馬遷、班固所說的匈奴的風俗有所不同，然而大致還是相似的。所以可以說游牧民族的風俗習慣、生活方式，是基本相同的。

下面把這些游牧民族文化的各個方面敘述一下，著重匈奴與塞種的生活方式，因為這兩個民族佔的地區較大，在歷史上的地位較重要，可以作為古代游牧民族的典型。

游牧民族以畜牧為業，《史記》、《漢書》說在匈奴是馬牛羊。希臘人所說的塞種（Scytho-Sarmatian）也是以這三種牲口為業，並同樣地把馬放在首位。在漢族和印歐民族中，豬是佔首位的。但是塞族不養豬，司馬遷、班固在〈匈奴傳〉裡也沒有提到豬。匈奴人不養豬，大概是因為豬的行動慢，不適宜游牧，同時飼料也有問題。

犬在古代是一種重要畜物，狗肉也是食品。但《史記》、《漢書》的〈匈奴傳〉裡沒有說到犬。《逸周書・王會解》篇說「匈奴狡犬，狡犬者巨身四足」。注：「匈奴地有狡犬，巨口而黑身。」這種犬在匈奴的作用如何？是否用來田獵？匈奴人是否吃狗肉，則均不得而知。塞種則亦養犬，據說常常跟隨馬行動。

司馬遷、班固都說「其奇畜則槖駝、驢、驘、駃騠、騊駼、驒騱」等等。顏師古注：「槖佗，言能負橐囊而馱物也。贏，驢種而馬生也。駃騠，駿馬也，生七日而超其母。騊駼，馬類也，生北海。驒騱，駏驢類也。」這些字既多從馬，可見「奇畜」仍多屬馬。

在歷史上，用馬拖車是先於騎乘的。自從車輪發明之後（有人說車輪最早發明於美索不達米亞），馬便被用來拖車，沒有馬或馬很少的地方，人們便用牛或騾拖車。中國、印度、希臘、美索不達米亞都是這樣。最初是為了交通，後來又拖戰車用於戰爭。至於騎術，可能是游牧民族發明的。騎術除了用於交通以外，也可用於戰爭，這就是騎兵。春秋戰國時代，交通、戰爭都用馬車，趙武靈王以後，才逐漸使用騎兵。在歐洲，除凱爾特（Celts）人因很早與塞人接觸而使用騎兵外，其餘各國使用騎兵都較晚。所以從歷史上看，漢族的騎術是學自胡人或匈奴；歐洲人的騎術則學自塞種。

在歷史上，騎術是一項重要發明，它比用馬拉車快得多，用於戰爭則效果更大，匈奴人和十三世紀時的蒙古人就是依仗騎兵侵入歐洲的。

騎術對於服制的影響很大，褲的發明即由於騎馬。如漢族最早只有衣和裳，沒有褲子。歐洲和世界上許多地方的人們，最初穿的多是長衣，從肩部遮掩到腳部，現在英國的凱爾特人所穿的裙子便是古代傳留下來的。趙武靈王變胡服，短衣、褲子，為了便於騎射。歐洲民族採用褲子也是受塞種的影響。

又如牴（靴）也與騎馬的游牧民族有關。《太平御覽》卷六百九十八引《釋名》云，「牴本胡服也，趙武靈王始服之」。在西北亞的塞人也用皮為靴，游牧民族獸皮多，故最先用皮為靴的可能是他們，以後才逐漸傳到別的地方。

《史記・匈奴列傳》說，「士力能毌弓，盡為甲騎」。「甲騎」是作戰時著以御兵刃的外衣，用革或鐵製成。塞種也多用革。至於武器，匈奴與塞種均用弓箭。《史記・匈奴列傳》說，「短兵則刀鋋」。韋昭注云「鋋形似矛，鐵柄」。塞種則用短劍。

游牧民族既以畜牧為業，故《史記・匈奴列傳》說「咸食畜肉」。最普通的是羊、牛。在塞人中，馬肉也是普通食品，且據說是佳餚。《呂氏春秋・愛士》篇說岐山的「野人」吃馬肉，可見漢族西北的外族也吃馬肉。

游牧民族又常吃獸奶。古代的印歐人和漢人是不吃或很少吃馬牛羊的乳的。在匈奴人和塞人的食物中，獸乳尤其是馬乳——酪漿是主要食品。《漢書・西域傳》有「以肉為食兮酪為漿」的詩句。同傳記載中行說的話：「匈奴之俗，食畜肉飲其汁。」他還力辯酪比漢人的食物好。故「得漢食物皆去之，以視不如重酪之便美也」。

酪是發酵的馬乳。希臘語為俄克加拉（Oxygaea），土耳其語為庫米斯（Kumis），古代塞人普遍食用，現在中亞諸民族仍食酪，酪漿可製成乾酪。

他們盛食品的器皿多用木或皮製成，陶器很少，飲器多用獸角，也有用人頭的。希羅多德在其《歷史》的第四卷第六十四章中曾說塞人也以敵人的頭為飲器，茲譯述其大意如下：

塞人於其敵人的頭顱的做法是先除去頭皮，用牛肋骨剔除與頭皮相連的肉，用兩手摩擦頭皮使其柔軟成爲手巾。割去眉下部份，把內部收拾淨，用皮包在外面，窮人即用爲飲杯，富人則用金飾其內部。製作時多當其首領面前。如有外人來看望，便把這些頭顱掛起，並歷述與敵人爭鬥及決勝經過以表示其勇敢。

匈奴人對於敵人的頭顱是否如塞人這種做法，史無記載，然均以敵人的頭為飲器。盟誓或為其他原因而飲人血則同為匈奴與塞人的風俗。

關於居住，《漢書・西域傳》「烏孫」條云「穹廬為室兮旃為牆」。《漢書・匈奴傳》說「匈奴父子同穹廬臥」。顏師古注云：「穹廬，旃帳也。其形穹隆，故曰穹廬。」徐松《〈漢書・西域傳〉集解》云：「按《周禮》共其毳毛為氈，旃為氈之假借。」

這種住室與今日之蒙古包大致相同。關於塞人的住室少有記載，其篷帳是否與穹廬相同不得而知。然游牧民族逐水草而居，其住室比較簡單，易於張開和收拾，不會用磚，木亦僅用為支持帳幕的柱而已。又因經常遷移，故無城市可言，《史記・匈奴列傳》所謂「毋城郭常處耕田之業」，鄉土觀念亦極其薄弱。匈奴如此，塞種當亦如此。

在社會制度方面，可以從婚姻、政治組織方面來說。《史記》和《漢書》的〈匈奴傳〉上都說匈奴的風俗是父死妻其後母，兄弟死皆取其妻妻之。西羌、烏孫也是這樣。塞族中雖不多見，也並非完全沒有。希羅多德在其《歷史》第四卷第七十八章中說過下面一段故事：斯基列斯（Scylas）是亞里亞佩鐵斯（Ariapithes）的兒子……亞里亞佩鐵斯是塞國的皇帝。他有好幾個兒子，斯基列斯是其中之一。斯基列斯的母親是哀思特利亞（Istria）族人，斯基列斯由她養大，所以懂得希臘語文。後來亞里亞佩鐵斯被亞加底爾斯（Agathyrsi）的皇帝斯巴爾加比底斯（Spargapithes）陰謀殺害，斯基列斯遂繼承王位，並娶了他父親的妻子中之一——歐波伊亞（Opoea）。歐波伊亞是塞種人，曾為亞里亞佩鐵斯生過一個兒子——俄爾利庫斯（Oricus）。雖然這樣的例子不多，但是斯基列斯這樣做而不為塞人所反對，可見這種風俗是有的。斯基列斯雖然後來受到族人的反對並被殺，其原因並不是因為娶後母，而是因為他過於希臘化遂為族人所不容。

《史記・匈奴列傳》說：

> 其世傳國官號乃可得而記云。置左右賢王，左右谷蠡王，左右大將，左右大都尉，左右大當戶，左右骨都侯。匈奴謂賢曰「屠耆」，故常以太子爲左屠耆王。自如左右賢王以下至當戶，大者萬騎，小者數千；凡二十四長，立號曰「萬騎」。諸大臣皆世官。呼衍氏、蘭氏，其後有須卜氏，此三姓其貴種也。諸左方王將居東方，直上谷以往者，東接穢貉、朝鮮；右方王將居西方，直上郡以西，接月氏、氐、羌；而單于之庭直代、雲中：各有分地，逐水草移徙。而左右賢王、左右谷蠡王最爲大（國），左右骨都侯輔政。諸二十四長亦各自置千長、百長、什長、裨小王、相、封都尉、當戶、且渠之屬。

這是一個從上而下很有系統的政治組織。塞種的政治組織大致也是這樣。塞種國家延續數世紀，除本族外，還統治其他種族，也是「分部而治」，每部又各分小單位，部的首領等於王，統治某一指定地區，官職亦為世襲。

關於法律，《史記・匈奴列傳》說：「其法，拔刃尺者死，坐盜者沒入其家；有罪小者軋，大者死。獄久者不過十日，一國之囚不過數人。」塞國法律是否如此，固不得而知，但是游牧民族隨時移徙，既不會有能容納很多人的監獄，則犯罪者必用很快速的時間及很簡單的方法去處理。

關於宗教、節期方面，匈奴人除了拜日月外，也有偶像。早期的塞人沒有偶像，後來也有了。塞人也崇拜很多神，最高、最為人們所敬信的是維斯塔（Vesta），集會拜神也是塞人極重視的事。

匈奴人死後有棺槨和殉葬風。希羅多德對於塞人的送死情況說得相當詳細。皇帝死後，把生前所用的許多物品放在墳墓裡，其親近的人或奴隸陪葬的很多，這與匈奴很相同。塞國皇帝甚至死了一年之後，生前服侍過他的人還有陪死的。一般人死後，親戚們把屍體放在車上，巡行至各親友家中以便獻祭。

關於語言文字方面，匈奴「毋文書，以言語為約束」。塞種也沒有文書。匈奴語言，據《史記》、《漢書》記載，流傳下來一些，塞人也流傳下來一些，特別是宗教上的一些神名或名詞。至於匈奴和塞人的語言屬於什麼語系，近人多以為匈奴語屬突厥語系，塞人語為突厥波斯混合語言。

匈奴與塞人二者所佔之土地均較廣，歷史上的地位又均較重要。在地理位置上，一在東，一在西。距離雖遠而相同處卻很多，這說明二者足以代表游牧民族的文化。

二者於文化上相同處既如此之多，則究竟是由前者傳播到後者，還是後者傳播到前者？許多歐洲學者是以為匈奴的文化是受了塞種文化影響的。理由是：一、在時間上，塞種文化歷史比匈奴久，當然只有在前的影響在後的；二、有些文化特徵，如騎兵，匈奴人採用騎兵在六世紀以後，並舉出《左傳・隱公九年》（公元前七一五年）及《左傳・昭公元年》（公元前五一四年）曾記載狄人用步兵，從而證明匈奴人採用騎兵在此以後。而塞人則於公元前七至八世紀已採用騎兵。按這種看法未必正確。第一，雖然希羅多德早於司馬遷三個世紀，寫塞族歷史在司馬遷寫〈匈奴列傳〉之前，而所記塞族文化係公元前六至七世紀者，司馬遷所敘述的匈奴文化則是公元前二至三世紀者，然而這並不等於匈奴種族的出現在歷史舞台上後於塞種，歷史學家的記載和寫作歷史的先後並不等於民族存在的先後。因此，也就不能認定匈奴的文化後於塞種。第二，《左傳‧隱公元年》與〈昭公元年〉記狄人使用步兵，但這些狄人未必就是匈奴的祖先。不能因為狄人不用騎兵而遂以為遠在塞外的匈奴也不用騎兵。匈奴在塞外的歷史已很久，因與漢人沒有什麼關係，故漢人對匈奴沒有什麼瞭解。至戰國末年及秦、漢兩代，漢人才逐漸與匈奴或胡人接觸，然後才瞭解了匈奴的一些情況。

另外，即使《左傳》所說的狄人與匈奴係同種族，也並不能證明匈奴之用騎兵是在昭公元年以後，因為這裡所說的狄人已久與漢族雜居，受了漢族文化的影響而與塞外的匈奴人脫離關係，不一定要同匈奴人一樣去用騎兵。

相反，若以妻後母一事為例，有理由說塞人的文化受過匈奴人的影響。妻後母是匈奴、烏孫、羌氏的風俗，而塞人較少。歷史上往往是一個地方很普遍的現象傳播到另一地方則成為特殊現象，很少有某個地方的一例外或特殊現象傳到另一地方成為普遍現象。因此，與其說匈奴文化是受了塞種文化的影響，不如說後者受了前者的影響。

事實上，兩者互有影響也極有可能，並且在差不多相同的環境下，各自獨立發明某種事物也是完全可能的。

第十章　兩漢對匈奴文化的影響

在中國古代歷史上，漢族以外之最強大、與漢族的關係最密切、接觸時間又最長久的種族是匈奴，而所受漢族文化的影響又較少者也是匈奴。

前漢時的著作均謂匈奴為「引弓之國」，漢朝是衣裳之邦。後漢時之著作亦同。光武帝時，北匈奴請求漢朝賜給音樂器具，班彪為光武帝覆書云：「單于前言先帝時所賜呼韓邪竽、瑟、空侯皆敗，願復裁（賜）。念單于國尚未安，方厲武節，以戰攻為務，竽瑟之用不如良弓利劍，故未以齎。」①匈奴妻後母的風俗歷兩漢時代仍不變。武帝末年，狐鹿姑單于要求漢朝和親送禮，漢朝曾派遣使臣到匈奴，指出匈奴冒頓單于殺父代立，常妻後母，乃是禽獸行為。然而漢人不但不能改變匈奴的這種風俗，而漢人之嫁匈奴如王昭君者，也必須從其俗。可見漢人之禮俗難及於匈奴了。匈奴雖與漢接壤，關係又至為密切，兩漢即達四百餘年之久，然而匈奴的文化，在整個體系上，並不見得受漢族文化的影響。但是若深一步去研究，則在長期的關係上，兩種文化的交流、相互影響也還是有的。

匈奴文化受漢族文化的影響有下列幾個主要原因。

① 《後漢書・南匈奴列傳》。

第一，匈奴與漢朝連年戰爭，雙方俘虜均很多。這些漢人對匈奴多少有些影響。《漢書・匈奴傳》載衛律要築城防漢，「與秦人守之」，顏師古注云：「秦時有人亡入匈奴者，今其子孫尚號秦人」，但是衛律所指的秦人除這些「子孫」外，可能有一部份是漢時入匈奴者，而其中有些是被俘者，故秦人亦即漢人。衛律不只是要這些人守城，而且建築城郭也要用這些漢人。

第二，匈奴人投降漢朝的固然很多，漢朝人投降匈奴者亦不少，而且有很多是重要人物，如韓王信、陳豨、盧綰、衛律、趙信、李陵、李廣利和後漢的盧芳等。又如中行說原為漢朝宦者，隨公主到匈奴後即投降，單于十分信任他，受他的影響也很大。

這些人中，有的本來是匈奴人，如趙信、衛律，在漢朝已很多年，深染漢族文化，回到匈奴以後，又極得單于信任，不只在軍事設施上聽他們的話，其他許多方面也都聽他們的。李陵、李廣利投降後，也得到單于的信任，甚至把女兒嫁給他們。單于對李廣利的尊寵還在衛律之上。據《漢書・李廣蘇建傳》記載，李陵穿胡服，是胡化了，但在其他方面，並不見得胡化。他在漢族文化的傳播上不能不說是有很大作用。

第三，漢朝與匈奴常常互派使者，漢朝有時扣留匈奴的使者，匈奴也往往扣留漢朝的使者。蘇武曾在匈奴十九年，雖娶胡婦，有子女，但堅守漢節。漢之使者既多，又帶了大量的貴重禮物送給單于及其臣下，使匈奴深慕漢族之文化，兩漢著作中常常說匈奴「嗜漢財物」。匈奴也常常派使者到漢朝進貢，目的往往是要得到漢人的珍貴物品。

第四，匈奴與漢朝雖然常常有戰爭，但雙方貿易不斷。《史記・匈奴列傳》說：「然匈奴貪，尚樂關市，嗜漢財物，漢亦尚關市不絕以中之。」

第五，匈奴與漢之邊境線很長，人民不只往來貿易，而且往來雜居，則文化之互相影響的可能性更大。

第六，匈奴自呼韓邪單于稱臣以後，常常遣子入侍，與漢朝作對的北匈奴的郅支單于也曾遣子入侍，有的在漢朝住的時間很長，於是深染漢族的風俗習慣。這些人回匈奴後，多居重要官位，則當對漢族文化的傳播起了很大的作用。

第七，匈奴單于曾遣子到漢求學，目的是學習漢族文化。學成以後，回到匈奴，也必起到傳播作用。

第八，漢自高祖以後，常常與匈奴和親，民間之通婚者，也不乏其人。次數既多，則在文化交流上亦必發生作用。匈奴單于的閼氏既有係漢族女子者，而其所生之子女也就不能不受其母親的漢族傳統文化的影響。

以上是匈奴與漢文化交流的原因分析。下面分述匈奴的漢化因素。

語言文字方面：兩漢時匈奴沒有文字。然西漢昭帝、宣帝時，桓寬《鹽鐵論・論功》「第五十二」有云：「（匈奴）略於文而敏於事。故雖無禮義之書，刻骨卷衣，百官有以相記，而君臣上下有以相使。」「刻骨卷衣」是匈奴人用以記事的方法。「卷衣」的方法如何，不易考證。「刻骨」以記事的骨當為獸骨，是否與中國古代的甲骨文類似，這就難說了。但既能記事，則所刻者應為一種雛形文字，是匈奴人的發明創造抑或倣效漢人則也難於解答。在時間上，是中行說未至匈奴以前已有「刻骨」，還是中行說教了「疏記」數目之後才刻骨已無從考證。

又《史記・匈奴列傳》云：「漢遺單于書，牘以尺一寸……中行說令單于遺漢書以尺二寸牘，及印封皆令廣大長。」這是中行說要單于顯示誇耀，然正足以證明匈奴倣效漢朝的書牘。至於答覆漢朝的文字，可以肯定不是匈奴文字，因為據《史記》、《漢書》、《後漢書》所記，文字的內容是相當複雜的。故書牘上的文字當係漢字而出於漢人或匈奴人之識漢字者之手。「中行說令單于遺漢書」，表面觀之，似單于所寫者，然中行說係於文帝時入匈奴者，即老上單于時，這時的匈奴單于不大可能認識漢字，也許即出於中行說之手。總之，匈奴單于既靠漢字來表達，則漢字影響之大是很明顯的。

漢族稱皇帝為天子，匈奴人也稱單于為天子，可能是受了漢族的影響。漢文帝時，單于給漢朝的信云：「天所立大單于敬問皇帝無恙。」狐鹿姑單于給漢朝的信上說：「南有大漢，北有強胡。胡者天之驕子也。」《後漢書・南匈奴列傳》注云：「匈奴謂孝為若鞮，自呼韓邪單于降後，與漢親密，見漢帝謚常為孝，慕之，至其子復株累單于以下皆稱若鞮，南單于比以下直稱鞮也。」漢朝皇帝的謚號均為孝，如孝惠帝、孝文帝、孝景帝、孝武帝等。匈奴自復株累稱為復株累若鞮單于以後，皆用「若鞮」這個詞，至單于比就稱為落尸逐鞮單于，省去「若」。「若鞮」是漢語的孝，用以加於單于的稱號之上，顯然是從漢人學來的。

再從衣食住方面來看。《史記・匈奴列傳》載匈奴人衣其畜之皮革。《漢書・鼂錯傳》說胡人衣皮毛。漢朝自高祖以後，每年都賜給匈奴大量絮繒。文帝給冒頓單于的信中說：「使者言單于自將并國有功，甚苦兵事。服繡袷綺衣、長襦、錦袍各一……繡十匹，錦二十匹，赤綈、綠繒各四十匹。」①這個數不算大。武帝太始年間，狐鹿姑單于遺書於漢，要求「雜繒萬匹」。宣帝時，呼韓邪單于來朝，漢朝給他「錦繡綺縠雜帛八千匹，絮六千斤」。過了一年（黃龍元年，公元前四十九年）呼韓邪單于又來朝，漢朝「禮賜如初，加衣百一十襲，錦帛九千匹，絮八千斤」。元帝竟寧元年，呼韓邪單于又來朝，漢朝不但「禮賜如初」，而且「加衣服錦帛絮，皆倍於黃龍時」。到了哀帝時，匈奴單于來朝，漢朝賜給的數目更大，「加賜衣三百七十襲，錦繡繒帛三萬匹，絮三萬斤」。只從賜給衣料方面看，說明一方面漢朝給的愈來愈多，一方面匈奴需要也愈來愈多。並且漢朝除賜給單于，也往往賜給單于的大臣。至於互市所交換，人民所需要的數目必當更大，視文帝時之繡十匹、錦二十匹，相差百倍以上。可以推想，所謂衣皮革，衣皮毛的匈奴人已逐漸地衣錦帛了。

匈奴人以游牧為生，不耕種，無米粟，故只能食肉。漢高祖曾答應匈奴，每年給一定數目的酒、食物。這些食物不會是肉食而當是米粟之類。武帝末年單于要求糵酒萬石、稷米五千斛。匈奴人從來飲酪，現在也飲酒了。匈奴傳說匈奴人攻戰，斬首虜賜一卮酒，可見酒很可貴。呼韓邪單于朝見宣帝後返國，漢朝「轉邊穀米糒前後三萬四千斛，給贍其食」。元帝初即位，呼韓邪上書「言民眾困乏」，漢「詔雲中、五原郡轉穀二萬斛以給焉」。哀帝元壽二年（公元前一年）單于入朝，回去時，漢朝派韓況送單于，出塞後，「況等乏食，單于乃給其糧」。這裡的「糧」，當為米粟，則匈奴不單時時向漢要糧食，也有糧食給漢人的時候。《漢書・匈奴傳》和顏師古注說匈奴中亦種穀稼黍穄。也許他們原來是「咸食畜肉」，後來受了漢族的影響而食米粟，初由漢朝供給並逐漸增

① 《漢書・匈奴傳》。

加輸入，有些人又學會了耕種，或是利用漢族的俘虜從事耕種。

在住的方面：《史記・匈奴列傳》說匈奴「毋城郭」，但匈奴有趙信城，傳係趙信所建，漢朝的軍隊打敗匈奴曾到過此處。衛律於昭帝始元三四年（公元前八十四—前八十三年）為匈奴穿井築城，治樓藏穀。又《漢書・陳湯傳》說郅支單于逃到康居之後，「發民作城，日作五百人，二歲乃已」。這就是後人所稱的郅支城。在游牧民族中，不能不算作大工程。這件事晚於衛律欲建城四十多年。郅支城有兩重，內為土城，外為木城。有城樓，完全受漢人影響。又如《後漢書・南匈奴列傳》載師子先知曾守曼柏城抵抗安國，也是受漢人守城的影響。

《漢書・陳湯傳》又說：「湯曰：『夫胡兵五而當漢兵一，何者?兵刃樸鈍，弓弩不利。今聞頗得漢巧，然猶三而當一。』」所謂「今頗得漢巧」，即學習漢族的技術。匈奴人不只在武器上學漢人，在樂器上也喜歡漢人的。

在社會風尚方面，《史記・匈奴列傳》說匈奴「貴壯健，賤老弱」。但文帝初年，單于給文帝的信中說：「除前事，復故約，以安邊民，以應始古，使少者得成其長，老者得安其處。」漢族是尊長敬老的，匈奴是否也受了漢族的影響，才說「老者得安其處」呢?

匈奴單于在漢初以前只用一個名，如頭曼、冒頓。據史書所載，此外並無別名。至冒頓的兒子稽粥繼立，號為「老上單于」，《史記・匈奴列傳》稱為「老上稽粥單于」。稽粥的兒子軍臣雖只有一個名，但其後之繼立者則除自己的名以外又另有號，這與秦、漢皇帝的情形是相似的。如秦始皇名政，做皇帝後稱為始皇帝。漢高祖劉邦，做皇帝後稱為高皇帝。則匈奴單于之名以外又有稱號，不知是否學自漢人。尤其《史記・匈奴列傳》裴駰《集解》引徐廣的話道：「一云『稽粥第二單于』，自後皆以弟別之。」這幾乎與秦始皇的二世以至五世的做法一樣了。又《漢書・匈奴傳下》：「莽奏令中國不得有二名，因使使者以風單于，宜上書慕化，為一名，漢必加厚賞。單于從之，上書言：『幸得備藩臣，竊樂太平聖制，臣故名囊知牙斯，今謹更名曰知。』莽大說，白太后，遣使者答諭，厚賞賜焉。」

在呼韓邪單于稱臣時，漢朝曾給他印綬，王莽當皇帝後，欲換單于故印而改為新匈奴單于章，便派人去收單于故印。但單于不喜新印，一再請求給還舊印，為了這件事，使臣多次往返。後來，為斷絕單于對故章的留戀，便把故章打壞，然單于堅持要刻一個與舊章一樣的章，王莽雖多賜財物以為籠絡，單于仍繼續堅持，直到王莽被殺。更始二年（公元二十四年）漢朝派使臣二人「授單于漢舊制璽綬」，同時，還給「王侯以下印綬」。可見匈奴單于及其臣僚對漢朝印綬之重視了。

匈奴官制，自單于以下分為左右，有左右賢王，左右谷蠡王，左右大將，左右大都尉，左右大當戶，左右骨都侯。漢族古代的官制是分左右的。《史記・齊世家》「景公立，以崔杼為右相，慶封為左相」可證。又如屈原曾「為懷王左徒」，《左傳》也有「左右二師」之語，而周的鄉師、六卿也分為左右。然則匈奴官制之分左右也可能是受漢族的影響。

漢族習慣，方位以東為左，而匈奴的左屠耆王或左賢王常居匈奴東方。漢族古代雖尚右，但後來又重左，所謂左右遂含有先左後右的意思。匈奴居東方的左賢王，往往是以單于的太子居之。雖則有時也不一定是這樣，可是單于死了，左賢王往往繼之而立。可能居東為左也是受了漢族的影響。

呼韓邪單于入朝後回國時，漢朝遣長樂衛尉高昌侯董忠與車騎都尉韓昌將萬六千騎送單于出塞。並詔董忠、韓昌「留衛單于」，這等於是監視。在這種情況下，單于在政治上的好多措施，受漢朝的影響是可想而知的。

在宗教意識方面，祭天地是漢族古代的大祭之禮，只有天子才能祭天祭地。《公羊傳・僖公三十一年》：「魯郊何以非禮？天子祭天，諸侯祭土。」故匈奴五月的會祭天地鬼神也許是由漢族傳播過去的。《史記・匈奴列傳》又說：「而單于朝出營，拜日之始生，夕拜月。」漢族的拜法是天子祭日，叫做朝日。《禮記・玉藻》：「玄端而朝日於東門之外。」祭月叫做夕月。匈奴之拜日月也可能是受漢族的影響。至於南匈奴稱臣之後，兼祠漢朝皇帝則是表示對漢朝的尊敬。

匈奴受漢族文化影響最明顯的例子為漢明帝時單于遣子入學。《後漢書・儒林傳上》：

> 中元元年（公元五十六年），初建三雍。明帝即位（公元五十八年），親行其禮。天子始冠通天，衣日月，備法物之駕，盛清道之儀，坐明堂而朝群，登臺以望雲物，袒割辟雍之上，尊養三老五更。饗射禮畢，帝正坐自講，諸儒執經問難於前，冠帶縉紳之人，圜橋門而觀聽者蓋億萬計。其後復爲功臣子孫，四姓末屬制（一作：別）立校舍，搜選高能以受其業，自期門羽林之士，悉令通《孝經》章句。匈奴亦遣子入學，濟濟乎，洋洋乎，盛於永平矣！

司馬光《資治通鑑》卷四十五「明帝九年」：

> 帝崇尚儒學，自皇太子諸王侯及大臣子弟、功臣子孫，莫不受經。又爲外戚樊氏、郭氏、陰

> 氏、馬氏諸子立學校於南宮，號「四姓小侯」。……匈奴亦遣子入學。

自呼韓邪單于稱臣以後，後漢時單于比又稱臣，南匈奴的華化程度逐漸加深。外族子弟能入學授經，且與期門、羽林之士共通《孝經》章句，則匈奴單于的兒子似非初開蒙而一字不識者可比。

匈奴與漢朝的關係既很密切，又曾稱臣於漢，故其社會風習、政治制度以及宗教學術，自然受漢族的影響。但從整個來看，這些影響仍可以說很多是表面的、個別的。如匈奴人承認漢是「禮儀國也」，然而單于卻以為匈奴「不為小禮以自煩」。如妻後母，中行說且以為是「惡種姓之失也」，是好事情。儘管匈奴學漢人之皇帝死後加個「孝」字，而妻後母，在漢人看來，實在是不孝之至。

在政治方面，左右王或左右大將軍之分，雖可能是受漢族的影響，但匈奴的許多左右王是單于的子弟，而且分地為東、西而治，單于居於中間，這與漢族的官制是根本不同的。在宗教方面，匈奴最初也可能有圖騰制度，後來拜天地日月祖先鬼神也可能受漢族的影響，然而每年大會蘢城三次則是匈奴原來的宗教信仰。遣子入學雖是華化的最好例證，而且是華化之最深者，但除此一次外則別無記載。雖然不能因史書沒有記載而謂為唯一之事例，但這種事例必定很少，而且對匈奴的影響恐怕也不大。

近來有人根據匈奴與漢朝的往來書信，以為匈奴與漢族同文字。近人呂思勉《中國民族史》：

> 從古北族文字，命意措詞，與中國近者，莫匈奴若，初未聞其出於譯人之潤飾也。然則匈奴與

中國同文，雖史無明文，而理有可信矣。抑史、漢之不言，非疏也。〈西域傳〉云：「自且末以往，有異乃記。」記其與中國異者，而略其與中國同者，作史之例則然。然則史、漢之不言，正足為匈奴與我同文之證矣。然則中國文字之流傳於歐洲也舊矣。①

呂氏之言未免太過，漢語與匈奴語是根本不同的。匈奴的「刻骨記事」若作為文字也可能受漢族文字的影響，但這種影響並不深。因為漢語於甲骨文中已為一字一音的單音語，而自古流傳下來的匈奴語及在新疆出土的與匈奴有關的文字，則匈奴語是複音，如匈奴謂天為撐犁，謂子為孤塗、謂賢為屠耆等。可以肯定漢語與匈奴語是根本不同的。即使因為匈奴與漢的關係密切，在語言文字上受了影響，也是有限度的，不會很深。

總而言之，從匈奴的整個文化來看，在兩漢時代，漢族在衣、食兩方面對匈奴的影響較大。至少在數量上，輸入的衣料與食物相當多，對於匈奴的經濟和生活有很大影響，然而匈奴是一個游牧的部族，在根本的生活方式上與漢族不同，雖然受漢族的一定影響，然而其根本的生活方式不變，故這些影響不能謂為深刻，即使有某種程度的變化，亦僅為表面的改變而已。

匈奴受漢族文化的影響雖然並不深刻，但在其過程中，曾發生多次論爭。據史書記載，最先而又最劇烈的一次論爭是在漢文帝即匈奴的稽粥單于時代。奇怪的是匈奴反對漢族文化影響最力的是一個投降匈奴的漢族叛徒，即文帝遣去陪嫁給匈奴單于的中行說。中行說是個宦者，文帝要他送宗室女到匈奴時，他不願去，並聲稱如勉強去必為漢患。果然，他到匈奴後就投降了。先事稽粥單于，後來軍臣單于繼立，遂繼事軍臣。《史記・匈奴列傳》記其為匈奴文化辯護事甚詳。他極力反對匈奴人採用漢人的繒絮，反對輸入漢族食物。他認為這不僅不適合匈奴的生活環境，而且對匈奴是有害的。漢人批評匈奴重壯賤老的風俗，他以為厚待壯者以保衛國家而老人能享其餘年是匈奴風俗的好處。漢人批評匈奴人於父兄死後妻其妻是野蠻的行為，他卻以為這是照顧後母及嫂嫂的辦法以免無所依歸。他以為匈奴人眾本不當漢之一郡，匈奴之所以強即在於衣食與漢人不同而無仰於漢及其風俗有異於漢。若效法漢而改變風俗，就等於依賴漢而失去獨立。所以他教單于不要重漢財物，不要學漢風俗。中行說之後約八十年，「單于遣使遺漢書云：『南有大漢，北有強胡，胡者，天之驕子也，不為小禮以自煩。』」可見匈奴單于不贊成漢族的一些禮節。後來，漢朝派使者到匈奴，單于使左右難漢使者說：「漢，禮儀國也。貳師道前太子發兵反，何也？」漢使者答道：「然。乃丞相私與太子爭鬥，太子發兵欲誅丞相，丞相誣之，故誅丞相。此子弄父兵，罪當笞，小過耳。孰與冒頓單于身殺其父代立，常妻後母，禽獸行也！」又過了四十年，匈奴內部又發生了一次論爭。當呼韓邪單于要向漢朝稱臣時，曾徵求其大臣們的意見，絕大部份不贊成，其實質牽連到匈奴與漢的風習與文化的不同。他們說「匈奴之俗，本上氣力而下服役，以馬上戰鬥為國」。正因為這樣，匈奴才「有威名於百蠻」。他們又說：「漢雖強，猶不能兼併匈奴，奈何亂先古之制，臣事於漢，卑辱先單于，為諸國所笑！」這是說對匈奴文化中的優點不該放棄而臣服於漢。後來，呼韓邪單于沒有聽從，仍向漢朝稱臣。後漢初年，匈奴單于比向漢朝稱臣時，漢朝使者要他按照漢朝

① 《中國民族史》，四八頁，世界書局，一九三四。

的禮儀伏拜受詔，他的大臣在旁邊看了都流下淚來，可見他們不願他們的君長放棄匈奴的習慣。

以上所說關於匈奴受漢族文化影響的史實與問題，只限於兩漢時期。兩漢以後，在兩晉與南北朝時期，匈奴人之居於塞內而深受漢族文化熏陶者卻是另一回事，因為這些匈奴人不但在文化方面完全受到漢族影響，並且種族也漸與漢族融合了。

第十一章　公元前三世紀匈奴與中國的關係

匈奴與中國開始發生關係的可考年代在公元前三世紀。司馬遷說：「自淳維至頭曼，千有餘歲。」淳維未必是匈奴的先祖，而且，即使我們相信司馬遷所說匈奴是夏氏的苗裔，在《史記・匈奴列傳》中所述頭曼以至夏代的好多事情，也有不少疑點。比方司馬遷說：「夏道衰，而公劉失其稷官，變於西戎，邑於豳。其後三百有餘歲，戎狄攻大王亶父，亶父亡走岐下。」清梁玉繩《史記志疑》卷三十三〈匈奴列傳〉中說：

> 案《國語》祭公謂不窋失官，周紀取之，此言公劉誤已，韋昭以不窋在太康時，本於人表，而考《竹書》於少康三年書復田稷，云，后稷之後不窋失官，至是而復，雖未知稷官之復爲周何君？則固前乎公劉矣，豈傳至公劉而再失官乎？又言公劉至亶父三百餘歲，亦誤。《史》、《漢》、《吳越春秋》皆謂公劉避桀遷邠，而《竹書》武乙元年邠遷於岐周，三年，命周公亶父賜以岐邑，從夏桀元年至武乙元年，依《竹書》凡四百三十一歲，若依前編則六百二十一歲，何但三百餘歲哉？《困學紀聞》十一引王氏俶之說，以此爲無據。

梁玉繩所說的也非完全沒有問題，但是《史記》所說的頭曼以前的匈奴歷史，有很多的矛盾與錯誤，況且，司馬遷自己也告訴我們：「自淳維以至頭曼千有餘歲，時大時小，別散分離，尚矣，其世傳不可得而次云。」（《史記・匈奴列傳》）這說明頭曼以前的匈奴歷史是難於考察，所以我們以為敘述匈奴歷史，最好是從頭曼說起。

頭曼在位與死的時間，《史記》、《漢書》都沒有涉及，唯裴駰《集解》引徐廣說，冒頓之立為單于，是在秦二世元年（公元前二〇九年），《史記》載冒頓殺父自立為單于，頭曼是冒頓的父親，而冒頓在秦二世元年就位，頭曼應該是死在這一年。徐廣是晉朝人。他說冒頓是在這一年自立為單于，有何根據，不得而知。

假使我們相信徐廣而斷定頭曼是死於公元前二〇九年，我們對於頭曼在位多少年這個問題，還是不易解答。《史記・匈奴列傳》說：「頭曼不勝秦，北徙。十餘年而蒙恬死。……於是匈奴得寬，復稍度河南與中國界於故塞。」秦始皇死於始皇帝三十七年，這就是公元前二一〇年。始皇死後，蒙恬也於這一年賜死。頭曼是被蒙恬所攻擊而北徙。頭曼既不能勝秦，北徙十餘年，那麼頭曼在秦始皇未統一之前已立為單于當無可疑。

《史記》卷八十一〈李牧傳〉說，李牧大破匈奴，「單于奔走，其後十餘歲，匈奴不敢近趙邊城」。這裡所說的單于，是不是頭曼，很值得研究。我們知道李牧被殺於秦始皇十九年（公元前二二八年）。李牧是周赧王與秦始皇時代的人，假使頭曼是像徐廣所說，死在秦二世元年，那麼頭曼也是周赧王與秦始皇時代的人，因此，雖則李牧早頭曼十二年被殺，李牧與頭曼是同時代的人。他們既是同時代人，被李牧攻敗而北徙的匈奴單于，可能就是頭曼。

假如上面說的沒有什麼錯誤，大致上頭曼是死於公元前二〇九年，與秦始皇的死差一年，在位的時間，約為四十年，與秦始皇在位的時間差不多相同了。

關於頭曼這個名字，外國學者也有很多討論。夏德在〈阿提拉族譜考〉一文中，相信頭曼這個名字與突厥語的Tumen有密切的關係，其意義是萬。

假使頭曼的意義是萬，那麼也許是因為匈奴到了頭曼的時候，已經強大，而頭曼這個單于所統治的人民數目比過去大大增加，而含有萬人或更多人的首領的意義，所以頭曼當為眾多廣大之貌。

頭曼有好幾位閼氏或妻子，大概孩子也很多，太子叫冒頓。後來又有一位為他所愛的閼氏，生了兒子，頭曼欲廢冒頓立少子為太子，因而遣冒頓到月氏為質。冒頓到月氏後，頭曼突然攻去月氏，想借月氏之手殺死冒頓而達到廢立的目的。但是冒頓在月氏要殺他的時候，偷乘月氏好馬逃回匈奴。頭曼雖覺得廢立計劃失敗，但是卻覺得兒子的舉動很勇敢，乃放棄殺冒頓的企圖，並且交給冒頓一萬騎兵讓其帶領。

頭曼放棄了廢長立少的念頭，但冒頓對於父親的懷恨，卻銘記不忘，《史記・匈奴列傳》說：

（冒頓）騎之亡歸。頭曼以爲壯，令將萬騎。冒頓乃作爲鳴鏑，習勒其騎射，令曰：「鳴鏑所射而不悉射者，斬之。」行獵鳥獸，有不射鳴鏑所射者，輒斬之。已而冒頓以鳴鏑自射其善馬，左右或不敢射者，冒頓立斬不射善馬者。居頃之，復以鳴鏑自射其愛妻，左右或頗恐，不敢射，冒頓又復斬之。居頃之，冒頓出獵，以鳴鏑射單于善馬，左右皆射之，於是冒頓知其左右皆可用。從其父單于頭曼獵，以鳴鏑射頭曼，其左右亦皆隨鳴鏑而射殺單于頭曼，遂盡誅其後母與弟及大臣不聽從者。冒頓自立爲單于。

這是家庭悲劇，也是一種殘忍的行為。西漢王朝派遣到匈奴的使者，往往指出冒頓這種行為是不知禮儀的野蠻作風。匈奴風俗習慣之異於華族者很多，然而我們也得指出，像冒頓這樣的殘忍殺父自立的行為，在匈奴的歷史上，至少自冒頓以後的匈奴歷史上，沒有發現同樣的事件。這也可以說明頭曼因欲立少子為太子，假月氏的手殺冒頓，是造成這場悲劇的原因。

同時，從上面所抄錄那段話裡，也可以瞭解冒頓是用鐵一般的紀律去訓練左右，使匈奴民族在他統治時期，成為「百蠻大國」。

大體上，匈奴的逐漸強盛，是在頭曼的時代或在他就位之前不久。所以《資治通鑑》「始皇三年」說：「及戰國末年而匈奴始大。」在這個時期中，匈奴東邊的東胡，以及西邊的月氏，都很強盛，《史記·匈奴列傳》中說：「當是之時，東胡強而月氏盛。」同書又說，戰國時燕賢將秦開質於胡，深得胡信任，他回到燕國後，便率兵擊胡，迫使東胡卻地千餘里。歷史上與荊軻一起刺秦王的秦舞陽就是秦開的孫兒。

秦舞陽與荊軻刺秦始皇，是在始皇二十年（公元前二二七年），在這個時候，秦舞陽大概是二十歲左右，舞陽既是秦開的孫兒，按一般祖孫年齡的差別來說，孫兒若為二十歲左右，則祖父應為六七十歲左右。設想秦開質於胡之後襲擊東胡時約為五十歲左右，那麼秦開之破東胡的時間，約在秦始皇就位為秦王前十年，即公元前二五七年左右。

秦開為質於「胡」而為「胡」所信任，歸燕後擊「東胡」，這裡所說的「胡」與「東胡」是一個種族，還是不同的種族，也是一個值得注意的問題。戰國末年與秦漢時所說的「胡」，大致是指的匈奴而與東胡區別。假使我們這樣的解釋是對的，那麼秦開是質於匈奴了。燕邊於匈奴，燕與匈奴聯絡，使秦開為質以避免邊患而集中力量去對付東胡以及戰國時的其他各國，是有可能的。但這裡所說的「胡」也可能是指的東胡，因為秦開可能為質於東胡，又深得信任，對於東胡的內部情況，比較瞭解，所以回燕之後，能夠襲破東胡而佔領大片土地。

我們也得指出，東胡雖為燕所擊敗，但是直到冒頓初年，東胡還是匈奴的勁敵。而且，照我們的推論，匈奴在頭曼的時代，雖已逐漸強盛起來，但是好像還沒有力量去征伐東胡，這一點在下面再加說明。

至於月氏，在頭曼的時代，也很強盛，從《史記‧匈奴列傳》指出頭曼遣太子冒頓質於月氏的記載中還可以推想到當時月氏與匈奴的關係。在中國古代以子或貴族為質，至少有二種情況：一為兩個力量相當的國家，無論哪一方都怕對方侵伐，因而互派其子或貴族為質；一為弱國怕強國的攻擊，遣子或貴族為質。我們難於判定匈奴頭曼之遣冒頓質於月氏，是屬於哪一種。據《史記‧匈奴列傳》說，月氏是強盛的，那麼匈奴在這個時候假使不是弱於月氏，必與月氏同樣強盛，成為敵對的國家。

匈奴在秦以至漢武帝的時代雖然遭受重大打擊，但也沒有遣子為質。在烏維單于的時候，匈奴經過衛青與霍去病的征伐逃避漠北，希望與漢媾和，漢使者楊信要求匈奴以單于太子為質，單于極力反對，說明雖在慘敗之後，匈奴還不願以太子為質。頭曼雖欲廢立而遣冒頓為質，如說他想殺死冒頓，殺死的方法很多，不一定要用這個方法，而採用這個方法，照我們的推想，大概是在頭曼在位的初期，以至在他就位之前，匈奴是弱於月氏的，所以匈奴要遣太子為質。頭曼就位以後，匈奴逐漸強盛起來，不過頭曼還不願意或不能去向月氏進攻。到了廢立太子的計劃成熟的時候，頭曼相信他已有力量攻擊月氏，他一面遣太子為質，一面準備攻擊，這是一舉兩得的事情。

在史書沒有記載頭曼攻擊月氏的結果如何，但是月氏欲殺冒頓，冒頓卻盜其善馬而歸。頭曼欲借月氏殺冒頓的計劃失敗，可能也就罷兵。至於月氏被匈奴攻擊，同時質子又逃跑，假使月氏比匈奴強盛，月氏不僅要追回質子，而且定要出兵進攻匈奴。事實是匈奴這一次未受到月氏反攻，說明匈奴在這個時候，已經強大起來了。

在戰國時代，頭曼未就位之前，匈奴與中原已有了直接的接觸，是很可能的。可是這種接觸的時間，究竟始於何時，不易考證。我們相信，當李牧為趙的北邊將時，他所攻敗的北方的民族主要是匈奴，是沒有問題的。至於李牧之前，匈奴之於中原的關係，就不大清楚。然而據《史記》所載有數件事可以作為參考，今錄之於下。

一為〈秦本紀〉載秦惠文公後七年說：「韓、趙、魏、燕、齊率匈奴共攻秦。秦使庶長疾與戰修魚，虜其將申差，敗趙公子渴、韓太子奐，斬首八萬二千。」這件事是發生於周慎靚王三年（公元前三一八年），比趙武靈王變胡服還要早十一年。前在匈奴的起源一章中，曾經指出匈奴這個名詞，究竟是司馬遷重述當時的著作，還是他用當時所通用的名詞去追記以往的民族，是一個難於解答的問題。但大致上可以相信這裡所說的匈奴，應與秦漢時的匈奴在種族上有關係。韓、趙、魏、燕、齊五國攻秦，仍怕兵力不夠，而要利用匈奴的軍隊，還終歸失敗，被殺的兵士又那麼多，可見秦之強大。需要加以特別注意的，是戰國時代，各諸侯國互相爭伐，利用匈奴，恐不止這一次。

二為《史記・匈奴列傳》載：「秦昭王時，義渠戎王與宣太后亂，有二子。宣太后詐而殺義渠戎王於甘泉，遂起兵伐殘義渠。於是秦有隴西、北地、上郡，築長城以拒胡。」這裡所說的「胡」

應該是後來所說的匈奴，義渠戎不見得是與匈奴或胡同種族。義渠在此之前是西戎的強大部族。秦用很長時間與很大力量征服義渠，到了昭王時，又滅其殘餘。（漢文帝時，晁錯上書中還有降胡義渠之語）這段話裡既區別「義渠戎」與「胡」，所以「義渠戎」應該與「胡」有別。在義渠強盛時以至尚未為秦所破滅之前，義渠似乎只是界於秦、胡或匈奴之間，到了義渠被滅之後，秦才與胡發生直接的接觸，所以秦乃築長城以拒「胡」。

三為趙武靈王變胡服與擊胡，並築長城。《史記・匈奴列傳》說：「趙武靈王亦變俗胡服，習騎射，北破林胡、樓煩。築長城，自代並陰山下，至高闕為塞。而置雲中、雁門、代郡。」趙武靈王變胡服在公元前三〇七年。這裡說的胡服與騎射，應該也是匈奴的服裝與騎射。不過林胡、樓煩也不一定是與匈奴同種族，他們是界在趙與胡之間，正如義渠界於秦與胡之間，秦滅義渠築長城以拒胡，趙破了林胡與樓煩之後，也因直接與胡或匈奴發生接觸，所以也築長城以拒胡。

四為燕將秦開質於胡，與後來大破東胡與燕築長城的事情。《史記・匈奴列傳》說：「其後燕有賢將秦開，為質於胡，胡甚信之。歸而襲破走東胡，東胡卻千餘里。與荊軻刺秦王秦舞陽者，開之孫也。燕亦築長城，自造陽至襄平。置上谷、漁陽、右北平、遼西、遼東郡以拒胡。」

上面曾經指出秦開襲破東胡，約在公元前二五七年間，這段話裡所說的胡與東胡至少在字面上是區別的。假如這個胡與東胡在事實上是兩個部族的話，那麼胡應該是匈奴，而與東胡不同。然而所要特別注意的，是東胡被襲破而放棄很大的地方之後，燕也築長城以拒胡，這個胡至少是包括匈奴在內。東胡在未放棄這塊地方之前，可能這塊地方也是在燕與胡或匈奴之間。現在這塊地方既為燕所佔有，燕仍可能與東胡接壤，同時也可能與匈奴毗連，因而築長城以拒東胡與匈奴，這與秦之攻破義渠戎王，趙之攻破林胡、樓煩，而與匈奴發生直接接觸是一樣的。所以司馬遷在《史記・匈奴列傳》中說：「當是之時，冠帶戰國七，而三國邊於匈奴。」三國就是秦、趙、燕，這三國之所以邊於匈奴，是在秦滅義渠，趙破林胡、樓煩，與燕破東胡之後。界在匈奴與秦、趙、燕三國之間的各族既被征服，三國就與匈奴為鄰。要想避免外患而集中力量對付所謂冠帶諸國，這三個邊於匈奴的國，就不得不築長城以拒胡。

我們推想，匈奴這個部族，經過長期的征戰之後，到了這個時候，逐漸統一了蒙古高原。在義渠、林胡、樓煩、東胡未被秦、趙、燕攻破之前，匈奴的西南邊與義渠為鄰，南部與林胡、樓煩為界，東與南又與東胡接壤。義渠、林胡、樓煩、東胡被破之後，匈奴直接與秦、趙、燕毗連。此後義渠被消滅，林胡、樓煩的殘部好像存在相當長的時間。東胡雖然被燕攻敗，但直到冒頓初年，還是很強盛而成為匈奴的勁敵。

匈奴逐漸強大，統治了很大的地方，成為北方「大國」。雖然匈奴與華族之間有其他部族如義渠、林胡、樓煩、東胡的間隔，然而也並不是說匈奴與華族完全沒有直接的關係。此外，靠近匈奴的北邊諸國與匈奴的關係，也不一定只在戰爭的時候，可能在平時，在貿易上，或其他方面，也有來往。

上面所舉出的諸件事情，在時間上除秦開襲破東胡可能是在頭曼在位的時候之外，其他數件，應該在頭曼未就位之前。頭曼被殺於公元前二〇九年，而秦開之襲破東胡約在公元前二五五年至前二六〇年左右。假使這種推算不錯，那麼秦開之攻擊東胡，若在頭曼就位之後，則頭曼在位的時間約有五十年。無論如何，我們可以說秦開之襲破東胡，是在頭曼出世之後，這似乎是沒有什麼問題的。

至於李牧之防備匈奴與擊敗匈奴，如司馬遷所說，是在秦開擊破東胡之後，李牧的對手是頭曼。

由於界在華、匈之間的其他各族有的也為匈奴所攻破或消滅，匈奴與中原的交涉更加直接、更加頻繁。位於北邊的秦、趙、燕雖然築長城以拒胡，但是這時候各國的長城既非連接，恐怕也比較簡陋，所以雖有長城，還要有相當的兵力去防守。因為匈奴經常南下侵擾，如果沒有相當的兵力去防守，匈奴隨時可以越長城而擾亂長城以南的地方。

在趙國，李牧擔任了這種防禦工作。戰國末年，李牧是一位名將，在他將兵的時候，北擊匈奴，東攻燕，西破秦，南拒韓魏，可是後來為趙王寵臣郭開設反間計捕殺。李牧死後三個月，秦將王翦大破趙軍，虜趙王遷及其將顏聚，並殺了趙蔥，趙國也就滅亡，這是公元前二二八年的事情。

這裡要注意的是李牧與匈奴的關係。關於這一點《史記》卷八十一〈李牧傳〉中附有一段記錄之於下：「李牧者，趙之北邊良將也。常居代雁門，備匈奴。以便宜置吏，市租皆輸入莫府，為士卒費。……邊士日得賞賜而不用，皆願一戰。於是乃具選車得千三百乘，選騎得萬三千匹，百金之士五萬人，彀者十萬人，悉勒習戰。大縱畜牧，人民滿野。匈奴小入，佯北不勝，以數千人委之。單于聞之，大率眾來入。李牧多為奇陳，張左右翼擊之，大破殺匈奴十餘萬騎。滅襜襤，破東胡，降林胡，單于奔走。其後十餘歲，匈奴不敢近趙邊城。」

匈奴在冒頓的時代是為強大，「控弦之士三十萬」。李牧這一次破殺匈奴十餘萬騎，可見匈奴損失慘重。

匈奴本居於長城以北一帶，經過李牧這次攻敗之後，十餘年中趙的邊塞沒有匈奴的蹤跡。然而卻並不一定是說在秦的邊塞或燕的邊塞，也都沒有匈奴。我們推想，自李牧攻敗匈奴之後，其殘眾可能逃到漠北，也可能移居於秦與燕的北邊。

李牧對付匈奴的辦法，是長期準備，不輕易出戰，不戰則已，戰則必勝。同時，他很明白，征伐匈奴非用騎兵不可，所以練習騎射。〈李牧傳〉與〈馮唐傳〉都指出以市租皆輸入莫府，為士卒費。這裡所說的市租，可能與匈奴同中原間的貿易有關係，因為在北方邊塞，中原與其他各族的關市，歷史很久，所以就是在戰爭時期，貿易也並不因之而全斷。

戰國時有三位武安君，一為蘇秦，一為白起，一為李牧。據說漢高祖曾問過群臣，哪一位最賢，有人說白起為賢，季將軍說：「武安君牧賢也。夫武安君當衰季之趙，厲殘傷之卒，北摧虜，西遏強嬴，若拉朽然。反弱而見強，反負以要勝，牧存趙存，牧亡趙亡。臣故曰武安君牧賢。」（《史記短長說》卷下，「海山仙館叢書」本）漢高祖很同意季將軍的說法，李牧之所以最賢，不只西遏強秦，更重要的是北擊匈奴，使匈奴不能為患。

前引《戰國策》卷三十一〈燕三〉的一段記載，不只可以找出匈奴與單于這兩個名詞的最早出處，而且可以從這裡瞭解在戰國末年，各國的一些政治犯可以避難於匈奴。太傅鞠武提議遣樊於期到匈奴，雖不為太子丹所採納，但鞠武的提議，不一定是他的創見。在他之前或同時，可能已有不少先例，鞠武不過是把已經有人做過的事情，建議太子丹去做罷了。

此外，他又提議北與單于講和。這說明在燕的北邊有匈奴人，而且時時可能入侵燕邊，所以要抵抗強秦，除了西約三晉，南連齊楚之外，還要北與匈奴講和，使西南有友國而北無外患，然後可以拒秦。以此也可看出，匈奴不一定是時時與燕趙秦作對，有時也可以講和，甚至如上面所指出，韓、魏、趙、燕、齊五國，利用匈奴的軍隊去攻秦。

李牧死，秦忙於併吞六國；其他各國，也忙於征伐或應付強秦。匈奴經過十多年的休養生息，到了這個時候，匈奴又必南下到農耕地區進行掠奪。因為這個時候，月氏與東胡仍然強盛，在匈奴之北，又是森林地帶，不適宜於游牧，頭曼掠奪最好的對象是農耕地區，這個地區既有豐饒的財富，又正忙於內戰。

秦始皇統一天下之後，內戰終止，最擔心的是北邊的匈奴。因此，他一方面派蒙恬率師出征，另一方面修築長城防禦。秦始皇遣蒙恬去築長城，大體上是在戰國時邊於匈奴的三國所建築的長城的基礎上加以修繕與增建，使首尾連貫起來，成為自東到西的一條防線。長城的作用，主要是防守，是為了阻止胡人南下。秦始皇統一天下之後，南方與東方、西南已沒有勁敵，唯一外患是匈奴。他雖消滅了六國，但並沒有意圖去消滅匈奴，所以他派蒙恬率重兵在長城一帶，其目的與其說是要揚威於漠北以消滅匈奴，不如說是防守邊界，阻止胡人南下，使他與他的子孫能夠萬世不絕地做長城以南的最高統治者。〈蒙恬列傳〉與〈匈奴列傳〉都說蒙恬所修建的長城，長萬餘里，這個說法不僅籠統，而且與事實很不相符，這條長城只長五千四百多里，其所以號為萬里長城者，言其長也。

此外，《史記・匈奴列傳》說蒙恬將兵十萬，而〈蒙恬列傳〉則說蒙恬將兵三十萬，《漢書・匈奴傳》載揚雄上書云蒙恬將兵四十餘萬。十萬與四十餘萬相差四倍之多，究竟哪一個數字是對的，不易斷定。但《史記》說十萬的只有一處，而說三十萬的則不止一處，可能三十萬是對的。至於揚雄說四十餘萬，就不知有何根據了。

關於蒙恬被派去征伐匈奴與修建長城的時間問題，史書所載也不明確。《史記・蒙恬列傳》說蒙恬暴師在外十餘年，但是《史記・六國年表》載此事是在始皇三十三年。《資治通鑑》也說這件事在始皇三十三年。始皇死於三十七年（公元前二一〇年），始皇死後，蒙恬也被賜死。假如蒙恬是在始皇三十三年被遣去征伐匈奴與修建長城，那麼蒙恬在外只有四年的時間，不能謂暴師在外十餘年。若說暴師在外十餘年是對的，那麼蒙恬被遣征伐匈奴與修建長城應在始皇二十六年或二十七年，否則暴師在外十餘年這句話就錯了。我們以為征伐匈奴可能不止一次，而修建長城也非三四年間所能完成，所以暴師在外十餘年這句話較為可靠，而蒙恬之被遣到邊境備胡築城似應以始皇二十六年或二十七年為合理。

《史記・匈奴列傳》指出蒙恬北逐匈奴，頭曼抵抗不住，北徙了十餘年，這個十餘年與蒙恬暴師十餘年正相符合：「頭曼不勝秦，北徙。十餘年而蒙恬死，諸侯畔秦，中國擾亂，諸秦所徙適戍邊者皆復去，於是匈奴得寬，復稍度河南與中國界於故塞。」

自戰國後期以至秦，邊於匈奴的國家，一方面要用兵去防胡，一方面又要建築長城以拒胡。秦始皇統一天下之後，也不過是繼續去執行這種政策，不過在秦時，所做的規模比以前較大，勞動人民被徵兵以防胡的很多，被抓去修築長城的更多。此外，秦還遷徙了大量的勞動人民去充實邊境，開闢荒地，從事耕種，這都是鞏固邊塞的措施。

歐洲有些學者曾經指出，中國的建築長城是羅馬帝國衰亡的一個主要原因。他們以為中國建築長城，使匈奴不能向南方發展，後來乃向西方發展。在公元四五世紀的時候，匈奴有一部份人到了歐洲，攻擊歌德人，攻擊羅馬帝國，使羅馬帝國趨於衰亡。我們已經指出，長城的作用，主要用於防禦匈奴入侵。匈奴之西徙歐洲是匈奴禁不起漢武帝與漢和帝的猛烈攻擊，但是中國所建築的長城，象徵了秦王朝的強盛和阻止匈奴南下掠奪的決心。長城的主要作用是防守，當然，做好了防守同時也為進攻做好準備。長城不一定是羅馬帝國衰亡的一個主因，然長城之於羅馬帝國的衰亡，也不能說是完全沒有關係的。

頭曼是匈奴一位很重要的單于，他在位的數十年中，雖經兩次失敗，然而再仆再起，說明了他所統治的部族，已是一個有基礎的強有力的部族。不只秦始皇沒有能消滅它，就是漢武帝也消滅不了它。數百年後，這個部族在蒙古高原站不住了的時候，漢王朝的命運不久也宣告終止。

第十二章　冒頓時代匈奴的擴張

在頭曼的時代，匈奴已經強大。然而匈奴最強大的時期，是在冒頓就位之後，所以《史記・匈奴列傳》裡說：「至冒頓而匈奴最強大。」

東胡與月氏在頭曼的時代與冒頓初年，都很強盛。冒頓攻滅東胡，西擊月氏，並且南下中原，收復蒙恬所佔的地方。不久又北服渾庾、屈射、丁靈、鬲昆、薪犁，到了漢文帝初年又遣右賢王去襲擊月氏，同時還征服了西域許多國。「定樓蘭、烏孫、呼揭及其旁二十六國，皆以為匈奴。諸引弓之民，併為一家。」（《史記・匈奴列傳》）最後與漢王朝決戰。

冒頓殺父自立，是公元前二〇九年，也就是劉邦稱漢王前三年。冒頓死於漢文帝六年（公元前一七四年），在位三十五年。在這個時期，漢朝換了四位君主，這就是漢高祖、惠帝、呂后、文帝，若把秦二世胡亥也算進去，則冒頓與秦、漢五位君主辦過交涉，在他統治時期，匈奴之強，空前絕後。

冒頓這個名字，其語源及意義如何，歷來好多學者費了不少工夫去考證。德格羅特在《紀元前的匈奴》一書中把這個名字譯為Mortur。在巴克的《韃靼千年史》與夏德的〈阿提拉族譜考〉均作Baghdur，此外有些人像佛朗克以為應譯為Bordan，又有人直譯為Maodun。

白鳥庫吉在〈蒙古民族起源考〉一文裡，曾以為冒頓的意義為聖，但他又說了下面一段話：

匈奴謂建國家之王曰冒頓，冒頓現讀若Mou-tun，《〈史記‧匈奴列傳〉索隱》載冒音墨，又作如字，《漢書》注云：「宋祁曰：『冒音墨，頓音毒，無別訓。』」故冒頓之古音似若Mok-duk或Bok-du（Mok-dok，Bok-dok），若根據現音之Mantun而求其語源，則可與滿洲語威勢權力之義之Muden，及榮盛之義之Mukden，互爲比較，但如有正確之古音，則可據而探求之，此至當之辦法也。因此，余視Bokdok爲冒頓（古音墨毒）之古音，以爲蒙古語譯義曰Bogda（Bogdo）之譯，Kowalewski氏《蒙古字典》（一二一二）釋Bogda爲Saint，divin，Venerable，Reverend，Seigneur，Miatre，Title de grands personages。故解爲帝王之稱號，至爲適當。

成吉思汗之尊號又稱Sotto，bagdo cingiz故冒頓單于正同Bogdociniz一語。夏德於其所著〈阿提拉族譜考〉（Die Ahnentafel Attilas nach Johannes von thurocz）中大部份之工作，均費於解釋冒頓之二字，而謂係蒙古語釋義，曰猛勇之Boghatur之音譯。

冒頓是一個勇敢的人，所以「冒頓」象徵猛勇的意義，是很可能的。然而我們也曾指出，在匈奴的許多單于之中，只有頭曼、冒頓、屠耆三個名字能釋其意義，其他單于的名字意義如何，不大清楚，究竟是因為其他單于的名字也有意義，我們無法解釋，抑或所有的單于名字，本來就沒有什麼意義，而上面舉出的三位，除屠耆的意義是賢之外，頭曼、冒頓不過湊巧與後來的它種語言相近，而有釋義，這是一個需要繼續研究的問題。

冒頓殺父之後，據《史記‧匈奴列傳》說「遂盡誅其後母與弟及大臣不聽從者，冒頓自立為單于」。《史記・劉敬傳》又說：「冒頓殺父代立，妻群母。」假如《史記・匈奴列傳》所說盡誅其後母是真的，那麼冒頓就不會再妻其群母，所以《史記・匈奴列傳》那段話，應當一連讀下去，就是「（冒頓）遂盡誅其後母與弟及大臣之不聽從者」。並不是像有的人那樣所釋，盡殺後母及弟。換句話說，凡是後母及弟和大臣中聽從者，並沒有誅，而後母之聽從者為冒頓所妻，《史記・劉敬傳》所說妻群母，也沒有錯。

冒頓既立，東邊的東胡與西邊的月氏，仍然強盛。南邊自陳勝起兵至劉邦滅了項羽，七年之間，無人注意北邊的匈奴。就是劉邦統一天下之後，在一個長時期中，漢對於匈奴的入侵，也無力抵抗。至於匈奴的北邊，則有渾庾，屈射、丁靈、鬲昆、薪犁諸國存在。

冒頓因戰國諸侯的內戰而南下時，他的王庭大概是在陰山一帶。陰山東西千餘里，草木禽獸很多，冒頓依阻其中作為苑囿，並且是用在這裡的材料以為弓矢。這個地方靠近漢的邊境，所以冒頓很容易南下為寇。

西漢人對於冒頓的力量曾做過估計。賈誼在《新書》卷四〈匈奴〉裡說：「竊料匈奴控弦大率六萬騎，五口而出介卒一人，五六三十，此即戶口三十萬耳，未及漢千石大縣也。」賈誼這種估計，實在太低。李牧擊敗匈奴破殺已十餘萬騎，北逃者尚不在內。冒頓的兵力，比之李牧時的匈奴為大，所以不會只有六萬騎。《史記・劉敬傳》說冒頓控弦三十萬，〈匈奴列傳〉有一個地方說，控弦之士三十餘萬，而另一個地方說冒頓縱精兵四十萬騎圍高帝於白登。假使以三十餘萬來計算，那麼比之賈誼所說要多六倍。騎兵三十餘萬，若以五口出介卒一人，則匈奴人口當在一百五十萬至兩百萬之間。

不過賈誼以五口出介卒一人的估計，也未必可靠，可能五口之中不止一人去當兵。匈奴人從小到大，沒有不習騎射的，「士力能毌弓，盡為甲騎」。則一家五口假如有兩個男子以上的，可能一家不只出一介卒，所謂急則「人習戰攻以侵伐」，這裡所說的人，恐怕除很老與很小的男人之外，其餘都要參戰。《漢書・陳湯傳》指出：郅支單于西逃到康居築城以守，當漢兵攻城時，郅支的閼氏及夫人數十人，也上城樓引弓助戰，說明匈奴的女子，也有參戰的。匈奴婦女也善於騎術，守城婦女也能引弓助戰，在戰爭激烈的時候，匈奴騎兵之中也可能有婦女參加。匈奴北邊的丁令，本是一個小國，據《魏略》所載尚有勝兵六萬。烏孫遠不如匈奴強大，據《漢書・西域傳》載尚有兵十八萬八千八百人，以「百蠻大國」見稱的匈奴，只有六萬人，是不可信的。

又《漢書》載烏孫有口六十三萬，《漢書》所謂口，應該指的是總的人口。在六十三萬人口中。擁有十八萬八千八百兵，這等於說大約三個半人中有一個人當兵。又《漢書・西域傳》說，大月氏人口四十萬，勝兵十萬人，這是說每四口之中有介卒一人。雖然有些國家如康居人口六十萬，勝兵十二萬，這是如賈誼所說的五與一之比；有的像于闐國，人口萬九千三百而勝兵只二千四百，則是八與一之比。但是匈奴不只是一個行國，而且從兒童至成人，都引弓習騎，那麼在其人口中兵士的數目較大，也是一件很合理的事情。假使照烏孫與康居的人口與介卒的比例來計算，就是三個半至四個人中有一個人當兵，以匈奴三十五萬騎來計算，那麼匈奴人口至少也有一百二十餘萬以至一百四十萬。假使以《史記・匈奴列傳》所說冒頓有精兵四十萬的話，那麼以四口之中有一兵士來計算，匈奴人口就有一百六十萬。我們以為像匈奴這個「百蠻大國」，有三十餘萬至四十萬士卒似乎沒有問題。所以照我們的估計，在冒頓在位後的前半期，匈奴人口大致上可以說是在一百五十萬左右，到了後來，因為自然的繁衍與戰爭俘獲他國的人民，又增加不少。當時匈奴若沒有三四十萬的騎兵，冒頓不會輕易去對抗漢高祖的三十餘萬士卒。而且《史記・匈奴列傳》說：「冒頓縱精兵四十萬騎圍高帝於白登。」那麼所謂「精兵」是別於一般普通的士卒，可能匈奴整個兵士的數目，還不止這個數目，兵士已有這麼多，那麼一百五十萬的人口不會太多。而況冒頓之圍劉邦是在他擊敗東胡、月氏及匈奴北邊諸國之後，這些被破滅或被征服諸國的人民又多為匈奴所俘獲，故其人口總數可能在一百五十萬以上。

冒頓就位之後，他的政策，可以說是先安內而後攘外。他殺了父親，又殺後母、諸弟及大臣之不服從者，使他的地位鞏固起來。他在頭曼未死之前，已作鳴鏑，習騎射，其目的有二：一為樹立紀律，一為整軍經武。

冒頓初立，地位不穩，所以冒頓除了對於混亂的中原時而入寇之外，對於東胡與月氏並沒有採取進攻的政策。相反，他對於東胡卻一再讓步。但《史記短長說》卷下述叔孫生的話說：「冒頓餌人者也，非為人餌者也，不觀其初得志而以其所愛閼氏予東胡，而兵隨其後，彼豈其遽耄昏哉。」這與《史記》、《漢書》所載不同。假使冒頓覺得他的兵力已夠征服東胡，他似乎不需要把閼氏給東胡，而兵隨其後，冒頓雖是勇敢的人物，但也是很謹慎的。他後來包圍漢高祖，還自動解圍，所以若非東胡迫他太甚，他在初立的時候，似乎不至於用閼氏與東胡，兵隨其後之策。《史記短長說》述叔孫生之言，恐不可靠。

東胡在戰國時，曾為燕國秦開所敗，卻地千餘里，其士卒之損失，恐怕也很多，力量大為削弱。東胡王既沒有估計到冒頓的勢力的增強，又沒有防備，所以冒頓一擊就被攻滅。經過冒頓這一次打擊之後，東胡一蹶不振。《史記》雖沒有東胡列傳，《漢書》也沒有傳，《後漢書・烏桓傳》說：「烏桓者，本東胡也。漢初，匈奴冒頓滅其國，餘類保烏桓山，因以為號焉。」同書〈鮮卑傳〉又說：「鮮卑者，亦東胡之支也，別依鮮卑山，故因號焉。」

假使這個記載沒有錯誤，那麼東胡經過冒頓攻破之後，其種族的一部份雖保留於烏桓山及鮮卑山，成為後來的烏桓與鮮卑，但其國卻為冒頓所滅。冒頓破滅東胡，虜其人民、畜產的數目也必很多，這樣使匈奴的人口、物資，大大地增加起來。

冒頓後來又征服了在匈奴北邊的諸國。《史記・匈奴列傳》說冒頓「盡服從北夷，而南與中國為敵國」。這個北夷似乎指東胡、月氏以及匈奴以北的各國。《史記・匈奴列傳》又說：「後北服渾庾、屈射、丁零、鬲昆、薪犁之國。」關於這幾個國家的名字與方位，歷史學者意見頗不一致。丁靈亦作丁令、丁零；鬲昆亦作隔昆、堅昆；渾庾《漢書》作渾窳，賈誼《新書》作灌窳；薪犁《漢書》作龍新犁，王念孫指出《史記》與荀悅《漢紀》均無龍字。沈欽韓指出《魏略》也沒有龍字，所以他們以為龍字是衍字。（參看王先謙：《漢書補注・匈奴傳六十四上》）屈射沒有別名，後來匈奴渾邪王或昆邪王居右地，或係被匈奴破滅，遣人去治理其地，因而得名，猶如丁令為匈奴所征服遣衛律為丁令王。

關於這幾個國家的位置，也很有問題，《三國志・魏書》卷三十述魚豢《魏略・西戎傳》說：

呼得國在蔥嶺北，烏孫西北，康居東北，勝兵萬餘人，隨畜牧，出好馬，有貂。堅昆國在康居西北，勝兵三萬人，隨畜牧，亦多貂，有好馬。丁令國在康居北，勝兵六萬人，隨畜牧，出名鼠

> 皮、白昆子、青昆子皮。此上三國，堅昆中央，俱去匈奴單于庭安習水七千里，南去車師六國五千里。西南去康居界三千里，西去康居王治八千里。或以爲此丁令即匈奴北丁令也，而北丁令在烏孫西，似其種別也。又匈奴北有渾窳國，有屈射國，有丁令國，有隔昆國，有新黎國，明北海之南自復有丁令，非此烏孫之西丁令也。烏孫長老言北丁令有馬脛國，其人音聲似雁鶩，從膝以上身頭，人也，膝以下生毛，馬脛馬蹄，不騎馬而走疾馬，其爲人勇健敢戰也。

照《史記·匈奴列傳》所說的渾庾、屈射、丁零、鬲昆、薪犁五國都應該在匈奴之北，丁令應該是在貝加爾湖或北海左近，就是蘇武牧羊於北海而被丁令盜其羊的地方，也就是衛律為丁令王的那個丁令。《三國志·魏書》則以為除了這個丁令，在西邊還有一個丁令，這個丁令就不清楚了。堅昆在丁令之西，這也沒有問題。薪犁無從考證。屈射若為後來昆邪王所居地，那麼定偏於匈奴之西，而不能謂為北邊。

至於灌窳，《魏略》謂匈奴北有渾窳國。賈誼《新書》卷四〈匈奴〉說：「將必以匈奴之眾為漢臣民制之，令千家而為一國，列處之塞外，自隴西延至遼東，各有分地以衛邊，使備月氏灌窳之變。」賈誼獻議於文帝時，月氏還在甘肅的河西，灌窳與月氏相提並論，可能灌窳與月氏接近。假使這種看法不錯，灌窳也偏在匈奴之西，而非在匈奴之北。參看沙畹譯《魏略·西戎傳》（*Les pays D'occident d'apres le Wei Lio, T'oung Pao*, 1905）關於渾窳的注解。

這五國中，丁令有六萬勝兵，若用賈誼的五口出介卒一個的算法，丁令應有人口三十萬。堅昆勝兵三萬，應有人口十五萬。其他三國的勝兵多少，沒有記載，但若以堅昆的數字來計算，三國應共有人口四十餘萬。五國合計約為九十萬人口，約當匈奴人口之一半了。

冒頓雖然征服了這些國家，但不見得完全消滅了他們。丁令、堅昆後來在匈奴衰弱的時候，還攻擊匈奴，可是在冒頓在位的時候，這些國家都服從匈奴，是沒有問題的。

頭曼曾經攻擊月氏，但結果如何，無從知道。冒頓破滅東胡之後回來不久，就發兵去侵略月氏。冒頓曾為質於月氏，對於月氏的虛實情況，想必有所瞭解，他估計自己力量能勝月氏，所以才決定用兵。《史記・匈奴列傳》說冒頓西擊走月氏，這說明月氏是被冒頓打敗了。但所謂擊走月氏，也並不是說月氏經過冒頓的攻擊之後，就離開故居而跑到伊犁河谷與準噶爾盆地，那是後來的事。所謂冒頓擊走月氏，可能只是在月氏與匈奴接壤的地方月氏退卻了。

冒頓攻破東胡與攻擊月氏，都是在劉邦尚未統一天下之前，亦即公元前二〇三年以前。大概二十至三十年後，冒頓又遣右賢王去攻擊月氏。《史記・匈奴列傳》述冒頓給漢文帝書云：「今以小吏之敗約故，罰右賢王，使之西求月氏擊之。以天之福，吏卒良，馬強力，以夷滅月氏，盡斬殺降下之。」匈奴這一次攻擊月氏，也並沒有消滅月氏，月氏仍然居於敦煌祁連間。月氏之被攻破，向西北遷徙，是在冒頓兒子稽粥單于時。不過這一次月氏被匈奴擊敗的損失，比冒頓攻破東胡後被攻伐的那一次的損失要大得多。

烏孫在冒頓時，也在敦煌祁連間與月氏為鄰。樓蘭即後來的鄯善，在月氏之西。呼揭應在匈奴之西，丁令之西北，堅昆之東南，月氏烏孫之西北。匈奴除了征服這類國家之外，還征服了其旁二十六國，這等於說西域大部份的國家，都役屬於匈奴了。《漢書》卷九十六上〈西域傳〉上說：西域本三十六國。若把月氏、烏孫、樓蘭、呼揭加上其旁二十六國已經有三十國。《漢書》卷七十

〈傅常鄭甘陳段傳〉說：「西域本屬匈奴」，就是這個意思。在所謂西域三十六國中，大部份在蔥嶺以東，有幾國在蔥嶺以西，我們推想，匈奴所征服的西域諸國，主要是在蔥嶺以東，但是堅昆、呼揭已與康居、大宛接近，康居、大宛是否也為冒頓所征服，那就不得而知。然而冒頓的聲威必遠及蔥嶺以西，是沒有問題的。

匈奴與漢王朝決戰之前，匈奴所統治的地域，大體上東至興安嶺，西達北海，南近燕代而至膚施，有些已越過長城。雖則蒙古高原有一大塊沙漠或大戈壁，但就整個面積來看，比秦和西漢王朝初年的版圖要大，司馬遷說至冒頓而匈奴最強大，這是一點兒都不錯的。正因為這樣，冒頓在匈奴族內的統治權，更加鞏固。所以《史記・匈奴列傳》說：「於是匈奴貴人大臣皆服，以冒頓單于為賢。」

劉邦統一天下之後，開始注意到冒頓的威脅。漢高祖六年（公元前二〇一年）韓王信被遣到代，以防備匈奴。匈奴大攻馬邑，韓王信抵抗不住，投降匈奴。匈奴得韓王信後，遣兵南逾句注，攻太原，至晉陽下。漢高祖覺得事態嚴重，親自帶領了三十多萬兵去攻擊匈奴，他希望能給匈奴一個大的打擊，結果適得其反。

漢高祖七年（公元前二〇〇年）冬率師親征匈奴。當兩軍接觸的時候，冒頓佯敗，漢高祖以為冒頓真的敗走，揮師直追。冒頓把精兵藏匿起來，將羸弱的士卒和牲畜暴露在外。漢高祖遣人去打聽匈奴的虛實，他們所看見的就是這些羸弱的士卒與牲畜，於是回來報告漢高祖，以為匈奴可擊。漢高祖聽了之後，還不放心，又遣劉敬去探視，劉敬回來告訴漢高祖說：「兩國相擊，此宜誇矜見所長。今臣往，徒見羸瘠老弱，此必欲見短，伏奇兵以爭利。愚以為匈奴不可擊也。」（《史記》

卷九十九〈劉敬叔孫通列傳〉）可是這個時候，漢兵已逾句注，二十多萬兵已經出發，漢高祖不但不聽劉敬的話，還把劉敬訓斥一頓：「齊虜！以口舌得官，今乃妄言沮吾軍。」並命令把劉敬械繫起來送往廣武，下令軍隊繼續前進。

匈奴多騎兵，而漢大部份為步兵，步兵行走緩慢，漢高祖自己帶領了一小部份士卒先行。他走到平城東南十餘里的一個地方，叫做白登，但是大部份的步兵還在後面，冒頓乃以三四十萬精兵包圍漢高祖於白登。據《史記・匈奴列傳》，匈奴圍漢高祖的騎兵分四種，「其西方盡白馬，東方盡青駹馬，北方盡烏驪馬，南方盡騂馬」。漢高祖被圍七日之久，與外面消息斷絕，糧食將盡。漢高祖乃用陳平計，派人去見冒頓的閼氏，饋贈厚禮，於是閼氏乃對冒頓說：「兩主不相困，今得漢地，而單于終非能居之也。且漢王亦有神，單于察之。」（《史記・匈奴列傳》）

游牧民族是不慣居農耕地區的，此外冒頓必是一位酷信鬼神的人，加以冒頓在未圍漢高祖之前，曾與韓王信的將領王黃與趙利相約，到斯會合，圍攻漢兵。圍了七天，王、趙的軍隊沒有如約到達，冒頓懷疑可能王、趙二將與漢有夾擊匈奴之謀。冒頓於是採納閼氏的話，解圍一角，使漢兵從這一角突圍。突圍後不久，漢步兵趕到，冒頓也就引兵而去。漢高祖在平城被圍，覺察到冒頓兵力雄厚，很難擊敗，於是也引兵去。

漢高祖平城白登之困，漢王朝認為是一件很大的恥辱，直到後來漢武帝打敗匈奴後的詔書中還有「高皇帝遺朕平城之憂」。而且《史記》、《漢書》說高祖的脫險，由於厚賂冒頓單于閼氏。但這是一個謎，引起了後人的猜測。《資治通鑑》卷十一〈漢紀三〉引應劭注：「陳平使畫工圖美女，間遣人遺閼氏曰：『漢有美女如此，今皇帝困厄，欲獻之。』閼氏畏其奪己寵，言於冒頓，令解圍。余謂秘計者，以其失中國之體，故秘而不傳。」應劭所說的話是不是事實，無從考證。但漢高祖脫圍，的確是一件很奇怪的事情。漢哀帝時揚雄在其書裡說：「會漢初興，以高祖之威靈，三十萬眾困於平城，士或七日不食，時奇譎之士石畫之臣甚眾，卒其所以脫者，世莫得而言也。」（《漢書・匈奴傳下》）顏師古注云：「莫得而言，謂自免之計，其事醜惡，故不傳。」這是一件不可告人的事，是無疑的。假使冒頓把漢高祖殺死，然後揮師南下，則漢王朝就有可能滅亡，歷史的發展將出現另一面貌，所以漢高祖平城脫險，是中國歷史上的一件大事。

漢高祖回到廣武後，下令釋放劉敬，並對劉敬說：「吾不用公言，以困平城，吾皆已斬前使十輩言可擊者矣。」（《史記》卷九十九〈劉敬叔孫通列傳〉）又封劉敬二千戶，為關內侯，號建信侯。漢高祖罷兵回京，匈奴又不斷侵犯邊境，漢高祖深感這是他最頭痛的邊患。他沒有辦法，於是又問計於劉敬，同傳載劉敬說：「天下初定，士卒罷於兵，未可以武服也。冒頓殺父代立，妻群母，以力為威，未可以仁義說也。獨可以計久遠子孫為臣耳，然恐陛下不能為。」漢高祖怪而問之：「誠可，何為不能！顧為奈何？」劉敬答曰：「陛下誠能以適長公主妻之，厚奉遺之，彼知漢適女送厚，蠻夷必慕以為閼氏，生子必為太子，代單于。何者？貪漢重幣，陛下以歲時漢所餘彼所鮮數問遺，因使辯士風諭以禮節。冒頓在，固為子婿；死，則外孫為單于。豈嘗聞外孫敢與大父抗禮者哉？兵可無戰以漸臣也。若陛下不能遣長公主，而令宗室及後宮詐稱公主，彼亦知，不肯貴近，無益也。」這是漢朝著名的和親加送禮政策，劉敬是這個政策的倡議者，漢高祖很贊成這個辦法。

可是，大臣之中，也有人反對和親政策。《史記短長說》卷下載叔孫生下面一段話：「大漢方一宇宙，超三五，乃無故而飾愛女以為匈奴御，得無貽笑後世哉！夫匈奴豺狼也，其父之不卹而手鏑之以死，何有於婦父，冒頓之有子也，而見其大父之死於冒頓也，則曰吾父且不武，何以獨忍吾大父而弗忍外大父也？不然，而以十萬騎入塞牧，曰：『均而孫也，吾何以無漢分地，請得九州之偏若幽冀者寓牧焉。』奚辭捍之。」漢高祖以為匈奴貪而好色，故以餌之，叔孫生又以為冒頓是餌人的，而不是為人餌的。《史記短長說》所載這一場爭辯不見於正史。漢高祖沒有聽叔孫生的話，但是呂后知道之後，日夜啼哭，她說她只有一位太子和一位公主，為什麼要把她唯一的女兒嫁到匈奴。大臣們的話，漢高祖可以不聽，但是呂后的話，他不得不聽。於是另擇宗室之女來代替，並派劉敬赴匈奴去結和親之約。「是時匈奴以漢將眾往降，故冒頓常往來侵盜代地。於是漢患之，高帝乃使劉敬奉宗室女公主為單于閼氏，歲奉匈奴絮繒酒米食物各有數，約為昆弟以和親，冒頓乃少止。」（《史記・匈奴列傳》）

究竟這位閼氏有沒有生男孩，不得而知，但是應該指出，不只冒頓自己，就是冒頓以後的單于之妻，以漢女為閼氏的都不見得將所生之子為太子，所以劉敬的想法，不見得是對的，但是他倡議的和親與送禮政策，成為西漢王朝對付匈奴的主要政策，高帝如此，呂后、文帝都遵守這個政策。到了武帝，雖然漢兵深入漠北大破匈奴，但武帝就位之初，仍採用這個政策。「今帝（武帝）即位，明和親約束，厚遇，通關市，饒給之。匈奴自單于以下皆親漢，往來長城下。」（《史記・匈奴列傳》）後來因為武帝伏兵馬邑，被匈奴發覺，拒絕和親。但到了匈奴屢遭失敗逃到漠北的時候，重新提議和親時，武帝並不反對。

劉敬除了倡議和親送禮的政策之外，又主張徙民實邊的政策。徙民實邊的政策是劉敬從匈奴結和親約回來後向漢高祖提出的。

劉敬從匈奴來，因言「匈奴河南白羊、樓煩王，去長安近者七百里，輕騎一日一夜可以至秦中。秦中新破，少民，地肥饒，可益實。夫諸侯初起時，非齊諸田，楚昭、屈、景莫能興。今陛下雖都關中，實少人。北近胡寇，東有六國之族，宗強，一日有變，陛下亦未得高枕而臥也。臣願陛下徙齊諸田，楚昭、屈、景、燕、趙、韓、魏後，及豪傑名家居關中。無事，可以備胡；諸侯有變，亦足率以東伐。此強本弱末之術也」。上曰：「善。」乃使劉敬徙所言關中十餘萬口。（《史記・劉敬叔孫通列傳》）

劉敬徙民實邊的主張，是秦始皇統一天下之後所曾採用過的辦法。《史記・秦本紀》載秦始皇二十六年（公元前二二一年）裡說：「徙天下富豪於咸陽十二萬戶。」又〈匈奴列傳〉說：「始皇帝使蒙恬將十萬之眾北擊胡，悉收河南。因河為塞，築四十四縣城臨河，徙適戍以充之。」不過在秦始皇的時候，這兩件事是分開來辦，而劉敬是把兩件事合起來做，這是一舉兩得的事情，漢高祖很贊同。

西漢初年，漢王朝的重要人物和將領投降匈奴的很多，這與匈奴經常入寇有密切關係。所以《史記・匈奴列傳》說：「是時匈奴以漢將眾往降，故冒頓常往來侵盜代地。」又如漢高祖五年（公元前二〇二年）燕王臧荼反，攻下代地，漢高祖自己將兵去攻擊，虜了臧荼之後，臧荼的兒子臧衍出亡匈奴。後來盧綰投降匈奴，即與臧荼有關。將領之降匈奴的，有韓王信、陳豨等。《史記》卷九十三〈韓信盧綰列傳〉敘韓王信投降匈奴始末如下：

> 明年春，上以韓信材武，所王北近鞏、洛，南迫宛、葉，東有淮陽，皆天下勁兵處，乃詔徙韓王信王太原以北，備禦胡，都晉陽。信上書曰：「國被邊，匈奴數入，晉陽去塞遠，請治馬邑。」上許之，信乃徙治馬邑。秋，匈奴冒頓大圍信，信數使使胡求和解。漢發兵救之，疑信數間使，有二心，使人責讓信。信恐誅，因與匈奴約共攻漢，反，以馬邑降胡，擊太原。

韓王信既降匈奴，還經常將匈奴兵入寇漢邊，漢高祖派人去勸他回漢，他不願意，最後為漢高祖擊敗斬首。

> 韓信為匈奴將兵往來擊邊。漢十年（公元前一九七年）信令王黃等說誤陳豨。十一年春，故韓王信復與胡騎入居參合，距漢。漢使柴將軍擊之，遺信書曰：「陛下寬仁，諸侯雖有畔亡，而復歸，輒復故位號，不誅也。大王所知。今王以敗亡走胡，非有大罪，急自歸！」（《史記・韓信盧綰列傳》）

韓王信拒絕了柴將軍的勸告，乃與漢軍戰，戰敗被殺。韓王信死了，陳豨與盧綰又與匈奴謀而反漢，陳豨與盧綰在《史記》裡均有傳。盧綰之反，與陳豨有關，而陳豨之反又與韓王信及其將王黃等有關。《史記・韓信盧綰列傳》說：「陳豨者，宛朐人也，不知始所以得從。及高祖七年冬，韓王信反，入匈奴，上至平城還，乃封豨為列侯。」盧綰是豐人，與漢高祖同里，兩家父輩很為友愛。與高祖同日生，從小長大，形影不離，漢高祖起兵，盧綰隨從有功。漢高祖五年立盧綰為燕王，非劉氏而王是少見的事情。盧綰與陳豨反漢，《史記・韓信盧綰列傳》說得比較清楚。

漢十一年秋，陳豨反代地，高祖如邯鄲擊豨兵，燕王綰亦擊其東北。當是時，陳豨使王黃求救匈奴。燕王綰亦使其臣張勝於匈奴，言豨等軍破。張勝至胡，故燕王臧荼子衍出亡在胡，見張勝曰：「公所以重於燕者，以習胡事也。燕所以久存者，以諸侯數反，兵連不決也。今公爲燕欲急滅豨等，豨等已盡，次亦至燕，公等亦且爲虜矣。公何不令燕且緩陳豨而與胡和？事寬，得長王燕；即有漢急，可以安國。」張勝以爲然，乃私令匈奴助豨等擊燕，燕王綰疑張勝與胡反，上書請族張勝。勝還，具道所以爲者。燕王寤，乃詐論它人，脱勝家屬，使得爲匈奴間，而陰使范齊之陳豨所，欲令久亡，連兵勿決。

漢十二年，東擊黥布，豨常將兵居代，漢使樊噲擊斬豨。其裨將降，言燕王綰使范齊通計謀於豨所。高祖使使召盧綰，綰稱病。上又使辟陽侯審食其、御史大夫趙堯往迎燕王，因驗問左右。綰愈恐，閉匿，謂其幸臣曰：「非劉氏而王，獨我與長沙耳。往年春，漢族淮陰，夏，誅彭越，皆呂后計。今上病，屬任呂后。呂后婦人，專欲以事誅異姓王者及大功臣。」乃遂稱病不行。其左右皆亡匿。語頗洩，辟陽侯聞之，歸具報上，上益怒。又得匈奴降者，降者言張勝亡在匈奴，爲燕使。於是上曰：「盧綰果反矣！」使樊噲擊燕。燕王綰悉將其宮人家屬騎數千居長城下，侯伺，幸上病癒，自入謝。四月，高祖崩，盧綰遂將其眾亡入匈奴，匈奴以爲東胡盧王。綰爲蠻夷所侵奪。常思復歸。居歲餘，死胡中。

盧綰之反，與陳豨有關係；至於陳豨之反，不只與韓王信及其部將王黃有關，就是與淮陰侯韓信，也有關係。《史記》卷九十二〈淮陰侯列傳〉說：

陳豨拜為鉅鹿守，辭於淮陰侯。淮陰侯挈其手，辟左右與之步於庭，仰天歎曰：「子可與言乎？欲與子有言也。」豨曰：「唯將軍令之。」淮陰侯曰：「公之所居，天下精兵處也；而公，陛下之信幸臣也。人言公之畔，陛下必不信；再至，陛下乃疑矣；三至，必怒而自將。吾為公從中起，天下可圖也。」陳豨素知其能也，信之，曰：「謹奉教！」漢十年，陳豨果反。

這裡雖沒有指出淮陰侯韓信與匈奴謀反漢，但他鼓動陳豨反，陳豨反而求救於匈奴，這與淮陰侯韓信也未嘗沒有間接的關係。《史記》指出因為有人告發韓信與陳豨謀，故呂后乃誘韓信殺之。淮陰侯韓信與韓王信死後，陳豨於高祖十二年（公元前一九五年）冬也被樊噲所斬。

冒頓在白登圍漢高祖，自動解圍讓漢高祖脫險，但他又利用漢降將來侵擾漢邊，如果說漢族統治者有所謂以夷制夷的話，則匈奴採取的是以漢制漢。

漢高祖死，呂后當權，冒頓除了繼續南下侵擾外，還寫了一封極其狂妄無理的信給呂后，《史記．匈奴列傳》僅說：「冒頓乃為書遺高后，妄言。」沒有說這封信的內容，班固寫《漢書》時始披露此信。據《漢書》卷九十四上〈匈奴傳〉：「孤僨之君，生於沮澤之中，長於平野牛馬之域，數至邊境，願遊中國。陛下獨立，孤僨獨居。兩主不樂，無以自虞，願以所有，易其所無。」這是對呂后至為侮辱的言詞。《通鑑》指出「辭極褻嫚」，呂后聞畢大怒，欲發兵去攻擊冒頓，樊噲支持呂后攻擊匈奴：「臣願得十萬眾，橫行匈奴中。」呂后徵求季布的意見，季布告訴呂后說：「噲可斬也！前陳豨反於代，漢兵三十二萬，噲為上將軍，時匈奴圍高帝於平城，噲不能解圍。天下歌之曰：『平城之下亦誠苦！七日不食，不能彀弩。』今歌吟之聲未絕，傷痍者甫起，而噲欲搖動天下，妄言以十萬眾橫行，是面謾也。」呂后覺得季布所說的話有理，放棄了攻擊匈奴的意圖，回冒頓信：「單于不忘弊邑，賜之以書，弊邑恐懼。退日自圖，年老氣衰，髮齒墮落，行步失度，單于過聽，不足以自汙。弊邑無罪，宜在見赦。竊有御車二乘，馬二駟，以奉常駕。」（均見《漢書》卷九十四上〈匈奴傳〉）這可以說是很忍氣吞聲了。冒頓得信之後遣使到漢謝罪：「未嘗聞中國禮義，陛下幸而赦之。」同時，他送馬給呂后並修和親之約。

高祖平城脫圍，是用計去使閼氏勸冒頓解圍而脫，漢人覺得是一件不可告人的失體面的事。呂后與冒頓這一段交涉，司馬遷又在《史記‧匈奴列傳》中輕輕描寫過去。大概在那個時候，去呂后的時間還很近，不願把這種受侮辱的事筆之於書。後來武帝的詔書中除了「高皇帝遺朕平城之憂」外，還有「高后時，單于書絕悖逆」。司馬光《資治通鑑》載冒頓致書於呂后，是在惠帝三年（公元前一九二年）。冒頓雖然在表面上遣使請赦，另一面仍不斷南侵。呂后六年（公元前一八二年）匈奴入侵狄道攻阿陽。過了一年，匈奴再次入侵上述地方，並且掠走兩千餘人。

呂后死，文帝即位，漢與匈奴復修和親，但匈奴仍不斷南下侵掠。文帝三年（公元前一七七年）匈奴右賢王入侵，佔居河南地，侵盜上郡保塞蠻夷和殺掠人民。《漢書》卷九十四上〈匈奴傳〉述文帝下詔說：

漢與匈奴約爲昆弟，無侵害邊境，所以輸遺匈奴甚厚。今右賢王離其國，將眾居河南地，非常故。往來入塞，捕殺吏卒，驅侵上郡保塞蠻夷，令不得居其故。陵轢邊吏，入盜，甚驁無道，非約也。

於是文帝乃遣邊吏車騎八萬到上郡高奴，遣丞相灌嬰帶領軍隊去攻擊右賢王。右賢王見漢兵來攻，逃到塞外。文帝自己也從甘泉經高奴到太原，但是這個時候，濟北王反，文帝乃回到長安，罷丞相擊匈奴的軍隊，平濟北王之亂。

文帝四年（公元前一七六年），冒頓為了右賢王入侵事，曾遺書於文帝：「天所立匈奴大單于敬問皇帝無恙。前時皇帝言和親事，稱書意合驩。漢邊吏侵侮右賢王，右賢王不請，聽後義盧侯難支等計，與漢吏相恨，絕二主之約，離昆弟之親。」（《漢書》卷九十四上〈匈奴傳〉）

冒頓自稱為天所立匈奴大單于，其自命之尊，氣魄之大，已可概見。而且他在這裡並不承認入侵的原因是起自右賢王。反之，他以為禍端是由於漢邊吏侵侮右賢王，不過他承認右賢王聽了後義盧侯難支等的話，沒有請示於他，即侵漢。為了這個原故，他懲罰了右賢王，懲罰的方式，是遣右賢王去出征西域。此外，他在這封信裡又繼續說，他派右賢王攻略西域後，「北州以定。願寢兵休士養馬，除前事，復故約，以安邊民，以應古始，使少者得成其長，老者得安其處，世世平樂。未得皇帝之志，故使郎中係虖淺奉書請，獻橐佗一，騎馬二，駕二駟，皇帝即不欲匈奴近塞，則且詔

吏民遠舍。使者至，即遣之」。（《漢書》卷九十四上〈匈奴傳〉）

冒頓既矜右賢王之功，又宣揚匈奴之強大，又表示他願意與漢言好復故約，這可以說是又軟、又硬的政策。文帝得書後，召集公卿們會議，討論和親好，還是攻擊好？公卿們皆說：「單于新破月氏，乘勝，不可擊也。且得匈奴地，澤鹵非可居也，和親甚便。」文帝見公卿們都主張和親，他只好照辦。在文帝前六年（公元前一七四年）他寫信給冒頓：

皇帝敬問匈奴大單于無恙。使係虖淺遺朕書，云「願寢兵休〔士〕，除前事，復故約，以安邊民，世世平樂」，朕甚嘉之。此古聖王之志也。漢與匈奴約爲兄弟，所以遺單于甚厚。背約離兄弟之親者，常在匈奴。然右賢王事已在赦前，勿深誅。單于若稱書意，明告諸吏，使無負約，有信，敬如單于書。使者言單于自將並國有功，甚苦兵事。服繡袷綺衣、長襦、錦袍各一，比疏一，黃金飭具帶一，黃金犀毗一，繡十匹，錦二十匹，赤綈、綠繒各四十匹，使中大夫意、謁者令肩遺單于。（《漢書》卷九十四上〈匈奴傳〉）

文帝的書中，雖然仍以為背約離兄弟之親者常在匈奴，但也仍為右賢王緩頰，說右賢王事已在赦前，勿深誅。同時還認為單于征伐各國有功，因而賜給禮物。這是文帝為了邊塞安寧而作的妥協。

文帝六年，即公元前一七四年，冒頓死。

第十三章　匈漢相爭及其基本對策

冒頓死，由其子稽粥繼立為單于，奠定與漢王朝和親相持的格局。

稽粥的意義究竟為何，過去的學者尚未考證出來。外國學者有的譯為Giyu，有的譯為Kiyuk，德格羅特在《紀元前的匈奴》一書寫為Kior，巴克在《韃靼千年史》中卻寫為Kuyuk，然而大家都只從發音方面來考慮，沒有探究意義。稽粥號為老上單于，不知是不是受了漢朝皇帝有號的影響。老上這個名詞，當為漢字譯義，可能稽粥繼立時，年歲已高，所以他自稱老上單于。《〈史記・匈奴列傳〉集解》引徐廣注「一云『稽粥第二單于』，自後皆以弟別之」。

假如這種說法不錯，那麼稽粥單于不只有號，而且好像是受了秦之始皇之後而有二世、三世的影響。匈奴單于若從頭曼算起，稽粥為第三位，但是匈奴之最為強大是在冒頓的時候，可能是為了這個原故，所以匈奴單于乃從冒頓算起，稽粥稱第二。不過徐廣所謂「一云稽粥第二」的「一云」語氣，既不肯定，而史書對於這一點又沒有記載，徐廣以後的注解家，也沒有注意這一件事。

老上稽粥單于就位的時候，匈奴仍甚強大。據史書的記載，稽粥就位之後，他所做的事情，最值得注意的有好幾件：第一，殺月氏王而以其頭為飲器，並強迫大部份的月氏人離開敦煌與祁連間的故居；第二，幫助烏孫再度迫走遷到伊犁河谷與準噶爾的月氏，使烏孫佔據這些地方；第三，繼續南下侵擾漢邊。《史記・匈奴列傳》所記稽粥在位的事情，基本是匈奴與漢的關係。《史記・大宛列傳》敘述了稽粥殺月氏王的事：

> 大月氏在大宛西可二三千里，居嬀水北。其南則大夏，西則安息，北則康居。行國也，隨畜移徙，與匈奴同俗。控弦者可一二十萬。故時強，輕匈奴，及冒頓立，攻破月氏，至匈奴老上單于，殺月氏王，以其頭爲飲器。始月氏居敦煌、祁連間，及爲匈奴所敗，乃遠去，過宛，西擊大夏而臣之，遂都嬀水北，爲王庭。其餘小衆不能去者，保南山羌，號小月氏。

稽粥攻擊月氏，是匈奴第四次攻擊月氏。月氏王為匈奴所殺，大部份的月氏人，大概都是些強壯的月氏人，向西逃遷到準噶爾盆地與伊犁河谷。這些地方，在那個時候是塞種所佔領的地方。大月氏到了這些地方，遂與塞種衝突起來，塞種抵不住月氏，乃經過大宛到蔥嶺以西，也有小部份的塞種人留在故地，月氏遂佔據塞種的故地，並統治留在這個地方的塞人。

匈奴人很重視稽粥單于殺月氏王取其頭以為飲器這件事。這個月氏王頭，曾為以後的單于保存起來，在某種重要的集會或盟約的時候，匈奴單于就用這個頭為飲器。到了一百年後，呼韓邪單于稱臣於漢，這個頭又曾在單于與漢使者的一次盟約中，用以為飲器。春秋時，趙襄子曾以智伯之頭為飲器，可能是受西北其他民族的影響。

至於匈奴之於烏孫，以及烏孫之於月氏的關係，《漢書》卷六十一〈張騫李廣利傳〉中有一段記載：

聞烏孫王號昆莫。昆莫父難兜靡本與大月氏俱在祁連、敦煌間，小國也。大月氏攻殺難兜靡，奪其地，人民亡走匈奴。子昆莫新生，傅父布就翕侯抱亡置草中，爲求食，還，見狼乳之，又烏銜肉翔其旁，以爲神，遂持歸匈奴，單于愛養之。及壯，以其父民眾與昆莫，使將兵，數有功。時，月氏已爲匈奴所破，西擊塞王。塞王南走遠徙，月氏居其地。昆莫既健，自請單于報父怨，遂西攻破大月氏。大月氏復西走，徙大夏地。昆莫略其眾，因留居。

從這段話看來，在稽粥單于未迫走月氏之前，月氏曾殺烏孫王難兜靡，子昆莫及人民乃亡走匈奴，匈奴單于收養了昆莫。後來匈奴殺了月氏王，月氏人中的一部份仍留居原地，依附祁連、敦煌南邊的羌族，其中一部份為羌族同化，另一部份月氏人逃到塞人所住的地方，迫使塞人離開故地而據之。不久，昆莫長大成人，得匈奴幫助，西擊大月氏佔有其地，也就是以前塞族所居住的地方。大月氏迫走塞族時，有一部份塞人留在故地，受月氏統治。大月氏為烏孫昆莫迫走時，一部份的大月氏人又為烏孫所掠奪。此外，留在故地的塞人，仍留在這個地方。因此烏孫除了自己的人民之外，又有了一部份塞人和大月氏人。所以《漢書・西域傳》中說「烏孫氏有塞種、大月氏種云」。

匈奴再度迫走大月氏，這種由匈奴征伐而引起的民族遷徙，在後來西域乃至印度的歷史上，有極重大的影響。因為塞族西南逃之後，在蔥嶺以西，不只征服了大夏而逐漸佔有其地，後來還擴充疆域至於印度。

在時間上，冒頓末年，匈奴打敗烏孫，也打敗了月氏，然兩者仍居敦煌、祁連間。大概到了稽粥繼立之後，烏孫王難兜靡始為月氏所殺，這時的昆莫還是嬰兒。昆莫長大成人，為父報仇攻破月氏，又是稽粥死後軍臣繼位以後的事了。

敦煌與祁連間的地方，就是我們所說的河西走廊。這裡有祁連山，也有焉支山。祁連山有皚皚白雪，河西走廊的許多河流即是由山上的雪融化而來。這裡有不少好牧場。焉支山大概還出很多胭脂，這塊地方對於匈奴很重要。匈奴佔領這塊地方之後，匈奴在西邊的邊境，遂與漢接近，成為侵漢的根據地。

稽粥繼立為匈奴單于之後，漢文帝遣宗室女為單于閼氏，並贈送禮物，派中行說伴行。中行說很不願意去，並揚言如果一定要他去，他將做不利於漢的事情，而為漢患。可是文帝仍派他去。結果中行說投降了匈奴，將漢的情況告訴了單于，鼓勵單于發揚匈奴之所長與漢對抗。

《史記・匈奴列傳》載中行說與漢使者辯論漢與匈奴文化的優劣。中行說極力為匈奴風俗習慣辯護，反駁漢使者的意見。比方漢使或言曰：「匈奴俗賤老。」中行說對曰：「而漢俗屯戍從軍當發者，其老親豈有不自脫溫厚肥美以齎送飲食行戍乎？」漢使曰：「然。」中行說曰：「匈奴明以戰攻為事，其老弱不能鬥，故以其肥美飲食壯健者，蓋以自為守衛，如此父子各得久相保，何以言匈奴輕老也？」漢使曰：「匈奴父子乃同穹廬而臥。父死，妻其後母；兄弟死，盡取其妻妻之。無冠帶之飾，闕廷之禮。」中行說曰：「匈奴之俗，人食畜肉，飲其汁，衣其皮；畜食草飲水，隨時轉移。故其急則人習騎射，寬則人樂無事，其約束輕，易行也。君臣簡易，一國之政猶一身也。父子兄弟死，取其妻妻之，惡種姓之失也。故匈奴雖亂，必立宗種。今中國雖詳不取其父兄之妻，親屬益疏則相殺，至乃易姓，皆從此類。且禮義之敝，上下交怨望，而室屋之極，生力必屈。夫力耕桑以求衣食，築城郭以自備，故其民急則不習戰功，緩則罷於作業。嗟土室之人，顧無多辭，令喋喋佔佔，冠固何當？」從此以後，漢使者凡有要辯論的，中行說常常告訴他們：「漢使無多言，顧漢所輸匈奴繒絮米糵，令其量中，必善美而已矣，何以為言乎？且所給備善則已；不備，苦惡，則候秋孰，以騎馳蹂而稼穡耳。」

他對匈奴的風俗習慣，辯護無微不至，對於漢的禮義，竭力加以蔑視；對匈奴單于則力勸其拋棄漢文化影響，而保存匈奴固有的東西。對於漢使者，必要求給予足夠數量的財物。否則，以入寇相威脅。稽粥單于得了這位背叛本民族的人當然格外信任，匈奴對漢邊的掠奪更加頻繁。

《漢書・文帝紀》文帝十一年（公元前一六九年），匈奴入寇狄道。過了三年（公元前一六六年）匈奴又大舉入寇，而且燒回中宮①，候騎至雍甘泉。《史記・匈奴列傳》說：

匈奴單于十四萬騎入朝那、蕭關，殺北地都尉卬，虜人民畜產甚多，遂至彭陽。使奇兵②入燒回中宮，候騎至雍甘泉。

① 《〈史記・匈奴列傳〉正義》引《括地誌》云：「秦回中宮在岐州雍縣西四十里，即匈奴所燒者也。」
② 《漢書》卷九十四上〈匈奴傳〉奇作騎。

這恐怕是冒頓圍高祖於白登以後最大的一次入侵，而且深入塞內。據《〈史記・匈奴列傳〉正義》引《括地誌》，在「雍甘泉」下云：「雲陽也。秦之林光宮，漢之甘泉，在雍州雲陽西北八十里。秦始皇作甘泉宮，去長安三百里，望見長安。」形勢嚴重，「於是文帝以中尉周舍、郎中令張武為將軍，發車千乘，騎十萬，軍長安旁以備胡寇。而拜昌侯盧卿為上郡將軍，寧侯魏遫為北地將軍，隆慮侯周灶為隴西將軍，東陽侯張相如為大將軍，成侯董赤①為前將軍，大發車騎往擊胡」（《史記・匈奴列傳》）。《〈史記・匈奴列傳〉集解》引徐廣曰：「內史欒布亦為將軍。」《史》、《漢》「欒布傳」皆說欒布文帝時為燕相，至將軍，沒有說參與這次征伐，但是《史》、《漢》「文帝紀」皆云欒布為將軍參與了這次征伐。

漢文帝對這次征伐十分重視，並欲自將親征，《史記・孝文本紀》：「帝親自勞軍，勒兵申教令，賜軍吏卒。帝欲自將擊匈奴，群臣諫，皆不聽。皇太后固要帝，帝乃止。」此後，匈奴以為漢力量薄弱，不斷入侵。「匈奴日已驕，歲入邊，殺略人民畜產甚多，雲中、遼東最甚，至代郡萬餘人。漢患之。」《史記・匈奴列傳》說「漢患之」。而《漢書・匈奴傳》說：「漢甚患之。」照《漢書》的語氣來看，可以看出文帝時，漢對匈奴的侵擾束手無策。於是《史記・匈奴列傳》說，文帝「乃使使遺匈奴書。單于亦使當戶報謝，復言和親事」。文帝後二年（公元前一六二年），文帝給稽粥單于寫了一封長信。

稽粥單于得書，給文帝寫了回信。據《史記・匈奴列傳》說：「單于既約和親，於是制詔御史曰：『匈奴大單于遺朕書，言和親已定，亡人不足以益眾廣地，匈奴無入塞，漢無出塞，犯

〔今〕約者殺之，可以久親，後無咎，俱便。朕已許之。其佈告天下，使明知之。』」文帝下詔的詳細內容，據《史記・孝文本紀》後二年云：

> 朕既不明，不能遠德，是以使方外之國或不寧息。夫四荒之外不安其生，封畿之內勤勞不處，二者之咎，皆自於朕之德薄而不能遠達也。間者累年，匈奴並暴邊境，多殺吏民，邊臣兵吏又不能諭吾內志，以重吾不德也。夫久結難連兵，中外之國將何以自寧？今朕夙興夜寐，勤勞天下，憂苦萬民，爲之惻惕不安，未嘗一日忘於心，故遣使者冠蓋相望，結軼於道，以諭朕意於單于。今單于反古之道，計社稷之安，便萬民之利，親與朕俱棄細過，偕之大道，結兄弟之義，以全天下元元之民。和親已定，始於今年。

文帝後三年（公元前一六一年），稽粥老上單于死。②

匈奴稽粥死後四年，文帝也死了。漢文帝在位二十三年，曾與匈奴三位單于辦過交涉，即冒

---

① 《漢書・文帝紀》作董赫。《〈史記・匈奴列傳〉正義》：「（赤）音赫。」

② 司馬光《資治通鑑》卷十五〈漢紀七〉「是歲（文帝後三年，公元前一六一年）匈奴老上單于死，子軍臣單于立」；《漢書》卷九十四上〈匈奴傳〉「後四年（公元前一六〇年）老上單于死，子軍臣單于立」；《〈史記・匈奴列傳〉集解》「後四歲，老上稽粥單于死，子軍臣單于立」；《〈史記・匈奴列傳〉集解》引徐廣注，「徐廣曰：『後元三年（公元前一六一年）立。』」徐廣注與《資治通鑑》一致。

頓、稽粥和軍臣，而與稽粥打交道的時間最長。稽粥對漢的政策，一方面和親，一方面入寇。這是匈奴的一貫政策，不過稽粥的政策比之冒頓要強化得多。軍臣繼立之後，不到三年，又大舉入寇，這可能也是受了中行說的影響。匈奴雖是屢次答應在和親送禮之後不再侵犯漢邊境，然而這種許諾為時極短，沒有多久，又不斷入寇，有時還大舉入寇。

匈奴既成為漢王朝的大患，漢臣僚與士大夫為消除這種大患紛紛提出意見。班固在《漢書・匈奴傳》「贊」中寫道：「久矣夷狄之為患也。故自漢興，忠言嘉謀之臣曷嘗不運籌策相與爭於廟堂之上乎?高祖時則劉敬，呂后時樊噲、季布，孝文時賈誼、晁錯……」

但在當時幾乎沒有主戰派。賈誼、晁錯眼看稽粥侵擾，痛哭流涕，然而他們也沒有主張發兵北逐匈奴深入漠北。《漢書》卷四十八〈賈誼傳〉載他在給文帝的奏疏中自薦願為屬國之官以主匈奴，然而他怎麼樣去主匈奴呢?主要的是他的三表五餌的政策，這個政策見於《新書・匈奴》：

> 陛下肯幸用臣之計，臣且以事勢諭天子之信，使匈奴大眾之信陛下也。爲通言耳，必行而弗易。夢中許人，覺且不背其信；陛下已諾，若日出之灼灼。故聞君一言，雖有微遠，其志不疑；仇讎之人，其心不殆。若此則信諭矣，所圖莫不行矣，一表。臣又且以事勢諭陛下之愛，令匈奴之自視也。苟胡面而戎狀者，其自以爲見愛於天子也，猶弱子之遌慈母也。若此則愛諭矣，一表。臣又且諭陛下之好，令胡人之自視也。苟其技之所長，與其所工，一可以當天子之意，若此則好諭矣，一表。愛人之狀，好人之技，人道（也）；信爲大操，帝義也。愛好有實，已諾可

期，十死一生，彼必將至。此謂三表。①

這是三表，什麼是五餌？賈誼說：

陛下幸聽臣之計，則臣有餘財。匈奴之來者，家長已上固必衣繡，家少者必衣文錦，將爲銀車五乘，大雕畫之，駕四馬，載綠蓋，從數騎，御參乘。且雖單于之出入也，不輕都此矣。令匈奴降者時時得此而賜之耳，一國聞之者、見之者，希心而相告，人人冀幸，以爲吾至亦可以得此，將以壞其目，一餌；匈奴之使至者，若大降者也，大眾之所聚也，上必有所召，賜食焉，飯物故四五盛，美胾膹炙，具醯醢。方數尺於前，令一人坐此，胡人欲觀者，固百數在旁，得賜者之喜也，且笑且飯，味皆所嗜而所未嘗得也。令來者時時得此而饗之耳，一國聞之者、見之者，垂涎而相告，人悇憚其所自，以吾至亦將得此，將以此壞其口，一餌；降者之傑也，若使者至也，上必使人有所召，客焉。令得召其知識，胡人之欲觀者，勿禁。令婦人傅白墨黑，繡衣而侍其堂者二三十人，或薄或掩，爲其胡戲以相飯。上使樂府幸假之但樂，吹簫鼓鞀，倒挈面者更進，舞者蹈者時作。少間擊鼓，舞其偶人，昔時乃爲戎樂，攜手胥強上客之後，婦人先後扶侍之者固十餘人，使降者時或得此而樂之耳。一國聞之者、見之者，希盱相告，人人忣忣，唯恐其後

① 清光緒元年浙江書局據抱經堂重校刻本。

來至也。將以此壞其耳，一餌；凡降者，陛下之所召幸，若所以約致也，陛下必時有所富，必令此有高堂邃宇，善廚處，大囷京，廄有編馬，庫有陣車，奴婢諸嬰兒畜生具，令此時大具，召胡客饗胡使，上幸令官助之具假之樂，令此其居處樂虞、囷京之畜，皆過其故王，慮出其單于，或時時賜此而爲家耳。匈奴一國傾心而冀，人人忣忣，唯恐其後來至也，將以此壞其腹，一餌；於來降者，上必時時而有所召幸拊循，而後得入官。夫胡大人唯親也，若上於胡嬰兒及貴人子好可愛者，上必召幸，大數十人，爲此繡衣好閒，且出則從，居則更侍。上即饗胡人也，大觳牴也，客胡使也，力士武士固近侍旁，胡嬰兒得近侍側，胡貴人更進得佐酒前，上乃幸自御此薄，使付酒錢，時人偶之。爲間則出繡衣具帶服賓餘，時以賜之。上即幸拊胡嬰兒，擣遒之，戲弄之，乃授炙，幸自啖之，出好衣閒，且自爲贛之。上起胡嬰兒，或前或後。胡貴人既得奉酒，出則服衣佩綬，貴人而立於前，令數人得此而居耳，一國聞者、見者，希盱而欲，人人忣忣，唯恐其後來至也，將以此壞其心，一餌。故牽其耳，牽其目，牽其口，牽其腹，四者已牽，又引其心，安得不來下胡抑抎也。此謂五餌。

賈誼認為採取三表、五餌的政策後，「匈奴之中，乖而相疑矣，使單于寢不聊寐，食不甘口，揮劍挾弓而蹲穹廬之隅，左視右視以為盡仇也」。於是群臣「雖欲毋走，若虎在後，眾欲無來，恐或軒之，此謂勢然。……其南面而歸漢也，猶弱子之慕慈母也」。賈誼幻想對匈奴不戰而使匈奴降漢。

中行說告誡稽粥單于不要改變匈奴的風俗習慣，賈誼勸文帝用漢貴族的生活方式和各種優待引誘匈奴貴族降漢，賈誼的三表五餌也可以說是針對著中行說的。其實賈誼提出的三表、五餌的政策，基本上沒有離開漢一貫的政策——和親加送禮——的軌道，只不過更加具體罷了。

在如何對付匈奴入侵的策略上，除賈誼外，晁錯是很值得注意的。晁錯提出的辦法，可以說是以夷制夷，獎勵屯邊。晁錯的辦法與賈誼不同，較為實際與具體。晁錯的建議見於《漢書・爰盎晁錯傳》：

> 今匈奴地形、技藝與中國異。上下山阪，出入溪澗，中國之馬弗與也；險道傾仄，且馳且射，中國之騎弗與也；風雨罷勞，飢渴不困，中國之人弗與也：此匈奴之長技也。若夫平原易地，輕車突騎，則匈奴之眾易撓亂也；勁弩長戟，射疏及遠，則匈奴之弓弗能格也；堅甲利刃，長短相雜，遊弩往來，什伍俱前，則匈奴之兵弗能當也；材官騶發，矢道同的，則匈奴之革笥木薦弗能支也；下馬地鬥，劍戟相接，去就相薄，則匈奴之足弗能給也：此中國之長技也。以此觀之，匈奴之長技三，中國之長技五。陛下又興數十萬之眾，以誅數萬之匈奴，眾寡之計，以一擊十之術也。

漢之長技多於匈奴，而人數也多於匈奴，按理，漢匈戰爭，漢應取勝，但事實不一定如此，究其原因，晁錯認為：

> 胡人食肉飲酪，衣皮毛，非有城郭田宅之歸居，如飛鳥走獸於廣野，美草甘水則止，草盡水

竭則移。以是觀之，往來轉徙，時至時去，此胡人之生業，而中國之所以離南畝也。今使胡人數處轉牧行獵於塞下，或當燕代，或當上郡、北地、隴西，以候備塞之卒，卒少則入。陛下不救，則邊民絕望而有降敵之心；救之，少發則不足，多發，遠縣才至，則胡又已去，聚而不罷，爲費甚大；罷之，則胡復入。如此連年，則中國貧苦而民不安矣。（《漢書・爰盎晁錯傳》）

用什麼辦法才能戰勝匈奴呢？晁錯提出了自己的主張，《漢書・爰盎晁錯傳》：

今降胡義渠蠻夷之屬來歸誼者，其眾數千，飲食長技與匈奴同，可賜之堅甲絮衣，勁弓利矢，益以邊郡之良騎。令明將能知其習俗和輯其心者，以陛下之明約將之。即有險阻，以此當之；平地通道，則以輕車材官制之。兩軍相爲表裡，各用其長技，衡加之以眾，此萬全之術也。

這裡指出除了用漢的長技對付匈奴外，同時利用投降漢的義渠和其他蠻夷來對付匈奴，這就是晁錯提出的以夷制夷的辦法。為了防禦匈奴南下侵擾，晁錯竭力主張屯邊，他說：

陛下幸憂邊境，遣將吏發卒以治塞，甚大惠也。然令遠方之卒守塞，一歲而更，不知胡人之能，不如選常居者，家室田作，且以備之。以便爲之高城深塹，具藺石，布渠荅，復爲一城其內，城間百五十步。要害之處，通川之道，調立城邑，毋下千家，爲中周虎落。先爲室屋，具田器，乃募罪人及免徒復作令居之；不足，募以丁奴婢贖罪及輸奴婢欲以拜爵者；不足，乃募民之欲往者。皆賜高爵，復其家。予冬夏衣，廩食，能自給而止。郡縣之民得買其爵，以自增至卿。其亡夫若妻者，縣官買與之。人情非有匹敵，不能久安其處。塞下之民，祿利不厚，不可使久居危難之地。胡人入驅而能止其所驅者，以其半予之，縣官爲贖其民。如是，則邑里相救助，赴胡不避死。非以德上也，欲全親戚而利其財也。此與東方之戍卒不習地勢而心畏胡者，功相萬也。以陛下之時，徙民實邊，使遠方無屯戍之事，塞下之民父子相保，亡係虜之患，利施後世，名稱聖明，其與秦之行怨民，相去遠矣。（《漢書・爰盎晁錯傳》）

文帝對於晁錯的獎勵屯邊的辦法，是很贊成的，但是始終沒有好好地實行。晁錯明白徙民實邊的辦法在秦實行過，但效果不大，為了使人樂於到邊地，晁錯提出了優待辦法，使其安居樂業，鞏固邊防，以備匈奴。

文帝十四年，馮唐提出守邊必須有良將，《史記・張釋之馮唐列傳》：

馮唐者，其大父趙人。父徙代。漢興徙安陵。唐以孝著，爲中郎署長，事文帝。文帝輦過，問唐曰：「父老何自爲郎？家安在？」唐具以實對。文帝曰：「吾居代時，吾尚食監高祛數爲我言趙將李齊之賢，戰於鉅鹿下。今吾每飯，意未嘗不在鉅鹿也。父知之乎？」唐對曰：「尚不如廉頗、李牧之爲將也。」上曰：「何以？」唐曰：「臣大父在趙時，爲官〔率〕將，善李牧。臣父故爲代相，善趙將李齊，知其爲人也。」上既聞廉頗、李牧爲人，良說，而搏髀曰：「嗟乎！吾獨不得廉頗、李牧時爲吾將，吾豈憂匈奴哉！」唐曰：「主臣！陛下雖得廉頗、李牧，弗能用也。」上怒，起入禁中。良久，召唐讓曰：「公柰何眾辱我，獨無間處乎？」唐謝曰：「鄙人不知忌諱。」當是之時，匈奴新大入朝那，殺北地都尉卬。上以胡寇爲意，乃卒復問唐曰：「公何以知吾不能用廉頗、李牧也？」唐對曰：「臣聞上古王者之遣將也，跪而推轂，曰閫以內者，寡人制之；閫以外者，將軍制之。軍功爵賞皆決於外，歸而奏之。此非虛言也。臣大父言，李牧爲趙將居邊，軍市之租皆自用饗士，賞賜決於外，不從中擾也。委任而責成功，故李牧乃得盡其智能，遣選車千三百乘，彀騎萬三千，百金之士十萬，是以北逐單于，破東胡，滅澹林，西抑強秦，南支韓、魏。當是之時，趙幾霸。其後會趙王遷立，其母倡也。王遷立，乃用郭開讒，卒誅李牧，令顏聚代之。是以兵破士北，爲秦所禽滅。今臣竊聞魏尚爲雲中守，其軍市租盡以饗士卒，〔出〕私養錢，五日一椎牛，饗賓客軍吏舍人，是以匈奴遠避，不近雲中之塞。虜曾一入，尚率車騎擊之，所殺甚眾。夫士卒盡家人子，起田中從軍，安知尺籍伍符。終日力戰，斬首捕虜，上功莫府，一言不相應，文吏以法繩之。其賞不行而吏奉法必用。臣愚，以爲陛下法太明，賞太輕，罰太重。且雲中守魏尚坐上功首虜差六級，陛下下之吏，削其爵，罰作之。由此言之，陛下雖得廉頗、李牧，弗能用也。臣誠愚，觸忌諱，死罪死罪！」文帝說。是日令馮唐持節赦魏尚，復以爲雲中守，而拜唐爲車騎都尉，主中尉及郡國車士。

賈誼的三表五餌，不見得為文帝所採用。晁錯的獎勵實邊，雖得文帝的贊同，但不見得徹底實行。馮唐向文帝推薦魏尚，比之李牧，可是魏尚才能不見得比得上李牧。李牧、蒙恬大敗匈奴，而魏尚卻沒有擊敗匈奴，解除西漢王朝最大的邊患。

軍臣單于繼立於漢文帝後三年（公元前一六一年），死於漢武帝元朔三年（公元前一二六年），在位三十五年，他與漢王朝的三個皇帝（文、景、武）辦過交涉。軍臣就位的時候，中行說還活著，軍臣單于和他父親一樣，對中行說很信任。中行說死於何年？苦無記載。軍臣單于就位以後的唯一勁敵，仍是南邊的西漢王朝。

軍臣一就位，漢文帝又與匈奴和親。但「軍臣單于立四歲，匈奴復絕和親，大入上郡、雲中各三萬騎，所殺略甚眾而去」（《史記・匈奴列傳》）。而《漢書・匈奴傳》則說是「軍臣單于立歲餘，匈奴復絕和親，大入上郡、雲中各三萬騎，所殺略甚眾」。

這裡值得注意的是《史記》與《漢書》記載此事說法不一，《史記》說此事發生於軍臣立後四年，而《漢書》卻說此事發生於軍臣立後年餘，究竟哪種說法對？《〈史記・匈奴列傳〉集解》引徐廣注：「孝文後元七年崩，而二年答單于書，其間五年。而此云『後四年』又『立四歲』，數不容爾也。孝文後六年冬，匈奴入上郡、雲中也。」看徐廣的語氣所謂「此云後四年，又立四歲」，好像是八年，假使這樣說，那是錯的。《史記》所說軍臣單于立四歲，是指軍臣就位後四年。軍臣立於文帝後三年，所謂立四歲，連頭帶尾算上，可以說為四年；如果以四年滿數而說，那就錯了，因為匈奴入侵上郡、雲中是文帝後六年，如按滿數計算，當在文帝後七年。《漢書・文帝紀》也說匈奴入侵上郡、雲中是在文帝後六年，這樣看起來，《史記》所說軍臣立四歲而大入上郡、雲中，固有商量的餘地，而《漢書・匈奴傳》認為軍臣立歲餘而大入上郡、雲中也是不對的。

匈奴在文帝後六年的入侵，深入塞內，故《史記》、《漢書》的〈匈奴傳〉皆云：「胡騎入代句注邊，烽火通於甘泉、長安。」漢文帝以為軍臣初立，可以用和親送禮的政策去籠絡匈奴，但是軍臣和他的祖先一樣並不因此而停止侵擾。這次入侵是文帝時期匈奴第三次大舉入侵。冒頓、稽粥、軍臣在文帝時除小規模的侵擾經常發生外，都對漢作過一次大規模的入侵。軍臣既對漢大舉入侵，文帝被迫不得不發兵迎擊。《史記・孝文本紀》說：

以中大夫令勉爲車騎將軍，軍飛狐；胡楚相蘇意爲將軍，軍句注；將軍張武屯北地；河內守周亞夫爲將軍，居細柳；宗正劉禮爲將軍，居霸上；祝茲侯軍棘門，以備胡。數月，胡人去，亦罷。

文帝為了鼓勵士氣，又親自勞軍，據《資治通鑑・漢紀七》云：

上自勞軍，至霸上及棘門軍，直馳入，將以下騎送迎。已而之細柳軍，軍士吏被甲，銳兵刃，彀弓弩持滿，天子先驅至，不得入。先驅曰：「天子且至！」軍門都尉曰：「將軍令曰：『軍中聞將軍令，不聞天子之詔。』」居無何，上至，又不得入。於是上乃使使持節詔將軍：「吾欲入營勞軍。」亞夫乃傳言「開壁門」。壁門士請車騎曰：「將軍約：軍中不得馳驅。」於是天子乃按轡徐行。至營，將軍亞夫持兵揖曰：「介胄之士不拜，請以軍禮見。」天子爲動，改容，式車，使人稱謝：「皇帝敬勞將軍。」成禮而去。既出軍門，群臣皆驚。上曰：「嗟乎，此眞將軍矣！曩者霸上、棘門軍若兒戲耳，其將固可襲而虜也。至於亞夫，可得而犯耶！」稱善者久之。

後來，文帝在死前囑太子「即有緩急，周亞夫真可任將兵」（《史記・絳侯周勃世家》）。吳楚七國之亂，周亞夫任太尉統兵平定了這次叛亂，這不能說文帝不會用人。

匈奴入侵達數月之久，漢兵到邊地時匈奴遠離邊塞而去，漢也就此罷兵，不出塞追擊。《史記・孝文本紀》說：「與匈奴和親，匈奴背約入盜，然令邊備守，不發兵深入，惡煩苦百姓。」「惡煩苦百姓」，是不是唯一的原因，不得而知，但這是重要原因之一，無可懷疑。原來在那個時候，被征去當兵的衣食皆要自己準備，如勞師的時間過久，則不只農田缺人耕種，而士卒衣食，也成了問題。所謂「惡煩苦百姓」，就是這個意思。

軍臣大入上郡、雲中之次年，即公元前一五七年，文帝死了。在文帝時期，西漢王朝內部比較安定，人口增加，文帝提倡農業，節省開支。景帝元年丞相呂嘉等，在奏疏裡說：「世功莫大於高皇帝，德莫盛於孝文皇帝。」（《史記・孝文本紀》）然而無論功大的高帝還是德盛的文帝，既沒有能用武力去擊敗匈奴，也沒有辦法去感化匈奴。

文帝死，景帝繼位為皇帝，復修和親。《漢書・景帝紀》說景帝元年（公元前一五六年）「遣御史大夫青翟至代下與匈奴和親」。御史大夫在西漢初期，地位僅次於丞相，景帝遣御史大夫去修和親之約，可見景帝求和之切。《史記・孝景本紀》說：「匈奴入代，與約和親。」

這裡所說匈奴入代實際又是入侵，所以不得不遣派大臣去修和親之約。《漢書・景帝紀》注青翟云：「文穎曰：『姓嚴，諱青翟。』臣瓚曰：『此陶青也。莊青翟乃自武帝時人，此紀誤。』師古曰：『後人傳習不曉，妄增翟字耳，非本作紀之誤。』」司馬光《資治通鑑》已改為「遣御史大夫青至代下與匈奴和親」。注云：陶青為「高祖功臣陶舍之子」。《通鑑》景帝二年又說：「以御史大夫開封侯陶青為丞相。」所以《漢書・景帝紀》所說的青翟，當為陶青。《漢書・景帝紀》又說：景帝二年「秋，與匈奴和親」。景帝五年「遣公主嫁匈奴單于」。這樣看來，景帝是更積極執行高祖以來的和親送禮政策。

應該指出，在景帝三年那一年，趙王遂反，曾與匈奴聯絡。《漢書》卷三十八〈高五王傳〉說：

孝景時晁錯以過削趙常山郡，諸侯怨，吳、楚反，遂與合謀起兵。其相建德、內史王悍諫，不聽。遂燒殺德、悍，發兵住其西界，欲待吳楚俱進，北使匈奴與連和。漢使曲周侯酈寄擊之，趙王城守邯鄲，相距七月。吳、楚敗，匈奴聞之，亦不肯入邊。

這與漢高祖初年有些大臣謀反與匈奴相勾結有相似之處。但這一次的內亂中，匈奴聞吳楚敗即不肯入邊去幫助趙王遂，不久趙王遂兵敗自殺。匈奴不願出兵幫助趙王遂，雖與吳楚之敗有關，但也可能是受景帝和親之約的約束。「自是之後，孝景帝復與匈奴和親，通關市，給遺匈奴，遣公主，如故約。終孝景時，時小入盜邊，無大寇。」（《史記・匈奴列傳》）

景帝在位的十幾年中，匈奴小規模入寇見於史書的，有景帝中二年（公元前一四八年）「匈奴入燕，遂不和親」（《史記・孝景本紀》）。又中六年（公元前一四四年）六月「匈奴入雁門，至武泉，入上郡，取苑馬。吏卒戰死者二千人」（《漢書・景帝紀》）。吏卒死亡達兩千人之多，人民畜物之被殺掠的恐怕還要多，這不是小入寇了。這裡所說的苑馬，據《漢書・景帝紀》如淳注：「《漢儀注》太僕牧師諸苑三十六所，分佈北邊、西邊。以郎為苑監，官奴婢三萬人，養馬三十萬匹。」又景帝後二年春，「匈奴入雁門，太守馮敬與戰死。發車騎材官屯」（《漢書・景帝紀》）。《史記・孝景本紀》云「郅將軍擊匈奴」。

《〈史記・孝景本紀〉正義》以為郅將軍即郅都。《資治通鑑》注則認為郅將軍乃另一人①，非郅都。郅將軍確係何人？我們不打算在這裡討論，但是《漢書》卷九十〈酷吏傳〉中曾論及郅都與匈奴的關係，「景帝乃使使即拜都為雁門太守，便道之官，得以便宜從事。匈奴素聞郅都節，舉邊為引兵去，竟都死不近雁門。匈奴至為偶人象都，命騎馳射，莫能中，其見憚如此，匈奴患之」。

景帝時，還有一位將領為匈奴所懼，這便是李廣。關於李廣，以後再述。

① 《資治通鑑》卷十六〈漢紀八〉「景帝中二年」注：《考異》曰：《史記・孝景本紀》「後二年正月，郅將軍擊匈奴」。〈酷吏傳〉：「郅都死後，宗室多犯法，上乃召寧城為中尉。」成為中尉在中六年，則後二年所謂郅將軍者，非都也，疑別一人。

第十四章　匈奴開始為漢所敗

軍臣單于在位的三十五年中，匈奴內部好像出了問題。漢文帝末年，以及景帝的時候，不只高祖時投降匈奴的將領如韓王信、盧綰的子孫都反水歸漢，匈奴王中反叛軍臣單于降於漢的也不少。韓王信之子韓穨當，曾為匈奴相國，於文帝十四年與侄韓嬰率眾降漢，漢封穨當為弓高侯，嬰為襄城侯。《史記・孝景本紀》說：「匈奴王二人率其徒來降，皆封為列侯。」《資治通鑑・漢紀八》：「匈奴王徐盧等六人降，帝欲侯之以勸後。丞相亞夫曰：『彼背主降陛下，陛下侯之，則何以責人臣不守節者乎？』帝曰：『丞相議不可用。』乃悉封徐盧等為列侯。」《史記》說二人，而《資治通鑑》作六人。《漢書・景武昭宣元成功臣表第五》則以為匈奴王降漢的共七人，他們是安陵侯于軍、桓侯賜、遒侯陸彊、容城攜侯徐盧、易侯僕、范陽靖侯范代、翕侯邯鄲。這樣多的匈奴王率眾來降，可以推測匈奴內部出了問題。

匈奴內部出了什麼問題？其嚴重性如何？今天無從考察，但至少可說明匈奴內部上層貴族中有一部份人對軍臣單于不滿。匈奴貴族之間，以至他們與單于之間互相猜忌，互相傾軋和征伐，導致一部份貴族離開匈奴南下降漢。

另外軍臣就位之後不久，大入上郡、雲中之役，人數不過六萬，比之稽粥十四萬騎入寇和冒頓以三十萬騎圍漢高祖，則其入寇人數之少，可以概見。而且從入侵上郡、雲中之後一直到武帝初年，入寇較少，而且規模也小，因此，我們推想匈奴在這個時候，可能有天災人禍使匈奴對於西漢王朝無力大舉入侵。

在西漢王朝，除天災外有時也有或大或小的內亂，高祖時諸侯王的反叛，呂后死後諸呂之亂，文帝時濟北王興居的反叛，景帝時吳楚七國之亂等，有的與匈奴聯合反漢，有的投降匈奴。然而西漢地肥物博，人口眾多，物質條件比匈奴要優越得多，且自漢高祖平定天下以後，儘管有內亂、天災和外患，但比之戰國以至春秋時代，總算和平的日子多於戰亂的日子。匈奴大規模的入侵為數不多，小規模的擾亂又只限於邊塞，守邊的士卒就可迎戰，不必調動大兵，所以從漢高祖至武帝即位的六十年間，西漢王朝統治下的人民，尚有休養生息的時間。《史記・呂太后本紀》：「孝惠皇帝、高后之時，黎民得離戰國之苦，君臣俱欲休息乎無為，故惠帝垂拱，高后女主稱制，政不出房戶，天下晏然。刑罰罕用，罪人是希。民務稼穡，衣食滋殖。」班固在《漢書・文帝紀》「贊」中說：「孝文皇帝即位二十三年，宮室苑囿車騎服御無所增益。有不便，輒弛以利民。嘗欲作露台，召匠計之，直百金。上曰：『百金，中人十家之產也。吾奉先帝宮室，常恐羞之，何以台為！』身衣弋綈，所幸慎夫人衣不曳地，帷帳無文繡，以示敦樸，為天下先。治霸陵，皆瓦器，不得以金銀銅錫為飾。」《漢書・景帝紀》「贊」中說：「漢興，掃除煩苛，與民休息。至於孝文，加之以恭儉，孝景遵業，五六十載之間，至於移風易俗，黎民醇厚。」

漢王朝經過幾十年的休養生息，國家日愈富足，人口逐年增加。可以肯定，到武帝即位時，西漢王朝的物力盛過以前幾個皇帝，為武帝征伐匈奴提供了物質基礎。

武帝就位後十五年，即武帝元朔三年（公元前一二六年），匈奴軍臣單于死。武帝初年，即軍臣單于死去之前雖然有了征伐匈奴的物質基礎與決心，但是在他剛剛就位的時候，至少在表面上仍遵循漢高祖以來的和親送禮政策。《史記・匈奴列傳》說：「今帝（武帝）即位，明和親約束，厚遇，通關市，饒給之。匈奴自單于以下皆親漢，往來長城下。」這是以前所少見的現象。這時武帝對匈奴仍然採取防守的政策，在防邊諸將中，李廣與程不識最知名。

李廣自文帝十四年（公元前一六六年）匈奴大入蕭關時，已從軍擊匈奴，直至武帝元狩四年（公元前一一九年）自殺為止，差不多有五十年之久，「與匈奴大小七十餘戰」（《史記・李將軍列傳》）。可以說在這個時期中，西漢王朝與匈奴的戰爭他差不多都參加了。李廣聲譽最隆的時期，也是軍臣在位時期。軍臣死前三年，衛青擊敗匈奴，西漢攻擊匈奴的勝利，已經開端。後來霍去病與衛青大敗匈奴，李廣雖然與衛青、霍去病帶兵出征，但在開始擊敗匈奴各次戰役中，李廣失敗多而成功少。李廣防匈奴之享有盛名，主要是在尚與匈奴相持的軍臣單于時代。《漢書・李廣蘇建傳》所記李廣事跡，也是對這一時代匈漢戰爭細節的描述。〈傳〉曰：

> 李廣，隴西成紀人也。其先曰李信，秦時爲將，逐得燕太子丹者也。廣世世受射。孝文十四年，匈奴大入蕭關，而廣以良家子從軍擊胡，用善射，殺首虜多，爲郎，騎常侍。數從射獵，格殺猛獸，文帝曰：「惜廣不逢時，令當高祖世，萬户侯豈足道哉！」景帝即位，爲騎郎將。吳楚反時，爲驍騎都尉，從太尉亞夫戰昌邑下，顯名。以梁王授廣將軍印，故還，賞不行。爲上谷太守，數與匈奴戰。典屬國公孫昆邪爲上泣曰：「李廣材氣，天下亡雙，自負其能，數與虜确，恐亡之。」上乃徙廣爲上郡太守。匈奴侵上郡，上使中貴人從廣勒習兵擊匈奴。中貴人者將數十騎從，見匈奴三人，與戰。射傷中貴人，殺其騎且盡。中貴人走廣，廣曰：「是必射鵰者也。」廣乃從百

騎往馳三人。三人亡馬步行，行數十里。廣令其騎張左右翼，而廣身自射彼三人者，殺其二人，生得一人，果匈奴射鵰者也。已縛之上山，望匈奴數千騎，見廣，以爲誘騎，驚，上山陳。廣之百騎皆大恐，欲馳還走。廣曰：「我去大軍數十里，今如此走，匈奴追射，我立盡。今我留，匈奴必以我爲大軍之誘，不我擊。」廣令曰：「前！」未到匈奴陳二里所，止，令曰：「皆下馬解鞍！」騎曰：「虜多如是，解鞍，即急，奈何？」廣曰：「彼虜以我爲走，今解鞍以示不去，用堅其意。」有白馬將出護兵，廣上馬，與十餘騎奔射殺白馬將，而復還至其百騎中，解鞍。縱馬臥。時會暮，胡兵終怪之，弗敢擊。夜半，胡兵以爲漢有伏軍於傍欲夜取之，即引去。平旦，廣乃歸其大軍。

武帝元光元年（公元前一三四年），武帝以衛尉李廣為驍騎將軍屯雲中，中尉程不識為車騎將軍屯雁門，目的是防備匈奴入侵。李廣與程不識俱是漢邊名將，但兩人作風殊異，《漢書・李廣蘇建傳》說：

武帝即位，左右言廣名將也，由是入爲未央衛尉，而程不識時亦爲長樂衛尉。程不識故與廣俱以邊太守將屯。及出擊胡。而廣行無部曲行陳，就善水草頓舍，人人自便，不擊刁斗自衛，莫府省文書，然亦遠斥候，未嘗遇害。程不識正部曲行伍營陳，擊刁斗，吏治軍簿至明，軍不得自便。不識曰：「李將軍極簡易，然虜卒犯之，無以禁；而其士亦佚樂，爲之死。我軍雖煩擾，虜亦不得犯我。」是時漢邊郡李廣、程不識爲名將，然匈奴畏廣，士卒多樂從，而苦程不識。

當時漢朝對匈奴是繼續採取和親還是採取進攻的政策展開了辯論。據《漢書》卷五十二〈竇田灌韓傳〉說：

> 其年，田蚡爲丞相，安國爲御史大夫。匈奴來請和親，上下其議。大行王恢，燕人，數爲邊吏，習胡事，議曰：「漢與匈奴和親，率不過數歲即背約。不如勿許，舉兵擊之。」安國曰：「千里而戰，即兵不獲利。今匈奴負戎馬足，懷鳥獸心，遷徙鳥集，難得而制。得其地不足爲廣，有其眾不足爲強，自上古弗屬。漢數千里爭利，則人馬罷，虜以全制其敝，勢必危殆。臣故以爲不如和親。」

韓安國的意見，為當時多數公卿所贊成，武帝採納了韓安國與匈奴繼續和親的意見，而許其和親。到了武帝元光二年（公元前一三三年）再次引起爭論。這次大辯論是武帝親自發動的。武帝詔問公卿曰：「朕飾子女以配單于，金幣文繡賂之甚厚，單于待命加嫚，侵盜亡已。邊境被害，朕甚閔之。今欲舉兵攻之，何如？」（《漢書·武帝紀》）於是王恢與韓安國再次發生激烈的爭論，由於漢武帝是傾向於出擊的，所以這次爭論王恢獲勝，並決定在馬邑伏兵以誘匈奴。《史記·匈奴列傳》說：「漢使馬邑下人聶翁壹奸蘭出物與匈奴交，佯為賣馬邑城以誘單于。單于信之，而貪馬邑財物，乃以十萬騎入武州塞。」

《漢書·竇田灌韓傳》對這次戰役敘述得比較詳細：

陰使聶壹爲閒，亡入匈奴，謂單于曰：「吾能斬馬邑令丞，以城降，財物可盡得。」單于愛信，以爲然而許之。聶壹乃詐斬死罪囚，懸其頭馬邑城下，視單于使者爲信，曰：「馬邑長吏已死，可急來。」於是單于穿塞，將十萬騎入武州塞。

當是時，漢伏兵車騎材官三十餘萬，匿馬邑旁谷中。衛尉李廣爲驍騎將軍，太僕公孫賀爲輕車將軍，大行王恢爲將屯將軍，太中大夫李息爲材官將軍。御史大夫安國爲護軍將軍，諸將皆屬。約單于入馬邑縱兵。王恢、李息別從代主擊輜重。於是單于入塞，未至馬邑百餘里，覺之，還去。

軍臣單于怎麼未到馬邑百餘里覺之而去呢？《史記・匈奴列傳》說：

單于既入漢塞，未至馬邑百餘里，見畜布野而無人牧者，怪之，乃攻亭。是時雁門尉史行徼，見寇，葆此亭，知漢兵謀，單于得，欲殺之，尉史乃告單于漢兵所居。單于大驚曰：「吾固疑之。」乃引兵還。出曰：「吾得尉史，天也，天使若言。」以尉史爲「天王」。

軍臣帶兵回去，漢兵追到邊塞而回，主戰派王恢也沒有窮追。

這次西漢王朝調動了三十餘萬大軍，其數目與漢高祖之攻擊冒頓的人數一樣，這是西漢王朝自高祖以後發兵最多的一次。然而結果一無所得，主戰最力的王恢也未深追，武帝大怒，責備他不出擊單于輜重。他說：「始約為入馬邑城，兵與單于接，而臣擊其輜重，可得利。今單于不至而還，臣以三萬人眾不敵，只取辱。固知還而斬，然完陛下士三萬人。」（《漢書・竇田灌韓傳》）武帝下恢於廷尉欲斬之，恢自殺。此後，漢匈和親之約遂絕，匈奴入侵更甚，西漢王朝也積極準備進擊匈奴。

到了武帝元光六年（公元前一二九年），「匈奴入上谷，殺略吏民」，武帝乃發兵攻擊。《漢書・武帝紀》：「遣車騎將軍衛青出上谷，騎將軍公孫敖出代，輕車將軍公孫賀出雲中，驍騎將軍李廣出雁門。青至龍城，獲首虜七百級。廣、敖失師而還」。《漢書・李廣蘇建傳》說：「廣以衛尉為將軍，出雁門擊匈奴。匈奴兵多，破廣軍，生得廣。單于素聞廣賢，令曰：『得李廣必生致之。』胡騎得廣，廣時傷，置兩馬間，絡而盛之臥。行十餘里，廣陽死，睨其傍有一兒騎善馬，暫騰而上胡兒馬，因抱兒鞭馬南馳數十里，得其餘軍。匈奴騎數百追之，廣行取兒弓射殺追騎，以故得脫。於是至漢，漢下廣吏。吏當廣亡失多，為虜所生得，當斬，贖為庶人。」為了鼓舞士氣，以利再戰，武帝將公孫敖、李廣治罪外，卻下詔赦免公孫敖、李廣部的軍士：

> 夷狄無義，所從來久。間者匈奴數寇邊境，故遣將撫師。古者治兵振旅，因遭虜之方入，將吏新會，上下未輯，代郡將軍敖、雁門將軍廣所任不肖，校尉又背義妄行，棄軍而北，少吏犯禁。用兵之法，不勤不教，將率之過也；教令宣明，不能盡力，士卒之罪也。將軍已下廷尉，使理正之，而又加法於士卒，二者並行，非仁聖之心。朕閔眾庶陷害，欲刷恥改行，復奉正義，厥路亡繇。其赦雁門、代郡軍士不循法者。（《漢書・武帝紀》）

在這一年的冬天①匈奴大入寇，漁陽受害尤甚。武帝又遣韓安國屯漁陽，次年（即武帝元朔元年，公元前一二八年）匈奴以二萬騎入寇，《史記・匈奴列傳》云：「匈奴二萬騎入漢，殺遼西太守，略二千餘人。胡又入，敗漁陽太守軍千餘人，圍漢將軍安國，安國時千餘騎亦且盡，會燕救至，匈奴乃去。匈奴又入雁門，殺略千餘人。於是漢使將軍衛青將三萬騎出雁門，李息出代郡，擊胡。得首虜數千人。」元朔二年（公元前一二七年）匈奴入侵上谷、漁陽，殺略吏民千餘人。武帝「遣將軍衛青、李息出雲中，至高闕，遂西至符離，獲首虜數千級。收河南地，置朔方、五原郡」。（《漢書・武帝紀》）《史記・匈奴列傳》記述得較為詳細：

衛青復出雲中以西至隴西，擊胡之樓煩、白羊王於河南，得胡首虜數千，牛羊百餘萬。於是漢遂取河南地，築朔方，復繕故秦時蒙恬所爲塞，因河爲固。漢亦棄上谷之什辟縣造陽地以予胡。是歲，漢之元朔二年也。

蒙恬所取匈奴地在高祖初年為冒頓奪回，差不多經過八十年後，又為西漢王朝收復。雖然漢放棄了上谷之什辟縣造陽地以予匈奴，可是衛青也佔有了蒙恬所取的匈奴地，在武帝看來這是一個大勝利。於是武帝對這次出征有功之人大加封賞。「以三千八百戶封青為長平侯。青校尉蘇建為平陵

① 《漢書・武帝紀》和《資治通鑑》卷十八〈漢紀十〉皆作秋；《史記・匈奴列傳》、《漢書・匈奴傳》作冬。

侯，張次公為岸頭侯。使建築朔方城。」（《漢書・衛青霍去病傳》）軍臣單于於為衛青所敗之次年，即武帝元朔三年（公元前一二六年）死去。

軍臣單于時期，匈奴內部逐漸發生問題，到了他的晚年，西漢王朝又轉守為攻，戰場移到匈奴境內，匈奴漸趨衰弱，最後不得不向西漢王朝稱臣。所以在武帝與軍臣的時代，是匈奴歷史的關鍵性時代，這是研究匈奴歷史以及與漢族關係的人應特別注意的。

軍臣單于曾立其子於單為太子，但是軍臣死後其弟左谷蠡王伊稚斜①自立為單于，起兵攻太子於單，於單敗而降漢。《史》、《漢》兩書的「匈奴傳」對於這件事，只平平淡淡地描寫：「匈奴軍臣單于死，軍臣單于弟左谷蠡王伊稚斜自立為單于，攻破軍臣單于太子於單。於單亡降漢，漢封於單為涉安侯，數月而死。」（《史記・匈奴列傳》）《漢書・匈奴傳》記載與此同，只文字稍有出入。此事也見於《漢書》卷十七〈景武昭宣元成功臣表〉載涉安侯於單以匈奴單于太子降漢。元朔三年四月封，五月薨。

這在匈奴歷史上是一件很重要的事情，因為自頭曼至軍臣的百多年中，匈奴單于的位置，都是父子相傳，沒有兄終弟及現象。軍臣之子於單已立為太子，是軍臣的當然繼承人，但是軍臣之弟伊稚斜，卻自立為單于，並攻敗太子於單，這是一種反叛行為。雙方因爭立而引起的內戰情形，苦無記載，我們推想必定很嚴重。《史記・大宛列傳》說：「騫（張騫）從月氏至大夏，竟不能得月氏要領。留歲餘，還，並南山，欲從羌中歸，復為匈奴所得。留歲餘，單于死，左谷蠡王攻其太子自立，國內亂，騫與胡妻及堂邑父俱亡歸漢。」這說明當時匈奴內部情況很混亂，張騫才有機會逃回。而且，於單失敗後投降了漢，說明他失敗慘重，不能在匈奴立足，被迫降漢，這些都說明了匈奴內亂的嚴重性。

自頭曼至軍臣的百餘年中，匈奴王侯貴人，雖有南下降漢的，然而這次爭奪單于地位而引起的內亂，卻是最嚴重的。軍臣在位的末期，西漢王朝對付匈奴的政策已轉守為攻，使匈奴又增加了外患，而且，這種外患在軍臣死後日趨嚴重。

伊稚斜自立為單于，在位共十三年（漢武帝元朔三年至元鼎三年，即公元前一二六至前一一四年）。

漢武帝就位之後，西漢王朝既有征伐匈奴的物力，又有征伐匈奴的決心，他戰略眼光宏遠，軍事攻勢與外交攻勢並重。為此，武帝提拔並重用征伐匈奴的將才和出使異域的使者，趙翼《廿二史劄記》卷二〈漢武用將〉做了下面一段敘述：

> 武帝長駕遠馭，所用皆跅弛之士，不計流品也。〈張騫傳〉：自騫開外國道，致尊貴，吏士爭上書言外國利害。天子爲其絕遠，輒予節，募吏民，無問所從來，爲備人衆遣之。……大者予節，小者爲副。……至其操縱賞罰，亦實有足以激勸者，如衛青、霍去病等，屢經出塞，爲國宣力，固貴之寵之，封侯增邑不少靳。……李廣利伐大宛，斬其王母寡，而私罪惡甚多，則以其萬里征伐，

① 《史記・匈奴列傳》作伊稚斜，《漢書・匈奴傳》作伊稚秭斜。

不錄其過。甚至失機敗事，而其罪可諒，其才尚可用者，亦終不刑戮，使得再自效，如張騫與李廣，俱出右北平擊匈奴，廣失亡多，騫後期，皆當斬。皆許贖爲庶人。廣又全軍覆沒，身爲匈奴所得，佯死奪其馬奔歸，當斬，亦贖爲庶人。……

馬邑伏兵欲擊匈奴後，武帝在以後的三十餘年中，遣將調兵，攻擊匈奴，並遣使者溝通西域，斷匈奴右臂。試看武帝時的功臣表，因攻伐匈奴而侯者不少。在軍臣和伊稚斜時代，西漢攻擊匈奴最著名的將領要算衛青與霍去病，出使西域最著名的使者是張騫。

《漢書・衛青霍去病傳》：「衛青字仲卿。……河東平陽人也……青壯，為侯家騎，從平陽主。……元光六年，拜為車騎將軍，擊匈奴，出上谷。」衛青卒於武帝元封五年（公元前一〇六年）。征伐匈奴的另一名將霍去病，其〈傳〉云：「霍去病，大將軍青姊少兒子也。……去病以皇后姊子，年十八為侍中。善騎射，再從大將軍。大將軍受詔，予壯士，為票姚校尉，與輕勇騎八百直棄大軍數百里赴利，斬捕首虜過當。……去病為人少言不泄，有氣敢往。上嘗欲教之吳孫兵法，對曰：『顧方略何如耳，不至學古兵法。』上為治第，令視之，對曰：『匈奴不滅，無以家為也。』」霍去病（公元前一四〇—前一一七）死的時候不過二十四歲。去病自公元前一一九年擊匈奴封狼居胥山而還，從此以後直到他死，沒有再出擊匈奴。衛青雖死於去病之後，也沒有再出擊匈奴。

衛青、霍去病大規模地出擊匈奴是在伊稚斜單于在位時期。《史記・衛將軍驃騎列傳》：

最大將軍青，凡七出擊匈奴，斬捕首虜五萬餘級。一與單于戰，收河南地，遂置朔方郡，再益封，凡萬一千八百户。封三子爲侯，侯千三百户。並之，萬五千七百户。其校尉裨將以從大將軍侯者九人。其裨將及校尉已爲將者十四人。

……

最驃騎將軍去病，凡六出擊匈奴，其四出以將軍，斬捕首虜十一萬餘級。及渾邪王以眾降數萬，遂開河西酒泉之地，西方益少胡寇。四益封，凡萬五千一百户。其校吏有功爲侯者凡六人，而後爲將軍二人。

衛青與霍去病出身微賤，從中國的傳統禮教來說，是不可能受到重用的，但武帝用人並不問身世，不只對於武將如此，文臣也是如此。衛青與霍去病是最明顯的例子。衛青在軍臣單于末年，兩次出擊匈奴，皆凱旋而歸。他與霍去病對匈奴最大的打擊是在伊稚斜單于時代，時間是在武帝元朔五年至元狩四年，即公元前一二四至前一一九年間。

伊稚斜自立為單于之後，就遣兵入侵漢邊，《史記・匈奴列傳》說：

伊稚斜單于既立，其夏，匈奴數萬騎入殺代郡太守恭友，略千餘人。其秋，匈奴又入雁門，殺略千餘人。其明年（武帝元朔四年，公元前一二五年）匈奴又復入代郡、定襄、上郡，各三萬騎，殺略數千人。

代郡、定襄與上郡各三萬騎，則共為九萬騎，比軍臣初年入上郡與雲中各三萬騎多了三萬騎，自稽粥單于以十四萬騎入蕭關以後，到這時為止，這次入侵是規模最大的一次。《史記・匈奴列傳》又說：「匈奴右賢王怨漢奪之河南地而築朔方，數為寇，盜邊，及入河南，侵擾朔方，殺略吏民甚眾。」

由於匈奴不斷入侵，武帝只好調兵征伐，《史記・匈奴列傳》：

其明年（武帝元朔五年，公元前一二四年）春，漢以衛青爲大將軍，將六將軍，十餘萬人，出朔方、高闕擊胡。右賢王以爲漢兵不能至，飲酒醉，漢兵出塞六七百里，夜圍右賢王。右賢王大驚，脱身逃走，諸精騎往往隨後去，漢得右賢王眾男女萬五千人，裨小王十餘人。

關於這一次戰役，《史》、《漢》「衛青傳」說得比較詳細，現將《史記・衛將軍驃騎列傳》錄之於下：

元朔之五年春，漢令車騎將軍青將三萬騎，出高闕；衛尉蘇建爲游擊將軍，左內史李沮爲強弩將軍，太僕公孫賀爲騎將軍，代相李蔡爲輕車將軍，皆領屬車騎將軍，俱出朔方；大行李息、岸頭侯張次公爲將軍，出右北平：咸擊匈奴。匈奴右賢王當衛青等兵，以爲漢兵不能至此，飲醉。漢兵夜至，圍右賢王，右賢王驚，夜逃，獨與其愛妾一人壯騎數百馳，潰圍北去，漢輕騎校尉郭成等逐數百里，不及，得右賢裨王十餘人，眾男女萬五千餘人，畜數千百萬，於是引兵而還。

這是一個大勝仗，武帝當然很高興，他不但拜衛青為大將軍，又益封他六千戶，連衛青的三個兒子也都封侯，此外，隨衛青出征的將領都得到了封賞。《史記・衛將軍驃騎列傳》說：「至塞，天子使使者持大將軍印，即軍中拜車騎將軍青為大將軍，諸將皆以兵屬大將軍，大將軍立號而歸。天子曰：『大將軍青躬率戎士，師大捷，獲匈奴王十有餘人，益封青六千戶。』而封青子伉為宜春侯，青子不疑為陰安侯，青子登為發干侯。」武帝又詔御史曰：

護軍都尉公孫敖三從大將軍擊匈奴，常護軍，傅校獲王，以千五百户封敖爲合騎侯。都尉韓説從大將軍出窳渾，至匈奴右賢王廷，爲麾下搏戰獲王，以千三百户封説爲龍頟侯。騎將軍公孫賀從大將軍獲王，以千三百户封賀爲南窌侯。輕車將軍李蔡再從大將軍獲王，以千六百户封蔡爲樂安侯。校尉李朔，校尉趙不虞，校尉公孫戎奴，各三從大將軍獲王，以千三百户封朔爲涉軹侯，以千三百户封不虞爲隨成侯，以千三百户封戎奴爲從平侯。將軍李沮、李息及校尉豆如意有功，賜爵關内侯，食邑各三百户。

伊稚斜經過這次失敗之後，很不甘心。同年秋，匈奴又遣騎兵萬餘人入寇代郡，殺都尉朱英，並略千餘人。武帝於第二年，即元朔六年（公元前一二三年）春遣大將軍衛青等出擊匈奴。《史記・衛將軍驃騎列傳》說：「春，大將軍青出定襄……斬首數千級而還。」過了一個多月，「悉復出定襄擊匈奴，斬首虜萬餘人」。這次戰役中，十八歲的霍去病首次參加了作戰，勇冠全軍。武帝非常讚賞，「剽姚校尉去病斬首虜二千二十八級，及相國、當戶，斬單于大父行籍若侯產，生捕季父羅姑比，再冠軍，以千六百戶封去病為冠軍侯」。

在這一次的戰役中，西漢王朝方面有兩位將軍為匈奴擊敗而全軍覆沒，一為右將軍蘇建，一為前將軍翕侯趙信，前者僅以身免逃回，後者則降於匈奴。

右將軍建、前將軍信并軍三千餘騎，獨逢單于兵，與戰一日餘，漢兵且盡。……右將軍蘇建盡亡其軍，獨以身得亡去，自歸大將軍。大將軍問其罪正閎、長史安、議郎周霸等：「建當云何？」霸曰：「自大將軍出，未嘗斬裨將。今建棄軍，可斬以明將軍之威。」閎、安曰：「不然。兵法『小敵之堅，大敵之禽也』。今建以數千當單于數萬，力戰一日餘，士盡，不敢有二心，自歸。自歸而斬之，是示後無反意也。不當斬。」大將軍曰：「青幸得以肺腑待罪行間，不患無威，而霸說我以明威，甚失臣意。且使臣職雖當斬將，以臣之尊寵而不敢自擅專誅於境外，而具歸天子，天子自裁之，於是以見爲人臣不敢專權，不亦可乎？」軍吏皆曰「善」。遂囚建詣行在所。（《史記·衛將軍驃騎列傳》）

蘇建押回長安後，武帝赦蘇建罪贖為庶人。至於趙信，在匈奴的引誘下率殘部投降了匈奴。《史記·匈奴列傳》：「而前將軍翕侯趙信兵不利，降匈奴。趙信者，故胡小王，降漢，漢封為翕侯，以前將軍與右將軍并軍分行，獨遇單于兵，故盡沒。單于既得翕侯，以為自次王，用其姊妻之，與謀漢。信教單于益北絕幕，以誘罷漢兵，徼極而取之，無近塞。」《漢書・景武昭宣元成功臣表》載，趙信前以匈奴相國降漢，降漢後也曾立過戰功，益封千六百八十戶，從降漢到這次降匈奴，在漢王朝共約九年之久。對漢的虛實尤其是漢的軍事情況，必定很瞭解，所以伊稚斜單于誘其降匈奴，投降之後，受到特別尊寵，位自次王。《〈史記・匈奴列傳〉正義》解釋自次說：「自次者，尊重次於單于。」其地位之尊，可以想見。

趙信勸單于到漠北建立王庭，避免西漢王朝的攻擊，如果漢軍深入漠北攻擊匈奴，則匈奴可以以逸待勞擊敗漢軍。趙信久住漢域，受到漢族文化的影響，他在闐顏山建築漢族式的城郭，蓋房蓄穀以防西漢王朝的攻擊，這就是歷史上所稱的趙信城。幾年後衛青遠征漠北時曾到過此城。據史書所載，這是匈奴人第一次學習漢族築城防守，可見趙信降匈奴後對匈奴影響之大。

自軍臣末年至伊稚斜就位為單于後的幾次西漢王朝與匈奴之間的戰爭，西漢王朝都得到了勝利，其中最大的兩次是漢武帝元狩二年（公元前一二一年）和元狩四年（公元前一一九年）的戰爭。

元狩二年的戰爭，即破得休屠王祭天金人那一次。《史記・衛將軍驃騎列傳》說：「冠軍侯去病既侯三歲，元狩二年春，以冠軍侯去病為驃騎將軍，將萬騎出隴西，有功。天子曰：『驃騎將軍率戎士逾烏盭，討遬濮，涉狐奴，歷五王國，輜重人眾懾慴者弗取，冀獲單于子。轉戰六日，過焉支山千有餘里，合短兵，殺折蘭王，斬盧胡王，誅全甲，執渾邪王子及相國、都尉，首虜八千餘級，收休屠祭天金人，益封去病二千戶①。』」

這年夏天，武帝又遣霍去病等諸將攻擊匈奴。《漢書・衛青霍去病傳》說：「其夏，去病與合騎侯敖俱出北地，異道。博望侯張騫、郎中令李廣俱出右北平，異道。廣將四千騎先至，騫將萬騎後。匈奴左賢王將數萬騎圍廣，廣與戰二日，死者過半，所殺亦過當。騫至，匈奴引兵去。騫坐行留，當斬，贖為庶人。」李廣在這次戰爭中，表現得很勇敢，《漢書・李廣蘇建傳》說：

匈奴左賢王將四萬騎圍廣，廣軍士皆恐，廣乃使其子敢往馳之。敢從數十騎直貫胡騎，出其左右而還，報廣曰：「胡虜易與耳。」軍士乃安。爲圜陳外鄉，胡急擊，矢下如雨。漢兵死者過半，漢矢且盡。廣乃令持滿毋發，而廣身自以大黃射其裨將，殺數人，胡虜益解。會暮，吏士無人色，而廣意氣自如，益治軍。軍中服其勇也。明日，復力戰，而博望侯軍亦至，匈奴乃解去。漢軍罷，弗能追。是時廣軍幾沒，罷歸。漢法，博望侯後期，當死，贖爲庶人。廣軍自當，亡賞。

張騫之所以參加對匈奴的戰爭，是因為他出使大月氏時，經過匈奴曾為匈奴所扣留。他在匈奴十餘年，武帝以為他對匈奴的地理和內部情況必有所瞭解，所以在衛青出擊時他隨軍前往。在他嚮導下取得了勝利，凱旋後武帝封他為博望侯，這是武帝元朔六年（公元前一二三年）的事情。可是這次他與李廣俱出右北平，因為他所率的軍隊，不能如期與李廣會師而遭損失，論律當斬，贖為庶人。

《漢書・衛青霍去病傳》又記這次戰役：

而去病出北地，遂深入，合騎侯失道，不相得。去病至祁連山，捕首虜甚多。上曰：「票騎將軍涉鈞耆，濟居延，遂臻小月氏，攻祁連山，揚武乎鱳得，得單于單桓、酋涂王，及相國、都尉以眾降下者二千五百人，可謂能舍服知成而止矣。捷首虜三萬二百，獲五王，王母、單于閼氏、王子五十九人，相國、將軍、當户、都尉六十三人，師大率減什三，益封去病五千四百户。賜校尉從至小月氏者爵左庶長。鷹擊司馬破奴再從票騎將軍斬遬濮王，捕稽且王，右千騎將〔得〕王、王母各一人，王子以下四十一人，捕虜三千三百三十人，前行捕虜千四百人，封破奴為從票侯。校尉高不識從票騎將軍捕呼于耆王王子以下十一人，捕虜千七百六十八人，封不識爲宜冠侯。校尉僕多有功，封爲煇渠侯。」合騎侯敖坐留不與票騎將軍會，當斬，贖爲庶人。諸宿將所將士馬兵亦不如去病，去病所將常選，然亦敢深入，常與壯騎先其大軍，軍亦有天幸，未嘗困絕也。然而諸宿將常留落不耦，由此去病日以親貴，比大將軍。

霍去病無疑是一位天才將領，他之所以在每次戰役中都能取得大勝利，一方面是他作戰很勇敢，另一面是得力於騎兵。

伊稚斜單于因為對西漢的數次戰爭受了很大損失，乃遷怒於渾邪王，想殺掉渾邪王，於是渾邪

① 《漢書》卷五十五〈衛青霍去病傳〉作二千二百戶。

王降漢。《漢書・衛青霍去病傳》說：「其後，單于怒渾邪王居西方數為漢所破，亡數萬人，以票騎之兵也，欲召誅渾邪王。渾邪王與休屠王等謀欲降漢，使人先要道邊。是時大行李息將城河上，得渾邪王使，即馳傳以聞，上恐其以詐降而襲邊，乃令去病將兵往迎之。去病既度河，與渾邪眾相望。渾邪裨王將見漢軍而多欲不降者，頗遁去。去病乃馳入，得與渾邪王相見，斬其欲亡者八千人，遂獨遣渾邪王乘傳先詣行在所，盡將其眾度河，降者數萬人，號稱十萬。」應該指出，當霍去病將兵去迎渾邪王的時候，大概是因為休屠王後悔與渾邪王叛匈降漢，想與其眾逃回匈奴，因而渾邪王乃殺休屠王，並將其部降漢。休屠的家屬也在降漢之列，後來的金日磾，就是休屠的兒子。《漢書・衛青霍去病傳》接著說：

> 既至長安，天子所以賞賜數十鉅萬。封渾邪王萬户，爲漯陰侯。封其裨王呼毒尼爲下摩侯，雁疵爲煇渠侯，禽黎爲河綦侯，大當户調雖爲常樂侯。於是上嘉去病之功，曰：「票騎將軍去病率師征匈奴，西域王渾邪王及厥眾萌咸奔於率，以軍糧接食，並將控弦萬有餘人，誅獟悍，捷首虜八千餘級，降異國之王三十二。戰士不離傷，十萬之眾畢懷集服。仍興之勞，爰及河塞，庶幾亡患，以千七百户益封票騎將軍。減隴西、北地、上郡戍卒之半，以寬天下繇役。」迺分處降者於邊五郡故塞外，而皆在河南，因其故俗爲屬國。

在渾邪王降漢前，霍去病曾率師過焉支山祁連山擊敗匈奴。渾邪王降漢，這一帶地方遂為漢王朝所據。「於是漢已得渾邪王，則隴西、北地、河西益少胡寇，徙關東貧民處所奪匈奴河南、新秦中以實之，而減北地以西戍卒半。」（《史記・匈奴列傳》）漢得河西之後，以其地為武威、酒泉郡。《漢書》卷二十八下〈地理志〉：

自武威以西，本匈奴昆邪王、休屠王地，武帝時攘之，初置四郡，以通西域，鬲絕南羌、匈奴。其民或以關東下貧，或以報怨過當，或以誖逆亡道，家屬徙焉。習俗頗殊，地廣民稀。水草宜畜牧，故涼州之畜爲天下饒。保邊塞，二千石治之，咸以兵馬爲務；酒禮之會，上下通焉，吏民相親。是以其俗風雨時節，穀糴常賤，少盜賊，有和氣之應，賢於內郡。此政寬厚，吏不苛刻之所致也。

所謂四郡，就是武威、張掖、酒泉和敦煌。這些地方現代稱為河西走廊。漢得了這塊沃土，既打開了通向西域的門戶，又分割了匈奴，其意義之重大可想而知。

渾邪降漢，他和他的部下備受漢的優待，甚至長安令和長安有的商人也因對於匈奴人之所需不能供應，被處以重罪，引起了長安人民的反感。《史記・汲鄭列傳》說：

匈奴渾邪王率眾來降，漢發車二萬乘。縣官無錢，從民貰馬。民或匿馬，馬不具。上怒，欲斬長安令。黯曰：「長安令無罪，獨斬黯，民乃肯出馬。且匈奴畔其主而降漢，漢徐以縣次傳之，何至令天下騷動，罷敝中國而以事夷狄之人乎！」上默然。及渾邪至，賈人與市者，坐當死者五百餘人。黯請間，見高門，曰：「夫匈奴攻當路塞，絕和親，中國興兵誅之，死傷者不可勝計，而費以巨萬百數。臣愚以爲陛下得胡人，皆以爲奴婢以賜從軍死事者家；所鹵獲，因予之，以謝天下之苦，塞百姓之心。今縱不能，渾邪率數萬之眾來降，虛府庫賞賜，發良民侍養，譬若奉驕子。愚民安知市買長安中物而文吏繩以爲闌出財物於邊關乎？陛下縱不能得匈奴之資以謝天下，又以微文殺無知者五百餘人，是所謂『庇其葉而傷其枝』者也，臣竊爲陛下不取也。」上默然，不許，曰：「吾久不聞汲黯之言，今又復妄發矣。」

汲黯本來主張與匈奴和親，而不主張起兵大事征伐的。武帝不採取他的意見，而這一次又以為他復妄言。其實汲黯的意見不是沒有道理的。武帝所以這樣做，大概也不外是像景帝一樣欲用這種辦法，鼓勵後降者，這就是說讓更多的匈奴貴族像渾邪王一樣降漢。景帝不聽周亞夫的意見封徐盧等人為侯，武帝不聽汲黯意見而厚待降者，其目的就在於此。

渾邪王降漢後一年，匈奴入侵右北平、定襄，殺略千餘人。過了一年，即武帝元狩四年（公元前一一九年），武帝與諸將商議，武帝說：「翕侯趙信為單于畫計，常以為漢兵不能度幕輕留，今大發卒，其勢必得所欲。」（《漢書・衛青霍去病傳》）「乃粟馬發十萬騎，私負從馬凡十四萬匹，糧重不與焉。」（《史記・匈奴列傳》）元狩四年春，武帝派大將軍衛青、票騎將軍霍去病出擊匈奴，《漢書・衛青霍去病傳》說：

春，上令大將軍青、票騎將軍去病各五萬騎，步兵轉者踵軍數十萬，而敢力戰深入之士皆屬去病。去病始爲出定襄，當單于。捕虜，虜言單于東，乃更令去病出代郡，令青出定襄。郎中令李廣爲前將軍，太僕公孫賀爲左將軍，主爵趙食其爲右將軍，平陽侯襄爲後將軍，皆屬大將軍。趙信爲單于謀曰：「漢兵即度幕，人馬罷，匈奴可坐收虜耳。」乃悉遠北其輜重，皆以精兵待幕北。

衞青率師出塞千餘里，見單于陳兵以待，一場激戰就此開始：

於是青令武剛車自環爲營，而縱五千騎往當匈奴，匈奴亦縱萬騎。會日且入，而大風起，沙礫擊面，兩軍不相見，漢益縱左右翼繞單于。單于視漢兵多，而士馬尚強，戰而匈奴不利，薄莫，單于遂乘六贏，壯騎可數百，直冒漢圍西北馳去。昏，漢匈奴相紛挐，殺傷大當。漢軍左校捕虜，言單于未昏而去，漢軍因發輕騎夜追之，青因隨其後。匈奴兵亦散走。會明，行二百餘里，不得單于，頗捕斬首虜萬餘級，遂至窴顏山趙信城，得匈奴積粟食軍，軍留一日而還，悉燒其城餘粟以歸。

在這次戰爭中，伊稚斜單于帶了很少的人突圍逃走，大軍與單于失去聯絡長達十餘日之久。匈奴貴族以為伊稚斜死了，於是右谷蠡王自立為單于。直到後來伊稚斜與眾相會，右谷蠡王才去單于之號。

西漢方面，前將軍李廣及右將軍食其別從東道以至失道，食其後來贖為庶人，而李廣則自殺而死。《漢書・李廣蘇建傳》詳述了他參加這次戰爭的經過：

元狩四年，大將軍票騎將軍大擊匈奴，廣數自請行。上以爲老，不許；良久乃許之，以爲前將軍。大將軍青出塞，捕虜知單于所居，乃自以精兵走之，而令廣并於右將軍軍，出東道。東道少回遠，大軍行，水草少，其勢不屯行。廣辭曰：「臣部爲前將軍，今大將軍乃徙臣出東道，且臣結髮而與匈奴戰，乃今一得當單于，臣願居前，先死單于。」大將軍陰受上指，以爲李廣數奇，毋令當單于，恐不得所欲。是時公孫敖新失侯，爲中將軍，大將軍亦欲使敖與俱當單于，故徙廣。廣知之，固辭。大將軍弗聽，令長史封書與廣之莫府，曰：「急詣部，如書。」廣不謝大將軍而起行，意象慍怒而就部，引兵與右將軍食其合軍出東道。惑失道，後大將軍。大將軍與單于接戰，單于遁走，弗能得而還。南絕幕，乃遇兩將軍。廣已見大將軍，還入軍。大將軍使長史持糒醪遺廣，因問廣、食其失道狀，曰：「青欲上書報天子失軍曲折。」廣未對。大將軍長史急責廣之莫府上簿。廣曰：「諸校尉亡罪，乃我自失道。吾今自上簿。」至莫府，謂其麾下曰：「廣結髮與匈奴大小七十餘戰，今幸從大將軍出接單于兵，而大將軍徙廣部行回遠，又迷失道，豈非天哉！且廣年六十餘，終不能復對刀筆之吏矣！」遂引刀自剄，百姓聞之，知與不知，老壯皆爲垂泣。而右將軍獨下吏，當死，贖爲庶人。

以上是衛青與匈奴戰的情況，至於霍去病攻擊匈奴的概略，《漢書・衛青霍去病傳》云：

去病騎兵車重與大將軍軍等，而亡裨將。悉以李敢等爲大校，當裨將，出代、右北平二千餘里，直左方兵，所斬捕功已多於青。既皆還，上曰：「票騎將軍去病率師躬將所獲葷允之士，約輕齎，絕大幕，涉獲單于章渠，以誅北車者，轉擊左大將雙，獲旗鼓，歷度難侯，濟弓盧，獲屯頭王、韓王等三人，將軍、相國、當户、都尉八十三人，封狼居胥山，禪於姑衍，登臨翰海，執訊獲醜七萬有四百四十三級，師率減什二，取食於敵，卓行殊遠而糧不絕。……」

這是一次巨大的勝利，西漢軍隊得獲匈奴七萬多人，左賢王等皆遁走，霍去病用兵之神速為中國歷史上所罕見。而且大軍深入漠北二千餘里，「取食於敵」、「而糧不絕」，這也是不易做到的事情。這一次勝利之後，武帝又大封功臣。

經過衛青之擊伊稚斜與霍去病之攻破左賢王，匈奴的損失很大。《史記・匈奴列傳》指出匈奴諸左方王將居東方，右方王將居西方，而單于之廷直代雲中。這就是說匈奴原統治區域，大致可以分為三部，左賢王將居東，右賢王將居西，而單于則居中部，指揮東西二方面的各王將。霍去病出隴西，攻祁連，使渾邪王率眾投降，匈奴西方的力量等於完全消滅。這一次霍去病攻擊東方的左賢王，又俘獲七萬餘，匈奴在東方的力量大大削弱。衛青在這次戰爭中，直趨單于軍隊大本營，這就是匈奴的中部，捕斬萬餘級。單于突圍逃走，與部眾失去聯絡長達十餘日之久，單于自將的軍隊，雖沒有全部覆沒，也遭到慘敗。

衛青凡七次出擊匈奴斬捕五萬餘人，霍去病六次出擊匈奴，斬捕十一萬餘人，加上渾邪王率來投降的部隊應在二十萬以上。至於伊稚斜因爭立為單于而攻破太子於單所引起內亂，殺死與逃亡人數究竟多少，雖不得而知，但損失也不會太少。假使以控弦之士三十萬來計算，那麼自軍臣死後至武帝元狩四年的七年間，匈奴士卒損失約在三分之二以上。至於一般平民以至畜類及其他物資之因連年大敗而遭受的損失，是無法計算的。匈奴從此大為削弱，是無可懷疑了。

匈奴的損失固然很大，西漢王朝的損失也不小。《史記・匈奴列傳》說：「初，漢兩將軍大出圍單于，所殺虜八九萬，而漢士卒物故亦數萬，漢馬死者十餘萬。匈奴雖病，遠去，而漢亦馬少，無以復往。」元封五年（公元前一〇六年）衛青死。自衛青圍單于後至衛青死，約十四年，西漢王朝沒有再大規模地攻擊匈奴，因為西漢王朝人力、物力尤其是馬的損失也是很大的，《史記・衛將軍驃騎列傳》：「自大將軍圍單于之後，十四年而卒，竟不復擊匈奴者，以漢馬少。」

武帝元狩四年以後基本上停止了對匈奴的用兵，除西漢王朝因人力、物力的損失外，更重要的是武帝把軍隊用於征伐朝鮮、西羌和西南夷等處了。

匈奴既遠遁漠北，除河西走廊這個渾邪王與休屠王所居的故地為漢所取外，其他許多地方，也為西漢王朝所據。西漢王朝將先進的農業技術與水利經驗，通過徙民實邊，帶到了這裡，使一些荒野或牧場變成農田。「是後匈奴遠遁，而幕南無王廷。漢度河自朔方以西至令居，往往通渠置田，官吏卒五六萬人，稍蠶食，地接匈奴以北。」（《史記・匈奴列傳》）

匈奴失去了河西走廊之後，不只「婦女無顏色」，更重要的是「六畜不蕃息」。又《漢書・匈奴傳》述侯應的話說：

應曰：「周秦以來，匈奴暴桀，寇侵邊境，漢興，尤被其害。臣聞北邊塞至遼東，外有陰山，東西千餘里，草木茂盛，多禽獸，本冒頓單于依阻其中，治作弓矢，來出爲寇，是其苑囿也。至孝武世，出師征伐，斥奪此地，攘之於幕北。建塞徼，起亭隧，築外城，設屯戍，以守之，然後邊境得用少安。幕北地平，少草木，多大沙，匈奴來寇，少所蔽隱，從塞以南，徑深山谷，往來差難。邊長老言匈奴失陰山之後，過之未嘗不哭也。……」

趙信勸伊稚斜單于徙王庭於漠北，以為漢軍不可能越過沙漠北擊匈奴。結果失敗，於是趙信又勸伊稚斜與漢講和。《史記・匈奴列傳》：

匈奴用趙信之計，遣使於漢，好辭請和親。天子下其議。或言和親，或言遂臣之。丞相長史任敞曰：「匈奴新破，困，宜可使爲外臣，朝請於邊。」漢使任敞於單于。單于聞敞計，大怒，留之不遣。先是漢亦有所降匈奴使者，單于亦輒留漢使相當。漢方復收士馬，會驃騎將軍去病死，於是漢久不北擊胡。數歲，伊稚斜單于立十三年死，子烏維立爲單于。

從這段史料看出，匈奴遭受大的打擊後希望與漢王朝講和，然而並不願因此而稱臣，態度仍然很強硬。如果霍去病未死，武帝有可能再度出擊匈奴。

伊稚斜在位的十三年中，尤其是最後八年內，遭受到西漢王朝猛烈的攻擊，匈奴損失慘重。直到武帝死（公元前八十七年）的三十年中，匈奴雖然也曾幾次打敗過西漢王朝的軍隊，以至迫使西漢王朝的幾位將軍投降匈奴，如李陵和李廣利便是，但是匈奴的力量已大為削弱，永遠不可能恢復到冒頓時代的盛況，甚至連稽粥和軍臣時代的局面也難以維持了。

伊稚斜的時代，是匈奴從強盛走向衰落的起點。

第十五章　匈奴退居漠北，西漢用兵西域

伊稚斜死後，他的兒子烏維於武帝元鼎三年（公元前一一四年）繼立。烏維在位十年死，其子烏（一作詹）師廬繼立，因為烏師廬就位時年輕，故號為兒單于。稽粥單于號為老上單于以後，軍臣與伊稚斜都沒有號，到了烏師廬始又有號。兒單于立於武帝元封六年（公元前一〇五年）。兒單于在位不過三年就死了，因其子年歲太小，只好由季父繼位，以烏維單于之弟右賢王呴黎湖①為單于，這是武帝太初三年（公元前一〇二年）的事情。

自頭曼至軍臣，匈奴單于都為父子相傳，到了伊稚斜攻敗其侄於單自立為單于，是以弟代兄。兒單于死，因子幼小又立其叔。呴黎湖就位時大概年紀已老，立一年便死了，又由其弟左大都尉且鞮侯立為單于，這一年是武帝太初四年（公元前一〇一年）。從烏維立到呴黎湖死為止，短短的十四年中，換了三個單于。

在這十幾年中，匈奴力量受到削弱，不得不遠遁漠北休養生息。《資治通鑑・漢紀十三》「匈奴自衛、霍度幕以來，希復為寇，遠徙北方，休養士馬，習射獵」。然而這不是說匈奴已有屈服於漢朝之意。相反，匈奴在與漢王朝交往中，依然堅持對等地位。同時也並不是說在十幾年中，匈奴與西漢王朝完全沒有動過干戈。《漢書・武帝紀》敘述元鼎五年（公元前一一二年）匈奴入五原，殺太守。由於匈奴入侵，武帝於元鼎六年調兵征伐，同書說「發隴西、天水、安定騎士及中尉，河南、河內卒十萬人，遣將軍李息、郎中令徐自為征西羌，平之」。《漢書・公孫賀

傳》說：「復以浮沮將軍出五原二千餘里，無功」。《漢書・匈奴傳》：「遣故太僕公孫賀將萬五千騎出九原二千餘里，至浮苴井，從票侯趙破奴萬餘騎出令居數千里，至匈奴河水，皆不見匈奴一人而還。」

過了一年，武帝元封元年（公元前一一〇年），武帝自將率師至朔方向烏維單于挑戰。「詔曰：『南越、東甌咸伏其辜，西蠻北夷頗未輯睦，朕將巡邊垂，擇兵振旅，躬秉武節，置十二部將軍，親帥師焉。』行自雲陽，北歷上郡、西河、五原，出長城，北登單于台，至朔方，臨北河。勒兵十八萬騎，旌旗徑千餘里，威震匈奴。」（《漢書・武帝紀》）同時，他又遣郭吉到匈奴去向烏維單于示威。按照匈奴的習慣，凡外族使者之欲見單于，必先將來意告訴主客，由主客稟報給單于，單于再決定見或者不見。郭吉既到匈奴，主客問其來意，郭吉表示只能對單于說。後來他見到單于時向單于說：「南越王頭已縣於漢北闕下。今單于即能前與漢戰，天子自將兵待邊；即不能，亟南面而臣於漢。何但遠走，亡匿於幕北寒苦無水草之地為？」（《漢書・匈奴傳》）烏維單于大怒，將接待郭吉的主客斬首並扣留了郭吉，但是烏維對於武帝的挑戰始終不敢應戰，仍避居漠北不敢接近漢邊，武帝也只好引兵而去。

武帝元封四年（公元前一〇七年），匈奴又數次出兵侵犯漢邊，於是武帝拜郭昌為拔胡將軍，使浞野侯趙破奴屯朔方以東，以備匈奴。這時，單于庭原來所在的地方，已為左賢王所居的地方；

①《史記・匈奴列傳》作呴黎湖。《漢書・匈奴傳》作句黎湖。

而右賢王就更往西走，單于庭當然也向西遷徙。匈奴後來的西移至於蔥嶺以西而至於歐洲，是世界史上一件重大的事情。但從整體趨勢來看，端倪始於此時。

武帝太初元年（公元前一〇四年）西漢王朝再次出征匈奴，經過情形是：

其冬，匈奴大雨雪，畜多飢寒死，而單于年少，好殺伐，國中多不安。左大都尉欲殺單于，使人間告漢曰：「我欲殺單于降漢，漢遠，漢即來兵近我，我即發。」初漢聞此言，故築受降城，猶以爲遠。

其明年春，漢使浞野侯破奴將二萬騎出朔方北二千餘里，期至浚稽山而還。浞野侯既至期，左大都尉欲發而覺，單于誅之，發兵擊浞野侯。浞野侯行捕首虜數千人。還，未至受降城四百里，匈奴八萬騎圍之。浞野侯夜出自求水，匈奴生得浞野侯，因急擊其軍。軍吏畏亡將而誅，莫相勸而歸，軍遂沒於匈奴。單于大喜，遂遣兵攻受降城，不能下，乃侵入邊而去。明年，單于欲自攻受降城，未到，病死。（《漢書》卷九十四上〈匈奴傳〉）

西漢王朝為了加強對邊境的防備，在匈奴呴黎湖單于時期（公元前一〇二—前一〇一年）派人出塞築城屯田。《漢書・匈奴傳》說：「漢使光祿徐自為出五原塞數百里，遠者千里，築城障列亭至盧朐，而使游擊將軍韓說、長平侯衛伉屯其旁，使強弩都尉路博德築居延澤上。」

匈奴單于避居漠北，公孫賀等深入二千餘里不見匈奴一人而還，說明匈奴避免與西漢王朝打仗。漢為鞏固邊境，遣徐自為等出塞築城屯田，西漢王朝的邊界更接近漠北。匈奴在這一年（武帝太初三年，公元前一〇二年）又大舉入寇。《漢書》卷九十四上〈匈奴傳〉說：

匈奴大入雲中、定襄、五原、朔方，殺略數千人，敗數二千石而去，行壞光祿所築亭障。又使右賢王入酒泉、張掖，略數千人。會任文擊救，盡復失其所得而去。

《漢書・西域傳》「鄯善」條說：「漢軍正任文將兵屯玉門關，為貳師後距。」所以武帝命他就近去救酒泉、張掖。《資治通鑑・漢紀十三》說：「（匈奴）又使右賢王入酒泉、張掖，略數千人。會軍正任文擊救，盡復失所得而去。」

匈奴自烏維單于至呴黎湖單于的十幾年中，從整的來看，特別是烏維單于時期，匈奴與西漢的關係，重點不是戰爭而是匈奴貴族與西漢王朝的交涉。

伊稚斜單于末年，匈奴經衛青與霍去病的沉重打擊，伊稚斜採納了趙信的計謀與漢和親，因西漢王朝要匈奴稱臣，伊稚斜不願意，結果是談判破裂。烏維就位初年，趙信還活著，大概又是受趙信的影響，烏維多次遣使到漢要求和親，而西漢王朝經過幾次激烈的戰爭，也受到很大的損失，歡迎匈奴和親的建議。同時西漢王朝想知道匈奴的虛實，派了一位對於匈奴風俗習慣比較瞭解的使者到匈奴。《漢書・匈奴傳》說：「漢使王烏等闚匈奴。匈奴法，漢使不去節，不以墨黥其面，不得入穹廬。王烏，北地人，習胡俗，去其節，黥面入廬，單于愛之。」乃陽許王烏說：「吾為遣其太子入質於漢，以求和親。」這時「漢東拔濊貉、朝鮮以為郡，而西置酒泉郡以隔絕胡與羌通之路。

又西通月氏、大夏，以翁主妻烏孫王，以分匈奴西方之援國。又北益廣田至眩雷①為塞，而匈奴終不敢以為言」。

漢以為匈奴已經衰弱，可以使其稱臣，於是又遣楊信入使匈奴。「楊信為人剛直屈強，素非貴臣也，單于不親。欲召入，不肯去節，乃坐穹廬外見楊信。楊信說單于曰：『即欲和親，以單于太子為質於漢。』單于曰：『非故約。故約，漢常遣翁主，給繒絮食物有品，以和親，而匈奴亦不復擾邊。今乃欲反古，令吾太子為質，無幾矣。』」（《漢書》卷九十四上〈匈奴傳〉）

這說明烏維對王烏說可以遣太子入質於漢的話是欺騙王烏的。匈奴雖然已經衰弱，但仍不願向漢王朝稱臣。匈奴對西漢王朝的態度是要求對等地位。

匈奴態度強硬，楊信無法完成使命，只好離匈歸漢。西漢王朝再次派王烏出使匈奴，匈奴貪漢財物，很客氣地應付王烏。《漢書‧匈奴傳》說：「匈奴復讇以甘言，欲多得漢財物，給王烏曰：『吾欲入漢見天子，面相結為兄弟。』」這又是烏維騙王烏的話，王烏深信不疑。他回漢後報告給武帝，武帝很高興，在長安特別為單于建築了宮邸，準備單于來時住宿。可是事實上，烏維始終沒有到長安，幾十年後，漢宣帝時呼韓邪單于始到長安。

烏維單于揚言要求西漢王朝派貴人或大臣到匈奴為使，才能告以實話。恰巧這個時候，匈奴派往漢的貴人病了，漢派醫就診，結果病逝。西漢王朝對此事很惋惜，於是派一位佩二千石印綬的大員路充國為其送喪，並饋贈匈奴數千金。相反，烏維卻懷疑西漢王朝用藥殺死了貴人，路充國到了匈奴後被烏維扣留，並發兵擾亂漢邊。前面所說西漢王朝派趙破奴等攻擊匈奴，就是在交涉失敗之後，匈奴入侵，不得不用兵出擊。

匈奴對漢採取欺騙手段，因而漢也採取「分化」的方式「以乖其國」。比方烏維單于死的時候，西漢王朝派兩位使者到匈奴，一弔單于，一弔右賢王，結果被匈奴識破，兩使被扣留。

這一時期匈奴力量的削弱，還表現在對西域影響的逐步喪失。西漢王朝特別注意溝通西域諸國，這項政策始於武帝初年。然而嚴格地說，西漢直接溝通西域應當是武帝元鼎二年（公元前一一五年）張騫出使烏孫，烏孫也遣使隨張騫至漢之時。從此以後，西漢王朝與西域諸國方不斷來往。為什麼西漢王朝要溝通西域呢？據西漢史書記載，都說是漢之所以要溝通西域，目的是要斷匈奴的右臂。漢武帝要攻破匈奴，除了準備用武力去正面征伐外，還要聯絡西域諸國使匈奴失去援助，孤立匈奴，便於擊敗。匈奴曾置僮僕都尉去統治西域諸國，收賦稅與利用西域諸國的人力物力與漢對抗，西漢王朝要擊敗匈奴，必須爭取西域諸國，斷匈奴右臂，這是一個很好的辦法。因此之故，早在軍臣在位的時候，武帝就遣張騫使大月氏。當時西域的概況，據《漢書・西域傳》說：

西域以孝武時始通，本三十六國，其後稍分至五十餘，皆在匈奴之西，烏孫之南。南北有大山，中央有河，東西六千餘里，南北千餘里。東則接漢，阸以玉門、陽關，西則限以蔥嶺。其南山，東出金城，與漢南山屬焉。其河有兩原：一出蔥嶺山，一出于闐。于闐在南山下，其河北流，

---

①《漢書・匈奴傳》服虔注「眩雷，地在烏孫北也」。王先謙《漢書補注》述齊召南以為〈地理志〉西河郡增山縣有道西出眩雷，眩雷應在西河郡之西北邊，不應該遠在烏孫之北。

> 與蔥嶺河合，東注蒲昌海。蒲昌海，一名鹽澤者也，去玉門、陽關三百餘里，廣袤三百里。其水亭居，冬夏不增減，皆以爲潛行地下，南出於積石，爲中國河云。自玉門、陽關出西域有兩道。從鄯善傍南山北，波河西行至莎車，爲南道；南道西踰蔥嶺則出大月氏、安息。自車師前王廷隨北山，波河西行至疏勒，爲北道；北道西踰蔥嶺則出大宛、康居、奄蔡、焉耆。西域諸國大率土著，有城郭田畜，與匈奴、烏孫異俗，故皆役屬匈奴。匈奴西邊日逐王置僮僕都尉，使領西域，常居焉耆、危須、尉黎間，賦稅諸國，取富給焉。

《漢書·西域傳》這裡所說的西域是狹義的西域。廣義的西域，不只天山以北的烏孫包括在內，蔥嶺以西的大宛、康居、大夏、大月氏、安息也包括在內。其實《漢書·西域傳》對於這些少數民族建立的政權也為立傳，而所謂西域三十六國，或後來的五十餘國也包括這些國家在內。又〈西域傳〉以為鹽澤去玉門、陽關三百餘里也有錯誤，應該說為千餘里。而所謂其水出潛行地下南出於積石為中國河，也是錯誤的。

至於武帝時西漢與西域的始通，《漢書·西域傳》說：

> 漢興至於孝武，事征四夷，廣威德，而張騫始開西域之跡。其後驃騎將軍擊破匈奴右地，降渾邪、休屠王，遂空其地，始築令居以西，初置酒泉郡，後稍發徙民充實之，分置武威、張掖、敦煌，列四郡，據兩關焉。自貳師將軍伐大宛之後，西域震懼，多遣使來貢獻，漢使西域者益得職。於是自敦煌西至鹽澤，往往起亭，而輪台、渠犁皆有田卒數百人，置使者校尉領護，以給使

外國者。

上面數段話，是對初通西域的一個簡單描述。自張騫初次出使大月氏，至貳師將軍李廣利降匈奴，雖有三十多年時間，但是在張騫未到烏孫之前，西漢與西域的交通，既為匈奴所阻斷，張騫一往一返，也都為匈奴所扣留。而且，除了張騫以外，西漢無別人到西域，西域也無使者到長安。

要想明瞭西漢之所以要通西域，斷匈奴右臂，得從張騫初次出使大月氏說起：

大宛之跡，見自張騫。張騫，漢中人。建元中爲郎。是時天子問匈奴降者，皆言匈奴破月氏王，以其頭爲飲器，月氏遁逃而常怨仇匈奴，無與共擊之。漢方欲事滅胡，聞此言，因欲通使。道必更匈奴中，乃募能使者。騫以郎應募，使月氏，與堂邑氏（故）胡奴甘父俱出隴西。經匈奴，匈奴得之，傳詣單于。單于留之，曰：「月氏在吾北，漢何以得往使？吾欲使越，漢肯聽我乎？」留騫十餘歲，與妻，有子，然騫持漢節不失。居匈奴中，益寬，騫因與其屬亡鄉月氏，西走數十日至大宛。大宛聞漢之饒財，欲通不得，見騫，喜，問曰：「若欲何之？」騫曰：「爲漢使月氏，而爲匈奴所閉道。今亡，唯王使人導送我。誠得至，反漢，漢之賂遺王財物不可勝言。」大宛以爲然，遣騫，爲發導繹，抵康居。康居傳至大月氏。大月氏王已爲胡所殺，立其太子爲王。既臣大夏而居，地肥饒，少寇，志安樂，又自以遠漢，殊無報胡之心。騫從月氏至大夏，竟不能得月氏要領。留歲餘，還，並南山，欲從羌中歸，復爲匈奴所得。留歲餘，單于死，左谷蠡王攻其太子自立，國內亂，騫與胡妻及堂邑父俱亡歸漢。漢拜騫爲太中大夫，堂邑父爲奉使君。騫爲人強力，寬大信人，蠻夷愛之。堂邑父故胡人，善射，窮急射禽獸給食。初，騫行時百餘人，去十三歲，唯二人得還。騫身所至者大宛、大月氏、大夏、康居，而傳聞其旁大國五六，具爲天子言之。（《史記．大宛列傳》）

張騫出使大月氏的目的，是想聯絡大月氏去攻擊匈奴。從這個使命來說，張騫是失敗了。但是因為出使大月氏，西漢王朝與西域交通，使西漢王朝對西域有所瞭解。張騫到了西域，知道大夏與印度接近，後來溝通西南，以至滇國，主要是從這個認識開始溝通的。此外，張騫在匈奴十餘年之久，對於匈奴的情形有所瞭解，對於西域諸國如烏孫的情況也知道不少。

張騫是武帝建元二年（公元前一三九年）離開漢，經過十三年，到武帝元朔三年（公元前一二六年）才回到長安。

張騫這一次到大月氏，往返都被匈奴扣留，於是他想從西南經印度到大夏、大月氏等國。他向武帝提出他欲從這條路到西域，武帝同意了，於是在武帝元狩元年（公元前一二二年）張騫第二次出使西域。

《史記．大宛列傳》云：

（張）騫曰：「臣在大夏時，見邛竹杖、蜀布。問曰：『安得此？』大夏國人曰：『吾賈人往市之身毒。身毒在大夏東南可數千里。其俗土著，大與大夏同，而卑濕暑熱云。其人民乘象以戰。其國臨大水焉。』以騫度之，大夏去漢萬二千里，居漢西南。……今使大夏，從羌中，險，羌人惡之；少北，則爲匈奴所得；從蜀宜徑，又無寇。」天子既聞大宛及大夏、安息之屬皆大國，多奇物，土著，頗與中國同業，而兵弱，貴漢財物；其北有大月氏、康居之屬，兵強，可以賂遺設利朝也。且誠得而以義屬之，則廣地萬里，重九譯，致殊俗，威德遍於四海。天子欣然，以騫言爲然，乃令騫因蜀犍爲發間使，四道並出，出駹，出冄，出徙，出邛、僰，皆各行一二千里。其北方閉氐、筰，南方閉嶲、昆明。昆明之屬無君長，善寇盜。輒殺略漢使，終莫得通。然聞其西可千餘里，有乘象國，名曰滇越，而蜀賈奸出物者或至焉，於是漢以求大夏道始通滇國。初，漢欲通西南夷，費多，道不通，罷之。及張騫言可以通大夏，乃復事西南夷。

張騫這一次要從西南經印度到大夏及其他各國，結果又失敗，但是漢卻又因此而溝通西南的滇國。張騫第一次出使大月氏是想與大月氏聯絡，攻伐匈奴，這可以說是遠近夾攻的戰略。張騫第二次想從西南到西域，除了軍事政治的作用之外，還有經濟的作用。武帝希望聯絡或臣服蔥嶺以西的各國，以包圍匈奴。原來後人所說的西域諸國而役屬於匈奴的，主要在蔥嶺以東與敦煌以西，迄至後來之經營西域，主要也是蔥嶺以東的西域。但是西漢王朝盡力設法去溝通的西域，都是在蔥嶺以西，主要原因恐怕是由於蔥嶺以東的西域諸國，已為匈奴所征服，若不打垮匈奴的勢力，就不容易與這些國接觸。相反，蔥嶺以西的西域諸國，在這個時候，雖可能與匈奴有關係，然並不受匈奴的控制，所以西漢要想越過蔥嶺以東的西域諸國，而與蔥嶺以西的西域諸國相聯絡。又因為蔥嶺以東的西域諸國的道路既為匈奴所壟斷，而其南邊的羌氏的道路，又很險惡，難於通過，所以不得不另找新的道路。這個計劃雖未成功，又想從西南經印度到大夏、大月氏、安息、康居、大宛各國。從很遠的地方對匈奴作一大包圍的計劃，是一個宏偉的計劃，說明武帝想利用西域諸國牽制匈奴。

從出使西域的目的來看，張騫在武帝元鼎二年（公元前一一五年）的第三次出使，也可以說沒有達到使命。他出使到烏孫，希望烏孫能遷回故居敦煌、祁連間。一方面做匈奴與漢的緩衝地帶，一方面可以隔絕與羌氏的結盟。從這方面來說，他失敗了，但從出使烏孫的後果來說，這一次的出使，卻起了很大的作用。

張騫第二次出使時，霍去病已將兵出隴西攻佔祁連，漢的西邊遂伸延到蔥嶺以東的西域諸國，與樓蘭、車師等接近。匈奴失去了祁連、敦煌一帶，可以說右臂已斷。但西漢王朝必須派重兵去防守祁連、敦煌這個地方。如烏孫遷回故地與漢聯盟，漢就可以不派重兵，而這裡也不會被匈奴奪回。《漢書・張騫李廣利傳》說：

（騫曰）：「臣居匈奴中，聞烏孫王號昆莫。昆莫父難兜靡本與大月氏俱在祁連、敦煌間，小國也。大月氏攻殺難兜靡，奪其地，人民亡走匈奴。子昆莫新生，傅父布就翕侯抱亡置草中，……還，見狼乳之，……以爲神，遂持歸匈奴，單于愛養之。

及壯……自請單于報父怨，遂西攻破大月氏。大月氏復西走，徙大夏地。昆莫略其眾，因留居，兵稍強，會單于死，不肯復朝事匈奴。匈奴遣兵擊之，不勝，益以爲神而遠之。今單于新困於漢，而昆莫地空。蠻夷戀故地，又貪漢物，誠以此時厚賂烏孫，招以東居故地，漢遣公主爲夫人，結昆弟，其勢宜聽，則是斷匈奴右臂也。既連烏孫，自其西大夏之屬皆可招來而爲外臣。」

又據《漢書‧西域傳》：「騫既致賜，諭指曰：『烏孫能東居故地，則漢遣公主為夫人，結為昆弟，共距匈奴，不足破也。』烏孫遠漢，未知其大小，又近匈奴，服屬日久，其大臣皆不欲徙。昆莫年老國分，不能專制，乃發使送騫，因獻馬數十匹報謝。」

因烏孫大臣等反對回故地而使張騫計劃落空。但烏孫獻幾十匹好馬和派使者至漢，同時張騫分遣副使到大宛、康居、月氏、大夏等國。這說明西漢王朝佔領了祁連、敦煌之後，不只可以直接與蔥嶺以東西域諸國交通了，而且也可以與蔥嶺以西西域諸國交通了。

張騫派到蔥嶺以西的西域諸國副使，都先後回到了長安，使西漢王朝對於西域有更深瞭解，從此西漢王朝與西域諸國互派使臣來往。

烏孫使臣來到漢後，見到西漢王朝統治地區之廣大，人口眾多，物產豐富，很為羨慕。匈奴聽到烏孫與漢來往，很不滿意，要出兵攻擊烏孫。烏孫十分恐懼，進一步要求與漢和親，並要求漢幫助抵抗匈奴。《漢書‧西域傳》說：

匈奴聞其與漢通，怒欲擊之。又漢使烏孫，乃出其南，抵大宛、月氏，相屬不絕。烏孫於是恐，使使獻馬，願得尚漢公主，爲昆弟。天子問群臣，議許，曰：「必先内聘，然後遣女。」烏孫以馬千匹聘。漢元封中，遣江都王建女細君爲公主，以妻焉。賜乘輿服御物，爲備官屬宦官侍御數百人，贈送甚盛。烏孫昆莫以爲右夫人。

匈奴見漢與烏孫和親，於是也採用和親政策。《漢書‧西域傳》「匈奴亦遣女妻昆莫，昆莫以為左夫人」。烏孫以漢公主為右夫人，而以匈奴單于女兒為左夫人。匈奴尚左，烏孫以匈奴單于女為左夫人，說明烏孫尊重匈奴甚於漢。

烏孫與漢和親的數十年中，漢烏之間的關係一直很好。公主細君在烏孫不過幾年便死了，但是公主解憂嫁給烏孫王。她依烏孫風俗，先後嫁給了三個烏孫王，生了幾個兒女。兒子中一個繼昆莫為王，一個做莎車王，一個做左大將。女兒中有一個嫁給龜茲王，一個為烏孫貴人妻。解憂的侍女馮嫽也嫁給烏孫貴人為妻。解憂與馮嫽在促進漢烏的交往上都起到了積極作用，使烏孫成為漢的盟友，而成為匈奴向西域發展的阻力。

烏孫不肯遷回故地，漢乃在這塊地方設置四郡，這就是酒泉、張掖、武威和敦煌，徙民充實，慢慢經營，使大片荒野變成良田，使漢防守西陲所需要的人力、物力以至戰馬都可就地取給。同時，又使這塊地方，成為交通西域的門戶，成為防備西羌與攻擊匈奴的陣地。假使烏孫同意徙回故地，其歷史的發展，不一定是這樣了。

西漢王朝溝通西域，主要是派遣使臣，用和平的方式，但有時也採用武力去征服。武帝元封三年（公元前一〇八年）之遣兵擊樓蘭、車師就是這種例子。而這樣的用兵，其目的就是與匈奴爭奪西域：

> 初，武帝感張騫之言，甘心欲通大宛諸國，使者相望於道，一歲中多至十餘輩。樓蘭、姑師當道，苦之，攻劫漢使王恢等，又數爲匈奴耳目，令其兵遮漢使。漢使多言其國有城邑，兵弱易擊。於是武帝遣從票侯趙破奴將屬國騎及郡兵數萬擊姑師。王恢數爲樓蘭所苦，上令恢佐破奴將兵。破

奴與輕騎七百人先至，虜樓蘭王，遂破姑師，因暴兵威以動烏孫、大宛之屬。還，封破奴爲浞野侯，恢爲浩侯。於是漢列亭障至玉門矣。樓蘭既降服貢獻，匈奴聞，發兵擊之。於是樓蘭遣一子質匈奴，一子質漢。後貳師軍擊大宛，匈奴欲遮之。貳師兵盛不敢當。即遣騎因樓蘭候漢使後過者，欲絕勿通。時漢軍正任文將兵屯玉門關，爲貳師後距，捕得生口，知狀以聞。上詔文便道引兵捕樓蘭王，將詣闕，簿責王，對曰：「小國在大國間，不兩屬無以自安。願徙國入居漢地。」上直其言，遣歸國，亦因使候司匈奴。匈奴自是不甚親信樓蘭。（《漢書・西域傳》）

樓蘭在武帝末年改稱鄯善，這是漢匈在西域爭奪最激烈的一個國家。《漢書・西域傳》接著說：

征和元年（公元前九十二年）樓蘭王死。國人來請質子在漢者，欲立之。質子常坐漢法，下蠶室宮刑，故不遣。……樓蘭更立王，……後王又死，匈奴先聞之，遣質子歸，得立爲王。漢遣使詔新王，令入朝，天子將加厚賞。樓蘭王後妻，故繼母也，謂王曰：「先王遣兩子質漢皆不還，奈何欲往朝乎？」王用其計，謝使曰：「新立，國未定，願待後年入見天子。」然樓蘭國最在東垂，近漢，……負水儋糧，送迎漢使，又數爲吏卒所寇，懲艾不便與漢通。後復爲匈奴反間，數遮殺漢使。其弟尉屠耆降漢，具言狀。

元鳳四年（公元前七十七年）大將軍霍光白遣平樂監傅介子往刺其王。介子輕將勇敢士，齎金幣，揚言以賜外國爲名。既至樓蘭，詐其王欲賜之，王喜，與介子飲，……壯士二人從後刺殺之，貴人左右皆散走。……介子遂斬王嘗歸首，……乃立尉屠耆爲王，更名其國爲鄯善。……王自請天子曰：「身在漢久，今歸，單弱，而前王有子在，恐爲所殺。國中有伊循城，其地肥美，願漢遣一將屯田積穀，令臣得依其威重。」於是漢遣司馬一人，吏士四十人，田伊循以塡撫之。其後更置都尉。伊循官置始此矣。

漢王朝對西域的用兵，時間較長規模較大的是征伐大宛。《史記・大宛列傳》說：

漢使者往（大宛）既多，其少從率多進熟於天子，言曰：「宛有善馬在貳師城，匿不肯與漢使。」天子既好宛馬，聞之甘心，使壯士車令等持千金及金馬以請宛王貳師城善馬。……遂不肯予漢使。……遣漢使去，令其東邊郁成遮攻殺漢使，取其財物。於是天子大怒。……拜李廣利爲貳師將軍，發屬國六千騎，及郡國惡少年數萬人，以往伐宛。期至貳師城取善馬，故號「貳師將軍」。趙始成爲軍正，故浩侯王恢使導軍，而李哆爲校尉，制軍事，是歲太初元年也。

太初元年，即公元前一〇四年，是匈奴烏維單于死，其子烏師廬繼立為單于的第二年。西漢這次出征大宛，在征途中士卒死者十之八九。《漢書・張騫李廣利傳》說：

故浩侯王恢使道軍。既西過鹽水，當道小國各堅城守，不肯給食，攻之不能下。下者得食，不下者數日則去。比至郁成，士財有數千，皆飢罷。攻郁成城，郁成距之，所殺傷甚眾。貳師將軍與左右計：「至郁成尚不能舉，況至其王都乎？」引而還。往來二歲，至敦煌，士不過什一、二。

李廣利回到敦煌，是公元前一〇二年。在這一年中，漢遣浞野侯趙破奴去迎接匈奴左大都尉降漢，事敗而全軍覆沒。群臣勸武帝集中力量去征伐匈奴，不必遠攻大宛，但武帝仍堅持對大宛用兵：

天子業出兵誅宛，宛小國而不能下，則大夏之屬漸輕漢；而宛善馬絕不來，烏孫、輪台易苦漢使，爲外國笑。乃案言伐宛尤不便者鄧光等。赦囚徒捍寇盜，發惡少年及邊騎，歲餘而出敦煌六萬人，負私從者不與，牛十萬，馬三萬匹，驢、橐駝以萬數齎糧，兵弩甚設。天下騷動，轉相奉伐宛五十餘校尉。……益發戍甲卒十八萬酒泉、張掖北，置居延、休屠以衛酒泉。而發天下七科適，及載糒給貳師，轉車人徒相連屬至敦煌。而拜習馬者二人爲執驅馬校尉，備破宛擇取其善馬云。

初，貳師起敦煌西，爲人多，道上國不能食，分爲數軍，從南北道。校尉王申生、故鴻臚壺充國等千餘人別至郁成，城守不肯給食。申生去大軍二百里，負而輕之，攻郁成急。郁成窺知申生軍少，晨用三千人攻殺申生等，數人脫亡，走貳師。貳師令搜粟都尉上官桀往攻破郁成，郁成降。其王亡走康居，桀追至康居。康居聞漢已破宛，出郁成王與桀。桀令四騎士縛守詣大將軍。四人相謂：「郁成，漢所毒，今生將，卒失大事。」欲殺，莫適先擊，上邽騎士趙弟拔劍擊斬郁成王。桀等遂追及大將軍。（《漢書．張騫李廣利傳》）

此外，漢王朝又約烏孫去幫助攻伐大宛。《漢書・張騫李廣利傳》說：「初，貳師後行，天子使使告烏孫大發兵擊宛。烏孫發二千騎往，持兩端，不肯前。」而李廣利所率的主力，直會大宛都城。同書又說：

> 兵多，所至小國莫不迎，出食給軍。至輪台，輪台不下，攻數日，屠之。自此而西，平行至宛城，兵到者三萬。宛兵迎擊漢兵，漢兵射敗之，宛兵走入保其城。……決其水原，移之，則宛固已憂困。圍其城，攻之四十餘日。宛貴人謀曰：「王毋寡匿善馬，殺漢使。今殺王而出善馬，漢兵宜解；即不，乃力戰而死，未晚也。」宛貴人皆以爲然，共殺王。其外城壞，……持其頭，遣人使貳師，約曰：「漢無攻我，我盡出善馬，恣所取，而給漢軍食。即不聽我，我盡殺善馬。康居之救又且至。至，我居內，康居居外，與漢軍戰。孰計之，何從？」是時，康居候視漢兵尚盛，不敢進。貳師聞宛城中新得漢人知穿井，而其內食尚多。計以爲來誅首惡者毋寡，毋寡頭已至，如此不許，則堅守，而康居候漢兵罷來救宛，破漢軍必矣。軍吏皆以爲然，許宛之約。宛乃出其馬，令漢自擇之，而多出食食漢軍。漢軍取其善馬數十匹，中馬以下牝牡三千餘匹，而立宛貴人之故時遇漢善者名昧蔡爲宛王，與盟而罷兵。終不得入中城，罷而引歸。

這次出征，損失很大，《漢書・張騫李廣利傳》說：「軍還，入玉門者萬餘人，馬千餘匹。後行，非乏食，戰死不甚多，而將吏貪，不愛卒，侵牟之，以此物故者眾。」六萬人征伐大宛而回者不過萬餘，三萬匹馬隨軍而入玉門關只千餘匹，其損失之大，可以概見。而且損失並非由於戰死，而是因為將吏貪不知愛護兵卒飢餓而死。可是就是這樣，武帝以為得了大宛王頭和善馬，對將吏不知愛惜士卒，使不少士卒餓死不加追究，還大加封賞。武帝在詔中說：

> 匈奴爲害久矣，今雖徙幕北，與旁國謀共要絕大月氏使，遮殺中郎將江、故雁門守攘。危須以西及大宛皆合約殺期門車令、中郎將朝及身毒國使，隔東西道。貳師將軍廣利征討厥罪，伐勝大宛。賴天之靈，從泝河山，涉流沙，通西海，山雪不積，士大夫徑度，獲王首虜，珍怪之物畢陳於闕。其封廣利爲海西侯，食邑八千户。又封斬郁成王者趙弟爲新畤侯；軍正趙始成功最多，爲光祿大夫；上官桀敢深入，爲少府；李哆有計謀，爲上黨太守。軍官吏爲九卿者三人，諸侯相、郡守、二千石百餘人，千石以下千餘人。（《漢書・張騫李廣利傳》）

武帝在詔書中一開始便說：「匈奴為害久矣。」現在雖遷到漠北，但是仍與西域諸國相謀，阻止漢與西域的交通，所以漢征大宛與其他諸國和匈奴有密切的關係。《史記・匈奴列傳》說：「漢既誅大宛，威震外國。天子意欲遂困胡，乃下詔曰：『高皇帝遺朕平城之憂，高后時單于書絕悖逆。昔齊襄公復九世之仇，春秋大之。』」

總之，征伐大宛、樓蘭、姑師都是為了削弱匈奴的勢力。《史記・匈奴列傳》說：「貳師將軍破大宛，斬其王而還，匈奴欲遮之，不能至。」《史記》用「不能至」，而《漢書》卷九十四上〈匈奴傳〉用「不敢」二字，《漢書・西域傳》用「貳師兵盛不敢當」，我們認為班固所說較為恰當。匈奴是當時所謂的「百蠻大國」，對於漢在西域的兵威，尚不敢當，西域諸國自然為之懼服，所以西域許多國家在李廣利回漢時，都遣使跟他到長安貢獻，或遣子為質。西域諸國親漢的結果，匈奴更加孤立，匈奴的力量日益削弱。武帝交通西域和征伐大宛等國，則是武帝決心擊敗匈奴的戰略組成部份。

第十六章　匈漢互用叛臣與降將

呴黎湖單于在位一年而死，他的弟弟左大都尉且鞮侯立為單于。這是武帝太初四年（公元前一〇一年）的事情。且鞮侯在位五年。且鞮侯有兩個兒子：長子為左賢王，次子為左大將。且鞮侯單于病死前，說要左賢王繼立為單于。但是當且鞮侯已病死的時候，左賢王不在匈奴王庭，而且又遲遲不來，匈奴的貴族們以為他也有病，急不可待，於是乃立其弟左大將為單于。左賢王聽得他的弟弟已立為單于，更不敢到王庭來。可是他的弟弟左大將卻使人去請他，並且聲明要把單于的位置讓給哥哥。左賢王借口有病以辭。但左大將堅持要讓位，而且告訴左賢王說，假使左賢王因病去世，可以傳位給他。因此，左賢王遂答應就單于之位，稱為狐鹿姑單于。狐鹿姑單于即位於武帝太始元年（公元前九十六年），死於昭帝始元二年（公元前八十五年），在位共十二年。

匈奴經過烏維時代的休養生息，人力與物力可能恢復了一些。在兒單于與呴黎湖單于的時候，匈奴與西漢又逐漸恢復戰爭狀態。到且鞮侯與狐鹿姑時候，這種狀態更為嚴重，互相策動與收容對方的叛臣與降將，是這一時期匈漢軍事與外交征戰的突出事件。

漢武帝動員了全國的力量破滅匈奴，但是匈奴每次遣使求和，卻很少拒絕。武帝在且鞮侯即位那一年，就遣蘇武厚幣結好單于。匈漢外交戰的過程中，互相扣留所派使節是常事。「時漢連伐胡，數通使相窺觀，匈奴留漢使郭吉、路充國等，前後十餘輩。匈奴使來，漢亦留之以相當。天漢元年（公元前一〇〇年），且鞮侯單于初立，恐漢襲之，乃曰：『漢天子我丈人行也。』盡歸漢使路充國等。武帝嘉其義，乃遣武以中郎將使持節送匈奴使留在漢者，因厚賂單于，答其善意。」蘇武被扣，則是因為蘇武的副使張勝與謀匈奴朝中的叛亂。「（單于）方欲發使送武等，會緱王與長水虞常等謀反匈奴中。緱王者，昆邪王姊子也，與昆邪王俱降漢，後隨浞野侯沒胡中。及衛律所將降者，陰相與謀劫單于母閼氏歸漢。會武等至匈奴，虞常在漢時素與副（隨蘇武副使）張勝相知，私候勝曰：『聞漢天子甚怨衛律，常能為漢伏弩射殺之。吾母與弟在漢，幸蒙其賞賜。』張勝許之，以貨物與常。後月餘，單于出獵，獨閼氏子弟在。虞常等七十餘人欲發，其一人夜亡，告之。單于子弟發兵與戰。緱王等皆死，虞常生得。單于使衛律治其事。張勝聞之，恐前語發，以狀語武，武曰：『事如此，此必及我。見犯乃死，重負國。』欲自殺，勝、惠共止之。虞常果引張勝。單于怒，召諸貴人議，欲殺漢使者。左伊秩訾曰：『即謀單于，何以復加?宜皆降之。』單于使衛律召武受辭，武謂惠等：『屈節辱命，雖生，何面目以歸漢！』引佩刀自刺。衛律驚，自抱持武，馳召醫，鑿地為坎，置熅火，覆武其上，蹈其背出血。武氣絕，半日復息。惠等哭，輿歸營。單于壯其節，朝夕遣人候問武，而收繫張勝。武益愈，單于使使曉武，會論虞常，欲因此時降武。劍斬虞常已，律曰：『漢使張勝謀殺單于近臣，當死，單于募降者赦罪。』舉劍欲擊之，勝請降。律謂武曰：『副有罪，當相坐。』武曰：『本無謀，又非親屬，何謂相坐?』復舉劍擬之，武不動。」

衛律強迫蘇武投降沒有成功，於是用溫和的方式去策反。衛律說曰：「蘇君，律前負漢歸匈奴，幸蒙大恩，賜號稱王，擁眾數萬，馬畜彌山，富貴如此。蘇君今日降，明日復然。空以身膏草野，誰復知之！」武不應。律曰：「君因我降，與君為兄弟，今不聽吾計，後雖欲復見我，尚可得乎？」

武罵律曰：「女為人臣子，不顧恩義，畔主背親，為降虜於蠻夷，何以女為見？且單于信女，使決人死生，不平心持正，反欲鬥兩主，觀禍敗。南越殺漢使者，屠為九郡；宛王殺漢使者，頭縣北闕；朝鮮殺漢使者，即時誅滅。獨匈奴未耳。若知我不降明，欲令兩國相攻，匈奴之禍從我始矣。」（見《漢書・李廣蘇建傳》）同傳又記：

> 律知武終不可脅，白單于。單于愈益欲降之，乃幽武置大窖中，絕不飲食。天雨雪，武臥齧雪與旃毛並咽之，數日不死，匈奴以爲神，乃徙武北海上無人處，使牧羝，羝乳乃得歸。別其官屬常惠等，各置他所。武既至海上，廩食不至，掘野鼠、去草實而食之。杖漢節牧羊，臥起操持，節旄盡落。積五六年，單于弟於靬王弋射海上。武能網紡繳，檠弓弩，於靬王愛之，給其衣食。三歲餘，王病，賜武馬畜、服匿、穹廬。王死後，人眾徙去，其冬，丁令盜武牛羊，武復窮厄。

蘇武出使匈奴之次年，李陵投降匈奴。後來單于使李陵去勸蘇武投降，結果也為蘇武所拒絕。《漢書・李廣蘇建傳》載：

> 初，武與李陵俱爲侍中，武使匈奴明年，陵降，不敢求武。久之，單于使陵至海上，爲武置酒設樂，因謂武曰：「單于聞陵與子卿素厚，故使陵來說足下，虛心欲相待。終不得歸漢，空自苦亡人之地，信義安所見乎？前長君爲奉車，從至雍棫陽宮，扶輦下除，觸柱折轅，劾大不敬，伏劍自刎，賜錢二百萬以葬。孺卿從祠河東后土，宦騎與黃門駙馬爭船，推墮駙馬河中溺死，宦騎亡，詔

使孺卿逐捕不得，惶恐飲藥而死。來時，大夫人已不幸，陵送葬至陽陵。子卿婦年少，聞已更嫁矣。獨有女弟二人，兩女一男，今復十餘年，存亡不可知。人生如朝露，何久自苦如此！陵始降時，忽忽如狂，自痛負漢，加以老母繫保宮，子卿不欲降，何以過陵？且陛下春秋高，法令亡常，大臣亡罪夷滅者數十家，安危不可知，子卿尚復爲誰乎？願聽陵計，勿復有云。」武曰：「武父子亡功德，皆爲陛下所成就，位列將，爵通侯，兄弟親近，常願肝腦塗地。今得殺身自效，雖蒙斧鉞湯鑊，誠甘樂之。臣事君，猶子事父也，子爲父死亡所恨。願勿復再言。」陵與武飲數日，復曰：「子卿壹聽陵言。」武曰：「自分已死久矣！王必欲降武，請畢今日之歡，效死於前！」陵見其至誠，喟然歎曰：「嗟乎，義士！陵與衛律之罪上通於天。」因泣下沾衿，與武決去。陵惡自賜武，使其妻賜武牛羊數十頭。

衛律的威嚇，李陵的苦勸，都未能使蘇武動心。後人都把蘇武視為孔子所謂「使於四方，不辱君命」的典型人物，但對他的隨員為什麼要策反匈奴廷臣，卻很少評論。他在匈奴被扣十九年之久，到了昭帝始元六年（公元前八十一年），即武帝死後六年，狐鹿姑單于死後三年，始得歸漢。

自蘇武被匈奴扣留之後，匈奴與西漢又不斷發生戰爭。西漢方面率領軍隊去征伐匈奴的主要人物是李廣利。從武帝天漢二年（公元前九十九年）至武帝征和三年（公元前九十年）的十年間，數次出征匈奴，都是由李廣利帶領軍隊。特別值得一提的是，天漢二年的征伐與李陵的投降，以及征和三年的深入漠北與李廣利的投降。從整個軍事來說，匈奴的勝利多失敗少，西漢的勝利少損失大。這次戰爭的直接起因，是趙破奴征伐匈奴，全軍覆沒，自己也被俘。《史記》卷一百十一〈衛將軍驃騎列傳〉說：「（趙破奴）為浚稽將軍，將二萬騎擊匈奴左賢王，左賢王與戰，兵八萬騎圍破奴，破奴生為虜所得，遂沒其軍，居匈奴中十歲，復與其太子安國亡入漢。」

《史記》說趙破奴留匈奴十歲，《漢書》也說是十歲，是錯誤的。《史記集解》引「徐廣曰：以太初二年（公元前一〇三年）入匈奴，天漢元年（公元前一〇〇年）亡歸，涉四年」。武帝對於趙破奴的失敗是不會甘心的。趙破奴自匈奴亡歸，可能告武帝說匈奴已趨於衰弱，容易擊破。天漢二年（公元前九十九年）武帝乃派李廣利擊匈奴。《漢書・匈奴傳》載：「漢使貳師將軍將三萬騎出酒泉，擊右賢王於天山，得首虜萬餘級而還。匈奴大圍貳師，幾不得脫。漢兵物故什六七。漢又使因杅將軍（公孫敖）出西河，與強弩都尉（路博德）會涿邪山，亡所得。使騎都尉李陵將步兵五千人出居延北千餘里，與單于會，合戰，陵所殺傷萬餘人，兵食盡，欲歸，單于圍陵，陵降匈奴，其兵得脫歸漢者四百人。單于乃貴陵，以其女妻之。」

李陵是李廣之孫，李當戶之子。他與匈奴單于且鞮侯的會戰經過，以至他背叛西漢投降匈奴的過程，《漢書》卷五十四〈李陵傳〉說得很清楚。我們且分段錄之於後：

陵字少卿，少爲侍中建章監。善騎射，愛人，謙讓下士，甚得名譽。武帝以爲有廣之風，使將八百騎，深入匈奴二千餘里，過居延視地形，不見虜，還。拜爲騎都尉，將勇敢五千人，教射酒泉、張掖以備胡。數年，漢遣貳師將軍伐大宛，使陵將五校兵隨後。行至塞，會貳師還。上賜陵書，陵留吏士，與輕騎五百出敦煌，至鹽水，迎貳師還，復留屯張掖。

天漢二年，貳師將軍三萬騎出酒泉，擊右賢王於天山。召陵，欲使爲貳師將輜重。陵召見武台，叩頭自請曰：「臣所將屯邊者，皆荊楚勇士奇材劍客也，力扼虎，射命中，願得自當一隊，到蘭干山南以分單于兵，毋令專鄉貳師軍。」上曰：「將惡相屬邪！吾發軍多，毋騎予女。」陵對：「無所事騎，臣願以少擊眾，步兵五千人涉單于庭。」上壯而許之，因詔強弩都尉路博德將兵半道迎陵軍。博德故伏波將軍，亦羞爲陵後距，奏言：「方秋匈奴馬肥，未可與戰，臣願留陵至春，俱將酒泉、張掖騎各五千人並擊東西浚稽，可必禽也。」書奏，上怒，疑陵悔不欲出而教博德上書，乃詔博德：「吾欲予李陵騎，云『欲以少擊眾』。今虜入西河，其引兵走西河，遮鉤營之道。」詔陵：「以九月發，出遮虜鄣，至東浚稽山南龍勒水上，徘徊觀虜，即亡所見，從浞野侯趙破奴故道抵受降城休士。因騎置以聞。所與博德言者云何？具以書對。」

又記：

陵於是將其步卒五千人出居延，北行三十日，至浚稽山止營，舉圖所過山川地形，使麾下騎陳步樂還以聞。步樂召見，道陵將率得士死力，上甚説，拜步樂爲郎。陵至浚稽山，與單于相直，騎可三萬圍陵軍。軍居兩山間，以大車爲營。陵引士出營外爲陳，前行持戟盾，後行持弓弩，令曰：「聞鼓聲而縱，聞金聲而止。」虜見漢軍少，直前就營。陵搏戰攻之，千弩俱發，應弦而倒。虜還走上山，漢軍追擊，殺數千人。單于大驚，召左右地兵八萬餘騎攻陵。陵且戰且引，南行數日，抵山谷中。連戰，士卒中矢傷，三創者載輦，兩創者將車，一創者持兵戰。陵曰：「吾士氣少衰而鼓不起者，何也？軍中豈有女子乎？」始軍出時，關東群盜妻子徙邊者隨軍爲卒妻婦，大匿車中。陵搜得，皆劍斬之。明日復戰，斬首三千餘級。引兵東南，循故龍城道行，四五日，抵大澤葭葦中，虜從上風縱火，陵亦令軍中縱火以自救。南行至山下，單于在南山上，使其子將騎擊陵。陵軍步鬥樹木間，復殺數千人，因發連弩射單于，單于下走。是日捕得虜，言「單于曰：『此漢精兵，擊之不能下，日夜引吾南近塞，得毋有伏兵乎？』諸當户君長皆言『單于自將數萬騎擊漢數千人不能滅，後無以復使邊臣，令漢益輕匈奴。復力戰山谷間，尚四五十里得平地，不能破，乃還』」。是時陵軍益急，匈奴騎多，戰一日數十合，復傷殺虜二千餘人。

又記：

虜不利，欲去，會陵軍候管敢爲校尉所辱，亡降匈奴，具言「陵軍無後救，射矢且盡，獨將軍麾下及成安侯校各八百人爲前行，以黃與白爲幟，當使精騎射之即破矣」。成安侯者，潁川人，父韓千秋，故濟南相，奮擊南越戰死，武帝封子延年爲侯，以校尉隨陵。單于得敢大喜，使騎並攻漢軍，疾呼曰：「李陵、韓延年趣降！」遂遮道急攻陵，陵居谷中，虜在山上，四面射，矢如雨下。漢軍南行，未至鞮汗山，一日五十萬矢皆盡，即棄車去。士尚三千餘人，徒斬車輻而持之，軍吏持尺刀，抵山入狹谷。單于遮其後，乘隅下壘石，士卒多死，不得行。昏後，陵便衣獨步出營，止左右：「毋隨我，丈夫一取單于耳！」良久，陵還，太息曰：「兵敗，死矣！」軍吏或曰：「將軍威震匈奴，天命不遂，後求道徑還歸，如浞野侯爲虜所得，後亡還，天子客遇之，況於將軍乎！」陵曰：「公止！吾不死，非壯士也。」於是盡斬旌旗，及珍寶埋地中，陵歎曰：「復得數十矢，足以脫矣。今無兵復戰，天明坐受縛矣！各鳥獸散，猶有得脫歸報天子者。」令軍士人持二升糒，一半冰，期至遮虜鄣者相待。夜半時，擊鼓起士，鼓不鳴。陵與韓延年俱上馬，壯士從者十餘人。虜騎數千追之，韓延年戰死。陵曰：「無面目報陛下！」遂降。軍人分散，脫至塞者四百餘人。陵敗處去塞百餘里，邊塞以聞。上欲陵戰死，召陵母及婦，使相者視之，無死喪色。後聞陵降，上怒甚，責問陳步樂，步樂自殺，群臣皆罪陵……

關於李陵投降匈奴後的情況，《漢書・李陵傳》說：

陵在匈奴歲餘，上遣因杅將軍公孫敖將兵深入匈奴迎陵。敖軍無功還，曰：「捕得生口，言李陵教單于爲兵以備漢軍，故臣無所得。」上聞，於是族陵家，母弟妻子皆伏誅。隴西士大夫以李氏爲愧。其後，漢遣使使匈奴，陵謂使者曰：「吾爲漢將步卒五千人橫行匈奴，以亡救而敗，何負於漢而誅吾家？」使者曰：「漢聞李少卿教匈奴爲兵。」陵曰：「乃李緒，非我也。」李緒本漢塞外都尉，居奚侯城，匈奴攻之，緒降，而單于客遇緒，常坐陵上。陵痛其家以李緒而誅，使人刺殺緒。大閼氏欲殺陵，單于匿之北方，大閼氏死乃還。單于壯陵，以女妻之，立爲右校王……

這是武帝未死以前的事情。昭帝立與狐鹿姑單于未死前，霍光與上官桀又曾遣人到匈奴，希望說服李陵歸漢，可是他始終不肯，終死在匈奴。《漢書・李陵傳》說：

昭帝立，大將軍霍光、左將軍上官桀輔政，素與陵善，遣陵故人隴西任立政等三人俱至匈奴招陵。立政等至，單于置酒賜漢使者，李陵、衛律皆侍坐。立政等見陵，未得私語，即目視陵，而數數自循其刀環，握其足，陰諭之，言可還歸漢也。後陵、律持牛酒勞漢使，博飲，兩人皆胡服椎結，立政大言曰：「漢已大赦，中國安樂，主上富於春秋，霍子孟、上官少叔用事。」以此言微動之。陵墨不應，孰視而自循其髮，答曰：「吾已胡服矣！」有頃，律起更衣，立政曰：「咄，少卿良苦！霍子孟、上官少叔謝女。」陵曰：「霍與上官無恙乎？」立政曰：「請少卿來歸故鄉，毋憂富貴。」陵字立政曰：「少公，歸易耳，恐再辱，奈何！」語未卒，衛律還，頗聞餘語，曰：「李少卿賢者，不獨居一國。范蠡遍游天下，由余去戎入秦，今何語之親也！」因罷去。立政隨謂陵曰：「亦有意乎？」陵曰：「丈夫不能再辱。」陵在匈奴二十餘年，元平元年病死。

李陵投降匈奴，當然是對西漢王朝的背叛。

李陵投降匈奴不到一年（武帝天漢三年，公元前九十八年），匈奴進攻雁門，雁門太守畏懦沒有迎擊，因被棄市。武帝在次年又調動軍隊，由李廣利掛帥去攻伐匈奴。《漢書・武帝紀》天漢四年中說：

發天下七科謫及勇敢士，遣貳師將軍李廣利將六萬騎、步兵七萬人出朔方，因杅將軍公孫敖萬騎、步兵三萬人出雁門，游擊將軍韓說步兵三萬人出五原，強弩都尉路博德步兵萬餘人與貳師會。

所謂「七科」，《漢書》注引張晏說：「吏有罪一，亡命二，贅壻三，賈人四，故有市籍五，父母有市籍六，大父母有市籍七，凡七科也。」照上面所說的軍隊人數來計算，約有二十萬之多。《漢書・匈奴傳》述匈奴迎戰經過：「匈奴聞，悉遠其累重於余吾水北，而單于以十萬待水南，與貳師接戰。貳師解而引歸，與單于連鬥十餘日。游擊亡所得，因杅與左賢王戰，不利，引歸。」這次交戰，在匈奴方面除了且鞮侯單于以十萬騎待余吾水南外，再加上余吾水北及左賢王的軍隊，其數目也有十餘萬，可見匈奴的兵卒還是很多的。西漢王朝用了那麼多的士卒，卻不能擊敗匈奴，又可見匈奴當時的兵力還是很強的。李廣利不敢深入，公孫敖也因不利而還，所以從整個戰局來說，西漢的這次征伐是失敗了。

一年後，且鞮侯單于死。狐鹿姑單于繼立的初年，匈奴既少入寇，西漢也未發兵攻擊匈奴。到了狐鹿姑立後五年（武帝征和二年，公元前九十一年），匈奴寇上谷、五原，殺掠吏民。那一年再入五原、酒泉，殺兩位都尉。於是武帝又不得不遣兵去征伐匈奴。《漢書・匈奴傳》說：

> 於是漢遣貳師將軍七萬人出五原，御史大夫商丘成將三萬餘人出西河，重合侯莽通將四萬騎出酒泉千餘里。單于聞漢兵大出，悉遣其輜重，徙趙信城北邸郅居水。左賢王驅其人民度余吾水六七百里，居兜銜山。單于自將精兵左安侯度姑且水。御史大夫軍至追邪徑，無所見，還。匈奴使大將與李陵將三萬餘騎追漢軍，至浚稽山合，轉戰九日，漢兵陷陳卻敵，殺傷虜甚眾。至蒲奴水，虜不利，還去。重合侯軍至天山，匈奴使大將偃渠與左右呼知王將二萬餘騎要漢兵，見漢兵強，引去。重合侯無所得失。是時，漢恐車師兵遮重合侯，乃遣闓陵侯將兵別圍車師，盡得其王

民眾而還。

《漢書・匈奴傳》與〈功臣表第五〉均說重合侯為莽通，而《漢書・西域傳》「車師後城長國」條作馬通，恐怕後者是錯誤的。至於李廣利所領的軍隊，據《漢書・匈奴傳》說：「貳師將軍將出塞，匈奴使右大都尉與衛律將五千騎要擊漢軍於夫羊句山狹。貳師遣屬國胡騎二千與戰，虜兵壞散，死傷者數百人。漢軍乘勝追北，至范夫人城，匈奴奔走，莫敢距敵。」李廣利戰勝右大都尉與衛律後，《漢書・匈奴傳》又說：

會貳師妻子坐巫蠱收，聞之憂懼。其掾胡亞夫亦避罪從軍，說貳師曰：「夫人室家皆在吏，若還不稱意，適與獄會，郅居以北可復得見乎？」貳師由是狐疑，欲深入要功，遂北至郅居水上。虜已去，貳師遣護軍將二萬騎度郅居之水。一日，逢左賢王左大將，將二萬騎與漢軍合戰一日，漢軍殺左大將，虜死傷甚眾。軍長史與決眭都尉煇渠侯謀曰：「將軍懷異心，欲危眾求功，恐必敗。」謀共執貳師。貳師聞之，斬長史，引兵還至速邪烏燕然山。單于知漢軍勞倦，自將五萬騎遮擊貳師，相殺傷甚眾。夜塹漢軍前，深數尺，從後急擊之，軍大亂敗，貳師降。單于素知其漢大將貴臣，以女妻之，尊寵在衛律上。

李廣利投降，在武帝征和三年（公元前九十年）。狐鹿姑單于尊寵他在衛律之上，引起衛律的妒嫉，衛律設法殺死他。事已見前引《漢書・匈奴傳》。

李廣利累次出師，敗多勝少。對於李廣利的評價，司馬光在《資治通鑑》有云：「武帝欲侯寵姬李氏，而使廣利將兵伐宛，其意以為非有功不侯，不欲負高帝之約也。夫軍旅大事，國之安危，民之死生繫焉。苟為不擇賢愚而授之，欲徼幸咫尺之功，藉以為名而私其所愛，不若無功而侯之為愈也。然則武帝有見於封國，無見於置將。」（卷二十一）武帝並非不會用兵將，不過對於李廣利卻是一個例外。

《漢書・匈奴傳》載：「自貳師沒後，漢新失大將軍士卒數萬人，不復出兵。」武帝亦在李廣利投降三年後死，在位共五十四年。這是西漢皇帝中在位最久，也是立意要與匈奴決戰的一位君主。

匈奴之大臣貴族，在武帝時期投降西漢者，也是很多的。在武帝時期的功臣表中，匈奴人降漢封侯者，就有二十位以上。直到且鞮侯與狐鹿姑時代仍在漢朝廷中佔重要地位的金日磾，便是匈奴的後裔。事見於《漢書》卷六十八〈金日磾傳〉：

金日磾字翁叔，本匈奴休屠王太子也。武帝元狩中，票騎將軍霍去病將兵擊匈奴右地，多斬首，虜獲休屠王祭天金人。其夏，票騎復西過居延，攻祁連山，大克獲。於是單于怨昆邪、休屠居西方多爲漢所破，召其王欲誅之。昆邪、休屠恐，謀降漢。休屠王後悔，昆邪王殺之，並將其眾降漢。封昆邪王爲列侯。日磾以父不降見殺，與母閼氏、弟倫俱沒入官，輸黃門養馬，時年十四矣。久之，武帝游宴見馬，後宮滿側。日磾等數十人牽馬過殿下，莫不竊視，至日磾獨不敢。日磾長八尺二寸，容貌甚嚴，馬又肥好，上異而問之，具以本狀對。上奇焉，即日賜湯沐衣冠，拜爲馬監，遷侍中駙馬都尉光祿大夫。日磾既親近，未嘗有過失，上甚信愛之，賞賜累千金，出則驂乘，入侍左右。貴戚多竊怨，曰：「陛下妄得一胡兒，反貴重之！」上聞，愈厚焉。日磾母教誨兩子，甚有法度，上聞而嘉之。病死，詔圖畫於甘泉宮，署曰「休屠王閼氏」。日磾每見畫常拜，鄉之涕泣，然後乃去。日磾子二人皆愛，爲帝弄兒，常在旁側。弄兒或自後擁上項，日磾在前，見而目之。弄兒走且啼曰：「翁怒。」上謂日磾：「何怒吾兒爲？」其後弄兒壯大，不謹，自殿下與宮人戲，日磾適見之，惡其淫亂，遂殺弄兒。弄兒即日磾長子也。上聞之大怒，日磾頓首謝，具言所以殺弄兒狀。上甚哀，爲之泣，已而心敬日磾。初，莽何羅與江充相善，及充敗衛太子，何羅弟通用誅太子時力戰得封。後上知太子冤，乃夷滅充宗族黨與。何羅兄弟懼及，遂謀爲逆。日磾視其志意有非常，心疑之，陰獨察其動靜，與俱上下。何羅亦覺日磾意，以故久不得發。是時上行幸林光宮，日磾小疾臥廬。何羅與通及小弟安成矯制夜出，共殺使者，發兵。明旦，上未起，何羅亡何從外入。日磾奏廁心動，立入坐內户下。須臾，何羅褏白刃從東箱上，見日磾，色變，走趨臥內欲入，行觸寶瑟，僵。日磾得抱何羅，因傳曰：「莽何羅反！」上驚起，左右拔刃欲格之，上恐並中日磾，止勿格。日磾捽胡投何羅殿下，得禽縛之，窮治皆伏辜。繇是著忠孝節。日磾自在左右，目不忤視者數十年。賜出宮女，不敢近。上欲内其女後宮，不肯。其篤愼如此，上尤奇異之。

又載：

及上病，屬霍光以輔少主，光讓日磾。日磾曰：「臣外國人，且使匈奴輕漢。」於是遂爲光副。光以女妻日磾嗣子賞。初，武帝遺詔以討莽何羅功封日磾爲秺侯，日磾以帝少不受封。輔政歲餘，病困，大將軍光白封日磾，臥授印綬。一日，薨，賜葬具塚地，送以輕車介士，軍陳至茂陵，諡曰敬侯。

日磾死後，他的子孫七世內侍。班固在〈金日磾傳〉「贊」中說：

金日磾夷狄亡國，羈虜漢庭，而以篤敬寤主，忠信自著，勒功上將，傳國後嗣，世名忠孝，七世內侍，何其盛也！本以休屠作金人爲祭天主，故因賜姓金氏云。

漢匈雙方互用降人，是軍事以外政治鬥爭的一種方式。

第十七章　匈奴內亂之始與四面受敵

狐鹿姑單于死後，子左谷蠡王在漢昭帝始元二年（公元前八十五年）立為壺衍鞮單于，在位十七年，死於宣帝地節二年（公元前六十八年）。

狐鹿姑單于死後，內部的分裂日益嚴重。《漢書・匈奴傳》論其事如下：「初，單于（狐鹿姑）有異母弟為左大都尉，賢，國人鄉之，母閼氏恐單于不立子而立左大都尉也，乃私使殺之。左大都尉同母兄怨，遂不肯復會單于庭。」此外，狐鹿姑單于的兒子，也因爭立而離叛。同傳又說：「又單于病且死，謂諸貴人：『我子少，不能治國，立弟右谷蠡王。』及單于死，衛律等與顓渠閼氏謀，匿單于死，詐矯單于令，與貴人飲盟，更立子左谷蠡王為壺衍鞮單于。是歲，始元二年（公元前八十五年）也。」又說：「壺衍鞮單于既立……左賢王、右谷蠡王以不得立怨望，率其眾欲南歸漢。恐不能自致，即脅盧屠王，欲與西降烏孫，謀擊匈奴。盧屠王告之，單于使人驗問，右谷蠡王不服，反以其罪罪盧屠王，國人皆冤之。於是二王去居其所，未嘗肯會龍城。」又說：「單于年少初立，母閼氏不正，國內乖離，常恐漢兵襲之。」按匈奴習慣，每年各王侯貴人，會龍城三次，有些像西漢的大臣朝見一樣，不肯會龍城，是對單于的不尊敬，是一種反抗的態度與行為。左大都尉的同母兄既不會單于庭，左賢王與右谷蠡王又不肯會龍城，這些人都是匈奴最重要的人物，從中可見匈奴內部分裂情況之嚴重。

照匈奴習慣，狐鹿姑死後，應當由左賢王繼立為單于。不知何故，狐鹿姑單于死前對貴人說，其子年少，不能治國，而希望其弟右谷蠡王繼立為單于。這位年少之子，就是左谷蠡王。左谷蠡王在匈奴的官位上低左賢王一級。狐鹿姑在左大將死後曾以其子為左賢王，則這位左賢王與左谷蠡王顯然為二人，而且此子當比左谷蠡王年長。這二人都為狐鹿姑之子。同時，狐鹿姑單于立其子為左賢王時，是在他死前好幾年。此子在立為左賢王時，若已不算太小，則在狐鹿姑單于死時，應該大了，為什麼狐鹿姑單于在遺囑中，不以合法的左賢王繼立單于，而希望其弟右谷蠡王繼立為單于？這是一個疑問。

這次內部分裂，還沒有像數十年後的五單于爭立那樣引起互相殘殺。然而，這次的爭立，好像是後來爭立的前奏，而且比之以往的伊稚斜攻敗於單更為複雜。這是匈奴更趨於衰弱的徵兆。從此以後，爭立問題成為匈奴內部分裂的一個主要原因。

然而在壺衍鞮時代，匈奴最大的問題恐怕還是外患。自然，外患之來，是與內部分裂有關係的。比方不滿意單于而投降外人，或者甚至利用外人的力量去恢復或維持自己的地位。所以說是內部分裂引起外患。

匈奴的勁敵，自冒頓至狐鹿姑的一百多年中，主要是西漢王朝。稽粥單于迫走月氏之後，匈奴的東方、西方以及北邊都沒有足以威脅他的敵人了。這三方面的部落都已為匈奴所征服。大概是在軍臣單于時代，只有西邊一個受匈奴幫助復國的烏孫，後來強盛起來，不肯朝會單于。匈奴發兵去征伐，結果失敗而歸。然而這個時期中，卻找不到烏孫攻伐匈奴的記載。在壺衍鞮時代的情形就不同了。除南方的勁敵以外，東方的烏桓也逐漸復興。北邊的丁令與西邊的烏孫，都乘機對匈奴進行攻擊，使匈奴陷入四面受敵的境地。

壺衍鞮就位後，匈奴示意西漢使者，希望和親。但他就位後二年，又南下侵略代郡，仍是匈奴一面辦交涉一面擾亂的傳統作風。但是匈奴三十多年來，受到西漢的嚴重打擊，加上爭立而引起國內不安，匈奴很怕西漢王朝的征伐。自衛青、霍去病以後，匈漢戰爭的戰場多在匈奴的領土以內，匈奴人少物稀，遭到很大的損失，所以衛律與匈奴的貴人們，「常恐漢兵襲之」。

衛律既與顓氏謀立年少的單于，這說明他的作用更為重要。衛律本是胡人，但生長於西漢，對於漢朝的文化及優點知之甚詳。漢人築城藏穀的防守戰略，是他所熟知的。因此他向匈奴單于獻計，也想用這種守衛的方法去抵抗西漢的進攻。《漢書・匈奴傳》說：「於是衛律為單于謀『穿井築城，治樓以藏穀，與秦人守之……』」匈奴人本來不會穿井，他們是逐水草而居的游牧部落，沒有城郭，所住的是穹廬，不是樓室。他們穿井築城治樓要用漢人，就是守城也要用漢人。這裡所說的秦人就是漢人。因為秦朝威震匈奴，所以匈奴叫漢人為秦人。這些漢人，有的是投降的，有的是戰爭俘虜。衛律利用這些人去守城，相信這樣做，則「漢兵至，無奈我何」。於是「即穿井數百，伐材數千」。但是，有些人反對他的這種做法，認為匈奴人不善於在城中守城、治樓、藏穀，這樣做等於積糧送給漢朝。這種看法可能是從趙信城的經驗而來。趙信曾築城藏穀，後來衛青率兵攻破此城，西漢的兵士就用城裡所藏的穀物為食，吃不了或不能帶走便用火燒盡。衛律聽到胡人不能守城的意見後，也可能是回憶到趙信城的教訓，所以井雖是穿了數百，木材伐了數千，但放棄了這個計劃。

穿井築城治樓的計劃既已放棄，匈奴乃用其他方法去討好西漢，決定遣回被匈奴扣留而不肯投降的西漢使者，這就是蘇武以及另一位叫做馬宏者。關於馬宏，《漢書・匈奴傳》說：「馬宏者，前副光祿大夫王忠使西國，為匈奴所遮，忠戰死，馬宏生得，亦不肯降。故匈奴歸此二人，欲以通善意。」

馬宏歸漢後的情形如何，史書沒有記載。蘇武在未離匈奴前及歸國後的情況，《漢書・李廣蘇建傳》說得很清楚。

蘇武離開匈奴之次年，也就是昭帝始元七年（公元前八十年），匈奴發左右部二萬騎分為四隊，入邊為寇。《漢書・匈奴傳》云：「漢兵追之，斬首獲虜九千人，生得甌脱王，漢無所失亡。匈奴見甌脱王在漢，恐以為道擊之，即西北遠去，不敢南逐水草，發人民屯甌脱。明年，復遣九千騎屯受降城以備漢，北橋余吾，令可度，以備奔走。」這說明匈奴的兵力愈來愈衰。它雖然調動二萬騎來入寇，但是經過西漢的追擊，損失差不多一半，而且熟悉匈奴道途的甌脱王也被西漢俘虜。匈奴既怕甌脱王引道攻擊，又不得不再向西北遷徙。這與後來的烏桓以至鮮卑的勃興，很有關係。經過武帝的打擊之後，匈奴的左賢王原來所居的東部，已遷移到原來單于所居的地方。其後又向西跑，現在再向西北走，因而愈與烏孫接近，此後匈奴與烏孫的接觸也更多起來。東邊的烏桓、鮮卑卻得以擺脱匈奴的羈絆。

此時，衛律已死。衛律在狐鹿姑的時代，明白用武力去對付西漢是很為吃虧後，極力主張與西漢和親。在他生前，這種主張並不見得被匈奴一般的大臣貴人所贊成，但是在他死後，匈奴「兵數困，國益貧」，壺衍鞮的弟弟左谷蠡王，覺得衛律生前的主張是有道理的，所以也主張和親。可是又怕西漢方面未必答應，於是，匈奴常常使其左右將這個意思暗示給西漢使者。同時，對西漢的侵擾也更為稀少，對西漢使者也愈為厚待，目的是希望能與西漢修和親之約。西漢對於匈奴這種表示是歡迎的。但是，不久左谷蠡王死了，這種和平局面又不大能夠維持下去，於是戰爭發生了。《漢書‧匈奴傳》說：

> 明年（昭帝元鳳三年，公元前七十八年），單于使犁汙王窺邊，言酒泉、張掖兵益弱，出兵試擊，冀可復得其地。時漢先得降者，聞其計，天子詔邊警備。後無幾，右賢王、犁汙王四千騎分三隊，入日勒、屋蘭、番和。張掖太守、屬國都尉發兵擊，大破之，得脫者數百人。屬國千長義渠王騎士射殺犁汙王，賜黃金二百斤，馬二百匹，因封爲犁汙王。屬國都尉郭忠封成安侯。自是後，匈奴不敢入張掖。

數十年來，匈奴愈往西遷，愈覺得酒泉、張掖的重要。他們想取回這些地方是無可懷疑的。但是，自此以後再「不敢入張掖」了。張掖一名，據說是由於斷匈奴右臂，張西漢之掖而來，現在可以說是名副其實了。

匈奴雖然遭受這次大敗，但並不甘心。昭帝元鳳三年（公元前七十八年），匈奴又遣三千餘騎入五原，殺略數千人。後來還有數萬騎兵南下，在西漢塞邊行獵，攻擊塞外的亭障，掠取吏民。但此時西漢邊郡的防備工作很好，烽火候望制度很精密，匈奴要想侵入，很為困難。匈奴入侵的目的本在掠取人民糧畜，西漢既有防備，匈奴無機可乘，入寇也就稀少了。

壺衍鞮單于未死前，西漢還曾出三千餘騎，分三路併入匈奴，捕得俘虜三千餘人，匈奴遠逃不敢抵抗。這也可以說明到了壺衍鞮的末年，匈奴衰弱的現象。

此外，昭帝元鳳三年，西漢曾遣范明友擊匈奴，不過這次征伐，與烏桓有關。

除了南邊的西漢給予匈奴的沉重打擊之外，東方的烏桓或烏丸，對匈奴也時時騷擾。關於烏桓及其與匈奴的關係，《漢書．匈奴傳》與《漢書》其他各處略為記載，但是說得最詳細的是《後漢書》卷九十〈烏桓列傳〉：

烏桓者，本東胡也。漢初，匈奴冒頓滅其國，餘類保烏桓山，因以爲號焉。俗善騎射，弋獵禽獸爲事。隨水草放牧，居無常處。以穹廬爲舍，東開向日。食肉飲酪，以毛毳爲衣。貴少而賤老，其性悍塞。怒則殺父兄，而終不害其母，以母有族類，父兄無相仇報故也。有勇健能理決鬥訟者，推爲大人，無世業相繼。邑落各有小帥，數百千落自爲一部。大人有所召呼，則刻木爲信，雖無文字，而部眾不敢違犯。氏姓無常，以大人健者名字爲姓。大人以下，各自畜牧營產，不相徭役。……其約法：違大人言者，罪至死；若相賊殺者，令部落自相報，不止，詣大人告之，聽出馬牛羊以贖死；其自殺父兄則無罪；若亡畔爲大人所捕者，邑落不得受之，皆徙逐於雍狂之地，沙漠之中。其土多蝮蛇，在丁令西南，烏孫東北焉。

烏桓位置應在匈奴之東，在丁令東南而非西南。烏孫則遠在匈奴之西，與烏桓並不接近。《後漢書．烏桓列傳》又說：

烏桓自爲冒頓所破，眾遂孤弱，常臣伏匈奴，歲輸牛馬羊皮，過時不具，輒沒其妻子。及武帝遣驃騎將軍霍去病擊破匈奴左地，因徙烏桓於上谷、漁陽、右北平、遼西、遼東五郡塞外，爲漢偵察匈奴動靜。其大人歲一朝見，於是始置護烏桓校尉，秩二千石，擁節監領之，使不得與匈奴交通。

西漢遷徙烏桓到匈奴左地與塞外五郡，目的還是防備匈奴。這與武帝遣張騫到烏孫，希望烏孫回敦煌、祁連故地以防備匈奴的政策是一致的。通西域是斷匈奴的右臂，連烏桓是斷匈奴的左臂。烏桓的遷徙，對於西漢防備匈奴固有其作用，但後來烏桓本身有時也成為西漢的邊患，有時還勾結匈奴入寇。《漢書‧匈奴傳》說：

漢復得匈奴降者，言烏桓嘗發先單于塚，匈奴怨之，方發二萬騎擊烏桓。大將軍霍光欲發兵邀擊之，以問護軍都尉趙充國。充國以爲「烏桓間數犯塞，今匈奴擊之，於漢便。又匈奴希寇盜，北邊幸無事。蠻夷自相攻擊，而發兵要之，招寇生事，非計也」。光更問中郎將范明友，明友言可擊。於是拜明友爲度遼將軍，將二萬騎出遼東。匈奴聞漢兵至，引去。初，光誡明友：「兵不空出，即後匈奴，遂擊烏桓。」烏桓時新中匈奴兵，明友既後匈奴，因乘烏桓敝，擊之，斬首六千餘級，獲三王首，還，封爲平陵侯。匈奴繇是恐，不能出兵。

從這段話看起來，西漢可以說是一舉兩得。匈奴既不復出兵，烏桓也為西漢大敗。然而這樣一來，烏桓不久即入寇幽州，所以西漢又不得不遣范明友去專擊烏桓，而且還不止這一次，這正是趙充國所說「招寇生事」。

此外，北邊的丁令也慢慢地叛離匈奴。《漢書》沒有「丁令傳」，《三國志・魏書》卷三十〈烏丸鮮卑東夷傳〉注說：

丁令國在康居北，勝兵六萬人，隨畜牧，出名鼠皮，白昆子、青昆子皮。

在冒頓時，丁令曾被匈奴征服。宣帝初年，烏孫擊敗匈奴，丁令乘機從北邊攻伐匈奴，大概這時又脫離匈奴獨立。

壺衍鞮在位的時候，除了南邊的西漢、東邊的烏桓、北邊的丁令之外，西邊的烏孫也給予匈奴很大的打擊。《漢書・西域傳》「烏孫」條說：

烏孫國，大昆彌治赤谷城，去長安八千九百里。户十二萬，口六十三萬，勝兵十八萬八千八百人。相大祿，左右大將二人，侯三人，大將、都尉各一人，大監二人，大吏一人，舍中大吏二人，騎君一人。……地莽平。多雨，寒。山多松樠。不田作種樹，隨畜逐水草，與匈奴同俗。……故服匈奴，後盛大，取羈屬，不肯往朝會。東與匈奴、西北與康居、西與大宛、南與城郭諸國相接。

匈奴受西漢攻擊逐漸向西北遷徙，匈奴與烏孫的接觸更多，爭端也時起。西漢雖不能說服烏孫遷回敦煌、祁連故地，但自張騫出使烏孫之後，烏孫逐漸親漢。到了武帝元封六年（公元前一〇五年），西漢與烏孫和親之後，烏孫與西漢的關係更加密切。這使匈奴對烏孫更加不滿。匈奴單于雖然也遣女嫁給烏孫昆莫，但是，烏孫與匈奴的關係仍不斷惡化。西漢籠絡烏孫，主要是為了牽制匈奴。西漢第一位宗室女嫁給烏孫的是江都王建之女細君。細君嫁給烏孫昆莫時，昆莫已很老，而且語言又不通，使細君很為悲愁。她悲愁之狀，表現在她所作的著名的歌中。《漢書・西域傳》指出，西漢皇帝聽了她的歌後，對她很憐憫，「間歲遣使者持帷帳錦繡給遺焉。昆莫年老，欲使其孫岑陬尚公主，公主不聽，上書言狀，天子報曰：『從其國俗，欲與烏孫共滅胡。』岑陬遂妻公主。昆莫死，岑陬代立。岑陬者，官號也，名軍須靡。昆莫，王號也，名獵驕靡。後書『昆彌』云。岑陬尚江都公主，生一女少夫。」細君公主嫁給岑陬不過數年就死了。西漢為了繼續維持這種友好關係，又遣另一位宗室女嫁給岑陬。這位宗室女在烏孫好幾十年，除了嫁給岑陬外，還嫁給其季父肥王。《漢書・西域傳》烏孫條說：「公主（細君）死，漢復以楚王戊之孫解憂為公主，妻岑陬。岑陬胡婦子泥靡尚小，岑陬且死，以國與季父大祿子翁歸靡，曰：『泥靡大，以國歸之。』翁歸靡既立，號肥王，復尚楚主解憂，生三男二女：長男曰元貴靡；次曰萬年，為莎車王；次曰大樂，為左大將；長女弟史為龜茲王絳賓妻；小女素光為若呼翎侯妻。」

這位解憂公主在肥王死後，還嫁給繼立為昆彌的狂王。很值得注意的是，這位狂王就是岑陬所妻匈女生的兒子泥靡。他在肥王剛立的時候，年紀很小，肥王死時他已長大，繼立為昆彌。這時解憂已六十歲左右，嫁給泥靡後，據說還生了一個兒子。《漢書・西域傳》「烏孫」條載此事說：

元康二年（公元前六十四年），烏孫昆彌（指肥王）因惠（指常惠）上書：「願以漢外孫元貴靡爲嗣，得令復尚漢公主，結婚重親，畔絕匈奴，願聘馬騾各千匹。」詔下公卿議，大鴻臚蕭望之以爲「烏孫絕域，變故難保，不可許」。上美烏孫新立大功，又重絕故業，遣使者至烏孫，先迎取聘。昆彌及太子、左右大將、都尉皆遣使，凡三百餘人，入漢迎取少主。上乃以烏孫主解憂弟子相夫爲公主，置官屬侍御百餘人，舍上林中，學烏孫言。天子自臨平樂觀，會匈奴使者、外國君長大角抵，設樂而遣之。使長羅侯光祿大夫惠爲副，凡持節者四人，送少主至敦煌。未出塞，聞烏孫昆彌翁歸靡死，烏孫貴人共從本約，立岑陬子泥靡代爲昆彌，號狂王。惠上書：「願留少主敦煌，惠馳至烏孫責讓不立元貴靡爲昆彌，還迎少主。」事下公卿，望之復以爲「烏孫持兩端，難約結。前公主在烏孫四十餘年，恩愛不親密，邊竟未得安，此已事之驗也。今少主以元貴靡不立而還，信無負於夷狄，中國之福也。……」天子從之，徵還少主。狂王復尚楚主解憂，生一男鴟靡，不與主和，又暴惡失眾。

我們要指出的是，匈奴也是為了想得解憂而攻擊烏孫的，因而引起西漢發重兵去幫助。烏孫擊匈奴這件事，發生於昭帝末年與宣帝初年的時候，也就是在范明友追擊匈奴並大敗烏桓之後。《漢書・匈奴傳》說：

（匈奴）即使使之烏孫，求欲得漢公主。擊烏孫，取車延、惡師地。烏孫公主上書，下公卿議救，未決。昭帝崩……

《漢書・西域傳》「烏孫」條說：

> 昭帝時，公主上書，言「匈奴發騎田車師，車師與匈奴爲一，共侵烏孫，唯天子幸救之」！漢養士馬，議欲擊匈奴。會昭帝崩，宣帝初即位，公主及昆彌皆遣使上書，言「匈奴復連發大兵侵擊烏孫，取車延、惡師地，收人民去，使使謂烏孫趣持公主來，欲隔絕漢。昆彌願發國半精兵，自給人馬五萬騎，盡力擊匈奴。唯天子出兵以救公主、昆彌」。

〈匈奴傳〉說昆彌上書云「唯天子出兵，哀救公主」！〈西域傳〉置公主上書在先，昆彌求救在後，都說明烏孫主要是以解憂公主去感動西漢皇帝，要他出兵攻擊匈奴。《漢書・匈奴傳》說：

> 本始二年（公元前七十二年），漢大發關東輕銳士，選郡國吏三百石伉健習騎射者，皆從軍。遣御史大夫田廣明爲祁連將軍，四萬餘騎，出西河；度遼將軍范明友三萬餘騎，出張掖；前將軍韓增三萬餘騎，出雲中；後將軍趙充國爲蒲類將軍，三萬餘騎，出酒泉；雲中太守田順爲虎牙將軍，三萬餘騎，出五原；凡五將軍，兵十餘萬騎，出塞各二千餘里。及校尉常惠使護發兵烏孫西域，昆彌自將翕侯以下五萬餘騎從西方入，與五將軍兵凡二十餘萬衆。匈奴聞漢兵大出，老弱奔走，驅畜產遠遁逃，是以五將少所得。……

又說：

度遼將軍出塞千二百餘里，至蒲離候水，斬首捕虜七百餘級，鹵獲馬牛羊萬餘。前將軍出塞千二百餘里，至烏員，斬首捕虜，至候山百餘級，鹵馬牛羊二千餘。蒲類將軍兵當與烏孫合擊匈奴蒲類澤，烏孫先期至而去，漢兵不與相及。蒲類將軍出塞千八百餘里，西去候山，斬首捕虜，得單于使者蒲陰王以下三百餘級，鹵馬牛羊七千餘。聞虜已引去，皆不至期還。天子薄其過，寬而不罪。祁連將軍出塞千六百里，至雞秩山，斬首捕虜十九級，獲牛馬羊百餘。逢漢使匈奴還者冉弘等，言雞秩山西有虜衆，祁連即戒弘，使言無虜，欲還兵。御史屬公孫益壽諫，以爲不可，祁連不聽，遂引兵還。虎牙將軍出塞八百餘里，至丹余吾水上，即止兵不進，斬首捕虜千九百餘級，鹵馬牛羊七萬餘，引兵還。上以虎牙將軍不至期，詐增鹵獲，而祁連知虜在前，逗遛不進，皆下吏自殺。擢公孫益壽爲侍御史。

同傳又說：「校尉常惠與烏孫兵至右谷蠡庭，獲單于父行及嫂、居次、名王、犁汙都尉、千長、將以下三萬九千餘級，虜馬牛羊驢贏槖駝七十餘萬。……然匈奴民眾死傷而去者，及畜產遠移死亡不可勝數。於是匈奴遂衰耗，怨烏孫。」

常惠與烏孫兵到右谷蠡王庭，所捕獲的大量人民畜產，統統為烏孫專有，一點也不給西漢，甚至連常惠的印綬也被烏孫人盜走。《漢書》卷七十〈常惠傳〉說：「……烏孫皆自取鹵獲。惠從吏卒十餘人隨昆彌還，未至烏孫，烏孫人盜惠印綬節。惠還，自以當誅。」

出乎常惠意料之外，宣帝卻以為五將軍出兵皆不得勝利，只有常惠奉使克獲，還封他為長羅侯，食邑二千八百五十戶。同時，宣帝不但不責備烏孫自取鹵獲，相反的，還遣常惠持金幣再次出使烏孫，賞賜烏孫貴人有功者。這也是烏孫貴人所意料不到的。西漢這次調動重兵，是武帝以來攻伐匈奴出兵最多的一次。這主要是因為解憂公主的請求，使她免為匈奴所奪與使烏孫免為匈奴所敗。烏孫獨吞戰利品，並盜漢使印綬，西漢不但不責備，而且還賞賜他，這對烏孫來說，也是一舉兩得。但從中也可以看出，西漢對於攻滅匈奴是多麼迫切。

從此，匈奴對烏孫更加怨恨。宣帝本始三年（公元前七十一年）冬，壺衍鞮單于親自出馬，將萬騎去攻擊烏孫。在初攻烏孫時，匈奴頗獲烏孫的老弱民眾，但當他要引兵回匈奴時，大雪降下來，一日之間，雪深丈餘，人民畜產凍死不可勝數，能回國者不過十分之一。這又是一次大失敗。《漢書・匈奴傳》說：

於是丁令乘弱攻其北，烏桓入其東，烏孫擊其西。凡三國所殺數萬級，馬數萬匹，牛羊甚眾。又重以餓死，人民死者什三，畜產什五，匈奴大虛弱，諸國羈屬者皆瓦解，攻盜不能理。

沒有多久，西漢又遣兵分三道攻匈奴，捕虜數千人而還，使匈奴陷入四面楚歌的境地，內亂外患與天災相迫偕來，愈為衰弱。

壺衍鞮在位的十七年中，匈奴衰弱之甚，是匈奴歷史上所沒有過的。西漢的邊塞在這個時候也很少有事。此時，匈奴又欲與西漢和親，但這種意圖還沒有實現，壺衍鞮即於宣帝地節二年（公元前六十八年）死去。

第十八章　匈奴五單于爭立的動亂時代

壺衍鞮以後的虛閭權渠單于以至五單于爭立的時代（漢宣帝地節二年至甘露元年，公元前六十八—前五十三年），匈奴的天災也很嚴重，外患也不見減輕，而內亂則發展到不可收拾的地步。結果是匈奴不得不稱臣於西漢，成為西漢的藩屬。

自武帝時衛青、霍去病大敗匈奴之後，匈奴的天災不斷地見於史書。兒單于在位時（公元前一〇五—前一〇二年），匈奴曾有過一次大雪，畜產多凍死。十餘年後，在狐鹿姑的末年（公元前八十九年），雨雪連降數月，畜產死，人民疫病，穀稼不熟。壺衍鞮的末年（公元前七十一年），又因大雪，人民死者什三，畜產什五。不出四年，虛閭權渠就位的初年（公元前六十八年），匈奴又鬧饑荒，人民畜產死亡十之六七。《漢書・五行志》指出，西漢在武帝時代的戰爭消耗，「師出三十餘年，天下戶口減半」。匈奴自軍臣單于死後以至壺衍鞮單于的六十年中，因戰爭與天災所消耗的人口恐怕不止匈奴人口之半數。至於畜物的損失以及領土的縮小，也是很為明顯的。而且，游牧部族主要是肉食，肉食的主要畜物是牛羊馬。一次天災使這些畜物大量損失，是不能在很短時間內恢復過來的。不像耕種的人們，今年因天災使五穀受影響，明年還可得到豐收。所以匈奴因天災而損失畜物，對於民食上的影響尤為嚴重。

內亂最甚的時期是五單于的爭立。爭立歷史的演變有一個漫長的過程。在壺衍鞮死後，弟左賢王立為虛閭權渠單于，引起內部一連串的不和與動亂。《漢書・匈奴傳》說：「虛閭權渠單于立，以右大將女為大閼氏，而黜前單于所幸顓渠閼氏。顓渠閼氏父左大且渠怨望。」以後，「虛閭權渠單于立九年死（宣帝神爵二年，公元前六十年）。自始立而黜顓渠閼氏，顓渠閼氏即與右賢王私通。右賢王會龍城而去，顓渠閼氏語以單于病甚，且勿遠。後數日，單于死。郝宿王刑未央使人召諸王，未至，顓渠閼氏與其弟左大且渠都隆奇謀，立右賢王屠耆堂為握衍朐鞮單于。握衍朐鞮單于者，代父為右賢王，烏維單于耳孫也」。「單于初立，兇惡，盡殺虛閭權渠時用事貴人刑未央等，而任用顓渠閼氏弟都隆奇，又盡免虛閭權渠子弟近親，而自以其子弟代之。」「虛閭權渠單于子稽侯狦既不得立，亡歸妻父烏禪幕。烏禪幕者，本烏孫、康居間小國，數見侵暴，率其眾數千人降匈奴，狐鹿姑單于以其弟子日逐王姊妻之，使長其眾，居右地。」「日逐王先賢撣，其父左賢王當為單于，讓狐鹿姑單于，狐鹿姑單于許立之。國人以故頗言日逐王當為單于。日逐王素與握衍朐鞮單于有隙，即率其眾數萬騎歸漢。漢封日逐王為歸德侯。」

日逐王既投降於漢，握衍朐鞮單于更立其從兄薄胥堂為日逐王。過了一年，他又殺了日逐王先賢撣兩個弟弟。烏禪幕勸他不要這樣做，他不聽。烏禪幕之女婚虛閭權渠之子稽侯狦。如上面所指出，稽侯狦不得繼虛閭權渠為單于，而為握衍朐鞮代立，烏禪幕對於握衍朐鞮已生怨恨，現在單于又不聽他的話，殺先賢撣之弟，烏禪幕對單于更加不滿。握衍朐鞮的暴虐殺伐，排斥異己，使好多貴人對他都不敬服，而生反叛之心，形成另立單于的後果。《漢書・匈奴傳》說：

> 其後左奧鞬王死，單于自立其小子為奧鞬王，留庭。奧鞬貴人共立故奧鞬王子為王，與俱東

徙。單于遣右丞相將萬騎往擊之，失亡數千人，不勝。時單于已立二歲，暴虐殺伐，國中不附。及太子、左賢王數讒左地貴人，左地貴人皆怨。其明年，烏桓擊匈奴東邊姑夕王，頗得人民，單于怒。姑夕王恐，即與烏禪幕及左地貴人共立稽侯狦爲呼韓邪單于。

這也是五單于爭立的序幕。稽侯狦既立為呼韓邪單于，握衍朐鞮當然不能容忍。可是握衍朐鞮單于尚未調兵征伐之前，呼韓邪已發左地兵四五萬人，向西去攻擊握衍朐鞮單于。呼韓邪的軍隊至姑且水北，還沒有正式與握衍朐鞮單于會戰，握衍朐鞮單于的兵已經敗走。握衍朐鞮於是使人去向其弟右賢王求救說：「匈奴共攻我，若肯發兵助我乎？」從「匈奴共攻我」這句話可以看出，怨恨和攻擊他的人之多。他的弟弟右賢王見國人對握衍朐鞮都已反叛，大概是覺得大勢已去，就是幫助也無濟於事，而且他對哥哥的行為也不滿意。所以他對哥哥的使者說：「若不愛人，殺昆弟諸貴人。各自死若處，無來汙我。」握衍朐鞮覺得眾叛親離，大勢無可挽回，結果是自殺而死。從他繼立至自殺（宣帝神爵四年，公元前五十八年），只有三年。

握衍朐鞮單于自殺後，他的民眾完全投降於呼韓邪單于。曾與其姊顓渠閼氏謀立握衍朐鞮單于的左大且渠都隆奇，便跑到了右賢王的地方。右賢王雖然不滿其兄的行為而任其失敗自殺，但也不見得贊成呼韓邪為單于。他收容了都隆奇，可能也收容了顓渠閼氏，這些人都是呼韓邪的敵人。這一行動，使呼韓邪單于對他很猜忌。呼韓邪認為，雖然他是目前唯一的單于，但是右賢王與其他一些貴人還不服他。

握衍朐鞮自殺之後，呼韓邪就來到單于庭，但並沒有乘勝去攻擊右賢王。此時，他一方面在民間找到其兄呼屠吾斯，立之為左谷蠡王，這就是後來的郅支單于；一方面在數月之後，又把他統率的大量軍隊遣回故地。同時，他又遣人去說服右賢王的貴人，希望他們把右賢王殺死。這當然就引起了右賢王的反抗。在宣帝神爵四年（公元前五十八年）冬，都隆奇與右賢王謀立握衍朐鞮的從兄日逐王薄胥堂為屠耆單于，並且發兵數萬去攻擊呼韓邪單于。這次戰爭的結果是呼韓邪失敗，於是他不得不逃跑。

屠耆單于勝利歸來，即以其長子都塗吾西為左谷蠡王，而以其少子姑瞀樓頭為右谷蠡王。他們都留在單于王庭。呼韓邪雖然戰敗逃跑，但仍然設法召集部眾，準備再攻屠耆。過了一年，匈奴的內亂更趨嚴重。除了呼韓邪單于與屠耆單于之外，又有數人自稱為單于，互相征伐，成為一個大混戰的時代。《漢書・匈奴傳》簡述其情況如下：「明年秋（宣帝五鳳元年，公元前五十七年），屠耆單于使日逐王先賢撣兄右奧鞬王為烏藉都尉各二萬騎，屯東方以備呼韓邪單于。是時，西方呼揭王來與唯犁當戶謀，共讒右賢王，言欲自立為烏藉單于。屠耆單于殺右賢王父子，後知其冤，復殺唯犁當戶。於是呼揭王恐，遂畔去，自立為呼揭單于。」

呼韓邪單于、屠耆單于，又加上一個呼揭單于，是三個單于。呼揭王立為單于之後，「右奧鞬王聞之，即自立為車犁單于」。這是第四位單于了。之後，「烏藉都尉亦自立為烏藉單于」，這又是一位單于。

至此，共有了五位單于。呼揭、車犁、烏藉三位單于，本來都是屠耆單于的部下，他們自立為單于，使屠耆單于的勢力削弱，這是屠耆單于不能容忍的。於是，他親自率兵東擊車犁單于，並使都隆奇攻烏藉單于。車犁單于與烏藉單于皆失敗，乃跑到西北與呼揭單于聯合起來，共有四萬兵。

呼揭單于與烏藉單于均除去單于稱號，而擁護車犁單于。結果是從五個單于減為三位單于。這就是呼韓邪單于、屠耆單于與車犁單于。

這個時候，在地域上呼韓邪在東邊，車犁在西邊，而屠耆居於中間。屠耆得知呼揭與烏藉去了單于稱號，擁護車犁為單于，他於是遣左大將、都尉帶領四萬騎屯駐在東邊以防呼韓邪，自己帶領四萬騎向西南去攻擊車犁單于。結果是車犁單于又敗，向西北逃去。屠耆攻敗車犁之後，遂引兵向西南，居留在闟敦地。

呼韓邪乘屠耆忙於征伐之際，有充分時間去準備部隊。第二年（公元前五十六年），他乃遣其弟右谷蠡王等西擊屠耆單于的屯兵。這次攻擊，右谷蠡王勝利了，屠耆的部下損失了萬餘人。屠耆得到這個消息之後，親自率六萬騎去攻擊呼韓邪。他行了一千里的路程，還沒有到嗕姑地，就遇上呼韓邪的軍隊（約四萬人）。兩者會戰，結果是屠耆大敗自殺。都隆奇與屠耆的幼子右谷蠡王姑瞀樓頭，向南逃跑，投降西漢。同時，跑到西北的車犁單于，也率眾投降呼韓邪單于。

這麼一來，呼韓邪這時成了唯一的單于。然而，此時匈奴的形勢還是十分混亂。呼韓邪自己的左大將烏厲屈與父呼遬累烏厲溫敦，見匈奴這樣混亂，也率其眾數萬人向西漢投降。西漢封烏厲屈為新城侯，烏厲溫敦為義陽侯。

由五個單于只剩下一個後，呼韓邪似乎可以太平無事了。然而正在這個時候，李陵之子又立烏藉都尉為單于，但是不久被呼韓邪殺死。

呼韓邪殺了烏藉單于之後，重都於單于庭，不過眾才數萬人。這時又有另二人自稱為單于。一為屠耆單于從弟休旬王，在西邊自立為閏振單于；一為呼韓邪的哥哥呼屠吾斯在東邊自立為郅支骨都侯單于。這樣匈奴又有了三位單于——呼韓邪單于、閏振單于與郅支單于。

過了兩年，即宣帝五鳳四年（公元前五十四年），閏振單于率其眾東擊郅支單于，郅支單于與之會戰，結果是閏振單于被殺死，敗兵降於郅支單于。郅支乘勝進攻他的弟弟呼韓邪單于，呼韓邪被攻敗，郅支單于都於單于庭。

《漢書》記載匈奴這段歷史，謂為五單于之亂，其實也可以說七單于之亂。最後是剩了二位單于，一為呼韓邪單于，一為郅支單于。這是公元前五十四年的事情。呼韓邪失敗後，逃到南邊，後來降漢稱臣。郅支單于雖然佔領了單于庭，但見呼韓邪單于受西漢保護，難於攻破，於是逐漸向西北遷徙，最後到達康居。在元帝建昭三年（公元前三十六年），也就是他攻敗呼韓邪後的十八年，被西漢甘延壽與陳湯殺死。呼韓邪單于降漢以前，本來是居近西漢邊塞，與郅支的單于庭分別稱為南北匈奴，及至郅支西遷之後，呼韓邪又回到單于庭。所謂的南、北匈奴，在郅支單于還在西邊未被殺死之前實際成為東、西匈奴。

匈奴的外患，在虛閭權渠以至五單于爭立的時期，表面上看起來，好像沒有內亂那麼厲害，其實也很嚴重。尤其是在這個時期裡，匈奴在西域的勢力從根本上被打垮。這種外患，當然與內亂有關係，可以說兩者是互為因果的。

除東方的烏桓外，北邊的丁令尤為猖獗。匈奴攻烏孫失敗後，丁令便乘機攻擊匈奴的北邊。到了虛閭權渠的時期，《漢書・匈奴傳》指出，「比三歲入盜匈奴」。一個久為匈奴所臣服的部族，現在卻常常侵略匈奴。這說明匈奴北邊防備的薄弱。

虛閭權渠就位後，西漢見匈奴已十分虛弱，不能為害，曾罷邊塞的軍隊以休養人民。虛閭權渠本來也欲與西漢和親，可是他中了他的政敵的計謀又入寇西漢，結果是失敗。《漢書・匈奴傳》說：

虛閭權渠單于立……是時匈奴不能爲邊寇，於是漢罷外城，以休百姓。單于聞之喜，召貴人謀，欲與漢和親。左大且渠心害其事，曰：「前漢使來，兵隨其後，今亦效漢發兵，先使使者入。」乃自請與呼盧訾王各將萬騎南旁塞獵，相逢俱入。行未到，會三騎亡降漢，言匈奴欲爲寇。於是天子詔發邊騎屯要害處，使大將軍軍監治衆等四人將五千騎，分三隊，出塞各數百里，捕得虜各數十人而還。時匈奴亡其三騎，不敢入，即引去。

就在這一年，匈奴怕西漢攻擊，曾發兩萬騎兵分駐兩個地方，以防備西漢。可是《漢書・匈奴傳》又說：

其秋，匈奴前所得西嗕居左地者，其君長以下數千人皆驅畜産行，與甌脫戰，所戰殺傷甚衆，遂南降漢。

此外，如上面所指出，日逐王與烏厲屈及其父投降西漢，人數達十餘萬，所以宣帝五鳳三年（公元前五十五年）要置西河、北地屬國，以安處匈奴降者。

虛閭權渠在宣帝神爵二年（公元前六十年），曾將十餘萬騎「旁塞獵」，其民題除渠堂亡降漢，把這個消息告訴西漢。西漢遣趙充國將四萬餘騎去迎擊，但不久單于嘔血死，因而罷兵。匈奴西邊的西域地方，自霍去病攻祁連山與渾邪王降漢之後，西漢已可以直接與西域諸國交通，聯絡烏孫，征伐樓蘭與車師，使匈奴在西域的勢力差不多完全喪失了。

虛閭權渠單于就位時，匈奴開始衰弱，被迫向西方遷徙，因而重新與漢爭奪西域諸國。對交通要道車師的爭奪尤為劇烈。《漢書・西域傳下》「車師後城長國」條說：「宣帝即位，遣五將將兵擊匈奴，車師田者驚去，車師復通於漢。匈奴怒，召其太子軍宿，欲以為質。軍宿，焉耆外孫，不欲質匈奴，亡走焉耆。車師王更立子烏貴為太子。及烏貴立為王，與匈奴結婚姻，教匈奴遮漢道通烏孫者。」這是宣帝本始二年（公元前七十二年）的事情。同條又說：「地節二年（公元前六十八年，即虛閭權渠就位的那一年），漢遣侍郎鄭吉、校尉司馬憙將免刑罪人田渠犁，積穀，欲以攻車師。至秋收穀，吉、憙發城郭諸國兵萬餘人，自與所將田士千五百人共擊車師，攻交河城，破之。王尚在其北石城中，未得，會軍食盡，吉等且罷兵，歸渠犁田。收秋畢，復發兵攻車師王於石城。王聞漢兵且至，北走匈奴求救，匈奴未為發兵。王來還，與貴人蘇猶議欲降漢，恐不見信。蘇猶教王擊匈奴邊國小蒲類，斬首，略其人民，以降吉。車師旁小金附國隨漢軍後盜車師，車師王復自請擊破金附。匈奴聞車師降漢，發兵攻車師，吉、憙引兵北逢之，匈奴不敢前。吉、憙即留一候與卒二十人留守王，吉等引兵歸渠犁。車師王恐匈奴兵復至而見殺也，乃輕騎奔烏孫，吉即迎其妻子置渠犁。東奏事，至酒泉，有詔還田渠犁及車師，益積穀以安西國，侵匈奴。吉還，傳送車師王妻子詣長安，賞賜甚厚，每朝會四夷，常尊顯以示之。於是吉始使吏卒三百人別田車師。得降者言，單于大臣皆曰『車師地肥美，近匈奴，使漢得之，多田積穀，必害人國，不可不爭也』。果遣騎來擊田者，吉乃與校尉盡將渠犁田士千五百人往田，匈奴復益遣騎來，漢田卒少不能當，保車師城中。匈奴將即其城下謂吉曰：『單于必爭此地，不可田也。』圍城數日乃解。後常數千騎往來守車師，吉上書言：『車師去渠犁千餘里，間以河山，北近匈奴，漢兵在渠犁者勢不能相救，願益田卒。』」

宣帝得了鄭吉的奏書後，曾與後將軍趙充國等商議，以為匈奴已經很為衰弱，欲出兵擊其右地，使匈奴不能再去擾亂西域。可是魏相卻反對這種做法。《漢書・魏相傳》載他上書諫曰：

> 臣聞之，救亂誅暴，謂之義兵，兵義者王；敵加於己，不得已而起者，謂之應兵，兵應者勝；爭恨小故，不忍憤怒者，謂之忿兵，兵忿者敗；利人土地貨寶者，謂之貪兵，兵貪者破；恃國家之大，矜民人之眾，欲見威於敵者，謂之驕兵，兵驕者滅：此五者，非但人事，乃天道也。間者匈奴嘗有善意，所得漢民輒奉歸之，未有犯於邊境，雖爭屯田車師，不足致意中。今聞諸將軍欲興兵入其地，臣愚不知此兵何名者也。今邊郡困乏，父子共犬羊之裘，食草萊之實，常恐不能自存，難以動兵。「軍旅之後，必有凶年」，言民以其愁苦之氣，傷陰陽之和也。出兵雖勝，猶有後憂，恐災害之變因此以生。今郡國守相多不實選，風俗尤薄，水旱不時。案今年計，子弟殺父兄、妻殺夫者，凡二百二十二人，臣愚以爲此非小變也。今左右不憂此，乃欲發兵報纖介之忿於遠夷，殆孔子所謂「吾恐季孫之憂不在顓臾而在蕭牆之內」也。願陛下與平昌侯、樂昌侯、平恩侯及有識者詳議乃可。

宣帝聽了魏相的話，不再遣兵去攻擊匈奴右地。但因鄭吉還被困在車師，於是詔遣長羅侯常惠將張掖、酒泉的騎兵出車師北千餘里，目的並非攻擊匈奴，而是要揚威耀武。果然匈奴以為漢兵來攻，引兵而去，鄭吉之圍乃解，歸渠犁。

《漢書・西域傳》又說：

> 車師王之走烏孫也，烏孫留不遣，遣使上書，願留車師王，備國有急，可從西道以擊匈奴。漢許之。於是漢召故車師太子軍宿在焉耆者，立以爲王，盡徙車師國民令居渠犁，遂以車師故地與匈奴。車師王得近漢田官，與匈奴絕，亦安樂親漢。後漢使侍郎殷廣德責烏孫，求車師王烏貴，將詣闕，賜第與其妻子居。是歲，元康四年也（公元前六十二年）。

西漢要烏孫送車師王到漢，這裡所說烏貴將詣闕，似應是遣車師王烏貴詣闕，以與其已在漢之妻子同居。

到了宣帝神爵二年（公元前六十年），西漢又遣兵攻伐車師。攻破其殘餘部眾後，分車師為車師前國與車師後國及山北六國。這就是東且彌、西且彌、前卑陸、後卑陸，以及前蒲類、後蒲類，共六國。合前、後車師成為八國。這就分散了車師的力量，免得它親善匈奴對抗西漢。同時，又置戊己校尉屯田，居車師故地。

以上是在盧閭權渠時代，西漢與匈奴爭取車師的經過。為什麼西漢要這樣爭取車師？主要原因，就是因為車師居西域北道的交通要衝。假使西漢不能控制車師，則西漢使者或軍隊之往西域者，往往要繞南道而行，能通北道，則方便得多。

然而，西域北道所以能通，是與上面所說的匈奴日逐王先賢撣率數萬眾降漢有關。先賢撣不滿握衍朐鞮，因而率眾降漢。西漢派鄭吉去迎接日逐王，封為歸德侯。鄭吉為安遠侯。日逐王既降，在他管轄下的僮僕都尉也因之而罷。匈奴在西域的勢力，可以說根本消滅。匈奴愈弱愈不敢近西域。

西漢在日逐王投降之後，「徙屯田，田於北胥鞬」，同時以鄭吉為西域都護，並護南北兩道。都護的職責，就是「督察烏孫、康居諸外國動靜，有變以聞。可安輯，安輯之；可擊，擊之」。（均見《漢書・西域傳上》）這就是說都護所控制的西域地域，不限於蔥嶺以東的西域諸國，而且伸展到蔥嶺以西的康居等一些國家。至此，匈奴的右臂完全切斷了。這也是呼韓邪不能不向西漢投降，郅支也不得不再向西北遷徙到蔥嶺以西的康居的重要原因。

在虛閭權渠單于至五單于爭立的時期中，馮奉世之平莎車，與趙充國之定西羌，雖與匈奴沒有直接的軍事接觸，然在間接上對於匈奴並非沒有關係，也可以說是一種斷匈奴右臂的行動，是匈漢戰爭的組成部份。所以這裡也略為敘述，作為附錄。《漢書》卷七十九〈馮奉世傳〉說：

先是時，漢數出使西域，多辱命不稱，或貪汙，為外國所苦。是時烏孫大有擊匈奴之功（按，宣帝本始二年，公元前七十二年），而西域諸國新輯，漢方善遇，欲以安之，選可使外國者。前將軍增（按，指韓增）舉奉世以衛候使持節送大宛諸國客。至伊修城，都尉宋將言莎車與旁國共攻殺漢所置莎車王萬年，並殺漢使者奚充國。時匈奴又發兵攻車師城，不能下而去。莎車遣使揚言北道諸國已屬匈奴矣，於是攻劫南道，與歃盟畔漢，從鄯善以西皆絕不通。

莎車王揚言北道諸國已屬匈奴，這不只說明他用匈奴以威嚇諸國，而且表明他可能要與匈奴親善。假使馮奉世沒有攻滅莎車，可能莎車與南道諸國還要投降匈奴。匈奴雖已衰弱，但還有餘威在西域，所以莎車王乃用匈奴來號召諸國。〈馮奉世傳〉又說：

都護鄭吉、校尉司馬憙皆在北道諸國間。奉世與其副嚴昌計，以爲不亟擊之，則莎車日強，其勢難制，必危西域。遂以節諭告諸國王，因發其兵，南北道合萬五千人進擊莎車，攻拔其城。莎車王自殺，傳其首詣長安。諸國悉平，威振西域。奉世乃罷兵以聞。宣帝召見韓增，曰：「賀將軍所舉得其人。」奉世遂西至大宛。大宛聞其斬莎車王，敬之異於它使。得其名馬象龍而還。

宣帝因為奉世平定莎車，使西漢威震西域，下議封奉世。為了這件事，大臣們意見有所不同，結果沒有封他。〈馮奉世傳〉說：「丞相、將軍皆曰：『《春秋》之義，大夫出疆，有可以安國家，則顓之可也。奉世功效尤著，宜加爵土之賞。』少府蕭望之獨以奉世奉使有指，而擅矯制違命，發諸國兵，雖有功效，不可以為後法。即封奉世，開後奉使者利，以奉世為比，爭逐發兵，要功萬里之外，為國家生事於夷狄。漸不可長，奉世不宜受封。」

宣帝採納了蕭望之的提議，沒有封馮奉世，而以他為光祿大夫、水衡都尉。馮奉世死後二年（公元前三十六年），陳湯、甘延壽矯制發兵攻殺郅支單于時，又有人提議要封甘延壽與陳湯，匡衡則以蕭望之的理由反對，但是這次卻封他們為侯。於是杜欽上疏追訟馮奉世的前功，可是元帝以為這是先帝時的事，不復錄，故沒有追封。

班固在《漢書・西域傳》「贊」說：「孝武之世，圖制匈奴，患其兼從西國，結黨南羌。」那麼，羌與匈奴的關係，可以概見。嚴格地說，西羌是不列入西域諸國，而自成一個部族的。《後漢書》於〈西域傳〉之外，另為西羌立傳，大概就是這個意思。在虛閭權渠單于與宣帝的時候，先零羌反叛，西漢遣趙充國去攻擊。《漢書・趙充國傳》說：

元康三年（公元前六十三年），先零遂與諸羌種豪二百餘人解仇交質盟詛。上聞之，以問充國，對曰：「羌人所以易制者，以其種自有豪，數相攻擊，勢不壹也。往三十餘歲，西羌反時，亦先解仇合約攻令居，與漢相距，五六年乃定。至征和五年（公元前八十八年），先零豪封煎等通使匈奴，匈奴使人至小月氏，傳告諸羌曰：『漢貳師將軍眾十餘萬人降匈奴。羌人爲漢事苦。張掖、酒泉本我地，地肥美，可共擊居之。』以此觀匈奴欲與羌合，非一世也。間者匈奴困於西方，聞烏桓來保塞，恐兵復從東方起，數使使尉黎、危須諸國，設以子女貂裘，欲沮解之。其計不合，疑匈奴更遣使至羌中，道從沙陰地，出鹽澤，過長阬，入窮水塞，南抵屬國，與先零相直。臣恐羌變未止此，且復結聯他種，宜及未然爲之備。」後月餘，羌侯狼何果遣使至匈奴借兵，欲擊鄯善、敦煌以絕漢道。

又說：

充國以為：「狼何，小月氏種，在陽關西南，勢不能獨造此計，疑匈奴使已至羌中，先零、罕、开乃解仇作約。到秋馬肥，變必起矣。宜遣使者行邊兵豫爲備，敕視諸羌，毋令解仇，以發覺其謀」。

這樣看起來，西羌的叛變，往往與匈奴有關係。西漢征伐西羌，不只是削減西羌的勢力，也是阻止匈奴勢力的伸張。平定西羌，雖非直接與匈奴打仗，也是間接地削弱匈奴的勢力。關於元康三年至神爵元年，西漢平定西羌的經過，《漢書・趙充國傳》說得很詳細，不再抄錄。《後漢書》卷八十七〈西羌傳〉說：

至元康三年，先零乃與諸羌大共盟誓，將欲寇邊。帝聞，復使安國將兵觀之。安國至，召先零豪四十餘人斬之，因放兵擊其種，斬首千餘級。於是諸羌怨怒，遂寇金城。乃遣趙充國與諸將將兵六萬人擊破平之。

趙充國領兵擊西羌時，年已七十。宣帝以為他年老不能領兵，他卻堅持出擊。趙充國在過去曾經領兵攻擊過匈奴好多次，對於匈奴與西羌的結黨，有清楚的瞭解。

第十九章　匈奴初分兩部，呼韓邪單于降漢稱臣

呼韓邪單于為郅支單于攻敗，郅支單于都於單于庭後，就向南邊跑。正在這個時候，呼韓邪的貴人左伊秩訾王為他計謀，以為最好是向西漢稱臣，求西漢的幫助，以安定匈奴。呼韓邪將左伊秩訾王的意見交大臣們討論，大臣們都反對這樣做。《漢書·匈奴傳》載他們的理由說：「匈奴之俗，本上氣力而下服役，以馬上戰鬥為國，故有威名於百蠻。戰死，壯士所有也。今兄弟爭國，不在兄則在弟，雖死猶有威名，子孫常長諸國。漢雖強，猶不能兼併匈奴，奈何亂先古之制，臣事於漢，卑辱先單于，為諸國所笑！雖如是而安，何以復長百蠻！」左伊秩訾說：「不然。強弱有時，今漢方盛，烏孫城郭諸國皆為臣妾。自且鞮侯單于以來，匈奴日削，不能取復，雖屈強於此，未嘗一日安也。今事漢則安存，不事則危亡，計何以過此！」為了這件事，諸大臣經過很久的反覆討論，互相問難，結果呼韓邪採納了左伊秩訾王的提議，決定向西漢稱臣。

在烏維單于時代，也就是衛青與霍去病大敗匈奴之後，烏維曾佯言要到西漢朝見，武帝信以為真，還在長安築官邸，預備烏維來時居住，結果是並無其事。到了狐鹿姑時代，還以很驕慢的言詞致書於武帝，武帝還得遣使報送其使者。以百蠻大國的匈奴，要其來朝稱臣，不是一件容易的事情。然而，到了呼韓邪時代，匈奴的確已是今非昔比。呼韓邪自稱單于之後，經歷過兩次失敗，連

由他從民間提拔起來的哥哥，都自稱單于，並攻敗他。他對於郅支單于的痛恨必定很深。雖說降漢是亂先古之制，但是為了他與其部眾的安全，就不得不向漢稱臣。為此目的，他先率眾靠攏西漢的邊塞。同時，又遣其子右賢王銖婁渠堂入侍。郅支單于見得呼韓邪遣子入侍，也遣其子右大將駒於利受入侍。這說明他們都希望得到西漢支援。武帝時，曾希望匈奴遣子入侍，現在則成為現實。呼韓邪固然是因被郅支攻敗而要西漢庇護，自然沒有力量去再攻伐郅支；郅支也因呼韓邪有了西漢的庇護，不敢再去攻伐呼韓邪。結果是在這個時候，匈奴有了南北之分，兩相對峙。

匈奴單于的爭立，以及單于及其臣下向漢投降，從西漢方面看起來，是對匈戰爭的一次決定性勝利，因此郊告天地，天下歡慶。《漢書》卷八〈宣帝紀〉五鳳三年：「三月，行幸河東，祠后土。詔曰：『往者匈奴數為邊寇，百姓被其害。朕承至尊，未能綏定匈奴。虛閭權渠單于請求和親，病死。右賢王屠耆堂代立。骨肉大臣立虛閭權渠單于子為呼韓邪單于，擊殺屠耆堂。諸王並自立，分為五單于，更相攻擊，死者以萬數，畜產大耗什八九，人民飢餓，相燔燒以求食，因大乖亂。單于閼氏、子孫昆弟及呼遬累單于、名王、左伊秩訾、且渠、當戶以下將眾五萬餘人來降歸義。單于稱臣，使弟奉珍朝賀正月，北邊晏然，靡有兵革之事。』」

呼韓邪單于於宣帝甘露二年（公元前五十二年）到五原塞，表示願意投降，並於次年（甘露三年）正月到長安朝見。為了呼韓邪朝見的禮儀問題，西漢的公卿們作過一場熱鬧的討論。《漢書》卷七十八〈蕭望之傳〉說：「丞相霸（按，指黃霸）、御史大夫定國議曰：『聖王之制，施德行禮，先京師而後諸夏，先諸夏而後夷狄。《詩》云：『率禮不越，遂視既發；相土烈烈，海外有截。』陛下聖德充塞天地，光被四表，匈奴單于鄉風慕化，奉珍朝賀，自古未之有也。其禮儀宜如諸侯王，位次在下。』」《漢書・宣帝紀》「甘露二年」條也載黃霸、于定國的議論：「單于非正朔所加，王者所客也，禮儀宜如諸侯王，稱臣昧死再拜，位次諸侯王下。」但是，蕭望之卻不同意這種說法。《漢書・蕭望之傳》說：「望之以為『單于非正朔所加，故稱敵國，宜待以不臣之禮，位在諸侯王上，外夷稽首稱藩，中國讓而不臣，此則羈縻之誼，謙亨之福也。《書》曰：『戎狄荒服』，言其來服，荒忽亡常。如使匈奴後嗣卒有鳥竄鼠伏，闕於朝享，不為畔臣。信讓行乎蠻貉，福祚流於亡窮，萬世之長策也。』」

自戰國末年以至武帝時期，匈奴常常侵略中原，中原政府要以美女珍品去籠絡，而它還照樣地常常入寇。現在能稱臣入朝，這真是所謂「自古未之有也」。所謂雄才大略的武帝所希望而不能實現的事情，在宣帝時卻實現了。宣帝是不願使呼韓邪因朝見禮儀的問題產生反感，所以採納了蕭望之的提議。下詔說：「蓋聞五帝三王教化所不施，不及以政。今匈奴單于稱北藩，朝正朔，朕之不逮，德不能弘覆。其以客禮待之，令單于位在諸侯王上，贊謁稱臣而不名。」（《漢書・蕭望之傳》）

呼韓邪來朝見的途中，西漢遣車騎都尉韓昌去迎接。單于在來長安的道途中，經過七郡，每郡都發二千騎，為陳道上，表示歡迎。甘露三年正月，單于在甘泉宮朝見天子。《漢書・匈奴傳》說：「單于正月朝天子於甘泉宮，漢寵以殊禮，位在諸侯王上，贊謁稱臣而不名。賜以冠帶衣裳，黃金璽戾綬，玉具劍，佩刀，弓一張，矢四發，棨戟十，安車一乘，鞍勒一具，馬十五匹，黃金二十斤，錢二十萬，衣被七十七襲，錦繡綺縠雜帛八千匹，絮六千斤。禮畢，使使者道單于先行，宿長平。」「上自甘泉宿池陽宮。上登長平阪，詔單于毋謁。其左右當戶之群皆列觀，蠻夷君長王侯迎者數萬人，夾道陳。上登渭橋，咸稱萬歲。單于就邸。置酒建章宮，饗賜單于，觀以珍寶。（《漢書・宣帝紀》「甘露三年」）

呼韓邪這次到西漢入朝稱臣，在長安住了一個多月。他未回去之前，請求西漢准他居留在光祿塞下，以便有急事時，可以防守受降城。西漢答應了他的要求，同時遣長樂衛尉高昌侯董忠與車騎都尉韓昌帶領一萬六千騎兵，並發邊郡士馬一千，送單于出朔方雞鹿塞。

董忠等本來是送呼韓邪單于回國，但是宣帝又命他們留在呼韓邪所住的地方，說是保衛他，並幫助他誅伐不服從他的人們，然而事實上等於派人去監視他，免得他反叛作亂。

呼韓邪單于自被郅支單于擊敗之後，當然是很窘困，所以在他回去之後，西漢曾先後轉邊穀米糒三萬四千斛，作為他與其臣民的糧食。在呼韓邪朝見那一年，郅支單于為表示親善之意，也遣使到西漢奉獻，西漢對他也厚給禮物。過了一年，郅支單于與呼韓邪單于又遣使朝獻，西漢也照樣地給予他們好多禮物，但是對於呼韓邪單于，就特別加以優待。這當然是因他肯稱臣的緣故。

呼韓邪這次稱臣入朝，在長安受到隆重的歡迎，並得到厚遇，必定給他以很深的印象。所以再過一年，即宣帝黃龍元年（公元前四十九年），為了表示忠誠，同時也可以說是為想多得一些西漢禮物，又作第二次的朝見。這一次的朝見禮儀，同上次一樣，可是所給的禮物卻比前次為多。《漢書・匈奴傳》說：「禮賜如初，加衣百一十襲，錦帛九千匹，絮八千斤。」

宣帝因為前次護送他回去的軍隊，還屯在單于所住的地方，這一次就沒有再發騎兵去護送。宣帝也就在這一年死了，子元帝就位（公元前四十八年）。呼韓邪上書說他的民眾困乏，糧食不夠，元帝乃詔雲中、五原郡再轉穀二萬斛供給他們。

元帝初年，郅支單于要求其侍子回去，西漢派谷吉相送。郅支殺了谷吉，西漢設法去調查谷吉音信，卻無法知道。後有匈奴降者，說谷吉是在甌脫被殺，而甌脫則屬於呼韓邪管轄。後來呼韓邪派使者到西漢時，西漢對谷吉事問得很急，同時對於呼韓邪也有所責備。呼韓邪以為西漢可能因此事討伐他，心裡十分不安。於是，西漢為使他解除疑慮，遣車騎都尉韓昌與光祿大夫張猛送呼韓邪的兒子入侍，問明谷吉被殺之事，因赦其罪，令勿自疑。

這個時候，郅支單于已經離開漠北單于庭，向西遷徙。呼韓邪的大臣多勸他北歸。韓昌與張猛到呼韓邪所住的地方後，「見單于民眾益盛，塞下禽獸盡，單于足以自衛，不畏郅支。聞其大臣多勸單于北歸者，恐北去後難約束，昌、猛即與為盟約曰：『自今以來，漢與匈奴合為一家，世世毋得相詐相攻。有竊盜者，相報，行其誅，償其物；有寇，發兵相助。漢與匈奴敢先背約者，受天不祥。令其世世子孫盡如盟。』」盟約的儀式是：「昌、猛與單于及大臣俱登匈奴諾水東山，刑白馬，單于以徑路刀金留犁撓酒，以老上單于所破月氏王頭為飲器者共飲血盟。」（《漢書·匈奴傳》）

韓昌、張猛必定以為他們這樣做，是西漢外交上的一個勝利，可是回國之後，卻受到一般公卿責備。《漢書·匈奴傳》說：「昌、猛還奏事，公卿議者以為『單于保塞為藩，雖欲北去，猶不能為危害。昌、猛擅以漢國世世子孫與夷狄詛盟，令單于得以惡言上告於天，羞國家，傷威重，不可得行。宜遣使往告祠天，與解盟。昌、猛奉使無狀，罪至不道。』」元帝覺得韓昌與張猛已同匈奴結了盟約，再去解約，必引起匈奴的誤會與反感，所以決定不解盟約。對韓昌、張猛，也不深為追究，僅薄責其過，准其贖罪。

此後，呼韓邪單于遂率眾回到漠北的單于庭。匈奴其他各處的人民也慢慢地歸附他。匈奴在他的統治下，慢慢地安定下來。

呼韓邪單于的北歸，在元帝就位後數年內。北歸之後，得到休養生息，史書也沒有記載有天災。他既向西漢稱臣，西漢也認為他不會再南下侵略。另外，他既在西漢的庇護之下，不只西漢不會征伐他，可能東邊的烏桓、北邊的丁令也因此不會擾亂。西邊的西域既在西漢的控制之下，也不會有敵人來攻伐他。因此，慢慢地興盛起來。郅支見他慢慢興盛，又有西漢的庇護，覺得要征服他是不容易的，因而放棄了東歸的企圖，更向西遷徙。

元帝建昭三年（公元前三十六年），郅支單于被甘延壽與陳湯攻殺。呼韓邪單于聞得這個消息，產生了一種很矛盾的感覺。一方面很歡喜，另一方面又很畏懼。歡喜的是，政敵被消滅，他成為匈奴唯一的單于。郅支雖然遠跑到康居，但郅支存在一天，東歸攻伐呼韓邪的可能性總是有的，現在這種可能性沒有了，他可以高枕而臥了。畏懼的是，跑到康居的郅支，因為不向西漢稱臣並且殺死使者谷吉，西漢還可以攻殺他，那麼呼韓邪對於西漢怎能不畏懼。何況，有人說谷吉是死在呼韓邪所管制的甌脫，西漢還為此事責備過他。

為這種心理所驅使，呼韓邪單于曾向西漢提議三件事。第一他願意替西漢防衛從上谷以西至敦煌的邊塞，請求西漢邊塞撤防「以休天子人民」。（語見《漢書・匈奴傳下》）第二是到西漢來朝見元帝。第三請求西漢女子為閼氏以自親。元帝把這些交給公卿們討論，討論的結果是，答應後二者，而不答應前者。現在把這三件事分開來說明。

本來公卿們討論這幾個問題時，一般都贊成呼韓邪第一個提議，但有一人反對，這就是侯應。

侯應當時是郎中，對於邊事很熟悉，反對這種做法。《漢書·匈奴傳》載他對元帝說：

周、秦以來，匈奴暴桀，寇侵邊境，漢興，尤被其害，臣聞北邊塞至遼東，外有陰山，東西千餘里，草木茂盛，多禽獸，本冒頓單于依阻其中，治作弓矢，來出爲寇，是其苑囿也。至孝武世，出師征伐，斥奪此地，攘之於幕北。建塞徼，起亭隧，築外城，設屯戍，以守之，然後邊境得用少安。幕北地平，少草木，多大沙，匈奴來寇，少所蔽隱；從塞以南，徑深山谷，往來差難。邊長老言匈奴失陰山之後，過之未嘗不哭也。如罷備塞戍卒，示夷狄之大利，不可一也。今聖德廣被，天覆匈奴，匈奴得蒙全活之恩，稽首來臣。夫夷狄之情，困則卑順，強則驕逆，天性然也。前以罷外城，省亭隧，今裁足以候望通烽火而已。古者安不忘危，不可復罷，二也。中國有禮義之教，刑罰之誅，愚民猶尚犯禁，又況單于，能必其眾不犯約哉！三也。自中國尚建關梁以制諸侯，所以絕臣下之覬欲也。設塞徼，置屯戍，非獨爲匈奴而已，亦爲諸屬國降民，本故匈奴之人，恐其思舊逃亡，四也。近西羌保塞，與漢人交通，吏民貪利，侵盜其畜產妻子，以此怨恨，起而背畔，世世不絕。今罷乘塞，則生嫚易分爭之漸，五也。往者從軍多沒不還者，子孫貧困，一旦亡出，從其親戚，六也。又邊人奴婢愁苦，欲亡者多，曰：『聞匈奴中樂，無奈候望急何！』然時有亡出塞者，七也。盜賊桀黠，群輩犯法，如其窘急，亡走北出，則不可制，八也。起塞以來百有餘年，非皆以土垣也，或因山岩石，木柴僵落，谿谷水門，稍稍平之，卒徒築治，功費久遠，不可勝計。臣恐議者不深慮其終始，欲以壹切省繇戍，十年之外，百歲之內，卒有它變，障塞破壞，亭隧滅絕，當更發屯繕治，累世之功不可卒復，九也。如罷戍卒，省候望，單于自以保塞守禦，必深德漢，請求無已。小失其意，則不可測。開夷狄之隙，虧中國之固，十也。非所以永持至安，威制百蠻之長策也。

這是侯應反對罷邊的十個理由。後來人作同樣的主張時，往往提起侯應的理由。元帝對於侯應的說法，加以贊同，所以有詔勿議罷邊塞。

但同時西漢又怕呼韓邪單于產生誤會，於是乃遣車騎將軍許嘉親去告訴單于說：

單于上書願罷北邊吏士屯戍，子孫世世保塞。單于鄉慕禮義，所以爲民計者甚厚，此長久之策也，朕甚嘉之。中國四方皆有關梁障塞，非獨以備塞外也，亦以防中國奸邪放縱，出爲寇害，故明法度以專眾心也。敬諭單于之意，朕無疑焉。爲單于怪其不罷，故使大司馬車騎將軍嘉曉單于。

大致上，呼韓邪這一次請求罷邊也許沒有惡意，而是因為郅支被殺之後，心裡畏懼而要討好西漢，正像他請求入朝與願婿漢女一樣。但是，西漢為了防患於未然，故不准其所請。西漢既用很溫和的言辭去告訴呼韓邪，呼韓邪的回答也很謙虛。他謝曰：「愚不知大計，天子幸使大臣告語，甚厚！」

呼韓邪的第二請求是入朝皇帝，西漢答應了他的請求。呼韓邪的請求書中是這樣說：「常願謁見天子，誠以郅支在西方，恐其與烏孫俱來擊臣，以故未得至漢。今郅支已伏誅，願入朝見。」西漢答應朝見後，他在竟寧元年（公元前三十三年）又作第三次朝見。元帝接見他的禮儀與宣帝時一樣。但是，這次所給他的禮物，要比宣帝時的第二次朝見所賜禮物多了一倍。這就是說比起他第一次朝見時所給的就更多了。

在他這次朝見時，除娶漢女為閼氏外，還有一件事是值得我們敘述的，就是當初勸他向漢稱臣的左伊秩訾王，曾因受呼韓邪所疑而降漢，這次兩人在長安會了面。《漢書・匈奴傳》說：「初，左伊秩訾為呼韓邪畫計歸漢，竟以安定。其後或讒伊秩訾自伐其功，常鞅鞅，呼韓邪疑之。左伊秩訾懼誅，將其眾千餘人降漢，漢以為關內侯，食邑三百戶，令佩其王印綬。」

若照韓昌、張猛與呼韓邪所定的盟約來說，左伊秩訾率眾降漢，呼韓邪可以要求西漢將他遣歸匈奴。大概是由於呼韓邪不便提出，所以西漢就留下他了。呼韓邪與左伊秩訾會面時，曾對他說：「王為我計甚厚，令匈奴至今安寧，王之力也，德豈可忘！我失王意，使王去不復顧留，皆我過也。今欲白天子，請王歸庭。」左伊秩訾王說：「單于賴天命，自歸於漢，得以安寧，單于神靈，天子之祐也，我安得力！既已降漢，又復歸匈奴，是兩心也。願為單于侍史於漢，不敢聽命。」呼韓邪雖然極力勸他回去，他始終沒有回去。

呼韓邪單于請求的第三件事，是「願婿漢氏以自親」。關於這件事，《漢書・匈奴傳》說：「元帝以後宮良家子王嬙字昭君賜單于。單于歡喜……」《漢書・元帝紀》也說：「賜單于待詔掖庭王嬙為閼氏。」《後漢書・南匈奴列傳》記此事較詳，云：「初，元帝時，以良家子選入掖庭。時呼韓邪來朝，帝敕以宮女五人賜之。昭君入宮數歲，不得見御，積悲怨，乃請掖庭令求行。呼韓邪臨辭大會，帝召五女以示之。昭君丰容靚飾，光明漢宮，顧景裴回，竦動左右。帝見大驚，意欲留之，而難於失信，遂與匈奴。」

除了以上記載之外，《琴操》也有一段記載：

> 昭君，齊國王穰女。端正閒麗，未嘗窺門戶。穰以其有異於人，求之者皆不與。年十七，獻之元帝。元帝以地遠不之幸，以備後宮。積五六年，帝每遊後宮，常怨不出。後單于遣使朝貢，帝宴之，盡召後宮。昭君盛飾而至，帝問欲以一女賜單于，能者往。昭君乃越席請行。時單于使在旁，驚恨不及。昭君至匈奴，單于大悦，以爲漢與我厚，縱酒作樂。遣使報漢，白璧一雙，騠馬十匹，胡地珍寶之物。昭君恨帝始不見遇，乃作怨思之歌。①

這與《後漢書·南匈奴列傳》所載有了很多不同之處，而且有些地方很有疑問。《後漢書》只說昭君為良家子，《琴操》說她是齊國王穰女；《後漢書》說是匈奴單于來朝見時，請求漢女為閼氏，《琴操》卻說是匈奴使者朝貢時，西漢皇帝把昭君賜給單于的；《後漢書》說她請掖庭令求行，《琴操》說她在元帝宴匈奴使者時，她請求願為匈奴單于閼氏。應該指出，從前漢皇帝選擇女子入掖庭，是帶有強迫性的。齊國王穰把愛女獻給元帝，不見得是可靠的記載。又說昭君在宴會匈奴使者時越席請往，也不像是那個時代漢族女子的舉動。

自漢高祖與匈奴和親以來，西漢女子嫁給單于的已有好幾個，可是兩千餘年來，只有昭君成為

① 編按：此處所引爲《樂府詩集》引《樂府解題》引《琴操》文字，非《琴操》原文）。

文辭詩歌中常見的名字，甚至有與事實不相符的昭君和番的小說流行坊間，有其戲劇性原因。《西京雜記》說：

元帝後宮既多，不得常見，乃使畫工圖其形，案圖召幸之。諸宮人皆賂畫工，多者十萬，少者亦不減五萬。獨王嬙自恃容貌，不肯與。工人乃醜圖之，遂不得見。後匈奴入朝，求美人爲閼氏，帝案圖以昭君行。及去召見，貌爲後宮第一，善應對，舉止閑雅。帝悔之，而名籍已定，方重信於外國，故不復更人。乃窮案其事，畫工……棄市。①

關於王昭君到匈奴以後的情況，《漢書・匈奴傳》說：「王昭君號寧胡閼氏，生一男伊屠智牙師，為右日逐王。」昭君嫁給呼韓邪的第三年，即成帝建始二年（公元前三十一年），呼韓邪死了。《後漢書・南匈奴列傳》說：「及呼韓邪死，其前閼氏子代立，欲妻之，昭君上書求歸，成帝敕令從胡俗，遂復為後單于閼氏焉。」呼韓邪死後，復株累若鞮單于繼立。他娶了昭君後，昭君又生了二個女兒。《漢書・匈奴傳》說：「復株絫單于復妻王昭君，生二女，長女云為須卜居次，小女為當于居次。」

王昭君究竟有幾個兒子？若照上面所引《漢書・匈奴傳》來看，她與呼韓邪所生的是一個兒子，而與復株累若鞮單于所生的是兩個女兒。但是《後漢書・南匈奴列傳》卻說她生過兩個兒子。《後漢書・南匈奴列傳》指出一個兒子名知牙師，這大概就是《漢書・匈奴傳》所說的伊屠智牙師，後為右谷蠡王者。而《漢書・匈奴傳》則說這位兒子後為日逐王。《後漢書・南匈奴列傳》又指出，這位兒子後來因為繼立事而被殺，唯對另一位兒子卻沒有說及。由此推測，可能《後漢書》的二子說是錯誤的，《漢書》的一子說是對的。至於她的兩個女兒，其中一位嫁給匈奴後來的用事大臣右骨都侯須卜當。《漢書·匈奴傳》說，這位女兒為伊墨居次云，應當就是上面所說的「長女云為須卜居次」。次女當于居次的丈夫如何，沒有記載。

據說昭君死後葬在左豐州西六十里，就是現在的歸化附近。後世寫王昭君的詩歌中所說的青塚，就是昭君墓。《太平寰宇記》卷三十八「金河縣」條說：「青塚在縣西北，漢王昭君葬於此，其上草色常青，故曰青塚。」

① 編按：此處所引為《樂府詩集》引《西京雜記》文字，非《西京雜記》原文。

第二十章　國內穩定，四境相安時期

呼韓邪單于死後，子雕陶莫皋繼立，號為復株累若鞮單于，在位十一年，死於成帝鴻嘉元年（公元前二十年）。弟且麋胥繼立為搜諧若鞮單于，在位八年，死於成帝元延元年（公元前十二年）。他死後，弟且莫車繼立為車牙若鞮單于。且莫車在位四年，死於成帝綏和元年（公元前八年），弟囊知牙斯繼立，號烏珠留若鞮單于。後者在位二十一年，死於王莽始建國五年（公元十三年）。

呼韓邪死後，其子之間出現互相讓位的特殊現象。《漢書・匈奴傳》載此事說：

呼韓邪立二十八年，建始二年死。始呼韓邪嬖左伊秩訾兄呼衍王女二人。長女顓渠閼氏，生二子，長曰且莫車，次曰囊知牙斯。少女爲大閼氏，生四子，長曰雕陶莫皋，次曰且麋胥，皆長於且莫車，少子咸、樂二人，皆小於囊知牙斯。又它閼氏子十餘人。顓渠閼氏貴，且莫車愛。呼韓邪病且死，欲立且莫車，其母顓渠閼氏曰：「匈奴亂十餘年，不絕如髮，賴蒙漢力，故得復安。今平定未久，人民創艾戰鬥，且莫車年少，百姓未附，恐復危國。我與大閼氏一家共子，不如立雕陶莫皋。」大閼氏曰：「且莫車雖少，大臣共持國事，今捨貴立賤，後世必亂。」單于卒從顓渠閼氏計，立雕陶莫皋，約令傳國與弟。呼韓邪死，雕陶莫皋立，爲復株絫若鞮單于。

這與以往的閼氏為其子或為其所喜歡的人爭立是不同的，是匈奴歷史上關於互讓繼立權的不可多得的例子。而且，最難得的是，雕陶莫皋死後，繼立的數位單于都是他的弟弟，按年齡大小繼立。雕陶莫皋死後，傳之同母弟且麋胥，且麋胥死後傳之且莫車，且莫車死後，傳之其同母弟囊知牙斯。囊知牙斯死後，又傳之異母弟咸。不像過去狐鹿姑答應了其弟左大將繼立單于位，而左大將死後，他又不以左大將之子為左賢王，而以自己的兒子為左賢王。

這數位單于就位之後，多遣自己的兒子入侍西漢，等於入西漢為質。立為單于的權利讓之於弟，入侍的義務卻給之於子。這個傳弟不傳子的制度，到了烏珠留單于在位後期才改變，這就是囊知牙斯才以其子為左賢王，欲使繼立單于的地位，從而又發生了爭立的問題。不過，此是後話。當烏珠留初立之際，左賢王仍是由他的異母弟擔任。

《漢書・匈奴傳》說：

> 復株絫若鞮單于立，遣子右致盧兒王醯諧屠奴侯入侍，以且麋胥爲左賢王，且莫車爲左谷蠡王，囊知牙斯爲右賢王。復株絫單于復妻王昭君，生二女，長女云爲須卜居次，小女爲當于居次。……復株絫單于立十歲，鴻嘉元年（公元前二十年）死。弟且麋胥立，爲搜諧若鞮單于。搜諧單于立，遣子左祝都韓王朐留斯侯入侍，以且莫車爲左賢王。搜諧單于立八歲，元延元年，爲朝二年發行，未入塞，病死。弟且莫車立，爲車牙若鞮單于。車牙單于立，遣子右於塗仇撣王烏夷當入

侍，以囊知牙斯爲左賢王。車牙單于立四歲，綏和元年（公元前八年）死。弟囊知牙斯立，爲烏珠留若鞮單于。烏珠留單于立，以第二閼氏子樂爲左賢王，以第五閼氏子輿爲右賢王，遣子右股奴王烏鞮牙斯入侍。

這裡所說的第二閼氏子樂，就是前面所說的大閼氏之子樂。這就是說，烏珠留仍以他的異母弟為左賢王，又以第五閼氏子輿為右賢王。至於呼韓邪妻王昭君所生的兒子，則後來為左谷蠡王。

自雕陶莫皋至烏珠留單于死的四十四年間，除了烏珠留末年外，匈奴的局勢更加安定，力量逐漸恢復，是它復興的時期。《漢書・匈奴傳》說：「初，北邊自宣帝以來，數世不見煙火之警，人民熾盛，牛馬布野。」西漢固是如此，匈奴也可以說是這樣。

此外，東邊的烏桓，這時基本上也受西漢控制。匈奴既稱臣於西漢，假使烏桓進攻匈奴，西漢必去幫助。所以在這種情形下，烏桓對於匈奴的威脅，也可以說是沒有了。至於西邊的西域諸國，也受西漢控制，同樣也不會進攻匈奴。北邊的丁令，本來不是一個強大的國家，只能在匈奴很虛弱的時候，才敢乘虛而入，趁火打劫。現在匈奴有了西漢的庇護，力量逐漸恢復，即使丁令侵犯，匈奴靠自己的力量也能對付。

在這個時期中，史書對匈奴的天災，也沒有或少有記載。這說明沒有大的天災。

匈奴在這個時期中，可敘述的事情，據《漢書・匈奴傳》的記載，有下列幾件事：一為匈奴貴人伊邪莫演入降，為西漢所拒；二為匈奴單于的入朝；三為王根提議取匈奴伸入西漢的斗地；四為烏孫庶子卑援疐侵掠匈奴的人民與畜產；五為車師後王句姑與去胡來王唐兜之逃入匈奴。烏珠留單于死前數年，匈奴因王莽對匈奴的要求太多，從而引起雙方戰爭，也是在這一時期發生的事情。

復株累單于就位後三年，即成帝河平元年（公元前二十八年），派右皋林王伊邪莫演等到西漢「朝正月」。朝見完後，西漢遣使送他們到蒲反。到了蒲反後，伊邪莫演要求投降西漢。他還說：「即不受我，我自殺……。」他留在蒲反，終不敢回匈奴，西漢使者只好把這件事上奏成帝。成帝將此事交給公卿們討論。有些人以為可照過去的慣例接受其投降，但是光祿大夫谷永與議郎杜欽，卻不贊成這種做法。他們的理由是：

> 漢興，匈奴數為邊害，故設金爵之賞以待降者。今單于詘體稱臣，列為北藩，遣使朝賀，無有二心，漢家接之，宜異於往時。今既享單于聘貢之質，而更受其逋逃之臣，是貪一夫之得而失一國之心，擁有罪之臣而絕慕義之君也。假令單于初立，欲委身中國，未知利害，私使伊邪莫演詐降以卜吉凶，受之虧德沮善，令單于自疏，不親邊吏；或者設為反間，欲因而生隙，受之適合其策，使得歸曲而直責。此誠邊竟安危之原，師旅動靜之首，不可不詳也。不如勿受，以昭日月之信，抑詐諼之謀，懷附親之心，便。

成帝覺得谷永與杜欽這種看法是對的，因遣中郎將王舜至蒲反去查問伊邪莫演為什麼投降。伊邪莫演告訴王舜說：「我病狂妄言耳。」（語見《漢書・匈奴傳》）西漢乃遣他回匈奴。他回去之後，沒有被復株累責備，照舊居官，但此後亦不再令他會見西漢使者。

這樣看起來，伊邪莫演要投降西漢，很可能是復株累單于的計謀，使其詐降以試探西漢對匈奴的態度。應該指出，在呼韓邪時，勸他入朝稱臣的左伊秩訾王，曾在呼韓邪稱臣之後投降西漢，可是西漢卻接受了他。西漢這樣做，是與韓昌、張猛與呼韓邪所結的盟約不相符的。

還要指出，在這個時期中，既沒有西漢人降匈奴，也沒有匈奴人降漢的例子，並且也沒有扣留使者的事。匈奴既稱臣於西漢，當然時時奉獻，可是西漢對於匈奴，還是用送禮物的方式以為羈縻。從這一點來看，匈奴之降於西漢，並不像西域諸國之降匈奴一樣。匈奴對於西域諸國徵收賦稅，在必要的時候，還利用其人力。相反，西漢對於匈奴，不只無所勒索，反而賜給甚厚，在匈奴缺乏糧食時，還給予大量的食物。

伊邪莫演請降被拒後一年，復株累單于上書，願於河平四年（公元前二十五年）正月到西漢朝見。復株累是否想用伊邪莫演的事件試探西漢的態度後才決定入朝，不得而知。他屆時到西漢，禮儀正如其父在元帝竟寧元年入朝時一樣，但得的禮物比其父還要多。據《漢書・匈奴傳》說：「加賜錦繡繒帛二萬匹，絮二萬斤，它如竟寧時。」

復株累死後，他的弟弟搜諧若鞮單于在位時，曾上書要在成帝元延二年（公元前十一年）入朝，西漢也答應了。可是屆時他未及入塞即病死。到了哀帝建平四年（公元前三年），即烏珠留就位後六年，他上書要於次年入朝。此時，正值哀帝染病。《漢書・匈奴傳》說：「或言匈奴從上游來厭人，自黃龍、竟寧時，單于朝中國輒有大故。上由是難之，以問公卿，亦以為虛費府帑，可且勿許。」顏師古注曰：「大故謂國之大喪。」原來，黃龍年間，單于入朝不久，宣帝就死了。竟寧年間，單于入朝不久，元帝又死了。職此之故，有些人以為單于來朝，是漢皇帝死的預兆。再加以匈奴單于入朝，隨從的人很多，西漢賜給他們的禮物及招待費用，是一個很大的數目。因此，這些人主張不必答應烏珠留來朝的要求。

哀帝決定不許來朝，匈奴請求入朝的使者也已辭行準備回去。但在匈奴使者尚未離開西漢之前，黃門郎揚雄卻主張准其入朝。他給哀帝的諫書歷數秦以來至今的北方安定局面得來不易。並指出：「今單于上書求朝，國家不許而辭之，臣愚以為漢與匈奴從此隙矣。……北狄不服，中國未得高枕安寢也。」又說：「匈奴不同於東西之敵，可以震之以兵，置為郡縣。」「唯北狄為不然，真中國之堅敵也，三垂比之懸矣，前世重之茲甚，未易可輕也。」「今單于歸義，懷款誠之心，欲離其庭，陳見於前，此乃上世之遺策，神靈之所想望，國家雖費，不得已者也。奈何距以來厭之辭，疏以無日之期，消往昔之恩，開將來之隙！」「夫百年勞之，一日失之，費十而愛一，臣竊為國不安也。唯陛下少留意於未亂未戰，以遏邊萌之禍。」（《漢書・匈奴傳》）

哀帝覺得揚雄說得很對，於是召還匈奴使者，改換了答覆單于的信，准其入朝。同時還賜揚雄帛五十匹，黃金十斤。

單于得哀帝書之後，恰巧也得病，不能按預定時間來，要求改期入朝。此外，以前的單于來朝時，從名王以下及從者有二百多人，這一次烏珠留上書說：「蒙天子神靈，人民盛壯，願從五百人入朝，以明天子盛德。」（《漢書・匈奴傳》）比以前來朝的人數多了一倍，這意味著西漢所賜給的珍品物件必定更多，虛費府帑數更大。可是西漢既已答應他來，又不能因其隨從人多而反對。

單于來朝，是在哀帝元壽二年（公元前一年）。《漢書・匈奴傳》說：「上以太歲厭勝所在，舍之上林苑蒲陶宮。告之以加敬於單于，單于知之。」這次朝見，除了其他都與成帝河平間復株累來朝時一樣外，「加賜衣三百七十襲，錦繡繒帛三萬匹，絮三萬斤」。這真是一個巨大的數目，何況隨從人數又多於以往一倍呢？

西漢開國以來尤其是武帝以後，以富饒見稱於外國，而且不斷炫示。外國使者到西漢時，就讓他們看看自己的倉廩及珍寶物產，並加以厚遇。西漢以外國使者的朝貢為榮幸之事，匈奴單于來朝則更感榮幸。匈奴烏珠留入朝那年，烏孫大昆彌伊秩靡也來朝，朝野更覺高興。司馬光在《資治通鑑》「漢哀帝元壽二年」條說：「正月，匈奴單于及烏孫大昆彌伊秩靡皆來朝，漢以為榮。是時西域凡五十國，自譯長至將、相、侯、王皆佩漢印綬，凡三百七十六人；而康居、大月氏、安息、罽賓、烏弋之屬，皆以絕遠，不在數中，其來貢獻，則相與報，不督錄總領也。」靡費也在所不計了。

這是西漢聲威最盛的時期。西漢既樂於迎接外國的使者，尤其是外國君主，他們也樂於來漢。有的名為朝貢，實則希望得到豐厚的賞物。有的外國商人還假借國使名義，以少數較賤的物品貢獻，換取大量貴重的東西，實現一本萬利的慾望。這種做法，直到明清之時，還是屢見不鮮的。

就以這一次烏珠留入朝來說，他回去不久，又有好多匈奴貴人以至婦女也來朝。《漢書・匈奴傳》說：「初，上遣稽留昆（按，單于之子入侍於漢者）隨單于去，到國，復遣稽留昆同母兄右大且方與婦入侍。還歸，復遣且方同母兄左日逐王都與婦入侍。」

後來王莽當權，還請太皇太后轉告單于，令遣王昭君女須卜居次到西漢來。《漢書・匈奴傳》說：「是時，漢平帝幼，太皇太后稱制，新都侯王莽秉政，欲說太后以威德至盛異於前，乃風單于令遣王昭君女須卜居次云入侍太后，所以賞賜之甚厚。」須卜居次是王昭君的大女兒，是西漢的外孫女。這說明，太后賞賜甚厚是有其原因的。《漢書‧西域傳》「烏孫」條說：「公主（指楚主解憂）上書言年老思土，願得歸骸骨，葬漢地。天子閔而迎之，公主與烏孫男女三人俱來至京師。是歲，甘露三年也。時年且七十，賜以公主田宅奴婢，奉養甚厚，朝見儀比公主。」這雖然是優待西漢王室自己的女兒與外孫，但也是招徠外族的一種政策。

湊巧得很，元壽二年（公元前一年）單于入朝之後，哀帝又在這一年死了。

漢宣帝、漢元帝曾與呼韓邪約定，長城以北地屬匈奴。成帝綏和元年（公元前八年），王根提議取匈奴伸入西漢的斗地，始未見《漢書‧匈奴傳》：

> 漢遣中郎將夏侯藩、副校尉韓容使匈奴。時帝舅大司馬票騎將軍王根領尚書事，或說根曰：「匈奴有斗入漢地，直張掖郡，生奇材木，箭竿就羽，如得之，於邊甚饒，國家有廣地之實，將軍顯功，垂於無窮。」根爲上言其利，上直欲從單于求之，爲有不得，傷命損威。根即但以上指曉藩，令從藩所說而求之。藩至匈奴，以語次說單于曰：「竊見匈奴斗入漢地，直張掖郡。漢三都尉居塞上，士卒數百人寒苦，候望久勞。單于宜上書獻此地，直斷閼之，省兩都尉士卒數百人，以復天子厚恩，其報必大。」單于曰：「此天子詔語邪，將從使者所求也？」藩曰：「詔指也，然藩亦爲單于畫善計耳。」單于曰：「孝宣、孝元皇帝哀憐父呼韓邪單于，從長城以北匈奴有之。此溫偶駼王所居地也，未曉其形狀所生，請遣使問之。」

夏侯藩與韓容不久回到京師，但是後來又被遣使匈奴。他們第二次到匈奴，就正式提出要這塊地方，單于乃告訴他們道：「父兄傳五世，漢不求此地，至知（按，指囊知牙斯）獨求，何也？已問溫偶駼王，匈奴西邊諸侯作穹廬及車，皆仰此山材木，且先父地，不敢失也。」這一年正是烏珠留單于就位的那一年。夏侯藩既不能說服烏珠留獻出這塊地方，只好與韓容回漢。他雖然沒有完成索地的使命，但卻被遷為太原太守。

有趣的是，烏珠留單于在夏侯藩回去之後，上書給成帝，報告了夏侯藩到匈奴求地的經過。成帝詔報烏珠留，以為夏侯藩「擅稱詔從單于求地，法當死，更大赦二，今徙藩為濟南太守，不令當匈奴」。（《漢書・匈奴傳》）成帝明知這件事，卻說是夏侯藩擅稱詔求地，以法論，他當死，可是大赦而又大赦，徙為濟南太守，不令當匈奴，這就有點滑稽了。這是在匈奴稱臣以後一個比較特殊的例子。因為大致上在這個時期中，西漢對於匈奴的要求，匈奴是很少有不答應的。這件事僅是一個例外。這一點，我們可以從下面兩個例子看出來。《漢書・匈奴傳》說：

> 至哀帝建平二年，烏孫庶子卑援疐翕侯人眾入匈奴西界，寇盜牛畜，頗殺其民。單于聞之，遣左大當戶烏夷泠將五千騎擊烏孫，殺數百人，略千餘人，驅牛畜去。卑援疐恐，遣子趨逯爲質匈奴。單于受，以狀聞。漢遣中郎將丁野林、副校尉公乘音使匈奴，責讓單于，告令還歸卑援疐質子。單于受詔，遣歸。

這就是說，稱臣之國或屬國，只能遣子為質於西漢，而不能接受他國的質子。這似乎說明稱臣之國或屬國的對外關係，是受宗主國的控制或監督的。

此外，又如車師後王句姑以及去胡來王唐兜因怨恨都護校尉而將妻子人民亡入匈奴，匈奴接受了他們一事。西漢堅持將他們遣回。遣回後，單于又哀求保存他們的性命，但是西漢仍不答應，終於殺死他們。《漢書・西域傳》「車師後城長國」條記車師後王句姑逃入匈奴的經過：

元始中（按，平帝年號，公元一—五年），車師後王國有新道，出五船北，通玉門關，往來差近，戊己校尉徐普欲開以省道里半，避白龍堆之阸。車師後王姑句（按，《漢書・匈奴傳》作句姑）以道當爲拄置，心不便也。地又頗與匈奴南將軍地接，普欲分明其界然後奏之，召姑句使證之，不肯，繫之。姑句數以牛羊賕吏，求出不得。姑句家矛端生火，其妻股紫陬謂姑句曰：「矛端生火，此兵氣也，利以用兵。前車師前王爲都護司馬所殺，今久繫必死，不如降匈奴。」即馳突出高昌壁，入匈奴。

至於去胡來王唐兜之逃入匈奴，同處記載云：

又去胡來王唐兜，國比大種赤水羌，數相寇，不勝，告急都護。都護但欽不以時救助，唐兜困急，怨欽，東守玉門關。玉門關不內，即將妻子人民千餘人亡降匈奴。

烏珠留單于接受了他們，安置他們在左谷蠡王所管轄的地方，同時將此事報告西漢。這個時候，正是王莽秉政。他遣中郎將韓隆、王昌、副校尉甄阜、侍中謁者帛敞、長水校尉王歙出使匈奴，告訴匈奴單于說：「西域內屬，不當得受，今遣之。」單于說：「孝宣、孝元皇帝哀憐，為作約束，自長城以南天子有之，長城以北單于有之。有犯塞，輒以狀聞；有降者，不得受。臣知父呼韓邪單于蒙無量之恩，死遺言曰：『有從中國來降者，勿受，輒送至塞，以報天子厚恩。』此外國也，得受之。」西漢使者們卻告訴他說：「匈奴骨肉相攻，國幾絕，蒙中國大恩，危亡復續，妻子完安，累世相繼，宜有以報厚恩。」（以上均見《漢書・匈奴傳》）烏珠留單于沒有辦法，只好答應西漢的要求，把兩位國王交給西漢。西漢詔使中郎將王萌待在西域惡都奴界上，接受了他們。於是烏珠留單于又遣使到西漢，請求赦他們的罪。王莽結果是詔西域諸國國王集會在一個地方，陳軍殺了這兩位國王，以向其他的西域諸國的國王示威。

王莽殺了車師後王句姑、去胡來王唐兜之後，又立刻頒布下面四項條款：一、凡是西漢人亡入匈奴者；二、烏孫亡降匈奴者；三、西域諸國佩西漢印綬降匈奴者；四、烏桓降匈奴者；匈奴皆不得接受。《漢書・匈奴傳》說：「（莽）遣中郎將王駿、王昌、副校尉甄阜、王尋使匈奴，班四條與單于，雜函封，付單于，令奉行，因收故宣帝所為約束封函還。」烏珠留單于沒有辦法，只好把故約束封函交給使者，接受王莽所給予的新四條。但王莽的這種做法，當然會引起烏珠留單于的不滿，因而引起匈奴侵入烏桓的戰爭。《漢書・匈奴傳》說：

> 漢既班四條，後護烏桓使者告烏桓民，毋得復與匈奴皮布稅。匈奴以故事遣使者責烏桓稅，匈奴人民婦女欲賈販者皆隨往焉。烏桓距曰：「奉天子詔條，不當予匈奴稅。」匈奴使怒，收烏桓酋豪，縛到懸之。酋豪昆弟怒，共殺匈奴使及其官屬，收略婦女馬牛。單于聞之，遣使發左賢王兵入

烏桓責殺使者，因攻擊之。烏桓分散，或走上山，或東保塞。匈奴頗殺人民，驅婦女弱小且千人去，置左地，告烏桓曰：「持馬畜皮布來贖之。」烏桓見略者親屬二千餘人持財畜往贖，匈奴受，留不遣。

王莽干涉匈奴的做法愈來愈厲害。比方連單于的名字，他也要改換。《漢書・匈奴傳》說：「時，莽奏令中國不得有二名，因使使者以風單于，宜上書慕化，為一名，漢必加厚賞。單于從之，上書言：『幸得備藩臣，竊樂太平聖制，臣故名囊知牙斯，今謹更名曰知。』莽大說，白太后，遣使者答諭，厚賞賜焉。」烏珠留單于為想得到西漢的珍品物件，對於這些小節，當然不願加以反對。但是王莽這種作風則會使單于不滿意。到了王莽篡位做皇帝之後，對匈奴的干涉變本加厲，於是匈奴與新莽政權的關係惡化起來，使匈漢兩族數十年的和平關係轉入戰爭狀態。

第二十一章　兩漢之間，匈奴復盛

烏珠留單于在位二十一年，死於王莽篡漢的建國五年。這時，匈奴安定有年，勢力漸盛。漢朝卻當動亂年代。迄於東漢光武初年，未能恢復對匈奴的力量優勢。王莽未能審時度勢，棄漢宣以來對等之策，企圖威臨匈奴，引來匈奴反擊。和平邊境，重現戰爭。

王莽篡漢後，改國號為「新」，發了好多包括對屬國關係的改革制度的命令。司馬光《資治通鑑》卷三十七〈漢紀二十九〉「王莽」中說：「莽因漢承平之業，府庫百官之富，百蠻賓服，天下晏然，莽一朝有之，其心意未滿，狹小漢家制度，欲更為疏闊。」「遣五威將王奇等十二人，班符命四十二篇於天下：德祥五事，符命二十五，福應十二。五威將奉符命，齎印綬，王侯以下及吏官名更者，外及匈奴、西域、徼外蠻夷，皆即授新室印綬，因收故漢印綬。大赦天下。五威將乘乾文車，駕坤六馬，背負鷩鳥之毛，服飾甚偉。每一將各置五帥，將持節，帥持幢。其東出者至玄菟、樂浪、高句驪、夫餘；南出者，隃徼外，歷益州，改句町王為侯；西出至西域，盡改其王為侯；北出至匈奴庭，授單于印，改漢印文，去璽言章。」《漢書・匈奴傳》說：「建國元年，遣五威將王駿率甄阜、王颯、陳饒、帛敞、丁業六人，多齎金帛，重遺單于，諭曉以受命代漢狀，因易單于故印。故印文曰『匈奴單于璽』，莽更曰『新匈奴單于章』。將率既至，授單于印紱，詔令上故印紱。單于再拜受詔。譯前，欲解取故印紱，單于舉掖授之。」

烏珠留單于對於更換印綬，最初沒有什麼意見，因為他不知新舊印綬有所不同。舊印稱為璽，匈奴與漢地位等；新印不但稱章，且冠以「新」字，則匈奴顯為新莽臣下矣。但是，他的臣下很懷疑這一點，結果等到烏珠留發覺新舊印綬的區別時，已經太遲，因為舊印綬已被新莽使者破碎。明日，單于果然遣右骨都侯當對將率說：「漢賜單于印，言『璽』不言『章』，又無『漢』字，諸王以下乃有『漢』言『章』。今即去『璽』加『新』，與臣下無別。願得故印。」將率們把已經破碎的故印給右骨都侯當看後說：「新室順天製作，故印隨將率所自為破壞。單于宜承天命，奉新室之制。」

這麼一來，烏珠留單于已無可奈何，不過他得了王莽的很多賜給，也只好遣其弟右賢王輿奉馬牛隨將率們同到新莽王朝去表示謝意。同時，他再上書請求發給故印。

匈奴單于不斷地要求發給故印章，直到王莽死後的更始二年（公元二十四年），漢遣中郎將歸德侯劉颯、大司馬護軍陳遵使匈奴，始將刻同故印一樣的印綬授與單于，並給王侯以下印綬，這個問題才算解決。

在王莽秉政還未篡位之前，對匈奴堅持宗主國地位，視匈奴為藩屬。烏珠留為避免與王莽衝突，極力遷就，但對王莽的怨恨愈來愈深。王莽稱帝之後，改換印綬，在他看起來，不啻使他的地位與臣下無別，於是乃相機反抗，結果是遣兵入寇。《漢書・匈奴傳》說：「乃遣右大且渠蒲呼盧訾等十餘人將兵眾萬騎，以護送烏桓為名，勒兵朔方塞下。朔方太守以聞。」這是戰爭的開始。接著，匈奴庇護了謀降匈奴的車師後王的哥哥狐蘭支以及逃降匈奴的新朝西域戊己校尉史陳良、終帶等，從而違背了王莽頒布的四條款。同時，王莽得到西域都護但欽上書說，匈奴南將軍右伊秩訾將兵攻擊西域諸國，大怒起來，乃遣兵攻擊匈奴，割裂匈奴國土，分化匈奴王室。與此同時，又改匈奴這個名字為「降奴」，改單于這個稱號為「服于」。《資治通鑑》卷三十七〈漢紀二十九〉「王莽始建國二年」記述了這次衝突的過程：

莽恃府庫之富，欲立威匈奴，乃更名匈奴單于曰「降奴服于」，下詔遣立國將軍孫建等率十二將分道並出：五威將軍苗訢、虎賁將軍王況出五原；厭難將軍陳欽、震狄將軍王巡出雲中；振武將軍王嘉、平狄將軍王萌出代郡；相威將軍李棽、鎮遠將軍李翁出西河；誅貉將軍楊俊、討濊將軍嚴尤出漁陽；奮武將軍王駿、定胡將軍王晏出張掖；及偏裨以下百八十人，募天下囚徒、丁男、甲卒三十萬人，轉輸衣裘、兵器、糧食自負海江、淮至北邊，使者馳傳督趣，以軍興法從事。先至者屯邊郡，須畢具乃同時出；窮追匈奴，內之丁令。分其國土人民以爲十五，立呼韓邪子孫十五人皆爲單于。

王莽除了想用兵力去威服匈奴外，還用財物去分化單于的弟侄們。《漢書・匈奴傳》說：「遣中郎將藺苞、副校尉戴級將兵萬騎，多齎珍寶至雲中塞下，招誘呼韓邪單于諸子，欲以次拜之。使譯出塞誘呼右犁汗王咸、咸子登、助三人，至則脅拜咸為孝單于，賜安車鼓車各一，黃金千斤，雜繒千匹，戲戟十；拜助為順單于，賜黃金五百斤；傳送助、登長安。莽封苞為宣威公，拜為虎牙將軍；封級為揚威公，拜為虎賁將軍。」

烏珠留單于聽到這些消息後，也宣佈不再承認新莽承漢地位為合法：「先單于受漢宣帝恩，不可負也。今天子非宣帝子孫，何以得立？」於是正式對王莽宣戰。《漢書·匈奴傳》說：「遣左骨都侯、右伊秩訾王呼盧訾及左賢王樂將兵入雲中益壽塞，大殺吏民。是歲，建國三年也。是後，單于歷告左右部都尉、諸邊王，入塞寇盜，大輩萬餘，中輩數千，少者數百，殺雁門、朔方太守、都尉，略吏民畜產不可勝數，緣邊虛耗。」

王莽雖然命令好多將軍分十道並出，但是諸將軍在邊塞久等，兵糧卻不易集結，因此先到者，只能在邊塞再等下去，並未敢出擊匈奴。討濊將軍嚴尤乃上書諫王莽之失策說：

> 臣聞匈奴爲害，所從來久矣，未聞上世有必征之者也。後世三家周、秦、漢征之，然皆未有得上策者也。周得中策，漢得下策，秦無策焉。當周宣王時，獫允內侵，至於涇陽，命將征之，盡境而還。其視戎狄之侵，譬猶蚊虻之螫，驅之而已。故天下稱明，是爲中策。漢武帝選將練兵，約齎輕糧，深入遠戍，雖有克獲之功，胡輒報之，兵連禍結三十餘年，中國罷耗，匈奴亦創艾，而天下稱武，是爲下策。秦始皇不忍小恥而輕民力，築長城之固，延袤萬里，轉輸之行，起於負海，疆境既完，中國內竭，以喪社稷，是爲無策。

又言以兵勝匈奴之難：

> 今天下遭陽九之厄，比年饑饉，西北邊尤甚。發兵三十萬眾，具三百日糧，東援海代，南取江淮，然後乃備。計其道理，一年尚未集合，兵先至者聚居暴露，師老械弊，勢不可用，此一難也。

邊既空虛，不能奉軍糧，內調郡國，不相及屬，此二難也。計一人三百日食，用糒十八斛，非牛力不能勝；牛又當自齎食，加二十斛，重矣。胡地沙鹵，多乏水草，以往事揆之，軍出未滿百日，牛必物故且盡，餘糧尚多，人不能負，此三難也。胡地秋冬甚寒，春夏甚風，多齎釜鍑薪炭，重不可勝，食糒飲水，以歷四時，師有疾疫之憂，是故前世伐胡，不過百日，非不欲久，勢力不能，此四難也。輜重自隨，則輕鋭者少，不得疾行，虜徐遁逃，勢不能及，幸而逢虜，又累輜重，如遇險阻，銜尾相隨，虜要遮前後，危殆不測，此五難也。大用民力，功不可必立，臣伏憂之。今既發兵，宜縱先至者，令臣尤等深入霆擊，且以創艾胡虜。（《漢書・匈奴傳》）

王莽沒有採納嚴尤的意見，照樣調兵運穀，結果天下騷動，師老無功，使這次進攻匈奴的計劃沒有實現。《漢書・匈奴傳》說：「及莽撓亂匈奴，與之構難，邊民死亡係獲，又十二部兵久屯而不出，吏士罷弊，數年之間，北邊虛空，野有暴骨矣。」這次衝突的實際勝利者是匈奴。

正在這個時候（王莽始建國五年，公元十三年），烏珠留單于死了。他是呼韓邪單于以後在位最久的單于。烏珠留單于死後，繼立單于似又成為問題。其實在他未死之前，這個問題已經發生，並且與新莽干預匈奴內政緊密相關。《漢書・匈奴傳》說：

烏珠留單于立二十一歲，建國五年死。匈奴用事大臣右骨都侯須卜當，即王昭君女伊墨居次云之婿也。云常欲與中國和親，又素與咸厚善，見咸前後爲莽所拜，故遂越輿而立咸爲烏累若鞮單于。烏累單于咸立，以弟輿爲左谷蠡王。烏珠留單于子蘇屠胡本爲左賢王，以弟屠耆閼氏子盧渾爲右賢王。烏珠留單于在時，左賢王數死，以爲其號不詳，更易命左賢王曰「護于」。護于之尊最貴，次當爲單于，故烏珠留單于授其長子以爲護于，欲傳以國。咸怨烏珠留單于貶賤己號，不欲傳國，及立，貶護于爲左屠耆王。

咸是呼韓邪單于的大閼氏所生的兒子中較小的一個，還有一位叫做樂。這兩位均比顓渠閼氏的少子囊知牙斯（即烏珠留單于）小。《漢書・匈奴傳》說「少子咸、樂」，咸排在前，應比樂為大。大閼氏的大兒子是雕陶莫皋，也就是復株累若鞮單于。次子為且麋胥，就是搜諧若鞮單于。且莫車為顓渠閼氏的大兒子，繼且麋胥為車牙單于。囊知牙斯又繼且莫車為烏珠留單于。若照次序來排，烏珠留死後，咸本應繼立為單于。但是烏珠留就位後，以第二閼氏子樂為左賢王，樂若是大閼氏之第四子，這個第二閼氏應當就是大閼氏。樂既為左賢王，那就是準備繼烏珠留為單于的。咸為大閼氏之第三子，則咸本應為左賢王。烏珠留以樂為左賢王，而以咸為左犁汗王，這已使咸不滿意，而況，後來又貶咸為於粟置支侯，這更使他不滿意了。

王莽發兵攻擊匈奴，又引誘咸做孝單于時，烏珠留還遣左賢王樂去侵擾新莽邊境，那麼樂從烏珠留立時就是左賢王了，至王莽建國三年，應有十九年之久。這裡說左賢王數死，不知是何所指？又烏珠留改左賢王號為護于，以其長子為護于，應該在左賢王樂死後，否則不會有兩位左賢王，也不會把樂的左賢王改為護于。

咸因位置被貶，不能繼立為單于，是無可懷疑的。但是，假使樂死在烏珠留之前，那麼烏珠留長子既為護于，似應該繼立為單于。

上面那段話裡說，須卜當越輿而立咸，似又不對，因為輿既非左賢王或護于，而且咸立之後始以他為左谷蠡王。左谷蠡王的地位，是低於左賢王或護于的。輿在咸就位後才為左谷蠡王，則在咸未就位之前，其地位不見得是高於左谷蠡王的。因為左賢王本為樂，而護于乃烏珠留的長子。又上面所抄錄的那段話說，咸立後貶護于為左屠耆王。但烏珠留之所以改左賢王為護于，是因為左賢王這個稱號不祥，並非因地位不高，因為左賢王與護于均只次於單于，是準備立為單于的。

這樣看起來，上面那段話裡雖有好多不清楚的地方，可是從這段話裡可以看出爭立單于的問題又發生了。不久之後，匈奴為這個問題引起內亂，再度分為南北。

須卜當與昭君的女兒欲與漢親善，以為咸前後為王莽拜為孝單于，故立咸為單于。可是，他們好像不知道，王莽因聽說擾亂漢邊境的是咸子角，因而把咸子登殺死了。這就是說，王莽對於咸已失去了信任。須卜當與云立咸為單于，王莽聽說之後，必定覺得不舒服。《漢書・匈奴傳》說：「云、當遣人之西河虎猛制虜塞下，告塞吏曰欲見和親侯。和親侯王歙者，王昭君兄子也。中部都尉以聞。莽遣歙、歙弟騎都尉展德侯颯使匈奴，賀單于初立，賜黃金衣被繒帛，紿言侍子登在，因購求陳良、終帶等。」明明已經將登殺死，卻紿言仍在，說明王莽難堪的情況。

咸聽說他的兒子登已被殺死，對王莽甚為怨恨，因此常常遣兵入寇新莽。王莽遣使者去問他為什麼入寇，他說：「烏桓與匈奴無狀黠民共為寇入塞，譬如中國有盜賊耳！」雖然他因兒子被殺時入寇，但是自己初立，威信尚淺，還不敢與新莽絕交。新莽方面也盡力去籠絡他。《漢書・匈奴傳》說：

天鳳二年（公元十五年）五月，莽復遣歙與五威將王咸率伏黯、丁業等六人，使送右廚唯姑夕王，因奉歸前所斬侍子登及諸貴人從者喪，皆載以常車。至塞下，單于遣云、當子男大且渠奢等至塞迎。咸等至，多遺單于金珍，因諭說改其號，號匈奴曰「恭奴」，單于曰「善于」，賜印綬。封骨都侯當為後安公，當子男奢為後安侯。單于貪莽金幣，故曲聽之，然寇盜如故。

王莽以為這是外交上的一大成功，大為歡喜。所以，王歙、王咸等回去之後，他大加賞賜，賜歙錢二百萬，悉封黯等。

烏累單于咸繼立五年後死，時在天鳳五年（公元十八年）。他死後，弟左賢王輿立為呼都而尸道皋若鞮單于。呼都而尸道皋單于對於新莽的財物更為貪求，即位之後，即遣云、當之子大且渠奢與云的妹妹當于居次子醯櫝王，至長安奉獻。他利用王昭君這兩位外孫，表示對新莽王朝親善，多得了財物。

王莽卻又利用這個機會去另立一位單于。他遣派王昭君哥哥之子王歙與奢等俱到制虜塞下，設法與王昭君的女兒云及其丈夫當會面，再以兵力脅迫云、當二人到長安。這次偕云、當到制虜塞下的，還有他們的小男，奢的弟弟。他見得新莽用兵力脅迫他的父母到長安，自己便設法逃回匈奴。奢與醯櫝王、云、當都被留在長安。

須卜當到長安後，王莽拜他為須卜單于。這與他以前誘脅咸為孝單于及其子助為須單于，而留順單于在長安的做法是相同的。他既拜當為須卜單于，又想用兵力去輔立他，使其回去代替呼都而尸單于。

王莽計劃誘脅當到長安立為單于時，大司馬嚴尤曾諫王莽不應該這樣做，並說明這樣做沒有好處。可是他不聽嚴尤的話。《資治通鑑》卷三十八〈漢紀三十〉「天鳳六年」中說：

> 初，莽之欲誘迎須卜當也，大司馬嚴尤諫曰：「當在匈奴右部，兵不侵邊，單于動靜輒語中國，此方面之大助也。於今迎當置長安槁街，一胡人耳，不如在匈奴有益。」莽不聽。

又說：

> （莽）既得當，欲遣尤與廉丹擊匈奴，皆賜姓徵氏，號二徵將軍，令誅單于輿而立當代之。出車城西橫廏，未發。尤素有智略，非莽攻伐四夷，數諫不從；及當出，廷議，尤固言「匈奴可且以爲後，先憂山東盜賊」。莽大怒，策免尤。

這麼一來，呼都而尸單于愈為怨恨。《漢書・匈奴傳》說：「匈奴愈怒，併入北邊，北邊由是敗壞。」

王莽稱帝後第二年，要發三十萬兵，繼三百日糧去征伐匈奴，以至丁令。嚴尤諫他不聽。這一次他誘脅須卜當到長安拜為須卜單于，嚴尤諫他又不聽，因此引起匈奴的入寇。十年前，因烏珠留不斷侵略邊境，大量軍隊久屯要塞，使數年之間，北邊空虛，野有暴骨。現在匈奴常來擾亂，王莽又要發兵攻擊。遣嚴尤將兵去征伐，嚴尤則因進諫而被策免。於是他在地皇二年決定發大兵去征伐。《資治通鑑》卷三十八〈漢紀三十〉「地皇二年」中說：「莽又轉天下穀帛詣西河、五原、朔方、漁陽，每一郡以百萬數，欲以擊匈奴。」結果是攻擊匈奴的企圖還是不能實現，而且他所拜為須卜單于的須卜當，在這一年也病死了。然而，王莽並未因此放棄攻擊匈奴與擁立單于的計劃。《漢書．匈奴傳》說：「會當病死，莽以其庶女陸逯任妻後安公奢，所以尊寵之甚厚，終為欲出兵立之者。」

王莽沒有實現其意圖，不久即被殺死（公元二十三年）。王莽死後，須卜當妻云、子奢也死了。王莽既死，更始皇帝欲以和平友好的方式去聯絡匈奴。更始二年（公元二十四年），遣中郎將歸德侯劉颯、大司馬護軍陳遵出使匈奴，除帶去禮物之外，還刻了同宣帝時賜給匈奴單于一樣的璽綬，送給呼都而尸單于輿，並給印綬與其大臣貴人。同時，又護送跟著云與當同來的親屬貴人以及隨從人員回匈奴。

更始帝使者在匈奴時，單于輿對他們的態度很傲慢。他還問劉颯與陳遵道：「匈奴本與漢為兄弟，匈奴中亂，孝宣皇帝輔立呼韓邪單于，故稱臣以尊漢。今漢亦大亂，為王莽所篡，匈奴亦出兵擊莽，空其邊境，令天下騷動思漢，莽卒以敗而漢復興，亦我力也，當復尊我！」（《漢書．匈奴傳》）劉颯與陳遵聽了這些話，當然很不服氣，因與單于輿辯論。可是不管他們怎樣說，單于輿的態度仍然很傲慢，口氣很大。劉颯與陳遵於次年才回到長安。這時，赤眉起義軍已入長安，更始也失敗了。

這一年（公元二十五年），漢光武帝劉秀定都洛陽。此時，天下未定，他自是沒有時間和力量去對付匈奴。在他平定天下之後的一個時期中，忙於整頓內政，也難於兼顧外事。此時，匈奴不再對漢稱臣，在東漢邊境不受約束，自由行動。《後漢書．南匈奴列傳》說：「光武初，方平諸夏，未遑外事。至六年（公元三十年），始令歸德侯劉颯使匈奴，匈奴亦遣使來獻，漢復令中郎將韓統報命，賂遺金幣，以通舊好。而單于驕踞，自比冒頓，對使者辭語悖慢，帝待之如初。」又說：「初，使命常通，而匈奴數與盧芳共侵北邊。九年（公元三十三年），遣大司馬吳漢等擊之，經歲無功，而匈奴轉盛，鈔暴日增。十三年（公元三十七年），遂寇河東，州郡不能禁。於是漸徙幽、并邊人於常山關、居庸關已東，匈奴左部遂復轉居塞內。朝廷患之，增緣邊兵郡數千人，大築亭候，修烽火。」「匈奴聞漢購求盧芳，貪得財帛，乃遣芳還降，望得其賞。而芳以自歸為功，不稱匈奴所遣，單于復恥言其計，故賞遂不行。由是大恨，入寇尤深。二十年（公元四十四年），遂至上黨、扶風、天水。二十一年冬，復寇上谷、中山，殺略鈔掠甚眾，北邊無復寧歲。」

呼都而尸單于輿死於光武建武二十二年（公元四十六年），在位二十八年。從王莽天鳳五年至光武建武二十二年，正是漢王朝處於不安定的時期，呼都而尸利用這個機會擾亂漢之北邊。並且與漢王朝的將領勾結，情況有些像秦二世至漢高祖的初年。

漢光武即位以後，匈奴在與東漢的關係方面佔據優勢，從盧芳與彭寵的聯匈叛漢問題可見。匈奴甚至欲如漢立呼韓邪單于故事，立盧芳為漢帝。

彭寵在王莽地皇中，曾為大司空士，及光武平定河北，歸附光武。因幫助光武有功，及光武即位，他以為光武待他不如別人而產生懷疑，最後反叛。《後漢書》卷十二〈彭寵列傳〉說，彭寵「發兵反……明年（建武三年，公元二十七年）春，寵遂拔右北平、上谷數縣。遣使以美女繒綵賂遺匈奴，要結和親。單于使左南將軍七八千騎，往來為遊兵以助寵」。

彭寵反叛後，光武本來要親自率兵征伐，當時的大司徒陽都侯伏湛極力勸他不要親征。《後漢書》卷二十六〈伏湛列傳〉載其上疏諫曰：「今京師空匱，資用不足，未能服近而先事邊外，且漁陽之地，逼接北狄，黠虜困迫，必求其助。……漁陽以東，本備邊塞，地接外虜，貢稅微薄。安平之時，尚資內郡，況今荒耗，豈足先圖？……復願……以中土為憂念。」光武看了伏湛的奏言之後，乃停止親征。伏湛奏言中說漁陽與匈奴接近，彭寵在困迫時必與匈奴聯合，這種看法是完全對的。從中也可以看出，征伐彭寵與匈奴有關係。

伏湛的這種主張，對光武的影響很大，因為差不多到了光武在位的最後一年，其政策仍是集中力量安定內部。他不但對北邊的匈奴很少注意，而且對西域諸國請求遣派都護的提議也加以否決。直至光武建武二十七年（公元五十一年），匈奴出現天災、內亂與外患的情況下，臧宮與馬武勸他征伐匈奴，他也反對。因為他看到「北狄尚強」，考慮力量對比不利於漢。此即所謂「誠能舉天下之半以滅大寇，豈非至願；苟非其時，不如息人」。《後漢書・臧宮列傳》（卷十八）記云：

> 後匈奴饑疫，自相分爭，帝以問宮，宮曰：「願得五千騎以立功。」帝笑曰：「常勝之家，難與慮敵，吾方自思之。」二十七年，宮乃與楊虛侯馬武上書曰：「匈奴貪利，無有禮信，窮則稽首，安則侵盜，緣邊被其毒痛，中國憂其抵突。虜今人畜疫死，旱蝗赤地，疫困之力，不當中國一郡。萬里死命，縣在陛下。福不再來，時或易失，豈宜固守文德而墮武事乎？……」詔報曰：「……今國無善政，災變不息，百姓驚惶，人不自保，而復欲遠事邊外乎？孔子曰：『吾恐季孫之

憂，不在顓臾。』且北狄尚強，而屯田警備傳聞之事，恆多失實。誠能舉天下之半以滅大寇，豈非至願；苟非其時，不如息人。」自是諸將莫敢復言兵事者。

光武因受伏湛的諫止不去親征彭寵，但也並非置之不理。當彭寵與匈奴聯合甚至與烏桓聯絡而與光武對抗時，光武曾遣好多位將領去攻擊。耿況與其子舒以及祭遵、劉喜都是平定彭寵的有功人物。《後漢書》卷十九〈耿弇列傳〉中有兩段話載及這件事：「時更始徵代郡太守趙永，而況勸永不應召，令詣於光武。光武遣永復郡。永北還，而代令張曄據城反畔，乃招迎匈奴、烏桓以為援助。光武以弇弟舒為復胡將軍，使擊曄，破之。永乃得復郡。」「時征虜將軍祭遵屯良鄉，驍騎將軍劉喜屯陽鄉，以拒彭寵。寵遣弟純將匈奴二千餘騎，寵自引兵數萬，分為兩道以擊遵、喜。胡騎經軍都，舒襲破其眾，斬匈奴兩王，寵乃退走。況復與舒攻寵，取軍都。五年，寵死，天子嘉況功，使光祿大夫持節迎況，賜甲第，奉朝請。封牟平侯。」

彭寵被攻滅之後，光武對於匈奴也並非完全不管。比方他在光武九年，曾遣朱祐屯南行唐以拒匈奴；光武十三年又遣馬武將兵北屯下曲陽以備匈奴。（以上分見《後漢書》卷二十二〈朱祐列傳〉、〈馬武列傳〉）此外，他又遣人去繕障塞，築保壁，起烽燧。《後漢書》卷二十二〈馬成列傳〉裡說：「建武四年，拜（馬成）揚武將軍，……十四年，屯常山、中山以備北邊，並領建義大將軍朱祐營。又代驃騎大將軍杜茂繕治障塞，自西河至渭橋，河上至安邑，太原至井陘，中山至鄴，皆築保壁，起烽燧，十里一候。在事五六年，帝以成勤勞，徵還京師。邊人多上書求請者，復遣成還屯。及南單于保塞，北方無事，拜為中山太守……」

東漢內部的背叛既與匈奴有關係，欲安內就不得不攘外。不過在光武在位的時候，重點是安內而非攘外。

盧芳與匈奴的關係更為密切。《後漢書・盧芳列傳》（卷十二）說：

盧芳字君期，……王莽時，天下咸思漢德，芳由是詐自稱武帝曾孫劉文伯。曾祖母匈奴谷蠡渾邪王之姊爲武帝皇后，生三子。遭江充之亂，太子誅，皇后坐死，中子次卿亡之長陵，小子回卿逃於左谷。霍將軍立次卿，迎回卿。回卿不出，因居左谷，生子孫卿，孫卿生文伯。常以是言誑惑安定間。王莽末，乃與三水屬國羌胡起兵。更始至長安，徵芳爲騎都尉，使鎮撫安定以西。更始敗，三水豪傑共計議，以芳劉氏子孫，宜承宗廟，乃共立芳爲上將軍、西平王，使使與西羌、匈奴結和親。

當他遣使者到匈奴見呼都而尸單于時，單于輿對使者說：「匈奴本與漢約為兄弟。後匈奴中衰，呼韓邪單于歸漢，漢為發兵擁護，世世稱臣。今漢亦中絕，劉氏來歸我，亦當立之，令尊事我。」從這種思想出發，單于輿「乃使句林王將數千騎迎芳，芳與兄禽、弟程俱入匈奴。單于遂立芳為漢帝。以程為中郎將，將胡騎還入安定」。（《後漢書・盧芳列傳》）

除了盧芳外，還有五原人李興、隨昱，朔方人田颯，與代郡人石鮪、閔堪，亦皆起兵與匈奴聯結。後來，他們也因匈奴的關係與盧芳聯合起來。《後漢書・盧芳列傳》說：

> 初，五原人李興、隨昱，朔方人田颯，代郡人石鮪、閔堪，各起兵自稱將軍。建武四年，單于遣無樓且渠王入五原塞，與李興等和親，告興欲令芳還漢地爲帝。五年，李興、閔堪引兵至單于庭迎芳，與俱入塞，都九原縣。掠有五原、朔方、雲中、定襄、雁門五郡，並置守令，與胡通兵，侵苦北邊。

但是過了一年，盧芳內部發生問題，有的人被盧芳殺死，有的人投降於光武。數年後，盧芳因在內戰中失敗而逃入匈奴。〈盧芳列傳〉說：

> 六年（公元三十年），芳將軍賈覽將胡騎擊殺代郡太守劉興。芳後以事誅其五原太守李興兄弟，而其朔方太守田颯、雲中太守橋扈恐懼，叛芳，舉郡降，光武令領職如故。後大司馬吳漢、驃騎大將軍杜茂數擊芳，並不克。十二年，芳與賈覽共攻雲中，久不下，其將隨昱留守九原，欲脅芳降。芳知羽翼外附，心膂內離，遂棄輜重，與十餘騎亡入匈奴，其衆盡歸隨昱。昱乃隨使者程恂詣闕。拜昱爲五原太守，封鐫胡侯，昱弟憲武進侯。

盧芳逃入匈奴後，在塞內的勢力差不多完全喪失。東漢方面因為怕他捲土重來，極想購求他。呼都而尸單于輿以為他若能使盧芳投降，則他必得厚賞，於是遣盧芳歸漢。盧芳知道單于有這種企圖，到東漢後，便說是自願投降，而沒有說明是單于所遣。建武十六年（公元四十年），盧芳回到東漢後居在高柳，與閔堪兄林，使使請降光武，被立為「代王，堪為代相，林為代太傅，賜繒二萬匹，因使和集匈奴」。盧芳於是上書說：

臣芳過托先帝遺體，棄在邊陲。社稷遭王莽廢絕，以是子孫之憂，所宜共誅，故遂西連羌戎，北懷匈奴。單于不忘舊德，權立救助。是時兵革並起，往往而在。臣非敢有所貪覬，期於奉承宗廟，興立社稷，是以久僭號位，有十餘年，罪宜萬死。陛下聖德高明，躬率眾賢，海內賓服，惠及殊俗。以胏附之故，赦臣芳罪，加以仁恩，封為代王，使備北藩。無以報塞重責，冀必欲和輯匈奴，不敢遺餘力，負恩貸。謹奉天子玉璽，思望闕庭。（《後漢書・盧芳列傳》）

在這封奏書中，他不只不諱言與匈奴聯結，並且說單于不忘舊德，權立救助，說明他與匈奴關係之密切。奏書上後，光武詔他十七年正月朝見。十六年冬天，他想入朝，走到昌平，光武又詔止，令更朝明歲。因此，他不得不回代郡。可是在歸途中，他自己有所憂懼，於是再背叛，與閔堪、閔林相攻數月。匈奴遣數百騎迎接他及其妻子出塞，再度逃入匈奴。他留居匈奴十餘年後病死。匈奴對盧芳的態度，說明盧芳與匈奴的關係之深。

當彭寵與盧芳聯合匈奴擾亂邊境的時候，除了吳漢等將兵征伐之外，王霸與蘇竟都參與了征伐。《後漢書》卷二十〈王霸列傳〉說：

（建武）五年春，帝使太中大夫持節拜霸為討虜將軍。六年，屯田新安。八年，屯田函谷關。擊滎陽、中牟盜賊，皆平之。九年，霸與吳漢及橫野大將軍王常、建義大將軍朱祐、破姦將軍侯進等五萬餘人，擊盧芳將賈覽、閔堪於高柳。匈奴遣騎助芳，漢軍遇雨，戰不利。吳漢還洛陽，令朱祐屯常山，王常屯涿郡，侯進屯漁陽。璽書拜霸上谷太守，領屯兵如故，捕擊胡虜，無拘郡界。

又說：

明年，霸復與吳漢等四將軍六萬人出高柳擊賈覽，詔霸與漁陽太守陳訢將兵爲諸軍鋒。匈奴左南將軍將數千騎救覽，霸等連戰於平城下，破之，追出塞，斬首數百級。霸及諸將還入雁門，與驃騎大將軍杜茂會攻盧芳將尹由於崞、繁時，不克。十三年，增邑户，更封向侯。是時，盧芳與匈奴、烏桓連兵，寇盜尤數，緣邊愁苦。詔霸將弛刑徒六千餘人，與杜茂治飛狐道，堆石布土，築起亭障，自代至平城三百餘里。凡與匈奴、烏桓大小數十百戰，頗識邊事，數上書言宜與匈奴結和親，又陳委輸可從溫水漕，以省陸轉輸之勞，事皆施行。後南單于、烏桓降服，北邊無事。霸在上谷二十餘歲。三十年，定封淮陵侯。

至於蘇竟，《後漢書》卷三十上〈蘇竟列傳〉說：

蘇竟字伯況，扶風平陵人也。平帝世，竟以明《易》爲博士講《書》祭酒。善圖緯，能通百家之言。王莽時，與劉歆等共典校書，拜代郡中尉。時匈奴擾亂，北邊多罹其禍，竟終完輯一郡。光武即位，就拜代郡太守，使固塞以拒匈奴。建武五年冬，盧芳略得北邊諸郡，帝使偏將軍隨弟屯代郡。竟病篤，以兵屬弟，詣京師謝罪。拜侍中，數月，以病免。

呼都而尸單于死前一年，與盧芳從安定起兵的屬國胡人，也與匈奴連和反叛。《後漢書‧盧芳列傳》說：

初，安定屬國胡與芳爲寇，及芳敗，胡人還鄉里，積苦縣官傜役。其中有駮馬少伯者，素剛壯；二十一年（公元四十五年），遂率種人反叛，與匈奴連和，屯聚青山。乃遣將兵長史陳訢，率三千騎擊之，少伯乃降。徙於冀縣。

王莽死後至光武代興這一時期，單于對漢既很為傲慢，自比冒頓，匈奴與東漢的關係，好像是秦二世至漢高祖時代歷史的重演。那麼，匈奴與東邊的烏桓、鮮卑，北邊的丁令，西邊的西域諸國的關係，以及這些部族與漢朝的關係又是怎樣的呢？關於烏桓以至丁令，《後漢書》卷九十〈烏桓列傳〉中有一段扼要的敘述，錄之於下：

及王莽篡位，欲擊匈奴，興十二部軍，使東域將嚴尤領烏桓、丁令兵屯代郡，皆質其妻子於郡縣。烏桓不便水土，懼久屯不休，數求謁去。莽不肯遣，遂自亡畔，還爲抄盜，而諸郡盡殺其質，由是結怨於莽。匈奴因誘其豪帥以爲吏，餘者皆羈縻屬之。

又說：

光武初，烏桓與匈奴連兵爲寇，代郡以東尤被其害。居止近塞，朝發穹廬，暮至城郭，五郡民庶，家受其辜，至於郡縣損壞，百姓流亡。其在上谷塞外白山者，最爲強富。建武二十一年，遣伏波將軍馬援將三千騎出五阮關掩擊之。烏桓逆知，悉相率逃走，追斬百級而還。烏桓復尾擊援後，援遂晨夜奔歸，比入塞，馬死者千餘匹。二十二年，匈奴國亂，烏桓乘弱擊破之，匈奴轉北徙數千里，漢南地空，帝乃以幣帛賂烏桓。

很值得注意的是「嚴尤領烏桓、丁令兵屯代郡，皆質其妻子於郡縣」這句話。丁令原在匈奴之北，現在也到漢之代郡屯兵以備匈奴，而所謂皆質其妻子於郡縣，則應該包括丁令人的妻子在內。丁令從那麼遠的地方到漢郡，所走的途程，必經東北烏桓所佔領的地方，不會穿過匈奴所居的地方。從這一點來看，丁令對於匈奴也必定不滿意，所以才到漢朝來，為漢朝防備匈奴。但烏桓、丁令終又叛莽而歸匈奴。

此外，還值得注意的是，在這個時期中，匈奴東邊的鮮卑也勃興起來，與匈奴、烏桓「連和強盛」。《後漢書・烏桓鮮卑列傳》說：「鮮卑者，亦東胡之支也，別依鮮卑山，故因號焉。其言語習俗與烏桓同……光武初，匈奴強盛，率鮮卑與烏桓寇抄北邊，殺略吏人，無有寧歲。」《後漢書》卷二十〈祭肜列傳〉說：「當是時，匈奴、鮮卑及赤山烏桓連和強盛，數入塞殺略吏人。朝廷以為憂，益增緣邊兵，郡有數千人，又遣諸將分屯障塞。帝以肜為能，建武十七年，拜遼東太守。」「彤以三虜連和，卒為邊害，二十五年，乃使招呼鮮卑，示以財利。其大都護偏何遣使奉獻，願得歸化，彤慰納賞賜，稍復親附。」

西漢與王莽均不准匈奴染指西域。但王莽稱皇帝後，在烏珠留單于死前三年，又發生了車師後王須置離謀降匈奴與陳良、終帶投降匈奴的事件。西域諸國先後淪入匈奴勢力範圍。《漢書・西域傳》「車師後城長國」條說：

至莽篡位，建國二年，以廣新公甄豐爲右伯，當出西域。車師後王須置離聞之，與其右將股鞮、左將尸泥支謀曰：「聞甄公爲西域太伯，當出，故事給使者牛、羊、穀、芻茭，導譯，前五威將過，所給使尚未能備，今太伯復出，國益貧，恐不能稱。」欲亡入匈奴。戊己校尉刀護聞之，召置離驗問，辭服，乃械致都護但欽在所埒婁城。置離人民知其不還，皆哭而送之。至，欽則斬置離。

又說：

置離兄輔國侯狐蘭支將置離眾二千餘人，驅畜產，舉國亡降匈奴。是時，莽易單于璽，單于恨怒，遂受狐蘭支降，遣兵與共寇擊車師，殺後城長，傷都護司馬，及狐蘭兵復還入匈奴。時戊己校尉刀護病，遣史陳良屯桓且谷備匈奴寇，史終帶取糧食，司馬丞韓玄領諸壁，右曲侯任商領諸壘，相與謀曰：「西域諸國頗背叛，匈奴欲大侵，要死。可殺校尉，將人眾降匈奴。」即將數千騎至校尉府，脅諸亭令燔積薪，分告諸壁曰：「匈奴十萬騎來入，吏士皆持兵，後者斬！」得三四百人，去校尉府數里止，晨火然。校尉開門擊鼓收吏士，良等隨入，遂殺校尉刀護及子男四人、諸昆弟子男，獨遺婦女小兒。止留戊己校尉城，遣人與匈奴南將軍相聞，南將軍以二千騎迎良等。良等盡脅略戊己校尉吏士男女二千餘人入匈奴。單于以良、帶爲烏賁都尉。

看來，不只西域諸國的君長背叛新莽而投降匈奴，在西域的新莽官吏竟然也殺其長官，率眾投降匈奴。西域離叛新莽情形之嚴重，可以概見。只是「後三歲，單于（烏珠留）死，弟烏絫單于咸立，復與莽和親。莽遣使者多齎金幣賂單于，購求陳良、終帶等。單于盡收四人及手殺刀護者芝音妻子以下二十七人，皆械檻車付使者。到長安，莽皆燒殺之」。但「其後莽復欺詐單于，和親遂絕。匈奴大擊北邊，而西域亦瓦解。焉耆國近匈奴，先叛，殺都護但欽，莽不能討。天鳳三年，乃遣五威將王駿、西域都護李崇將戊己校尉出西域，諸國皆郊迎，送兵穀，焉耆詐降而聚兵自備。駿等將莎車、龜茲兵七千餘人，分為數部入焉耆，焉耆伏兵要遮駿。及姑墨、尉犁、危須國兵為反間，還共襲擊駿等，皆殺之。唯戊己校尉郭欽別將兵，後至焉耆。焉耆兵未還，欽擊殺其老弱，引兵還。莽封欽為剼胡子。李崇收餘士，還保龜茲。數年莽死，崇遂沒，西域因絕」（《漢書・西域傳》同前引條）。

匈奴稱臣而不擾亂西漢邊境的時候，西域諸國也臣服西漢，且少與匈奴聯結。就是有的投降於匈奴，西漢也責使匈奴遺還。但是匈奴與漢一旦有了戰爭，則匈奴往往設法去控制西域諸國，徵取其物力或人力；而西域諸國之愈近匈奴者，也愈易降於匈奴。烏孫尤其是車師與武帝時的樓蘭地區，遂成為漢與匈奴爭奪的地方。焉耆居西域之東，近匈奴。漢既沒有足夠的力量去控制它，就難免為匈奴所役屬，而姑墨、尉犁、危須也就容易隨之而為匈奴所利用。

西域北道諸國，尤其是近匈奴者，既多叛漢而歸附匈奴；南道的莎車王延及其子康，在這個時候，卻仍效忠於漢。但是到了康的弟弟賢繼立之後，不久也不滿意東漢，引發其他許多國投降匈奴。《後漢書‧西域傳》「莎車國」條說：「匈奴單于因王莽之亂，略有西域，唯莎車王延最強，不肯附屬。元帝時，嘗為侍子，長於京師，慕樂中國，亦復參其典法。常敕諸子，當世奉漢家，不可負也。天鳳五年，延死，謚忠武王，子康代立。光武初，康率傍國拒匈奴，擁衛故都護吏士妻子千餘口，檄書河西，問中國動靜，自陳思慕漢家。」

康死之後，弟賢繼立，賢最初對東漢也很親善。同上處載云：

> 九年，康死，謚宣成王。弟賢代立，攻破拘彌、西夜國，皆殺其王，而立其兄康兩子爲拘彌、西夜王。十四年，賢與鄯善王安並遣使詣闕貢獻，於是西域始通。蔥領以東諸國皆屬賢。十七年，賢復遣使奉獻，請都護。天子以問大司空竇融，以爲賢父子兄弟相約事漢，款誠又至，宜加號位以鎮安之。帝乃因其使，賜賢西域都護印綬，及車旗黃金錦繡。敦煌太守裴遵上言：「夷狄不可假以大權，又令諸國失望。」詔書收還都護印綬，更賜賢以漢大將軍印綬。其使不肯易，遵迫奪之，賢由是始恨。

因為改換了都護印綬，結果引起賢對東漢的怨恨，從而脅迫西域諸國來附匈奴，反叛東漢。同傳又說：「（賢）而猶詐稱大都護，移書諸國，諸國悉服屬焉，號賢為單于。賢浸以驕橫，重求賦稅，數攻龜茲諸國，諸國愁懼。二十一年冬，車師前王、鄯善、焉耆等十八國俱遣子入侍，獻其珍寶。及得見，皆流涕稽首，願得都護。」請求東漢王朝支援。但東漢無力與匈奴對抗，拒之。諸國最終也落入匈奴勢力範圍。「天子以中國初定，北邊未服，皆還其侍子，厚賞賜之。」「二十二年（公元四十六年），賢知都護不至，遂遺鄯善王安書，令絕通漢道。安不納而殺其使。賢大怒，發兵攻鄯善。安迎戰，兵敗，亡入山中。賢殺略千餘人而去。其冬，賢復攻殺龜茲王，遂兼其國。」鄯善王上書東漢天子，「願復遣子入侍，更請都護。都護不出，誠迫於匈奴。天子報曰：『今使者大兵未能得出，如諸國力不從心，東西南北自在也。』於是鄯善、車師復附匈奴，而賢益橫」。同傳又說：「嬀塞王自以國遠，遂殺賢使者，賢擊滅之，立其國貴人駟鞬為嬀塞王。賢又自立其子則羅為龜茲王。賢以則羅年少，乃分龜茲為烏壘國，徙駟鞬為烏壘王，又更以貴人為嬀塞王。數歲，龜茲國人共殺則羅、駟鞬，而遣使匈奴，更請立王。匈奴立龜茲貴人身毒為龜茲王，龜茲由是屬匈奴。」

然而，王莽死後，以至東漢初年，匈奴猶未能挾西域各國之力入侵漢西北邊，這與竇融鎮守河西的努力有關。《後漢書・竇融列傳》說：

> 莽敗，融以軍降更始大司馬趙萌，萌以爲校尉，甚重之，薦融爲鉅鹿太守。融見更始新立，東方尚擾，不欲出關，而高祖父嘗爲張掖太守，從祖父爲護羌校尉，從弟亦爲武威太守，累世在河西，知其土俗，獨謂兄弟曰：「天下安危未可知，河西殷富，帶河爲固，張掖屬國精兵萬騎，一旦

緩急，杜絕河津，足以自守，此遺種處也。」兄弟皆然之。融於是日往守萌，辭讓鉅鹿，圖出河西。萌爲言更始，乃得爲張掖屬國都尉。融大喜，即將家屬而西。既到，撫結雄傑，懷輯羌虜，甚得其歡心，河西翕然歸之。是時酒泉太守梁統、金城太守厙鈞、張掖都尉史苞、酒泉都尉竺曾、敦煌都尉辛肜，並州郡英俊，融皆與爲厚善。及更始敗，融與梁統等計議曰：「今天下擾亂，未知所歸。河西斗絕在羌胡中，不同心戮力則不能自守；權鈞力齊，復無以相率。當推一人爲大將軍，共全五郡，觀時變動。」議既定，而各謙讓，咸以融世任河西爲吏，人所敬向，乃推融行河西五郡大將軍事。是時武威太守馬期、張掖太守任仲並孤立無黨，乃共移書告示之，二人即解印綬去。於是以梁統爲武威太守，史苞爲張掖太守，竺曾爲酒泉太守，辛肜爲敦煌太守，厙鈞爲金城太守。融居屬國，領都尉職如故，置從事監察五郡。河西民俗質樸，而融等政亦寬和，上下相親，晏然富殖。修兵馬，習戰射，明烽燧之警，羌胡犯塞，融輒自將與諸郡相救，皆如符要，每輒破之。其後匈奴懲乂，稀復侵寇，而保塞羌胡皆震服親附，安定、北地、上郡流人避凶飢者，歸之不絕。

竇融在河西五郡與諸郡太守、都尉聯合起來，在更始已敗而光武尚未安定天下的過渡時期，不只使五郡晏然富殖，而且對於防備匈奴與西羌以及安定西域有很大作用。假使沒有他與諸郡的聯合，則匈奴與西羌可能聯合侵略漢邊境。這樣，不只五郡人民會受其害，就是其他地方也可能受到影響。因匈奴力量強大，除了擾亂五郡及其他地方之外，還可以使西域諸國受其統治。《後漢書・西域傳》「莎車」條指出，由於竇融的努力，西域在東漢初也曾一度歸附東漢王朝：「建武五年，河西大將軍竇融乃承制立康為漢莎車建功懷德王、西域大都尉，五十五國皆屬焉。」假使漢朝的勢力在西域削減，則匈奴的勢力立刻會擴張。匈奴雖然經過漢朝的沉重打擊，甚至稱臣於漢好幾十年，但是漢朝內部一有問題，不能兼顧外事時，匈奴不只侵略漢朝邊境，而且能很快擴張勢力到西域。

西域附屬匈奴，匈奴利用其物力人力，可以增加匈奴本身的力量，同時還可以用這種力量去侵略漢朝。東漢有一個時期，北匈奴曾率西域諸國的軍隊去侵略東漢。自然，這種辦法也是漢朝用過的，如甘延壽、陳湯利用西域諸國兵力物力去攻滅郅支單于。漢朝謂為以夷制夷。匈奴之所以爭取西域，也可以說是為了增強其右臂。在必要時，使用這隻右臂去攻打漢朝。

第二十二章　南匈奴附漢，東漢王朝對北匈奴發動攻勢

單于輿就位時，其弟伊屠知牙師是右谷蠡王，照次序排列，伊屠知牙師應該升為左賢王，也就是單于的儲副。但是單于輿欲傳位於子，遂把伊屠知牙師殺死了。這是自呼韓邪單于以來幾十年中所沒有發生過的事情，說明匈奴內部又因爭立發生問題。尸道皐單于輿既殺弟伊屠知牙師，他的侄兒比（烏珠留單于的兒子）對他很不滿意，出怨言說：「以兄弟言之，右谷蠡王次當立；以子言之，我前單于長子，我當立。」他因怨恨而猜懼，很少到單于庭會見。單于對他也懷疑起來，彼此互相猜忌。單于乃遣兩位骨都侯監領比所部的兵隊。比在這個時候是右奧鞬日逐王，統治的地方在南邊，與烏桓接近。

尸道皐單于輿在位二十八年，漢光武帝建武二十二年（公元四十六年）死。他的兒子左賢王烏達鞮侯立為單于，不到一年又死了，弟左賢王蒲奴繼立為單于。比因為不得立為單于，更為怨恨。正在這個時候，匈奴又有嚴重的天災。《後漢書・南匈奴列傳》說：「而匈奴中連年旱蝗，赤地數千里，草木盡枯，人畜飢疫，死耗太半。」這是從呼韓邪稱臣，經過百年左右的休養生息，匈奴逐漸復興以來最嚴重的天災。蒲奴單于害怕漢朝乘機來攻擊，於是遣使到漁陽請求和親，漢朝亦遣中郎將李茂報命。同時，比也密遣漢人郭衡奉匈奴地圖，於光武帝建武二十三年（公元四十七年）來

見西河太守，表示願意內附。比這種計謀被監領他的部兵的兩位骨都侯知道，在五月會龍城的時候，告訴單于說：「奧鞬日逐夙來欲為不善，若不誅，且亂國。」他們的談話，被正在單于帳下的比的弟弟漸將王聽到，馬上跑去報告比，比害怕起來，集合他領地南邊八郡兵眾四五萬人，嚴陣以待，等兩骨都侯回來時待機殺死他們。兩骨都侯回來時，發覺比的企圖，於是輕騎跑回去報告單于。單于乃遣萬餘人征伐比，當騎兵接近比所領的軍隊時，見到比已有準備，人數又多於單于派來的兵隊，便不戰而退。

東漢光武帝建武二十四年（公元四十八年），南邊八部大人共同計議，立比為呼韓邪單于。為什麼叫做呼韓邪單于呢？《後漢書・南匈奴列傳》說：「以其大父嘗依漢得安，故欲襲其號。」《後漢書・南匈奴列傳》一開頭就說比是落尸逐鞮單于，有兩個稱號：一為他自己的稱號，一為襲繼他祖父的稱號。比既自立為單于，乃率其部眾到五原塞，上書光武帝，願意永遠為漢朝的蕃蔽，以防備蒲奴單于所部。自此匈奴遂永遠分裂為南北兩部。《後漢書・光武帝紀第一》下，「二十三年」中：「是歲，匈奴奧鞬日逐王比率部曲遣使詣西河內附。」「二十四年春正月乙亥……匈奴奧鞬日逐王比遣使款五原塞，求扞禦北虜。」同處：「冬十月，匈奴奧鞬日逐王比自立為南單于，於是分為南、北匈奴。」又《後漢書・耿弇列傳》說：「及匈奴奧鞬日逐王比自立為呼韓邪單于，款塞稱藩，願扞禦北虜。事下公卿。議者皆以為天下初定，中國空虛，夷狄情偽難知，不可許。國獨曰：『臣以為宜如孝宣故事受之，令東扞鮮卑、北拒匈奴，率厲四夷，完復邊郡，使塞下無晏開之警，萬世安寧之策也。』帝從其議，遂立比為南單于。由是烏桓、鮮卑保塞自守，北虜遠遁，中國少事。」

匈奴歷史上有過兩次較大的分裂，其原因都是由天災、外患和內亂造成的。一次是在呼韓邪單于的時候，曾一度分為南、北匈奴：呼韓邪在南邊，得到漢朝的衛護；郅支骨都侯單于在北，不久又離開單于庭向西遷徙。郅支西遷後，呼韓邪北歸單于庭，這時候的匈奴，可以叫做東、西匈奴。公元三十六年，郅支骨都侯單于被漢朝攻滅，呼韓邪成為唯一的單于，匈奴結束分裂，又統一起來。第一次的分裂前後約二十年時間，是短暫的分裂。再一次就是比被立為南單于後分裂為南北匈奴，分裂的時間長，自此以後匈奴再也沒有統一起來。南匈奴自單于比以後，皆稱臣於漢朝。

單于比歸時附漢朝之後，遣使到漢朝貢獻稱臣，請求漢朝遣使者去監護。《後漢書・南匈奴列傳》說：「南單于復遣使詣闕，奉藩稱臣，獻國珍寶，求使者監護，遣侍子，修舊約。」漢朝方面於「二十六年（公元五十年）遣中郎將段郴、副校尉王郁使南單于，立其庭，去五原西部塞八十里。單于乃延迎使者。使者曰：『單于當伏拜受詔。』單于顧望有頃，乃伏稱臣。』」段郴與王郁回到洛陽之後，光武帝又詔南單于入居雲中，單于比遣使上書，獻駱二頭，文馬十匹。不久，單于比又遣子入侍。《後漢書・南匈奴列傳》說：「秋，南單于遣子入侍，奉奏詣闕。詔賜單于冠帶、衣裳、黃金璽、盭緺綬，安車羽蓋，華藻駕駟，寶劍弓箭，黑節三，駙馬二，黃金、錦繡、繒布萬匹，絮萬斤，樂器鼓車，棨戟甲兵，飲食什器。又轉河東米糒二萬五千斛，牛羊三萬六千頭，以贍給之。令中郎將置安集掾史，將弛刑五十人，持兵弩隨單于所處，參辭訟，察動靜。」

東漢王朝派員駐守南匈奴單于庭，監督政務，是匈漢關係的一個重要轉折點。因這不只是監視單于的行動，並且參與匈奴的政務。所謂參辭訟，就是解決匈奴人民之間的爭執，漢朝的中郎將掾史也得參加。《後漢書・南匈奴列傳》說：「異姓有呼衍氏、須卜氏、丘林氏、蘭氏四姓，為國中名族，常與單于婚姻。呼衍氏為左，蘭氏、須卜氏為右，主斷獄聽訟，當決輕重，口白單于，無文書簿領焉。」漢朝官吏參加辭訟，是漢朝干預單于固有權力的一種表現，南匈奴正式淪為東漢藩屬。單于「歲盡輒遣奉奏，送侍子入朝，中郎將從事一人將領詣闕。漢遣謁者送前侍子還單于庭，交會道路。元正朝賀，拜祠陵廟畢，漢乃遣單于使，令謁者將送，賜綵繒千匹、錦四端，金十斤，太官御食醬及橙、橘、龍眼、荔枝；賜單于母及諸閼氏、單于子及左右賢王、左右谷蠡王、骨都侯有功善者，繒綵合萬匹。歲以為常」。賜給的禮物比前漢還多，目的也可以說是籠絡他們，使不致叛變，長久稱臣，防備北匈奴的侵略，使漢朝的邊境得到安寧。

單于比歸附漢朝後，東漢開始結束光武以來的消極防禦政策，向北匈奴發動軍事和政治攻勢。光武帝建武二十五年（公元四十九年）遣兵去攻擊北匈奴，得到大勝利。《後漢書・南匈奴列傳》說：「二十五年春，遣弟左賢王莫將兵萬餘人擊北單于弟奧鞬左賢王，生獲之；又破北單于帳下，並得其眾合萬餘人，馬七千匹、牛羊萬頭。北單于震怖，卻地千里。」「北部奧鞬骨都侯與右骨都侯率眾三萬餘人來歸南單于。」北匈奴的逃跑，減少了南匈奴和漢朝邊境的威脅，但北匈奴仍保持著相當強大的實力。

不久，南匈奴內部亂了起來。建武二十六年「夏，南單于所獲北虜奧鞬左賢王將其眾及南部五骨都侯合三萬餘人畔歸，去北庭三百餘里，共立奧鞬左賢王為單于。月餘日，更相攻擊，五骨都侯皆死，左賢王遂自殺，諸骨都侯子各擁兵自守」。又說：「冬，前畔五骨都侯子復將其眾三千人歸南部，北單于使騎追擊，悉獲其眾。南單于遣兵拒之，逆戰不利。」南匈奴因內部反叛，抵抗北匈奴戰爭失利，損失很大。漢王朝不得不把他們遷到比較安全、水草較豐富的地方去，同時使南匈奴進一步受到控制。《後漢書‧南匈奴列傳》說：「於是復詔單于徙居西河美稷，因使中郎將段郴及副校尉王郁留西河擁護之，為設官府、從事、掾史。令西河長史歲將騎二千，弛刑五百人，助中郎將衛護單于，冬屯夏罷。自後以為常，及悉復緣邊八郡。」這與西漢宣帝時呼韓邪入朝稱臣，返回時漢朝遣董忠與韓昌將兵護送回去，並留兵在單于庭護衛有所不同：第一，西漢遣兵護衛呼韓邪的時間不過數年，而東漢遣兵護衛南單于的時間較長；第二，西漢對呼韓邪的監督，沒有東漢時對單于比的監督那麼嚴密，因東漢除遣將領兵住單于庭外，還為設官府、掾史助中郎將衛護單于。「匈奴中郎將」且自此成為東漢一個常設的官職。《後漢書‧百官志》說：「使匈奴中郎將一人，比二千石。本注曰：主護南單于。置從事二人，有事隨事增之，掾隨事為員。」

東漢控制南匈奴，大致依照匈奴傳統官制，使分地而治。《後漢書‧南匈奴列傳》說：「南單于既居西河，亦列置諸部王，助為扞戍。使韓氏骨都侯屯北地，右賢王屯朔方，當于骨都侯屯五原，呼衍骨都侯屯雲中，郎氏骨都侯屯定襄，左南將軍屯雁門，栗籍骨都侯屯代郡，皆領部眾為郡縣偵羅耳目。」南單于及其部王所屯居的地方，都是漢朝的北部邊境，相當於現代的察哈爾、綏遠、寧夏一帶。從此，匈奴與漢朝接觸頻繁，兩大民族逐漸融合。第一，匈奴人與漢人雜居乃至互為婚姻，使民族互相混雜。晉代「五胡亂華」的胡人，有很多是這些人的子孫。第二，匈奴人遷居到這些地方之後，受漢族文化影響逐漸加深，有不少人捨棄游牧從事耕種，使游牧生活逐漸變為定居生活。

自南匈奴單于比徙居西河之後，北匈奴單于一方面把略來的一部份漢人歸還漢朝，以表親善之意。但他並未停止南下，不過主要目的在於攻擊南匈奴，儘量避免與漢朝軍隊直接衝突。《後漢書・南匈奴列傳》說：「鈔兵每到南部下，還過亭候，輒謝曰：自擊亡虜奧鞬日逐耳，非敢犯漢人也。」

北匈奴願對漢朝親善的表示，還可以光武帝建武二十七年（公元五十一年）請求和親為例。北匈奴遣使請求和親，漢朝在討論的時候，公卿們意見頗為分歧，後來太子說：「南單于新附，北虜懼於見伐，故傾耳而聽，爭欲歸義耳。今未能出兵，而反交通北虜，臣恐南單于將有二心，北虜降者且不復來矣。」光武帝覺得這個意見是對的，所以告訴武威太守勿受其使。這使北單于很為失望。但他並不因此停止對漢朝親善的政策。過了一年，又遣使到漢朝京都貢獻馬及裘，同時提出：（一）請求和親，（二）請賜音樂，（三）請求率西域諸國胡客同來獻見。漢朝公卿們意見仍是分歧，最後，司徒掾班彪上書，提出他的意見，並預備了回答北匈奴單于的信給光武帝看。班彪的意見是承認南匈奴單于的合法地位，與北匈奴相持：「羈縻之義，禮無不答。謂可頗加賞賜，略與所獻相當，明加曉告以前世呼韓邪、郅支行事。」班彪為光武帝所擬答北匈奴單于書說：「單于不忘漢恩，追念先祖舊約，欲修和親，以輔身安國，計議甚高，為單于嘉之。往者，匈奴數有乖亂，呼韓邪、郅支自相仇隙，並蒙孝宣皇帝垂恩救護，故各遣侍子稱藩保塞。其後郅支忿戾，自絕皇澤，而呼韓附親，忠孝彌著。及漢滅郅支，遂保國傳嗣，子孫相繼。今南單于攜眾南向，款塞歸命。自以呼韓嫡長，次第當立。」「又以北單于比年貢獻，欲修和親，故拒而未許。」「漢秉威信，總率萬國，日月所照，皆為臣妾。殊俗百蠻，義無親疏，服順者褒賞，畔逆者誅罰，善惡之效，呼韓、郅支是也。」「今齎雜繒五百匹，弓鞬韇丸一，矢四發，遣遺單于。又賜獻馬左骨都侯、右谷蠡王雜繒各四百匹，斬馬劍各一。單于前言先帝時所賜呼韓邪竽、瑟、空侯皆敗，願復裁（賜）。念單于國尚未安，方厲武節，以戰攻為務，竽瑟之用不如良弓利劍，故未以齎。朕不愛小物，於單于便宜所欲，遣驛以聞。」（以上俱見《後漢書・南匈奴列傳》）

光武帝完全採納了班彪的意見。後漢對於南匈奴與北匈奴的政策，類似西漢宣帝時對呼韓邪與郅支的政策，一方面庇護南匈奴，一方面又不絕北匈奴。相比較則更厚待南匈奴，正如西漢宣帝時「兩單于俱遣使朝獻，漢待呼韓邪使有加」。《後漢書・南匈奴列傳》說：「二十九年，賜南單于羊數萬頭。三十一年，北匈奴復遣使如前，乃璽書報答，賜以綵繒，不遣使者。」東漢南匈奴與西漢南匈奴有一不同點，就是西漢時呼韓邪單于經過數次大敗之後，稱臣於漢朝，他自己力量薄弱，請求漢朝庇護，以求得南匈奴的安定，沒有力量攻打北匈奴。而郅支以呼韓邪有漢朝的衛護，也不敢南下侵襲，尤懼怕漢朝助呼韓邪北歸，所以自己向西遷移，南北匈奴沒有再發兵互相爭伐。但是東漢南匈奴單于比自歸附漢朝之後，自始至終都請求漢朝發兵幫助他攻擊北單于，企圖統一匈奴全部。他自稱為單于之後不久，就遣其弟左賢王莫將兵北擊北匈奴。北匈奴也就時時發兵攻伐南匈奴。雙方不斷戰爭。

在北匈奴請求的數項事中，值得注意的是北單于請賜音樂。史書沒有記載南單于請賜樂器事。光武帝建武二十六年（公元五十年）秋，南單于遣子入侍，漢朝除賜許多禮物外，還賜給樂器。建武二十八年（公元五十二年），北匈奴復遣使請求和親，並請賜音樂。漢朝以北單于國尚未定，方厲武節，以戰攻為務，不賜給樂器，這是漢朝厚南匈奴而輕北匈奴的一種表示。

再一個值得注意的是北匈奴請求率西域諸國胡客來獻見，漢朝以「西域屬匈奴與屬漢何異」的大道理加以拒絕。自南匈奴歸附漢朝以後，西域諸國皆傾向於漢。北匈奴欲率西域諸國來朝獻，一方面是要把自己當作西域諸國的領袖，一方面是要向漢朝顯示其深得西域諸國的歸心，藉以抬高自己的政治地位；也說明他尚具有與漢朝相抗的實力，進而鞏固對西域諸國的控制，離間西域、烏桓等與東漢的關係。

在南匈奴單于比歸附東漢以後，光武帝建武二十五年（公元四十九年），遼西烏桓大人郝旦等也率眾內屬。《資治通鑑》卷四十四〈漢紀三十六〉「光武帝建武二十五年」中說：

是歲，遼西烏桓大人郝旦等率眾內屬，詔封烏桓渠帥為侯、王、君長者八十一人，使居塞內，佈於緣邊諸郡，令招來種人，給其衣食，遂為漢偵候，助擊匈奴、鮮卑。時司徒掾班彪上言：「烏桓天性輕黠，好為寇賊，若久放縱而無總領者，必復掠居人，但委主降掾吏，恐非所能制。臣愚以為宜復置烏桓校尉，誠有益於附集，省國家之邊慮。」帝從之，於是始復置校尉於上谷寧城，開營府，並領鮮卑賞賜、質子，歲時互市焉。

南匈奴單于比立於光武帝建武二十四年（公元四十八年），死於光武帝中元元年（公元五十六年），在位九年。

南匈奴單于比死，弟莫於光武帝中元元年（公元五十六年）立為丘浮尤鞮單于。漢朝為了南單于的死葬與繼立，遣使前去弔祭與鎮慰，行使冊封屬國藩王的權利。《後漢書・南匈奴列傳》說：「中郎將段郴將兵赴弔，祭以酒米，分兵衛護之。比弟左賢王莫立，帝遣使者齎璽書鎮慰，拜授璽綬，遺冠幘，絳單衣三襲，童子佩刀、緄帶各一，又賜繒綵四千匹，令賞賜諸王、骨都侯已下。」

這樣的弔祭死者、鎮慰立者，成為此後漢朝對於南匈奴單于死葬與繼立的慣例。

從光武帝中元元年（公元五十六年）單于莫立至漢章帝章和二年（公元八十八年）單于宣死時期的匈奴歷史，主要是東漢與南匈奴聯合對付北匈奴的歷史。

南匈奴歸附東漢之後，始終要求東漢發兵助其攻伐北匈奴，由它來統一匈奴各部。東漢不願發兵助南匈奴攻滅北匈奴，且與北匈奴通使互市，引起南匈奴部下某些人的不滿，欲聯北叛漢。北匈奴對東漢庇護南匈奴，阻礙它攻滅南匈奴進而統一整個匈奴也很不滿意。

怨恨積久日深，一旦有機會，它就不僅攻擊南匈奴，而且也入寇東漢邊境，成為東漢的一大患。東漢既不能容忍北匈奴借口攻擊南匈奴而侵其邊境，也不容許南北匈奴復行統一。最初三方面互有矛盾。

《後漢書・南匈奴列傳》說：

五年冬，北匈奴六七千騎入於五原塞，遂寇雲中至原陽，南單于擊卻之，西河長史馬襄赴救，虜乃引去。……時北匈奴猶盛，數寇邊，朝廷以爲憂。會北單于欲合市，遣使求和親，顯宗冀其交通，不復爲寇，乃許之。八年，遣越騎司馬鄭眾北使報命，而南部須卜骨都侯等知漢與北虜交使，懷嫌怨欲畔，密因北使，令遣兵迎之。鄭眾出塞，疑有異，伺候果得須卜使人，乃上言宜更置大將，以防二虜交通。由是始置度遼營，以中郎將吳棠行度遼將軍事，副校尉來苗、左校尉閻章、右校尉張國將黎陽虎牙營士屯五原曼柏。又遣騎都尉秦彭將兵屯美稷。其年秋，北虜果遣二千騎候望朔方，作馬革船，欲度迎南部畔者，以漢有備，乃引去。復數寇鈔邊郡，焚燒城邑，殺略甚眾，河西城門晝閉。帝患之。

為什麼南北匈奴分裂之後，北匈奴還有這種力量入寇東漢邊境，造成「河西城門晝閉」的嚴重形勢呢？主要是他們擁有西域作為與國。

他們當時的處境是，南有南匈奴和東漢，向南發展不可能；東邊又為烏桓所敗，北邊是密佈的森林，只有向西發展。所以他們視西域為生命線，向西發展，爭取西域，特別積極。北匈奴役屬了西域諸國後，就利用西域的人力、物力，勢力又增強起來。在光武帝末年和明帝初年，北匈奴以西域的人力、物力為後盾，數寇東漢西部邊境，才弄到河西城門白天也要關起來。

明帝即位時，東漢經過光武帝十餘年的征伐異已，天下統一；再經過約二十年的休養生息，國力漸盛。面對北匈奴利用西域諸國人力、物力，不斷入寇南匈奴和東漢邊境的形勢，明帝改變了光武帝對於北匈奴的消極防禦政策和對於西域諸國的放任政策，採取積極爭奪西域和東胡諸國，聯合南匈奴攻擊北匈奴的政策。明帝即位的第一年，東漢西邊的少數民族燒當羌反畔，《後漢書・明帝紀》說：「秋九月，燒當羌寇隴西，敗郡兵於允街。赦隴西囚徒，減罪一等，勿收今年租調。又所發天水三千人，亦復是歲更賦。遣謁者張鴻討叛羌於允吾，鴻軍大敗，戰歿。冬十一月，遣中郎將竇固監捕虜將軍馬武等二將軍討燒當羌。」《資治通鑑》卷四十四〈漢紀三十六〉「明帝永平元年」中說：「秋，七月，馬武等擊燒當羌，大破之，餘皆降散。」「遼東太守祭肜使偏何討赤山烏桓，大破之，斬其魁帥。塞外震讋，西自武威，東盡玄菟，皆來內附，野無風塵，乃悉罷緣邊屯兵。」

北匈奴也不甘示弱。《資治通鑑》「明帝紀永平八年」中記載說：「越騎司馬鄭眾使北匈奴，單于欲令眾拜，眾不為屈。單于圍守，閉之不與水火；眾拔刀自誓，單于恐而止，乃更發使，隨眾還京師。」又說：「北匈奴雖遣使入貢，而寇鈔不息，邊城晝閉。帝議遣使報其使者，鄭眾上疏諫曰：『臣聞北單于所以要致漢使者，欲以離南單于之眾，堅三十六國之心也；又當揚漢和親，誇示鄰敵，令西域欲歸化者局足狐疑，懷土之人絕望中國耳。』」

在北匈奴不斷入侵東漢西部邊境的形勢下，明帝不得不加強武備去對付北匈奴。在當時的臣僚中，有不少是主張平定西域征伐匈奴的，耿秉就是持這種主張最力的一位。《後漢書‧耿弇列傳》說：「秉……尤好將帥之略。以父任為郎，數上言兵事。常以中國虛費，邊陲不寧，其患專在匈奴。以戰去戰，盛王之道。顯宗既有志北伐，陰然其言。永平中，召詣省闥，問前後所上便宜方略，拜謁者僕射，遂見親幸。每公卿會議，常引秉上殿，訪以邊事，多簡帝心。」所謂陰然其言，多簡帝心，說明明帝是有決意去攻破匈奴的。但明帝即位初年，不願突然改變光武帝的政策，對耿秉之主張攻伐北匈奴，也只能陰然其言，等到匈奴的侵略愈來愈甚的時候，才能公開去實行這種政策。《資治通鑑》「明帝永平十五年」中記載，東漢繼續奉行欲擊匈奴仍當首斷匈奴左右臂的戰略，以便四路出兵攻擊北匈奴：

謁者僕射耿秉數上言請擊匈奴，上以顯親侯竇固嘗從其世父融在河西，明習邊事，乃使秉、固與太僕祭肜、虎賁中郎將馬廖、下博侯劉張、好畤侯耿忠等共議之。耿秉曰：「昔者匈奴援引弓之類，并左衽之屬，故不可得而制。孝武既得河西四郡及居延、朔方，虜失其肥饒畜兵之地，羌、胡分離；唯有西域，俄復內屬；故呼韓邪單于請事款塞，其勢易乘也。今有南單于，形勢相似；然西域尚未內屬，北虜未有釁作。臣愚以爲當先擊白山，得伊吾，破車師，通使烏孫諸國以斷其右臂；伊吾亦有匈奴南呼衍一部，破此，復爲折其左角，然後匈奴可擊也。」上善其言。議者或以爲「今兵出白山，匈奴必并兵相助，又當分其東以離其眾」。上從之。十二月，以秉爲駙馬都尉，固爲奉車都尉；以騎都尉秦彭爲秉副，耿忠爲固副，皆置從事、司馬，出屯涼州。……

十六年，春，二月，遣肜與度遼將軍吳棠將河東、西河羌、胡及南單于兵萬一千騎出高闕塞，竇固、耿忠率酒泉、敦煌、張掖甲卒及盧水羌、胡萬二千騎出酒泉塞，耿秉、秦彭率武威、隴西、天水募士及羌、胡萬騎出張掖居延塞，騎都尉來苗、護烏桓校尉文穆將太原、雁門、代郡、上谷、漁陽、右北平、定襄郡兵及烏桓、鮮卑萬一千騎出平城塞，伐北匈奴。竇固、耿忠至天山，擊呼衍王，斬首千餘級；追至蒲類海，取伊吾盧地，置宜禾都尉，留吏士屯田伊吾盧城。耿秉、秦彭擊匈林王，絕幕六百餘里，至三木樓山而還。來苗、文穆至匈河水上，虜皆奔走，無所獲。祭肜與南匈奴左賢王信不相得，出高闕塞九百餘里，得小山，信妄言以爲涿邪山，不見虜而還……竇固獨有功，加位特進。

這次分四路出兵攻擊北匈奴，除竇固、耿忠所率軍隊勝利而還外，其餘三路軍隊均一無所得。同年，北匈奴又大入寇雲中，雲中太守廉范以少數軍隊擊退匈奴。《資治通鑑》卷四十五〈漢紀三十七〉「明帝永平十六年」中說：「是歲，北匈奴大入雲中，雲中太守廉范拒之；吏以眾少，欲移書傍郡求救，范不許。會日暮，范令軍士各交縛兩炬，三頭爇火，營中星列。虜謂漢兵救至，大驚，待旦將退。范令軍中蓐食，晨，往赴之，斬首數百級，虜自相轔藉，死者千餘人，由此不敢復向雲中。」

明帝自十六年發兵攻擊北匈奴無功後，十七與十八兩年，匈奴與東漢的戰爭主要在於爭取西域諸國。

明帝永平十七年（公元七十四年），又遣竇固與耿秉出玉門擊西域，《後漢書．竇融列傳》說：「明年，復出玉門擊西域，詔耿秉及騎都尉劉張皆去符傳以屬國。固遂破白山，降車師。」車師，無論在西漢或東漢，都是匈奴與漢朝爭取西域的重點。東漢這一次攻擊車師，得到勝利，耿秉的從兄耿恭被遣到屯後王部金蒲城。耿恭在這個地方除了防備匈奴之外，還通使烏孫，使其遣子入侍。《後漢書．耿弇列傳》說：「恭至部，移檄烏孫，示漢威德，大昆彌已下皆歡喜，遣使獻名馬，及奉宣帝時所賜公主博具，願遣子入侍。恭乃發使齎金帛，迎其侍子。」

東漢擊破車師，又使耿恭屯金蒲城，已使匈奴怨恨。耿恭又聯結烏孫，消滅匈奴在西邊的勢力，匈奴當然不甘心，所以不久匈奴就發兵反攻車師。《後漢書．耿弇列傳》說：

明年三月（明帝永平十八年，公元七十五年）北單于遣左鹿蠡王二萬騎擊車師。恭遣司馬將兵三百人救之，道逢匈奴騎多，皆爲所歿。匈奴遂破殺後王安得，而攻金蒲城。恭乘城搏戰，以毒藥傅矢。傳語匈奴曰：「漢家箭神，其中瘡者必有異。」因發強弩射之。虜中矢者，視創皆沸，遂大驚。會天暴風雨，隨雨擊之，殺傷甚眾。匈奴震怖，相謂曰：「漢兵神，眞可畏也！」遂解去。恭以疏勒城傍有澗水可固，五月，乃引兵據之。七月，匈奴復來攻恭，恭募先登數千人直馳之，胡騎散走，匈奴遂於城下擁絕澗水。恭於城中穿井十五丈不得水，吏士渴乏，笮馬糞汁而飲之。恭仰歎曰：「聞昔貳師將軍拔佩刀刺山，飛泉湧出；今漢德神明，豈有窮哉。」乃整衣服向井再拜，爲吏士禱。有頃，水泉奔出，眾皆稱萬歲。乃令吏士揚水以示虜。虜出不意，以爲神明，遂引去。

這裡所指的疏勒城，非蔥嶺以東西域西邊的疏勒城，而是車師的疏勒城。《資治通鑑》注云：「此疏勒城在車師後部，非疏勒國城也。據西域傳，疏勒國去長史所居五千里，後部去長史所居五百里，耿恭自後部金蒲城移據疏勒城，其後范羌又自前部交河城從山北至疏勒迎恭。審觀本末，則非疏勒國城明矣。」

這個時候，後部的耿恭固為匈奴所攻，屯在前部柳中城的關寵也被匈奴圍困，西域都護陳睦亦因匈奴的鼓勵而被焉耆、龜茲殺害，車師復反叛，與匈奴共同攻擊耿恭，耿恭處境異常困難。《後漢書・耿弇列傳》說：

時焉耆、龜茲攻歿都護陳睦，北虜亦圍關寵於柳中。會顯宗崩，救兵不至，車師復畔，與匈奴共攻恭。恭厲士眾擊走之。後王夫人先世漢人，常私以虜情告恭，又給以糧餉。數月，食盡窮困，乃煮鎧弩，食其筋革。恭與士推誠同死生，故皆無二心，而稍稍死亡，餘數十人。單于知恭已困，欲必降之。復遣使招恭曰：「若降者，當封爲白屋王，妻以女子。」恭乃誘其使上城，手擊殺之，炙諸城上。虜官屬望見，號哭而去。單于大怒，更益兵圍恭，不能下。

西域戊已校尉關寵被圍困時，曾上書請救兵。時章帝甫即位（永平十八年明帝死，章帝繼立），把這事交給公卿們議論，發生了一場爭論。《資治通鑑》卷四十六〈漢紀三十八〉「章帝建初元年」中載：「校書郎楊終上疏曰：『間者北征匈奴，西開三十六國，百姓頻年服役，轉輸煩費，愁困之民足以感動天地，陛下宜留念省察！』帝下其章，第五倫亦同終議。」雖有不同意見，最後仍是派兵去救他們出來。《後漢書・耿弇列傳》說：「初，關寵上書求救，時肅宗新即位，乃詔公卿會議。司空第五倫以為不宜救。司徒鮑昱議曰：『今使人於危難之地，急而棄之，外則縱蠻夷之暴，內則傷死難之臣。誠令權時後無邊事可也，匈奴如復犯塞為寇，陛下將何以使將？又二部兵人裁各數十，匈奴圍之，歷旬不下，是其寡弱盡力之效也。可令敦煌、酒泉太守各將精騎二千，多其幡幟，倍道兼行，以赴其急。匈奴疲極之兵，必不敢當，四十日間，足還入塞。』帝然之。乃遣征西將軍耿秉屯酒泉，行太守事，遣秦彭與謁者王蒙、皇甫援發張掖、酒泉、敦煌三郡及鄯善兵，合七千餘人，建初元年正月，會柳中擊車師，攻交河城，斬首三千八百級，獲生口三千餘人，駝驢馬牛羊三萬七千頭。北虜驚走，車師復降。」

「會關寵已歿，蒙等聞之，便欲引兵還。先是恭遣軍吏范羌至敦煌迎兵士寒服，羌因隨王蒙軍俱出塞。羌固請迎恭，諸將不敢前，乃分兵二千人與羌，從山北迎恭，遇大雪丈餘，軍僅能至，城中夜聞兵馬聲，以為虜來，大驚。羌乃遙呼曰：『我范羌也。漢遣軍迎校尉耳。』城中皆稱萬歲。開門，共相持涕泣。明日，遂相隨俱歸。虜兵追之，且戰且行。吏士素飢困，發疏勒時尚有二十六人，隨路死沒，三月至玉門，唯餘十三人。衣屨穿決，形容枯槁。中郎將鄭眾為恭已下洗沐易衣冠。」（《後漢書・耿弇列傳》）

從北匈奴單于遣左谷蠡王領二萬騎去擊車師、圍攻耿恭，到他所餘的十三位吏士到達玉門關，時間整整有一年之久，即從明帝永平十八年三月至章帝建初元年三月。

章帝即位後，楊終和第五倫等反對進一步與匈奴爭奪西域，章帝傾向於同意他們的意見，朝廷對匈奴與西域的政策稍趨於消極。後車師自耿恭退出疏勒城以後，為匈奴勢力所侵入。前車師自王蒙等所領的救兵引還之後，也為匈奴勢力侵入。這樣，天山以北的東漢勢力固是已消失，就是天山以南的西域交通要道南道，也因焉耆、龜兹的反叛，使東漢難以保持。

班超這個時候正在西域西邊的疏勒國都城。由於中央朝廷對西域政策趨於消極，遂詔班超返回中央。班超不得已也在章帝建初元年（公元七十六年）由疏勒經于闐返回。但是，疏勒人不願班超離開，于闐人也極力挽留，班超自己本來就不願意離開西域，這麼一來，他就決定留下來。班超繼續留居西域，就使東漢在西域南道的勢力得以保持下來，並且還能使東漢勢力逐漸地伸展到北道，再從北道的西邊伸張到北道的東邊。後來倔強的焉耆被班超攻破，西域再度受到東漢的控制。

第二十三章　班超定西域，胡漢聯軍大破北匈奴

班超是班彪的兒子，班固的弟弟。《後漢書・班梁列傳》說：「十六年（漢明帝永平十六年，公元七十三年），奉車都尉竇固出擊匈奴，以超為假司馬，將兵別擊伊吾，戰於蒲類海，多斬首虜而還。固以為能，遣與從事郭恂俱使西域。」這是班超在西域生活的開始。他最初立功的地方是鄯善。鄯善自明帝遣竇固與耿忠至天山擊呼衍王，追至蒲類海，取伊吾盧地，置宜禾都尉，留士屯伊吾盧城，削弱了匈奴在西域的勢力，鄯善又開始與東漢親善。但是匈奴對鄯善王仍極力爭取，使者時到鄯善。這種情形頗像西漢武帝時樓蘭王對武帝所說的「小國在大國中間，不兩屬無以自安」。（《漢書・西域傳》）班超與郭恂是在這種情形下到鄯善的。《後漢書・班梁列傳》說：

超到鄯善，鄯善王廣奉超禮敬甚備，後忽更疏懈。超謂其官屬曰：「寧覺廣禮意薄乎？此必有北虜使來，狐疑未知所從故也。明者睹未萌，況已著邪。」乃召侍胡詐之曰：「匈奴使來數日，今安在乎？」侍胡惶恐，具服其狀。超乃閉侍胡，悉會其吏士三十六人，與共飲，酒酣，因激怒之曰：「卿曹與我俱在絕域，欲立大功，以求富貴。今虜使到裁數日，而王廣禮敬即廢；如令鄯善收吾屬送匈奴，骸骨長爲豺狼食矣。爲之奈何？」官屬皆曰：「今在危亡之地，死生從司馬。」超

曰：「不入虎穴，不得虎子。當今之計，獨有因夜以火攻虜，使彼不知我多少，必大震怖，可殄盡也。滅此虜，則鄯善破膽，功成事立矣。」眾曰：「當與從事議之。」超怒曰：「吉凶決於今日。從事文俗吏，聞此必恐而謀泄，死無所名，非壯士也！」眾曰：「善。」初夜，遂將吏士往奔虜營。會天大風，超令十人持鼓藏虜舍後，約曰：「見火然，皆當鳴鼓大呼。」餘人悉持兵弩夾門而伏，超乃順風縱火，前後鼓噪。眾虜驚亂，超手格殺三人，吏兵斬其使及從士三十餘級，餘眾百許人悉燒死。明日乃還告郭恂，恂大驚，既而色動。超知其意，舉手曰：「掾雖不行，班超何心獨擅之乎？」恂乃悅。超於是召鄯善王廣，以虜使首示之，一國震怖。超曉告撫慰，遂納子為質。還奏於竇固，固大喜，具上超功效，並求更選使使西域。帝壯超節，詔固曰：「吏如班超，何故不遣而更選乎？今以超為軍司馬，令遂前功。」超復受使，固欲益其兵，超曰：「願將本所從三十餘人足矣。如有不虞，多益為累。」

班超鎮撫鄯善之後，既被命復使西域，於是又到于闐。《後漢書·班超傳》說：「是時于闐王廣德新攻破莎車，遂雄張南道，而匈奴遣使監護其國。」關於莎車被于闐攻滅，于闐降於匈奴或為匈奴所監護，經過始末見《後漢書·西域傳》「莎車」條，茲錄之於後：

莎車將君得在于闐暴虐，百姓患之。明帝永平三年（公元六十年），其大人都末出城……與兄弟共殺君得。而大人休莫霸復與漢人韓融等殺都末兄弟，自立為于闐王，復與拘彌國人攻殺莎車將在皮山者，引兵歸。於是賢遣其太子、國相，將諸國兵二萬人擊休莫霸，霸迎與戰，莎車兵敗走，殺萬餘人。賢復發諸國數萬人，自將擊休莫霸，霸復破之，斬殺過半，賢脫身走歸國。休莫霸進圍莎車，中流矢死，兵乃退。

于闐國相蘇榆勒等共立休莫霸兄子廣德爲王。匈奴與龜茲諸國共攻莎車，不能下。廣德承莎車之敝，使弟輔國侯仁將兵攻賢。賢連被兵革，乃遣使與廣德和。先是廣德父拘在莎車數歲，於是賢歸其父，而以女妻之，結爲昆弟，廣德引兵去。明年，莎車相且運等患賢驕暴，密謀反城降于闐。于闐王廣德乃將諸國兵三萬人攻莎車。賢城守，使使謂廣德曰：「我還汝父，與汝婦，汝來擊我何爲？」廣德曰：「王，我婦父也，久不相見，願各從兩人會城外結盟。」賢以問且運，且運曰：「廣德女婿至親，宜出見之。」賢乃輕出，廣德遂執賢。而且運等因內于闐兵，虜賢妻子而併其國。鎖賢將歸，歲餘殺之。

匈奴聞廣德滅莎車，遣五將發焉耆、尉黎、龜茲十五國兵三萬餘人圍于闐，廣德乞降，以其太子爲質，約歲給罽絮。冬，匈奴復遣兵將賢質子不居徵立爲莎車王，廣德又攻殺之，更立其弟齊黎爲莎車王，章帝元和三年也。

班超從鄯善到于闐的時候，廣德雖受匈奴監護，但在南道的諸國中，于闐還是一個強國。廣德既敢殺匈奴所立的莎車王，以其弟代立，對於東漢使者，當然也不會畏懼，所以對於班超，其禮甚疏。《後漢書・班梁列傳》說：

超既西，先至于闐。廣德禮意甚疏。且其俗信巫。巫言：「神怒何故欲向漢？漢使有騧馬，急求取以祠我。」廣德乃遣使就超請馬。超密知其狀，報許之，而令巫自來取馬。有頃，巫至，超即斬其首以送廣德，因辭讓之。廣德素聞超在鄯善誅滅虜使，大惶恐，即攻殺匈奴使者而降超。超重賜其王已下，因鎮撫焉。

于闐降服之後，班超又從間道到疏勒，威服疏勒。《後漢書・班梁列傳》說：

時龜茲王建爲匈奴所立，倚恃虜威，據有北道，攻破疏勒，殺其王，而立龜茲人兜題爲疏勒王。明年春，超從間道至疏勒。去兜題所居槃橐城九十里，逆遣吏田慮先往降之。敕慮曰：「兜題本非疏勒種，國人必不用命。若不即降，便可執之。」慮既到，兜題見慮輕弱，殊無降意。慮因其無備，遂前劫縛兜題。左右出其不意，皆驚懼奔走。慮馳報超，超即赴之，悉召疏勒將吏，說以龜茲無道之狀，因立其故王兄子忠爲王，國人大悅。忠及官屬皆請殺兜題，超不聽，欲示以威信，釋而遣之。疏勒由是與龜茲結怨。

十八年，帝崩。焉耆以中國大喪，遂攻沒都護陳睦。超孤立無援，而龜茲、姑墨數發兵攻疏勒。超守槃橐城，與忠爲首尾，士吏單少，拒守歲餘。肅宗初即位，以陳睦新沒，恐超單危不能自立，下詔徵超。超發還，疏勒舉國憂恐。其都尉黎弇曰：「漢使棄我，我必復爲龜茲所滅耳。誠不忍見漢使去。」因以刀自剄。超還至于闐，王侯已下皆號泣曰：「依漢使如父母，誠不可去。」互抱超馬腳，不得行。超恐于闐終不聽其東，又欲遂本志，乃更還疏勒。疏勒兩城自超去後，復降龜茲，而與尉頭連兵。超捕斬反者，擊破尉頭，殺六百餘人，疏勒復安。

> 建初三年（公元七十八年），超率疏勒、康居、于闐、拘彌兵一萬人攻姑墨石城，破之，斬首七百級。

班超留居西域，利用西域諸國的兵力去平定其他反叛的國家。他從于闐西去平定疏勒是用當地的兵力；攻破姑墨，不僅用蔥嶺以東的南道諸國兵力，還運用了蔥嶺以西的康居兵力。這說明班超不僅善於用武力去鎮撫諸國，而且會用外交手段去聯絡較遠的國家。

章帝建初五年（公元八十年），班超欲平西域。「今西域諸國，自日之所入，莫不向化，大小欣欣，貢奉不絕，唯焉耆、龜茲獨未服從。」（《後漢書・班梁列傳》）乃上書請兵以擊龜茲。龜茲所以能夠威服姑墨、溫宿，並使其力量有時伸到疏勒，是因為得到北匈奴的幫助。龜茲王建是匈奴所立，他就倚匈奴的威勢威脅其他諸國。班超重視龜茲而欲攻破，就是要想削弱匈奴的勢力。班超請兵，章帝也已同意。但東漢軍隊還未到達之前，莎車又降於龜茲，疏勒的都尉番辰也反叛，使此後三四年中，班超又不得不集中力量去征服莎車和疏勒。經過數年的征戰，班超攻破莎車，龜茲、姑墨、溫宿皆降，至東漢和帝永元三年（公元九十一年）天山以北的匈奴勢力已被攻破，伊吾、車師後部都由東漢屯兵。在焉耆之東的車師前部東漢也在高昌壁置戊己校尉，焉耆之西的龜茲等國皆已降服。未臣服的焉耆、危須、尉犁，可以說已被包圍起來。班超的最後任務就是集中力量，調動大兵去攻擊這三個國家。《後漢書・班梁列傳》說：

> 六年（和帝永元六年，公元九十四年）秋，超遂發龜茲、鄯善等八國兵合七萬人，及吏士賈客

千四百人討焉耆。兵到尉犁界，而遣曉說焉耆、尉犁、危須曰：「都護來者，欲鎮撫三國。即欲改過向善，宜遣大人來迎，當賞賜王侯已下，事畢即還。今賜王綵五百匹。」焉耆王廣遣其左將北鞬支奉牛酒迎超。超詰鞬支曰：「汝雖匈奴侍子，而今秉國之權。都護自來，王不以時迎，皆汝罪也。」或謂超可便殺之。超曰：「非汝所及。此人權重於王，今未入其國而殺之，遂令自疑，設備守險，豈得到其城下哉！」於是賜而遣之。廣乃與大人迎超於尉犁，奉獻珍物。

焉耆國有葦橋之險，廣乃絕橋，不欲令漢軍入國。超更從它道厲度。七月晦，到焉耆，去城二十里，正營大澤中。廣出不意，大恐，乃欲悉驅其人共入山保。焉耆左侯元孟先嘗質京師，密遣使以事告超，超即斬之，示不信用。乃期大會諸國王，因揚聲當重加賞賜，於是焉耆王廣、尉犁王汎及北鞬支等三十人相率詣超。其國相腹久等十七人懼誅，皆亡入海，而危須王亦不至。坐定，超怒詰廣曰：「危須王何故不到？腹久等所緣逃亡？」遂叱吏士收廣、汎等於陳睦故城，斬之，傳首京師。因縱兵鈔掠，斬首五千餘級，獲生口萬五千人，馬畜牛羊三十餘萬頭，更立元孟爲焉耆王。超留焉耆半歲，慰撫之。於是西域五十餘國悉皆納質内屬焉。

班超通西域工作的地區主要是在現在塔里木盆地南北兩道的西域諸國。正像上面所說的，從極東的鄯善沿南道到西北的疏勒，再由這裡沿北道到東邊的焉耆，等於轉了一個圈子。焉耆征服之後，平定西域的工作可以說告成了。漢和帝在永元七年下詔表揚他的工作，封他為定遠侯，邑千戶。

班超久在絕域，年老思土，上書乞歸，其妹班昭亦上書為言，和帝乃徵班超回。和帝永元十四年（公元一〇二年）八月，班超回到京城洛陽，拜為射聲校尉。同年九月卒，年七十一。

東漢王朝與匈奴爭奪西域，是和正面發兵攻擊北匈奴同時進行的。章帝建初八年（公元八十三年）北匈奴發生內亂。《後漢書・南匈奴列傳》載：「八年，北匈奴三木樓訾大人稽留斯等率三萬八千人、馬二萬匹、牛羊十餘萬，款五原塞降。」在受到損失大批人畜的沉重打擊下，北匈奴又向東漢表示親善，願意互市。《後漢書・南匈奴列傳》記載：「元和元年，武威太守孟雲上言北單于復願與吏人合市，詔書聽雲遣驛使迎呼慰納之。北單于乃遣大且渠伊莫訾王等，驅牛馬萬餘頭來與漢賈客交易。諸王大人或前至，所在郡縣為設官邸，賞賜待遇之。」東漢同意了北匈奴互市的請求，對前來互市的諸王大人給予厚待。南匈奴單于則對這種互市不滿，派兵在路上搶掠了北匈奴前來互市的牲口和牛馬。東漢並不責令南匈奴退還，而是以多倍的價值從南匈奴贖回被搶掠的牲口和牛馬，退還給北匈奴。

章帝元和二年（公元八十五年），南匈奴單于長死，在位二十三年（公元六十三—八十五年），是南匈奴在位時間最長的一位單于。他死之後，單于汗之子宣立為伊屠於閭鞮單于。單于宣立於章帝元和二年（公元八十五年）。其時北匈奴遭受到內亂和來自四面的攻擊。《後漢書・南匈奴列傳》記載：「二年正月，北匈奴大人車利、涿兵等亡來入塞，凡七十三輩。時北虜衰耗，黨眾離畔，南部攻其前，丁零寇其後，鮮卑擊其左，西域侵其右，不復自立，乃遠引而去。」南匈奴單于宣繼位後，乘北匈奴內亂之危，曾遣兵千餘人獵至涿邪山，卒與北虜溫禺犢王遇，因而打起仗來，結果斬獲許多首級而還。東漢對於南匈奴攻擊北匈奴斬獲首級者加以賞賜，《後漢書・南匈奴列傳》說：「其南部斬首獲生，計功受賞如常科。」於是南單于復令薁鞬日逐王師子將輕騎數千出塞掩擊北虜，復斬獲千人。《後漢書・南匈奴列傳》又說：「章和元年（公元八十七年），鮮卑入左地擊北匈奴，大破之，斬優留單于，取其匈奴皮而還。北庭大亂，屈蘭、儲卑、胡都須等五十八部，口二十萬，勝兵八千人，詣雲中、五原、朔方、北地降。」北匈奴連年外患、內亂層出不窮，再加上單于被斬和幾十萬人的投降，勢力削弱可以想見。

南匈奴單于宣在位三年，於章帝章和二年（公元八十八年）死。他死之後，單于長的弟弟屯屠何立為休蘭尸逐侯鞮單于。

休蘭尸逐侯鞮單于在位六年，於和帝永元五年（公元九十三年）死。他在位的六年中，北匈奴經歷很大的變化，離開了蒙古高原，故地被鮮卑乘機佔領。同一時期，南匈奴也開始內亂起來，以後並互相征伐，反叛東漢。

北匈奴在南匈奴單于長、尤其是在單于宣的時代，就已經受到削弱。到了南單于屯屠何的時候，北匈奴就更弱了。《後漢書・南匈奴列傳》說：「休蘭尸逐侯鞮單于屯屠何，章和二年立。時北虜大亂，加以飢蝗，降者前後而至。」南匈奴看到北匈奴日趨衰弱，很想乘這個機會去破滅北匈奴，希望「破北成南，並為一國」。南匈奴單于屯屠何遂上書給東漢皇帝，建議胡漢聯軍，共破北匈奴。書曰：

臣累世蒙恩，不可勝數。孝章皇帝聖恩遠慮，遂欲見成就，故令烏桓、鮮卑討北虜，斬單于首級，破壞其國。今所新降虛渠等詣臣自言：「去歲三月中發虜庭，北單于創刈南兵，又畏丁令、鮮卑，遁逃遠去，依安侯何西。今年正月，骨都侯等復共立單于異母兄右賢王爲單于，其人以兄弟爭立，並各離散。」臣與諸王骨都侯及新降渠帥雜議方略，皆曰宜及北虜分爭，出兵討伐，破北成南，并爲一國，令漢家長無北念。又今月八日，新降右須日逐鮮堂輕從虜庭遠來詣臣，言北虜諸郡多欲內顧，但恥自發遣，故未有至者。若出兵奔擊，必有響應。今年不往，恐復并壹。臣伏念先父歸漢以來，被蒙覆載，嚴塞明候，大兵擁護，積四十年。臣等生長漢地，開口仰食，歲時賞賜，動輒億萬，雖垂拱安枕，慚無報效之地。願發國中及諸部故胡新降精兵，遣左谷蠡王師子、左呼衍日逐王須訾將萬騎出朔方，左賢王安國、右大且渠王交勒蘇將萬騎出居延，期十二月同會虜地。臣將餘兵萬人屯五原、朔方塞，以爲拒守。臣素愚淺，又兵眾單少，不足以防內外。願遣執金吾耿秉、度遼將軍鄧鴻及西河、雲中、五原、朔方、上郡太守併力而北，令北地、安定太守各屯要害，冀因聖帝威神，一舉平定。臣國成敗，要在今年。已敕諸部嚴兵馬，訖九月龍祠，悉集河上。唯陛下裁哀省察！①

從屯屠何的奏疏中，可以看出他是一位雄心勃勃的人物。他一就位單于，就立刻想統一匈奴，而且很快地進行攻擊北匈奴的準備工作，然後上書皇帝，希望能獲得幫助實現計劃。

竇太后看了屯屠何的奏疏後交給耿秉看，耿秉上書贊成屯屠何的做法。耿秉上言：「昔武帝單極天下，欲臣虜匈奴，未遇天時，事遂無成。宣帝之世，會呼韓來降，故邊人獲安，中外為一，生

①《後漢書·南匈奴列傳》。

人休息六十餘年。及王莽簒位，變更其號，耗擾不止，單于乃畔。光武受命，復懷納之，緣邊壞郡得以還復。烏桓、鮮卑咸脅歸義，威鎮四夷，其效如此。今幸遭天授，北虜分爭，以夷伐夷，國家之利，宜可聽許。」①耿秉還自陳受恩，分當出命效用。竇太后雖同意屯屠何與耿秉的意見，但是尚書宋意卻極力反對。《資治通鑑》卷四十七〈漢紀三十九〉「章和二年」中載宋意說：

夫戎狄簡賤禮義，無有上下，強者爲雄，弱即屈服。自漢興以來，征伐數矣，其所克獲，曾不補害。光武皇帝躬服金革之難，深昭天地之明，故因其來降，羈縻畜養，邊民得生，勞役休息，於茲四十餘年矣。今鮮卑奉順，斬獲萬數，中國坐享大功而百姓不知其勞，漢興功烈，於斯爲盛。所以然者，夷虜相攻，無損漢兵者也。臣察鮮卑侵伐匈奴，正是利其抄掠；及歸功聖朝，實由貪得重賞。今若聽南虜還都北庭，則不得不禁制鮮卑；鮮卑外失暴掠之願，內無功勞之賞，豺狼貪婪，必爲邊患。今北虜西遁，請求和親，宜因其歸附，以爲外扞，巍巍之業，無以過此。若引兵費賦，以順南虜，則坐失上略，去安即危矣。誠不可許。

正當耿秉與宋意有不同主張的時候，又發生了竇憲謀殺齊殤王子都鄉侯暢的事件。「太后怒，閉憲於內宮。憲懼誅，因自求出匈奴以贖死。」②憲是竇太后兄，她雖然怒他謀殺都鄉侯暢，但她一向就庇護憲，章帝在位時已是如此，現在她自己臨朝，就更要想辦法去赦他的罪。於是答應竇憲擊匈奴以贖死罪的請求，遣竇憲為車騎將軍將胡漢聯軍擊匈奴。《後漢書・竇融列傳》說：「乃拜憲車騎將軍，金印紫綬，官屬依司空，以執金吾耿秉為副，發北軍五校、黎陽、雍營緣邊十二郡騎士，及羌胡兵出塞。」

對竇憲、耿秉出兵攻擊北匈奴，許多公卿極力反對。《資治通鑑》卷四十七〈漢紀三十九〉「和帝永元元年」中載：「竇憲將征匈奴，三公、九卿詣朝堂上書諫，以為：『匈奴不犯邊塞，而無故勞師遠涉，損費國用，徼功萬里，非社稷之計。』書連上，輒寢。」當時著名的反對派有侍御史魯恭和袁安、任隗、尚書令韓稜、騎都尉朱暉、議郎京兆樂恢、侍御史何敞。

對於征伐匈奴，在臣僚中，除耿秉之外都是不贊成的。理由是，匈奴已很衰弱，用不著勞師遠征；加以章帝剛死，內有大憂，不宜向外征伐。加以反對征伐匈奴與反對竇氏一門專權結合在一起，反對的聲浪愈唱愈高。愈是這樣，竇太后就愈想以征伐匈奴來轉移人們反對竇氏兄弟的視線，對公卿們的反對均置之不理，照樣調動軍隊，準備征伐匈奴。但事實證明，竇憲主動攻擊匈奴的戰略是正確的。胡漢聯軍出擊，大獲勝利。《後漢書・竇融列傳》載：

明年（和帝永元元年，公元八十九年）憲與秉各將四千騎及南匈奴左谷蠡王師子萬騎出朔方雞鹿塞，南單于屯屠何將萬餘騎出滿夷谷，度遼將軍鄧鴻及緣邊義從羌胡八千騎，與左賢王安國萬騎出稒陽塞，皆會涿邪山。憲分遣副校尉閻盤、司馬耿夔、耿譚將左谷蠡王師子、右呼衍王須訾等，精騎萬餘，與北單于戰於稽落山，大破之，虜眾崩潰，單于遁走，追擊諸部，遂臨私渠比鞮海，斬

---

① 《後漢書・南匈奴列傳》。
② 《資治通鑑》卷四十七〈漢紀三十九〉「章帝章和二年」。

名王已下萬三千級，獲生口馬牛羊橐駝百餘萬頭。於是溫犢須、日逐、溫吾、夫渠王柳鞮等八十一部率眾降者，前後二十餘萬人。憲、秉遂登燕然山，去塞三千餘里，刻石勒功，紀漢威德，令班固作銘。

竇憲用武力征伐北匈奴所獲勝利成果是空前的。在此基礎上又遣使進一步對北匈奴實行政治瓦解。《後漢書・竇融列傳》說：「憲乃班師而還。遣軍司馬吳汜、梁諷，奉金帛遺北單于，宣明國威，而兵隨其後。時虜中乖亂，汜、諷所到，輒招降之，前後萬餘人。遂及單于於西海上，宣國威信，致以詔賜，單于稽首拜受。諷因說宜修呼韓邪故事，保國安人之福。單于喜悅，即將其眾與諷俱還，到私渠海，聞漢軍已入塞，乃遣弟右溫禺鞮王奉貢入侍，隨諷詣闕。憲以單于不自身到，奏還其侍弟。」

《後漢書・南匈奴列傳》對於永元元年和永元二年征伐匈奴事，敘述比較詳細：

永元元年，以秉爲征西將軍，與車騎將軍竇憲率騎八千，與度遼兵及南單于眾三萬騎，出朔方擊北虜，大破之。北單于奔走，首虜二十餘萬人。事已具〈竇憲傳〉。

二年春……南單于復上求滅北庭，於是遣左谷蠡王師子等將左右部八千騎出雞鹿塞，中郎將耿譚遣從事將護之。至涿邪山，乃留輜重，分爲二部，各引輕兵兩道襲之。左部北過西海至河雲北，右部從匈奴河水西繞天山，南度甘微河，二軍俱會，夜圍北單于。單于大驚，率精兵千餘人合戰。單于被創，墮馬復上，將輕騎數十遁走，僅而免脫。得其玉璽，獲閼氏及男女五人，斬首八千級，生虜數千口而還。是時南部連剋獲納降，黨眾最盛，領户三萬四千，口二十三萬七千三百，勝兵五萬一百七十人。故從事中郎將置從事二人，耿譚以新降者多，上增從事十二人。

和帝永元二年，北單于再次遣使到居延塞，欲入朝見。竇憲派班固、梁諷去迎接他們。但是這時北匈奴遭到南匈奴攻擊，派去迎接北單于使節的人不得不折回。竇憲見北匈奴衰弱，也就不再使用政治攻勢，索性再次發兵去攻擊北匈奴。《後漢書・竇融列傳》載：「北單于以漢還侍弟，復遣車諧儲王等款居延塞，欲入朝見，願請大使。憲上遣大將軍中護軍班固行中郎將，與司馬梁諷迎之。會北單于為南匈奴所破，被創遁走，固至私渠海而還。憲以北虜微弱，遂欲滅之。明年，復遣右校尉耿夔、司馬任尚、趙博等將兵擊北虜於金微山，大破之，克獲甚眾，北單于逃走，不知所在。」《後漢書・耿弇列傳》說：「永元初，為車騎將軍竇憲假司馬，北擊匈奴，轉車騎都尉。三年，憲復出河西，以夔為大將軍左校尉。將精騎八百，出居延塞，直奔北單于庭，於金微山斬閼氏、名王已下五千餘級，單于與數騎脫亡，盡獲其匈奴珍寶財畜，去塞五千餘里而還，自漢出師所未嘗至也。」北單于逃走之後，其弟右谷蠡王於除鞬自立為單于，除自己部眾外，還收容了部份餘眾，「眾八部二萬餘人，來居蒲類海上，遣使款塞」①。《後漢書・南匈奴傳》說：「其弟右谷蠡王於除鞬自立為單于，將右溫禺鞬王、骨都侯已下眾數千人，止蒲類海，遣使款塞。大將軍竇憲

① 《後漢書・耿夔傳》。

上書，立於除鞬為北單于，朝庭從之。四年，遣耿夔即授璽綬，賜玉劍四具，羽蓋一駟，使中郎將任尚持節衛護屯伊吾，如南單于故事。」

耿夔的征伐北匈奴，對於匈奴種族的遷移與同化，有十分重要的意義。《後漢書・烏桓鮮卑列傳》說：「和帝永元中，大將軍竇憲遣右校尉耿夔擊破匈奴，北單于逃走，鮮卑因此轉徙據其地。匈奴餘種留者尚有十餘萬落，皆自號鮮卑，鮮卑由此漸盛。」這對於在蒙古高原的匈奴國是最沉重的打擊。北單于被打敗逃走，留在蒙古高原北匈奴故地的匈奴殘眾，處於群龍無首之境地。鮮卑遂乘機而入，佔領其地，使此後不僅歷史久長的匈奴國不能再在這個地方重新建立起來，就是留在該地的匈奴餘種，也不得不自號鮮卑，而與鮮卑族同化。南匈奴則逐漸同化於漢族。離開故地西徙的匈奴人，不得不更往西遷徙。

竇憲在永元四年（公元九十二年）被和帝處死。范曄在《後漢書・竇融列傳》中將竇憲與前漢衛青、霍去病相比：「衛青、霍去病資強漢之眾，連年以事匈奴，國耗太半矣，而猾虜未之勝，後世猶傳其良將，豈非以身名自終邪！竇憲率羌胡邊雜之師，一舉而空朔庭，至乃追奔稽落之表，飲馬比鞮之曲，銘石負鼎，薦告清廟。列其功庸，兼茂於前多矣，而後世莫稱者，章末釁以降其實也。」

應該指出，竇憲與衛青、霍去病雖有相同之處，亦有根本不同之點。漢武帝時，匈奴正處在強盛時代，東西北三面與之毗連的各族均被征服。就是南面的漢朝，自漢高祖至漢武帝六七十年間，也一再忍辱和親送禮，只有匈奴侵擾漢朝，漢朝沒有出塞追擊。漢武帝用衛青、霍去病數次攻擊並大敗匈奴之後，匈奴的強盛局面才被打破。雖然漢武帝未看到匈奴單于入朝稱臣，但匈奴之趨於衰弱確是在漢武帝攻擊之後。竇憲時代，匈奴已分裂為南北，又經過鮮卑等的攻擊，匈奴北庭已空虛，所以竇憲才能一舉而空朔庭，再舉而至金微。與衛青、霍去病之臨勁敵於漠北，是不可等量齊觀的。功用既不能相比，「而後世莫稱者」是不足為怪的。

第二十四章　作為東漢藩屬的南匈奴

北匈奴的崩潰，使南匈奴在政治上和人力物力上取得空前的優勢，得到暫時與表面上的繁盛。因為北匈奴在南單于屯屠何時代降於南匈奴的有二十多萬，比南匈奴原來的人口還要多。南匈奴在蒙古高原、西域地區，成為漢朝以外唯一一支具有重要影響的力量。但是屯屠何希望利用東漢的力量達到「破北成南，併為一國」，在匈奴族中唯我獨尊的野心卻未能實現。《後漢書・南匈奴列傳》說，繼屯屠何之後的「單于安國，永元五年立。安國初為左賢王而無稱譽。左谷蠡王師子素勇黠多知，前單于宣及屯屠何皆愛其氣決，故數遣將兵出塞，掩擊北庭，還受賞賜，天子亦加殊異。是以國中盡敬師子，而不附安國。安國由是疾師子，欲殺之」。南單于除不能獲得內部的絕對控制權外，對東漢王朝也喪失了完全的政治獨立性，只能作為東漢的藩屬存在。它從此不再像西漢時代的匈奴，甚至也不能像前此的北匈奴那樣成為一個獨立的國家了。不過，東漢王朝與南匈奴確立的這種藩屬關係，對雙方來說，都還是一個新鮮事物。南匈奴一時還不能忘卻過去作為獨立國家的地位，東漢王朝也一時不能取得馭屬這樣一個前此如是強大敵國的經驗。終漢之世，南匈奴時叛時服，東漢駐匈奴管理官員不斷失誤，北部與西北邊境烽火時聞，乃不足為奇。但是這一時期中，無論是匈奴內部的動亂，還是與東漢復起的戰爭，都是暫時性與局部性的，不再構成西漢與東漢前期那樣大規模的敵國戰爭了。本章將次第敘述這一過渡時期的動亂現象。

南匈奴內部動亂始於安國單于初立，並與東漢駐匈奴官員處置失當交織在一起。「其諸新降胡初在塞外，數為師子所驅掠，皆多怨之。安國因是委計降者，與同謀議。安國既立為單于，師子以次轉為左賢王，覺單于與新降者有謀，乃別居五原界。單于每龍會議事，師子輒稱病不往。皇甫稜知之，亦擁護不遣，單于懷憤益甚。六年春，皇甫稜免，以執金吾朱徽行度遼將軍。時單于與中郎將杜崇不相平，迺上書告崇，崇諷西河太守令斷單于章，無由自聞。而崇因與朱徽上言：『南單于安國疏遠故胡，親近新降，欲殺左賢王師子及左台且渠劉利等。又右部降者謀共迫脅安國，起兵背畔，請西河、上郡、安定為之儆備』，和帝下公卿議，皆以為『蠻夷反覆，雖難測知，然大兵聚會，必未敢動搖。今宜遣有方略使者之單于庭，與杜崇、朱徽及西河太守併力，觀其動靜。如無它變，可令崇等就安國會其左右大臣，責其部眾橫暴為邊害者，共平罪誅。若不從命，令為權時方略，事畢之後，裁行客賜，亦足以威示百蠻』。帝從之，於是徽、崇遂發兵造其庭。安國夜聞漢軍至，大驚，棄帳而去，因舉兵及將新降者欲誅師子。師子先知，乃悉將廬落入曼柏城。安國追到城下，門閉不得入。朱徽遣吏曉譬和之，安國不聽。城既不下，乃引兵屯五原。崇、徽因發諸郡騎追赴之急，眾皆大恐，安國舅骨都侯喜為等慮並被誅，乃格殺安國。」（《後漢書．南匈奴列傳》）單于安國被殺之後，單于適之子師子繼立為亭獨尸逐侯鞮單于。新降的北匈奴人本來就因師子驅掠他們而懷恨，又加以安國聯結他們排擠師子，師子立為單于，他們就反叛起來。《後漢書．南匈奴列傳》說：「（單于師子）永元六年立。降胡五六百人夜襲師子，安集掾王恬將衛護士與戰，破之。於是新降胡遂相驚動，十五部二十餘萬人皆反畔，脅立前單于屯屠何子薁鞬日逐王逢侯為單于，遂殺略吏人，燔燒郵亭廬帳，將車重向朔方，欲度漠北。」反畔的王侯士眾，是北匈奴在屯屠何時代投降南匈奴的，但他們所脅立的單于，卻是南匈奴前單于的兒子逢侯。他們欲度漠北，重立王庭，所以，匈奴又表面上暫時分為南北。在東漢王朝直接出兵干預下，經過數年的征戰，才平定了逢侯。《後漢書・南匈奴列傳》說：

於是遣行車騎將軍鄧鴻、越騎校尉馮柱、行度遼將軍朱徽將左右羽林、北軍五校士及郡國積射、緣邊兵，烏桓校尉任尚將烏桓、鮮卑，合四萬人討之。時南單于及中郎將杜崇屯牧師城，逢侯將萬餘騎攻圍之，未下。冬，鄧鴻等至美稷，逢侯乃乘冰度隘，向滿夷谷。南單于遣子將萬騎，及杜崇所領四千騎，與鄧鴻等追擊逢侯於大城塞，斬首三千餘級，得生口及降者萬餘人。馮柱復分兵追擊其別部，斬首四千餘級。任尚率鮮卑大都護蘇拔廆、烏桓大人勿柯八千騎，要擊逢侯於滿夷谷，復大破之。前後凡斬萬七千餘級。逢侯遂率眾出塞，漢兵不能追。七年正月，軍還。

馮柱將虎牙營留屯五原，罷遣鮮卑、烏桓、羌胡兵，封蘇拔廆爲率眾王，又賜金帛。鄧鴻還京師，坐逗留失利，下獄死。後帝知朱徽、杜崇失胡和，又禁其上書，以致反畔，皆徵下獄死，以雁門太守龐奮行度遼將軍。逢侯於塞外分爲二部，自領右部屯涿邪山下，左部屯朔方西北，相去數百里。八年冬，左部胡自相疑畔，還入朔方塞，龐奮迎受慰納之。其勝兵四千人，弱小萬餘口悉降，以分處北邊諸郡。南單于以其右溫禺犢王烏居戰始與安國同謀，欲考問之。烏居戰將數千人遂復反畔，出塞外山谷間，爲吏民害。秋，龐奮、馮柱與諸郡兵擊烏居戰，其眾降，於是徙烏居戰眾及諸還降者二萬餘人於安定、北地。馮柱還，遷將作大匠。逢侯部眾飢窮，又爲鮮卑所擊，無所歸，竄逃入塞者駱驛不絕……十二年，龐奮遷河南尹，以朔方太守王彪行度遼將軍。南單于比歲遣兵擊逢侯，多所虜獲，收還生口前後以千數，逢侯轉困迫。……（元初）四年，逢侯爲鮮卑所破，部眾分散，皆歸北虜。五年春，逢侯將百餘騎亡還，詣朔方塞降，鄧遵奏徙逢侯於潁川郡。

以上是單于安國與左賢王師子因互相猜忌而引起內亂，以致新降的北匈奴士眾脅逢侯反叛及其失敗與投降的經過。單于師子立四年死。單于長的兒子檀於和帝永元十年（公元九十八年）繼立為萬氏尸逐鞮單于。

經過東漢王朝沉重打擊而日趨於衰弱的北匈奴，餘眾西逃，其中有一部份成立後來的悅般國；還有一部份仍然活動於阿爾泰山附近或烏孫以東。到了和帝的末年，他們又遣使到東漢詣闕貢獻，請求和親，但東漢拒絕承認北單于是匈奴最高統治者的合法地位。《後漢書·南匈奴列傳》說：「十六年（和帝永元十六年，公元一〇四年），北單于遣使詣闕貢獻，願和親，修呼韓邪故約。和帝以其舊禮不備，未許之，而厚加賞賜，不答其使。元興元年（公元一〇五年）重遣使詣敦煌貢獻，辭以國貧未能備禮，願請大使，當遣子入侍。時鄧太后臨朝，亦不答其使，但加賜而已。」南匈奴單于實際取得代表匈奴的唯一領袖地位。但北匈奴在西域也仍具有與東漢王朝對抗的力量。

北匈奴自被竇憲、耿夔與南匈奴大敗之後，殘眾逃竄，分居各處，後來可能又聚集起來。東漢有吏士屯田西域，北匈奴一時不敢再與東漢爭奪西域。安帝永初元年，東漢罷免在西域之都護，又撤退各處屯田吏卒，這又給予了北匈奴爭取西域，利用西域的人力與物力擾亂東漢的機會。《後漢書·西域傳》敘指出：「北匈奴即復收屬諸國，共為邊寇十餘歲。敦煌太守曹宗患其暴害。」這麼一來，東漢與北匈奴再度爭奪西域。同處又指出：「元初六年（公元一一九年），乃上遣行長史索班，將千餘人屯伊吾以招撫之，於是車師前王及鄯善王來降。數月，北匈奴復率車師後部王共攻沒班等，遂擊走其前王。鄯善逼急，求救於曹宗，宗因此請出兵擊匈奴，報索班之恥，復欲進取西域。鄧太后不許，但令置護西域副校尉，居敦煌，復部營兵三百人，羈縻而已。」《資治通鑑》卷五十〈漢紀四十二〉「安帝永寧元年」（公元一二〇年）中說：「北匈奴率車師後王軍就共殺後部司馬及敦煌長史索班等，遂擊走其前王，略有北道。鄯善逼急，求救於曹宗，宗因此請出兵五千人擊匈奴，以報索班之恥，因復取西域。」《後漢書・西域傳》「車師」條說：「至永寧元年，後王軍就及母沙麻反畔，殺後部司馬及敦煌行事。」應該指出，車師後王在班超未離開西域之前六年，漢和帝永元八年（公元九十六年），曾被東漢討伐逃入北匈奴，但後來為東漢所攻殺。《後漢書・西域傳》車師條說：「八年，戊己校尉索頵欲廢後部王涿鞮，立破虜侯細致，涿鞮忿前王尉卑大賣己，因反擊尉卑大，獲其妻子。明年，漢遣將兵長史王林，發涼州六郡兵及羌虜胡二萬餘人，以討涿鞮，獲首虜千餘人。涿鞮入北匈奴，漢軍追擊，斬之，立涿鞮弟農奇為王。」車師與北匈奴的關係最為密切，東漢的勢力若薄弱，則很容易歸附北匈奴，雖則北匈奴本身這時不過只留下一些散居各處的殘眾。

鑑於北匈奴對西域的爭奪，漢安帝永寧元年，根據班勇的提議，復置西域副校尉居敦煌，遙控西域。此事見於《後漢書・班勇傳》：「於是從勇議，復敦煌郡營兵三百人，置西域副校尉居敦煌。雖復羈縻西域，然亦未能出屯。」這種做法，並非實行班勇的全部計劃。就是說，朝廷雖然復敦煌郡營兵三百人，也置西域副校尉，但沒有遣長史將兵屯樓蘭西，當焉耆、龜茲徑道，其結果正如班勇所預料：「其後匈奴果數與車師共入寇鈔，河西大被其害。」（見《後漢書・班勇傳》）因此，邊境守將又不得不提出對策。《後漢書・西域傳》敘說：「延光二年，敦煌太守張璫上書陳三策，以為『北虜呼衍王常展轉蒲類、秦海之間，專制西域，共為寇鈔。今以酒泉屬國吏士二千餘人集崑崙塞，先擊呼衍王，絕其根本，因發鄯善兵五千人脅車師後部，此上計也。若不能出兵，可置軍司馬，將士五百人，四郡供其犁牛、穀食，出據柳中，此中計也。如又不能，則宜棄交河城，收鄯善等悉使入塞，此下計也』。」朝廷於是又把這件事交公卿們討論。尚書陳忠乃上疏給安帝說：「今北虜已破車師，勢必南攻鄯善，棄而不救，則諸國從矣。若然，則虜財賄益增，膽勢益殖，威臨南羌，與之交連。如此，河西四郡危矣。河西既危，不得不救，則百倍之役興，不訾之費發矣。……臣以為敦煌宜置校尉，案舊增四郡屯兵，以西撫諸國。庶足折衝萬里，震怖匈奴。」

安帝採納了陳忠的提議，並以班勇為西域長史，將弛刑士五百人，西屯柳中。《後漢書・班勇傳》說：「明年（安帝延光三年，公元一二四年）正月，勇至樓蘭，以鄯善歸附，特加三綬。而龜茲王白英猶自疑未下，勇開以恩信，白英乃率姑墨、溫宿自縛詣勇降。勇因發其兵步騎萬餘人到車師前王庭，擊走匈奴伊蠡王於伊和谷，收得前部五千餘人，於是前部始復開通。還，屯田柳中。四年秋，勇發敦煌、張掖、酒泉六千騎及鄯善、疏勒、車師前部兵擊後部王軍就，大破之。首虜八千餘人，馬畜五萬餘頭。捕得軍就及匈奴持節使者，將至索班沒處斬之，以報其恥，傳首京師。」同處又說：「永建元年（公元一二六年），更立後部故王子加特奴為王。勇又使別校誅斬東且彌王，亦更立其種人為王，於是車師六國悉平。其冬，勇發諸國兵擊匈奴呼衍王，呼衍王亡走，其眾二萬餘人皆降。捕得單于從兄，勇使加特奴手斬之，以結車師匈奴之隙。北單于自將萬餘騎入後部，至金且谷，勇使假司馬曹俊馳救之。單于引去，俊追斬其貴人骨都侯，於是呼衍王遂徙居枯梧河上。是後車師無復虜跡，城郭皆安。」

《後漢書・西域傳》「車師後王國」條，又敘述順帝陽嘉以後東漢與北匈奴爭奪西域的史略云：

陽嘉三年（公元一三四年）夏，車師後部司馬率加特奴等千五百人，掩擊北匈奴於閶吾陸谷，壞其廬落，斬數百級，獲單于母、季母及婦女數百人，牛羊十餘萬頭，車千餘輛，兵器什物甚眾。四年春，北匈奴呼衍王率兵侵後部，帝以車師六國接近北虜，爲西域蔽扞，乃令敦煌太守發諸國兵，及玉門關候、伊吾司馬，合六千三百騎救之，掩擊北虜於勒山，漢軍不利。秋，呼衍王復將二千人攻後部，破之。桓帝元嘉元年（公元一五一年），呼衍王將三千餘騎寇伊吾，伊吾司馬毛愷遣吏兵五百人於蒲類海東與呼衍王戰，悉爲所沒，呼衍王遂攻伊吾屯城。夏，遣敦煌太守司馬達將敦煌、酒泉、張掖屬國吏士四千餘人救之，出塞至蒲類海，呼衍王聞而引去，漢軍無功而還。

永興元年（公元一五三年），車師後部王阿羅多與戊部候嚴皓不相得，遂忿戾反畔，攻圍漢屯田且固城，殺傷吏士。後部候炭遮領餘人畔阿羅多詣漢吏降。阿羅多迫急，將其母妻子從百餘騎亡走北匈奴中，敦煌太守宋亮上立後部故王軍就質子卑君爲後部王。後阿羅多復從匈奴中還，與卑君爭國，頗收其國人。戊己（校）尉閻詳慮其招引北虜，將亂西域，乃開信告示，許復爲王，阿羅多乃詣詳降。於是收奪所賜卑君印綬，更立阿羅多爲王，仍將卑君還敦煌，以後部人三百帳別屬役之，食其稅。帳者，猶中國之户數也。

范曄在《後漢書・西域傳》敘中指出，自建武至延光，西域三絕三通。又說：「自陽嘉以後，朝威稍損，諸國驕放，轉相陵伐。元嘉二年（公元一五二年），長史王敬為于闐所沒。永興元年，車師後王復反攻屯營。雖有降首，曾莫懲革，自此浸以疏慢矣。」從北匈奴與東漢爭奪西域的史實來看，北匈奴雖然經過竇憲、耿夔與南匈奴以及鮮卑的沉重打擊，但其殘餘勢力仍然存在於西域。其實，自漢和帝以後，北匈奴的主要根據地，是在西域方面，所以從匈奴方面看起來，西域對於它的盛衰存亡，有著密切的關係。因為匈奴故地既為鮮卑所佔，匈奴更需要西域的人力與物力。東漢中葉以後，朝廷內部逐漸有了問題，加以南匈奴的內亂與反叛，再加以鮮卑的頻繁侵略與西羌的時時背叛，東漢對於西域更難兼顧。這本來是北匈奴在西域發展力量的最好機會。可是，到了東漢末年，鮮卑檀石槐崛起以後，勢力伸張到烏孫，又使北匈奴受到更沉重的打擊，殘眾所剩更少了。

到了安帝永初年間，南匈奴單于檀又起兵攻略內地。《後漢書・南匈奴列傳》說：「永初三年（公元一〇九年）夏，漢人韓琮隨南單于入朝，既還，說南單于云：『關東水潦，人民飢餓死盡，可擊也。』單于信其言，遂起兵反畔，攻中郎將耿种於美稷。秋，王彪卒。冬，遣行車騎將軍何熙、副中郎將龐雄擊之。四年春，檀遣千餘騎寇常山、中山，以西域校尉梁慬行度遼將軍，與遼東太守耿夔擊破之。」《後漢書・安帝紀》「永初二年」中說：「六月，京師及郡國四十大水，大風，雨雹。」「永初二年」中又說：「是歲，京師及郡國四十一雨水雹，并、涼二州大饑，人相食。」韓琮所說的關東水潦，人民飢餓死盡，即指這兩年中的水災、風災、雹災。單于信了韓琮的話後反叛，同時也是得到了烏桓的幫助才敢這樣做的。《後漢書・班梁列傳》記述這次南單于的背叛較為詳細，錄之於下：「（永初）三年冬，南單于與烏桓大人俱反。以大司農何熙行車騎將軍事，中郎將龐雄為副，將羽林五校營士，及發緣邊十郡兵二萬餘人，又遼東太守耿夔率將鮮卑種眾共擊之，詔梁慬行度遼將軍事。龐雄與耿夔共擊匈奴奧鞬日逐王，破之。單于乃自將圍中郎將耿种於美稷，連戰數月，攻之轉急，种移檄求救。明年正月，慬將八千餘人馳往赴之，至屬國故城，與匈奴左將軍、烏桓大人戰，破斬其渠帥，殺三千餘人，虜其妻子，獲財物甚眾。單于復自將七八千騎迎攻，圍慬。慬被甲奔襲，所向皆破，虜遂引還虎澤。三月，何熙軍到五原曼柏，暴疾，不能進，遣龐雄與慬及耿种步騎萬六千人攻虎澤。連營稍前，單于惶怖，遣左奧鞬日逐王詣慬乞降，慬乃大陳兵受之。單于脫帽徒跣，面縛稽顙，納質。」《後漢書・南匈奴列傳》亦說：「單于見諸軍並進，大恐怖，顧讓韓琮曰：『汝言漢人死盡，今是何等人也？』乃遣使乞降，許之。單于脫帽徒跣，對龐雄等拜陳，道死罪。於是赦之，遇待如初，乃還所鈔漢民男女及羌所略轉賣入匈奴中者合萬餘人。」

自單于檀就位以後，西北，尤其是東北邊境的情形很複雜。烏桓、鮮卑與南匈奴，本為漢朝的藩屬，保護東北邊境以防備北匈奴。可是自北匈奴被攻破之後，鮮卑的勢力向西伸張領有北匈奴故居的蒙古高原。烏桓的勢力雖不若鮮卑那麼強大，但他們所居的地方與東漢東邊接壤，又與南匈奴接近，所以，烏桓的一舉一動，也很為重要。三者之間若互相征伐，東漢當然不會袖手旁觀。他們之中，有時又互相勾結，以擾亂東漢邊境。單于檀與烏桓勾結而反叛，就是一個顯明的例子。自然，東漢在這種情形下，往往也利用某一種或某兩種人去攻擊背反的種族。所以從單于檀至單于休利的四十餘年中（公元九十八—一四〇年），南匈奴、烏桓、鮮卑與東漢的關係，也很複雜。《後漢書・烏桓鮮卑列傳》記載，安帝永初年間單于檀的反叛，不僅與烏桓勾結，與鮮卑亦有聯絡，該傳說：「及明、章、和三世，皆保塞無事。安帝永初三年夏，漁陽烏桓與右北平胡千餘寇代郡、上谷。秋，雁門烏桓率眾王無何，與鮮卑大人丘倫等，及南匈奴骨都侯，合七千騎寇五原，與太守戰於九原高渠谷，漢兵大敗，殺郡長吏。乃遣車騎將軍何熙、度遼將軍梁慬等擊，大破之。無何乞降，鮮卑走還塞外。是後烏桓稍復親附，拜其大人戎朱廆為親漢都尉。」

《後漢書・烏桓鮮卑列傳》指出，明帝、章帝時，鮮卑也保塞無事。自竇憲、耿夔等擊破北匈奴後，鮮卑佔有其地。到了和帝九年，遼東鮮卑攻肥如縣，十三年，又寇右北平，因入漁陽。殤帝延平九年，鮮卑又寇漁陽。〈鮮卑列傳〉又說：「安帝永初中，鮮卑大人燕荔陽詣闕朝賀，鄧太后賜燕荔陽王印綬，赤車參駕，令止烏桓校尉所居甯城下，通胡市，因築南北兩部質館。鮮卑邑落百二十部，各遣入質。是後或降或畔，與匈奴、烏桓更相攻擊。」

關於南匈奴、鮮卑、烏桓與西羌對於東漢的或降或畔，以及他們之間互相勾結或互相攻擊的概況，《後漢書・南匈奴列傳》有幾段記載，錄之於下：

建光元年，鄧遵免，復以耿夔代爲度遼將軍。時鮮卑寇邊，夔與溫禺犢王呼尤徽將新降者連年出塞，討擊鮮卑。還，復各令屯列衝要。而耿夔徵發煩劇，新降者皆悉恨謀畔。

單于檀立二十七年薨，弟拔立。耿夔復免，以太原太守法度代爲將軍。

烏稽侯尸逐鞮單于拔，延光三年立。夏，新降一部大人阿族等遂反畔，脅呼尤徽欲與俱去。呼尤徽曰：「我老矣，受漢家恩，寧死不能相隨！」眾欲殺之，有救者，得免。阿族等遂將妻子輜重亡去，中郎將馬翼遣兵與胡騎追擊，破之，斬首及自投河死者殆盡，獲馬牛羊萬餘頭。……

先是朔方以西障塞多不修復，鮮卑因此數寇南部，殺漸將王。單于憂恐，上言求復障塞，順帝從之。乃遣黎陽營兵出屯中山北界，增置緣邊諸郡兵，列屯塞下，教習戰射……

五年夏，南匈奴左部句龍王吾斯、車紐等背叛，率三千餘騎寇西河，因復招誘右賢王，合七八千騎圍美稷，殺朔方、代郡長史。馬續與中郎將梁並、烏桓校尉王元發緣邊兵及烏桓、鮮卑、羌胡合二萬餘人，掩擊破之。吾斯等遂更屯聚，攻沒城邑。天子遣使責讓單于，開以恩義，令相招降。單于本不豫謀，乃脫帽避帳，詣並謝罪。並以病徵，五原太守陳龜代為中郎將。龜以單于不能制下，逼迫之，單于及其弟左賢王皆自殺。單于休利立十三年。龜又欲徙單于近親於內郡，而降者遂更狐疑。龜坐下獄免。

陳龜因逼迫單于及弟左賢王自殺，又欲徙其近親於內郡，招致近親與士眾對東漢狐疑，所以朝庭把陳龜下獄。這是東漢駐匈奴官員又一次政策失誤的表現。

值得注意的是南匈奴左部句龍王吾斯、車紐背叛，又招誘右賢王共圍美稷，東漢除發動烏桓、鮮卑軍隊外，還利用羌胡軍隊去攻擊吾斯、車紐等。但是羌胡雖與東漢攻擊南匈奴，後來羌胡亦反畔，並聯合匈奴別部的王侯攻擊東漢。《後漢書・南匈奴列傳》說：

（永和五年）秋，句龍吾斯等立句龍王車紐為單于。東引烏桓，西收羌戎及諸胡等數萬人，攻破京兆虎牙營，殺上郡都尉及軍司馬，遂寇掠并、涼、幽、冀四州。乃徙西河治離石，上郡治夏陽，朔方治五原。冬，遣中郎將張耽將幽州烏桓諸郡營兵，擊畔虜車紐等，戰於馬邑，斬首三千級，獲生口及兵器牛羊甚眾。車紐等將諸豪帥骨都侯乞降，而吾斯猶率其部曲與烏桓寇鈔。六年春，馬續率鮮卑五千騎到穀城擊之。斬首數百級。張耽性勇銳，而善撫士卒，軍中皆爲用命。遂繩索相懸，上通天山，大破烏桓，悉斬其渠帥，還得漢民，獲其畜生財物。夏，馬續復免，以城門校尉吳武代爲將軍。

漢安元年秋，吾斯與薁鞬台耆、且渠伯德等復掠并部。

在這種情形之下，東漢一時難於應付，除用兵外，還採取了暗殺的方法。《資治通鑑》卷五十二〈漢紀四十四〉「順帝漢安二年」（公元一四三年）中說：「十一月，使匈奴中郎將扶風馬寔遣人刺殺句龍吾斯。」同卷，「順帝建康元年」（公元一四三年）中又說：「夏，四月，使匈奴中郎將馬寔擊南匈奴左部，破之。於是胡、羌、烏桓悉詣寔降。」《後漢書·南匈奴列傳》所載略有出入：「冬，中郎將馬寔募刺殺句龍吾斯，送首洛陽。建康元年，進擊餘黨，斬首千二百級。烏桓七十萬餘口皆詣寔降，車重牛羊不可勝數。」

順帝漢安二年（公元一四三年），還有一件事值得注意，即單于休利死後，東漢在京師立兜樓儲為單于。《後漢書·南匈奴列傳》說：「呼蘭若尸逐就單于兜樓儲先在京師，漢安二年立之。天子臨軒，大鴻臚持節拜授璽綬，引上殿。賜青蓋駕駟、鼓車、安車、駙馬騎、玉具、刀劍、什物，給綵布二千匹。賜單于閼氏以下金錦錯雜具，軿車馬二乘。遣行中郎將持節護送單于歸南庭。詔太常、大鴻臚與諸國侍子廣陽城門外祖會，饗賜作樂，角抵百戲。順帝幸胡桃宮臨觀之。」這個情景，頗與西漢宣帝時南匈奴單于呼韓邪入朝稱臣時相像，不過呼韓邪是已立為單于後入朝稱臣的，而兜樓儲卻先在京師由東漢立為單于後，才派使護送回南庭。也說明這一時期的南單于臣屬東漢的程度與呼韓邪時代根本不同。

單于兜樓儲立五年而死，繼立為單于的是居車兒。他立於桓帝建和元年（公元一四七年），號伊陵尸逐就單于。居車兒就位與桓帝就位是同一年。

從桓帝永壽元年（公元一五五年）至延熹元年（公元一五八年）的數年間，匈奴曾一再反畔。《後漢書・南匈奴列傳》說：「至永壽元年，匈奴左薁鞬台耆、且渠伯德等復畔，寇鈔美稷、安定，屬國都尉張奐擊破降之。」《後漢書・皇甫張段列傳》對於這件事記得較為詳細：

永壽元年，遷安定屬國都尉。初到職，而南匈奴左薁鞬台耆、且渠伯德等七千餘人寇美稷，東羌復舉種應之，而奐壁唯有二百許人，聞即勒兵而出。軍吏以爲力不敵，叩頭爭止之。奐不聽，遂進屯長城，收集兵士，遣將王衛招誘東羌，因據龜茲，使南匈奴不得交通東羌。諸豪遂相率與奐和親，共擊薁鞬等，連戰破之。伯德惶恐，將其眾降，郡界以寧。

羌豪帥感奐恩德，上馬二十匹，先零酋長又遺金鐻八枚。奐並受之，而召主簿於諸羌前，以酒酹地曰：「使馬如羊，不以入廄；使金如粟，不以入懷。」悉以金馬還之。羌性貪而貴吏清，前有八都尉率好財貨，爲所患苦，及奐正身絜己，威化大行。

遷使匈奴中郎將。時休屠各及朔方烏桓並同反叛，燒度遼將軍門，引屯赤阬，煙火相望。兵眾大恐，各欲亡去。奐安坐帷中，與弟子講誦自若，軍士稍安。乃潛誘烏桓陰與和通，遂使斬屠各渠帥，襲破其眾。諸胡悉降。延熹元年，鮮卑寇邊，奐率南單于擊之，斬首數百級。

南匈奴傳記南單于諸部與鮮卑、烏桓並畔，大概是南匈奴諸部和鮮卑、烏桓並叛，南單于並不與謀，說明反叛是局部性的。所以張奐乃率南單于去攻伐其反叛者。《後漢書・南匈奴列傳》記載東漢王朝根據性質處理這件事的經過：「延熹九年，南單于諸部並叛，遂與烏桓、鮮卑寇緣邊九郡，以張奐為北中郎將討之，單于諸部悉降。奐以單于不能統理國事，乃拘之，上立左谷蠡王。桓帝詔曰：『《春秋》大居正，居車兒一心向化，何罪而黜，其遣還庭。』」

單于居車兒立二十五年而死，其子某立於靈帝熹平元年（公元一七二年）號為屠特若尸逐就單于。熹平六年（公元一七七年），單于某與中郎將臧旻出雁門擊鮮卑檀石槐，大敗而回。單于某死於該年，繼立單于位的是他的兒子呼徵。呼徵立於靈帝光和元年（公元一七八年），次年因與中郎將張修不相和，張修擅自殺之，更立右賢王羌渠為單于。張修沒有得到朝廷的許可這樣做，是犯了很大的錯誤。東漢朝廷用檻車押他回朝，處死抵罪。單于羌渠立於靈帝光和二年（公元一七九年），《後漢書・南匈奴列傳》說：「中平四年（公元一八七年），前中山太守張純反叛，遂率鮮卑寇邊郡。靈帝詔發南匈奴兵，配幽州牧劉虞討之。單于遣左賢王將騎詣幽州。國人恐單于發兵無已，五年，左部醢落與休屠各胡白馬銅等十餘萬人反，攻殺單于。」《後漢書・靈帝紀》「中平四年」中說：「十二月，休屠各胡叛。」「中平五年」中又說：「五年春正月，休屠各胡寇西河，殺郡守邢紀……三月，休屠各胡攻殺并州刺史張懿，遂與南匈奴左部胡合，殺其單于。」單于羌渠死後，其子右賢王於扶羅繼立為持至尸逐侯單于。於扶羅就是後來晉代劉淵之祖。於扶羅中平五年立為單于後，國人殺其父羌渠單于者又反叛於扶羅，另立須卜骨都侯為單于。於扶羅不得已乃到京都，欲見皇帝自為辯白。時靈帝已死，天下大亂，於扶羅也反叛。《後漢書・南匈奴列傳》說：「會靈帝崩，天下大亂，單于將數千騎與白波賊合兵寇河內諸郡。時民皆保聚，鈔掠無利，而兵遂挫傷。復欲歸國，國人不受，乃止河東。」

到了獻帝初平二年，於扶羅歸附於袁紹。《資治通鑑》卷六十〈漢紀五十二〉「獻帝初平二年」中說：「初，何進遣雲中張楊還并州募兵，會進敗，楊留上黨，有眾數千人。袁紹在河內，楊往歸之，與南單于於扶羅屯漳水。」張楊與於扶羅雖然歸附袁紹，但袁不見得很信任他們。《資治通鑑》又載，趙浮謂韓馥曰：「袁本初軍無斗糧，各已離散，雖有張楊、於扶羅新附，未肯為用，不足敵也。」於扶羅不能見用於袁紹，他便「劫張楊以叛袁紹，屯於黎陽」。在這個時候，於扶羅既被國人反對不能回國，反叛於扶羅的王侯們所立的須卜骨都侯單于立一年又死了，「南庭遂虛其位，以老王行國事」。（《後漢書・南匈奴列傳》）《資治通鑑》卷六十〈漢紀五十二〉「獻帝初平四年」（公元一九三年）載：「曹操軍鄄城。袁術為劉表所逼，引兵屯封丘，黑山別部及匈奴於扶羅皆附之。」於扶羅單于立於靈帝中平五年（公元一八八年），死於獻帝興平二年（公元一九五年），在位七年。他死之後，弟呼廚泉於同年立為單于。於扶羅因國人反對不能回國，呼廚泉也無法返回，只能居於河東平陽。

獻帝興平年間有一件事頗值得注意，即蔡邕的女兒蔡琰為匈奴所獲，妻於左賢王。《後漢書・列女傳》說：「陳留董祀妻者，同郡蔡邕之女也，名琰，字文姬。博學有才辯，又妙於音律。適河東衛仲道。夫亡無子，歸寧於家。興平中，天下喪亂，文姬為胡騎所獲，沒於南匈奴左賢王，在胡中十二年，生二子。曹操素與邕善，痛其無嗣，乃遣使者以金璧贖之，而重嫁於祀。」文姬因曹操以金璧贖回，但她對在匈奴所生兩個孩子很為留戀，感傷亂離，追懷悲憤，作詩二章，很反映這一時期匈漢兩族又對抗又融合的關係。茲錄其一：

漢季失權柄，董卓亂天常。志欲圖篡弒，先害諸賢良。
逼迫遷舊邦，擁主以自強。海內興義師，欲共討不祥。
卓群來東下，金甲耀日光。平土人脆弱，來兵皆胡羌。
獵野圍城邑，所向悉破亡。斬截無孑遺，尸骸相掌拒。
馬邊縣男頭，馬後載婦女。長驅西入關，迥路險且阻。
還顧邈冥冥，肝脾爲爛腐。所略有萬計，不得令屯聚。
或有骨肉俱，欲言不敢語。失意機微間，輒言斃降虜。
要當以亭刃，我曹不活汝。豈復惜性命，不堪其詈罵。
或便加棰杖，毒痛參並下。旦則號泣行，夜則悲吟坐。
欲死不能得，欲生無一可。彼蒼者何辜，乃遭此厄禍！
邊荒與華異，人俗少義理。處所多霜雪，胡風春夏起。
翩翩吹我衣，肅肅入我耳。感時念父母，哀歎無窮已。
有客從外來，聞之常歡喜。迎問其消息，輒復非鄉里。
邂逅徼時願，骨肉來迎己。己得自解免，當復棄兒子。
天屬綴人心，念別無會期。存亡永乖隔，不忍與之辭。

兒前抱我頸，問母欲何之。「人言母當去，豈復有還時。
阿母常仁惻，今何更不慈？我尚未成人，奈何不顧思！」
見此崩五內，恍惚生狂癡。號泣手撫摩，當發復回疑。
兼有同時輩，相送告離別。慕我獨得歸，哀叫聲摧裂。
馬爲立踟躕，車爲不轉轍。觀者皆歔欷，行路亦嗚咽。
去去割情戀，遄征日遐邁。悠悠三千里，何時復交會？
念我出腹子，匈臆爲摧敗。既至家人盡，又復無中外。
城郭爲山林，庭宇生荊艾。白骨不知誰，從橫莫覆蓋。
出門無人聲，豺狼號且吠。煢煢對孤景，怛吒糜肝肺。
登高遠眺望，魂神忽飛逝。奄若壽命盡，旁人相寬大。
爲復強視息，雖生何聊賴！托命於新人，竭心自勗厲。
流離成鄙賤，常恐復捐廢。人生幾何時，懷憂終年歲！（《後漢書・列女傳》）

《後漢書・南匈奴列傳》說：「建安元年，獻帝自長安東歸，右賢王去卑與白波賊帥韓暹等侍衛天子，拒擊李傕、郭汜。及車駕還洛陽，又徙遷許，然後歸國。二十一年，單于來朝，曹操因留於鄴，而遣去卑歸監其國焉。」《後漢書・南匈奴列傳》說到這裡為止。東漢到獻帝建安二十一年（公元二一六年）也可說等於滅亡，因為在這一年中，曹操自稱為魏王。四年後（公元二二〇年），獻帝遜位，曹丕稱天子。

從以上可以得知，在東漢的末季，匈奴是分為三部份：一為北匈奴，二為南匈奴，三為在河東平陽的匈奴。到劉氏天下為曹氏所代的時候，無論是北匈奴、南匈奴，或河東平陽的匈奴，差不多皆失去了最後一點的政治獨立性了。

第二十五章　中國塞內匈奴與漢族及其他少數族融合

匈奴到了漢朝滅亡的時候，作為一個政治上獨立的國家，也算是滅亡了。作為一個種族，則逐漸與其他種族融合。他們離開故地，分佈於其他好多地域。

匈奴故地為鮮卑侵佔後，其種族之留居故地者十餘萬落，自稱為鮮卑人。起初，也許匈奴與鮮卑之間，區別之處甚多，但久而久之，互相聚居、通婚，二者就不容易分開。鮮卑人有匈奴人的血統，匈奴人也有了鮮卑人的血統，二者的風俗習慣互相影響。同時，鮮卑人降服了這麼多的匈奴人之後，人力與物力大為增加起來，這是鮮卑繼匈奴之後成為漢族勁敵的原因之一。

匈奴人還與烏桓人互相混合，互相影響。同樣的，匈奴北邊的丁令、堅昆，以至西邊的烏孫，以及羌、氐、西域諸國的種族，與匈奴的關係既很密切，時間又長達四五百年之久，則其血統與風俗習慣和這些國人的融合，也是可以想見的。

至於匈奴人同漢族及其風俗習慣相融合，也是很為明顯的。

匈奴種族散居於匈奴故地以外的為數很多，地域也很廣，但是在地域上的移動主要方向有二：一為向南移動，一為向西移動。他們大量向南與向西移動雖在後漢時代，但是向這兩個方向移動的歷史可以追溯到前漢。自前漢呼韓邪單于稱臣於西漢，分為南北匈奴之後，匈奴族向這兩個方向移動的趨勢已經很為明顯。向南遷移者不僅散居於中國北部邊境，而且分散入居於中國塞內。其歷程在早期是個別的、少數的、緩慢的；到了後來，愈來愈多。向西遷徙的，其歷程也可以說是這樣。向南遷移的最初是到達長城的邊塞，後來又移向黃河流域。到中國的晉代與南北朝，發展到長江以北，個別的也有越過長江的。中原地區在晉代曾為匈奴後裔部份佔領，但匈奴後裔從沒有征服過整個中原地區。

向西遷徙的匈奴人卻不是這樣。他們最初從蒙古高原越阿爾泰山而西，活動於天山以北與烏孫之東，同時控制天山以南的西域諸國。他們後來越烏孫到蔥嶺以西，從康居至奄蔡，再向西走至東羅馬的東境，又再西進而至西羅馬帝國境內萊茵河與高盧地區，也就是現代的德國與法國。雖然其勢力在中亞與歐洲膨脹的歷史，猶如曇花一現，然影響於中亞與歐洲種族的遷徙與政治、地理的變動，實在是太大了。這是世界史上最重要的一章，也是東方與西方交通史上最重要的事件。

因此之故，無論是向南的遷徙也好，向西的遷徙也好，其歷史意義均極為重要。前者成為通稱作「五胡亂華」民族大融合的動力，後者是東方人侵入西方的開端——一個至為重要的開端。

關於匈奴族向南移徙，入居中國長城內外地區的歷史，《晉書》卷九十七〈四夷列傳〉中說：「前漢末，匈奴大亂，五單于爭立，而呼韓邪單于失其國，攜率部落，入臣於漢。漢嘉其意，割并州北界以安之。於是匈奴五千餘落入居朔方諸郡，與漢人雜處。」「其部落隨所居郡縣，使宰牧之，與編戶大同，而不輸貢賦。多歷年所，戶口漸滋，瀰漫北朔，轉難禁制。」不過，呼韓邪雖然率部到中國北部邊境居住，但本人不久即率部北回到漠北單于庭，保持獨立的政治中心。他沒有長住西漢，他的子孫也沒有在西漢久住，就是後來為王莽所劫持到長安的一些匈奴貴人，除死者外，生者後來也被遣送回國。所以《晉書》上那段話中的最後一段，可以說是後漢時代的情況。不過也可以從中看出，匈奴之入居中原者，其歷史很久，其來也漸。到了後漢下半葉，來者愈多，曹操分之為五部，內部自治制度已深為漢化。

南匈奴單于羌渠被國人殺死之後，國人對其子於扶羅也加以反對，國人立須卜骨都侯為單于。羌渠之子，正在塞內助討黃巾的右賢王於扶羅遂自立為持至尸逐侯單于，得到漢王朝的承認。於扶羅立於漢靈帝中平五年（公元一八八年）。這樣一來，南匈奴又一分為二，有兩個單于，兩個政治中心：一為於扶羅單于，一為須卜骨都侯單于。後者仍領有原來中國塞外的南匈奴故地。可是，須卜骨都侯立了一年後就死了，塞外的南匈奴王庭遂沒有單于，國人乃以老王行國事，不立單于。不過，這位老王死後的情況如何，我們就不清楚了。於扶羅為國人所拒，不能回國，便到漢朝京都去求東漢王朝幫助他返國就位。但是恰巧靈帝於中平六年（公元一八九年）死了。他沒有辦法，乃率其眾數千騎止於河東平陽。他稱單于七年後死，弟呼廚泉立於獻帝興平二年（公元一九五年），繼續居留在平陽。到了漢獻帝建安二十一年（公元二一六年），他到京城朝見，為曹操扣留於鄴，而由右賢王去卑回去監國，是為塞內匈奴。此外，在西北方面，還有不屬中國的北匈奴餘眾，時與中國爭奪西域。

東漢到了於扶羅立後第二年，靈帝死了，天下大亂，對於匈奴無暇兼顧。不過，東漢王朝承認於扶羅是南匈奴正統單于，所以《後漢書・南匈奴列傳》對于於扶羅的世系，記載稍為詳細。

中國自獻帝建安（公元一九六年）以後，曹操當權。不久，天下三分鼎立，中原北方是曹操的勢力範圍，後建魏國。塞內匈奴與中國政權的關係，也可以說是與魏的關係，因為吳、蜀都為魏所隔，不能與匈奴交通。

匈奴雖與魏有關係，但是《三國志・魏書》並沒有匈奴傳，卻有烏丸（或烏桓）、鮮卑以及東夷，如夫餘、高句麗、東沃沮、挹婁、濊、馬韓、辰韓、弁韓與倭人傳。《三國志》卷三十的評語注解，曾抄錄魚豢《魏略・西戎傳》中所記西北各種民族，但其中也沒有匈奴傳。這是什麼原因呢？大概是由於匈奴作為一支獨立的政治力量已趨於衰亡，無關重要，所以不為之立傳。相反地，烏桓、鮮卑正在強盛。曹操曾親征烏桓；鮮卑則佔有了北匈奴的故地。南匈奴再分為塞內塞外二部之後，我們推想，塞外須卜骨都侯單于死後，連單于也選不出來，而以老王行國事，國內情況恐怕也很混亂。在這種情況下，可能鮮卑的勢力愈趨向南擴張，使塞外匈奴的故地日蹙。故《三國志・魏書》卷三十評曰：「魏世匈奴遂衰。」犯中國北部邊境的強族已是鮮卑。《三國志・魏書》卷三十〈烏丸鮮卑東夷傳〉敘說：「後鮮卑大人軻比能復制御群狄，盡收匈奴故地，自雲中、五原以東抵遼水，皆為鮮卑庭。數犯塞寇邊，幽、并苦之。」這時的鮮卑軍隊中，必有很多的匈奴人。

在西北方面，北匈奴的餘眾，可能有一些散居於烏孫之東，天山以北，但經過鮮卑檀石槐的征伐之後，所餘無幾，不只不能為患於中原，似也不能為患於西域諸國了。《三國志・魏書》載，西部諸族對中原為患最大的是西羌。

兩漢時代，漢朝人所謂胡，除了前漢初年也指東胡以外，主要指匈奴，而北虜這個詞，在前、後漢時主要也是指匈奴。到了後漢末年及三國時代，北虜又往往指鮮卑，而鮮卑、西羌也往往稱為胡。至於單于這個稱號，除了匈奴人還沿用之外，烏桓的首領也有稱為單于的。這說明匈奴族政治上日趨喪失獨立的時候，不只其土地為他族所佔有，人民也有改稱為鮮卑或他族，就是一些與匈奴有關或為匈奴所固有的名詞，也漸為他族所採用了。這是匈奴開始同其他種族融合的一種表現。《魏書》卷三十〈烏丸鮮卑東夷傳〉敘中說：「建安中，呼廚泉南單于入朝，遂留內侍，使右賢王撫其國，而匈奴折節，過於漢舊。」這裡所說的右賢王，就是去卑，而當時的左賢王則是劉豹，即劉淵的父親。《晉書》卷一百一〈載記第一．劉元海載記〉說：「中平中，單于羌渠使子於扶羅將兵助漢，討平黃巾。會羌渠為國人所殺，於扶羅以其眾留漢，自立為單于。屬董卓之亂，寇掠太原、河東，屯於河內。於扶羅死，弟呼廚泉立，以於扶羅子豹為左賢王，即元海之父也。魏武分其眾為五部，以豹為左部帥，其餘部帥皆以劉氏為之。」曹魏時，塞內匈奴的分部情況，《晉書》卷九十七〈四夷列傳〉中說：「後漢末，天下騷動，群臣競言胡人猥多，懼必為寇，宜先為其防。建安中，魏武帝始分其眾為五部，部立其中貴者為帥，選漢人為司馬以監督之。魏末，復改帥為都尉。其左部都尉所統可萬餘落，居於太原故茲氏縣；右部都尉可六千餘落，居祁縣；南部都尉可三千餘落，居蒲子縣；北部都尉可四千餘落，居新興縣；中部都尉可六千餘落，居大陵縣。」

匈奴的左賢王地位，遠高於右賢王，照匈奴制度，左賢王僅次於單于。此外，又有左谷蠡王，次於左賢王。右賢王的地位，又次於左谷蠡王。可能在漢末、曹魏時代，塞內匈奴已沒有左谷蠡王，而只有左賢王及右賢王。劉豹是於扶羅之子，於扶羅死後，不傳位於兒子劉豹，而傳弟呼廚泉。呼廚泉又以其兄之子為左賢王。照其制度來說，呼廚泉死後本應以劉豹繼立單于。呼廚泉單于於獻帝建安二十一年入朝，曹操不遣其回國而留之於鄴，說明曹操不信任呼廚泉。同時，曹操又不照匈奴制度辦事，不讓劉豹繼立為單于，以右賢王去卑去監理其國。這些說明，曹操是有意要取消單于這個稱號，用分而治之的政策去管理匈奴。他後來分其眾為五部，立其中貴者為帥，就是這個意思。劉豹是左賢王，乃以他為左部帥。因此，我們推想，可能因為去卑回去之後，左賢王劉豹以及其他的王侯，對曹操這種做法不滿意，所以曹操才又把匈奴分為五部，進一步分化。曹魏雖有如上做法，但是後漢的匈奴中郎將這個職務仍然存在。《三國志・魏書》卷二十二〈陳泰傳〉說：「泰字玄伯。青龍中（公元二三三—二三六年），除散騎侍郎。正始中（公元二四〇—二四九年），徙游擊將軍，為并州刺史，加振威將軍，使持節，護匈奴中郎將，懷柔夷民，甚有威惠。京邑貴人多寄寶貨，因泰市匈奴婢，泰皆掛之於壁，不發其封，及徵為尚書，悉以還之。」

以上是關於塞內匈奴的概況。至於塞外匈奴情況如何，就不太清楚了。《晉書・四夷列傳》指出，晉武帝時，塞外匈奴二萬餘落，因水災遷入塞內。這說明，在三國時代也定會有散居於塞外的匈奴人。魚豢《魏略・西戎傳》記載漢魏之際，塞外存在可以稱作匈奴人的部落，不過多是原逃亡奴隸的後裔：「貲虜，本匈奴（奴）也，匈奴名奴婢為貲。始建武時，匈奴衰，分去其奴婢，亡匿在金城、武威、酒泉北，黑水、西河東西，畜牧逐水草，鈔盜涼州，部落稍多，有數萬，不與東部鮮卑同也。其種非一，有大胡，有丁令，或頗有羌雜處，由本亡奴婢故也。當漢、魏之際，其大人有檀柘，死後，其枝大人南近在廣魏、令居界，有禿瑰來數反，為涼州所殺。今有劭提，或降來，或遁去，常為西州道路患也。」（《三國志・魏書・烏丸鮮卑東夷傳》評語注引）這些貲虜之中，可能也有匈奴人，但大部份是從他族掠奪來的。

曹操雖用各種方法去威服境內外的少數民族，但是這些民族仍時叛時降，居於塞內的匈奴也是這樣。《三國志・魏書》卷十三〈鍾繇傳〉中說：「匈奴單于作亂平陽，繇帥諸軍圍之，未拔；而袁尚所置河東太守郭援到河東，眾甚盛。諸將議欲釋之去，繇曰：『袁氏方強，援之來，關中陰與之通，所以未悉叛者，顧吾威名故耳。若棄而去，示之以弱，所在之民，誰非寇仇？縱吾欲歸，其得至乎！此為未戰先自敗也。且援剛愎好勝，必易吾軍，若渡汾為營，及其未濟擊之，可大克也。』張既說馬騰會擊援，騰遣子超將精兵逆之。援至，果輕渡汾，眾止之，不從。濟水未半，擊，大破之，斬援，降單于。」《三國志・魏書》卷十五〈張既傳〉也說：「袁尚拒太祖於黎陽，遣所置河東太守郭援、并州刺史高幹及匈奴單于取平陽，發使西與關中諸將合從。司隸校尉鍾繇遣既說將軍馬騰等，既為言利害，騰等從之。騰遣子超將兵萬餘人，與繇會擊幹、援，大破之，斬援首。幹及單于皆降。」值得特別注意的是，塞內的匈奴，參加了中原漢族軍閥內戰。郭援被斬，高幹與匈奴單于投降。不久，高幹又在并州叛曹操，曹操攻伐他時，他又求救於匈奴。匈奴既投降於曹，沒有前去救高幹，幹被攻殺。此事見於《三國志・魏書・武帝紀》「建安十一年」中：「十一年春正月，公征幹。幹聞之，乃留其別將守城，走入匈奴，求救於單于，單于不受。公圍壺關三月，拔之。幹遂走荊州，上洛都尉王琰捕斬之。」獻帝初平二年（公元一九一年），於扶羅單于曾歸附於袁紹。二年後他又歸附袁術。一年後（公元一九五年）於扶羅死，弟呼廚泉立。從呼廚泉即單于位到他被曹操留於鄴（建安二十一年），有二十一年之久。據史書所載，除了建安十年他曾與袁紹之子袁尚同謀抗操外，一直到他入朝朝見（建安二十一年）以前的十年中沒有再反曹操的記載。

曹操死後，匈奴在塞內既沒有單于，更不成其為國。然而這也並不是說，匈奴種族也因之而完全消滅，相反地，他們不只分為五部散居各處，而且在五部之外，其人民之與中原人雜居者，也必不少。《三國志・魏書》卷九〈夏侯尚傳〉說：「魏國初建，遷黃門侍郎。代郡胡叛，遣鄢陵侯彰征討之，以尚參彰軍事，定代地，還。」這裡所說的「胡」，應該是匈奴人。《晉書・四夷列傳》中所說五部所居的地方，沒有代郡，可能代郡的胡人，後來也歸併於五部中了，但是代郡以至靠近邊塞的其他各郡，很可能也有匈奴人居住。因為匈奴人入居塞內的歷史，並不始於東漢末年，而係始於前漢。

呼廚泉被曹操留於鄴在漢獻帝建安二十一年，曹操死後，呼廚泉還未死。到了曹丕稱帝，還換他的印綬。《三國志・魏書・文帝紀》「黃初元年」中說：「更授匈奴南單于呼廚泉魏璽綬，賜青蓋車、乘輿、寶劍、玉玦。」這說明，曹丕仍以單于的禮儀去對待他。至於呼廚泉是哪一年死的，不得而知。他即單于位是在漢獻帝興平二年（公元一九五年），到黃初元年（公元二二〇年）共有二十五年之久。於扶羅單于死後不傳位於其子劉豹，而傳位於其弟，可能是因子少之故。假使這種看法是對的，那麼呼廚泉就單于位時的年紀，可能很大，再加上在位二十五年，到曹丕稱帝時，可能也已老了。曹丕雖仍以單于禮儀對待他，但只有其名，無其實。

曹魏時代，散居在塞內的匈奴部眾雖在曹魏統治之下，然而內部行政的完全漢化也需要一個過程，所以當時還有其特殊的地方。曹魏對他們若不善於治理，也很容易引起反叛。而且，在他們內部有時也互相征伐，使曹魏不能袖手旁觀。《三國志・魏書・明帝紀》「青龍元年」（公元二三三年）中說：「安定保塞匈奴大人胡薄居姿職等叛，司馬宣王遣將軍胡遵等追討，破降之。」同書卷二十八〈鄧艾傳〉說：「（艾）後遷城陽太守。是時并州右賢王劉豹并為一部，艾上言曰：『戎狄獸心，不以義親，強則侵暴，弱則內附，故周宣有玁狁之寇，漢祖有平城之困。……今單于之尊日疏，外土之威寖重，則胡虜不可不深備也。聞劉豹部有叛胡，可因叛割為二國，以分其勢。去卑功顯前朝，而子不繼業，宜加其子顯號，使居雁門。離國弱寇，追錄舊勳，此御邊長計也。』」鄧艾想乘劉豹內部的反叛，將之分為二部，以削減其勢力。劉豹是於扶羅之子，他的叔父呼廚泉立為單于，他是左賢王。曹操扣留呼廚泉在鄴，而使右賢王去卑監其國，就是因為去卑有功於魏。鄧艾提議加去卑之子顯號，使居雁門，也是要分化劉豹的勢力。這也可以說是曹操的分而治之政策的延續。成功地實行這個政策的過程，也就是匈奴族與漢族逐漸融合的過程。

在東漢末年與三國時代，不只一般的匈奴人移居於中原的逐漸增加，就是匈奴單于——南匈奴單于及其臣僚、軍隊，也居留在中原內地。到了晉代，這種現象不只更為顯著，而且在晉朝庇護之下的匈奴貴族，竟然逐漸成為中原北部的統治者，而與晉庭相對抗。

他們在中原地區建立國家，稱王，稱皇帝，連晉朝京都也被他們攻佔；晉懷帝和愍帝成了他們的俘虜，並為他們所殺；晉朝皇后也變成匈奴皇帝的皇后，這是秦漢以來，在中原與匈奴的交涉史上所沒有過的。這是「五胡亂華」的開始，而開其端者就是匈奴。從此以後，差不多有二百年的時間中，中原北部差不多全為匈奴及其他少數民族所佔領。

然而晉代的匈奴之在中原者，不只在文化上已經深受了漢族影響，在血統上也與漢族混雜甚烈，所以匈奴固有的文化基本上已經放棄，其種族也遠非純粹的匈奴血統了，可以稱之為漢化匈人。

匈奴住地與中原毗連，人民互相通婚的歷史很久。漢高祖遣宗室女嫁給冒頓以後，匈奴的統治階級之雜有漢族血統的，也逐漸增加起來。前漢的呼韓邪單于，與後漢的單于比，稱臣漢朝。前者妻王昭君，後者移居漢朝邊塞，人民與貴人錯居雜處，互相通婚，使匈奴種族漢化速度加快。到了東漢末年，於扶羅留居中原，其人民與貴人之含有漢族血統者更多。再經過三國而至劉淵崛起的約一百年中，匈奴人與中原人通婚者，必當更多，而其血統的漢化程度，必更加深。所以到了劉淵稱漢王的時候，所謂匈奴後裔，已多非純粹的匈奴人，這是我們研究晉代塞內的匈奴所要注意的。

而且，劉淵稱漢王以至後來的羯、氐、羌、鮮卑之統治中原北部的種族，不只其本身已染有漢族血統，即其重要的臣僚，如王彌、張賓、王猛等，很多都是漢族。兩漢時代的匈奴或其他胡人，建國於塞外，也曾用過漢人，如中行說、李陵等，但這還是例外或絕對的少數。相反地，在晉代的匈奴以及其他少數民族之統治中原的，則大量任用漢族人。他們的政權性質屬中國內部封建割據的地方性政權，不是外族建立的國家。

晉永嘉以後，晉王室及門第較高的貴人，多數南渡，但民眾多數留在北方。漢人之留在北方者，對於匈奴與其他少數民族文化的影響必然很大。劉淵初起時，族人有勸他聯絡其他少數民族入侵中原地區，他卻加以反對。相反地，他自命為劉漢後裔承繼漢統，以對抗司馬氏的晉室，拒絕從事民族戰爭。

至於生活習慣方面，匈奴受中原的影響更為顯著。匈奴人移居塞內之後，生活上最大變化是逐漸放棄游牧生活，採取農耕生活方式。他們在塞內居住之地，由中原政府指定，人眾地少，不像原來的故居蒙古高原那樣地廣人稀，因此，能逐漸習慣於農耕生活。這個改變，是基本生活方式的改變，從而在文化的許多方面也逐漸地發生變化。

在政治制度上，單于、左賢王、右賢王一些名詞，雖仍然保留，但重要性多已消失。單于是過去匈奴最高統治者的稱呼，現在卻化為不同的官職名。例如有大單于、左單于、右單于，此外，還有其他好多形容詞加在單于二字之上。同時，其他少數民族，尤其是鮮卑，也採用了這個稱號。而且，除了單于這個稱號之外，他們尤喜採用中國的官號。劉淵雖被匈奴部眾擁為大單于，但他又自稱漢王，做皇帝。後來他命劉聰為「大司馬、大單于」。這不只說明「大單于」已不儘是最高統治者的稱號，而且在大單于之上，加了一個中國的官號「大司馬」。此外，劉淵稱帝之後，也沒有稱其妻為閼氏，卻叫作皇后。

又如在家庭制度方面，漢人對於匈奴最反感的是妻後母這件事。在匈奴人未入塞內之前，這是一件司空見慣的事情，可是入塞之後，尤其是到了晉代，這種風俗逐漸改變。劉淵妻單氏，曾被劉淵立為皇后。單氏姿色絕麗，劉淵死後，其子劉聰並沒有妻她，僅與其私通。單氏的兒子劉乂知道這件事，很不贊成，勸母不要這樣做，結果單氏慚愧而死。匈奴妻後母風俗的改變，顯然受了漢族文化的影響。

又如好多匈奴人，尤其是匈奴的貴族子弟，大多數受過漢族文化的教育，不但語言已經漢化，還能使用漢字學習四書、五經，這說明他們在思想上也受到漢族深刻的影響。從以上可以看出，匈奴的漢化是相當徹底的。

晉代的「五胡亂華」，開端於匈奴。匈奴與其他少數民族之所以能在中原長期作亂，原因當然很多，例如晉武的驕盈、嗣主的昏庸、女后的專朝、八王構亂，都給胡人以可乘之機。然而我們應進一步指出，自東漢末年以至三國時期，中原連年禍亂，使漢族政權力量日趨虛弱，到了晉代，不只在經濟上很為貧困，就是在人口上也大為減少，與匈奴族力量對比發生變化。匈奴人以及其他少數民族之居於塞外者，不斷移入中原內地。在晉武帝時，匈奴人之入塞投降者就約有二十萬。至於原已住在中原內地的究竟有多少，不得而知。照我們的估計，其數目不會比新來的少，恐怕比新來的多得多。因為自東漢末年以至三國時期，中原連年戰亂，沒有餘力顧及邊境。南匈奴除了已在塞內居住者外，其在塞外者，又時為其他民族特別是鮮卑所壓迫，他們逐漸移居塞內的人數必定很多。又他們移居塞內，不只皆在中原北部，而且集中在華北好幾個地方，如山西與河西等地。其族人既較為集中，力量也比較集中。所以劉淵謀反，二旬之間，眾已五萬。這是指參加軍隊的那部份而言，此外，沒有參加軍隊的恐怕更多；至於老弱婦女，若都加在一起，則其人數之多，可以想見。從二旬之間，眾已數萬的事實來看，匈奴人在塞內的，不只人數很多，而且也很為團結。

匈奴與其他少數民族大量移居塞內的情況，在晉代初年就引起了不少官僚的注意。他們認為，這些人的內遷，將來必為中原之患。因而，有人主張應該及早防備或移徙他們到塞外。據《晉書》卷九十七〈四夷列傳〉載，晉武帝太康元年（公元二八〇年）郭欽上疏云：「戎狄強獷，歷古為患。魏初人寡，西北諸郡皆為戎居。今雖服從，若百年之後有風塵之警，胡騎自平陽、上黨不三日而至孟津，北地、西河、太原、馮翊、安定、上郡盡為狄庭矣。宜及平吳之威，謀臣猛將之略，出北地、西河、安定，復上郡，實馮翊，於平陽以北諸縣募取死罪，徙三河、三魏見士四萬家以充之。裔不亂華，漸徙平陽、弘農、魏郡、京兆、上黨雜胡，峻四夷出入之防，明先王荒服之制，萬世之長策也。」晉武帝對於郭欽的這種建議沒有採納。此外又有江統的〈徙戎論〉。《晉書》卷五十六〈江統傳〉曾載這篇論文。今摘錄於下：

并州之胡，本實匈奴桀惡之寇也。……建安中，又使右賢王去卑誘質呼廚泉，聽其部落散居六郡。咸熙之際，以一部太強，分爲三率。泰始之初，又增爲四。於是劉猛內叛，連結外虜。近者郝散之變，發於穀遠。今五部之衆，户至數萬，人口之盛，過於西戎。然其天性驍勇，弓馬便利，倍於氐羌。若有不虞風塵之慮，則并州之域可爲寒心。滎陽句驪本居遼東塞外，正始中，幽州刺史毌丘儉伐其叛者，徙其餘種。始徙之時，户落百數，子孫孳息，今以千計，數世之後，必至殷熾。今百姓失職，猶或亡叛，犬馬肥充，則有噬齧，況於夷狄，能不爲變！但顧其微弱勢力不陳耳。夫爲邦者，患不在貧而在不均，憂不在寡而在不安。以四海之廣，士庶之富，豈須夷虜在內，然後取足哉！此等皆可申諭發遣，還其本域，慰彼羈旅懷土之思，釋我華夏纖介之憂。惠此中國，以綏四方，德施永世，於計爲長。

江統的建議同樣沒有被採納。為什麼郭欽與江統的意見都沒有受到朝廷重視呢？主要原因有二：第一，當時北部尤其是近塞各處，地廣人稀，也許朝廷想到用匈奴人或其他少數民族去開發土地；第二，塞外的其他少數民族，像強盛的鮮卑，時時侵略中原，故晉朝想利用這些匈奴人或其他一些少數民族防守邊境，實行所謂以夷制夷的政策。我們已經指出，「五胡亂華」始於匈奴。所謂五胡，除了匈奴之外，還有哪些胡呢？同時這四種胡人之於匈奴關係又如何呢？

所謂五胡，除了匈奴之外，還有羯、鮮卑、氐、羌。

氐、羌之於匈奴，有沒有關係呢？回答是肯定的。漢武帝之所以要通西域，固是要斷匈奴的右臂，但同時也是要阻止匈奴「結黨南羌」。這説明在河西走廊，即敦煌、酒泉、張掖、武威一帶，未被西漢佔領之時，匈奴與南羌是有關係的。並且兩者往往聯合起來，擾亂西漢邊境。就是在西漢佔領這些地方之後，匈奴還設法偷偷地與氐、羌聯絡以對抗西漢。在種族上，匈奴之於氐、羌的關係又如何呢？這是一個不容易回答的問題。在西漢尚未佔領河西走廊之前，匈奴既與氐、羌毗連，二者互相通婚，也是很可能的。

五胡之中，在種族上，氐、羌之於匈奴的關係似沒有羯與鮮卑之於匈奴的關係密切，雖則鮮卑與羯之於匈奴在種族上是不同的。鮮卑據說是東胡的後裔。東胡被冒頓擊破之後，有的投降於匈奴，有的逃避鮮卑山。後來鮮卑強盛起來，常與匈奴接觸。到了匈奴被竇憲與耿夔擊敗時，匈奴一部份人往西北跑，鮮卑佔有其地。據《後漢書・鮮卑傳》說，當時匈奴人尚有十餘萬落，留在匈奴故地，皆自號為鮮卑，因此使鮮卑逐漸強盛起來。在此時，鮮卑究竟有多少戶口，我們難於估計，但匈奴十餘萬落，也差不多可以說等於十餘萬戶。以每戶五人計算，那麼匈奴人之稱為鮮卑者就有了五六十萬人。假使這個數目沒有什麼錯誤，也許稱為鮮卑的匈奴人的數目比原鮮卑人為多。這說明在鮮卑佔領匈奴故地之後，大部份或至少是很多的所謂鮮卑人就是匈奴人。

匈奴與鮮卑居地本相毗連，兩者人民互相通婚，很為可能。到了這麼多的匈奴人稱為鮮卑之後，互相通婚更是自然而然的。那麼所謂鮮卑人，不只有很多或大部份為匈奴人，就是原來的鮮卑人，也慢慢地染有匈奴人的血統。相反地，在自號為鮮卑的匈奴人中，也逐漸有了鮮卑人的血統。

到了後漢末年，鮮卑的檀石槐崛起之後，建立了一個「大帝國」，東至鮮卑故地，西至烏孫，北至丁零，南至中原邊境。在此時，除了在漢朝庇護之下的南匈奴外，散居於塞外以及西域的匈奴人，不只是受鮮卑的統治，可能有很多也自號為鮮卑人。這樣看起來，在三國與晉代的鮮卑人，實際上是包括了大量的匈奴人的。

至於羯種與匈奴的關係，也是很值得研究的一個問題。《晉書・石勒載記》指出，石勒是「上黨武鄉羯人」，其先為「匈奴別部羌渠之冑」。《晉書・四夷列傳》說：「北狄以部落為類，其入居塞者有屠各種、鮮支種、寇頭種、烏譚種、赤勒種、捍蛭種、黑狼種、赤沙種、鬱鞞種、萎莎種、禿童種、勃蔑種、羌渠種、賀賴種、鍾跂種、大樓種、雍屈種、真樹種、力羯種，凡十九種，皆有部落，不相雜錯。屠各最豪貴，故得為單于，統領諸種。」在這十九種之中，只有屠各、萎莎、羌渠、力羯四種比較易解，尤其是屠各這個名詞，見於史書的次數較多。羌渠、力羯之於羯，大致上是同一種族，至少其關係是密切的。至於其他各種就難於考究。

據《晉書》所說，以上的十九種部落皆為北狄，同時《晉書・四夷列傳》又說：「匈奴之類，總謂之北狄。」這好像是說，上面所說的十九種部落皆為匈奴。在匈奴強盛的時候，不只在中原北邊的各種民族皆受匈奴的統治，就是東邊的東胡、西邊的西域諸國也受匈奴的控制，所謂匈奴為「百蠻大國」，就是這個意思。然而在這個「百蠻大國」裡，不一定所有的人都是匈奴人，相反地，其種族是很複雜的。

自然，在長期受到匈奴統治的不少種族，逐漸也有了匈奴的血統，同時匈奴人也染有其他種族的血統。然而，這也不能說，所有的其他種族都成為匈奴人，匈奴北邊的丁零就是一個例子。丁零在冒頓的時代，已為匈奴所征服。在匈奴強盛的時期，丁零是役屬於匈奴的，但是，在匈奴衰弱時，丁零又獨立起來，而且侵略匈奴。到了匈奴被其他種族趕出故地之後，丁零仍然存在。此外又如烏孫，當其被月氏破滅後，餘種逃到匈奴，可是後來又獨立起來，並且攻敗月氏。這說明在匈奴所統治或庇護下的好多種族，雖然免不了要受匈奴種族的影響，然而並不一定都變成為匈奴人。所以《晉書》中所說的十九種部落有不少不是匈奴人，羯種就可以說是其中之一。《晉書・石勒載記》說他是羯人，其先是匈奴別部。所謂匈奴別部，就不一定是匈奴人。匈奴在兩漢時代往往也稱胡，可能匈字就是從胡單反切。胡這個名詞雖然也指東胡，以及後來的西域種族也謂西胡，但在晉朝初年，胡羯並稱。假使羯就是匈奴，那麼用「胡」字就可以代表羯。當時人之所以在胡之外又特別指出羯者，大概是因為羯與匈奴是不同種族。慕容廆曾致書陶侃說：「今凶羯虐暴，中州人士逼迫勢促，其顛沛之危，甚於累卵。」慕容廆與東夷校尉封抽等給陶侃的書中又說：「昔獫狁之強，匈奴之盛，未有如今日羯寇之暴，……」（均見《晉書・慕容廆載記》）羯既與胡分開來說，那麼羯之於匈奴，當有不同之處。

然而，羯既是十九種部落之一，又曾與匈奴雜居或受匈奴統治，那麼羯種之有匈奴血統，也是很自然的。石勒是上黨人，上黨在當時也有匈奴。他們在塞外時，既久已雜處，到了塞內之後，繼續雜處，則兩種族在血統上的互相混合，也是可能的。所以胡羯並稱，一方面固是說明其區別之點，一方面也是說明其關係所在。羯不叫做胡，而區別於胡，這是他們的不同處；可是他們既有密切的關係，也使當時的人們互相混用。

匈奴種族自漢末至晉代，與其他種族血統混合的程度很深固如上述，匈奴的文化，在這個時期中與其他民族文化互相影響，也是一件值得注意的事情。上面曾略為指出匈奴的漢化程度之深，同時也應指出中原北部既為匈奴居留與佔據，匈奴的風俗習慣之影響於中原，也是無可懷疑的。

匈奴與其他少數民族的文化也互相影響，我們並不準備在這裡去討論這個問題，只想說明一點，就是從其他少數民族採用單于這個稱號的例子，去說明匈奴文化之影響於其他民族。上面已經指出，單于這個稱號，本來是匈奴人最高統治者的稱號。到了晉代，單于這個稱號，不只匈奴人自己已很濫用，就是其他許多少數民族也往往使用之。例如，鮮卑人早就用這個稱號。到了晉元帝大興元年（公元三一八年），帝遣使授慕容廆龍襄將軍、大單于稱號。石勒、石季龍都即過大單于位，這是羯人採用單于稱號的例子。符健稱為天王大單于，則是氐羌人採用這個稱號的例子。這說明了五胡中的其他胡人，都受有匈奴的影響。

從這些例子來看，所謂百蠻大國的匈奴，到了三國與晉代，故國固已滅亡，人民散居各處，但是這個民族的血統以及文化，除了殘眾還部份地保留之外，也可以在鮮卑、羯、氐、羌等民族中保存。

《晉書・劉元海載記》說：「於扶羅死，弟呼廚泉立，以於扶羅子豹為左賢王，即元海之父也。」從匈奴單于繼立制度來說，於扶羅不傳子而傳弟，也是常有的例子，呼廚泉既立，於扶羅子豹為左賢王，應是下一位單于的繼立者。可是劉豹是否曾以任何種形式繼立為單于，史無明文。《晉書・武帝紀》「泰始元年」（公元二六五年）中說：「泰始元年冬十二月丙寅，設壇於南郊，百僚在位及匈奴南單于四夷會者數萬人，……」四夷的酋長或其使者沒有說明，而特別標出匈奴南單于參加了司馬炎的即位典禮，說明匈奴在各族中的特殊地位。但是，這位南單于是哪一位？我們不清楚。《晉書》的〈四夷列傳〉及〈劉元海載記〉中沒有說及呼廚泉的死年，也沒有說劉豹繼立為單于。《三國志・魏書》卷二十八〈鄧艾傳〉中，指出魏廢帝嘉平年間（公元二四九－二五四年），劉豹是并州右賢王，同時又載鄧艾上疏曾數次提到單于，並有「今單于之尊日疏」的字句，這是司馬炎稱帝前十餘年的事情。這說明在那個時候還有單于，同時也說明劉豹身為左賢王而沒有繼立為單于，且已被貶為右賢王。右賢王在匈奴的官位中，不只低於左賢王，而且低於左谷蠡王。〈鄧艾傳〉中所說的單于是哪一位？我們也不得而知，但《晉書・匈奴傳》中說，「泰始七年，單于猛叛」。猛姓劉，這必是劉淵的親族，此外又說，北狄十九種移居塞內，其中最豪貴者為屠各種。因為這一個種族最豪貴，所以得為單于，統領諸種。這說明居單于位的是屠各種人。又《資治通鑑》（卷七十九）「泰始七年」中說：「春正月，匈奴右賢王劉猛叛出塞。」劉猛又好像不是單于。晉哀帝興寧二年（公元三六四年），據《十六國春秋輯補》卷三十三「苻堅・甘露六年」中載云：「屠各張罔，聚眾數千，自稱大單于。」可見屠各人即使有單于稱號也是僭用，不被中央王朝承認，故不入史傳。

當劉豹為左賢王時，右賢王是去卑。到了魏廢帝嘉平年間（公元二四九—二五四年），劉豹被貶為右賢王，此時，大概去卑早已死了。假使單于是劉猛，那麼單于以下的主要權貴也是姓劉的。比方左賢王，據《晉書・劉元海載記》，是劉宣，這就是劉淵的從祖、劉豹的叔父。

我們上面所說也不過是一種推想。也可能是呼廚泉死後，左賢王劉豹不得繼立為單于，乃由劉猛繼立。至於劉猛與呼廚泉的關係如何，不得而知。他也可能是呼廚泉的兒子。《晉書・劉元海載記》說，劉宣曾對人說，「我單于雖有虛號，無復尺土之業」。這說明劉宣為左賢王時，單于這個稱號仍然存在，不過實際上沒有統治寸土。因為他與其他匈奴人一樣，都處在晉統治之下，所以說「自諸王侯，降同編戶」。從這種語氣來看，這裡所說的單于，應當是劉猛。

總而言之，自曹丕黃初元年更換匈奴南單于呼廚泉的印綬之後，關於匈奴單于的記載就不清楚了。而且，自呼廚泉被曹操留於鄴，遣右賢王去卑去管理部眾以後，所謂單于，也只有其名，而無其實了。我們只是推測劉淵可能是南匈奴單于的後裔子孫，屬屠各部族。

晉時的匈奴族可以分成三支來說：（一）為劉氏初建國的漢，後稱為前趙；（二）為赫連氏建國的夏；（三）為左沮渠氏建國的北涼。第一支在山西；第二支是由山西西徙而來；第三支在河西張掖。第一支是於扶羅單于的後裔；第二支是右賢王去卑的後裔；第三支是匈奴左沮渠的後裔。前兩者在漢靈帝中平五年（公元一八八年）入居內地，後者在什麼時候入塞，不得而知。

至晉，中原不只與原住在內地的匈奴人有交涉，而且又容納了好多從塞外新移居內地的匈奴人。《晉書》卷九十七〈四夷列傳〉中說：「武帝踐阼後，塞外匈奴大水，塞泥、黑難等二萬餘落歸化，帝復納之，使居河西故宜陽城下。後復與晉人雜居，由是平陽、西河、太原、新興、上黨、樂平諸郡靡不有焉。」司馬光《資治通鑑》卷八十一〈晉紀三〉「武帝太康五年」記載：「是歲，塞外匈奴胡太阿厚帥部落二萬九千三百人來降；帝處之塞內西河。」又同書「太康七年」中云：「秋，匈奴胡都大博及萎莎胡各帥種落十萬餘口，詣雍州降。」《晉書・四夷列傳》中說：「明年（指太康八年）匈奴都督大豆得一育鞠等復率種落大小萬一千五百口，牛二萬二千頭，羊十萬五千口，車廬什物不可勝紀，來降，並貢其方物，帝並撫納之。」

《資治通鑑》卷八十一〈晉紀三〉「太康八年」注云：「魏既分塞內匈奴為五部矣，自去年來，匈奴帥種落來降者十有餘萬口，史不言所以處之之地，此必自塞外來，北匈奴之種落也。」胡三省注以為這些投降而來的是北匈奴的部落，似有商榷之處。我們知道，北匈奴自鮮卑佔領匈奴故地，後來又經檀石槐的再征服，北匈奴之投降於鮮卑者，固自號為鮮卑人，而不願投降於鮮卑者也必遠逃於西北，只有南匈奴自單于比稱臣於漢後，其部一向居於邊塞。羌渠單于因為遣其子於扶羅領兵去幫助漢攻擊黃巾，遭國人反對，把他殺死，於扶羅雖繼立為單于，也不得回國，乃與其部眾居留內地。於扶羅所帥的部眾主要是匈奴士卒，人數不會很多。大部份的南匈奴人仍留居故地。於扶羅率領入居內地的主要是男丁，所以後來與漢族人通婚，很快漢化。他們不只改用漢姓，而且學習漢族文化。至於仍住在故地的南匈奴人，人數雖很多，但長期在漢魏政權庇護之下，受漢族文化的影響，也是難免的事情。因為水災或其他原因請求移居塞內的匈奴人，似應是這些南匈奴人，而不是與中原早已割斷或少有關係的北匈奴人。

以上是說塞外投降於中原政權的匈奴人。至於在塞內的，除了上面所舉出在司馬炎稱帝時，其單于曾參加典禮者之外，其部眾之反抗晉王朝的也不少。《晉書・四夷列傳》中說：「泰始七年（公元二七一年），單于猛叛，屯孔邪城。武帝遣婁侯何楨持節討之。楨素有志略，以猛眾凶悍，非少兵所制，乃潛誘猛左部督李恪殺猛，於是匈奴震服，積年不敢復反。」但同處接著說：「其後稍因忿恨，殺害長吏，漸為邊患。」惠帝時，匈奴又進犯晉朝。《晉書・四夷列傳》說：「惠帝元康中，匈奴郝散攻上黨，殺長吏，入守上郡。明年，散弟度元又率馮翊、北地羌胡攻破二郡。自此已後，北狄漸盛，中原亂矣。」

《資治通鑑》載郝散的反抗，是在晉惠帝元康四年：「夏，五月。匈奴郝散反，攻上黨，殺長吏。秋，八月，郝散帥眾降，馮翊都尉殺之。」關於郝散弟度元的反抗，《資治通鑑》繫在「元康六年」：「夏，郝散弟度元與馮翊、北地馬蘭羌、盧水胡俱反，殺北地太守張損，敗馮翊太守歐陽建。」又如《晉書・四夷列傳》中說：「其國人有綦毋氏、勒氏，皆勇健，好反叛。」然而晉王朝也有時利用他們來幫助安定內亂。《晉書・四夷列傳》說：「武帝時，有騎督綦毋俔邪伐吳有功，遷赤沙都尉。」他甚至利用匈奴人去防禦其他各族。

此外，在匈奴與其他各族之間，互相征伐，也是常有的現象。《資治通鑑》卷八十二〈晉紀四〉「惠帝元康五年冬」中載：「拓跋祿官分其國為三部：一居上谷之北，濡源之西，自統之；一居代郡參合陂之北，使兄沙漠汗之子猗㐌統之；一居定襄之盛樂故城，使猗㐌弟猗盧統之。猗盧善用兵，西擊匈奴、烏桓諸部，皆破之。」

新來的匈奴人既愈來愈多，而原已移居內地的也不少，漢化程度愈來愈深。隨著漢族王朝力量的削弱，他們以屠各部族為首，逐漸獨樹一幟，與漢族王朝對抗。《晉書・四夷列傳》記載匈奴的官號與姓氏，雖與《史記》、《漢書》、《後漢書》大致相同，卻也有很多相異之處：

「其國號有左賢王、右賢王、左奕蠡王、右奕蠡王、左於陸王、右於陸王、左漸尚王、右漸尚王、左朔方王、右朔方王、左獨鹿王、右獨鹿王、左顯祿王、右顯祿王、左安樂王、右安樂王，凡十六等，皆用單于親子弟也。其左賢王最貴，唯太子得居之。」左右奕蠡王，當為以前的左右谷蠡王；左右於陸王、左右漸尚王、左右朔方王、左右獨鹿王與左右顯祿王，都與以往的名稱不同。可能有的是受了中原的影響，如左右朔方王；或者有的是受了鮮卑或其他民族的影響。

關於匈奴的姓氏，《晉書・四夷列傳》說：「其四姓，有呼延氏、卜氏、蘭氏、喬氏。而呼延氏最貴，則有左日逐、右日逐，世為輔相；卜氏則有左沮渠、右沮渠；蘭氏則有左當戶、右當戶；喬氏則有左都侯、右都侯。又有車陽、沮渠、餘地諸雜號，猶中國百官也。」《史記》、《漢書》說匈奴的呼衍氏、蘭氏其後為須卜氏。《後漢書》於這三姓之外加林氏。《晉書》沒有林氏，而有喬氏。呼延當為呼衍，卜氏當為須卜的簡稱。這些貴姓，一向佔有匈奴官職中的重要地位。

關於劉淵與其所建立的漢或前趙，以及其他的匈奴人或其他各族所建立的王朝的歷史，見於《晉書・載記》。《晉書・載記》采自崔鴻的《十六國春秋》。這本書在元代已佚，明嘉興屠喬孫、項琳別撰百卷。清乾隆年間，仁和汪日桂根據這個本子重訂。此外，清末湯球又撰《十六國春秋輯補》。我們這裡仍以《晉書》為主，同時用汪日桂重訂《十六國春秋》本、湯球的《輯補》以及「廣雅書局叢書」中所刊湯球輯的九家舊《晉書輯本》作為參考的資料。

《十六國春秋輯補》卷一〈前趙錄〉「劉淵」條說：

劉淵，字元海，新興匈奴人，冒頓之後也。先夏后氏之苗裔曰淳維，世居北狄，千有餘歲。至冒頓襲破東胡，西走月氏，北服丁零，內侵燕岱，控弦之士四十萬。漢祖患之，使劉敬奉公主以妻冒頓，約爲兄弟，故子孫遂冒母姓爲劉氏。

《晉書・劉元海載記》較為簡單，但大意相同。冒頓為夏后氏之苗裔的說法，因不足置信，所以《晉書》載記沒有抄錄《史記》、《漢書》中的這段話。但是《十六國春秋》與《晉書・載記》以為冒頓妻漢公主，故其子孫冒母姓為劉氏，也有值得商量之處。因為《史記》、《漢書》、《後漢書》匈奴傳均沒有關於匈奴人冒母姓為劉氏的記載。

《晉書・載記》及《十六國春秋》說劉淵之父是劉豹。劉豹是於扶羅單于之子，於扶羅是羌渠之子。羌渠與於扶羅的事蹟，見於《後漢書・南匈奴列傳》。不過我們曾指出，羌渠是不是匈奴單于嫡系或是純粹的匈奴人，值得進一步研究，所以劉淵是否為純粹的匈奴人，同樣是一個問題。

劉淵先世冒姓劉氏，始於他的父親劉豹。他的祖父於扶羅立為單于雖在內地，然據史書所載，並沒有改姓劉，使用的也是匈奴的稱號——持至尸逐侯單于。於扶羅死後，他的弟弟呼廚泉繼立為單于，也沒有關於改姓劉的記載。

匈奴單于改姓劉，是呼廚泉之後的劉猛。匈奴王侯稱劉氏者，除劉豹外，還有劉淵的從祖劉宣。可能是自曹丕篡漢稱帝後，或者自呼廚泉死後，匈奴的王侯貴人才開始有改姓劉的。原因是在這個時候，即呼廚泉時代，他們大部份接受了漢族的教育，漢化的程度很深。同時，在此時匈奴單于既只有名無實，一般王侯也正如劉宣所說「降同編戶」，不改姓氏，在內地不僅謀生不易，就是稱呼也不方便。此外，也有可能他們既深受漢族文化的影響，有了忠於漢族王朝君主的思想，曹操留呼廚泉於鄴而遣右賢王去卑監理其國，引起忠於呼廚泉的匈奴人的不滿，致使一些王侯在曹丕篡位後改為劉姓，以示追念漢室。自然，這種情感也是與漢高祖遣宗室女嫁給冒頓，以至後來的王昭君嫁給呼韓邪等好多次和親有關係的。以後劉淵稱漢王時，曾下令稱劉邦為「我太祖高皇帝」，不過這時他的這種說法，恐怕主要是晉室騷亂，想利用劉漢去收拾人心，以增加其聲勢耳。

《晉書・劉元海載記》也有關於劉淵崛興的記述，完全是漢族帝王秉天命而起的傳說模式：

豹妻呼延氏，魏嘉平中（公元二四九—二五四年）祈子於龍門，俄而有一大魚，頂有二角，軒鬐躍鱗而至祭所，久之乃去。巫覡皆異之，曰：「此嘉祥也。」其夜夢旦所見魚變爲人，左手把一物，大如半雞子，光景非常，授呼延氏，曰：「此是日精，服之生貴子。」寤而告豹，豹曰：「吉徵也。吾昔從邯鄲張冏母司徒氏相，云吾當有貴子孫，三世必大昌，仿像相符矣。」自是十三月而

> 生元海，左手文有其名，遂以名焉。齠齔英慧，七歲遭母憂，擗踴號叫，哀感旁鄰，宗族部落咸共歎賞。……幼好學，師事上黨崔游，習《毛詩》、《京氏易》、《馬氏尚書》，尤好《春秋左氏傳》、《孫吳兵法》，……於是遂學武事，妙絕於眾，猿臂善射，膂力過人。

《史記》、《漢書》、《後漢書》記載匈奴風俗，沒有述及匈奴婦女拜神祈子。這種傳說當然是受漢族文化影響的結果。

劉淵是於扶羅單于的孫兒，他的父親劉豹曾為匈奴左賢王；曹操分其眾為五部時，又以劉豹為左部帥，在匈奴中的地位是很高的。《十六國春秋輯補》卷九「王彌」傳說：「彌屯七里澗，王師進擊，大破之。彌謂其黨劉靈曰：『晉兵尚強，歸無所厝。劉元海昔為質子，我與之周旋京師，深有分契，今稱漢王，將歸之可乎？』靈然之。」劉淵既為質子於京師，不只他的地位很重要，在京師時所認識當時的王公貴人必定不少，王彌不過是其中的一位。

在他所認識的好多人中，有的對他很好，有的卻對他猜忌。王渾與其子王濟以及李熹屬於前者，孔恂、楊珧屬於後者。王渾、王濟、李熹之於劉淵都有鄉里關係。王渾在劉淵幼時，已命其子王濟去結交劉淵，並常常向朝廷推薦劉淵。《晉書・劉元海載記》敘述當時這些人對劉淵的看法是很矛盾的。在漢化匈奴人力量與晉王朝力量對比已發生變化的情況下，一方面想利用劉淵幫助晉王朝扶危解難，一方面又存在不相信少數民族的大漢族主義觀念：

> 泰始（公元二六五——二七四年）之後，渾又屢言之於武帝。帝召與語，大悅之，謂王濟曰：

「劉元海容儀機鑑，雖由余、日磾無以加也。」濟對曰：「元海儀容機鑑，實如聖旨，然其文武才幹賢於二子遠矣。陛下若任之以東南之事，吳會不足平也。」帝稱善。孔恂、楊珧進曰：「臣觀元海之才，當今懼無其比，陛下若輕其眾，不足以成事；若假之威權，平吳之後，恐其不復北渡也。非我族類，其心必異。任之以本部，臣竊爲陛下寒心。若舉天阻之固以資之，無乃不可乎！」帝默然。後秦涼覆沒，帝疇咨將帥，上黨李熹曰：「陛下誠能發匈奴五部之眾，假元海一將軍之號，鼓行而西，可指期而定。」孔恂曰：「李公之言，未盡殄患之理也。」熹勃然曰：「以匈奴之勁悍，元海之曉兵，奉宣聖威，何不盡之有！」恂曰：「元海若能平涼州，斬樹機能，恐涼州方有難耳。蛟龍得雲雨，非復池中物也。」帝乃止。

劉淵的祖父是單于，父為左賢王，又為左部帥，照匈奴的制度，他的父親當繼立為單于。他本人為質子（在匈奴有時以太子作質子），可見他在匈奴中的地位是很重要的。後來他率領匈奴人反抗朝廷，就是因為晉王朝猜忌他。《晉書・劉元海載記》又說：「後王彌從洛陽東歸，元海餞彌於九曲之濱，泣謂彌曰：『王渾、李熹以鄉曲見知，每相稱達，讒間因之而進，深非吾願，適足為害。吾本無宦情，惟足下明之。恐死洛陽，永與子別。』因慷慨歔欷，縱酒長嘯，聲調亮然，坐者為之流涕。齊王攸時在九曲，比聞而馳遣視之，見元海在焉，言於帝曰：『陛下不除劉元海，臣恐并州不得久寧。』」齊王攸是當時王室中很重要的人物，看了劉元海之後，也覺得他將來必為禍亂。可見他雖沒有做過什麼對不起朝廷的事情，但是他的民族背景與才具，使漢族統治者忌怕他。〈劉元海載記〉記載王渾為他進行辯護說：「『元海長者，渾為君王保明之。且大晉方表信殊俗，懷遠以德，如之何以無萌之疑殺人侍子，以示晉德不弘。』帝曰：『渾言是也。』會豹卒，以元海代為左部帥。太康末，拜北部都尉。明刑法，禁奸邪，輕財好施，推誠接物，五部俊傑無不至者。幽冀名儒，後門秀士，不遠千里，亦皆游焉。楊駿輔政，以元海為建威將軍，五部大都督，封漢光鄉侯。元康末，坐部人叛出塞免官。成都王穎鎮鄴，表元海行寧朔將軍，監五部軍事。」

這是晉惠帝時的事情。惠帝昏庸，賈后專權，八王作亂。劉淵因為在充作質子時受到一些漢族統治階級人士的不公平對待，對晉室不滿。在匈奴的王侯貴人中，也有另外一些對於晉室的大漢族主義不滿者，劉淵的從祖劉宣就是其中的一個。他曾做過北部都尉、左賢王，在匈奴人中是一位很有聲望的人。《晉書・劉元海載記》說：「元海從祖故北部都尉、左賢王劉宣等竊議曰：『昔我先人與漢約為兄弟，憂泰同之。自漢亡以來，魏晉代興，我單于雖有虛號，無復尺土之業，自諸王侯，降同編戶。今司馬氏骨肉相殘，四海鼎沸，興邦復業，此其時矣。左賢王元海姿器絕人，幹宇超世，天若不恢崇單于，終不虛生此人也。』於是密共推元海為大單于。」《晉書・載記》介紹劉宣，說他是一位漢化程度很深的匈奴貴族：「劉宣字士則。樸鈍少言，好學修潔。師事樂安孫炎，沉精積思，不捨晝夜，好《毛詩》、《左氏傳》。炎每歎之曰：『宣若遇漢武，當逾於金日磾也。』學成而返，不出門閭蓋數年。每讀《漢書》，至蕭何、鄧禹傳，未曾不反覆詠之，曰：『大丈夫若遭二祖，終不令二公獨擅美於前矣。』并州刺史王廣言之於武帝，帝召見，嘉其占對，因曰：『吾未見宣，謂廣言虛耳。今見其進止風儀，真所謂如珪如璋，觀其性質，足能撫集本部。』乃以宣為右部都尉，特給赤幢曲蓋。莅官清恪，所部懷之。元海即王位，宣之謀也，故特荷尊重，勳戚莫二，軍國內外靡不專之。」（見《晉書・劉元海載記》）劉淵後來的反抗與稱王是得力於劉宣的計謀與策動。劉宣後來也得到劉淵的重用。但開始時他們都不是從民族對抗立場起兵反晉的，而是西晉封建戰爭的組成部份。

關於劉淵與成都王穎的關係，《十六國春秋輯補》卷一〈前趙錄〉「劉淵」中有一段記載：「穎為皇太弟，領丞相，自鄴懸秉國政，事無大小，皆先關諮，以淵為太弟屯騎校尉。」《晉書・劉元海載記》說：

惠帝伐穎，次於蕩陰，穎假元海輔國將軍、督北城守事。及六軍敗績，穎以元海爲冠軍將軍，封盧奴伯。并州刺史東嬴公騰、安北將軍王浚，起兵伐穎，元海說穎曰：「今二鎮跋扈，衆餘十萬，恐非宿衛及近都士庶所能禦之，請爲殿下還說五部，以赴國難。」穎曰：「五部之衆可保發已不？縱能發之，鮮卑、烏丸勁速如風雲，何易可當邪？吾欲奉乘輿還洛陽，避其鋒銳，徐傳檄天下，以逆順制之。君意何如？」元海曰：「殿下武皇帝之子，有殊勳於王室，威恩光洽，四海欽風，孰不思爲殿下沒命投軀者哉，何難發之有乎！王浚豎子，東嬴疏屬，豈能與殿下爭衡邪！殿下一發鄴宮，示弱於人，洛陽可復至乎？縱達洛陽，威權不復在殿下也。紙檄尺書，誰爲人奉之！且東胡之悍不逾五部，願殿下勉撫士衆，靖以鎮之，當爲殿下以二部摧東嬴，三部梟王浚，二豎之首可指日而懸矣。」穎悅，拜元海爲北單于、參丞相軍事。元海至左國城，劉宣等上大單于之號，二旬之間，衆已五萬，都於離石。

離石對於匈奴人是一個很有歷史意義的地方。《晉書・劉元海載記》說：「建武初，烏珠留若鞮單于子右奧鞬日逐王比自立為南單于，入居西河美稷，今離石左國城即單于所徙廷也。」不過這時劉淵所立匈奴國，僅是西晉封建戰爭過程中興起的一般封國而已。

成都王穎為王浚所敗逃到洛陽。《晉書・劉元海載記》說：「王浚使將軍祁弘率鮮卑攻鄴，穎敗，挾天子南奔洛陽。元海曰：『穎不用吾言，逆自奔潰，真奴才也。然吾與其有言矣，不可不救。』於是命右於陸王劉景、左獨鹿王劉延年等率步騎二萬，將討鮮卑。」王浚之所以攻敗成都王穎，得力於鮮卑。這時劉宣及一些匈奴貴人，希望劉淵能聯絡鮮卑以及其他民族擺脫晉王朝的統治，重建匈奴故國。劉淵遣將去援救成都王穎，他們不贊成。劉宣等諫曰：

晉爲無道，奴隸御我，是以右賢王猛不勝其忿。屬晉綱未弛，大事不遂，右賢塗地，單于之恥也。今司馬氏父子兄弟自相魚肉，此天厭晉德，授之於我。單于積德在躬，爲晉人所服，方當興我邦族，復呼韓邪之業，鮮卑、烏丸可以爲援，奈何距之而拯仇敵！今天假手於我，不可違也。違天不祥，逆眾不濟；天與不取，反受其咎。願單于勿疑。（《晉書・劉元海載記》）

可是劉淵之志，不在恢復塞外匈奴故國，而在於在封建戰爭過程中取晉室而代之。他對劉宣的建議不予採納，回答說：

「善。當爲崇岡峻阜，何能爲培塿乎！夫帝王豈有常哉，大禹出於西戎，文王生於東夷，顧惟德所授耳。今見眾十餘萬，皆一當晉十，鼓行而摧亂晉，猶拉枯耳。上可成漢高之業，下不失爲魏氏。雖然，晉人未必同我。漢有天下世長，恩德結於人心，是以昭烈崎嶇於一州之地，而能抗衡於天下。吾又漢氏之甥，約爲兄弟，兄亡弟紹，不亦可乎？且可稱漢，追尊後主，以懷人望。」乃遷於左國城，遠人歸附者數萬。（《晉書・劉元海載記》）

第二十六章　中國漢化匈人建立的王朝（上）

晉惠帝永興元年（公元三〇四年），以劉淵為首的劉氏宗族集團，在今山西地區離石縣東的左國城建立的王朝，是中國第一個漢化匈人建立的王朝。劉淵初稱漢王，年號元熙。這個王朝初稱漢，後稱趙，存在二十七年。滅亡西晉的就是這個王朝。《十六國春秋輯補》卷一〈前趙錄〉「劉淵」傳說：「元熙元年，遷於左國城，晉人東附者數萬，宣等上尊號，淵曰：『今晉氏猶在，四方未定，可仰遵高祖初法，且稱漢王，權停皇帝之號，待宙宇混一，當更議之。』」從中可見劉淵不只改姓劉，想繼漢室，而且還仿漢高祖劉邦先稱漢王，然後再稱皇帝。他的這種計謀吸引了好多漢族人民。《資治通鑑》卷八十五〈晉紀七〉「惠帝永興元年」中說，「胡、晉歸之者愈眾」。說明他的這種做法，在各族人民中產生了一定作用。《晉書・劉元海載記》說：

永興元年，元海乃爲壇於南郊，僭即漢王位，下令曰：「昔我太祖高皇帝以神武應期，廓開大業。太宗孝文皇帝重以明德，昇平漢道。世宗孝武皇帝拓土攘夷，地過唐日。中宗孝宣皇帝搜揚俊乂，多士盈朝。是我祖宗道邁三王，功高五帝，故卜年倍於夏商，卜世過於姬氏。而元成多僻，哀平短祚，賊臣王莽，滔天篡逆。我世祖光武皇帝誕資聖武，恢復鴻基，祀漢配天，不失舊物，俾三光晦而復明，神器幽而復顯。顯宗孝明皇帝、肅宗孝章皇帝累葉重暉，炎光再闡。自和、安已後，皇綱漸頹，天步艱難，國統頻絕。黃巾海沸於九州，群閹毒流於四海，董卓因之肆其猖勃，曹操父子凶逆相尋。故孝愍委棄萬國，昭烈播越岷蜀，冀否終有泰，旋軫舊京。何圖天未悔禍，後帝窘辱。自社稷淪喪，宗廟之不血食四十年於茲矣。今天誘其衷，悔禍皇漢，使司馬氏父子兄弟迭相殘滅。黎庶塗炭，靡所控告。孤今猥爲群公所推，紹修三祖之業。顧茲尪闇，戰惶靡厝。但以大恥未雪，社稷無主，銜膽棲冰，勉從群議。』乃赦其境內，年號元熙，追尊劉禪爲孝懷皇帝，立漢高祖以下三祖五宗神主而祭之。

看了劉淵所下的令及對漢室神位的追祭，他儼然成為了劉邦的「嫡系子孫」。相反地，他對於自己真正的祖宗，卻無一言說及，可見他的主要目的是要爭取包括漢族人民在內的多數群眾，以推翻司馬氏的晉室，統一全國。他根本沒有意思重建匈奴族國家於漠北的意思，可見漢化之深。

劉淵稱漢王之後，曾與西晉王朝苦戰，《晉書・劉元海載記》說：「東嬴公騰使將軍聶玄討之，戰於大陵，玄師敗績，騰懼，率并州二萬餘戶下山東，遂所在為寇。元海遣其建武將軍劉曜寇太原、泫氏、屯留、長子、中都，皆陷之。二年（公元三〇五年），騰又遣司馬瑜、周良、石鮮等討之，次於離石汾城。元海遣其武牙將軍劉欽等六軍距瑜等，四戰，瑜皆敗，欽振旅而歸。」元熙三年（公元三〇六年），劉淵「以其前將軍劉景為使持節、征討大都督、大將軍，要擊并州刺史劉琨於版橋，為琨所敗，琨遂據晉陽」。其侍中劉殷、王育建議劉淵南下，攻長安，據洛陽，滅西晉王朝：「殿下自起兵以來，漸已一周，而顓守偏方，王威未震。誠能命將四出，決機一擲，梟劉琨，定河東，建帝號，鼓行而南，克長安而都之，以關中之眾席捲洛陽，如指掌耳。此高皇帝之所以創啟鴻基，克殄強楚者也。」劉淵聽了這些話，很為高興，於是乃命將進據河東，攻佔蒲阪（在今山西永濟縣西蒲州）、平陽（今山西臨汾西南）。

過了一年，據《十六國春秋輯補》卷二〈前趙錄〉「劉淵」載：「四年（公元三〇七年）元海遂入都蒲子（今山西省隰縣），河東、平陽屬縣，壘壁盡降。時四部之東萊王彌，起兵青、徐，劉靈為王贊所逐，王彌為苟純所敗，乃謀歸漢，遣使來降，拜鎮東將軍、青州刺史、東萊郡公。四月，汲桑叛，起兵趙魏上郡，自稱趙王，選置州郡，四部鮮卑陸逐延氐酋大單徵。十一月，石勒及胡部等，並帥眾相次來降，元海悉署其官爵。」這是劉淵奪取天下過程很重要的一年。他聽了劉殷、王育的話，進據蒲阪、平陽，在黃河下游被晉兵擊敗的王彌與石勒又歸附於他，聲勢大振。明年（公元三〇八年）十月，劉淵就皇帝位，大赦境內，改元永鳳。劉邦稱漢王後五年遂稱皇帝，劉淵稱漢王後五年也稱皇帝，可見劉淵事事都效法劉邦。可是，劉邦是在獨霸天下後始稱皇帝，而劉淵稱帝時，不但沒有統一全國，就是中國北部也未統一。

《十六國春秋輯補》卷二〈前趙錄〉指出永鳳元年（公元三〇八年）劉淵稱帝之後：「以衛軍和為大將軍，撫軍聰為車騎大將軍，建武曜為龍驤大將軍；又以其大將軍和為大司馬，封梁王；尚書令劉歡樂為大司徒，封陳留王；御史大夫呼延翼為大司空，封雁門郡公；以延年為江都王。」《晉書・劉元海載記》說：「宗室以親疏為等，悉封郡縣王，異姓以勳謀為差，皆封郡縣公侯。」劉和、劉聰是劉淵之子，劉曜是他的族子，從這個名單與封王侯的做法來看，重要的職務多為劉氏嫡系所居。皇帝的子孫封為王，異姓臣僚有功者封為侯，這本來也是漢高祖劉邦的做法，同時官號也採用漢族政權的名稱。比方劉淵為漢王時，他以劉宣為丞相，崔游為御史大夫，劉宏為太尉；到他稱皇帝時，封其子為大將軍、大司馬、大司徒、大司空種種名稱，可以說是完全漢化了。又如以前匈奴單于之妻稱為閼氏，此時也沒有採用。劉淵稱王時，立其妻呼延氏為王后；稱帝後，立其妻單氏為皇后。然而也得指出，這並不是說匈奴的官號完全沒有保留。在劉淵沒有稱漢王之前，劉宣等共擁他為大單于，成都王穎也拜他為北單于；劉淵又以其子聰為右賢王，後來又拜聰為鹿蠡王；就是劉淵稱帝之後，河瑞二年（公元三一〇年），他還以其子聰為大司馬大單于，不過這裡所用的大單于，已與原來的單于意義不完全相同，以往的單于是至高無上的稱號，這裡所說的單于卻在皇帝之下。

劉淵稱帝之後的第二年，有幾件事值得我們注意：一為遷都，二為改元，三為東征壺關，四為南下取洛陽。

遷都是太史令宣于修之的提議。《晉書・劉元海載記》說：「太史令宣于修之言於元海曰：『陛下雖龍興鳳翔，奄受大命，然遺晉未殄，皇居仄陋，紫宮之變，猶鍾晉氏，不出三年，必克洛陽。蒲子崎嶇，非可久安。平陽勢有紫氣，兼陶唐舊都，願陛下上迎乾象，下協坤祥。』於是遷都平陽。」

關於改元，據《晉書・劉元海載記》說：「汾水中得玉璽，文曰『有新保之』，蓋王莽時璽也。得者因增『泉海光』三字，元海以為己瑞，大赦境內，改年河瑞。封子裕為齊王，隆為魯王。」《十六國春秋輯補》說，得者增「淵海光」三字。劉淵稱王、稱帝採用年號，並因徵兆而改年號，赦境內，封王侯，這也是倣效漢王朝的做法。

東征壺關成功。《十六國春秋》（卷一．前趙錄．一）說：

> 淵以王彌爲侍中都督、征東大將軍、青州牧，與楚王聰共攻上黨，圍壺關。以石勒爲前鋒都督。晉并州刺史劉琨遣護軍黃肅、韓述來救。聰敗述於西澗，勒敗肅於封田，皆殺之。晉太傅越遣淮南內史王曠、將軍施融、曹超等將兵拒聰。曠既濟河，欲長驅而前，融曰：「彼乘險間出，我雖有百萬之衆，猶是一軍獨受敵也。且當阻水爲固，以量勢形，然後圖之。」曠怒曰：「君欲沮衆邪！」融退曰：「彼善於用兵，曠暗於事勢，吾屬今必死矣。」曠等逾太行，與聰遇戰於長平間，曠兵大敗，融、超皆死，遂破陳留、長子，斬獲萬九千級。上黨太守龐淳以壺關降。

這裡所說的龐淳，《十六國春秋輯補》中作劉惇，這裡所說的王曠，《十六國春秋輯補》中作王廣。《十六國春秋輯補》還有下面一段記載：「七月，戰於長平。長平之戰，劉聰馬中流矢，幾為晉軍所獲，李景年以馬授聰，揮戈前戰，晉師敗。」壺關之降，長平之戰，《晉書》沒有記載。《十六國春秋輯補》是依《太平御覽》與《通覽考異》引補的。

劉淵在位期間攻洛陽不下，據《十六國春秋》是役始於河瑞元年（公元三〇九年）二月：「二月，晉左積弩將軍朱誕來奔，具陳洛陽孤弱，勸淵攻之。淵以誕為前鋒都督，遣滅晉大將軍景為大都督，將兵攻洛陽。晉軍遣車騎將軍王堪將兵迎擊。夏四月，景敗堪於延津，沉男女三萬餘人於河澗。淵聞之怒曰：『景何面目復見朕乎！且天道豈能容之。吾所欲除者止司馬氏耳，細民何罪？』

黜景為平虜將軍。」（卷一）《晉書·載記》與《十六國春秋輯補》均沒有上面一段話，但是劉淵遣劉聰於這一年攻洛陽均有記載，唯兩書所記沒有《十六國春秋》詳細。今仍錄《十六國春秋》所記於後：

（河瑞元年）秋八月，淵復遣楚王聰及征東大將軍王彌進攻洛陽，始安王曜與趙固等爲之後繼。九月丙寅，聰圍浚儀。晉太傅越遣平北將軍曹武、征虜將軍宋抽、將軍彭默等拒之，丁丑爲聰所敗。太傅越入保京城，聰等長驅至西明門。越率兵禦之，戰於宣陽門外，大破之。晉征西大將軍、南陽王司馬模，遣將軍淳于定、呂毅等破劉芒蕩、五斗叟，並斬之。又遣車騎將軍王堪、平北將軍曹武，自長安討聰。堪等敗績，奔還京師。聰自恃連勝，怠不設備，弘農太守垣延詐降，夜襲聰軍，聰大敗而還。淵素服迎師。（卷一）

又說：

冬十月，復大發卒。遣楚王聰、始安王曜、汝陰王景、征東大將軍王彌等，帥精騎五萬寇洛陽，使大司空雁門剛穆公呼延翼率步騎繼之。丙辰，聰等至宜陽。朝廷以漢兵新敗，不意其復至，大懼。辛酉，聰進屯西明門，護軍賈胤北宮純等，夜帥勇士千餘人薄之，戰於大夏門，斬聰征虜將軍呼延顥，聰衆遂潰。壬戌，回軍屯洛水，尋進屯宣陽門，曜屯上東門，彌屯廣陽門，景攻大夏門。乙丑，呼延翼爲其部下所殺，衆自大陽潰歸。淵敕聰等還師。（卷一）

經過再次失敗之後，劉淵對於圍攻洛陽失去了信心。但是，劉聰以為呼延翼與呼延顥雖死，仍宜繼續攻下去，因而淵仍准其留攻洛陽。《十六國春秋》說：

> 戊寅，聰親祈嵩嶽山，令平晉將軍安陽哀王厲、冠軍將軍呼延朗等督攝留軍。晉太傅越遣護軍孫詢，將軍丘光、樓裒等，率帳下勁卒三千，自宣陽門乘虛出擊，斬朗於陳。聰聞而馳還。厲懼聰之罪己也，赴水而死。王彌謂聰曰：「今軍既失利，洛陽守備猶固，運軍在陝，糧食不支數日，殿下不如與龍驤還平陽，裹糧發卒，徐爲後舉。下官當於兗豫之間，收兵積穀，伏聽嚴期，不亦可乎？」聰自以請留，未敢擅還。（卷一）

自二月至十月間，劉淵四次攻洛不能下，呼延一族死者數人，兵士糧食均告缺乏。劉聰也因是自請留攻，不敢還師。最後還是宣于修之言於劉淵說：「歲在辛未，乃得洛陽。今晉氣猶盛，大軍不歸必敗。」劉淵才遣黃門郎傅詢召聰等還師。劉聰、劉曜於十一月回到平陽。他們回平陽後，劉淵一方面大封諸子及臣僚，一方面遣兵攻略其他地方，擴大這個王朝的統治區。《十六國春秋》指出，從河瑞元年「十二月，淵以陳留王歡樂為太傅，楚王聰為大司徒，江都王延年為大司空，長樂王洋為大司馬，……王彌表左長史曹嶷行安東將軍，東狥青州，且迎其家屬，淵許之。河瑞二年春，正月乙丑朔，大赦境內，立單征女為皇后，梁王和為皇太子，封子乂為北海王」（卷一）。關於遣兵征擾方面，同處說：「十二月，……遣都護大將軍曲陽王賢，與征北大將軍劉靈及安北大將軍趙固、平北大將軍王桑東屯內黃。……河瑞二年春，……遣兵分寇徐、冀、兗、豫諸郡，又遣曹嶷寇東平、琅邪。夏四月，王浚遣天水將軍祁弘擊破劉靈於廣宗，殺之。秋七月，楚王聰、始安王曜、平東大將軍石勒及安北大將軍趙固，圍河內太守裴整於懷。晉遣征虜將軍宋抽率兵救懷，勒與平北大將軍王桑逆擊破之。河內人執整以降，淵以整為尚書左丞。河內督將郭默收整餘眾，自為塢主。」然而，洛陽未及攻下，劉淵病篤，顧托後事而亡。據《十六國春秋》：「（河瑞二年七月）庚午，淵寢疾，將為顧托之計。辛未，以陳留王歡樂為太宰，長樂王洋為太傅，江都王延年為太保，楚王聰為大司馬大單于並錄尚書事，置單于台於平陽西，復以齊王裕為大司徒，魯王隆為尚書令，北海王乂為撫軍大將軍領司隸校尉，始安王曜為征討大都督領單于左輔廷尉，喬智明為冠軍大將軍領單于右輔，左光祿大夫劉殷為左僕射，右光祿大夫王育為右僕射，任顗為吏部尚書，朱紀為中書監，護軍馬景領左衛將軍，永安王安國領右衛將軍，安昌王盛、安邑王欽、西陽王璇等皆領武衛將軍，分典禁兵。丁丑，召太宰歡樂等入禁中，受遺詔輔政。己卯，薨於光極殿。時晉永嘉四年（公元三一〇年）也。淵在位七年。」（卷一）從劉淵臨終委任的各類官員中可以看出，不只有大單于的名稱，還有單于左輔、單于右輔等名稱。此外，又置單于台於平陽西，懷念匈奴祖宗，說明這個王朝的漢化程度雖然很深，但匈奴民族的文化和意識依然有強烈表現。這種表現，在劉淵死後甚至得到進一步發展。

劉淵死後，繼他而立的是淵少子和。內部發生短時期內亂後，和兄劉聰奪得王位。《十六國春秋・前趙錄》「劉和」錄說：

> 劉和字玄泰，淵后呼延氏所生，聰第四弟也（按，《晉書・劉聰載記》說劉和是劉聰之

兄）。……淵死嗣僞位。宗正呼延攸，淵以其無才行，終身不遷官；侍中劉乘素不善於聰，衛尉西昌王鋭恨不參顧命，乃相與謀，説和曰：「先帝不惟輕重之勢，而使三王總強兵於內，大司馬握十萬勁卒屯於近郊，陛下今便爲寄主耳。禍難未可測也，願蚤爲之計。」和即攸之甥也，遂深然之。辛巳，夜召領武衛將軍安昌王盛、安邑王欽，及領左衛將軍馬景等告之，盛曰：「先帝尚在殯宮，四王未有逆節，今忽一旦自相魚肉，臣恐人不食陛下之餘。且四海未定，大業甫爾，願陛下以上成先帝鴻基爲志，塞耳勿聽讒夫之言，以疑兄弟。……」鋭攸怒之曰：「今日之議，理無有二，領軍是何言乎？」於是命左右刃之。盛既被殺，欽（按，《晉書・載記》及《十六國春秋輯補》作景）懼曰：「惟陛下詔，臣等以死奉之，蔑不濟矣。」相與盟於東堂。壬午，鋭帥馬景攻楚王聰於單于台，攸率右衛將軍永安王安國，攻齊王裕於司徒府，侍中乘率武衛將軍安邑王欽攻魯王隆，使尚書田密、武衛將軍西陽王璇攻北海王乂。密、璇等挾乂斬關奔聰，聰命貫甲以待之。鋭既知聰之有備，馳還，與攸、乘等會攻隆、裕，復懼安國、欽有異志，殺之。是日斬裕，癸未斬隆。甲申，聰攻西明門，克之，鋭等奔入南宮，前鋒隨之。乙酉，殺和於光極西室，收鋭、攸、乘，梟首通衢。

在劉淵時代，劉聰的功勞很大，兵權也最大，劉和對於劉聰的猜忌是有原因的。所以他一登帝位，就輕信了呼延攸等的話，想誅戮諸兄弟，相反，卻為劉聰所殺。之後，劉聰即皇帝位。「（聰）既殺其兄和，群臣勸即尊位。聰初讓其弟北海王乂，乂與公卿泣涕固請，聰久而許之，曰：『乂及群公正以四海未定，禍難尚殷，貪孤年長故耳。此國家之事，孤敢不祇從。今便欲遠尊魯隱，待乂年長，復子明辟。』於是以永嘉四年僭即皇帝位。」（《晉書・劉聰載記》）劉聰即位，乃葬劉淵，謚曰文光皇帝，廟號高祖。這又是效法漢高祖的稱號。

被《晉書》列入入居塞內的十九種的北狄匈奴部族中，有的不一定是匈奴族，如羌渠即是屬於西羌的一種。西羌原在祁連山的西南與大月氏連接，匈奴破大月氏之後，大月氏西徙，西羌遂與匈奴為鄰，二者常常聯合起來，侵擾漢邊。在匈奴的軍隊中，應有不少是西羌人，而且西羌自成部落，受匈奴的統治，有時為匈奴服務，有時也獨自入侵。後來遷入塞內，人們遂當為匈奴別種之一。從役屬於匈奴來說，是匈奴的屬部；從政治與軍事的組織上來看，是匈奴的別種或別部；從種族方面來看，就不能當做為匈奴族或匈奴族的支派了。又如萎沙部，據胡三省注《資治通鑑》說：「萎莎胡，北狄種，蓋亦匈奴類也。」①《晉書・北狄傳》說：「（太康）七年，又有匈奴胡都大博及萎莎胡等各率種類大小凡十萬餘口，詣雍州刺史扶風王駿降附。」這是很清楚地把匈奴胡與萎沙胡分開記載。兩者各率種類降附，可見匈奴與萎莎並非一個種類。

當然在十九種類的部落中，也有不少是匈奴族，如屠各種與賀賴種即是。據《晉書・慕容俊載記》說：「匈奴單于賀賴頭率部落三萬五千降於俊，拜寧西將軍，雲中郡公，處之於代郡平舒城。」賀賴與其眾可能是匈奴人，但稱為單于，不一定可靠，可能是冒稱。在匈奴各部族之中，屠各部最豪貴，得立為單于。那麼其他部族就不能稱立單于，單于是一個特殊名稱，在正常情況下匈奴族只有一個單于，只有在內亂時才出現一個以上的單于，如匈奴歷史上的五單于爭立。

所謂「屠各最豪貴」的「豪貴」，不只是因為這個部族可能是匈奴的王室貴族或其後裔，而且力量也可能比其他諸種強大。

為什麼這個部族叫屠各？他的起源如何？我們有必要探討，因為在中國建立起的第一個漢化匈奴人的王朝，就是屠各族匈奴人建立的。

《史記．匈奴列傳》：「匈奴謂賢曰『屠耆』，故常以太子為左屠耆王。自如左右賢王以下至當戶，大者萬騎，小者數千。……諸左方王將居東方，……右方王將居西方。」左賢王居東方，右賢王居西方，右賢王的右音，近於休屠，所謂右賢王者，可能就是休賢王。又匈奴謂賢為「屠耆」，徐廣注「屠一作諸」。錢大昕《廿二史考異》卷十二〈後漢書南匈奴傳〉云：「靈帝紀作休屠各，按休屠之屠音儲，而著亦音直慮切，譯語有輕重，其實一也。烏桓、鮮卑傳俱云休著屠各，此必讀范史者，音著為屠，後遂攙入正文耳。」

日本白鳥庫吉在其《蒙古民族起源考》（何健民譯為《匈奴民族考》）中說：

> 次則爲耆之發音。《康熙字典》載此字有兩音，一爲渠脂切奇，一爲諸氏切旨，故可音爲ki，又可讀若ši……《漢書．西域傳》有焉耆之國名，下曰「國王治員渠城」是也。焉耆、員渠同名異譯，……上面之考訂若無舛誤，則屠耆兩字，漢代讀若šo-ki或šoki。茲進而尋求其語辭，蒙古（mongol）語謂直曰seke、šike、čixe、čike、čeke，謂正曰čikelik。又Tunguse語謂直曰säkä、cäkä，凡此皆可以與匈奴語之屠耆（coki、soki）比較。日本謂直曰sugu，賢曰saka，突厥（Turk）語族中之Koibal語謂賢曰sâgasté，Solbinsk 語曰sagastyx。疏勒語曰sâgastè。由上觀之，屠耆一詞，

①《資治通鑑》卷八十一〈晉紀三〉。

似與此等語言互有關係。

屠谷的谷屬於k音，懷疑屠耆可能變為屠各，而右賢王可能變為休屠王，或是休屠各，休屠各這個名詞屢見於史書。休屠耆的休，若為右的同音，去了休字就簡稱為屠耆或屠谷。投降於漢的休屠王也可能就是右賢王。

屠谷既是得名於休屠王，休屠王若為右賢王，或是右賢王之下的重要王侯，那麼《晉書・北狄・匈奴》所說「屠各最豪貴」是有其歷史根據的。

其實休屠這個稱號，直到三國時仍沿用。《後漢書》卷七十六〈循吏列傳〉說：「郡（指武威）北當匈奴，南接種羌，民畏寇抄，多廢田業。延（任延）到，選集武略之士千人，明其賞罰，令將雜種胡騎休屠黃石屯據要害，其有警急，逆擊追討。」又同書卷六十五〈皇甫張段列傳〉說，張奐「遷使匈奴中郎將。時休屠各及朔方烏桓並同反叛。燒度遼將軍門，引屯赤阬，煙火相望。兵眾大恐，各欲亡去。奐（張奐）安坐帷中，與弟子講誦自若，軍士稍安。乃潛誘烏桓陰與和通，遂使斬屠各渠帥，襲破其眾。諸胡悉降。」這段資料前面是休屠各，後面是用屠各，很清楚，休屠各與屠各是同一種族。而且兩個名稱是通用的，休屠各與屠各既是相通，休屠與屠各也可以通用。

又《後漢書》卷九十〈烏桓鮮卑列傳〉有「休著屠各」的稱呼，錢大昕說這是因為讀范曄《後漢書》的人，音著為屠，後遂攙入正文。史書之連用休著屠各的並不多見，這也可能由於人們把休屠與屠各當為兩種不同的稱呼才有這樣的做法。

屠各雖是匈奴人，但在《後漢書》有好幾處屠各與匈奴或南匈奴並提。前面所舉的〈張奐傳〉

中的那段話說明了這一點。張奐的官銜是匈奴中郎將，而他所討伐的是休屠各或屠各，其實在這個列傳裡，提到匈奴或南匈奴的地方很多，提到屠各的有兩次，說明屠各之於匈奴或南匈奴，在當時的人看來是有區別的。又有的地方說烏桓與南匈奴入塞，有的地方又說烏桓與屠各合而反叛，說明不只漢人這樣的區別，可能烏桓對兩者也有所區別。此外在《後漢書・靈帝紀》提到中平五年（公元一八八年）三月，「休屠各胡攻殺并州刺史張懿，遂與南匈奴左部胡合，殺其單于」。更清楚地區別二者。又在卷七十〈鄭孔荀列傳〉中說：「且天下強勇，百姓所畏者，有并、涼之人，及匈奴、屠各、湟中義從、西羌八種，而明公擁之，以為爪牙。」

屠各之先是休屠，關於休屠王的投降，《史記・衛將軍驃騎列傳》說得很詳細，前面已經引用，這裡不再贅述。

渾邪王投降之後，他與休屠王的部眾從河西走廊的武威、張掖遷到隴西、北地、上郡、朔方、雲中等處。他們遷到這些地方之後，仍然按照原來的風俗習慣去統治，這就是說，對內來說，他們有了自治之權，在這五個郡中，遷到上郡的匈奴人較多，所以謂為匈歸。又上郡屬并州，而并州則是後來屠各所佔領的地區。

後漢時屠各的勢力慢慢增長，有時反叛，有時與其他族聯合入寇，有時又幫助漢王朝去攻伐其他族。《後漢書・烏桓鮮卑列傳》說：「桓帝永壽中（公元一五五—一五八年）朔方烏桓與休著屠各並畔，中郎將張奐擊平之。」同書又說：「熹平三年（公元一七四年）冬，鮮卑入北地，太守夏育率休著屠各追擊破之。」

《後漢書・南匈奴列傳》：「中平四年（公元一八七年），前中山太守張純反畔，遂率鮮卑寇邊郡。靈帝詔發南匈奴兵，配幽州牧劉虞討之。單于遣左賢王將騎詣幽州。國人恐單于發兵無已，五年，左部醢落與休著各胡白馬銅等十餘萬人反，攻殺單于。」同書〈靈帝紀〉說：「（中平）四年……十二月，休屠各胡叛。……五年春正月，休屠各胡寇西河，殺郡守邢紀。……三月，休屠各胡攻殺并州刺史張懿，遂與南匈奴左部胡合，殺其單于。……九月，南單于叛，與白波賊寇河東，遣中郎將孟益率騎都尉公孫瓚討漁陽賊張純等。」

這裡雖沒有說出屠各，但在六個月之前，休屠各既與匈奴聯合殺其單于，那麼這一次新即位的單于反叛，可能有屠各在內。

《後漢書》卷七十四上〈袁紹劉表列傳〉說：「（獻帝）初平……四年……六月，紹乃出軍，……尋山北行，……遂與黑山賊張燕及四營屠各、雁門烏桓戰於常山。」又《三國志・魏書・諸夏侯曹傳》說：「轉擊高平屠各，皆散走，收其糧穀牛馬。」

東漢亡後的曹魏時代，屠各之見於史書的如《三國志・魏書・滿田牽郭傳》說：「正始元年（公元二四〇年）……涼州休屠胡梁元碧等，率種落二千餘家附雍州。淮（郭淮）奏請使居安定之高平，為民保障，其後因置西州都尉。」值得注意的是這裡不用屠各的稱呼，而仍沿用休屠這個名詞，可見屠各部乃休屠王的後裔。這裡所說的是涼州的休屠，涼州在甘肅武威一帶，正是西漢時休屠王所在地，大概在渾邪王殺休屠王降漢之後，大部份匈奴人遷到隴西，北地、上郡、朔方、雲中等地，還有小部份留居涼州，因而有的仍沿用原來的名稱，在這一帶的匈奴人也有稱為屠各的。

晉代，尤其是「五胡亂華」的時代，屠各又常見於史書。《晉書・載記》序說：劉淵在公元三〇四年稱漢王之後，「其為戰國者一百三十六載，抑元海為之禍首云」。劉淵是第一個中國漢化匈奴族人王朝的建立者。據《晉書・劉元海載記》說：「劉元海（即劉淵），新興匈奴人，冒頓之後也。名犯高祖廟諱，故稱其字焉。」他是於扶羅單于之孫，從這個世系看，劉元海應該是南匈奴人或其後裔，但在《晉書》中也有記載劉淵為屠各的。《晉書》卷六十三〈李矩列傳〉說：「劉元海屠各小醜，因大晉事故之際，作亂幽并。」劉元海也是屠各了。

應該指出，南匈奴所居的地方，早已有了屠各，兩部互相混雜，難於區分，但是〈劉元海載記〉敘其先世很清楚，〈李矩列傳〉中說劉元海為屠各，則是靳準遣使到李矩處說的，是否可靠？劉元海稱王之後，是否假托先世？也是問題。又《晉書・王彌列傳》王彌斥劉曜：「屠各子，豈有帝王之意乎！汝奈天下何！」劉曜是劉淵的族子。此外不僅劉淵家被稱為屠各，他的部下也有被稱為屠各的。《晉書・列女・賈渾妻宗氏》斥劉淵將喬晞為「屠各奴」，《晉書・劉聰載記》王延斥靳準為「屠各逆奴」。據此劉氏宗族屬屠各部族較可靠。

《晉書》卷一〇四〈石勒載記上〉說：「準（靳準）使卜泰送乘輿服御請和，勒與劉曜競有招懷之計，乃送泰於曜，使知城內無歸曜之意，以挫其軍勢。曜潛與泰結盟，使還平陽宣慰諸屠各。」宣慰諸屠各，說明屠各的數目必定很多，而且勢力很大。又同書卷一〇五〈石勒載記下〉說：「秦州休屠王羌叛於勒，刺史臨深遣司馬管光帥州軍討之，為羌所敗。隴右大擾，氐羌悉叛。」《晉書・劉曜載記》說：「黃石屠各路松多起兵於新平、扶風，聚眾數千，附於南陽王保。保以其將楊曼為雍州刺史，王連為扶風太守，據陳倉；張顗為新平太守，周庸為安定太守，據陰密。松多下草壁，秦隴氐羌多歸之。」同書又說：「休屠王石武以桑城降，曜大悅，署武為使持節，都督秦州隴上雜夷諸軍事、平西大將軍、秦州刺史，封酒泉王。……太寧元年（公元三二三年），陳安攻曜征西劉貢於南安，休屠王石武自桑城將攻上邽，以解南安之圍。安聞之懼，馳歸上邽，遇於瓜田。武以眾寡不敵，奔保張春故壘。安引軍追武曰：『叛逆胡奴！要當生縛此奴，然後斬劉貢。』武閉壘距之。貢敗安後軍，俘斬萬餘。安馳還赴救，貢逆擊敗之。俄而武騎大至，安眾大潰，收騎八千，奔於隴城。貢乃留武督後眾，躬先士卒，戰輒敗之，遂圍安於隴城。」

此外在苻堅等的載記中也有關於屠各的記載。《晉書》卷一一三〈苻堅載記上〉說：「屠各張罔聚眾數千，自稱大單于，寇掠郡縣。堅以其尚書鄧羌為建節將軍，率眾七千討平之。」〈苻堅載記〉中還提到匈奴左賢王衛辰，降於苻堅，以及後來又與匈奴右賢王曹轂合而反叛苻堅。這又說明當時的人們對於匈奴與屠各分別看待。《晉書》卷一一五〈苻登載記〉說：「於是貳縣虜帥彭沛穀、屠各董成、張龍世、新平羌雷惡地等盡應之，有眾十餘萬。」及苻登聞姚萇死，喜甚，「於是大赦，盡眾而東，攻屠各姚奴、帛蒲二堡，克之」。《晉書》卷一二六〈禿髮傉檀載記〉，「傉檀懼東西寇至，徙三百里內百姓入於姑臧，國中駭怨。屠各成七兒因百姓之擾也，率其屬三百人叛傉檀於北城。推梁貴為盟主，貴閉門不應。一夜眾至數千」。

《魏書》（北齊魏收著）記載屠各部族人多勢眾的也有好幾處。《魏書》卷二〈太祖紀〉：「天興元年（公元三九八年）……夏四月……鄜城屠各董羌、杏城虜水郝奴、河東蜀薛榆、氐帥苻興，各率其種內附。」同書〈太宗紀〉：「神瑞元年（公元四一四年）……六月……斗城屠各帥張文興等，率流民七千餘家內屬。」又泰常五年（公元四二〇年）「夏四月，河西屠各帥黃大虎、羌酋不蒙娥等遣使內附」。又〈世祖紀上〉神麚元年（公元四二八年），「八月……上郡休屠胡酋金崖率部內屬」。同書〈世祖紀下〉，「高涼王那破蓋吳黨白廣平，生擒屠各路那羅於安定，斬於京師」。又卷四十〈陸俟列傳〉說：「平涼休屠金崖、羌狄子玉等叛……追討崖等，皆獲之。」同書卷五十一〈呂羅漢列傳〉說：「上邽休官呂豐、屠各王飛廉等八千餘家，據險為逆，詔羅漢率騎一千討擒之。」《魏書》卷五十一〈封敕文列傳〉說：「金城邊冏、天水梁會謀反，扇動秦、益二州雜人萬餘戶，據上邽東城，攻逼西城。……被傷者眾，賊乃引退。冏、會復率眾四千攻城。氐羌一萬屯於南嶺，休官、屠各及諸雜戶二萬餘人屯於北嶺，為冏等形援。」同書又說：「略陽王元達因梁會之亂，聚眾攻城，招引休官、屠各之眾，推天水休官王官興為秦地王。敕文與臨淮公莫真討之，軍次略陽。……大破之。」

到六世紀的北周時代（公元五五七—五八一年），據《周書》卷二十七〈梁臺列傳〉說：「大統初，復除趙平郡守。又與太僕石猛破兩山屠各。」同書卷三十九〈王子直列傳〉說：「大統初，漢熾屠各阻兵於南山，與隴東屠各共為脣齒。太祖令子直率涇州步騎五千討破之，南山平。」

屠各作為匈奴一個部族存在的歷史，若從渾邪王與休屠王降漢遷居於五郡的時候算起，以至北周，共約有七百年之久。就是從東漢算起，也有五百餘年的歷史。從其歷史來看，東漢以後，聲勢逐漸增大，一方面可能是由於人口生殖日繁，另一方面可能由於南匈奴投降以後，居於五郡者有的同化於屠各，而稱為屠各。到了晉代，應時崛興。如果劉淵及其族人和部份部屬都是屠各的話，那麼屠各正如《晉書・載記》序中所說，是「五胡亂華」的「禍首」。

從地域上看，休屠王的徒眾雖遷到五郡，但河西走廊的武威一帶，還有屠各居留。遷到五郡者，以後又分到各處，散居河西走廊至山西東部，比較集中的地方是并州，就是現在的山西一帶。

從史書的記載來看，屠各在歷代的反抗運動中被殺者很多，然而這個匈奴部族一直存在下來，證明生命力很強。

《晉書・載記》、《十六國春秋》與《十六國春秋輯補》等書敘述劉淵以後的兩代漢化匈奴族王朝皇帝劉聰、劉曜事蹟的篇幅，比之敘述劉淵差不多多了三倍。因為劉淵建國，劉聰所起作用很大，許多重大的事情不少是發生在後兩人在位的時候。比方洛陽、長安的攻陷，晉懷、愍二帝的被俘，都是在劉聰的時代。劉曜稱帝後，改國號為趙，也是這個王朝的大事。

劉淵死後，不只是他的兒子們為爭位而互相殘殺，他的部下也為爭權而互相殘殺，如石勒之殺王彌，就是一例。石勒與劉聰之間貌合神離。加以劉聰即位之後，淫酗殘忍，對政事逐漸荒廢，群臣之間，互相排擠，互相傾軋。所以從表面上看，晉洛陽、長安的失陷，懷、愍二帝的被俘，是這個王朝的重大勝利，可是劉漢內部的腐化與分裂日愈發展。同時，晉自東遷以後，附者日眾，人心漸安，雖不能收復中原，但還能維持偏安局面，而在中國北部，卻陷入各少數族繼匈奴後紛紛建立王朝互相爭伐的五胡十六國時代。

劉聰於晉懷帝永嘉四年（公元三一〇年）就位。次年，出兵攻洛陽，晉懷帝被俘。《晉書・劉聰載記》：「署其衛尉呼延晏為使持節、前鋒大都督、前軍大將軍，配禁兵二萬七千，自宜陽入洛川，命王彌、劉曜及鎮軍石勒進師會之。晏比及河南，王師前後十二敗，死者三萬餘人。彌等未至，晏留輜重於張方故壘，遂寇洛陽，攻陷平昌門，焚東陽、宣陽諸門及諸府寺。懷帝遣河南尹劉默距之，王師敗於社門。晏以外繼不至，出自東陽門，掠王公已下子女二百餘人而去。時帝將濟河東遁，具船於洛水，晏盡焚之，還於張方故壘。」《晉書・孝懷帝紀》說：「大將軍苟晞表遷都倉垣，帝將從之，諸大臣畏滔，不敢奉詔，且宮中及黃門戀資財，不欲出。至是飢甚，人相食，百官流亡者十八九。帝召群臣會議，將行而警衛不備。帝撫手歎曰：『如何曾無車輿！』乃使司徒傅祗出詣河陰，修理舟楫，為水行之備，朝士數十人導從。帝步出西掖門，至銅駝街，為盜所掠，不得進而還。」《晉書・劉聰載記》說：「王彌、劉曜至，復與晏會圍洛陽。時城內飢甚，人皆相食，百官分散，莫有固志。宣陽門陷，彌、晏入於南宮，升太極前殿，縱兵大掠，悉收宮人、珍寶。曜於是害諸王公及百官已下三萬餘人，於洛水北築為京觀。遷帝及惠帝羊后，傳國六璽於平陽。」

漢軍滅晉過程中的殺掠行為受到劉曜的制止，劉曜後來是這個王朝的第三代皇帝。《晉書・王彌傳》：「彌之掠也，曜禁之，彌不從。曜斬其牙門王延以徇，彌怒，與曜阻兵相攻，死者千餘人。彌長史張嵩諫曰：『明公與國家共興大事，事業甫耳，便相攻討，何面見主上乎！平洛之功誠在將軍，然劉曜皇族，宜小下之。晉二王平吳之鑑，其則不遠，願明將軍以為慮。縱將軍阻兵不還，其若子弟宗族何！』彌曰：『善，微子，吾不聞此過也。』於是詣曜謝，結分如初。彌曰：『下官聞過，乃是張長史之功。』曜謂嵩曰：『君為朱建矣，豈況范生乎！』各賜嵩金百斤。」

晉懷帝被俘到平陽之後，晉群臣立武帝孫、吳孝王晏的兒子秦王鄴為帝，這就是愍帝。愍帝在位不到四年，即愍帝建興四年，公元三一六年又為劉曜所俘，西晉亡。

愍帝被俘的時候，揚、徐、江、荊、湘、廣、交七州尚為晉室所有，寧州也大半在晉室手中；梁、益、豫、兗、冀、幽等九州，晉室還有其半，而為劉漢所全有的不過并、雍、青、涼四州。然而從人心與士氣方面來說，二京的失陷與懷、愍二帝的被俘是對晉的最大打擊。

假如劉聰是一個英明君主，少事淫樂，勵精圖治，乘洛陽與長安的勝利，在晉元帝尚未安定江南之前，渡江窮追，就有統一中國的可能。可是相反，在劉聰死後，靳準反叛，劉粲被殺，石勒與劉曜互相攻伐而分裂為前趙與後趙，抵消了這個漢化匈奴族人建立的王朝的實力。

劉聰是劉淵的兒子，其母張夫人可能是漢人（匈奴人入居塞內者，多改漢姓），假如這個看法對，那劉聰有漢族的血統，而非純粹的匈奴人。

劉淵已深受漢族文化的影響，劉聰的漢化比他的父親更深。《晉書・劉聰載記》說：「弱冠游於京師，名士莫不交結，樂廣、張華尤異之也。」同書又說：「太原王渾見而悅之，謂元海曰：『此兒吾所不能測也。』」他不只能文，而且能武，「十五習擊刺，猿臂善射，彎弓三百斤，膂力驍捷，冠絕一時」。在劉淵稱王以後的歷次重要戰役中，劉聰都參加了。所以在劉淵建立漢國過程中，他的功勞是很大的。

永嘉四年（公元三一〇年）劉聰即皇帝位，「大赦境內，改元光興。尊元海妻單氏曰皇太后，其母張氏為帝太后，乂為皇太弟，領大單于、大司徒，立其妻呼延氏為皇后，封其子粲為河內王，署使持節、撫軍大將軍、都督中外諸軍事，易河間王，翼彭城王，悝高平王。遣粲及其征東王彌、龍驤劉曜等率眾四萬，長驅入洛川，遂出轘轅，周旋梁、陳、汝、潁之間，陷壘壁百餘。以其司空劉景為大司馬，左光祿劉殷為大司徒，右光祿王育為大司空。偽太后單氏姿色絕麗，聰烝焉。」

照匈奴的風俗，父死子妻後母是一件極為平常的事情，劉淵死，劉聰不以單氏為妻，是受了漢族風俗的影響。但他卻與單氏私通，說明還殘留匈奴風俗的痕跡。

劉聰沉緬於女色的地方很多。趙翼《廿二史劄記》卷十五〈一帝數后〉條說：「一帝一后禮也，至荒亂之朝，則漫無法紀，有同時立數后者。……劉聰僭位，立其妻呼延氏為皇后，後死；納劉殷女為皇后，後死；又納靳準女為皇后，未幾進為上皇后，而立貴妃劉氏為左皇后，貴嬪劉氏為右皇后；又立樊氏為上皇后。四后之外，佩皇后璽綬者，又七人。後又以宦者王沈養女為左皇后，宣懷養女為中皇后。」劉聰既沉緬於女色，對於政事置之不理。於是「六劉之寵傾於後宮，聰稀復出外，事皆中黃門納奏，左貴嬪決之」（《晉書．劉聰載記》）。

同時，他對大臣的勸告不僅拒絕，而且殘殺忠良，宵小因之乘進，國事毀壞，「左司隸陳元達以三后之立也，極諫，聰不納，乃以元達為右光祿大夫，外示優賢，內實奪其權也。……其上皇后靳氏有淫穢之行，陳元達奏之。聰廢靳，靳慚恚自殺。靳有殊寵，聰迫於元達之勢，故廢之。既而追念其姿色，深仇元達」（《晉書．劉聰載記》）。同書又說：「中常侍王沈養女年十四，有妙色，聰立為左皇后。尚書令王鑑、中書監崔懿之、中書令曹恂等諫曰：『……從麟嘉以來，亂淫於色，縱沈之弟女，刑餘小醜猶不可塵瓊寢，汙清廟，況其家婢邪！六宮妃嬪皆公子公孫，奈何一旦以婢主之，何異象榱玉簀而對腐木朽楹哉！臣恐無福於國家也。』」劉聰大怒，殺王鑑等。「鑑等臨刑，王沈以杖叩之曰：『庸奴，復能為惡乎？乃公何與汝事！』」劉聰還很殘忍。《晉書•劉聰載記》說：「左都水使者襄陵王攄坐魚蟹不供，將作大匠望都公靳陵坐溫明、徽光二殿不成，皆斬於東市。」劉聰「遊獵無度，常晨出暮歸」，中軍王彰諫，幾為劉聰所殺。

又如劉聰欲建鷁儀殿，陳元達諫阻，聰大怒曰：「吾為萬機主，將營一殿，豈問汝鼠子乎！不殺此奴，沮亂朕心，朕殿何當得成邪！將出斬之，並其妻子同梟東市，使群鼠共穴。」幸為劉聰之妻劉皇后所救才免於死。但他對於一些像石勒這樣強有力的將領卻又顯得無可奈何。「尋而石勒等殺彌於己吾而并其眾，表彌叛狀。聰大怒，遣使讓勒專害公輔，有無上之心，又恐勒之有二志也，以彌部眾配之。」

到了後來，石勒發展到公開地不聽劉聰的命令。「平陽大饑，流叛死亡十有五六。石勒遣石越率騎二萬，屯於并州，以懷撫叛者。聰使黃門侍郎喬詩讓勒，勒不奉命，潛結曹嶷，規為鼎峙之勢。」（以上皆見《晉書·劉曜載記》）

石勒、曹嶷既抗命於外，而王沈、靳準又專橫於內，再加天災不斷。「時聰境內大蝗，平陽、冀、雍尤甚。靳準討之，震其二子而死。河、汾大溢，漂沒千餘家。」過了一年，「聰所居斯則百堂災，焚其子會稽王衷已下二十有一人。聰聞之，自投於床，哀塞氣絕，良久乃蘇」。（《晉書·劉聰載記》）

劉聰死前要劉曜從長安回來當丞相，劉曜推辭，大概劉曜也感到與劉聰周圍的人氣味不投，難於相處，故留在長安。

劉聰死後由其子劉粲繼位，不久為靳準所殺。「將作亂……勒兵入宮，升其光極前殿，下使甲士執粲，數而殺之。」（《晉書·劉聰載記》）靳準自稱大將軍、漢大王，置百官，為了鞏固政權，防禦劉曜、石勒對他的攻擊，遣使稱藩於晉，準備聯合晉室以鞏固自己的地位。靳準殺劉粲後，石勒果然以討準為名向平陽進軍。「勒命張敬率騎五千為前鋒以討準，勒統精銳五萬繼之。」（《晉書·石勒載記·上》）劉曜也自長安東進屯於蒲阪，稱帝。石勒與劉曜皆以討準為名，一個進軍平陽，一個稱帝，所謂討伐靳準，結果成為石勒與劉曜的鬥爭。鬥爭的結果出現了兩個趙國，史家稱劉曜所建趙國為前趙，稱石勒所建趙國為後趙。石勒都於襄國（今河北邢台），劉曜徙都於長安。

前趙皇帝劉曜是劉淵宗族成員，前趙王統是劉淵所建漢國王統的繼續。劉曜是劉淵的族子，少孤被劉淵收養，廣讀漢籍，並在洛陽住過，漢化很深。在洛陽時「坐事當誅，亡匿朝鮮」。後來「遇赦而歸」，回來後「自以形質異眾，恐不容於世，隱跡管涔山，以琴書為事」。（《晉書・劉曜載記》）

在劉淵建立的漢國中，劉曜職位很高，都督中外諸軍事，劉淵建立漢國的過程中他的功勞也是很大的。靳準弒粲後他從長安引兵東進，太保呼延晏等自平陽逃出，與太傅朱紀、太尉范隆等向他上尊號，勸他當皇帝，他於公元三一八年即帝位，改元光初。

在世系上，劉曜是劉淵的族子，與劉聰是堂兄弟。但是劉曜就位之後一年，則表現了比劉淵、劉聰更強烈的匈奴民族意識。他不只下令改國號為趙，而且公開承認自己的祖宗是匈奴，以冒頓配天。但又稱匈奴是夏后的後裔。他說：「『蓋王者之興，必禘始祖，我皇家之先，出自夏后，居於北夷，世跨燕朔，光文以漢有天下歲久，恩德結於民庶，故立漢祖宗之廟，以懷民望，昭武因循，遂未悛革，今欲除宗廟，改國號，復以大單于為太祖，其議以聞。』於是太保呼延晏等曰：『今宜承晉，母子傳號，以光文本封盧奴，中山之屬城，陛下勳功懋於平洛，終於中山，中山分野屬大梁，趙也，宜革稱大趙，遵以水行承晉金行，國號曰趙。』曜從之，於是牲牡尚黑，旗幟尚玄，以冒頓配天，淵配上帝。」（湯球：《十六國春秋輯補》卷六〈前趙錄〉「劉曜」，叢書集成初編本）

劉曜認為劉淵稱漢，是因為「以漢有天下歲久，恩德結於民庶」。

從劉淵建立漢國到現在已有數代，不必再冒充漢裔，所以現在不只宗廟要改，國號也要改。從「昭武因循，遂未悛革」的語氣看，他覺得在劉聰時就應改了，可見他的民族意識多麼濃厚。劉淵假托為漢高祖劉邦的後裔，劉曜公開宣佈自己是匈奴的後裔，這也是匈奴走向完全漢化過程中的一種可以理解的曲折。

劉曜稱帝之初，地位尚不鞏固，長水校尉尹車和秦州刺史陳安反。劉曜用了很大的力氣才將尹、陳之叛鎮壓下去。

曜親征陳安，圍安於隴城。安頻出挑戰，累擊敗之，斬獲八千餘級。右軍劉乾攻平襄，克之，隴上諸縣悉降。曲赦隴右殊死已下，惟陳安、趙募不在其例。安留楊伯支、姜沖兒等守隴城，帥騎數百突圍而出，欲引上邽、平襄之眾還解隴城之圍。安既出，知上邽被圍，平襄已敗，乃南走陝中。曜使其將軍平先、丘中伯率勁騎追安，頻戰敗之，俘斬四百餘級。安與壯士十餘騎於陝中格戰，安左手奮七尺大刀，右手執丈八蛇矛，近交則刀矛俱發，輒害五六，遠則雙帶鞬服，左右馳射而走。平先亦壯健絕人，勇捷如飛，與安摶戰，三交，奪其蛇矛而退。會日暮，雨甚，安棄馬，與左右五六人步逾山嶺，匿於溪澗。……輔威呼延清尋其徑跡，斬安於澗曲。（《晉書・劉曜載記》）

劉曜平定陳安，軍威大振：「曜自隴長驅至西河，戎卒二十八萬五千，臨河列營，百餘里中，鐘鼓之聲沸河動地，自古軍旅之盛未有斯比。（張）茂臨河，諸戍皆望風奔退。」張茂懼怕，降曜。（《晉書・劉曜載記》）這時是劉曜勢力最盛時期。

劉曜雖然戰勝了在西邊的許多敵人，可是對在東邊最強勁的敵人石勒，不僅沒有辦法征服，反而在攻滅陳安之後，受到了石勒的攻擊，最後為石勒所殺。

石勒遣石季龍率眾四萬，自軹關西入伐曜，河東應之者五十餘縣，進攻蒲阪。曜將東救蒲阪，懼張駿、楊難敵乘虛襲長安，遣其河間王述發氐羌之眾屯於秦州。曜盡中外精銳水陸赴之，自衛關北濟。季龍懼，引師而退。……曜不撫士眾，專與嬖臣飲博，左右或諫，曜怒，以爲妖言，斬之。大風拔樹。昏霧四塞。聞季龍進據石門，續知勒自率大眾已濟，始議增滎陽戍，杜黃馬關。俄而洛水候者與勒前鋒交戰，擒羯。送之。曜問曰：「大胡自來邪？其眾大小復如何？」羯曰：「大胡自來，軍盛不可當也。」曜色變，使攝金墉之圍，陳於洛西，南北十餘里。曜少而淫酒，末年尤甚。勒至，曜將戰，飲酒數斗，常乘赤馬無故跼頓，乃乘小馬。比出，復飲酒斗餘。至於西陽門，撝陣就平，勒將石堪因而乘之，師遂大潰。曜昏醉奔退，馬陷石渠，墜於冰上，被瘡十餘，通中者三，爲堪所執，送於勒所。……勒諭曜與其太子熙書，令速降之，曜但敕熙「與諸大臣匡維社稷，勿以吾易意也」。勒覽而惡之，後爲勒所殺。（《晉書·劉曜載記》）

這是劉曜就位後第十一年，公元三二八年的事情。到了次年（公元三二九年），他的兒子熙和胤也被石勒擊敗殺死。石勒所建後趙是羯人建立的王朝，至此，第一個漢化匈奴人建立的王朝結束。「曜在位十年而敗。始，元海以懷帝永嘉四年僭位，至曜三世，凡二十有七載，以成帝咸和四年滅。」（《晉書·劉曜載記》）其實這二十七年中，若把劉和及劉粲加進去，應為五世。按照中國君主的標準，劉曜雖然「虓武」，但也很注意文治。《晉書·劉曜載記》說：「曜立太學於長樂宮東，小學於未央宮西，簡百姓年二十五已下十三已上，神志可教者千五百人，選朝賢宿儒明經篤學以教之」，是一位認真接受漢族文化的匈奴族君主。

第二十七章　中國漢化匈人建立的王朝（下）

「五胡十六國」時期，漢化匈奴人除了劉淵所建立的漢國外，還有赫連勃勃所建立的夏和沮渠蒙遜所建立的北涼。淝水戰後，前秦為後秦所滅，中國北部地區各少數民族再次紛紛割據稱雄，自立國號。赫連勃勃叛後秦，據今陝西、甘肅及內蒙等部份地區建立夏國，立國共二十五年（公元四〇七—四三一年）。

赫連勃勃之所以稱其國為夏，據《晉書·赫連勃勃載記》：「自以匈奴夏后氏之苗裔也，國稱大夏。」〈載記〉又說：在他稱王後六年，即夏龍昇六年（公元四一二年），「勃勃謂買德曰：『朕大禹之後，世居幽朔。祖宗重暉，常與漢魏為敵國。中世不競，受制於人。逮朕不肖，不能紹隆先構，國破家亡，流離漂虜。今將應運而興，復大禹之業，卿以為何如？』買德曰：『自皇晉失統，神器南移，群雄嶽峙，人懷問鼎，況陛下奕葉載德，重光朔野，神武超於漢皇，聖略邁於魏祖，而不於天啟之機建成大業乎！今秦政雖衰，藩鎮猶固，深願蓄力待時，詳而後舉。』勃勃善之」，抱有以少數族身份繼承中華民族祖先的政治文化傳統，統一中國之志。

赫連勃勃真興元年（公元四一九年），他在刻石頌德中又重申他是大禹之後：「夫庸大德盛者，必建不刊之業；道積慶隆者，必享無窮之祚。昔在陶唐，數鍾厄運，我皇祖大禹以至聖之姿……」（《晉書・赫連勃勃載記》）。這與劉曜令中所說：「我皇家之先出自夏后，居於北夷，世跨燕朔」，同樣地是以夏禹為他們的祖宗。不過劉曜雖廢除漢廟而改國號，但還沒有公開地指出劉邦所建立的漢室是匈奴的仇敵；而赫連勃勃則很清楚地指出漢魏是匈奴的仇敵：「朕大禹之後，世居幽朔。……常與漢魏為敵國。」但他又不像劉曜以冒頓配天，卻一再聲稱自己是夏禹的後裔，尊大禹而名其國為大夏。

關於赫連勃勃的祖先，《晉書・赫連勃勃載記》說他是去卑之後，與劉淵一支也有親族關係：「赫連勃勃字屈孑，匈奴右賢王去卑之後，劉元海之族也。曾祖武，劉聰世以宗室封樓煩公，拜安北將軍、監鮮卑諸軍事、丁零中郎將，雄據肆盧川。為代王猗盧所敗，遂出塞表。祖豹子招集種落，復為諸部之雄，石季龍遣使就拜平北將軍、左賢王、丁零單于。父衛辰入居塞內，苻堅以為西單于，督攝河西諸虜，屯於代來城。」

曹魏廢帝嘉平年間（公元二四九—二五四年），右賢王劉豹的勢力很大，鄧艾曾建議分其部眾為二部，以分其勢。以其中一部給去卑之子帶領，使遷居雁門。鄧艾沒有說去卑的兒子叫什麼名，但是去卑的孫子已經改用漢姓名，這就是劉武。劉武是赫連勃勃的曾祖父，劉武改用漢姓，但其本姓為鐵弗。其所以姓鐵弗，據《北史・僭偽附庸・夏》說：「北人謂胡父鮮卑母為『鐵弗』，因以號為姓。」所以嚴格說，赫連勃勃是混有鮮卑血統的匈奴人，這與他的祖先長時期「監鮮卑諸軍事」有關。至赫連勃勃時，又改姓為赫連。《晉書・赫連勃勃載記》說：「今改姓曰赫連氏，庶協皇天之意，永享無疆大慶。係天之尊，不可令支庶同之，其非正統，皆以鐵伐為氏，庶朕宗族子孫剛鋭如鐵，皆堪伐人。」鐵伐當就是鐵弗，因為伐與弗音相近。

赫連勃勃為什麼要改姓為赫連呢？一方面是因為他要以大夏的正統與其支庶有所區別。另一方面赫連有天的意義。「朕之皇祖，自北遷幽朔，姓改姒氏，音殊中國，故從母氏為劉。子而從母之姓，非禮也。古人氏族無常，或以因生為氏，或以王父之名。朕將以義易之。帝王者，係天為子，是為徽赫實與天連，今改姓曰赫連氏，庶協皇天之意，永享無疆大慶。」（《晉書・赫連勃勃載記》）勃勃改姓為赫連，雖然他說：「帝王者，係天為子，是為徽赫實與天連。」然匈奴也謂天為祁連，赫與祁音相近，所謂赫連，也許就是祁連。「帝王者，係天為子」，皇帝稱天子，匈奴單于也稱為天所生大單于，勃勃之所以以赫連為姓者，也就是以自己為天子，故以天為姓。

赫連勃勃以後秦姚興部將起事。《晉書・赫連勃勃載記》敘述這一過程說：

父衛辰入居塞內，苻堅以爲西單于，……及堅國亂，遂有朔方之地，控弦之士三萬八千。後魏師伐之，辰令其子力俟提距戰，爲魏所敗。……克代來，執辰殺之。勃勃乃奔於叱干部。叱干他斗伏送勃勃於魏。他斗伏兄子阿利先戍大洛川，聞將送勃勃，馳諫曰：「鳥雀投人，尚宜濟免，況勃勃國破家亡，歸命於我？縱不能容，猶宜任其所奔。今執而送之，深非仁者之舉。」他斗伏懼爲魏所責，弗從。阿利潛遣勁勇篡勃勃於路，送於姚興高平公沒奕于，奕于以女妻之。

勃勃身長八尺五寸，腰帶十圍，性辯慧，美風儀。興見而奇之，深加禮敬，拜驍騎將軍，加奉車都尉，常參軍國大議，寵遇逾於勳舊。興弟邕言於興曰：「勃勃天性不仁，難以親近。陛下寵遇太甚，臣竊惑之。」興曰：「勃勃有濟世之才，吾方收其藝用，與之共平天下，有何不可！」乃以勃勃爲安遠將軍，封陽川侯，使助沒奕于鎮高平，以三城、朔方雜夷及衛辰部眾三萬配之，使爲伐魏偵候。姚邕固諫以爲不可。興曰：「卿何以知其性氣？」邕曰：「勃勃奉上慢，御衆殘，貪暴無親，輕爲去就，寵之逾分，終爲邊害。」興乃止。頃之，以勃勃爲持節、安北將軍、五原公，配以三交五部鮮卑及雜虜二萬餘落，鎮朔方。時河西鮮卑杜崙獻馬八千匹於姚興，濟河，至大城，勃勃留之，召其衆三萬餘人僞獵高平川，襲殺沒奕于而并其衆，衆至數萬。

勃勃并其岳父沒奕于的部眾，其勢益盛，遂於公元四〇七年自稱天王大單于。《晉書・赫連勃勃載記》說：「義熙三年，僭稱天王、大單于，赦其境內，建元曰龍昇，署置百官。自以匈奴夏后氏為苗裔也，國稱大夏。以其長兄右地代為丞相、代公，次兄力俟提為大將軍、魏公，叱干阿利為御史大夫、梁公，弟阿利羅引為征南將軍、司隸校尉，若門為尚書令，叱以韃為征西將軍、尚書左僕射，乙斗為征北將軍、尚書右僕射，自餘以次授任。」一些重要的職位，都用其親屬，不少官號改用漢族的官制，但是單于這個名稱他仍舊沿用。稱王之後，乃併吞鮮卑部落，征伐鮮卑族所建之南涼（公元三九七—四一四年）禿髮傉檀和羌族所建之後秦（公元三八四—四一七年）姚興。〈載記〉說：

其年，討鮮卑薛干等三部，破之，降衆萬數千。……勃勃初僭號，求婚於禿髮傉檀，傉檀弗許。勃勃怒，率騎二萬伐之，自楊非至於支陽三百餘里，殺傷萬餘人，驅掠二萬七千口、牛馬羊數十萬而還。傉檀率衆追之，其將焦朗謂傉檀曰：「勃勃天姿雄驁，御軍齊肅，未可輕也，今因抄掠之資，率思歸之士，人自爲戰，難與爭鋒。不如從溫圍北渡，趣萬斛堆，阻水結營，制其咽喉，百戰百勝之術也。」傉檀將賀連怒曰：「勃勃以死亡之餘，率烏合之眾，犯順結禍，幸有大功。今牛羊塞路，財寶若山，窘弊之餘，人懷貪競，不能督厲士眾以抗我也。我以大軍臨之，必土崩魚潰。今引軍避之，示敵以弱。我眾氣銳，宜在速追。」傉檀曰：「吾追計決矣，敢諫者斬！」勃勃聞而大喜，乃於陽武下陜鑿凌埋車以塞路。傉檀遣善射者射之，中勃勃左臂。勃勃乃勒眾逆擊，大敗之，追奔八十餘里，殺傷萬計，斬其大將十餘人，以爲京觀，號「髑髏台」，還於嶺北。

從勃勃稱王至姚興死（公元四一六年）的十年之中，夏秦之間互相征伐從未停止。公元四〇八年勃勃與姚興惡戰，勃勃獲勝。公元四一五年勃勃與姚興再戰，「攻姚興將姚逵於杏城，二旬，克之，執逵及其將姚大用、姚安和、姚利僕、尹敵等，坑戰士二萬人」（《晉書・赫連勃勃載記》）。

劉裕滅秦之後，曾遣使遺勃勃書請通和好，約為兄弟。勃勃命中書侍郎皇甫徽寫了回書，勃勃將回書背熟，然後把劉裕使者叫到面前，「口授舍人為書，封以答裕」。劉裕看了答書，見回書寫得很好，深為佩服，使者告訴劉裕「勃勃容儀瑰偉，英武絕人」。劉裕聽後感慨地說：「吾所不如也！」（以上見《晉書・赫連勃勃載記》）

劉裕攻破長安之後，留其子義真鎮守。這時勃勃已回到都城統萬，聽到劉裕留義真守長安的信息後，大喜，遂攻長安。「以子璝都督前鋒諸軍事，領撫軍大將軍，率騎二萬南伐長安；前將軍赫連昌屯兵潼關，以買德為撫軍右長史，南斷青泥，勃勃率大軍繼發。璝至渭陽，降者屬路。義真遣龍驤將軍沈田子率眾逆戰，不利而退，屯劉迴堡。……璝夜襲長安，不克。勃勃進據咸陽，長安樵采路絕。劉裕聞之，大懼，乃召義真東鎮洛陽，以朱齡石為雍州刺史，守長安。義真大掠而東，至於灞上，百姓遂逐齡石，而迎勃勃入於長安。」（《晉書・赫連勃勃載記》）

勃勃於公元四一八年冬入長安，並於這一年築壇於灞上即皇帝位。勃勃死於公元四二五年。在這幾年中，除了真興元年（公元四一九年）遣將叱奴侯提帥步騎二萬攻毛德祖於蒲阪外，很少有大規模的軍事行動。南朝的宋與北朝的魏，都是他的勁敵，他不願離開統萬，是恐有不守之憂。所謂恐有不守之憂，就是想安守一隅。

勃勃曾與另一個漢化匈奴人建立的北涼聯盟。《晉書・赫連勃勃載記》說：

遣其御史中丞烏洛孤盟於沮渠蒙遜曰：「自金晉數終，禍纏九服，趙魏爲長蛇之墟，秦隴爲豺狼之穴。二都神京，鞠爲茂草，蠢爾群生，罔知憑賴。上天悔禍，運屬二家，封疆密邇，道會義親，宜敦和好，弘康世難。爰自終古，有國有家，非盟誓無以昭神祇之心，非斷金無以定終始之好。然晉楚之成，吳蜀之約，咸口血未乾，而尋背之。今我二家，契殊曩日，言未發而有篤愛之心，音一交而懷傾蓋之顧，息風塵之警，同克濟之誠，戮力一心，共濟六合。若天下有事，則雙振義旗；區域既清，則並敦魯衛。夷險相赴，交易有無，爰及子孫，永崇斯好。」蒙遜遣其將沮渠漢平來盟。

勃勃死，由其子赫連昌繼位，公元四二八年赫連昌戰敗，為魏所虜，魏封他為秦王，且妻以公主，可是不久被殺。其弟赫連定繼立，公元四三一年又為魏所虜，夏亡。

漢化匈奴族人沮渠蒙遜在今甘肅大部地區於公元四〇一年所建北涼，是最後一個漢化匈奴族人王朝，也是最後一個被北魏滅亡的少數族王朝。四三九年北魏滅北涼統一中國北部地區。

《晉書・沮渠蒙遜載記》：「沮渠蒙遜，臨松盧水胡人也。其先世為匈奴左沮渠，遂以官為氏焉。」《漢書・匈奴傳》敘述匈奴官號中有相、都尉、當戶、且渠之屬。顏師古注云：「且音子余反。今之沮渠姓，蓋本因此官。」《後漢書・南匈奴列傳》所敘述的匈奴官號中，也是寫作且渠而非沮渠。《晉書・北狄・匈奴》稱為沮渠。「其四姓，有呼延氏、卜氏、蘭氏、喬氏。而呼延氏最貴，則有左日逐、右日逐，世為輔相；卜氏則有左沮渠、右沮渠；蘭氏則有左當戶、右當戶；喬氏則有左都侯、右都侯。又有東陽、沮渠、餘地諸雜號，猶中國百官也。」

《晉書・沮渠蒙遜載記》與《漢書・匈奴傳》顏師古注均以為沮渠以官為氏，而《晉書・北狄・匈奴》以左沮渠與右沮渠為卜氏，史、漢敘述匈奴貴姓為三，一為呼衍氏，一為蘭氏，其後又有須卜氏。《後漢書・南匈奴列傳》也有須卜氏，《晉書》卜氏當為須卜氏。《漢書》與《後漢書》也列舉且渠官號，但是沒有說明且渠為卜氏，若不依《晉書》來看，則沮渠為官號，而其姓為卜氏，沮渠蒙遜不以卜氏為姓而以沮渠為姓就難於考證。

前面提到匈奴壺衍鞮單于所寵的顓渠閼氏的父親，是左大且渠，顓渠閼氏的弟弟都隆奇也是左大且渠，可能是承襲其父的職位。在虛閭權渠單于（壺衍鞮單于之弟）時，顓渠閼氏被黜，虛閭權渠單于死，顓渠閼氏切與其弟左大且渠都隆奇謀立右賢王屠耆堂為握衍朐鞮單于，重用顓渠閼氏弟都隆奇，盡免虛閭權渠單于子弟近親。虛閭權渠單于子稽侯狦亡歸岳父烏禪幕。烏禪幕與左地貴人共立稽侯狦為呼韓邪單于，發左地兵與握衍朐鞮單于戰，握衍朐鞮戰敗自殺。都隆奇歸附握衍朐鞮單于弟右賢王，共謀立日逐王薄胥堂為屠耆單于，後屠耆兵敗自殺，都隆奇降漢。

這裡稍為追述左大且渠都隆奇其人並不是因為都隆奇降漢而入居塞內，而是因為他有可能是沮渠蒙遜的祖宗。再說左大且渠在匈奴也是一個很重要的地位，他甚至一再謀立新單于，其地位之重要是無可懷疑的。

湯球《十六國春秋輯補》卷九十五〈北涼錄〉說：「沮渠蒙遜，臨松盧水胡人也。……世居盧水為酋豪，高祖暉，曾祖遮，皆雄健有勇力，祖祁復延，封北地王，父法弘襲爵，苻堅時，以為中田護軍，卒，蒙遜代領部曲。」蒙遜是深受漢文化影響的人。《晉書・沮渠蒙遜載記》說：「蒙遜博涉群史，頗曉天文，雄傑有英略，滑稽善權變，梁熙、呂光皆奇而憚之。故常游飲自晦。」漢化程度方面他當然比不上劉淵，但比之赫連勃勃似又過之。他雖然沒有否認他是匈奴的後裔，但他的匈奴民族意識卻沒有赫連勃勃那麼濃厚，他沒有以冒頓配天，也沒有稱大單于。

蒙遜本來臣事後涼國的呂光（氐族人），因伯父羅仇及仇弟麴粥為呂光所殺，遂反叛呂光。《十六國春秋輯補》說：

> 光之王于涼土，使蒙遜自領營人，配箱直，又以蒙遜伯父羅仇爲西平太守，仇弟麴粥爲三河太守。後涼龍飛二年，蒙遜伯父羅仇、麴粥，從呂光子慕瓚，征河南王乞伏乾歸於枹罕，光前軍大敗，麴粥言於兄羅仇曰：「主上荒耄驕縱，諸子朋黨相傾，讒人側目，今軍敗將死，正是智勇見猜之日，可不懼乎！吾兄弟素爲所憚，與其經死溝瀆，豈若勒眾向西平，出苕藋，奮臂大呼，涼州不足定也。」羅仇曰：「理如汝言，但吾家累世忠孝，爲一方所歸，寧人負我，無我負人。」俄而皆

爲光所殺。

羅仇、麴粥被殺後，其宗姻諸部來會葬者萬餘人，蒙遜乘機向眾宣稱，他的祖宗在前漢王莽末年與光武初年的時候，曾與竇融保寧河右，有過光榮的歷史。同時他又說：「呂王昏耄，荒虐無道，豈可坐觀成敗，不上繼先祖安時之志，下使二父有恨黃泉。」（《十六國春秋輯補》卷九十五〈北涼錄〉「沮渠蒙遜」）他這一號召得到群眾擁護，「咸稱萬歲」，遂殺呂光的中田護軍馬邃，臨松令井祥，十日之中，眾至萬餘，屯據金山。呂光派呂纂進擊蒙遜，蒙遜戰敗。這時蒙遜從兄男成聞蒙遜起兵反呂光，也集合數千人屯於樂涫，殺酒泉太守壘滕（《通鑑》作壘澄），蒙遜收集部曲，與男成共擁立呂光建康太守段業為使持節大都督、龍驤將軍、涼州牧、建康公，改呂光龍飛二年為神璽元年，時為公元三九七年。

段業稱王之後，《晉書・沮渠蒙遜載記》說：

業以蒙遜爲張掖太守，男成爲輔國將軍，委以軍國之任。業將使蒙遜攻西郡，眾咸疑之。蒙遜曰：「此郡據嶺之要，不可不取。」業曰：「卿言是也。」遂遣之。蒙遜引水灌城，城潰，執太守呂純以歸。於是王德以晉昌，孟敏以敦煌降業。業封蒙遜臨池侯。呂弘去張掖，將東走，業議欲擊之。蒙遜諫曰：「歸師勿過，窮寇弗追，此兵家之戒也。不如縱之，以爲後圖。」業曰：「一日縱敵，悔將無及。」遂率眾追之，爲弘所敗。業賴蒙遜而免，歎曰：「孤不能用子房之言，以至於此！」業築西安城，以其將臧莫孩爲太守。蒙遜曰：「莫孩勇而無謀，知進忘退，所謂爲之築塚，非築城也。」業不從。俄而爲呂纂所敗。蒙遜懼業不能容己，每匿智以避之。……業憚蒙遜雄武，微欲遠之，乃以蒙遜從叔益生爲酒泉太守，蒙遜爲臨池太守。

從上面呂光與段業的幾次戰爭中可以看出蒙遜雄武而有智謀，因此引起段業畏忌。蒙遜對於段業也時時提防，最後產生了反叛段業的意圖。「蒙遜謂男成曰：『段業愚闇，非濟亂之才，信讒愛佞，無鑑斷之明。……蒙遜欲除業以奉兄何如？』」（《晉書・沮渠蒙遜載記》）男成拒絕了蒙遜的意見。

蒙遜見男成不同意他反叛段業，乃設計陷害男成，假段業之手殺之。蒙遜聞男成死，乃泣告男成部眾「男成忠於段公，枉見屠害，諸君能為報仇乎？且州土兵亂，似非業所能濟。吾所以初奉之者，以之為陳、吳耳，而信讒多忌，枉害忠良，豈可安枕臥觀，使百姓離於塗炭」。於是「眾皆憤泣而從之」。（《晉書・沮渠蒙遜載記》）最後段業為蒙遜所殺。

蒙遜既攻滅段業，他的部下推他為使持節、大都督、大將軍、涼州牧、張掖公。於是大赦境內，改元為永安。時為東晉安帝隆安五年（公元四〇一年）。到永安十三年，即晉安帝義熙八年（公元四一二年）蒙遜又稱河西王。蒙遜死於南朝宋文帝元嘉十年（公元四三三年），在位三十三年。他在位的三十三年中不只與西北諸國有外交關係，而且與南邊的晉、宋，東邊的魏，以及西域三十六國也有外交關係。他所建立的北涼，雖是一小國，但包括的地區範圍很廣，有這麼多的和平外交關係，戰爭也少，內部比較穩定。在十六國中，它是最後滅亡的。

在蒙遜稱涼州牧時，後秦姚興曾遣姚碩德攻呂隆於姑臧，蒙遜遣從事中郎李典聘於興，以通和好。三年後，蒙遜又遣弟挐入貢於秦，到了晉安帝義熙十三年（公元四一七年）劉裕攻滅後秦，蒙遜很惱火。「蒙遜聞劉裕滅姚泓，怒甚。門下校郎劉祥言事於蒙遜，蒙遜曰：『汝聞劉裕入關，敢研研然也！』遂殺之。」（《晉書・沮渠蒙遜載記》）可見他對姚秦始終有好感。

晉安帝義熙十一年（公元四一五年），蒙遜在與東晉和平交往的最後，曾上表稱臣於晉。「晉益州刺史朱齡石遣使來聘。蒙遜遣舍人黃迅報聘益州，因表曰：『上天降禍，四海分崩，靈耀於南裔，蒼生沒於醜虜。陛下累聖重光，道邁周漢，純風所被，八表宅心。臣雖被髮邊徼，才非時雋，謬為河右遺黎推為盟主。臣之先人，世荷恩寵，雖歷夷嶮，執義不回，傾首朝陽，乃心王室。去冬益州刺史朱齡石遣使詣臣，始具朝廷休問。承車騎將軍劉裕秣馬揮戈，以中原為事，可謂天贊大晉，篤生英輔。臣聞少康之興大夏，光武之復漢業，皆奮劍而起，眾無一旅，猶能成配天之功，著〈車攻〉之詠。陛下據全楚之地，擁荊揚之銳，而可垂拱晏然，棄二京以資戎虜！若六軍北軫，克服有期，臣請率河西戎為晉右翼前驅。』」（《晉書・沮渠蒙遜載記》）晉收到蒙遜書後，遣使拜他為涼州刺史。雖然他對劉裕攻滅姚泓十分惱火，但是在宋文帝元嘉六年（公元四二九年）也遣使入貢於宋，並求賜書。

此外，他又曾稱臣於魏。《北史》卷二〈魏本紀〉：「（始光）三年……十二月……武都王楊玄及沮渠蒙遜等使使內附。」

但蒙遜與南涼的禿髮傉檀之間卻不斷發生戰爭。「傉檀於是率師伐沮渠蒙遜，次於氐池。蒙遜嬰城固守，芟其禾苗，至於赤泉而還。」過了兩年，「傉檀偽游澆河，……徵集戎夏之兵五萬餘人，大閱於方亭，遂伐沮渠蒙遜，入西陝。蒙遜率眾來距，戰於均石，為蒙遜所敗。」（《晉書・

禿髮傉檀載記》）禿髮傉檀與沮渠蒙遜之間發生多次戰爭，總的說來禿髮傉檀是勝少敗多。晉安帝義熙六年（公元四一〇年）窮泉之戰，傉檀大敗，最後單騎逃走。

儘管蒙遜節節勝利，但是始終沒有攻破南涼首都樂都。公元四一四年，傉檀決意向西發展，征伐乙弗而留其太子武台（《通鑑》作虎台）留守樂都。正當傉檀大破乙弗取得軍事上很大勝利的時候，河南王熾磐乘虛攻破樂都，傉檀降，南涼亡。熾磐於這一年十月稱秦王，這就是西秦。從此，沮渠蒙遜與西秦又不斷發生衝突。

蒙遜遣其將運糧於湟河，自率眾攻克乞伏熾磐廣武郡。以運糧不繼，自廣武如湟河，度浩亹。熾磐遣將乞伏魋尼寅距蒙遜，蒙遜擊斬之。熾磐又遣將王衡、折斐、麴景等率騎一萬據勒姐嶺，蒙遜且戰且前，大破之，擒折斐等七百餘人，麴景奔還。蒙遜以弟漢平為折衝將軍、湟河太守，乃引還。

……

熾磐率眾三萬襲湟河，漢平力戰固守，遣司馬隗仁夜出擊熾磐，斬級數百。熾磐將引退，先遣老弱。漢平長史焦昶、將軍段景密信招熾磐，熾磐復進攻漢平。漢平納昶、景之說，面縛出降。仁勒壯士百餘據南門樓上，三日不下，眾寡不敵，為熾磐所擒。熾磐怒，命斬之。段暉諫曰：「仁臨難履危，奮不顧命，忠也。宜宥之，以厲事君。」熾磐乃執之而歸。在熾磐所五年，暉又為之固請，乃得還姑臧。及至，蒙遜執其手曰：「卿，孤之蘇武也！」以為高昌太守。（《晉書・沮渠蒙遜載記》）

熾磐攻破湟河，乃以其左衛將軍匹達為湟河太守，這是公元四一五年的事情。

蒙遜經過這次失敗，第二年遂與熾磐媾和。雙方和好之後，至熾磐死的十幾年中，沒有發生大規模的軍事衝突。熾磐死後，由其子慕末繼立。蒙遜出兵伐慕末，慕末將蒙遜從弟沮渠成都送回並求和親。但不久蒙遜再次出兵伐慕末，慕末逃往上邽，又為夏國赫連定所敗，於次年（公元四三〇年）被殺，西秦亡。

下面談談北涼與西涼的關係。

西涼是李暠建立的，位於北涼的西邊。西涼的建立者李暠是漢族人，段業為敦煌太守時，他是段業的部下，段業為蒙遜所殺，李暠自稱涼公。從此，西涼與北涼之間不斷發生軍事衝突。「沮渠蒙遜來侵，至於建康，掠三千餘戶而歸，暠大怒，率騎追之，及於彌安，大敗之，盡收所掠之戶。」（《十六國春秋輯補》卷九十三〈西涼〉）「既而蒙遜每年侵寇不止。」（同上書）同書又說：「（建初）七年，秋八月，蒙遜復背前盟，率輕騎來侵。暠曰：『兵有不戰而敗敵者，挫其銳也。蒙遜新與吾盟，而遽來襲我，我閉門不與戰，待其銳氣已竭，徐而擊之，蔑不克矣。』蒙遜糧盡引去，暠遣世子歆要擊，敗之，獲其將沮渠百年。」同書卷九十五〈北涼錄〉「沮渠蒙遜」說：「（永安）七年，蒙遜襲李暠於酒泉，至安彌（今甘肅酒泉東。一作「安珍」），去城六十里，暠乃覺，引軍出戰，遂大破之，暠閉城自守，蒙遜亦引而歸。」

據湯球《十六國春秋輯補》卷九十三〈西涼錄〉「李暠」、卷九十五〈北涼錄〉「沮渠蒙遜」，從李暠建初二年（公元四〇六年）至建初七年（公元四一一年），每年都幾乎有大小不同的戰爭。李暠死於公元四一七年，李暠死後由其子歆繼位，李歆一繼位便與沮渠蒙遜發生了戰爭。《十六國春秋輯補·西涼錄》「李歆」：「沮渠蒙遜遣其張掖太守沮渠廣宗詐降誘歆，歆遣武衛溫宜等赴之，親勒大軍，為之後繼，蒙遜率眾三萬，設伏於蓼泉，歆聞引兵還，為蒙遜所逼，歆親貫甲先登，大敗之，追奔百餘里，俘斬六千餘級。」

到宋武帝永初元年（公元四二〇年），李歆聞蒙遜南伐西秦，遂舉兵伐蒙遜，結果失敗被殺。「歆遂率步騎三萬東伐，次於都瀆澗，蒙遜自浩亹來拒，戰於懷城，歆為蒙遜所敗，左右勸歆還酒泉，歆曰：『吾違太后明誨，遠取敗辱，不殺此胡，復何面目以見母也。』勒眾復戰，敗於蓼泉，為蒙遜所殺。」（《十六國春秋輯補》卷九十四〈西涼錄〉「李歆」）

李歆死，其弟李恂稱冠軍將軍、涼州刺史，改元永建，可是不久又為蒙遜所殺，西涼亡。

蒙遜死於宋文帝元嘉十年（公元四三三年），其子沮渠茂虔繼立，公元四三九年為魏所滅。自蒙遜於晉安帝隆安五年（公元四〇一年）自稱州牧起至北涼滅亡，立國三十九年。

第二十八章　匈奴與西域的歷史淵源

西遷入歐的匈奴人，通常指公元九十一年被東漢竇憲、耿夔擊潰的那部份北匈奴，以及公元三七四年出現在東歐東歌德人邊境上的匈人。大多數匈奴史研究者已確認，這兩部份匈奴人的活動是同一歷史運動過程的首尾部份。如何使這將近四百年的匈奴西遷運動史銜接起來，是一項至今尚未完全解決的難題。本書的看法是，匈奴西遷並非指某一特定部份匈奴人，如北匈奴持續的遠征過程，而是原居住在蒙古高原上的匈奴族人，長時期地向西進行的民族移徙的過程。其中包括戰爭以及征服與反征服的內容，也包括種族、文化的融合內容。其時間至晚在公元前一二世紀時已經開始，至公元五世紀中葉歐洲史上的匈奴帝國崩潰以後，匈奴族人逐步融入歐洲各民族中為止。

因此，匈奴西遷史與同時期其他有關民族和國家的歷史是不可分的。匈奴西遷的第一個浪潮就是進入中國古稱西域（狹義）地方，即今日新疆地方的歷史。

匈奴與西域的關係究竟始於何時，難於考證。《史記・匈奴列傳》說在頭曼的時候，「東胡強而月氏盛」。《史記・大宛傳》又說：「始月氏居敦煌、祁連間。」敦煌、祁連就是後來的河西走廊。《漢書・張騫李廣利傳》又說：烏孫與「大月氏俱在祁連、敦煌間，小國也」。

後來烏孫曾為大月氏攻滅，其殘眾及太子逃到匈奴。頭曼時代的匈奴，東邊有強盛的東胡，西邊有強盛的大月氏，南邊又有強秦，可以說其勢力尚沒有伸張到西域。

冒頓殺父頭曼自立之後，史書有大破東胡，南侵漢，「西擊走月氏」的記載。這應該是冒頓即位後不久的事，即漢高祖統一天下後數年間的事。不過所謂擊走月氏，大概不外是擊敗月氏，並非把月氏逐出其故地。

到了冒頓的末年，也就是漢文帝三年至四年間（公元前一七七—前一七六年），冒頓又遣右賢王去攻擊月氏，月氏這一次被匈奴打得大敗，匈奴的勢力遂伸張到西域諸國。據《史記・匈奴列傳》說：匈奴戰敗月氏之後，又定樓蘭（即後之鄯善，握入天山南路之要衝）、烏孫、呼揭及其旁二十六國。在樓蘭之西及其西南的塔里木盆地的好多國家也為匈奴所威服。至於呼揭西南的大宛、康居等處是否也為匈奴所平定，就不容易回答了。

可以推想，在月氏未被匈奴擊敗仍很強盛的時候，可能樓蘭及其近旁好多國是受月氏控制的。匈奴不能擊敗月氏，就難伸張其勢力至西域。月氏為匈奴所破之後，這些原來受月氏控制的國家就不得不屈服於匈奴。而且西域的好多國家，過去若不是受月氏控制，則匈奴在很短的時間中是否能一舉降服二十餘國，也是一個問題。我們從漢朝爭取西域諸國的歷史中可以看出，在匈奴強盛時，西域諸國役屬於匈奴；可是匈奴的勢力若為漢所攻破，西域諸國又降服於漢。西域諸國的數目很多，力量單薄，不屬匈奴就屬於漢。在漢朝勢力未伸張到西域之前，西域則是月氏與匈奴爭奪的對象。

匈奴的右賢王雖然敗月氏，平定樓蘭及其他好多國家，但是月氏在這個時期還未滅亡。烏孫後為月氏所滅，可能還是在月氏被匈奴大敗之後。所以，在這個時候，月氏仍居其故地，這就是敦煌、祁連之間。

冒頓死後，其子稽粥就位，稽粥號老上單于。他即位後不久又攻擊月氏，月氏的這一次被擊，不只大敗，其王也被殺死，老上單于把他的頭以為飲器。經過這一次的大敗之後，大部份的月氏人不得不離開敦煌、祁連間，向西北逃到天山以北伊犁河谷一帶，仍稱大月氏，其小部份留在故地者，遂與羌人雜處，稱小月氏。這個時候，敦煌、祁連一帶地方，遂為匈奴佔據。匈奴在西域的力量更加鞏固，自河西走廊以至塔里木盆地，均入其範圍。匈奴的版圖，此時東至東胡故地，南到長城，北至貝加爾湖，西至蔥嶺以至於蔥嶺之西。

匈奴伸張其勢力於廣大的西域之後，有的地方由其部眾及人民前去居住，敦煌、祁連就是一個例子。伊吾，就是近代的哈密，它和蒲類海一帶可能也屬這一類。因為這些地方水草豐茂，適宜於畜牧。有的地方如塔里木盆地一帶是居國，有城郭，人民多從事耕種，適宜於畜牧的地方較少，所以，匈奴很少移民到這些地方居住。《漢書・西域傳》說：「西域諸國大率土著，有城郭田畜，與匈奴、烏孫異俗，故皆役屬匈奴。匈奴西邊日逐王置僮僕都尉，使領西域，常居焉耆、危須、尉黎間，賦稅諸國，取富給焉。」這裡所謂大率土著的西域諸國，就是塔里木盆地的諸國。匈奴西邊日逐王這個官號，沒有見於匈奴的早期歷史，應該是匈奴征服西域之後才設置的。徐松《漢書・西域傳補注》曾指出：「匈奴傳……狐鹿姑單于始以左賢王子先賢撣為日逐王，蓋置在太始時。……西邊者，匈奴右部界西域。」

司馬光《資治通鑑》指出，先賢撣為日逐王是在太始元年（公元前九十六年）。《漢書補注》又說：其時，「匈奴左右大都尉在二十四長之列，二十四長又各置相都尉」。僮僕都尉的位置，在大都尉之下，都尉與大都尉的位置又應在日逐王之下。日逐王在西邊，照匈奴的官制來說，似應在右賢王之下。因為匈奴除單于外，地位最高的是左賢王，次為左谷蠡王，又次為右賢王。左賢王居東邊，右賢王居西邊。冒頓遣右賢王攻擊月氏，平定樓蘭及其旁諸國，就是因為有關西方的軍事行動由右賢王負責。日逐王先賢撣居西邊，是右賢王的管轄區，他自己是否完全管理西域事務？不得而知。但是，僮僕都尉為管理西域諸國的官號，而徵收賦稅，則直接受日逐王的指揮。日逐王所住的地方似在敦煌的西邊伊吾、蒲類一帶，僮僕都尉則常駐天山以南的北道諸國，以便就近管理。

匈奴奴役西域的人民，使他們在沙漠綠洲上點滴農田中辛苦得來的果實，用很多去供給匈奴，這是匈奴對西域在經濟上的剝削。除此之外，西域的人民還要為匈奴當兵或服役。王先謙《漢書補注》述沈欽韓說：「僮僕都尉蓋主簡閱人口。」所謂簡閱人口，就是清查人口。

清查人口的目的大致有二：一是為著徵收賦稅，同時在戰時或必要時抽調丁壯去當兵。

總而言之，匈奴控制西域，不只在物力上對匈奴有幫助，在人力上也有幫助。強盛時代的匈奴得到了西域，固使其愈為強盛，就是在匈奴衰弱的時候，匈奴仍極力爭取西域，目的是要得到西域的物力與人力以增強其力量，用以對抗漢朝。匈奴西徙第一步的目的，是要使西域成為匈奴物力與人力的主要來源。

僮僕都尉之所以常居焉耆、危須、尉黎這幾個地方，是因為這幾個地方是西域的交通要道。徐松考證說：「三國在西域北道，而東西適中，故僮僕都尉治之。」《漢書・西域傳》敘又說：「其後日逐王畔單于，將眾來降，護鄯善以西使者鄭吉迎之。既至漢，封日逐王為歸德侯，吉為安遠侯。是歲，神爵三年也。乃因使吉並護北道，故號曰都護。都護之起，自吉置矣。僮僕都尉由此罷，匈奴益弱，不得近西域。」

日逐王之所以反畔握衍朐鞮單于，上面已經說過。他這次率眾數萬騎來降漢，說明他的勢力相當雄厚。日逐王降漢之後，西域的南北兩道，都為漢所控制，所以匈奴的僮僕都尉就不得不取消。這是漢宣帝神爵三年（公元前五十九年）的事情。僮僕都尉的設置，若是與日逐王的設置是同時的話，那麼僮僕都尉也應設於武帝太始元年（公元前九十六年）。從設置至取消共三十七年的時間來看，應該指出，僮僕都尉的設置雖不過三十幾年，但是，自冒頓征服西域到這個時候則已有八十多年之久，具有牢固影響。

在匈奴強盛的時候，天山以南的西域諸國固受其控制，烏孫以及烏孫以西的大宛、康居各國，也都畏服匈奴。所以匈奴使者之到這些國家的，只要持匈奴單于一封信，各國對其使者就畢恭畢敬。使者在旅途中所需要的食物或是交通工具，各國也皆不得不供給。反之，漢使者到了這些國家，若非用貨物去交換或用錢幣去購買，則這些國家往往不願供給，而且所給予的財物價值多於換取的食物或驛騎。有時他們還搶劫漢使的財物，甚至殺害漢的使者。其原因一方面是因為漢朝富於財物，他們想取得這些財物，只有換取或搶劫；一方面則是因為匈奴在地區上與他們接近，威力又早已伸張到這些地方，漢朝則距離他們很遠，不能遣兵去征伐他們。

在匈奴強盛的時候，西域諸國固往往優待匈奴的使者，虐待漢的使者，就是在匈奴衰弱的時候，以至漢遣兵攻破在康居的匈奴郅支單于之後，西域諸國，像康居對於漢使者仍極傲慢。《漢書・西域傳》指出在匈奴已向漢稱臣的時候，康居見了漢使仍不拜。

又如漢遣宗室公主細君嫁給烏孫昆莫，昆莫以她為右夫人，匈奴也遣女嫁給昆莫，昆莫以她為左夫人。匈奴與烏孫俗重左輕右，這又說明西域諸國之對於匈奴是比對漢為尊重的，雖則這時候匈奴在祁連、敦煌的勢力已被漢攻破。班超出使鄯善，其王最初對於班超很為優待，但是匈奴使者一到，鄯善王對班超的態度就疏遠起來。于闐王廣德可以攻滅稱雄一時的蒲車王賢，可是匈奴一來，就不得不投降。這都說明匈奴在西域有一種強大的潛在威力。

西域諸國的官制與匈奴的官制也互為影響。例如《漢書・匈奴傳》說：「匈奴謂賢曰屠耆，故常以太子為左屠耆王。」鄯善曾有個叫做尉屠耆的質於漢。他是鄯善王的太子。這大概就是受了匈奴官制名稱的影響所致。《漢書・張騫傳》云：「傅父布就翎侯……」①其注中說服虔曰：「傅父如傅母也。」李奇曰：「布就，字也。翕侯，烏孫官名也，為昆莫作傅父也。」師古曰：「翕侯，烏孫大臣官號，其數非一，亦猶漢之將軍耳。而布就者又翕侯之中別號，猶右將軍、左將軍耳，非其人之字。翎與翕同。」我們知道大月氏有五翕侯，匈奴傳載康居有翕侯，〈匈奴傳〉說：匈奴以小王趙信為翕侯，那麼匈奴也有翕侯的官號，匈奴之所以有這個官號，可能是受了西域諸國的影響，這說明匈奴與西域在風俗上有相同之處，在政治文化上也曾有過相互影響。

漢朝在武帝就位後（公元前一四〇年），開始與匈奴爭奪西域。他爭取西域的方法有二：一為外交，一為武力。其實我們也可以說，他對兩者是配合起來運用的。他就位後二年，就派張騫去聯絡已遷至蔥嶺以西阿姆河上游的大月氏，希望共擊匈奴。張騫在往返途中，都為匈奴所捕獲，而且他也沒有說服大月氏與漢共攻匈奴。但是，他這一次出使經蔥嶺以東而到蔥嶺以西的大宛、康居、大夏、大月氏諸國，使漢人對於西域的情況，得到比較正確的認識。

張騫十餘年中兩次出使，雖然不能達到目的，然而漢朝在軍事上，不只對於匈奴本部給予很大的打擊，而且在公元前一二一年攻破了匈奴在祁連一帶的勢力，從此以後，匈奴所控制的西域，遂受到漢朝的威脅。張騫於公元前一一五年出使烏孫，就既不需要像第二次企圖繞道蜀滇去通大夏，也不像第一次出使往來遭到匈奴的扣留了。他出使烏孫的目的，是說服烏孫徙回敦煌、祁連一帶與漢聯盟，共拒匈奴。這個目的也沒有達到，但是烏孫使者跟著張騫來到漢朝，看見了漢的富強，使西域諸國此後對漢逐漸仰慕，漢的威信日增，匈奴在這些地方的勢力乃日益受到不利影響。

敦煌至祁連間本為月氏與烏孫故地，月氏滅烏孫，烏孫太子昆莫及其一部殘眾逃亡匈奴。後來匈奴逐走月氏，使其大部份人民逃到伊犁一帶，攻破這個地方的塞族，佔領其地。後匈奴又幫助烏孫人逐走伊犁河谷的月氏人，由烏孫據其地，月氏遂遷至中亞阿姆河上游大夏地。匈奴自從迫走在敦煌、祁連一帶大部份的月氏人之後，乃佔有其地，住在這個地方的是渾邪王與休屠王。因霍去病率兵攻破祁連的匈奴勢力，渾邪王與休屠王遂降於漢。

漢在初得這塊地方時，本想照張騫的提議，說服烏孫遷回故地。由於烏孫不願意這樣做，漢除置酒泉郡外，後來又分置武威、張掖、敦煌三郡，共為四郡；又置兩關，這就是玉門與陽關；並徙民實邊，使本為匈奴牧場的一些地方，變成農田，成為漢的版圖的一部份；同時，也成為與匈奴爭奪西域的根據地。

公元前一〇四年，武帝遣李廣利伐大宛，因兵士在途中損失過大，沒有到大宛都城而回。兩年後又調大軍去伐大宛，這一次降服了大宛。匈奴本來想截住漢朝的軍隊，可是漢軍兵力雄盛，威振西域諸國，匈奴就沒有輕舉妄動。

---

① 據中華書局標點本《漢書・張騫傳》正文，「翕侯」作「翖侯」。

漢既聯絡天山以北的烏孫，又降服蔥嶺以西的大宛，敦煌以西，分別據通往天山南北路要衝的鄯善、車師，遂成為匈奴與漢爭奪的重點對象。

與此同時，匈奴本部因屢受漢的攻擊，逐漸加緊向西邊遷徙的活動。公元前一〇五年，匈奴烏維單于死了，他的兒子詹師廬繼立，號為兒單于。兒單于大約覺得在二十年中漢不斷地攻擊匈奴，使匈奴遭受很大損失，故而不得不向西北逃避。《漢書》中指出，烏維單于死後，「單于益西北」。以前東邊左賢王所居的地方，退到了中部。而以前單于所居的中部，又退到以前右賢王所居的西部。至於右賢王又更向西移，與氐羌已很接近。

匈奴重心的西移，有兩種結果：第一是在匈奴之東的烏桓、鮮卑慢慢地強盛起來；第二是匈奴益向西北走，匈奴不只愈近西域，而且匈奴本身也逐漸成為西域的一部份，因而匈奴與漢爭奪西域也愈趨劇烈。對於控制西域的要衝來說，鄯善與車師尤其重要。

鄯善在冒頓的末年，已被匈奴征服。但是自漢佔據了祁連、敦煌一帶之後，用外交與武力兩種手段爭取到久為匈奴所控制的鄯善，於是控制了西域的南道。鄯善以西的南道既為漢所控制，漢又與匈奴爭奪通向西域北道的要衝——車師。車師地當天山之南與天山之北，到了匈奴日逐王投降於漢之後，西域的北道也為漢所控制。鄭吉被任命為都護也是在北道被漢控制之後。都護不只是保護蔥嶺以東的南北兩道諸國，而且有權去安輯或征伐蔥嶺以西的大宛、康居諸國。

日逐王降漢不久，匈奴內部就發生了矛盾，分為南北兩匈奴。南匈奴呼韓邪單于降漢，北匈奴郅支單于向西北遷徙，最後到中亞細亞的康居稱雄一時。關於郅支，我們當在下面加以詳細的敘述，這裡需要指出的是郅支之所以向西北遷徙而跑到中亞細亞，是因為呼韓邪既有了漢的庇護，使郅支不能安居於匈奴故地；蔥嶺以東的西域諸國又為漢所控制，所以郅支不得不跑到較遠的中亞細亞。

西漢末年至東漢初，是匈奴的勢力在西域復興的時期。蔥嶺以東，除了莎車以外，所有國家都投降了匈奴。匈奴乘機利用西域諸國去擾亂漢的邊境。到漢明帝時，漢改變了光武帝對西域的消極政策，再加上班超二十餘年的苦心經營，匈奴在西域的勢力又有所削弱。

在這個時期中，匈奴的活動中心是匈奴故地的西部。

第二十九章　匈奴西遷的第二次浪潮
——進入中亞，居留悅般時期

匈奴西遷過程，呈波浪勢。公元九十一年以後至居留悅般時期，是進入西域中亞地帶的第二個西遷浪潮的中心。

東漢章帝末年，匈奴曾為東邊的鮮卑所敗。和帝初年，竇憲又大敗北匈奴。北匈奴不得不向西北逃跑至烏孫以西，後來到了悅般地方。悅般國就是這些匈奴人所建立的。

竇憲大敗北匈奴，是在公元一世紀的末年。半個世紀之後，鮮卑檀石槐勃興，他不只征服了匈奴的故地，勢力更到達了烏孫。這時留在匈奴故地與在西域天山以北的匈奴人，除了投降於鮮卑受其統治外，必有不少跑到了烏孫以西，中亞細亞一帶。可惜史書對於這一次的匈奴人的西徙沒有明確的記載。匈奴人進入中亞的過程，可稱為第二次西遷浪潮，其中又可分為三個階段，而以建立悅般國為中心。

在此以前，《漢書・西域傳》「康居」條說：康居「東羈事匈奴」。又說其勢力的發展已達到烏孫以西。康居國在流入鹹海的阿姆河（古烏滸水，又稱媯水）與錫爾河（古稱藥殺水）流域的中亞地帶。大月氏在康居以南。東南是大宛（費爾干納盆地）。悅般屬康居，在康居東部的都賴水流域。張騫出使大月氏，曾帶了匈奴人甘父同行。這雖是由於甘父善射，在食物缺乏時可以獵野味以充飢，然而最重要的是利用他當翻譯。因為匈奴為百蠻大國，聲威既遠播於中亞細亞，匈奴的語言在這些地方很可能已成為一種通用的語言。同時也可以推想，在匈奴強盛的時候，必有不少的匈奴人或其使者往來於中亞細亞這些地方，很可能也有不少人就移居到了這些地方。可是，這種遷徙大概是零星的，而非大量的。到了郅支單于時，征伐烏孫，攻敗丁令、呼揭、堅昆，最初以堅昆為王庭，後來又跑到康居稱雄於中亞細亞。失敗之後，其殘部又必散居於中亞細亞各處。可以說，這是匈奴人大規模遷徙於中亞細亞的第一次。但郅支在康居立足時間不長。竇憲大敗北匈奴，匈奴好多人又跑到烏孫之西，最終建立悅般國，這是匈奴人大規模遷徙到中亞細亞的第二次。這次立國較久，至少有七十年。鮮卑檀石槐攻佔匈奴故地，又伸張其勢力到烏孫，匈奴人又必有不少逃亡於烏孫之西。我們推想，這是匈奴人大規模遷於中亞細亞的第三次，是悅般建國那次西遷浪潮的延續。

公元前一世紀的中葉，匈奴分為南北兩部。郅支是北單于，郅支覺得他的弟弟呼韓邪投降於漢受漢朝的庇護，自己又沒有力量去消滅呼韓邪或攻擊漢朝，所以他就不得不向西北遷徙。

郅支西遷之始，攻敗烏孫、小昆彌及丁令、呼揭、堅昆，勢力逐漸強大，到了他遷至康居時，勢力愈益膨脹，已稱雄於中亞細亞。假使郅支最後不為陳湯所滅的話，可能中亞細亞的好多國家，如大宛、康居、月氏以至安息，都將會為這個新興的匈奴帝國所征服。此後的中亞細亞又必將是另一種面貌，而與我們今日所認識的中亞細亞的歷史可能大不相同。

郅支單于是呼韓邪單于的哥哥，他的本名是呼屠吾斯；呼韓邪本名是稽侯狦，二人都是虛閭權渠單于的兒子。虛閭權渠單于死時，顓渠閼氏與其弟左大且渠都隆奇謀立了右賢王屠耆堂為握衍朐鞮單于，稽侯狦以不得立而跑到其妻父烏禪幕的地方。呼屠吾斯也許是在這個時候跑到民間，以避免握衍朐鞮的捕殺。

到了稽侯㹶立為呼韓邪單于，攻敗握衍朐鞮之後，乃從民間找得其兄呼屠吾斯，並立之為左谷蠡王。後來左谷蠡王呼屠吾斯乃自立為郅支骨都侯單于，居在東邊。在這個時候，屠耆單于從其弟休旬王率所屬的五、六百騎擊殺左大且渠，而且並其兵眾，去到右地自立為閏振單于。閏振單于見得呼韓邪之兄呼屠吾斯自立為郅支單于，乃率眾去到東邊攻擊郅支單于，結果閏振單于反被郅支單于擊殺，並有其兵眾。

郅支單于既擊殺閏振單于，並有其眾，他的勢力因而強大。於是他又乘勝進攻其弟呼韓邪單于。呼韓邪單于戰敗，不得不逃跑。郅支遂都於單于庭。

呼韓邪單于來到中國朝見前，這就是宣帝甘露元年（公元前五十三年）時，曾遣其子入侍漢朝。郅支單于為了討好中國也遣子入侍。到了甘露三年，呼韓邪入朝的時候，郅支也遣使入獻，中國對他也很厚待。過了一年，他和呼韓邪單于兩人都遣使奉獻，但是中國對於呼韓邪單于較為厚遇，當然使他不滿意。他覺得呼韓邪單于既已投降中國，並得到中國的保護，他就沒有法子去破滅呼韓邪。《漢書・匈奴傳》說：「始郅支單于以為呼韓邪降漢，兵弱不能復自還，即引其眾西，欲攻定右地。又屠耆單于小弟本侍呼韓邪，亦亡之右地，收兩兄餘兵得數千人，自立為伊利目單于，道逢郅支，合戰，郅支殺之，並其兵五萬餘人。聞漢出兵穀助呼韓邪，即遂留居右地。」《漢書》卷七十〈陳湯傳〉說：「先是，宣帝時匈奴乖亂，五單于爭立，呼韓邪單于與郅支單于俱遣子入侍，漢兩受之。後呼韓邪單于身入稱臣朝見，郅支以為呼韓邪破弱降漢，不能自還，即西收右地。會漢發兵送呼韓邪單于，郅支由是遂西破呼揭、堅昆、丁令，兼三國而都之。」

郅支單于因中國保護了呼韓邪單于，而覺到自己的力量不能統一匈奴，於是就向西方遷徙。在他未攻敗呼揭、堅昆、丁令之前，曾想與烏孫聯合起來，後因烏孫殺了他的使者，便攻破烏孫，然後再攻破呼揭、堅昆、丁令。《漢書・匈奴傳》說：郅支「自度力不能定匈奴，乃益西近烏孫，欲與併力，遣使見小昆彌烏就屠。烏就屠見呼韓邪為漢所擁，郅支亡虜，欲攻之以稱漢，乃殺郅支使，持頭送都護在所，發八千騎迎郅支。郅支見烏孫兵多，其使又不反，勒兵逢擊烏孫，破之」。

關於小昆彌烏就屠，《漢書・西域傳》「烏孫」條說：「初，肥王翁歸靡胡婦子烏就屠，狂王傷時驚，與諸翕侯俱去，居北山中，揚言母家匈奴兵來，故眾歸之。後遂襲殺狂王，自立為昆彌。漢遣破羌將軍辛武賢將兵萬五千人至敦煌，遣使者案行表，穿卑鞮侯井以西，欲通渠轉穀，積居廬倉以討之。」「初，楚主侍者馮嫽能史書、習事，嘗持漢節為公主使，行賞賜於城郭諸國，敬信之，號曰馮夫人，為烏孫右大將妻。右大將與烏就屠相愛，都護鄭吉使馮夫人說烏就屠，以漢兵方出，必見滅，不如降。烏就屠恐，曰：『願得小號。』宣帝徵馮夫人，自問狀。遣謁者竺次、期門甘延壽為副，送馮夫人。馮夫人錦車持節，詔烏就屠詣長羅侯赤谷城，立元貴靡為大昆彌，烏就屠為小昆彌，皆賜印綬。破羌將軍不出塞還。後烏就屠不盡歸諸翕侯民眾，漢復遣長羅侯惠將三校屯赤谷，因為分別其人民地界，大昆彌戶六萬餘，小昆彌戶四萬餘，然眾心皆附小昆彌。」楚主解憂謀殺其夫狂王，狂王受傷。狂王是匈奴婦生的兒子，烏就屠也是匈奴婦生的兒子，元貴靡是楚主解憂的長子。中國本來要元貴靡繼肥王立為昆彌，可是烏孫貴人因故約立狂王。這也可說是烏孫的親中國派與親匈奴的鬥爭。烏就屠因狂王受傷驚逃，揚言母家匈奴兵來，用匈奴去號召群眾，後又殺狂王自立為昆彌。可是，中國堅持以中國的外孫元貴靡為昆彌，雙方爭執不下，於是用馮夫人去調解，結果以元貴靡為大昆彌，烏就屠為小昆彌。小昆彌既得眾心，勢力當然日大。郅支之所以要與之聯絡，恐就因為他是匈奴的外孫。但是，他又覺得呼韓邪單于有中國保護，郅支等於逃亡，遂殺了郅支的使者，同時再破滅郅支，向中國領功，卻不料反為郅支所破。被擊敗的烏就屠的軍隊就是迎戰郅支的八千騎，他本人是後來才死的。

郅支單于攻破烏就屠的軍隊之後，再向西北攻呼揭、堅昆與丁令。《漢書・陳湯傳》有記，《漢書・匈奴傳》也說：「因北擊烏揭，烏揭降，發其兵西破堅昆，北降丁令，併三國。數遣兵擊烏孫，常勝之。堅昆東去單于庭七千里，南去車師五千里，郅支留都之。」堅昆就是《史記・匈奴列傳》裡所說的鬲昆，《漢書・匈奴傳》裡所說的隔昆。冒頓時征服過這個國家以及丁令、渾庾、屈射、薪犁等。《史記》、《漢書》的匈奴傳故謂這些國家在北邊。這裡說西破堅昆，也許因為堅昆是在丁令、烏揭之西。《漢書・西域傳》沒有堅昆傳，《三國志・魏書》卷三十注云：「堅昆國在康居西北，勝兵三萬人，隨畜牧，亦多貂，有好馬。」郅支單于由匈奴單于庭西走七千里，都於堅昆，堅昆在烏孫之西。《三國志》注說在康居西北，似為東北之誤，這裡已經是在中亞細亞的北部了。為什麼郅支單于不走別的方向，卻向西北跑呢？其原因簡單地說，南邊有中國，呼韓邪已降漢，東邊的烏桓逐漸興盛，北邊的丁令所居地多山林地帶，不宜畜牧。蔥嶺以東的西域諸國，也完全為中國所控制，所以只有西北方向比較容易發展。

郅支單于既向西北遷徙，離開匈奴單于庭很遠，與中國距離更遠，為什麼後來又被中國破殺呢？主要是因為他對中國保護與厚待呼韓邪單于很不滿意，因而虐待甚至殺死中國的使者，召來中國的征伐。《漢書・陳湯傳》說：「（郅支）怨漢擁護呼韓邪而不助己，困辱漢使者江迺始等。」又說：「初元四年（公元前四十五年），遣使奉獻，因求侍子，願為內附。漢議遣衛司馬谷吉送之。」

為了送回郅支單于在中國的侍子這件事，公卿方面曾經過討論。「御史大夫貢禹、博士匡衡以為，《春秋》之義『許夷狄者不壹而足』，今郅支單于鄉化未醇，所在絕遠，宜令使者送其子至塞而還。」但是谷吉自己卻主張送其回國。他上書說：「中國與夷狄有羈靡不絕之義，今既養全其子十年，德澤甚厚，空絕而不送，近從塞還，示捐棄〔棄捐〕不畜，使無鄉從之心。棄前恩，立後怨，不便。議者見前江迺始無應敵之數，知勇俱困，以致恥辱，即豫為臣憂。臣幸得建強漢之節，承明聖之詔，宣諭厚恩，不宜敢桀。若懷禽獸，加無道於臣，則單于長嬰大罪，必遁逃遠舍，不敢近邊。沒一使以安百姓，國之計，臣之願也。願送至庭。」貢禹對於谷吉這種說法仍不贊成，以為谷吉若送其子至單于庭，必「為國取侮生事，不可許」。後來元帝把這件事與馮奉世商量，奉世覺得谷吉可以送侍子回國。於是，元帝乃答應谷吉所請。然而，結果正如貢禹、匡衡所料，谷吉送郅支的兒子回到單于庭，郅支竟然殺了谷吉及其隨從，遂與中國絕交。郅支單于在呼韓邪單于未入朝稱臣前，遣子入侍，後來又遣使奉獻，未始不欲與漢親善。但是，中國對於呼韓邪特別加以愛護，使他怨恨，始而侮辱中國使者江迺始，再而殺中國使者谷吉等，這麼一來，他很明白中國不會再容忍他。《漢書・匈奴傳》說：「郅支既殺使者，自知負漢，又聞呼韓邪益強，恐見襲擊，欲遠去。會康居王數為烏孫所困，與諸翕侯計，以為匈奴大國，烏孫素服屬之，今郅支單于困阨在外，可迎置東邊，使合兵取烏孫以立之，長無匈奴憂矣。」匈奴雖然虛弱不堪，而分為南北兩部，郅支又困阨在外，然匈奴大國的威風在西域諸國中仍未完全失掉。加之郅支擊敗烏孫小昆彌烏就屠之後，又數次侵略烏孫也得到了勝利。康居因受烏孫的侵略想報復，同時又怕郅支單于的勢力太大，可能攻擊康居，於是乃計劃利用郅支共攻烏孫，一方面可以報仇，一方面可以把烏孫地給與郅支居住，這好像是一舉兩得的事情。不過後來的結果並不見得是這樣，因為郅支對康居也進行了凌侮。

康居既覺得聯合郅支是一舉兩得的事情，乃請郅支到康居的東邊來。《漢書・匈奴傳》說：「即使使至堅昆通語郅支。郅支素恐，又怨烏孫，聞康居計，大說，遂與相結，引兵而西。康居亦遣貴人，橐它驢馬數千匹，迎郅支。郅支人眾中寒道死，餘財三千人到康居。」上面抄錄《三國志・魏書》卷三十注引魚豢《魏略》說，堅昆在康居西北，我們已經指出堅昆應在康居東北。這裡說郅支從堅昆引兵而西到康居，說明堅昆確是在康居的東北，否則郅支不會從堅昆引兵而西到康居，除非魚豢《魏略》所說是指後來的堅昆，它向西發展或遷徙到康居的西北。但在前漢時，堅昆應該是在康居的東北。

康居不只遣貴人帶很多畜物去迎接郅支，郅支到了康居之後，還與之和親。《漢書・陳湯傳》說：「康居王以女妻郅支，郅支亦以女予康居王。」這可以說是親上加親了。對方各以其女妻對方是一種奇特的婚姻關係。但是，這種例子也非孤立，如清朝的阿敏以親女嫁蒙古塞特爾，自己又娶塞特爾的女兒為妻，兩人互為翁婿，可能這種風俗在塞外的各處是屢見不鮮的。《漢書・陳湯傳》又說：「康居甚尊敬郅支，欲倚其威以脅諸國。郅支數借兵擊烏孫，深入至赤谷城，殺略民人，毆（與「驅」同）畜產，烏孫不敢追，西邊空虛，不居者且千里。」烏孫是在康居、堅昆、呼揭一帶的強大國家。《漢書・西域傳》「烏孫」條說：烏孫有戶十二萬，口六十三萬，勝兵十八萬八千八百人。中國之所以極力聯絡烏孫就是因為烏孫是匈奴西邊的重要國家，可以利用以牽制匈奴。但是，郅支單于西徙，一再攻敗烏孫，到了康居之後，又借康居兵深入至赤谷城，使烏孫的西部千里地方空虛沒有人居住，說明郅支這時仍很強盛。郅支從匈奴單于庭西徙，先攻殺屠耆單于之弟，再敗烏孫小昆彌（莫）烏就屠，又征服烏揭、丁令與堅昆，覆敗烏孫而至其都城，聲勢浩大起來，因而更加驕傲，虐待康居，威服其鄰近各國，同時又再次侮辱中國的使者。《漢書・陳湯傳》說：「郅支單于自以大國，威名尊重，又乘勝驕，不為康居王禮，怒殺康居王女及貴人、人民數百，或支解投都賴水中。發民作城，日作五百人，二歲乃已。又遣使責闔蘇、大宛諸國歲遺，不敢不予。漢遣使三輩至康居求谷吉等死，郅支困辱使者，不肯奉詔。」郅支的強盛與傲慢，從這段文字中可以見其大概。

自從元帝初元四年（公元前四十五年），從遣送郅支兒子的谷吉被郅支殺死之後，中國雖有時遣使去追問這件事情，可是郅支所居的地方離中國很遠，所遣使者雖一再受困辱，中國也沒有法子報復。到了元帝建昭三年（公元前三十六年），陳湯與甘延壽被派到西域的時候，他們中特別是陳湯才計劃去攻伐郅支單于。《漢書・陳湯傳》說：「陳湯字子公，山陽瑕丘人也。少好書，博達善屬文。家貧匄貣無節，不為州里所稱。西至長安求官，得太官獻食丞。數歲，富平侯張勃與湯交，高其能。初元二年，元帝詔列侯舉茂材，勃舉湯。湯待遷，父死不奔喪，司隸奏湯無循行，勃選舉故不以實，坐削（二百戶）〔戶二百〕，會薨，因賜謚曰繆侯。湯下獄論。後復以薦為郎，數求使外國。久之，遷西域副校尉，與甘延壽俱出。」

陳湯這一次出使西域，是副校尉，甘延壽是西域都護，可是這一次對郅支的征討，完全是由陳湯發動的。〈陳湯傳〉說：「湯為人沉勇有大慮，多策謀，喜奇功，每過城邑山川，常登望。既領外國，與延壽謀曰：『夷狄畏服大種，其天性也。西域本屬匈奴，今郅支單于威名遠聞，侵陵烏孫、大宛，常為康居畫計，欲降服之。如得此二國，北擊伊列，西取安息，南排月氏、山離烏弋，數年之間，城郭諸國危矣。且其人剽悍，好戰伐，數取勝，久畜之，必為西域患。郅支單于雖所在絕遠，蠻夷無金城強弩之守，如發屯田吏士，驅從烏孫眾兵，直指其城下，彼亡則無所之，守則不足自保，千載之功可一朝而成也。』」甘延壽對於這個計劃，本也贊成，不過甘延壽以為要這樣做，應當奏請。陳湯說：「國家與公卿議，大策非凡所見，事必不從。」甘延壽始終不敢擅自作主。恰巧甘延壽久病，陳湯遂「矯制發城郭諸國兵，車師戊己校尉屯田吏士。延壽聞之，驚起，欲止焉。湯怒，按劍叱延壽曰：『大眾已集會，豎子欲沮眾邪？』」延壽不得已只好照他的計劃去做。〈陳湯傳〉說：「延壽遂從之，部勒行陳，益置揚威、白虎、合騎之校，漢兵胡兵合四萬餘人，延壽、湯上疏自劾奏矯制，陳言兵狀。」「即日引軍分行，別為六校，其三校從南道逾蔥嶺徑大宛，其三校都護自將，發溫宿國，從北道入赤谷，過烏孫，涉康居界，至闐池西。而康居副王抱闐將數千騎，寇赤谷城東，殺略大昆彌千餘人，敺畜產甚多。從後與漢軍相及，頗寇盜後重。湯縱胡兵擊之，殺四百六十人，得其所略民四百七十人，還付大昆彌，其馬牛羊以給軍食。又捕得抱闐貴人伊奴毒。」「入康居東界，令軍不得為寇。間乎其貴人屠墨見之，諭以威信，與飲盟遣去。徑引行，未至單于城可六十里，止營。復捕得康居貴人貝色子男開牟以為導。貝色子即屠墨母之弟，皆怨單于，由是具知郅支情。」

「明日引行，未至城三十里，止營。單于遣使問：『漢兵何以來？』應曰：『單于上書言居困阸，願歸計強漢，身入朝見。天子哀閔單于棄大國，屈意康居，故使都護將軍來迎單于妻子，恐左右驚動，故未敢至城下。』使數往來相答報。延壽、湯因讓之：『我為單于遠來，而至今無名王大人見將軍受事者，何單于忽大計，失客主之禮也！兵來道遠，人畜罷極，食度且盡，恐無以自還，願單于與大臣審計策。』」「明日，前至郅支城都賴水上，離城三里，止營傅陳。望見單于城上立五彩幡幟，數百人披甲乘城，又出百餘騎往來馳城下，步兵百餘人夾門魚鱗陳，講習用兵。城上人更招漢軍曰『鬥來！』百餘騎馳赴營，營皆張弩持滿指之，騎引卻。頗遣吏士射城門騎步兵，騎步兵皆入。延壽、湯令軍聞鼓音皆薄城下，四面圍城，各有所守，穿塹，塞門戶，鹵楯為前，戟弩為後，卬射城中樓上人，樓上人下走。土城外有重木城，從木城中射，頗殺傷外人。外人發薪燒木城。夜，數百騎欲出外，迎射殺之。」

「初，單于聞漢兵至，欲去，疑康居怨己，為漢內應，又聞烏孫諸國兵皆發，自以無所之。郅支已出，復還，曰：『不如堅守。漢兵遠來，不能久攻。』單于乃披甲在樓上，諸閼氏夫人數十皆以弓射外人。外人射中單于鼻，諸夫人頗死。單于下騎，傳戰大內。夜過半，木城穿，中人卻入土城，乘城呼。時康居兵萬餘騎分為十餘處，四面環城，亦與相應和。夜數奔營，不利，輒卻。平明，四面火起，吏士喜，大呼乘之，鉦鼓聲動地。康居兵引卻。漢兵四面推鹵楯，並入土城中。單于男女百餘人走入大內。漢兵縱火，吏士爭入，單于被創死。軍候假丞杜勳斬單于首，得漢使節二及谷吉等所齎帛書。諸鹵獲以畀得者。凡斬閼氏、太子、名王以下千五百一十八級，生虜百四十五人，降虜千餘人，賦予城郭諸國所發十五王。」

應該指出，這是匈奴人築城而戰的最值得注意的記載。《史記》、《漢書》的「匈奴傳」都說，衛青兵到趙信城，但沒有涉及趙信城如何構造，也沒有說到如何攻破趙信城。在上面幾段話裡，不只說明郅支城的建築經過，而且說明郅支如何用城守備漢軍，如何被攻入城內，又如城上立五彩幡幟以及諸閼氏夫人數十皆乘城助戰。這都是在前此中國與匈奴的戰爭記載中所沒有的。

甘延壽與陳湯既攻滅郅支單于，乃上疏說：「臣聞天下之大義，當混為一，昔有唐虞，今有強漢。匈奴呼韓邪單于已稱北藩，唯郅支單于叛逆，未伏其辜，大夏之西，以為強漢不能臣也。郅支單于慘毒行於民，大惡通於天。臣延壽，臣湯將義兵，行天誅，賴陛下神靈，陰陽並應，天氣精明，陷陣克敵，斬郅支首及名王以下，宜縣頭槁街蠻夷邸間，以示萬里，明犯強漢者，雖遠必誅。」

關於懸郅支及其名王等頭事，公卿們意見也有所不同。〈陳湯傳〉說：「丞相匡衡，御史大夫繁延壽以為『郅支及名王首更歷諸國，蠻夷莫不聞知。〈月令．春〉：「掩骼埋胔」之時，宜勿縣。』車騎將軍許嘉、右將軍王商以為『春秋夾谷之會，優施笑君，孔子誅之，方盛夏，首足異門而出。宜縣十日乃埋之。』」

結果是元帝同意了許嘉與王商的提議。至於甘延壽與陳湯攻滅郅支之後，是否應封侯及慰勞士卒等問題，公卿們爭論得更為熱烈，有如馮奉世攻滅莎車後當時公卿的爭論一樣。由於這件事涉及到對郅支單于西遷至中亞以後的歷史作用的估價，不妨存錄如下。〈陳湯傳〉說：「初，中書令石顯嘗欲以姊妻延壽，延壽不取。及丞相、御史亦惡其矯制，皆不與湯。湯素貪，所鹵獲財物入塞多不法。司隸校尉移書道上，繫吏士按驗之。湯上疏言：『臣與吏士共誅郅支單于，幸得禽滅，萬里振旅，宜有使者迎勞道路。今司隸反逆收繫按驗，是為郅支報仇也！』上立出吏士，令縣道具酒食以過軍。既至，論功，石顯、匡衡以為『延壽、湯擅興師矯制，幸得不誅，如復加爵土，則後奉使者爭欲乘危徼幸，生事於蠻夷，為國招難，漸不可開。』」

匡衡是用宣帝時蕭望之所用的理由去反對封甘延壽、陳湯的。應該指出，宣帝時馮奉世是出使大宛道經鄯善矯制發兵攻伐莎車的。而甘延壽是西域都護，有責任去安輯或攻擊諸國之不臣服者。《漢書・西域傳》敘說「都護督察烏孫，康居諸外國動靜，有變以聞。可安輯，安輯之；可擊，擊之」。不過也得承認，發動大兵進攻郅支，應該奏請可，然後施行，這一點甘延壽是知道的，這也是他與陳湯所見不同之處。不過，陳湯既已發動大兵，他為勢力所迫，不得不這樣辦，故未出兵前已上疏「自劾奏矯制，陳言兵狀」。

石顯、匡衡雖以為有前例可循，認為不可封甘延壽與陳湯，但是，漢元帝內心是嘉許他們的功勞的，所以這件事議論了很長時期都沒有結果。最後是宗正劉向上疏詳陳應封的理由。劉向說：「郅支單于囚殺使者吏士以百數，事暴揚外國，傷威毀重，群臣皆閔焉。陛下赫然欲誅之，意未嘗有忘。西域都護延壽、副校尉湯承聖指，倚神靈，總百蠻之君，攬城郭之兵，出百死，入絕域，遂蹈康居，屠五重城，搴歙侯之旗，斬郅支之首，懸旌萬里之外，揚威昆山之西，掃谷吉之恥，立昭明之功，萬夷慴伏，莫不懼震。呼韓邪單于見郅支已誅，且喜且懼，鄉風馳義，稽首來賓，願守北藩，累世稱臣。立千載之功，建萬世之安，群臣之勳莫大焉。昔周大夫方叔、吉甫為宣王誅獫狁而百蠻從，其《詩》曰：『嘽嘽焞焞，如霆如雷，顯允方叔，征伐獫狁，蠻荊來威。』《易》曰：『有嘉折首，獲匪其醜。』言美誅首惡之人，而諸不順者皆來從也。今延壽、湯所誅震，雖《易》之折首，《詩》之雷霆不能及也。論大功者不錄小過，舉大美者不疵細瑕。《司馬法》曰：『軍賞不逾月』，欲民速得為善之利也。蓋急武功，重用人也。吉甫之歸，周厚賜之，其《詩》曰：『吉甫燕喜，既多受祉，來歸自鎬，我行永久。』千里之鎬猶以為遠，況萬里之外，其勤至矣！」又說：「延壽、湯既未獲受祉之報，反屈捐命之功，久挫於刀筆之前，非所以勸有功厲戎士也。昔齊桓公前有尊周之功，後有滅項之罪，君子以功覆過而為之諱行事。貳師將軍李廣利捐五萬之師，靡億萬之費，經四年之勞，而僅獲駿馬三十匹，雖斬宛王毋鼓之首，猶不足以復費，其私罪惡甚多。孝武以為萬里征伐，不錄其過，遂封拜兩侯，三卿，二千石百有餘人。今康居國強於大宛，郅支之號重於宛王，殺使者罪甚於留馬，而延壽、湯不煩漢士，不費斗糧，比於貳師，功德百之。且常惠隨欲擊之烏孫，鄭吉迎自來之日逐，猶皆裂土受爵。故言威武勤勞則大於方叔、吉甫，列功覆過則優於齊桓、貳師，近事之功則高於安遠、長羅，而大功未著，小惡數布，臣竊痛之！宜以時解懸通籍，除過勿治，尊寵爵位，以勸有功。」

元帝看了劉向的奏書之後，同意劉向的意見，封賞甘延壽與陳湯，下詔嘉獎他們的功勞。雖然石顯與匡衡還是力爭，元帝仍封甘延壽為義侯，賜陳湯爵關內侯，食邑各三百戶，加賜黃金百斤，告上帝宗廟。

我以為劉向所說「康居強於大宛，郅支之號重於宛王」，這是事實。而且，郅支自離開匈奴單于庭西徙之後，破滅諸國，每戰必勝，素來強盛的烏孫，也常常為他所敗，又威服諸國，使有貢獻，這正如陳湯所說，假使不攻敗郅支，郅支則必征服大宛、康居，再而北擊伊列，西取安息，南排月氏、山離、烏弋，數年之間，城郭諸危矣。等到這個時候，他再發兵東歸，則中國非要用比這更大的力量去征伐他不可。

從這些方面來看，甘延壽與陳湯攻滅郅支比李廣利征服大宛功勞大得多。而且郅支、康居是在大宛以西，中國能發兵遠征，殺滅郅支，威懾康居，中國的聲威，無論在蔥嶺以東，或蔥嶺以西，都增高起來。然而，也得指出，李廣利征伐大宛的時候，匈奴在西域的勢力仍然不小，西域諸國還有很多不受中國控制，故李廣利的軍隊與糧食，差不多全部要由中國內地供給，軍隊與糧食的運輸上路程遙遠，故困難特別多。至於甘延壽與陳湯的時代，情形卻不是這樣。時西域已差不多全被中國控制，中國已有都護去治理西域，而且中國在西域還有駐屯軍隊，且為數不少，因此之故，甘延壽以都護的地位，發諸國之兵，徵各處的糧食比較容易。從西域逾蔥嶺以征伐郅支，比之從中國發兵運糧去征伐大宛，遠近相差不知多少倍，都是值得留意的。

郅支被殺死，部眾必有不少死亡，但估計郅支的殘眾之散居於康居及其他各處的也仍不少。郅支未到康居之前，有一個時期曾以堅昆為王庭，郅支雖率眾到康居，但他也必留有不少部眾去鎮守堅昆。《漢書・匈奴傳》指出：郅支在赴康居的途中，因天氣大冷，死傷很多，到康居時只剩下三千人，這個數目並不很多。但是郅支定都於都賴水郅支城時，東征西伐，已稱雄於中亞細亞。雖然有不少部眾是其他外族，估計在這個時候，早已移居於這裡和堅昆的匈奴人，以至在烏孫之東的匈奴人，因郅支的強盛又到康居歸附於他的必定很多。所以在陳湯攻破郅支之後，郅支殘眾中的匈奴人，數目必定不少。郅支抵抗陳湯，康居本來答應幫助郅支，而且已派兵去觀察動靜，但見得中國部隊強盛，沒有參加戰爭。郅支死後，殘眾可能有的在康居軍隊中服務，有的逃到了他處。陳湯殺了郅支之後，既未遠迫其殘眾，也沒有久留康居，則這些匈奴殘眾絕不會東去歸附呼韓邪單于，那麼，他們必是寄居在康居或其他各國。而且跟著郅支遠遷到康居的匈奴人，必也是一些勇敢善戰年富力強的人們。康居歡迎郅支到康居，目的本是想利用他的聲威與力量去征伐烏孫與鄰國，郅支死了，康居也不會不利用這些匈奴人，以增強其兵力。

郅支西遷後約一百四十年，東漢時的北匈奴因受到竇憲的攻擊，又有一部份逃到烏孫西北，成為以後的悅般國。《北史·西域傳》「悅般國」條說：「悅般國在烏孫西北，去代一萬九百三十里。其先匈奴北單于之部落也。為漢車騎將軍竇憲所逐，北單于度金微山西走康居，其羸弱不能去者，住龜茲北①。地方數千里，眾可二十餘萬，涼州人猶謂之單于王。」《後漢書·竇憲傳》說：「明年（公元九十一年），（竇憲）復遣右校尉耿夔，司馬任尚、趙博等將兵出北虜於金微山，大破之，克獲甚眾，北單于逃走，不知所在。」又同書〈耿夔傳〉說：「三年，憲復出河西，以夔為大將軍左校尉。將精騎八百，出居延塞，直奔北單于庭，於金微山斬閼氏、名王已下五千餘級，單于與數騎脫亡。」

《後漢書·竇憲傳》與〈耿夔傳〉以及〈匈奴傳〉也只說逃亡不知所在，沒有說單于逃到康居。竇憲擊匈奴有兩次，這是第二次。另一次是在和帝永元元年（公元八十九年），在這一年中，竇憲率眾大破單于於稽落山。〈竇憲傳〉說：「虜眾崩潰，單于遁走。」也沒有說明單于遁走到什麼地方。《北史》說，匈奴北單于度金微山西走康居，不知有何依據。

然而，北單于度金微山西逃康居的可能性是很大的。康居在前漢時已有郅支的殘眾散居多處，經過百年的休養生息，其部族可能增加很多。北匈奴在後漢時代，向西北遷徙，在烏孫之東的匈奴人，與在康居的匈奴人，互有來往，互通消息，也是很可能的。北單于被耿夔攻破之後，西走康居，雖說也是由於康居對於匈奴一向友好，但最重要的是康居境內有了好多匈奴人，所以北單于才西逃康居，與其同族的人民聚居。

北單于的部落逃到烏孫的西北面，烏孫之西已靠近康居，北單于的部落大概是居住在烏孫與康居兩者之間或是已入進康居的東境，單于個人及其少數隨從到康居都城，處在康居王的庇護之下，也是很可能的。

《漢書・西域傳》「烏孫」條說，烏孫至康居蕃內，地五千里。大約是指從烏孫都城赤谷城到康居王夏所居處的蕃內城而言。悅般在烏孫之西北，應在這兩個都城之間而偏北。悅般、赤谷城與蕃內這三個地方，成為一個三角地帶。烏孫之北稍偏西本為伊列國。悅般在烏孫之西北，則應在伊列之西，在都賴水流域極可能就是前漢時郅支單于定都的地方，或附近，或以北。

《北史》指出，悅般所居的地方有數千里，南邊可能也包括了郅支城東北，其中包括堅昆一部份。而西北面則與奄蔡接近。又其眾既有了二十餘萬之多，那麼這個國家並非一個小國。

關於悅般的風俗語言，《北史》說：「其風俗言語與高車同，而其人清潔於胡。俗剪髮齊眉，以醍醐塗之，昱昱然光澤。日三澡漱，然後飲食。」

悅般國建立約六十年後，鮮卑族檀石槐佔有匈奴全部故地，分匈奴國為三部，東部從右北平東至遼東；中部起右北平以西，包括上谷十餘邑；西部從上谷以西至敦煌、烏孫，二十餘邑；這說明鮮卑的勢力已伸張到烏孫。在檀石槐未征服匈奴故地以及從敦煌至烏孫間地之前，匈奴留在故地或西域，尤其是留在自敦煌西北以至烏孫間地的可能性很大。檀石槐的西侵，我們推想又必促使好多

①當為烏孫北。

匈奴人逃到烏孫之西，而且他們可能與西漢時郅支所留下來的匈奴人以及東漢時已在悅般建國的匈奴人會合。這構成匈奴西遷過程的一個重要歷史時代。其時間大約涵括從冒頓以後至後漢末年的三百多年間。零星匈奴人徙向中亞細亞的路線，據史書所載，均係經過烏孫本土或繞過烏孫之北再到烏孫以西，或到烏孫的西北。零星的遷徙還有一條可走的路線，這就是從烏孫以南或天山以南越過蔥嶺。但是，這種可能性較小。因為大部份的匈奴人之逃到烏孫以西者，多是經過烏孫本土或繞向烏孫以北。所以匈奴人民居留中亞細亞期間大部份是在北部，這就是藥殺水（錫爾河）之北，或藥殺水一帶，在嬀水（阿姆河）南段者恐怕是很少的。說明這一點是必要的，因為這關係到他們從這些地方進一步遷徙的方向。從此處再向西北走就到了古代的奄蔡或中國南北朝時代所稱的粟特及阿蘭人分佈的地區。這一地區包括今日蘇歐東部的南方伏爾加——頓河流域下游的草原地帶，即歐亞大草原西端。

第三十章　匈奴入據粟特，進至頓河流域草原

《北史》引《魏書・西域傳》記載，公元四三九年魏克姑臧時獲悉，粟特國是匈奴國家，自建國起已經歷了三位國王。第一位匈奴國王是殺原粟特王後自立的。郅支先曾設王庭於康居，悅般也建國於這一帶。再往西走，就是奄蔡或後來的阿蘭或粟特。年代愈久，匈奴人口增加愈多。公元三世紀與四世紀的時候，匈奴人之在康居西境與粟特境內者必定很多。起初他們受這兩個國家的統治，到勢力大了，他們就殺其王而有其國。但是，匈奴人是在什麼時候殺了粟特國王而有其國的？便成為一個很重要的問題。因為它涉及到匈奴是在什麼時候，從什麼地方開始朝向頓河流域草原進行第三次西遷浪潮的。頓河南流入黑海的支海亞速海。黑海北岸是塞種阿蘭人分佈區。

粟特即古奄蔡地，奄蔡又包括阿蘭人分佈區，地在鹹海和黑海以北，勢力範圍直抵黑海北岸。《史記・大宛列傳》說：「康居在大宛西北可二千里，與大宛鄰國，國小，南羈事月氏，東羈事匈奴。」《漢書》也說匈奴是百蠻大國，康居東羈事匈奴。《後漢書・西域傳》「奄蔡國」條則說：「奄蔡國改名阿蘭聊國，居地城，屬康居。」《史記・大宛傳》又說：「奄蔡在康居西北可二千里。」《正義》引《魏略》云：「西與大秦通，東南與康居接，其國多貂，畜牧水草，故時羈屬康

居也。」奄蔡曾羈屬康居，康居又羈屬匈奴。所以匈奴以入據粟特為中心的第三次西遷浪潮可能是發源於康居西境。匈奴經烏孫、呼揭、大宛、康居，以至奄蔡；或是南下大夏、大月氏以至安息等處的交通路線，最先都是匈奴人打通的。後來中國打通了河西走廊至烏孫這條路線，中國也有使者與商人到了烏孫以西以至奄蔡地方。《史記・大宛傳》說：「而漢始築令居以西，初置酒泉郡以通西北國。因益發使抵安息、奄蔡、黎軒、條支、身毒國。而天子好宛馬，使者相望於道。諸使外國一輩大者數百，少者百餘人，人所齎操大放博望侯時。其後益習而衰少焉。漢率一歲中使多者十餘，少者五六輩，遠者八九歲，近者數歲而反。」可見中國早已有人到過奄蔡。歐洲東部的南方地區（裏海以西、黑海以北一帶的伏爾加——頓河流域草原），在匈奴人未到達之前，原為西密利安人（Cimmerians）居住地。公元前七、八世紀時，塞人攻佔其地。公元前一、二世紀時，塞族帝國又被語言相同、種族相近的薩爾馬特人（Sarmatians）所佔據。

薩爾馬特人是一個很大的種族，其中又分為好多部族，分居於中亞細亞各處。與歐洲最接近的是阿蘭（Alani）族。匈奴到達此地後，阿蘭人有的居留故地遂成為後來的俄西特人（Ossetes）；有的在匈奴人的統率下再去征服其他部族；有的則逃遷至羅馬帝國境內外，於是對歐洲歷史產生影響。

關於入據粟特的時間問題，夏德在《伏爾加河流域的匈人與匈奴》一書中，把《魏書・西域傳》中提到的第三世粟特王忽倪當做是後來在歐洲的匈奴帝國名王阿提拉的少子。他以為阿提拉死後，其長子埃拉克（Ellak）與格庇德人（Gipidae）決陣而死亡，這是公元四五四年間的事情。阿提拉的第二個兒子原來在多瑙河沿岸，後來也為羅馬人所殺。只有少子厄內克（Hernac）事前退到東邊的粟特，保持了匈奴人的勢力。因而他以為厄內克就是《魏書・西域傳》「粟特」條中所說的忽倪。

夏德意見的根據是忽倪應讀作Hut-Ngai，也就是Hernac，或Irnas的對音。他以為忽倪在位的時候，是魏文成帝太安時代，這就是公元四五五到四五九年。他以為《魏書・西域傳》說忽倪王粟特既已經三世，那麼每世約三十年，三世就有約百年之久。匈奴人之殺粟特王而有其國，當約在公元三五五年。但是匈奴人之侵入歐洲，是在公元三七五年，這也就是說，匈奴人之侵入歐洲晚於匈奴人之佔據粟特約二十年。

夏德的這種解釋和說法是有很多問題的。

首先，忽倪若為阿提拉的兒子，那麼，《魏書・西域傳》「粟特」條所說傳至忽倪，已三世矣，這個忽倪若為第三世國王，則阿提拉應為粟特的第二世國王。假使王位不是父傳於子的話，那麼阿提拉的哥哥布雷達應該是第二世王。

可是，我們所知道的阿提拉也好，布雷達也好，他們之繼承王位，成為匈奴人的首領，都是在公元四三三年或四三四年間。在這兩位之前的匈奴領袖是盧加（Ruga），照西洋史書的記載，盧加在歐洲的活動時間是五世紀的二十年代至三十年代。據說公元四二四年與四二六年匈奴人侵入東羅馬帝國，這可能就是盧加領導的匈奴人軍隊。後來不久，東羅馬皇帝狄奧多西第二（Theodos II）答應了匈奴國王的要求，每年繳納約三百五十磅的黃金，然後相安無事。直到公元四三三年，因為匈奴有人逃難到東羅馬，盧加要求引渡這些難民，兩家的關係又惡化起來。

這樣看來從阿提拉的少子厄內克上推至包括阿提拉與盧加在內的統治時間，也不過是三十年左右，夏德所謂三世為一百年左右的看法，是錯誤的。

而且我們知道，在盧加之前有位匈奴領袖叫做烏爾丁（Uldin），他帶領軍隊在公元四〇八年侵入羅馬的東境，羅馬的編年史稱他為多瑙河以外的「百蠻之長」。可是烏爾丁不見得與盧加有什麼關係；就是有關係，不只三世沒有一百年，四世也沒有一百年之久。

況且，這幾位匈奴國王的活動都是見諸於歐洲，而非在伏爾加河或頓河一帶。盧加、布雷達、阿提拉，這些人都死在歐洲，並非死在粟特。假使他們既已離開粟特，而又非死於粟特，他們怎能又傳位於少子忽倪？這就是說，假使盧加是粟特王，他從粟特帶兵到東羅馬帝國，粟特王位必為他人所據。盧加死後，布雷達、阿提拉正在歐洲，承繼叔父盧加的王位，作為阿提拉的少子的「忽倪」如何能回粟特繼承王位，而為第三世王？這是很難理解的。

現在再回過來看看《魏書·西域傳》「粟特」國條的內容：「先是匈奴殺其王而有其國，至王忽倪已三世矣。其國商人先多詣涼土販貨，及克姑臧，悉見虜。高宗初，粟特王遣使請贖之，詔聽焉。」

中國史書很準確地記載了這件事。從魏克姑臧以前的一些事件中看到，魏克姑臧是在公元四三九年，魏克姑臧後在姑臧的粟特人都被虜了。高宗是魏成帝，在位時間是公元四五二—四六六年。《魏書》本紀中說，太安是成帝的年號，太安三年，粟特、于闐國各遣使朝貢，因此粟特王之請贖俘虜，當是在公元四五七年。

從表面上看起來，請贖粟特俘虜的國王，似乎是忽倪王，但若細心去讀這段話，這位請求贖回粟特俘虜的國王，卻不一定是忽倪。首先，這位忽倪王不一定是魏成帝的同時人。這就是說，不一定是五世紀中葉的人物，很可能是五世紀初葉或是四世紀下半葉的人物。

魏克姑臧時的姑臧，是北涼的都城。北涼的建立者是沮渠蒙遜，沮渠蒙遜是匈奴人，這個國家是匈奴人建立的，人民也應該多是匈奴人。沮渠蒙遜死後，子沮渠茂虔繼位，他在位的第七年，即公元四三九年為魏所攻破，滅國。北涼自勃興至滅亡，共約三十九年。北涼建立是在公元四〇〇年（有人說是在公元三九七年），北涼建國前，可能已有粟特商人到這個地方販貨。北涼建國之前，應該已有不少匈奴人在這裡居留。粟特商人之來北涼的，雖然長途跋涉，然而為著謀利，就不怕旅途艱苦，而且在北涼既有匈奴人，同種、同語、同風俗習慣，就更容易引來粟特的商人。

《魏書・西域傳》指出，其國商人先多詣涼土販貨。所謂「先多詣」者，其來涼土的歷史必定很久，應該是在沮渠蒙遜建國之前。沮渠蒙遜的父親與伯父都是後涼呂光的部下。呂光則本來是秦苻堅的部下。苻堅平定山東後，有志圖西域。前秦苻堅建元十九年，即公元三八三年，曾遣呂光征伐西域。據《十六國春秋》卷八十一記載，呂光於建元二十年秋大敗龜茲之後，西域「王侯降者三十餘國……諸國憚光威名，貢款屬路。光撫寧西域，威恩甚著，桀黠胡王，昔所未賓者，不遠萬里望風歸附」。

《魏書》「粟特」條所說的忽倪王，可能與呂光同時。所謂昔所未賓者，不遠萬里皆來歸附，可能粟特王忽倪也是其中之一位。呂光威加西域，不只遠國遣使到中國，呂光也必遣使到過這些國家。因此，當時的人們，對於粟特的情況較為熟悉，也知道其王忽倪是第三世王。魏收撰《魏書》敘述這段話時，是追述魏克姑臧以前的粟特歷史。這就是說，我國人之知道忽倪王名是由於「先多詣涼土販貨」的商人告知的，不見得就是魏克姑臧時的國王名字。遣使到魏來請求贖回粟特俘虜的粟特國王，可能是忽倪的後代，而非忽倪自己。

匈奴人侵入東羅馬，攻敗歌德人，是在公元三七五年。假使這些匈奴人是來自粟特，那麼，粟特為匈奴人佔有的時間應當在公元三七五年以前。匈奴人殺粟特王而有其國一定經過一個時期，或者長時期的互相征伐。既殺其王而有其國之後，也要經過一個時期的休養生息與準備工作，然後侵入歐洲。匈奴人之王粟特者，也不一定是每個在位三十餘年之久。其實若以一世為三十年，那麼，忽倪不一定是第三世王，因為在位君主三十年者並不多，特別是第一世王之殺粟特王者，年紀不會很小，統治三十年後，即使第二世在位有三十年之久，第三位也未必能若是。在忽倪之前的兩個匈奴國王，可能治國共約三十年，然後傳到忽倪。而中國人之知道忽倪的時候，忽倪不一定是個老人，這樣推算匈奴之征服粟特而王其國，可能是在四世紀的上半葉或中葉。忽倪在位的時候正是呂光征服西域的時代，由於粟特商人來到中國，乃把其國歷史略加告訴於中國人。

這也只能說是一種推論。然而，比之夏德以為忽倪為阿提拉的少子似乎較為合理。

前面已經指出，白鳥庫吉以為忽倪的對音是Xut-Ngei，他又以為這個國王即西書所載的Xus Nawaz，因而又以為這裡所稱的匈奴必指嚈噠而言。這樣看起來，忽倪及其祖先也是嚈噠人了。《北史・西域傳》「嚈噠」條說：「嚈噠國，大月氏之種類也。」這很明顯的指出，嚈噠人在種族上，是與匈奴有不同之處的。又嚈噠人的風俗，「兄弟共一妻，夫無兄弟者，妻戴一角帽，若有兄弟者，依其多少之數，更加帽角焉」。這種風俗顯然又與匈奴不同。在西史記載中，嚈噠之於匈奴也並非混而為一。公元五世紀的普羅科匹厄斯（Procopius Caesariensis，約公元五〇〇—五五四年）的《戰爭史》（拉丁文：De Bellis，或稱：The Wars of Justinian）曾指出兩者有所不同。其中說：嚈噠人是匈奴種，而且用匈奴名稱，但是書中所說的兩者與我們所認識的匈奴完全不同。侵略歐洲的匈奴人，如阿提拉，根據歐洲的記載，形貌是蒙古種，所以白鳥庫吉以為忽倪與其國人是嚈噠，也是很有問題的。

我們知道在侵入歐洲的匈奴首領中，有一位叫做Balmler，或Bal-amir的，據西史所載（參看麥戈文《中亞古帝國》第三六六頁），約在公元四世紀的下葉，匈奴這位首領，曾率領部眾攻擊東歌德，忽倪，在聲音上也近於這個Balmler或Balamir，說不定「粟特」條所說的忽倪就是西史中所傳的Balamir。

第三十一章　匈奴征服東歌德，逼走西歌德人

公元四世紀中葉，遷至中亞細亞西部的匈奴人，在入據粟特並征服阿蘭人之後，繼續西侵。這時，居住在羅馬帝國之東的歌德人便首當其衝。匈奴征服東歌德，繼之又逼走西歌德人，是匈奴西遷入歐過程中的最後一個階段，而歐洲歷史也因之進入一個新的時期。

在未敘述歌德人之前，應略述與歌德人有關係的汪達爾（Van-dals）人與格庇德（Geopids）人。

一些古代的學者，把汪達爾之名當做一些條頓部落的總名。他們大致是從波羅的海一帶遷徙而來的。羅馬人認為他們的語言、法律、風俗與歌德人相同，所以以他們為同種。例如普林尼（Pliny）甚至以汪達爾之名包括柏干提人（Burgundians）與歌德人；而托勒密（Ptolemy）所說的西林加（Silingae）人後來也有好多在汪達爾的部落中。汪達爾與羅馬帝國最初發生關係是在馬科曼奈尼（Marcomann-ic）戰爭中。在羅馬皇帝奧理利安（Aurelian）時代（公元二七〇—二七五年），汪達爾人侵入潘諾尼亞（Pannonia，在今匈牙利境內）。他們後來之繼續遷徙，恐怕也是受了匈奴人的間接威脅。他們原居於歌德人之西，歌德人因受匈奴人的威脅而西遷時，他們至少有一部份人跑到高盧，再到西班牙以至北非。他們還佔據迦太基，公元四五五年攻破羅馬。

據約但尼斯說，格庇德人原來住在斯堪的那維亞半島的斯干西亞（Scanzia）島上。他們分乘三條船在其王柏烈（Berig）統率下赴歐洲大陸，其中一艘因重載到達最晚，於是這條船上的人被稱為格庇德。格庇德之名來自歌德語的「格賓塔」，意思是「遲慢」。這一傳說是否確實雖是問題，但他們與歌德人關係密切則是無疑的。這個部族的住地與汪達爾人的住地相近，即在歌德人之西。他們也與歌德人互相攻伐。在匈奴人西侵時，格庇德人與汪達爾人同受威脅，然大部份格庇德人始終保持所佔有的地方，即今匈牙利東部山地。

此外，在汪達爾人與格庇德人的住地附近還有夸迪人（Quadi）的支派斯威匯人（Sueves）。他們是日爾曼種，曾與汪達爾人同到高盧與西班牙，大概也是因受匈奴之威脅而遷徙的。

據說，最先發現歌德人的是希臘殖民地馬賽（Marseilles）旅行家彼泰阿斯（Pytheas）。他告訴當時的人們，在夫利什哈夫（Frischehaff）附近，即東普魯士一帶，有一種人叫哥頓尼斯人（Guttones），常在波羅的海岸尋找琥珀，進行交易。此後差不多有四個世紀，歐洲人不知道這些從事琥珀交易的人的消息。直到公元七十九年逝世的羅馬學者普林尼才又告訴人們，這種人當時仍居住在波羅的海岸附近。公元一世紀中葉至二世紀初的羅馬史家塔西佗在著作中再次提到這種人的名字，但他拼為Gottones。塔西佗所說的Gottones就是歌德人。〔參看亨利・布雷德利：《歌德人史》（Henry Bradley, *The Story of the Goths*. 1891, p1-2）〕

約但尼斯說歌德人是乘船從波羅的海沿岸來到羅馬帝國的邊境的。這個說法不一定可靠。他們從波羅的海沿岸向東南遷移，到達裏海附近，這是事實。他們為什麼遷移呢？歷史學家沒有說明。他們不見得是被比他們強的部族所迫，因為當時住在波羅的海沿岸的都是一些弱小的部族。

在他們未南下之前，羅馬帝國東部邊境以外地區已為薩爾馬特人所佔，歌德人迫走薩爾馬特人及其支派阿蘭人佔有其地。此外，在多瑙河口之北，古代還有基特人（Getae），當歌德人於公元三世紀到達這個地方後，便與基特人雜居。因此，羅馬人乃以歌德人與基特人是同種或是一個名稱的兩種拼寫法。為歌德人寫歷史的約但尼斯沒有區分開這兩個名稱和這兩種人，故名其書為《基特史》（*Getic History*）。近代仍有學者企圖證明基特即歌德，其實，這種證明是不正確的。

約在公元一世紀中葉，歌德人仍住在維斯杜拉河（Vistula）東岸，他們逐漸南遷，最後抵達黑海與亞速海以北。他們本來是近海的居民，習慣於海上生活，因此，到達後很注意海上生活。

繼而他們又向西伸張，遂至多瑙河北岸。在遷徙過程中，他們不止散居很多地方，而且聯合一些與其有密切關係的部族如格庇德人、赫魯爾斯人（Herules）等。又征服了一些部族如斯帕里（Spali），因此，他們的人口增加了。據說，率領他們南遷的是國王菲爾馬（Felmer）。

當他們居留在黑海與亞速海之北時又分為二部：居聶斯德河以西者稱提爾文人（Thervings），即西歌德人（Visigoths）；居聶斯德河以東者稱格爾同人（Greutungs），即東歌德人（Ostrogoths）。東西之名本來是指所居之方位不同，但後來便一直沿用。其後，西歌德向西發展，直至高盧與西班牙，東歌德則留居在意大利，仍保留其一東一西的位置。

歌德人是北歐民族，面貌端正，藍睛黃髮，很像近代的瑞典人，身材高大強壯，性格勤勞勇敢。

歌德人因受匈奴人的迫逐向西遷徙，大大影響羅馬帝國而成為世界上的重要事件。特別是東歌德人被匈奴打敗後，長期為匈奴人服務，與西歌德人、羅馬人作戰，因而在血統上、文化上，兩者互相混雜的程度很深。

公元三世紀初，歌德人與羅馬人聯盟，羅馬帝國給歌德人錢，使抵抗薩馬提亞人的侵擾。公元二四四年，「阿拉伯人」菲利普（Philip the Arab;Marcus Julius Philippus Augustus，約公元二〇四—二四九年）皇帝在位，停止供應這筆錢，歌德國王俄斯特羅哥德（Ostro-gotha）遂渡過多瑙河西侵東羅馬帝國的摩西亞（Moesia）與色雷斯（Thrace）等地。

俄斯特羅哥德約死於公元二五〇年，繼承者仍時時侵擾羅馬邊境。歌德人除從陸路侵入外，又渡過黑海，佔領達拉布松（Trebizond），進擾小亞細亞西岸，著名的以弗所（Ephesus）的黛安娜神廟（Temple of Artemis，亦稱為亞底米神廟）被毀。公元二六七年時，歌德人渡過愛琴海，搶掠雅典。

羅馬皇帝奧理利安在位時，歌德人又入侵，雙方損失都很大，於是議和，歌德人退至達西亞（dacia），即今羅馬尼亞與匈牙利東部。以後，許多歌德人在羅馬帝國的軍隊中工作，很多歌德人貴族的子女到羅馬受教育，並多與羅馬人通婚。五十年間，居住在達西亞的歌德人與羅馬人和平相處。

四世紀三十年代，羅馬皇帝君士坦丁（Constantine）在位。西歌德與東歌德聯合在其王亞里魁加（Aliquaca）統率下進攻多瑙河南羅馬帝國的君士坦丁省區。君士坦丁三次打敗他們後，仍給他們以較好的待遇。因此，當君士坦丁與其政敵利西尼亞斯（Licinius）在夏德里安那普爾（Hadrianople）作戰時，亞里魁加親率士卒幫助君士坦丁打了勝仗。

過了八年，歌德人進攻住在匈牙利西部的汪達爾人，汪達爾人向君士坦丁求救。君士坦丁初戰不利，後來歌德人戰敗了，於是講和。歌德王遣子為質，雙方和平相處又達三十年。

君士坦丁在位時，定基督教為國教並建新都於君士坦丁堡（Constantinople）。從此，以羅馬城得名的羅馬帝國的政治中心遂遷至君士坦丁堡而與外族更加接近。

新都建成後，帝國便有了兩個都城。後來由於有了兩個皇帝而分為東羅馬與西羅馬帝國。由於執政者的爭權，內亂屢作，加以天災、疾疫，人口減少、工商凋敝，羅馬帝國的基礎動搖。

大約在公元三五〇年，東歌德人選赫爾曼利克（Hermanrik或Ermanric）為國王。他統一了東歌德各部，鞏固其根據地，統治地區大致南起自多瑙河，北抵波羅的海，東起頓河，西至泰斯河（Theiss）。他迫走達西亞的汪達爾人，征服了斯拉夫人、芬蘭人、波的尼亞（Bothnia）海灣沿岸的愛沙尼亞人（Esthonians）。約但尼斯在其《歌德史》中將之稱為「歌德的亞歷山大」。

在日爾曼的神話中，赫爾曼利克又是一個殘暴的君主。在日爾曼的史詩中和盎格魯·薩克遜（Anglo Saxon）的詩歌中有時說到他的罪惡。這說明了後來匈奴人來，他要人民去抵抗，人民不但不聽從他的命令，反而起來反對他的原因。

赫爾曼利克統治的地區既已東至頓河，則來自東方的匈奴部隊雖不見得與赫爾曼利克直接接觸，但匈奴的一些零星部落必已到了東歌德的東北邊境。這些匈奴人及其所征服的阿蘭人似乎已給赫爾曼利克帶來不少麻煩。因此，後來東歌德受到攻擊時便難於抵抗。

這時的西歌德的內部亦分為許多部落，遠不如東歌德統一，因而受制於東歌德。

赫爾曼利克即位之初，匈奴人本已接近東歌德之東北邊境。在他長期專制統治下，人民深為不滿，故當匈奴進攻時，人民不但不抵抗匈奴人，反而認為是推翻他的機會，赫爾曼利克悲憤之餘，自殺身死。但約但尼斯在其《歌德史》中則謂係被殺。傳說他曾派其子求婚於皇后古特朗（Gudrun）①，其子受顧問引誘而將之納為妻，赫爾曼利克極為痛恨，遂用野馬分屍的殘忍手段害死了她。她的兩個哥哥痛恨這個暴君，於是又設法殺死了他。這是當時的阿密阿那斯・馬西林那斯所記述的。

赫爾曼利克死於公元三七五年。他死後，東歌德遂為匈奴所破，人民一部份西逃與西歌德聯合。仍留故地的歌德人，一部份奉其兄弟的孫子文尼塔爾利（Winithari）為國王反抗匈奴；一部份屈服於匈奴。匈奴以赫爾曼利克之子匈尼牟德（Hunimund）為國王且與文尼塔爾利作戰。最後，文尼塔爾利戰敗被殺，這兩部份東歌德人遂均屈服於匈奴人。

據歐洲史家記載，統率匈奴人征服東歌德的國王是巴拉米爾（Balamir），可能即《北史》和《魏書・西域傳》的「粟特」條所載的忽倪。

巴拉米爾征服東歌德後，曾娶東歌德的阿瑪玲（Amaling）公主為妻。東歌德自選國王並管理內政，故相當長時期內，東歌德很少反叛匈奴。

在巴拉米爾統治下的東歌德王匈尼牟德曾征服斯威匯人的日耳曼國家。死後，兒子松利斯牟德（Thorismund）繼位，曾征服格庇德人，後因墜馬而死。他死後四十年間，東歌德沒有國王。恐怕是由於找不出一位能為匈奴人所同意的國王，因而匈奴人遂直接管理東歌德的內政，同時，向西歌

① 編按：此人是日耳曼與斯堪地那維亞英雄傳說中的女主角，即《尼伯龍根之歌》中的Kriemhild的美麗女兒斯瓦提爾塔（Swathilda，或稱：Svanhild）。

德人進逼。

關於忽倪所率領的匈奴人的風俗、習慣、形貌等，當時人和後來的史家曾有記述。阿密阿那斯・馬西林那斯說：

匈奴人是不耕種的，他們甚至沒有摸過犁柄。因爲他們沒有安定的住宅，他們好似沒有家庭，沒有法律，繼續不斷地遊蕩於車上。事實上，這種車就是他們的房子。他們並不住在有屋頂的房子裡，而是住在墳墓式的房子裡。在他們的住處中，找不出一間房子是用蘆蓬蓋的。他們穿的是亞麻布衣或縫合了的田鼠的皮，他們無論在家裡或者外面，都穿這種衣服，除了完全破爛外是不更換的。他們頭上戴著圓形的帽子，在有毛的腳上穿著羊皮褲子。他們穿的鞋很笨重，使他們的行動很不方便。

又說：

因此，他們不適宜步兵。相反，他們經常在馬背上。他們的馬壯健而沒有什麼裝飾。他們坐在馬背上像婦女一樣。事實上他們日夜都在馬背上：在馬背上做買賣，吃喝，蜷曲在馬頸上睡覺，在馬背上討論問題。

曾經見過阿提拉的普利斯庫斯說阿提拉在馬背上與羅馬使者討論問題。約但尼斯指出匈奴人的形貌使人恐怖，黑黑的臉，頭不像頭，目如小孔，肩膀很寬，沒有鬚，身材矮小，行動快捷，隨時可以引弓射擊。頸部堅硬直立，一副驕橫的樣子。他們教養小孩很殘忍。剛出生不久，就用刀割其面部，使能忍耐痛苦，因此之故，他們青年的面部有很多刀痕，很少有好看的。約但尼斯認為他們沒有鬚即因面部受傷所致。

歌德人一看見匈奴人就感到恐怖，認為匈奴人是兩隻腳的禽獸。認為可能是在巫術盛行的社會裡，受了巫術的迷惑，跑到荒野中與惡魔交接而產生的人種。這種傳說愈使歌德人畏懼、憎惡，甚至認為匈奴人可能有一種超人的力量因而無法抵抗。匈奴征服東歌德人後，繼續向西歌德人進逼。

前已述及，在東歌德強盛時，西歌德曾屬於東歌德，但西歌德亦非完全喪失獨立。西歌德也自有領袖，稱為「裁判官」。當時共有三位：阿坦那利克（Athanaric）、夫利提堅（Frithigern）和阿勞威（Alawiw）。

三人中阿坦那利克勢力最大，夫利提堅次之。以此，二人遂互相敵對。另外，在宗教問題上，夫利提堅若非基督教徒亦係同情者，而阿坦那利克則係異教徒。

這裡簡述一下阿坦那利克排斥基督教和武爾非拉（Wulfila）在歌德的傳教工作及其改革歌德文字的情況。

自君士坦丁皇帝規定基督教為羅馬帝國國教後，羅馬人信教者日多。四世紀上半葉以來，歌德人與羅馬人日益接近，故歌德人亦有人信奉基督教，尤其在武爾非拉傳教以後。

武爾非拉約生於公元三一〇—三一一年，有人說他是歌德人，有人說他不是純粹的歌德人。他的祖父是卡巴多喜阿（Cappadocia）人，約在公元二六七年被歌德人俘虜。武爾非拉二十歲時曾隨歌德的公使團到君士坦丁堡，後即留居該地學習拉丁文與希臘文，可能即在這時，皈依了基督教。約三十歲時，奉派回國傳教。他在達西亞傳教達七年，信教者日多，於是招致阿坦那利克的排斥。他與信徒們受不了壓迫，乃上書東羅馬皇帝，要求渡過多瑙河避居羅馬帝國境內。得到允許後，遂偕其信徒居於摩西亞（Moesia）。這是歌德人遷入羅馬帝國之始。武爾非拉在這裡傳教二十三年。為使傳教工作做得更好，武爾非拉改革了歌德原來的郎尼（Runic）字母而以希臘字母為主創造出歌德文字，並以之翻譯基督教《聖經》。後來歌德滅亡了，別的什麼都沒有留傳下來，只留傳下來他翻譯的一部份《聖經》。

武爾非拉所傳的基督教屬於阿里安（Arian）派，與羅馬帝國所普遍信仰者不同，因而二者亦有爭執。

當歌德的三位裁判官在位時，西羅馬皇帝瓦倫提尼安一世（Valentinian）亦在位（三六四－三七五年）。他感到羅馬帝國疆域廣大，一個人難於統治，於是以其兄弟瓦倫斯（Valens）為東羅馬皇帝，鎮守君士坦丁堡，而自己則留守羅馬，統治西部省份。然而瓦倫斯知識淺，決斷差，處事遲疑，並且不懂東羅馬帝國大部居民所操的希臘語。

自君士坦丁皇帝與西歌德訂約後，雙方很少戰爭。西歌德依約提供人力為羅馬帝國當兵。西歌德的阿坦那利克的地位是承繼其父羅特斯特斯（Rothestes）的，羅特斯特斯以是羅馬帝國的忠實同盟者而備受青睞，君士坦丁堡曾立有他的紀念牌。據說阿坦那利克曾在他死前向皇帝宣誓：永遠不進入羅馬國境。他先曾忠實履行與羅馬帝國的友好的盟約，但後來卻與瓦倫斯皇帝發生了衝突。起因是公元三六〇年至三六三年在位的朱理安皇帝有一個親戚普羅科彼亞斯（Procopius），因反對瓦倫斯皇帝被逐出君士坦丁堡。他自稱皇帝，要求阿坦那利克依照盟約派兵幫助，阿坦那利克以為他是真皇帝，遂發兵三萬至色雷斯。恰巧這時普羅科彼亞斯死了，瓦倫斯恢復帝位，出兵打敗了歌德的軍隊，俘虜甚眾。阿坦那利克遣使者到君士坦丁堡抗議，要求釋放俘虜。瓦倫斯徵求瓦倫提尼安一世意見，回答是進攻歌德。結果雙方作戰達三年之久而後議和。阿坦那利克同意以後不受羅馬錢財，但要求羅馬帝國承認其為歌德國王。瓦倫斯要阿坦那利克到東羅馬首都來簽字，阿坦那利克則謂曾對其父皇宣誓不蹈羅馬土地而拒絕。最後雙方協議在多瑙河的船上會面。

此後數年間，雙方相安無事。

匈奴人在巴拉米爾（忽倪）統率下征服東歌德後，勢力直抵聶斯德河而與西歌德相接。於是阿坦那利克、夫利提堅、阿勞威言歸於好，而以阿坦那利克統率全國軍隊，駐守聶斯德河西岸，以防匈奴人渡河。

但匈奴人巧妙地從聶斯德河上游偷渡成功，並抄襲西歌德軍隊的後路，阿坦那利克遂退至特蘭西瓦尼亞（Transylvania），打算在普盧特（Pruth）河即今羅馬尼亞南部窩雷基阿（Walachia）地方佈防。

西歌德人認為只有渡過多瑙河才能避免匈奴人的攻擊，於是在夫利提堅與阿勞威統率下的民眾紛紛逃至多瑙河邊要求進入羅馬帝國國境。

阿坦那利克不得已，遂率其少數追隨者留居在特蘭西瓦尼亞的山地——森林深密、不易進入的高加地（Cancaland）。

東羅馬皇帝瓦倫斯與阿坦那利克在多瑙河的船上簽訂和約後，就到敘利亞都城安提阿

（Antioch）居住，前後凡五年。目的是觀察波斯皇帝的敵對行動和阻止塞拉成人（Saracens）與愛騷利亞（Isaurians）人的搶掠。

西歌德使團——包括傳教師武爾非拉，向瓦倫斯報告匈奴人的進攻和西歌德人的危險情況，保證進入羅馬國境後遵守法律，保衛帝國邊境並要求利用帝國邊境荒地從事耕種。瓦倫斯對西歌德人深表同情。這時西羅馬皇帝瓦倫提尼安一世已死，經大臣討論同意，允准歌德人的請求，但增加兩個條件：一、歌德人渡河前交出武器；二、將歌德人的兒童送到小亞細亞受教育——事實上是做人質。西歌德完全接受。

進入羅馬國境的西歌德人數，僅士兵即約二十萬，連同家屬及群眾，估計在百萬以上，這是歷史上少見的一次種族大遷徙。

由於西歌德人被匈奴人打敗，故地被侵佔，財物被掠奪，處境極為狼狽。到達多瑙河邊以後，糧食及用品均極為匱乏。渡河前之談判歷時既久，心情更為焦灼。因而有些人在羅馬帝國未批准前即強行渡河。駐守對岸的羅馬士兵進行阻擊，西歌德人被殺、溺水者甚眾。雖然後來帝國政府懲辦了這些士兵，但雙方的仇恨很深。

匈奴人侵佔西歌德後，沒有繼續追擊，西歌德人終於進入羅馬帝國境內。

第三十二章　匈奴入歐與羅馬帝國衰亡的關係

吉本以為羅馬帝國的衰亡與匈奴的侵入歐洲有關。其影響可分為直接的與間接的兩個方面。從時間上看，間接的影響早於直接的影響。這就是歌德人受匈奴壓迫進入帝國境內以後的活動。

歌德人最初停留在羅馬帝國的邊境，後來逐漸深入羅馬帝國境內。為著管理入境的西歌德人，羅馬帝國委派了軍事管理人員：琉彼成諾斯（Lupicinus）和馬克西馬斯（Maximus）。二人貪求無厭，對西歌德人橫加勒索，西歌德人雖賣兒鬻女仍難以生存，於是對羅馬人的仇恨益深。

這時，東歌德有兩位將軍：薩夫拉克（Safrax）和阿拉提烏斯（Alatheus），奉一王族幼子維德利克（Wideric）為國王，率領一部份東歌德人，繼西歌德人之後也抵達多瑙河北岸。他們亦派遣使者至敘利亞見瓦倫斯皇帝，希望以西歌德人的同樣條件進入羅馬帝國。瓦倫斯堅決拒絕。

約公元三七七年，西歌德人與羅馬人不斷發生衝突，使羅馬帝國主持軍事的人疲於應付，他們放鬆了多瑙河的河防工作，甚至撤銷了炮台和戰船上的武裝。於是停留在河北岸的東歌德人乘機渡河入境。

西歌德裁判官夫利提堅一方面聯繫東歌德人，一方面把他的部眾暗地裡移至離多瑙河約兩百里的馬西安諾波里斯（Marcianopolis）即下摩西亞（Lower Moaesia）的都城附近。

琉彼成諾斯在這裡宴請夫利提堅與阿勞威。宴會進行中，傳來了外面食物市場上羅馬士兵與歌德人發生衝突的聲音。夫利提堅離席並出城來到他的部隊駐地，人們向他高呼：寧願死於戰場，不願長期挨餓。於是夫利提堅決心率部進攻琉彼成諾斯。

在離馬西安諾波里斯二十里處，雙方接戰，羅馬軍不利，琉彼成諾斯退入城內固守。寫歌德史的約但尼斯曾記載道：「從這一天的勝利起，歌德人的痛苦中止了，羅馬人的安全也停止了。從這一天起，歌德人放棄了他們的作客與流亡的不安定的情況，爭取主人與公民的資格，要求在其所佔領的土地上的絕對統治權，而且用他們自己的權力保有靠著多瑙河的帝國的北部省區。」

接著，歌德人便在城外、鄉村，大肆搶掠。

先是，在西歌德人未進入羅馬境內之前，已有一些西歌德部眾在哥利亞斯（Colias）和蘇里德（Suerid）統率下在羅馬帝國的軍隊中服務。他們駐在哈德里安諾普爾（Hadrianople）城。羅馬政府為防止他們與夫利提堅交通，打算把他們調到較遠的地方。他們要求給兩天時間做準備和攜帶足夠的食物，羅馬的長官不同意。於是他們乃與夫利提堅聯合起來。

此外，他們又得到色雷斯金礦對礦主不滿的礦工們的幫助，從小路找到羅馬人的糧食和貴重物品的貯藏所，這給他們帶來很大方便。雙方多次戰鬥，互有勝負。由於戰爭在羅馬境內進行，故羅馬損失極重。

歌德人聲勢日大，新加入他們陣營的還有泰法斯人（Taifals）、塞人、阿蘭人、投降匈奴後又逃出的東歌德人以及小部份的匈奴人部落。

瓦倫斯皇帝於公元三七八年回到君士坦丁堡，民眾對他極為不滿。數日之後，他親自率軍出發討伐歌德人。

瓦倫斯皇帝的侄子、西羅馬皇帝格拉提安（Gratian）派將軍利支荷馬（Richomer）帶信告訴瓦倫斯，他將親自率軍前來助戰，請瓦倫斯等待。但瓦倫斯的左右慫恿瓦倫斯不要等待，立即進攻。

這時，夫利提堅派來使團，以傳教師武爾非拉為首，要求羅馬人承認他們在色雷斯的統治權。夫利提堅並寫了私人信件，說歌德人不一定同意這一講和條件，希望羅馬皇帝施用一些壓力，以使歌德人瞭解這一條件的來之不易。但羅馬人沒有給予回答。

八月九日，瓦倫斯將他的貴重物品在哈德里安諾普爾城內安頓好了之後，率兵進攻歌德人。夫利提堅又派使者偽裝要求停戰投降，瓦倫斯復要歌德人派出重要的貴族來談判。夫利提堅又表示如果羅馬先派一個重要人物來作人質，則他將親自來談判。商量結果，由利支荷馬先到歌德方面來。

當利支荷馬走到兩軍陣地的中途時，羅馬軍隊中的愛俾利亞（Iberian）部在沒有命令的情況下突然發起進攻，恰巧這時東歌德的部眾趕到了，夫利提堅揮軍反擊，羅馬軍隊或逃或被圍殺。羅馬將軍特累詹（Trajan）與維克托爾（Victor）企圖救出瓦倫斯，卻找不到他。

據好多年後一位從歌德人部眾中逃出的羅馬青年說，瓦倫斯皇帝負傷後，被抬到戰場上的一間房子裡治療。歌德人放火燒了這間房子，只有這個青年從窗戶裡跳出後被俘，其他人都被燒死了。

戰鬥中，將軍特累詹、塞巴斯提安（Sebastian），帝國宮廷高級人員如伊基提亞斯、發拉利安（Valarian）以及三十五位護民官均陣亡。精銳損失三分之二，僅利支荷馬率領殘部退出陣地。

夫利提堅知道瓦倫斯皇帝的貴重物品放在亞得里亞堡城內，於是率眾攻城。城內居民與退入城內的守軍嬰城固守，歌德人久攻不下，只好退走。

兩天後，歌德人到達東羅馬首都君士坦丁堡外並猛烈攻城，服務於羅馬帝國軍隊裡的一部份阿拉伯軍迎戰。戰鬥中，歌德人看見一個阿拉伯士兵喝一個被殺的歌德人的血，歌德人非常害怕。於是放棄攻城計劃，在城外大掠後北去，分散居住在黑海至亞得里亞（Adriatic）海一帶地區。

其後兩年間，據羅馬史家說，這些地區飽受歌德人蹂躪。因此，羅馬人對歌德人的仇恨日深。另一方面，歌德人對羅馬人的仇恨也是很深的。前已述及，歌德人在遷入羅馬帝國境內時，曾約定歌德的一些貴族子弟須為質於羅馬。這些青少年便被分送到各地，有很多被送到小亞細亞。哈德利安諾普爾戰爭前不久，歌德人曾得到金礦工人的幫助，在許多地方找到了一部份歌德的青少年，這些青少年向他們的父母訴說受到羅馬人虐待的苦況，這當然引起歌德人對羅馬人的仇恨。尤其當瓦倫斯皇帝戰死之後，羅馬帝國的小亞細亞軍事領袖朱理亞（Julius）得到君士坦丁堡議院的許可，計誘為質於當地的歌德兒童全部殺死。消息傳來，歌德人對羅馬人的仇恨當然更深。

西羅馬皇帝格拉提安親率援軍向東羅馬進發，半途中得到利支荷馬的報告，又因西羅馬帝國內的日耳曼人也有反叛可能，於是又率軍撤返。

經過格拉提安考慮，選狄奧多西（Theodosius）為東羅馬皇帝，於公元三七九年一月即位。

公元三八〇年，夫利提堅死了。與此同時，久居山地的阿坦那利克可能因受到匈奴人的壓迫，率其部眾渡過多瑙河。於是東歌德的大部份部眾又承認阿坦那利克為領袖。

狄奧多西邀請阿坦那利克訪問君士坦丁堡，並簽訂友好條約。此後不久，公元三八一年一月，阿坦那利克逝世，狄奧多西曾為之舉行隆重的葬禮。

狄奧多西又多方設法與西歌德人修好。他安置東歌德人於小亞細亞、西歌德人於色雷斯，他們可以有自己的軍隊，許多歌德貴族在皇室中佔據較高的地位。因此，歌德人都願意受狄奧多西的統治，歌德人與羅馬人之間乃和平相處。

其間也發生過一次衝突。公元三八六年，薩發拉克與阿拉提亞斯所統率的東歌德人，曾由奧德提亞斯率領來到達亞入侵日耳曼的西部與北部。當渡多瑙河時，被羅馬帝國軍隊攔截，溺死者甚眾，已渡至對岸者亦均被繳械。這些東歌德人可能是受匈奴人所迫而西遷的。

狄奧多西在位末年，西羅馬沒有皇帝，他便成為東、西羅馬的皇帝。

公元三九五年，狄奧多西逝世。逝世前，他安排長子阿加提亞斯（Arcadius）統治東羅馬，次子荷諾利烏統治西羅馬。但這兩個人能力都不強，故實權均操諸大臣之手。

前已述及，當東歌德人進入羅馬帝國境內時，亦有一些匈奴部落隨同遷入。狄奧多西允許這些匈奴人居住在潘諾尼亞與下摩西亞。潘諾尼亞在今匈牙利境內，後來成為匈奴人在歐洲建立帝國的中心。下摩西亞在多瑙河南，今羅馬尼亞境內。

羅馬人對狄奧多西的妥協政策表示不滿。因此，他死後，人們便要求新皇帝解散歌德軍隊，把所有歌德人都趕到多瑙河之北。

阿加提亞斯既不能無視人們的情緒，事實上又趕不走歌德人，於是減少每年給予歌德人的財物。因此，歌德人起而反抗。

這時，在羅馬軍隊中有一位年輕的歌德人名阿拉列，因多次立功得不到提級，憤而參加反叛的歌德人陣營。阿拉列原係歌德的巴爾丁貴族子弟，勇而有謀，歌德人遂選之為國王。

阿拉列帶領西歌德人先進攻馬其頓尼亞與塞薩列（Thessaly），進抵俄塔（Oeta）山麓；更向西越過險要的瑟摩彼利（Thermopylae）抵達希臘。在肥美的福西斯（Phocis）與俾俄喜阿（Boeocia）兩地殺戮搶掠後直逼雅典城下。雅典人把大部份財物交給阿拉列，才得免於焚燒。然其他城市如米加拉（Megara）、阿哥斯（Argos）、科林斯（Corinth）、斯巴達等均遭受極大損失。

這時，西羅馬將軍斯提利科（Stilicho）在意大利的港口集中軍隊，經過愛俄尼安（Ionian）海，抵達科林斯。在阿加底亞（Arcadia）與阿拉列交戰，將歌德的部眾趕至福羅埃（Pholoe）山地，即伊利斯河（Elis）附近。斯提利科截流改道，以斷阿拉列水源。斯提利科以為勝算在握而沉湎於歌舞之中。阿拉列卻暗中越過防線渡過伯羅奔尼撒（Peloponnesus）與大陸之間長一里多的海灣。等斯提利科發現後打算追擊時，阿拉列已與東羅馬帝國訂了條約，歌德部眾獲許在伊彼魯斯（Epirus）省居留。接著，東羅馬帝國任命他為東伊利爾利卡（Illyricum）的軍事長官，轄區幾乎為帝國歐洲部份的全部。

阿拉列留在這裡約三年。公元四〇〇年秋，率部向意大利進發。有人以為是他聽說斯提利科不在意大利，因而乘機去擾亂。其實原因不在此，而在於正是這年秋天，匈奴人在東羅馬東部邊境者開始與羅馬接觸。阿拉列畏懼匈奴人的攻擊，決定西遷。差不多就在這時，有一部份東歌德部眾因受匈奴壓迫由拉達蓋斯（Radagais）率領，渡過多瑞河，抵達潘諾尼亞，不久亦侵入意大利。此外，斯威匯人、汪達爾人、阿蘭人也紛紛西遷至高盧與西班牙。這都與匈奴的西侵有關。當阿拉列離開東羅馬時，匈奴人已渡過多瑙河侵入色雷斯與馬其頓尼亞。而斯提利科之離開意大利，只不過給阿拉列提供良好的機會而已。

阿拉列大概是從帖撒羅尼迦（Thessalonica）經潘諾尼亞抵達朱利安阿爾卑斯（Julian Alps）山麓的。他征服阿基利亞（Aquileia）及伊斯特利亞（Istria）與維尼提亞（Venetia）省。一年半間，橫行意大利半島北部。

這時，西羅馬皇帝荷諾利烏住在米蘭（Milan），在腐敗臣僚的包圍下，直到阿拉列的部隊已靠近米蘭的宮廷時，他與他的臣僚才手忙腳亂，準備偷偷逃到高盧。

正在高盧的斯提利科趕快回到意大利。

荷諾利烏走向阿爾卑斯，打算逃往阿里斯（Arles）城。當他渡過波（Po）河時，歌德人的騎兵部隊已靠近他了。他趕快逃到附近的阿斯塔（Asta）停留於坦那拉斯（Tanarus）河邊，處境十分危急。恰在這時，斯提利科的部隊趕到了。公元四〇二年三月二十九日，歌德人正在慶祝復活禮拜，斯提利科發起進攻，阿拉列大敗，妻子被俘。這就是波林提亞（Pollentia）戰役。

阿拉列的一部份部眾開始對他不滿，甚至有的逃亡了。阿拉列於是計劃入侵高盧，又為斯提利科大敗於凡洛那（Verona），阿拉列幾乎被俘。斯提利科本來可以繼續追擊阿拉列，但他又想利用阿拉列要挾東羅馬皇帝阿加提亞斯，於是建議給阿拉列以大量財物換取他離開意大利。儘管阿拉列本人不同意這樣做，但他手下的一些重要人物都贊成這樣做。阿拉列於是退到伊利里亞（Illyria）的阿摩那（Aemona）。

荷諾利烏在羅馬住了幾個月，便又遷到拉文那（Ravenna）。

公元四〇八年，斯提利科遣使說服阿拉列承認荷諾利烏的統治權，並為其服務，把阿拉列所統治的伊利里亞省聯合於西羅馬帝國，並答應給阿拉列大量財物。然而不久，斯提利科又改變了這個計劃，要緩期實行。阿拉列索要財物，斯提利科要求西羅馬元老院照辦，元老院的議員們大怒，但懾於斯提利科的權勢，只好照辦，然而懷恨在心。這件事促使荷諾利烏於這年八月下令，處死斯提利科。

斯提利科是汪達爾人，部下多為所謂的各種蠻族人。在宗教上，他們屬於阿利安（Arian）派，對斯提利科忠誠。斯提利科被殺後，帝國的大臣們通令解除軍隊中的歌德的或其他蠻族的將官，並通過法律，禁止阿利安派或異教徒在帝國服務。這當然引起這些人的反感，於是紛紛投向阿拉列。阿拉列的勢力更大了。同時，元老院所答應的財物又始終沒有到手，於是阿拉列率眾侵入意大利北部各城市。公元四〇九年初，包圍了羅馬城。

城內居民因飢餓而死者日多，於是元老院向阿拉列求和。條件是給予大量錢財與珍品：五千磅黃金，三萬磅銀，四千件用很貴的提爾的（Tyrian）紫色染的衣服與四千磅胡椒——胡椒是珍品，是從印度運來的。

阿拉列志得意滿，離開羅馬去到塔斯干尼（Tuscany）。在這裡，有四萬名奴隸加入了他的軍隊，他的衿兄弟阿塔武爾夫（Atawulf）帶領一大隊歌德人自多瑙河邊來參加他的隊伍。

阿拉列宣稱希望與羅馬帝國友好。元老院於是選了三位議員到拉文那向荷諾利烏說明阿拉列的要求：羅馬帝國任命他為軍事長官，統治達爾馬提亞（dalmatia）、諾利卡（Noricum）、維尼提亞（Venetia）數個省區，即相當於後來的奧國境界；使他領有意大利與多瑙河之間的交通線或僅在諾利卡區者亦可。

這項要求被荷諾利烏的大臣俄利姆比阿斯（Olympius）拒絕。俄利姆比阿斯且派出六千精銳與阿拉列作戰，結果大敗。不久，俄利姆比阿斯失勢，佐維阿斯（Jovius）當權，但西羅馬皇帝及其宮人仍反對阿拉列的條件。阿拉列一怒征服泰伯（Tiber）河口的城市，搶掠糧食，要求羅馬居民投降，否則將毀滅這個城市。元老院答應了他的要求，並廢黜荷諾利烏皇帝而另立阿塔拉（Attalus）為皇帝。阿塔拉於是進攻拉文那要求荷諾利烏退位。但當這時，阿塔拉與阿拉列卻發生了爭端。阿拉列遂於利米尼（Rimini）附近的平原中召集歌德人與羅馬人開大會，要阿塔拉當眾脫掉紫袍，摘掉皇冠，宣佈為平民。阿拉列把這副冠袍送給荷諾利烏以示友好，並要求答應他所提出的條件。但在羅馬帝國中服務的一部份歌德軍隊，出其不意襲擊了阿拉列的軍隊，並宣佈阿拉列為帝國永遠的敵人。阿拉列於是又橫過意大利半島，包圍並攻入羅馬城——這是繼八百年前高盧人曾攻入羅馬後的第二次外族攻入。

據歷史家記載：阿拉列認為自己是基督教徒，故除勒索財物外，極少毀壞建築物。而且，凡逃避於聖彼得與聖保羅教堂的人和放下武器的兵士均不傷害。對教堂的財物也很少掠取。因此，這次羅馬城的損失是較小的。至於街道堆滿了死屍，則係因這些人拒不交出財物所致。另有許多市民被俘後被當做奴隸出賣。這座所謂光榮、神聖的羅馬城經此浩劫，帝國威信遂掃地殆盡。

阿拉列從羅馬城向南推進，沿途征服許多城市，直抵意大利南部，他打算征服非洲，取得糧食——意大利的糧食大部份來自非洲——然後再回頭佔領意大利。但是當他的部眾渡海時，突遇大風，沉沒了許多船。阿拉列也病了，不久死去，年僅三十五歲。於是歌德人選阿塔武爾夫為王。

阿塔武爾夫繼續與荷諾利烏談判，希望在帝國內得到一個地區，擁有自治權以統治歌德人。公元四一二年，阿塔武爾夫率部至高盧。公元四一三年，佔領了高盧南部的大部地區。公元四一四年阿塔武爾夫娶了荷諾利烏的妹妹加拉普拉西提亞（Gallaplacidia）為夫人。接著，又向南推進，抵達西班牙的巴西倫那（Barcelona），征服了這裡的汪達爾人。

公元四一五年，阿塔武爾夫被部下殺死。經過一度混亂，歌德人選出巴爾丁族的發利亞（Wallia）為王。發利亞征服了西班牙的汪達爾人和斯威滙人。公元四一七年俘虜了兩位汪達爾王，送到羅馬。這時，整個西班牙除西北山區外均在歌德人統治之下。

發利亞把荷諾利烏的妹妹送回帝國，並送了大量糧食。這位皇帝的妹妹又嫁給大臣君士但特阿斯（Constantius）。荷諾利烏死後無子，便由他妹妹的兒子繼承，是為瓦倫提尼安第三（Valentinian），但實權則操諸其母之手。其母活到公元四五〇年，正是匈奴皇帝阿提拉的勢力擴張得最快的時候。

發利亞征服西班牙後，羅馬帝國承認了他的統治權。

大約在這個時候，羅馬帝國當權大臣君士但特阿斯提議，發利亞應該統率其部眾到高盧，包括波爾多（Bordeaux）、阿仁（Agen）、翁吉雷姆（Angouleme）、波亞埃（Poitiers）、土魯斯（Toulouse）等地。這些地方是帝國最肥沃的地區，發利亞喜出望外。公元四一八年，發利亞統率部眾到了這些地方，並以土魯斯為他統治的地區的都城。

發利亞死於公元四一九年，無子。歌德人選巴爾丁族的狄奧多利克為王。在他長達三十二年的統治中，北面的佛郎克人（Franks）、西面的柏干提人（Burgunds）的土地均被攻佔。他還多次設反對瓦倫斯皇帝被逐出君士坦丁堡。他自稱皇帝，要求阿坦那利克依照盟約派兵幫助，阿坦那利克以為他是真皇帝，遂發兵三萬至色雷斯。恰巧這時普羅科彼亞斯死了，瓦倫斯恢復帝位，出兵打敗了歌德的軍隊，俘虜甚眾。阿坦那利克遣使者到君士坦丁堡抗議，要求釋放俘虜。瓦倫斯徵求瓦倫提尼安一世意見，回答是進攻歌德。結果雙方作戰達三年之久而後議和。阿坦那利克同意以後不受羅馬錢財，但要求羅馬帝國承認其為歌德國王。瓦倫斯要阿坦那利克到東羅馬首都來簽字，阿坦那利克則謂曾對其父皇宣誓不蹈羅馬土地而拒絕。最後雙方協議在多瑙河的船上會面。

此後數年間，雙方相安無事。

匈奴人在巴拉米爾（忽倪）統率下征服東歌德後，勢力直抵聶斯德河而與西歌德相接。於是阿坦那利克、夫利提堅、阿勞威言歸於好，而以阿坦那利克統率全國軍隊，駐守聶斯德河西岸，以防匈奴人渡河。

但匈奴人巧妙地從聶斯德河上游偷渡成功，並抄襲西歌德軍隊的後路，阿坦那利克遂退至特蘭西瓦尼亞（Transylvania），打算在普盧特（Pruth）河即今羅馬尼亞南部窩雷基阿（Walachia）地方佈防。

西歌德人認為只有渡過多瑙河才能避免匈奴人的攻擊，於是在夫利提堅與阿勞威統率下的民眾紛紛逃至多瑙河邊要求進入羅馬帝國國境。

阿坦那利克不得已，遂率其少數追隨者留居在特蘭西瓦尼亞的山地——森林深密、不易進入的高加地（Cancaland）。

東羅馬皇帝瓦倫斯與阿坦那利克在多瑙河的船上簽訂和約後，就到敘利亞都城安提阿

法侵略羅馬帝國的城市。狄奧多利克後來與匈奴人作戰時陣亡。

狄奧多利克死後，兒子狄奧多利克第二即位。公元四六六年，被其弟攸利克（Euric）所殺。攸利克即位後，征服了整個西班牙半島和羅馬帝國在高盧所統治的地方。攸利克死於公元四八五年。由於高盧的民眾是天主教徒，歌德人是阿里安教徒，信仰不同而產生仇恨，結果引起佛郎克人與歌德人的戰爭，歌德王阿拉列第二戰敗身亡，土魯斯被佔，其幼子阿瑪拉利克逃到西班牙。

自狄奧多利克第二到阿拉列第二，西羅馬帝國變化很大，最後滅亡。整個意大利半島均由東歌德人統治。

公元五世紀中葉，當匈奴的阿提拉死的時候，東歌德的部眾居於今奧國的西南部。他們得到獨立，國王西德瑪（Theudemer），但處在格庇德人、薩爾馬特人、阿拉曼（Alamans）人、斯威匯人和律歧安（Rugians）人、匈奴人的包圍之中。西德瑪的兒子狄奧多利克曾長期在東羅馬都城受教育，回國後幫助他父親抵禦鄰國的侵略。西德瑪死於公元四七四年，狄奧多利克繼立時年二十歲。公元四八八年，他得到羅馬帝國的許可，到意大利征伐[illegible]征服整個意大利半島而成[illegible]

（Antioch）居住，前後凡五年。目的是觀察波斯皇帝的敵對行動和阻止塞拉成人（Saracens）與愛騷利亞（Isaurians）人的搶掠。

西歌德使團——包括傳教師武爾非拉，向瓦倫斯報告匈奴人的進攻和西歌德人的危險情況，保證進入羅馬國境後遵守法律，保衛帝國邊境並要求利用帝國邊境荒地從事耕種。瓦倫斯對西歌德人深表同情。這時西羅馬皇帝瓦倫提尼安一世已死，經大臣討論同意，允准歌德人的請求，但增加兩個條件：一、歌德人渡河前交出武器；二、將歌德人的兒童送到小亞細亞受教育——事實上是做人質。西歌德完全接受。

進入羅馬國境的西歌德人數，僅士兵即約二十萬，連同家屬及群眾，估計在百萬以上，這是歷史上少見的一次種族大遷徙。

由於西歌德人被匈奴人打敗，故地被侵佔，財物被掠奪，處境極為狼狽。到達多瑙河邊[illegible]糧食及用品均極為匱乏。渡河前之談判歷時甚久[illegible]

到達今奧國的西南部，後來又征服意大利半島。因此，在五世紀下半葉，意大利、高盧和西班牙，都被東、西歌德人統治。羅馬帝國的被摧毀，歐洲民族的大遷徙，都是這一過程中的事。不過這些歌德人所建立的王國不久又歸於消滅。

總之，由於匈奴人的壓迫，歌德人深入到羅馬帝國境內，而匈奴人之所以西侵歐洲又是與中國的征伐匈奴分不開的。

第三十三章　歐洲匈奴帝國的形成

匈奴人對羅馬或歐洲的直接的影響雖遲於間接的影響，但兩者並非截然分開而是互相交叉的，尤其在公元四〇〇年以後，這兩種影響往往同時並存。

當歌德人初入羅馬帝國境內時，就有少部份匈奴部落隨著進入羅馬帝國，繼又佔領在今匈牙利境內的潘諾尼亞，因此有人以為匈牙利人的祖先是匈奴人，但這一看法仍待商榷。

這少部份匈奴人部落可以說是匈奴人進入羅馬帝國國境的先鋒隊。匈奴人在蒙古高原不斷遭受漢王朝的攻擊，一部份不得不向西遷徙，大約經過三百年左右，乃在羅馬帝國境內出現。這不僅在東亞與歐洲的交通史上佔有重要地位，而且對歐洲產生過巨大影響。然而這些少數的匈奴人部落初期與歌德人同入羅馬國境，這說明四世紀時在歐洲東部的匈奴部落相當散漫。各個部落有時聯合，在某一部落或某一領袖的領導下共同對付敵人或保護其利益；但也有時各自為政或在某種情況下並不參加集團的行動，甚至單獨遷徙，甚至與敵人聯合。

當然，這少部份匈奴人對羅馬帝國的影響並不大。因為他們人數既不多而且又非居於入侵者的領袖地位。

帶領匈奴人從鹹海和裏海進攻歌德人的領袖應該是忽倪（Balamir），忽倪是侵略歐洲邊境的最早的匈奴人的領袖，但我們找不到他渡過多瑙河的記載。

公元三七五年，忽倪攻破東歌德，繼又打敗西歌德，但他沒有窮追猛打，致使大量西歌德人渡過多瑙河。這是西歌德與羅馬帝國開始發生糾紛的主因。等後來匈奴人與羅馬帝國直接發生關係時，則已是大量的匈奴部眾入境，羅馬帝國乃受到更大威脅。加之東、西羅馬帝國間的紛爭，內亂與天災，這個歷時數百年，統治歐、亞、非部份地區的大帝國遂逐步衰亡，使整個歐洲由統一變為分裂，使古代的歐洲進入中世紀的歐洲，使政治的集中制度變為教會的統一，使希伯來文化代替希臘、羅馬文化。這就是說歐洲的封建制度的產生與發展，是與所謂蠻族——匈奴、歌德、汪達爾以及北方的其他蠻族等的侵入分不開的。

忽倪死的時間無可考，但他沒有進入羅馬國境，也沒有與羅馬帝國有過直接關係。他沒有追擊西歌德的原因，可能是因為虜獲過多，也可能是因為不久之後便死了。假使這一看法成立，則忽倪應死於公元三七五年前後，不可能活到公元四〇〇年，因為這時與羅馬帝國發生直接關係的匈奴領袖不是忽倪而是烏單（Uldin）了。

大量匈奴人進入羅馬帝國的時間應在公元四〇〇年之前。因為公元四〇〇年，烏單已打敗羅馬帝國的將軍干那斯（Gainas）並殺之於多瑙河下游，即今之羅馬尼亞境內。

干那斯被殺的背景是：羅馬皇帝狄奧多西死後，長子阿加提亞斯繼立為西羅馬皇帝（公元三九五—四〇八年），幼子荷諾利烏繼立為西羅馬皇帝（公元三九五—四二三年），這二人都很昏庸。當時東羅馬的當權者是魯菲納（Rufinus），西羅馬的當權者是斯提利科，二人異常敵對。東羅馬統治下的伊利爾伊卡（Illyricum）是格拉提安皇帝交給東羅馬的，斯提利科想要回這個地方，因而與魯菲納衝突。恰巧東羅馬統治下的小亞細亞受到匈奴人的侵略，斯提利科於是便率軍進入東羅馬。魯菲納不歡迎他，便鼓動東羅馬皇帝命令斯提利科仍回西羅馬去。斯提利科便把部眾交給親信干那斯統率（干那斯是歌德人，斯提利科是汪達爾人，是否因均係羅馬人視之為蠻人而遂關係密切，則不得而知）。干那斯率部到君士坦丁堡，當皇帝與魯菲納出來勞軍時，干那斯乘機殺死魯菲納而成為東羅馬的當權者。但他與皇后常常發生糾紛，干那斯及其部眾又係阿利安教派，因而與君士坦丁堡的皇室不睦，與首都信仰天主教的民眾也敵對。於是，首都民眾對服務於帝國的歌德人大加殺戮，干那斯逃到多瑙河下游，希望得到匈奴人的幫助，結果匈奴人反而殺死干那斯，將其頭顱作為禮物送給東羅馬皇帝。

從這一點看，在這個時候，烏單與東羅馬帝國的關係是友好的。

這種友好關係還表現在另一件事情上：

東歌德的拉達蓋斯（Radagais）自稱為歌德王，有一萬二千貴族戰士為先鋒隊，二十萬以上的兵卒，加上婦女、兒童、奴隸，總數約四十萬，雖少於夫利提堅統率下渡過多瑙河的人數，但士卒的數目相等。在拉達蓋斯的領導下，從羅馬帝國的北部入境，他們都是異教徒，殘暴甚於阿拉列統率下的歌德人。有人說他們所以進入羅馬帝國，即因受匈奴王烏單的壓迫。他們渡過多瑙河後，先停留在匈牙利的東部，即泰斯河以東。不久，又為烏單所迫而西逃，公元四〇四年，經過阿普爾山東部侵入意大利。拉達蓋斯曾宣稱要焚燒西羅馬帝國的都城——羅馬，殺死元老院的議員以祀神。他們經過波河與亞平寧山（Apennine），沒有遇到抵抗。他們沒有攻打荷諾利烏皇帝所居住的拉文那，掠奪了其他城市，進攻佛羅稜薩（Florence），羅馬城的官員與市民大為震動。於是斯提利科召集帝國軍隊抵抗，由於烏單與羅馬帝國聯盟，結果在佛羅稜薩打敗並殺死了拉達蓋斯。

拉達蓋斯雖然敗亡，但影響很大。匈牙利東部久為汪達爾人佔據，而前此約二十年，斯威匯人與阿蘭人因受匈奴人的威脅曾從聶斯德河一帶逃至此處——潘諾尼亞。拉達蓋斯及其部眾，還有跟在他後面的匈奴人一到這個地方，對這裡的汪達爾人、斯威匯人、阿蘭人當然是個打擊，因而不得不向西逃跑而去到高盧與西班牙。這說明五世紀初，匈奴人對羅馬境內的種族遷徙影響很大，且遠及高盧及西班牙等處。

拉達蓋斯敗死後，烏單又回到東邊的潘諾尼亞。他很少侵略西羅馬，對東羅馬則時時擾亂，主要在多瑙河南一帶。東羅馬皇帝阿加提亞斯死於公元四〇四年，這前後數年中，烏單所統治的地區必相當廣大。當羅馬的色雷斯省省長向他求和時，烏單說：「太陽所照的地方，我願意的話都可以征服。」《羅馬編年史》說他是多瑙河以外的所有蠻人的統治者。

他所統治的地方究竟多大，當然不易確定，但是從匈牙利的東部、多瑙河的北部至聶斯德哥河和頓河流域，即西歌德與東歌德的故地應當都在他的統治之下。至於鹹海與裏海之間的北部，即粟特或以前的奄蔡本為忽倪所統治，這時是否在烏單的統治之下則是個問題。

公元四〇八年，烏單侵略東羅馬邊地，滿載而歸，突然受到羅馬帝國軍隊的襲擊，損失很大。有人說是因為他拒絕了羅馬人提出的優渥的求和條件，因而受到部下的反對，不得不退到多瑙河北。這一次烏單幾乎被殺。

此後，史書對於烏單沒有記載，死於何時也不清楚。

數年後，匈奴又有兩位領袖的名字見於歐洲的史書。他們是兄弟倆，一為俄塔（Oktar），一為盧阿（Rua，或Ruga，或Rugilas）。

據一些史家意見，這兩位領袖與烏單和忽倪沒有什麼血緣或繼承關係。可以推想，自忽倪至俄塔的四十年間，到達歐洲邊境或進入羅馬帝國的匈奴人，組織並不嚴密而是相當鬆散。故忽倪死後，繼承者如不是一位能幹的人物，其他部落之有才幹的領袖，在必要時即可能成為各部落的共同領袖，烏單即可能是這樣的，俄塔當亦如此。

這時的匈奴人，除烏單所率領者外，與歌德人一同進入羅馬帝國境內的，大概住在潘諾尼亞。此時，據說在烏單時代，從中亞細亞的鹹海、裏海一帶，又有許多匈奴人西遷而抵達東羅馬帝國東境。如德盧安（Ed. Drouin）在《大百科全書》（*Grand Encyclopedia*）的「匈奴」（Huns）條中主張俄塔及盧阿就是這些人的領袖。

這種看法不見得可靠。因為如果俄塔是新來的，便不會在很短時間裡進至歐洲的中部和西部而與萊茵河畔的柏干提（Burgundians）人作戰。故俄塔與盧阿仍當是久已住在潘諾尼亞的匈奴人的後裔。

吉本說俄塔是一位勇敢的領袖。有的學者認為他是一位不很露面的人，但確是這個匈奴王朝的建立者。俄塔可能是歐洲史書中所載的那位率領軍隊征伐萊茵河邊的柏干提人的領袖。初期獲勝，後來戰敗被殺。他應是最先侵入歐洲中部和西部的匈奴人的領袖，時間在公元四一五年前後。

俄塔死後，傳位於其弟盧阿。初期情況，歐洲史書記載很少，公元四二二年，統率匈奴部眾侵略羅馬的色雷斯和馬其頓尼亞的大概是盧阿。

公元四二六年，盧阿又侵略這兩個地方。東羅馬雖然打退了盧阿，但對東羅馬始終是一大威脅。可能這時從鹹海和裏海一舉又新來了許多匈奴人。

為了使羅馬邊境不受侵略，狄奧多西每年給盧阿三百五十磅金子，但到公元四三二年，盧阿又提出新的條件。由於好多匈奴部落的人不滿盧阿或受不了他的壓迫而逃到羅馬帝國境內時，盧阿要求引渡這些人。羅馬邊境的許多匈奴部落曾單獨與羅馬訂立條約，內容大致是由羅馬給予財物，他們則答應不侵略羅馬邊境，或是邊境如遭受侵略則負責防衛等等。盧阿要求所有這些條約均作廢，用意當然是條約的訂立應該由他來辦。

狄奧多西不敢拒絕，於是派遣使者、塞族後裔普林塔斯（Plinthas）將軍和埃彼日尼斯（Epigenes）去商談。使團於公元四三四年抵達匈奴統治區邊境時，得知盧阿已死，他的兩個侄子布雷達和阿提拉繼位。

這裡敘述一下盧阿死前與一位羅馬人阿伊喜阿斯（Aetius）的關係。阿伊喜阿斯的祖先可能是羅馬人所謂的蠻人，但他的父親曾在西羅馬帝國政府中服務，後來是非洲的伯爵。阿伊喜阿斯曾在歌德人領袖阿拉列的軍營中為質多年，後又為質於盧阿的王庭中，因此與盧阿友好並結識了布雷達與阿提拉。

公元四二三年，西羅馬皇帝荷諾利烏去世，無子，軍隊長官卡斯丁那斯（Castinus）擁立帝國法院高級官員約翰（John）為皇帝。東羅馬皇帝狄奧多西反對，要以姑母普拉西提亞（Placidia）的五歲幼子瓦倫提尼安為皇帝。阿伊喜阿斯擁護約翰，便說服盧阿發兵六萬幫助約翰即位。後來約翰失敗了，阿伊喜阿斯又迫使攝政者普拉西提亞任命他為高盧的軍事長官。

由此可見盧阿與阿伊喜阿斯的友誼很深。據說西羅馬帝國於盧阿在位時即因這種關係而很少遭受匈奴的侵擾。盧阿死後，布雷達與阿提拉繼位之初，阿伊喜阿斯與二人關係仍好，書信禮物，往還不斷。

布雷達與阿提拉會見羅馬使者的地方在今南斯拉夫的馬該斯（Margus）附近，即上馬西亞（Upper Maesia）的一個平原上。他們會見時，布雷達與阿提拉拒絕下馬，隨從人員也都騎在馬上，所以羅馬使者也只好騎在馬上會談。

各種條件都由匈奴領袖決定。

第一，盧阿要求引渡的人應照辦。其中有兩個匈奴部落中的王子，避居君士坦丁堡，匈奴人要求把他們釘死。

第二，廢除一切與匈奴其他部落訂立的條約，承認只有他們二人才有訂定條約的權力。

此外，又增加了三條。

一、以前每年交付匈奴三百五十磅黃金，以後改為七百磅。因為以前只有一個國王而現在則有兩個。

二、羅馬帝國在多瑙河岸開設市場，供給物資。

三、在匈奴的羅馬帝國俘虜，逃跑一個賠償黃金八片。

阿提拉與布雷達宣稱：如不接受，即行宣戰。

狄奧多西第二不得不答應這些要求。阿提拉並要羅馬使團短期逗留，看他派兵去征服塞族與日爾曼的一些部落。

多瑙河西的東歌德王發拉彌爾（Valamir）和多瑙河東的格庇德王阿德利克（Ardarik）都受匈奴統治。這兩者的人數之和可能多於匈奴人。

布雷達與阿提拉在多瑙河中游，即德意志的領土上也擴張勢力。住在萊茵河旁或附近的日耳曼族人為阿拉曼尼人（Allemani）、柏干提人、利普里安・法蘭克人（Ripuarian Franks），他們或貢奉財物，或為其軍隊服務。圖林基亞人（Thuringians）、薩克遜人則把他們的壯丁送給匈奴當兵。由於匈奴勢力的擴張，直接或間接使盎格魯和薩克遜與朱特（Jutes）各種族由歐洲大陸遷到不列顛島。據古代學者記載，匈奴的勢力一直延伸到北海與波羅的海。

在布雷達與阿提拉之前，匈奴的勢力有時到達歐洲的東南方羅馬統治下的小亞細亞。阿提拉曾企圖征服波斯。在歐洲東部的芬蘭人和一些住在山林地帶的斯拉夫人也受到匈奴人侵略。住在鹹海與裏海之間北部的阿蘭人、薩馬提阿人以及他們散居於歐洲之東部者也受布雷達與阿提拉的役屬。

有人估計：在亞細亞西部、頓河以西一帶還有很多匈奴人，其數量超過住在歐洲的匈奴人。公元四三五年，索拉斯基（Sorasgi）和各地的匈奴人也被布雷達與阿提拉征服。又過八年，布雷達死。另一匈奴部族阿卡特斯利（Akatsiri）一向為阿提拉盟友，處於平等地位，於公元四四七年被阿提拉征服。阿提拉派其子埃拉克（Ellak）去統治他們。

總之，由中國北部遷移到中亞細亞的匈奴人於四世紀遷至歐洲東境。又過百年，在布雷達與阿提拉時代，頓河以西和歐洲的匈奴人和小亞細亞的許多種族都在匈奴帝國的統治之下，羅馬帝國需要向它求和。

當布雷達與阿提拉時代，他們的勢力南到裏海南岸近於地中海，北至北海與波羅的海，東至頓河，西至高盧、大西洋岸，這是歷史上少見的大帝國，其勢力範圍比古代的中華帝國、羅馬帝國還大。

第三十四章　歐洲匈奴帝國的阿提拉時代

盧阿死後，雖然布雷達與阿提拉兩兄弟繼立，但布雷達性情消沉而阿提拉積極，主觀性強，故實際上阿提拉當權。公元四四五年，布雷達死，阿提拉便成為歐洲匈奴帝國的統治者。

有人認為布雷達是被阿提拉害死的。因為這種情況在匈奴的歷史上是常有的，而兩單于共同統治則是沒有的。匈奴的祖先曾因內亂而有南北單于和五單于分治的情況。

但他們共同統治既達十年之久，可見關係較好。布雷達死後，他的妻子既未被阿提拉殺害，也沒有按匈奴的風俗娶她為妻。在匈奴接待各國使節時，她還參加接待。因此，布雷達不見得是被阿提拉殺害的。

阿提拉單獨統治歐洲匈奴帝國後，勢力日盛，成為歐洲、中亞西部和小亞細亞一帶最有威權的統治者。

關於阿提拉，除普利斯庫斯與約但尼斯記載的以外，還有一些記載與傳說：十二世紀的達爾馬提那斯（*Juvencus Caelius Calanus Dalmatinus*）的《阿提拉傳》，十六世紀的格蘭（Gran）大主教俄拉胡斯（Nicholas Olahus）的《阿提拉傳》。十八世紀的吉本寫《羅馬帝國衰亡史》時沒有看到這兩本書。一九二九年，布利翁（M. Brion）所刊行的《阿提拉——上帝的鞭子》（*Attila, the Scourge of God*, 1929）和一九三一年刊行的《匈奴人的生活》（*Lavie des Huns*, 1931）是文學創作不是歷史。《尼伯龍根之歌》流行於北歐，其中的埃特西爾即暗指阿提拉，但也不是歷史。其中有關人物的生卒年錯誤很多。

匈牙利人在其歷史中把阿提拉作為祖先，並上溯三十五代至亞伯拉罕——諾亞（Noah）的兒子，這當然是假托。

在阿提拉的使者與羅馬皇帝狄奧多西二世的談話中，有一次，使者說阿提拉的父親叫蒙祖（Mundzuk），聲音近於「沮渠蒙遜」的「蒙遜」，也近於「冒頓」。但究竟其祖先是否為匈奴的單于或貴人則難於考證。

阿提拉動作矜持，表現優越感。當他想引起恐怖時，習慣地轉動兩隻兇猛的眼睛。在人們表現興奮、急迫或恐慌的時候，他面不改容，表現鎮定。他酷好戰爭。在歐洲人的心目中，他是一個殘暴的人物，故被稱為「上帝的鞭子」。

阿提拉像烏單一樣，認為世界上任何地方，他想要征服便可以征服。他曾對羅馬人說：「在羅馬帝國的廣大疆土中，任何安全或難於攻克的堡壘和城市都不存在。假使我們喜歡的話，我們都可以把它從地面上去掉。」

其實，按人口數量，在歐洲的匈奴人並不很多，阿提拉之所以能夠戰勝其他民族是由於軍隊精悍。平時，他聽任各族的領袖住在各自的領地，統率其部隊。必要時，他可以調用、指揮五十至七十萬軍隊，他是一位很出色的軍事統帥。

阿提拉雖然宣稱他每戰必勝，可是凡在可以不用兵即可達到要求時他從不出兵；即使出了兵，也會自動退卻。即《史記・匈奴列傳》所載匈奴人的傳統戰術：「利則進，不利則退，不羞遁走。」

他也有仁慈的心，他的敵人相信他的寬恕的諾言與和平的保證。他的部眾覺得他是一位公正而寬大的君主。有人以為他也可以說是一位慈愛的父親。在大庭廣眾之中，他看見他的最小的兒子時，便笑容滿面地抱起來。

在生活方面，阿提拉很簡樸。在宴會上，他把大量的好的東西給客人吃，自己只吃簡單的食物。他的部下使用金盃銀碗，他卻使用木碗。他酒量很大，據說他後來死於飲酒過度。他穿的衣服也很樸素。

可以看出，匈奴人經中亞細亞抵達歐洲，生活方式必有不少改變。尤其與羅馬接觸後，羅馬人的奢侈享受必然會影響一部份匈奴人。

阿提拉很迷信，自認是超人。相傳在阿提拉的臣民中有一個牧人，發現他的牝犢食草時，腳上有傷並流血，於是跟蹤血滴來到一處草長得很茂盛的地方，發現了一把古劍，獻給了阿提拉。阿提拉非常高興，以為是天神所賜，便築了一個三百碼見方的祭台，把劍放在最高處，用羊、馬的血去祭奠，以後每年都舉行一次。

找不到阿提拉像他的蒙古高原上的祖先「拜天地日月」和「祠龍城」那樣的記載。阿提拉並不仇視與他不同的信仰，他對不同信仰的宗教還是寬大的。

關於阿提拉的家世情況人們所知甚少。他的使者對狄奧多西二世談到他的父親時，曾說他來自貴族家庭，而且比作狄奧多西二世的父母。阿提拉與布雷達的地位傳自叔父盧阿，盧阿則傳自其兄俄塔。那麼，他的祖父、父親雖不必是匈奴的領袖，也必是帝國中的一位重要人物。

關於阿提拉的家庭，據說夫人很多，其中一位地位最高，相當於皇后。到過阿提拉王庭的羅馬使團說夫人們是分居的，各有宮院。皇后名西露茄（Cerca），阿提拉不在京城時，她多次招待羅馬使者，並請布雷達的遺孀作陪。使者們到過她的宮院，除同桌宴會外，甚至許可使者行歐洲人的擁抱儀式。這可能是到歐洲後受的影響。

阿提拉的孩子很多，他最喜愛的是最小的一個，名厄內克，阿提拉死後繼位。

阿提拉王庭建於今匈牙利境內。位置在多瑙河的泰斯（Theiss）與喀爾巴阡（Carpathian）山之間，在上匈牙利的平原即布達佩斯（Budapest）的右側附近，或是舊城布達（Buda）之西約百里。凱爾特人曾居於此而稱之為阿克利克（Ak-Rik），意為「多水」。後歸羅馬人統治，直至四世紀後半葉遂為歌德人、匈奴人和其他族人所據。土地肥美，又久已為匈奴人所居，當是阿提拉選為王庭所在的主要原因，而其地亦隨之成為歐洲的一個重要地方。

可能因其本為游牧民族，不注意城市建築，故王庭中除一所浴室是用石料建築的以外，其他重要房屋都是木結構，非常簡陋。

阿提拉所住的宮室也是用木建造的，佔地很廣，外有很高的方木的圍城並有堡壘。木城傾斜地環繞一個小山。阿提拉和他的夫人們的居室的木柱亦有雕飾，室內鋪有地毯，用具則由俘虜或請來的希臘藝術家設計製造，雖羅馬使者也感到精巧。這也說明匈奴人到歐洲後受了希臘、羅馬文化的影響。

在阿提拉的宮廷裡有兩個人值得注意。一位是為阿提拉建築浴室的俄尼基西亞斯（Onegesius），是一位建築師。除浴室外，其他建築也可能是他設計並監修的。他很得阿提拉的信任。另一位是希臘人，在匈奴人攻破維米尼亞卡時財產全部損失，成為俄尼基西亞斯的奴隸。他忠於匈奴，被提拔在王庭中服務，後來還娶妻生子。當羅馬使者普利斯庫斯到匈奴王庭時，曾用希臘語與之談話。有些匈奴人喜歡學希臘語，可能是由於有他這樣的人教的緣故。許多匈奴人也喜歡學拉丁語。

匈奴王庭裡也用了許多鐵工、木工以製造兵器。外族醫生在這裡受到特殊的尊重。

阿提拉強盛時，勢力伸張至伏爾加河流域，征服了喬烏堅（Geougen）的可汗。傳說阿提拉曾征伐波斯。經過沙漠與沼澤即密俄提斯湖（Maeotis），繼又深入山地，經十五天而到達米太（Media）。他們與波斯人劇戰，據說飛箭往來遮住了陽光。最後匈奴人撤退，損失很大。此後阿提拉遂將注意力放在西方。

布雷達在世時，阿提拉在對東羅馬的要求中曾有一條：在多瑙河沿岸設置市場，以利雙方交易。羅馬在市場附近設置了一個堡壘君士但提亞（Constantia）。阿提拉的軍隊趕走或殺死來這裡貿易的羅馬人，並攻破堡壘，理由是馬爾格斯（Margus）的主教進入他們的領土，發現並偷竊了國王的珍寶。阿提拉嚴厲要求送還贓物，逮捕主教及其同黨。

東羅馬帝國拒絕這一要求，於是雙方開戰。馬斯安人（Maesians）最初讚揚帝國的這一措施。但當他們聽說維米尼亞卡（Viminicum）及其附近城市均被匈奴攻破，於是又採取另一態度。馬爾格斯的主教遣人秘密與匈奴首領商量，約定時間，親開城門投降。伊利里亞邊境堡壘被匈奴人決河水攻佔。名城如瑟密阿姆（Sirmium）、星基敦紐（Singidunum，即今之貝爾格勒）、拉提亞利亞（Ratiaria）、馬爾西亞諾波利斯（Marcianopolis）、那斯蘇斯（Naissus）與沙底卡均被匈奴攻破焚燬。在羅馬帝國的疆土上，從黑海（Euxine）到亞德里亞海（Hadriatic），到處受到阿提拉軍隊的蹂躪。

在這嚴重時刻，狄奧多西二世沒有親自統率羅馬軍隊去抵抗。他的大臣將軍們把在西西里（Sicily）抵抗汪達爾王貞瑟利克（Genseric）以及防備其他地方的軍隊都調來救急，但在三次作戰中都失敗了。前兩次是在烏塔斯（Utus）河邊馬利西安諾波利斯城下；在多瑙河與哈馬斯巴爾幹山脈（Haemus）中間的廣大平原中。匈奴軍隊取得優勢後，羅馬軍隊向刻索尼薩斯（Chersonesus）與色雷斯及馬其頓尼亞逃跑。結果，東羅馬的七十個城市被侵佔。雖然狄奧多西二世及其王公大臣迅速修好君士坦丁堡，希望保全，但士氣不振，人心驚慌，甚至以為上帝降災於帝國而要把帝國都城交給匈奴人。東羅馬損失不可勝計，長期以來光榮的羅馬帝國走上了衰亡的道路。

游牧民族是從來不作久居之計的。阿提拉所統率的匈奴人雖然已開始過著居國的固定生活，但是他們仍保有游牧的習慣。在戰爭中，破壞的傳統作風沒有多大改變，所以他的軍隊所到之處，城市化為廢墟，田園成為荒野。這使羅馬人更覺得野蠻的匈奴人的可怕。匈奴這個名詞成為可怕的象徵，迷信的羅馬人便以阿提拉為「上帝的鞭子」。

阿提拉沒有攻擊君士坦丁堡，他對狄奧多西二世提出三項要求。

一、讓出大片土地。在多瑙河南岸，從星基敦紐到色雷斯主教區的諾發（Novac），地方之廣，約當十五天的旅程。

二、每年輸黃金由七百磅增至二千一百磅。

三、立即無償交還戰爭中被羅馬俘虜的匈奴人；被匈奴俘虜的羅馬人則每人交十二片黃金——比以前增加四片。所有匈奴軍隊中人逃到羅馬帝國者應引渡。

在第三條要求下，羅馬帝國被迫殺死好幾個所謂蠻人的貴族和一直忠於羅馬帝國的人，這使一些一向對帝國友好的蠻族部落產生惡感。

據第二條要求，黃金的數目雖然增加了，但以東羅馬帝國的財富而言是足夠支付的。無如政治腐敗，官吏藉機敲詐，人民更加痛苦而帝國經濟亦益加紊亂。

關於第一條，狄奧多西二世沒有拒絕。但有一個不知名的城市阿詹馬斯（Azimus或是阿詹曼提阿姆Azimuntium，是伊利里亞邊境色雷斯的一個小城）卻加以反抗。阿提拉要求羅馬帝國迫使阿詹馬斯城的人民放棄抵抗，狄奧多西二世答以已失去控制該城的力量，於是阿提拉便直接與這個城辦交涉。

東羅馬帝國方面選出以馬克西明（Maximin）為首的使團以與匈奴人談判。敘述這次出使經過的普利斯庫斯也是使者之一。阿提拉也有兩位使者在君士坦丁堡，一為俄累斯提斯（Orastes），一為挨得空（Edecon）；前者為潘諾尼亞的貴族公民，後者為西爾利（Scyrri）部落的首領，這兩個人的兒子後來也是歷史上的重要人物。俄累斯提斯的兒子羅謨拉斯·奧古斯杜拉斯（Romulus Augustulus）是西羅馬帝國最後一任皇帝（公元四七五—四七六年）；挨得空的兒子則是意大利的第一位國王。俄累斯提斯與挨得空在馬克西明所率領的使團要去與阿提拉談判時，也準備回匈奴王庭，因而約定同時出發。

使團走了十三天，約近千里，到達沙特卡（Sardica），這是羅馬帝國的邊境，過此就是匈奴的領土了。這個省的長官殺了牛羊款待匈奴使者，酒酣之餘，羅馬使團中的一個譯員維基利阿斯（Vigilius）反對把凡人的阿提拉與神聖的狄奧多西二世相比，於是引起爭論。馬克西明與普利斯庫斯多方努力才平息了匈奴使者的憤怒，隨後又饋贈了絲袍、珍珠。但俄累斯提斯覺得帝國對他不如對挨得空好而表示不滿。

又走了三百里，抵達那斯蘇斯（Naissus）。此地不久前曾被匈奴攻佔，已夷為平地。經過今之塞爾維亞（Servia）的山地，斜下至多瑙河平原，即入匈奴境。過河後，匈奴使者就先走了。

過河後，走了不過六七里，羅馬使者便感受到匈奴統治者對他們的虐待和侮辱。他們不能在景色宜人的地點打開帳幕住宿，因為匈奴人認為這會對遠處的王庭不利。阿提拉的左右壓迫他們說明要與阿提拉會談的內容，馬克西明認為這是違反國與國間使者的慣例的。於是他們被阻止前進，並迫使他們返回君士坦丁堡。最後經俄尼基西亞斯（Onegesius）的兄弟斯哥塔（Scotta）調解，又送了許多禮物才算解決。

匈奴的帶路者故意領著他們走許多彎路，並且很驕橫，要他們走才能走，要他們停就得停。沿途的食物充足，但飲的是蜜酒而不是葡萄酒。他們又飲了一種流質，名卡馬斯（Camus），普利斯庫斯說是用大麥蒸製的。他們吃的是黍米不是麵包。在君士坦丁堡住慣了的，過慣了侈靡生活的羅馬使者感到旅途生活很苦。

有一天晚上，他們在一個沼澤邊住宿，忽然風雨大作，帳幕被掀翻。正窘困間，被住在附近的希雷達夫人知道了，慇勤地招待了他們，雙方互贈了許多禮物，然後繼續進發。六天之後，與匈奴使者俄累斯提斯和挨得空會合，不久，遂抵達阿提拉王庭。

恰巧這時西羅馬的使團也到了，阿提拉兩次舉行宴會。

使者入門前，先要停下來，行祝賀匈奴皇帝身體健康與國家興盛的酒禮後才能進去。他們被引至一個大廳中，坐在指定的座位上。在主人座位的兩旁，排著兩張小桌子，每桌三至四人。阿提拉的兒子、叔父、一些他喜歡的國王和貴族應邀作陪。右邊的桌子是高位，但東羅馬與西羅馬皇帝的使者排在左邊的桌位，而歌德人的首領卻坐在右邊，羅馬使者認為這是侮辱。阿提拉舉杯祝賀使者健康，使者們也回敬，多次以後，仍繼續喝酒。有許多娛樂助興，兩個匈奴人站在阿提拉座位前唱歌，歌曲是歌頌這位統治者的勝利與光榮，大廳裡的人們都靜靜地聽著。還有一些丑角，穿著怪服，說了一些話，夾雜著拉丁、歌德、匈奴的語言，人們都大笑起來。

過了兩天，阿提拉宴請東羅馬使者並與馬克西明長談，對於他所不滿意的問題則表現粗暴。他提出君士但丁提亞斯的婚事。他說羅馬皇帝前已答應給他一位富有的夫人，皇帝不能使君士但丁提亞斯失望，否則便是說謊者。

第三天，羅馬使者告辭。一些羅馬俘虜付出少量代價後被准予回國。阿提拉贈與使者禮物，他的左右把馬送給他們，羅馬使者也回贈禮物。

與馬克西明同到匈奴王庭的維基斯阿斯謀殺阿提拉的陰謀被發覺了。這件事的主謀者是狄奧多西的當權太監克賴薩菲亞斯（Chrysaphius）。他在狄奧多西二世在位時是真正統治東羅馬的人。他唆使匈奴使者挨得空暗殺阿提拉。挨得空先同意，但後來又反悔了，並向阿提拉交代了這件事。維基斯阿斯帶著兒子到達匈奴王庭後，命其子把克賴薩菲亞斯的一袋黃金交給挨得空，父子倆立即被捕送給阿提拉審問。在以殺死他的兒子的要挾下，他不得不全部交代。阿提拉接受他二百磅黃金，沒有殺死維基斯阿斯，然後派出俄累斯提斯和伊斯勞（Eslaw）到君士坦丁堡。俄累斯提斯把維基斯阿斯的那袋黃金掛在頸上，大搖大擺地走進宮庭，質問克賴薩菲亞斯是否認得他的原物，是否知罪。伊斯勞嚴厲地對東羅馬皇帝說：「狄奧多西是一位顯赫可敬的父親的兒子，阿提拉同樣來自貴族而且用實際行動保持其父親蒙祖所傳下來的尊嚴。可是狄奧多西喪失了他父親的光榮，曾同意進奉貢獻，而把自己降低到奴隸的地位，因此，他應該尊敬在命運與價值上都比他高的人物，而不應該相反地像一個邪惡的奴隸，秘密地去謀害主人。」接著，轉達阿提拉的要求：要得到克賴薩菲亞斯的頭。

狄奧多西二世立即派出一個全權使團，帶著大批禮物去會見阿提拉。阿提拉同意在特蘭哥（Drenco）河邊接見使團。

阿提拉看見使團裡都是帝國的重要人物。兩位貴族執政官：諾馬斯（Nomus）和阿那托利亞斯（Anatolius）；一位財政大臣，一位大將軍。帶來的禮物非常貴重，加之使者們的善於辭令，阿提拉轉怒為喜，寬恕了東羅馬皇帝、維基斯阿斯和克賴薩菲亞斯，並保證遵守和約，釋放許多俘虜，對於逃亡於帝國境內的匈奴人不予追究，還放棄多瑙河南的一大片土地——這些地方的人民和財富已幾乎被阿提拉搜刮光——當然，東羅馬帝國需付出很大代價，東羅馬人民更窮困了。

狄奧多西二世死於公元四五〇年，年五十歲。死後，由其姊巴爾基利阿（Pulcheria）繼位。不久，殺死太監克賴薩菲亞斯。她又選定元老院議員馬爾西安（Marcian）為丈夫，幫助她統治帝國。

馬爾西安要改變狄奧多西二世的忍辱求和的政策。他認為與其用大量財物去求和，不如用來整頓軍隊。他使阿提拉知道，他反對每年向匈奴納貢，如果仍像以前那樣勒索，他必起而反抗。他派遣阿波羅尼亞斯（Appollonius）出使匈奴。這位使者雖然帶了禮物，但在阿提拉沒有答應會見之前拒不交出禮物，這大出阿提拉的意料，使阿提拉過去對狄奧多西二世所慣用的威脅政策不得不有所改變。阿提拉考慮到與其再對付事實上已極端貧困的東羅馬不如向西發展。

阿提拉用什麼理由作借口去進攻西羅馬帝國呢？

第一是關於瑟密阿姆（Sirmium）的教堂裡的珍寶。在過去的許多年中，阿提拉曾與西羅馬帝國交換信件，提出珍寶的所有權問題，但始終沒有解決。現在，阿提拉要用來作侵略西羅馬的借口。

第二個借口是西羅馬皇帝瓦倫提尼安的妹妹荷諾利亞（Honoria）與阿提拉的婚姻。荷諾利亞是普拉西提亞（Placidia）之女，十六歲時與宮室侍從攸基尼阿斯（Eugenius）發生關係並懷了孕。她的母親普拉西提亞把她送到君士坦丁堡看管，前後逾十年。這時正是阿提拉向東羅馬誅求無厭的時候，阿提拉的名字幾乎婦孺皆知，她便設法把一個戒指送給阿提拉，表示願意做阿提拉的夫人。阿提拉雖然接受了她的戒指，但態度冷淡，這期間阿提拉曾娶了好幾位夫人，現在阿提拉要利用她了，正式向西羅馬提出與這位公主結婚並要求用西羅馬的一半土地和人民做嫁妝。

西羅馬表示拒絕。

阿提拉決心征服西羅馬帝國。目標選定較西邊的高盧而不是較東邊的意大利。原因可能出於政治和外交上的考慮。意大利是西羅馬帝國的中心，軍事力量強；而高盧則為外族人所佔，歷來多與羅馬帝國發生衝突。

在高盧的西歌德王狄奧多利克曾在進攻西羅馬的一個富有的城市阿利斯（Arles）時被阿伊喜阿斯打敗。第二次進攻時又被打敗。後來，阿伊喜阿斯返回意大利，列杜利阿斯（Litorius）將軍繼任，被狄奧多利克打敗後俘獲。阿提拉希望在進攻高盧時，西歌德人不幫助羅馬人。

此外，佔據萊茵河下游的佛朗克王克羅維斯（Clovis）也曾被阿伊喜阿斯打敗，死後二子爭立。幼子美羅維亞斯（Meroveus）曾到西羅馬首都，且被阿伊喜阿斯收為養子。這時，長子與阿提拉訂約：阿提拉進攻高盧時可以通過佛朗克領土。

同樣，西羅馬帝國也盡力聯絡一些外族，尤其是西歌德人。派出退休長官阿維塔斯（Avitus）遊說西歌德王狄奧多利克。結果狄奧多利克不但願與羅馬結盟而且願意親自率兵抵抗匈奴人。

公元四五一年，阿提拉親統五十萬大軍西進，經二千餘里，始抵萊茵河與內卡河（Neckar）的匯流處，佛朗克的克羅維斯王的長子派軍相助。由於部隊人數多，輜重長途運輸不易，故選擇較暖時候，利用赫星尼安（Hercynian）森林的木料造船渡河。渡河後，一路攻城略地，較大城市美茲（Metz）亦被攻佔。

阿提拉從萊茵河與摩塞爾（Moselle）推進到高盧的中心地區，巴黎沒有被佔的原因是當時還實太小。渡過塞納河（Seine）的奧舍爾（Ouxerre）後到達奧利安（Orleans）。正當軍民奮起抵抗，阿提拉猛攻不下時，阿伊喜阿斯和狄奧多利克的援軍到了。這很出阿提拉的意料，於是下令全軍回渡塞納河，退至沙隆（Chalon）平原以利於匈奴的騎兵活動。

阿伊喜阿斯與狄奧多利克率軍追擊。

據說阿提拉曾找他的祭士及占卜者商量。他們的預言是匈奴人失敗，對方的主要領袖會陣亡。

阿提拉為鼓勵士氣，親自對軍隊講話：「我自己要拋第一支矛，卑鄙而反對去倣效他的君主的榜樣者的命運，注定其難免於死。」他親自指揮中軍，僕從部族如盧基安人（Rugians）、赫叩利人（Herculi）、圖林基安人、佛朗克人、柏干提人分在左右，右翼由格庇德國王阿達利克（Ardatria）統率，左翼由東歌德的三位兄弟統率。

在對方，曾與阿提拉勾結、密謀而被發覺的阿蘭王桑基邦所部居中——為的是便於監視——阿伊喜阿斯居左，狄奧多利克居右。狄奧多利克之子松利斯蒙德佔據戰場上最高的地方，向左右翼展開，包抄阿提拉的後路。

這是歷史上規模最大的戰役之一，也可以說是早期的世界大戰。東亞的匈奴和一些東方民族，中亞的阿蘭和其他一些民族，大西洋岸的國家和歐洲的一些種族都聚集在沙隆戰場上。這是一場東方與西方的戰爭。然而又好像一些部族的內戰：幫助羅馬的阿蘭人與幫助匈奴的阿蘭人打；幫助羅馬的西歌德人與幫助匈奴的東歌德人打。

阿提拉親率中軍猛攻阿蘭王桑基邦，衝破後又集中力量攻擊西歌德人。狄奧多利克正騎在馬上指揮作戰，被東歌德貴族安德基斯（Andages）一矛投中而死，迷信的匈奴人以為這正應驗了祭士的預言。

東歌德部隊混亂之際，松利斯蒙德率軍從山上馳下，阿提拉的中軍由於推進太快而與兩翼脫節，形成孤軍，於是戰局頓生變化。阿提拉下令退卻，用車子圍成圓圈固守。兩軍竟夜混戰，死亡極眾，有人估計為十六萬二千，有人說三十萬，而匈奴人居多。

松利斯蒙德與阿伊喜阿斯會師後，找到狄奧多利克屍體，舉行葬禮後，松利斯蒙德被推為西歌德王。

阿伊喜阿斯考慮到與其打敗匈奴，使西歌德強大，不如暫時保留匈奴不使西歌德獲得全勝。這樣，匈奴和西歌德就不至於危害帝國了。

阿伊喜阿斯對松利斯蒙德說狄奧多利克死後，應防止西歌德國內的有野心的兄弟們搶奪王位和首都土魯斯的珍寶。於是松利斯蒙德立即退出戰場回國。接著，羅馬和其他各軍也都撤出沙隆回國。這完全出乎阿提拉的意料，簡直不敢相信。他又在營地裡困守幾天之後，才下令返回匈牙利。

沙隆之戰，阿提拉雖然失利，但過了不久，他又準備再次進攻。他又提出荷諾利亞的婚事和嫁妝問題。西羅馬帝國拒絕。於是公元四五二年，阿提拉又率軍西進。

阿提拉吸取上次攻打高盧失敗的教訓，這次他決心進攻意大利。

高盧的西歌德王松利斯蒙德在沙隆戰後因與阿伊喜阿斯在分虜獲品時發生爭執，所以這次不但不派兵幫助羅馬帝國，反而派兵攻打羅馬帝國，因而受到臣民反對。公元四五三年，被他的兩個兄弟殺死。

阿提拉在意大利的北部戰無不勝，但進攻亞得里亞（Hadriatic）海岸的阿基利亞鎮（Aquileia）時卻頓兵三月之久。這個鎮很富足，人口也多，抵抗堅決。阿提拉準備轉移時，發現一隻鳥帶著小鳥飛離城樓上的鳥巢，他斷定這個城樓已經毀敗，於是下令猛攻這個城樓，阿基利亞鎮終於被攻下了。入城之後，財物悉遭劫掠，居民大部被殺。

接著又攻佔阿爾提紐（Altinum）、空哥地亞（Concordia）和巴杜（Padua），佔領後均夷為平地。內地的城市如維星薩（Vicenza）、凡羅那（Verona）、巴加姆（Bergamo）也均慘遭劫掠。米蘭、巴維亞（Pavia）投降後交出財物，換取人民生命的安全。據說當阿提拉進入米蘭的貴族宮室時，曾為一張圖畫而驚訝。這張圖畫上畫著凱撒坐在寶座上，塞族的國王跪在腳旁。阿提拉命令一位畫工改畫為羅馬皇帝跪在塞王面前，打開盛有黃金的口袋，表示向塞王進貢。

人們說，凡是經阿提拉的馬蹄踐踏過的地方，草也永不生長。有的歐洲歷史學家又指出，這位「上帝的鞭子」無意中給歐洲的文藝復興奠定基礎。阿提拉毀滅了許多舊城市，人們逃到新的地方又建立了新城市。威尼斯（Venice）就是難民建起來的，代替了阿基利亞鎮而成為意大利的名城。

大戰之後，必有凶年。這時饑饉嚴重，疫癘流行，匈奴軍隊死者很多。同時東羅馬帝國的援軍也到達了意大利。於是阿提拉接受了羅馬帝國的和議。羅馬的使者是阿維那斯（Avienus）、司法官特利基提亞斯（Trigetius）、羅馬主教利奧（Leo），羅馬方面出了很高代價，阿提拉才答應離開意大利。阿提拉宣稱如不把「未婚妻」荷諾利亞送到，將更大地侵略西羅馬。

公元四五三年，阿提拉舉行婚禮，夫人名伊爾提哥（Ildico）。據約但尼斯記載，婚後第二天發現阿提拉死亡。

據說阿提拉的屍體放在三個一套的棺材裡——一個是鐵的，一個是銀的，一個是金的。並被埋葬在一個秘密的地方。

阿提拉死後，北歐的文學作品中有關於他的傳說；匈牙利史家把他當作建國元勳；民間傳說也很多。足見這位東方匈奴人的後裔對歐洲的影響之大。

第三十五章　歐洲匈奴帝國的尾聲

阿提拉死後，幾個兒子爭立。長子埃拉克（Ellak）於公元四五四年，在尼達爾（Nedal）河畔與反叛的外族作戰時陣亡，匈奴帝國土崩瓦解。在帝國中心匈牙利的匈奴人力量也很微弱，較大的部落逃到喀爾巴阡山以東受柔然人的統治。

阿提拉最喜愛的幼子厄內克逃到多不魯甲（Dobruga），即多瑙河口以南一帶。另有兩個兒子埃尼祖（Emnedzur）和烏星托（Ultsindur）則佔據東羅馬的達西亞利彭西斯（Dacia Ripensis）省的西部，有些匈奴部落則居於東羅馬的其他地方。

公元四六一年，阿提拉的一個兒子頓基西克（Dengesik）企圖重建匈奴帝國，沿著多瑙河的上游向潘諾尼亞的東歌德人進攻，遇到抵抗後撤出。公元四六八年又渡過多瑙河進攻東羅馬，戰敗被殺。羅馬人把他的頭懸在君士坦丁堡。

公元六世紀初，意大利王、東歌德人狄奧多利克為爭奪意大利的北部與東羅馬發生戰爭時，曾聯合附近的外族部落，其中有定居於塞爾維亞的匈奴人領袖為蒙杜（Mundo），據傳為阿提拉後代。公元五〇四年，東羅馬皇帝安那斯泰喜阿斯（Anastasius，公元四九一—五一八）派將軍薩賓尼亞那斯（Sabinianus）攻擊蒙杜，由於有保加利人（Bulgars）——這是保加利人第一次見於歷史——的援助曾取得勝利。但東歌德王狄奧多利克的將軍彼提西亞（Pitzia）率軍援救蒙杜，結果羅馬帝國大敗。由此可見蒙杜當時的力量還很大。至於此後的事情則完全不清楚了。

責任編輯 苗龍 沈夢原
封面設計 a_Kun

書　　名 匈奴史稿
著　　者 陳序經
出　　版 三聯書店（香港）有限公司
香港北角英皇道四九九號北角工業大廈二十樓
Joint Publishing (H.K.) Co., Ltd.
20/F., North Point Industrial Building,
499 King's Road, North Point, Hong Kong
香港發行 香港聯合書刊物流有限公司
香港新界大埔汀麗路三十六號三字樓
版　　次 二〇二〇年二月香港第一版第一次印刷
規　　格 十六開（170 × 230 mm）五七六面
國際書號 ISBN 978-962-04-4270-4